石油钻采设备

发明专利行星爪式
开口型液压动力钳

地址：江苏省建湖县高新产业园　　邮编：224763
电话：0515-86582548　　传真：0515-86582080
E-mail:td@chinateda.com　　http://www.chinateda.com

上海神开石油化工装备股份有限公司是以研发、制造石油化工装备为主营业务的上市企业，（股票代码：002278），下属多家专业化子公司。神开产品涉及石油勘探开发上游到石油产品加工下游，已广泛应用于国内各大油田及海洋钻井，并在众多国际市场建立分支机构，实现国际化、本土化营销及服务，致力于成为世界一流的石油装备制造企业。

WWW.SHENKAI.COM

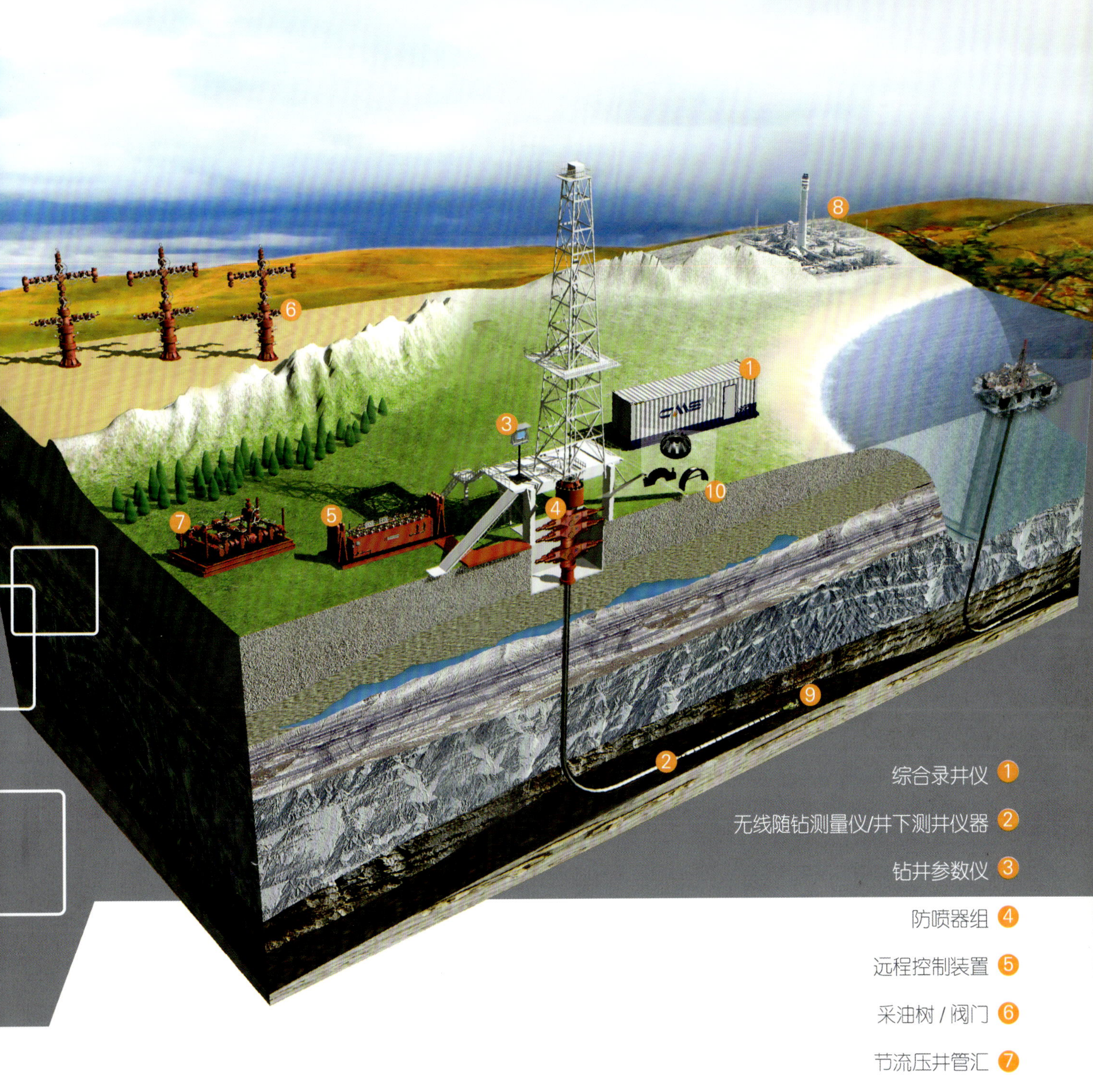

综合录井仪 1

无线随钻测量仪/井下测井仪器 2

钻井参数仪 3

防喷器组 4

远程控制装置 5

采油树 / 阀门 6

节流压井管汇 7

油品仪器 8

油田/矿山钻头 9

橡胶密封件 10

出口哈萨克斯坦的
洗井液处理车

出口古巴的
后置式采油车

出口哥伦比亚
XJ1100型钻修机

批量出口委内瑞拉组合冲砂修井机

SUFA

CNNC 中核科技

在著名的历史文化名城苏州，坐落着一家集工、商、贸为一体，全方位、多元化发展，产品销售遍及国内外的高速成长性阀门企业，这就是中核苏阀科技实业股份有限公司（简称中核科技）。

中核科技成立于1997年，其前身是中国核工业集团公司苏州阀门厂，始建于1952年。中核科技是在承袭其前身的主营业务、品牌、质保、技术和管理等诸多优势的基础上建立的，是一家集工业阀门研发、设计、制造及销售为一体的科技型制造企业，也是中国阀门行业和中国核工业集团所属企业中率先上市的企业。

中核科技倾力打造中国阀门民族品牌，是我国流体机械系统的工业阀门主要制造和供应基地，服务于石油、石化、油气、化工等领域，为各行业提供国内外先进标准的工业阀门。

中核科技积极推进与中国石油、中国石化的战略合作，不断加大投入，加强科技创新，进一步开拓石油石化市场。目前，中核科技已成为以国内外高温高压阀门、临加氢装置阀门、煤化工硬密封耐磨阀、大口径等系列阀门为主导产品的主要阀门制造商，在中国阀门行业中有突出的建树，成为综合实力较强的阀门制造企业之一。

乙烯装置高温高压阀门鉴定会

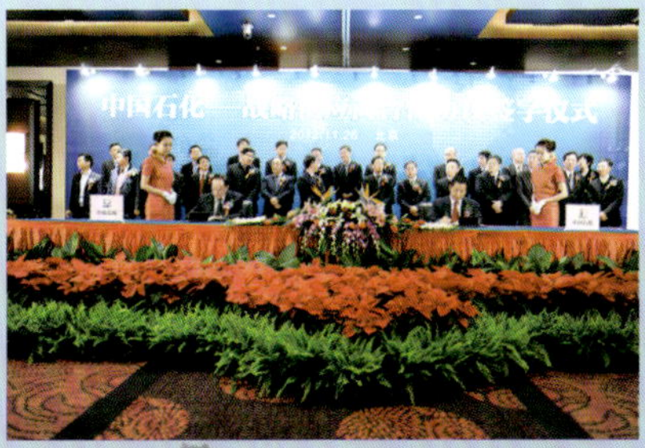

中石化战略供应商签字仪式

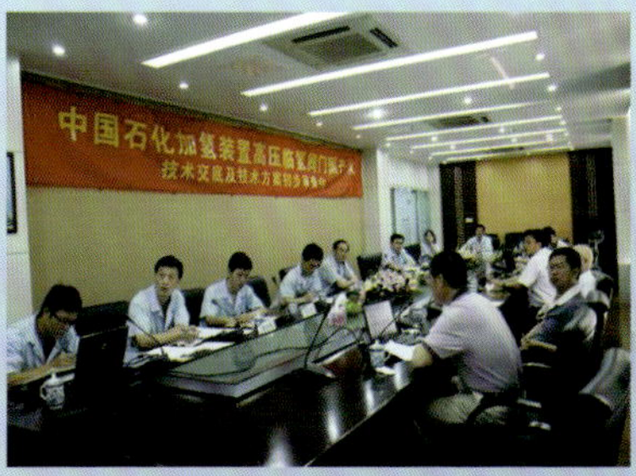

中石化加氢装置高温高压阀门评审会

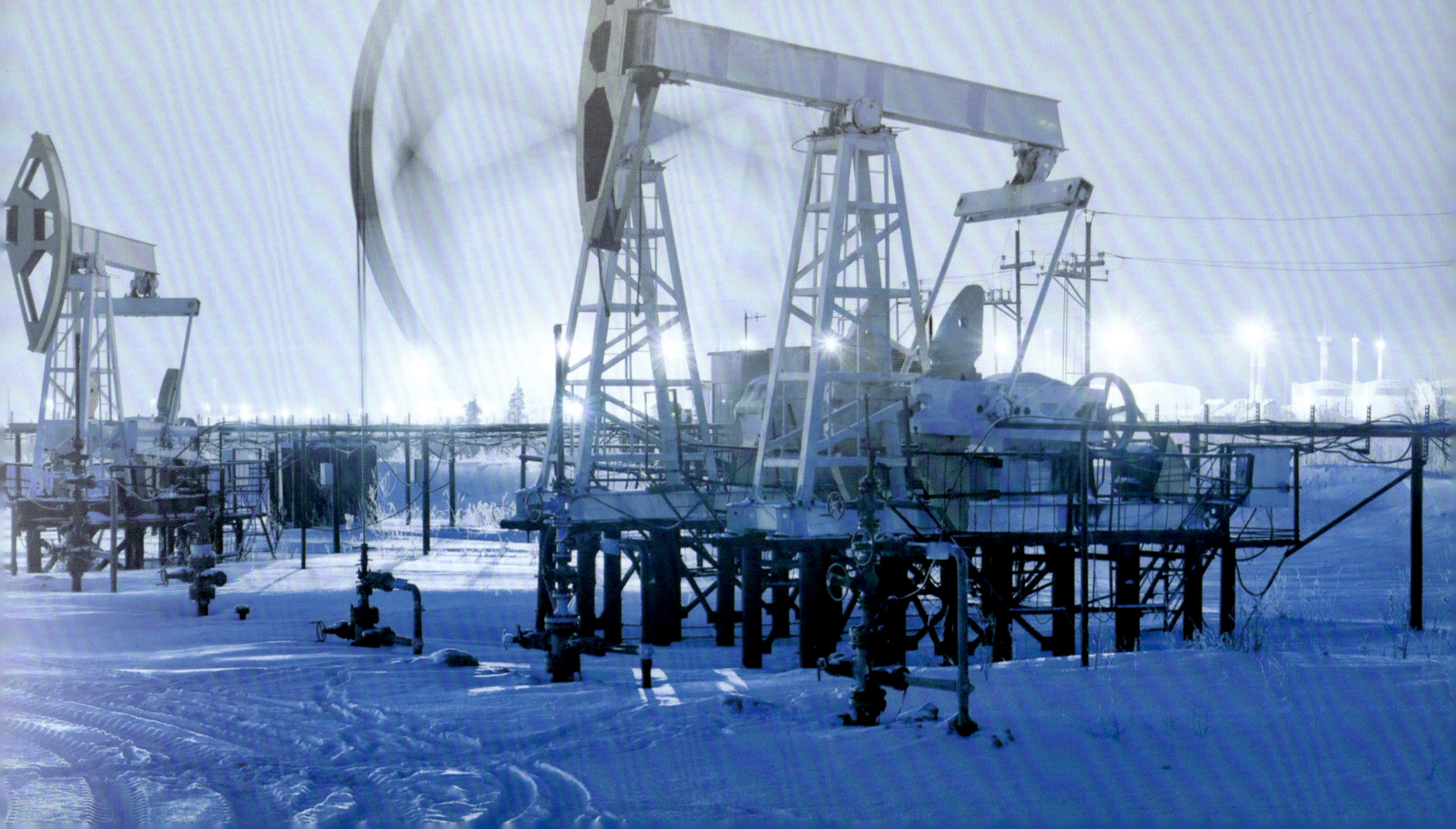

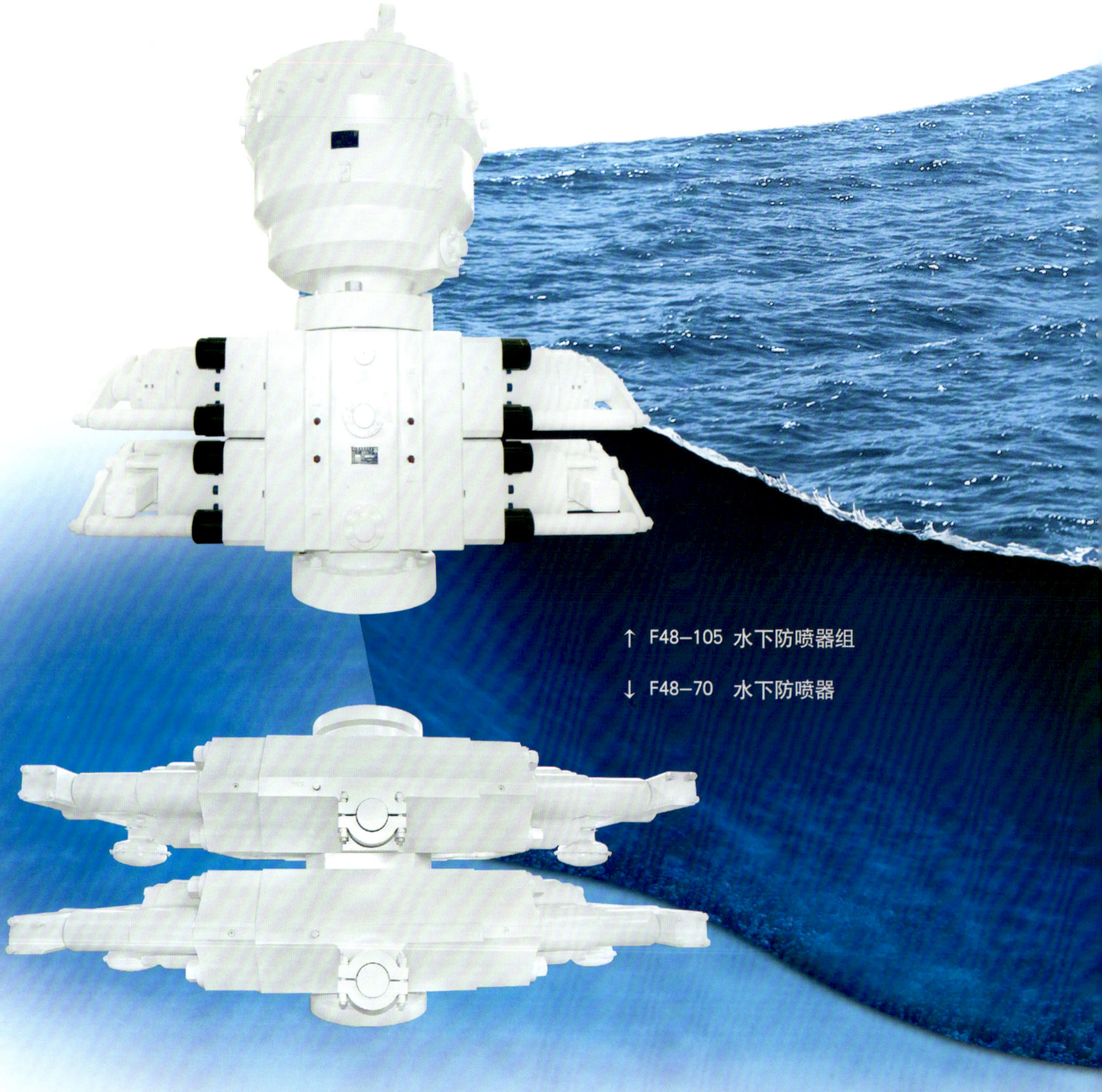

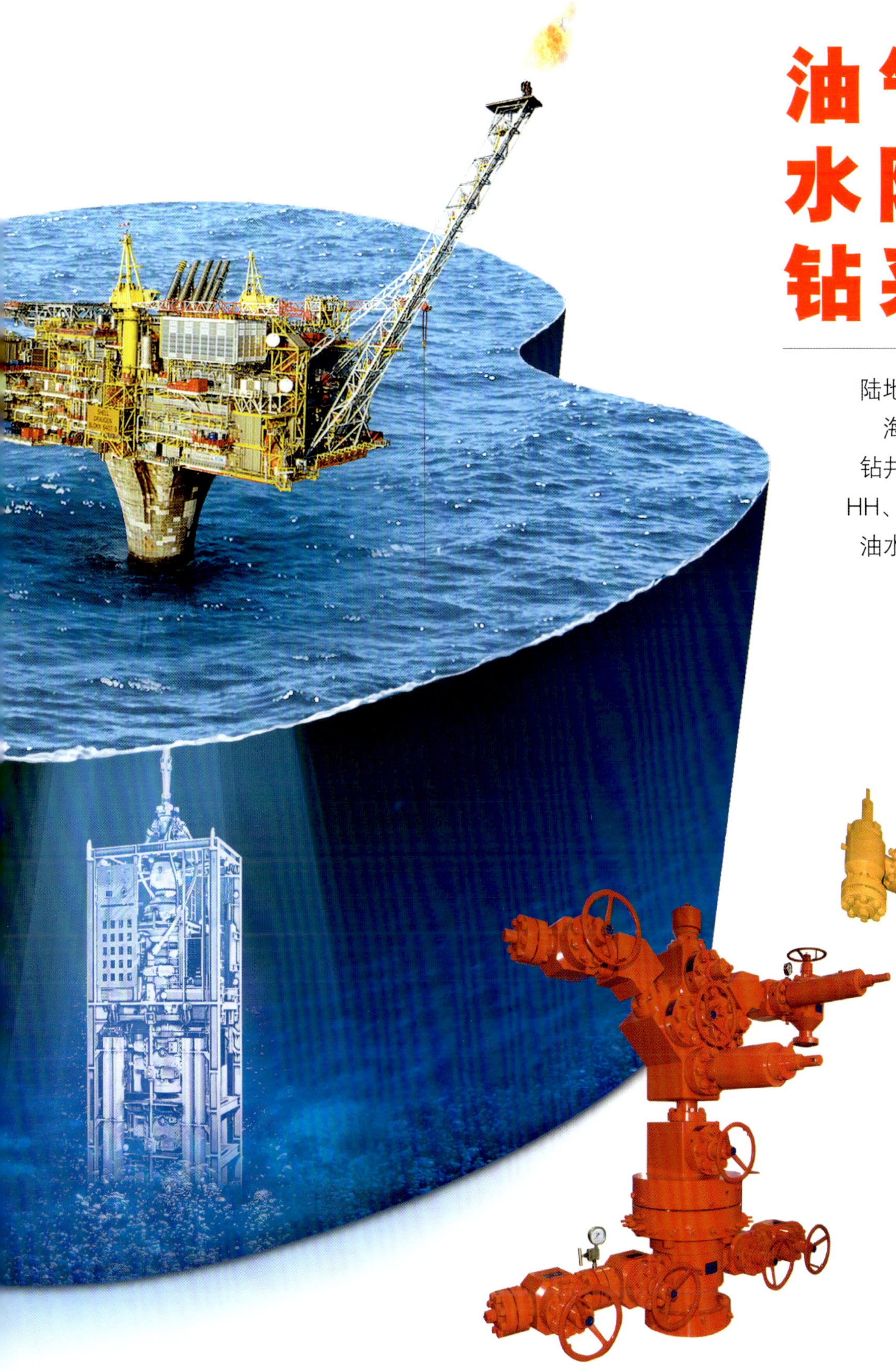

贵州高峰石油机械股份有限公司

贵州高峰石油机械股份有限公司是中国兵器装备集团公司的直属大型企业，是中国石油和石油化工设备工业协会常务理事单位，1985 年至今被评为中国石油天然气集团公司石油钻采配件一级供应网络成员单位和中国石化装备产品配件资源市场成员专业厂家。2004—2014 年连续荣获中国石油石化装备制造业“五十强”企业。

2008—2014 年震击器、减震器、全机械式和液压式随钻连续荣获贵州省名牌产品称号，2011—2014 年“高峰牌”震击器、全液压随钻震击器、超级震击器、打捞工具、可退式打捞筒、划眼器、减震器、液力推力器荣获中国石油石化装备制造业“行业名牌产品”称号。高峰公司先后通过了由 DNV（挪威船级社）按照 ISO9002 标准对公司质量体系进行的国际认证和美国石油学会颁发的 ISO9001 质量体系认证，获得 API 会标使用权证书并顺利通过后续年度审核。2012 年高峰公司又通过了 GB/T24001—2004idt ISO1400:2004 环境管理体系、职业健康安全管理体系认证，获得了环境管理、职业健康安全管理体系认证证书。2014 年又获得N S一1质量体系认证证书。

目前公司生产的产品包括钻井震击、打捞、固井修井、钻采地面试验等近 120 个品种、600 个规格的产品，从打捞工具、震击工具到固井修井工具的配套，在国内外同行业中是产品品种多、规格全的企业。产品行销国内所有陆地油田及部分海洋油田，国内市场占有率已达 80%，高峰公司的井下工具配套综合能力在全国名列前茅。同时，高峰公司生产的产品还远销到南美、中东等多个国家和地区。

地址：贵州省贵阳市金阳新区长岭南路 8 号
邮编：550081
电话：0853-4668339
传真：0853-4668503
E-mail:fzjhb@gaofengoil.com
http://www.gaofengpm.com

董事长、党委书记
万德平
总经理
唐　红
热表区
高峰石油机械
Gaofeng Petroleum Machinery
2011年度贵州省名牌产品
高峰牌震击器
贵州省名牌战略推进领导小组
2011年10月至2014年10月
2011年度贵州省名牌产品
高峰牌减震器
贵州省名牌战略推进领导小组
2011年10月至2014年10月

中国机械工业年鉴系列

中国石油石化设备工业年鉴

2014

中国机械工业年鉴编辑委员会
中国石油和石油化工设备工业协会 编

《中国石油石化设备工业年鉴》2014年刊设置综述、专文、行业概况、地区和市场概况、50强企业和名牌产品、统计资料、产品与项目、标准和认证、政策法规、大事记及附录11个栏目，集中反映了2013年至2014年上半年我国石油和石油化工设备行业的经济运行状况、市场和地区发展现状，系统地公布了我国石油和石油化工设备行业的各项经济指标和进出口统计数据，以及相关政策法规和行业大事。

《中国石油石化设备工业年鉴》2014年刊主要发行对象为政府决策机构，与石油和石油化工设备相关的产业决策者和从事市场分析、规划的中高层管理人员及国内外投资机构，贸易公司、银行、证券、咨询服务部门和科研单位的工程项目管理人员等。

图书在版编目（CIP）数据

中国石油石化设备工业年鉴.2014/中国机械工业年鉴编辑委员会，中国石油和石油化工设备工业协会编.—北京：机械工业出版社，2015.2

（中国机械工业年鉴系列）

ISBN 978-7-111-49463-8

Ⅰ.①中… Ⅱ.①中… ②中… Ⅲ.①石油化学工业—化工设备—经济发展—中国—2014—年鉴 Ⅳ.①F426.22-54

中国版本图书馆CIP数据核字（2015）第033200号

机械工业出版社（北京市百万庄大街22号 邮政编码 100037）

责任编辑：任智惠

北京宝昌彩色印刷有限公司印制

2015年3月第1版第1次印刷

210mm×285mm·19.75印张·27插页·504千字

定价：320.00元

凡购买此书，如有缺页、倒页、脱页，由本社发行部调换

购书热线电话（010）68326643、68997962

http://www.cmpbook.com http://weibo.com/cmp1952

中国机械工业年鉴系列

作为『工业发展报告』
记录企业成长的每一阶段

中国机械工业年鉴

编辑委员会

中国石油石化设备工业年鉴

精鉴石油石化设备工业

服务能源供给

中国石油石化设备工业年鉴
执行编辑委员会

陈景煜　中国石油和石油化工设备工业协会副秘书长
孙继伟　中国石油和石油化工设备工业协会主任
姚　铨　中国石油和石油化工设备工业协会 ASME 规范产品专委会理事长助理
解　庆　中国石油和石油化工设备工业协会石油钻采机械专委会主任委员
许　强　中国石油和石油化工设备工业协会石油化工设备专委会主任委员
李雪辉　中国石油和石油化工设备工业协会石油井口装备和钻采专用工具专委会主任委员
郭　东　中国石油和石油化工设备工业协会石油节能抽油设备专委会主任委员
裴晓晗　中国石油和石油化工设备工业协会采油采气设备专委会主任委员
孙　鹤　中国石油和石油化工设备工业协会膨胀节分会理事长
金晓剑　中国石油和石油化工设备工业协会海洋油气工程装备专委会主任委员

执委会办公室主任：何　正

中国石油石化设备工业年鉴
编辑出版工作人员

总　编　辑　郭　锐
主　　　编　李卫玲
副　主　编　刘世博　曹　军
执行主编　任智惠
编　　　辑　魏素芳　陈美萍　韩　硕
发行服务　王海臣　秦日升　路泽贤

地　　　址　北京市西城区百万庄大街 22 号（邮编 100037）
编　辑　部　电话（010）68997962　传真（010）68997966
发　行　部　电话（010）68326643　传真（010）88379825
E-mail:cmiy@vip.163.com
http: // www.cmiy.com　　www.mepfair.com

中国石油石化设备工业年鉴

精鉴石油石化设备工业

服务能源供给

中国石油石化设备工业年鉴
理事单位及特约顾问

理事长单位	中国石油和石油化工设备工业协会	
副理事长单位	中国石油天然气集团公司	
	中国石油化工股份有限公司	
	中国海洋石油总公司	
理事单位（排名不分先后）		**特约顾问**
	中国石油集团渤海石油装备制造有限公司	赵　国
	宝鸡石油机械有限责任公司	郭孟齐
	南阳二机石油装备（集团）有限公司	杨汉立
	中石化石油工程机械有限公司第四机械厂	王庆群
	四川宏华石油设备有限公司	张　弭
	大连金州重型机器集团有限公司	王治勇
	贵州高峰石油机械股份有限公司	唐　红
	江汉石油钻头股份有限公司	谷玉洪
	德州大陆架石油工程技术有限公司	路保平
	广州东塑石油钻采专用设备有限公司	何　游
	宁波合力机泵有限公司	陈明海
	合肥神马科技集团有限公司	岳光明
	自贡硬质合金有限责任公司	杨伯华
	贵州凯星液力传动机械有限公司	李晓东
	上海神开石油化工装备股份有限公司	寇玉亭
	四川惊雷科技股份有限公司	王典灿
	河北华北石油荣盛机械制造有限公司	顾和元
	通化石油化工机械制造有限责任公司	韩一泉
	任丘市博科机电新技术有限公司	邹　刚
	河南信宇石油机械制造股份有限公司	杜振宇
	海城市石油机械制造有限公司	王政权
	温州一宇密封材料有限公司	方德银
	温州市华海密封件有限公司	张　勇
	江苏盐城特达能源（集团）有限公司	吴征胜
	江苏如通石油机械股份有限公司	曹彩红
	兰州兰石集团有限公司	张金明
	内蒙古一机集团大地石油机械有限责任公司	潘俊淇
	机械工业第六设计研究院有限公司	黄国甫
	中核苏阀科技实业股份有限公司	吴　辉

中国石油石化设备工业年鉴

精鉴石油石化设备工业

服务能源供给

中国石油石化设备工业年鉴
理事单位及特约编辑

理事单位（排名不分先后）	**特约编辑**
中国石油集团渤海石油装备制造有限公司	郭　东
宝鸡石油机械有限责任公司	冯雅文
南阳二机石油装备（集团）有限公司	王立涛
中石化石油工程机械有限公司第四机械厂	郭艾斌
四川宏华石油设备有限公司	胡朝刚
大连金州重型机器集团有限公司	赵国栋
贵州高峰石油机械股份有限公司	闫　肃
江汉石油钻头股份有限公司	仲新梅
德州大陆架石油工程技术有限公司	史卫斌
广州东塑石油钻采专用设备有限公司	何应扬
宁波合力机泵有限公司	匡　伐
合肥神马科技集团有限公司	汪　敏
自贡硬质合金有限责任公司	符　芮
贵州凯星液力传动机械有限公司	万云荧
上海神开石油化工装备股份有限公司	魏建农
四川惊雷科技股份有限公司	颜　军
河北华北石油荣盛机械制造有限公司	赵永军
通化石油化工机械制造有限责任公司	姜淑芬
任丘市博科机电新技术有限公司	王　亮
河南信宇石油机械制造股份有限公司	董丽丽
海城市石油机械制造有限公司	陈　宏
温州一宇密封材料有限公司	朱梅林
温州市华海密封件有限公司	马　明
江苏盐城特达能源（集团）有限公司	唐德乾
江苏如通石油机械股份有限公司	袁新康
兰州兰石集团有限公司	赵俊峰
内蒙古一机集团大地石油机械有限责任公司	李朝明
机械工业第六设计研究院有限公司	刘　勇
中核苏阀科技实业股份有限公司	朱　焰

前　言

《中国石油石化设备工业年鉴》2014年刊记载了2013—2014年上半年我国石油和石油化工设备行业的发展概况，以专业的视角描述了我国石油钻采机械、石油化工设备、海洋油气工程装备、金属压力容器以及波纹管膨胀节等分行业的新亮点，客观展现了行业骨干企业的新面貌，分析预测了我国石油和石油化工设备行业的发展趋势，提出了具有较强针对性的建议。年鉴的出版，不仅为业内企业总结经验、推动工作提供了有益的借鉴，而且为广大读者全面了解我国石油和石油化工设备行业的发展情况、进一步加强合作交流提供了全面和有价值的资料，也为政府部门关注和指导石油和石油化工设备行业的科学发展，提供了重要信息和参考依据。

2013—2014年，在国家“稳增长、调结构、促改革”的宏观调控政策的指导下，行业的发展速度稳中有降，在2013年行业主要经济效益指标中，主营业务收入为5 061.22亿元，同比增长13.13%，增幅下降6个百分点；利润总额为 326.50亿元，同比增长6.23%，增幅下降31.57个百分点。

2013—2014年，在全球经济一体化的影响下国内外市场需求低迷徘徊，2013年全行业出口交货值为635.55亿元，同比增长5.77%，增幅下降了15.84个百分点。行业企业在市场倒逼的形势下，加快了改革创新的发展步伐，向产品创新要效益，淘汰低附加值产品，研制高技术含量、高附加值产品；创新经营理念、延伸产品产业链，由制造型企业向制造服务型企业转型。在贯彻落实一系列推进结构调整、技术创新和节能减排的有力措施下，行业产业规模进一步提高。据统计，2013年行业规模以上企业有1　773家，同比增长10.54%；资产总额为5 060.01亿元，同比增长16.91%。全行业转型升级稳步推进，投资结构继续优化，市场供需基本稳定。

2014年，国际原油价格跌宕起伏，不断攀升的新能源需求和日益增大的能源压力，使非常规油气受到前所未有的重视，非常规油气的开采对石油技术装备提出了更高要求。让我们站在新的历史起点上，在党的十八大精神指引下，积极实施创新发展战略，为实现我国从石油石化设备制造大国向制造强国的转变而努力！

中国石油和石油化工设备工业协会常务副理事长：林钢

广告索引

精鉴石油石化设备工业
服务能源供给

单位名称	页码
中石化石油工程机械有限公司第四机械厂	封面
南阳二机石油装备（集团）有限公司	封二联版
江苏特达能源装备（集团）有限公司	前特联版
上海神开石油化工装备股份有限公司	前特联版
通化石油化工机械制造有限责任公司	前特联版
中核苏阀科技实业股份有限公司	前特联版
机械工业第六设计研究院有限公司	前特联版
河北华北石油荣盛机械制造有限公司	前特联版
贵州高峰石油机械股份有限公司	前特联版
自贡硬质合金有限责任公司	前特页
合肥神马科技集团有限公司	前特页
温州一宇密封材料有限公司	前特页
第十六届中国国际石油石化技术装备展览会	后特页
2015 中国国际油气技术装备展览会	后特页
《中国通用机械工业年鉴》2015 年刊	封三
江苏如通石油机械股份有限公司	封底

油气管道专题

四川惊雷科技股份有限公司	A2-A3

企业风采专栏

宁波合力机泵有限公司	A4-A5
河南信宇石油机械制造股份有限公司	A6-A7
德州大陆架石油工程技术有限公司	A8-A9
广州东塑石油钻采专用设备有限公司	A10
贵州凯星液力传动机械有限公司	A11
兰州兰石集团有限公司	A12
温州市华海密封件有限公司	A13

双金属复合管

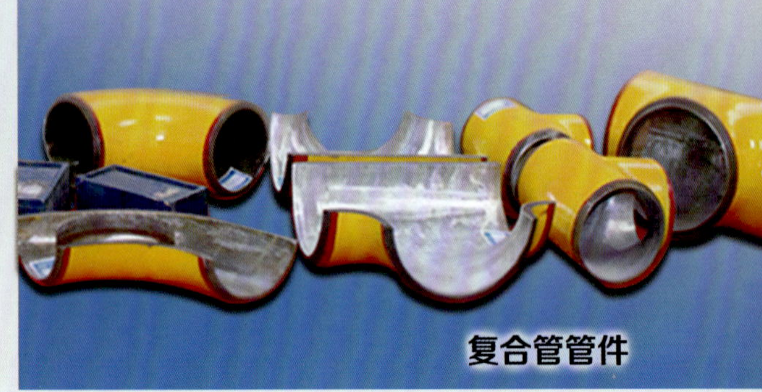
复合管管件

四川惊雷科技股份有限公司地处有“万里长江第一城”美誉的四川省宜宾市，是我国率先实现将爆炸焊接工艺应用于金属复合材料工业化生产的企业，也是目前国内生产能力和产量较大的金属复合材料科研、生产企业，市场占有率居国内同行业前列。公司是“国家高新技术企业”“国家认定企业技术中心”“四川省重大技术装备企业”“四川省知识产权优势培育企业”。公司“惊雷”商标为国内知名商标、四川省著名商标。公司系中国石油和石化工程研究会“石化金属复合材料、复合管和管件及压力容器技术中心。”

公司主要产品及生产规模：

1.年产金属复合材料9万t。公司是行业标准NB/T47002—2009《压力容器用爆炸焊接复合板》的主要起草单位之一，金属复合材料长度达到13m，宽度达到4m，厚度可以达到200mm，可用于石油、石油化工、煤化工、造船、盐化工等。产品畅销全国各省市自治区，并出口欧洲、美洲及亚洲的多个国家和地区。

2.年产双金属冶金复合直缝钢管及管件6万t。公司是我国率先取得双金属冶金复合管生产许可的厂家，生产的双金属冶金复合管最小直径为168mm，最大直径可达1 420mm ，主要适用于天然气集输管道、石油输送管道以及煤化工管道等。目前，正在研制用于海洋石油、天然气输送的双金属和多金属冶金复合管道，已通过美国API认证，获得其会标使用权。

3.压力容器制造和安装3万t/a以上。公司具有生产一、二、三类压力容器的制造资质和一、二类压力容器的设计资质，拥有美国ASM钢印证书，还拥有生产直径可达10m的容器封头生产线两条。公司生产的各类压力容器和封头遍及全国各地，并出口老挝、土库曼斯坦等国家。

4.年产三维肋管50万m。三维肋管是公司拥有发明专利且获得第三十六届布鲁塞尔发明金奖的产品，主要适用于各类高效换热器制作，其换热效率是光管的5~6倍，是一种节能效果很好的换热元件。

公司将始终遵循“诚信天下，做好、做快、做强、做大”的发展方针，和各新老客户共谋发展，为实现民族复兴的中国梦再创辉煌。

四川惊雷科技股份有限公司

公司通信地址：四川省宜宾县孔滩镇
http://www.jinglei-china.com

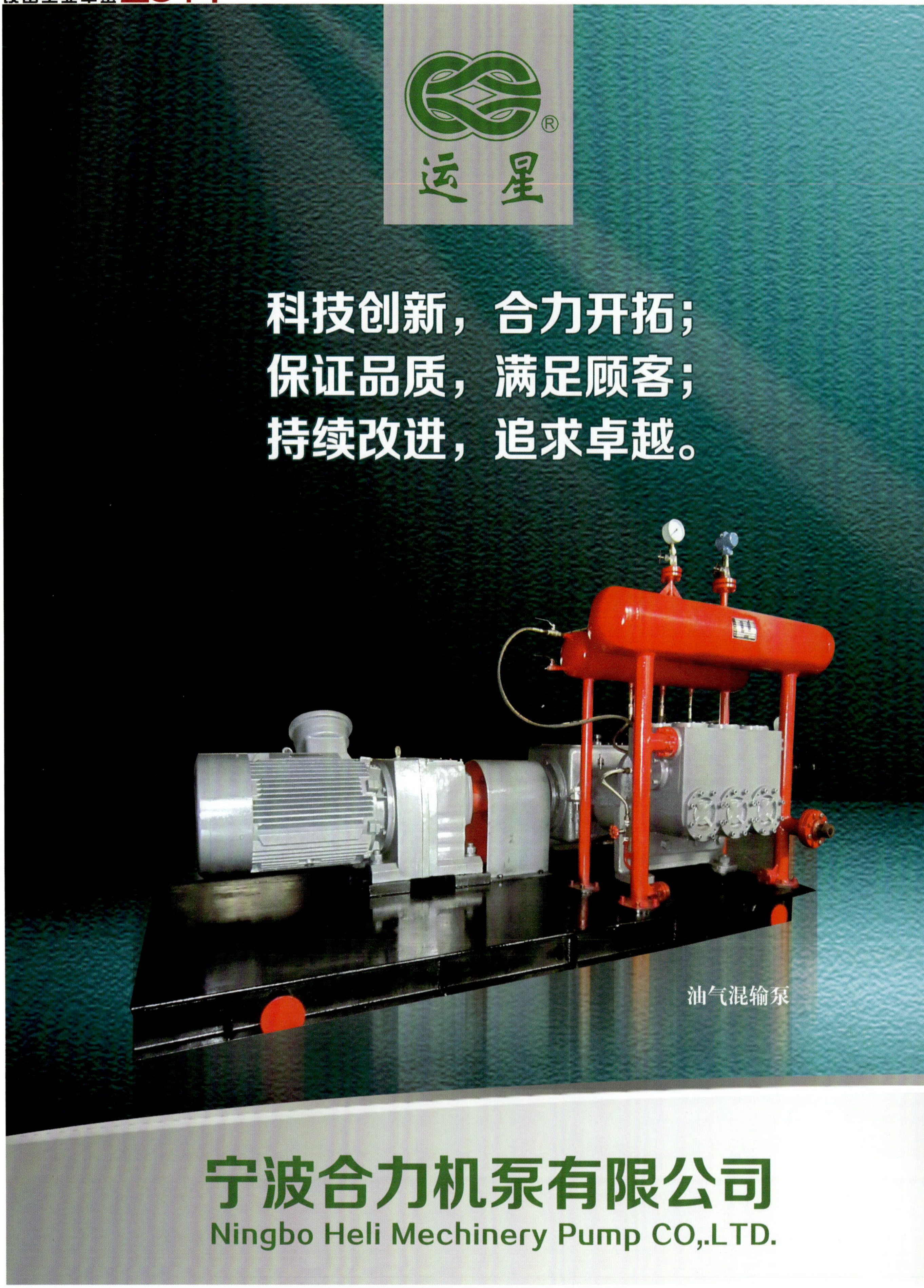
运星
科技创新，合力开拓；
保证品质，满足顾客；
持续改进，追求卓越。
油气混输泵
宁波合力机泵有限公司
Ningbo Heli Mechinery Pump CO,.LTD.

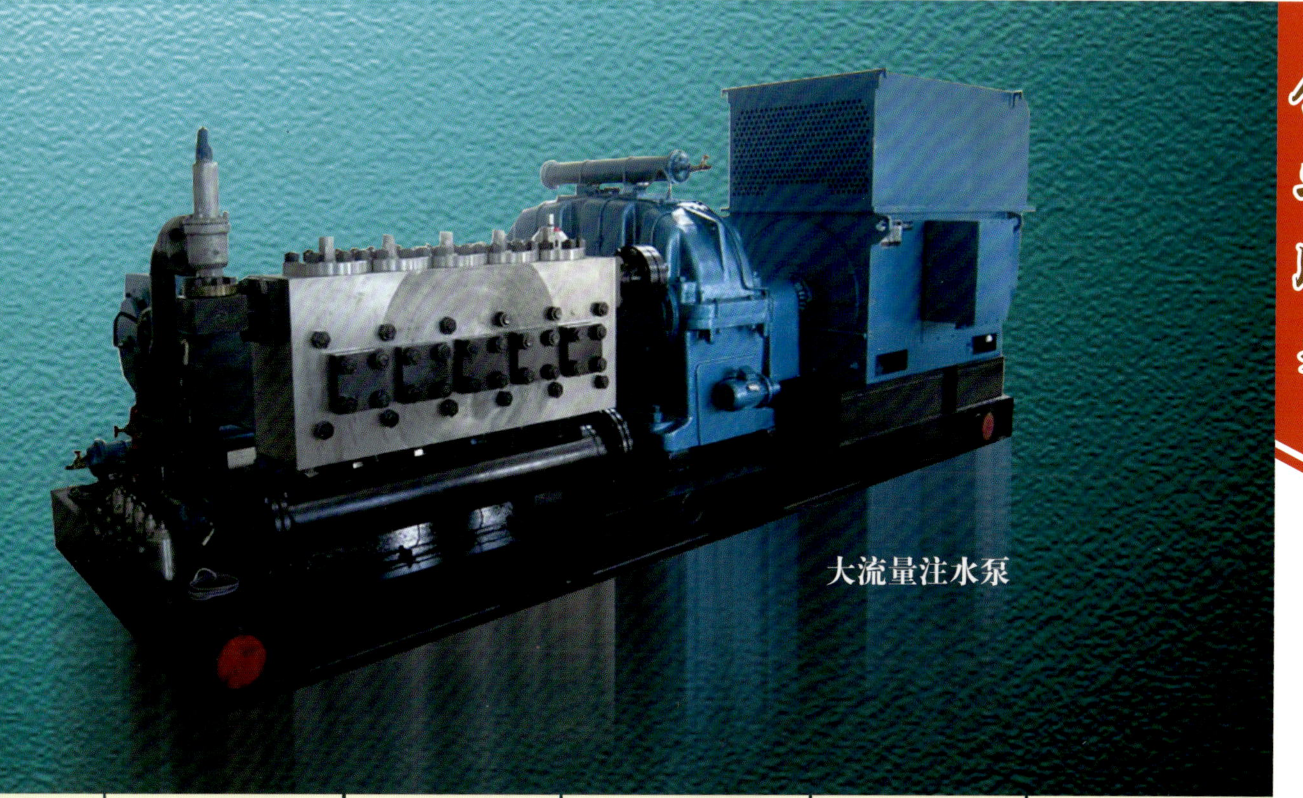

注水泵

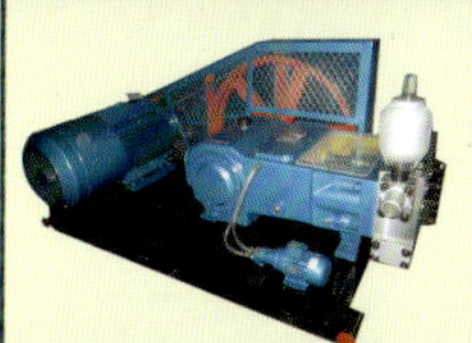
注聚泵

二氧化碳泵

锅炉给水泵

计量泵

泥浆泵

宁波合力机泵有限公司前身是宁波高压泵厂，坐落于宁波市鄞州区高新工业园区，1992年涉足工业容积式往复泵制造领域，历经了二十多年的发展壮大，现已具备规模生产能力。总占地面积30 000m^2，总资产1.2亿元，年产值1.8亿元，年销售额为1.5亿元。公司现有正式职工300人，其中30%的员工为大专以上文化程度，具有中高级以上职称的技术研发人员的比例超过10%，拥有2名享受政府津贴的专家。公司产品多次获得国家、省部委、市级多项科技奖项。

公司的产品市场遍布全国，广泛应用于：钻井、采油和作业三大领域，大庆、胜利、长庆、辽河、新疆、吉林、中原、玉门、吐哈、四川、江汉、江苏等国内各大油田，以及国内化工、水利、煤矿、轻工等拓展领域。部分高端产品远销美国、加拿大、欧洲、南非、东南亚等国家和地区。

公司主导产品有往复式高压注水泵、油气混输泵、注聚合物泵、锅炉给水泵、注二氧化碳泵、增压泵、料浆泵、螺杆泵、泥浆泵、固井泵、计量泵、均质泵、转子泵、楼宇泵等十余系列、千余型号规格。

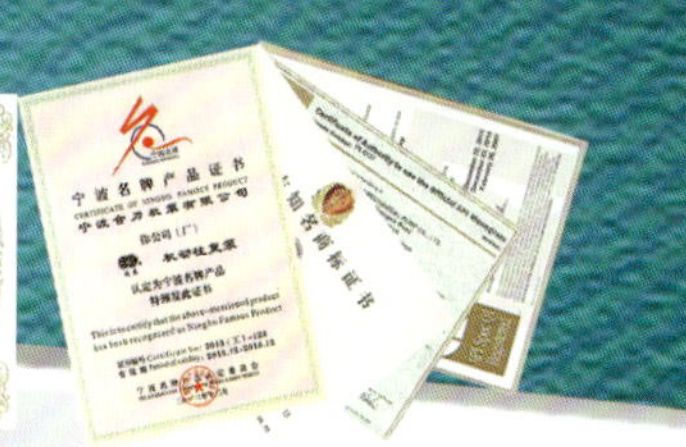

地 址：宁波市鄞州投资创业中心诚信路888号　　邮 编：315105
电 话：0574-88238932 88236316　　传 真：0574-88236316 88238158
http:// www.nbheli.com　　E-mail: jyk@nbgyb.com.cn

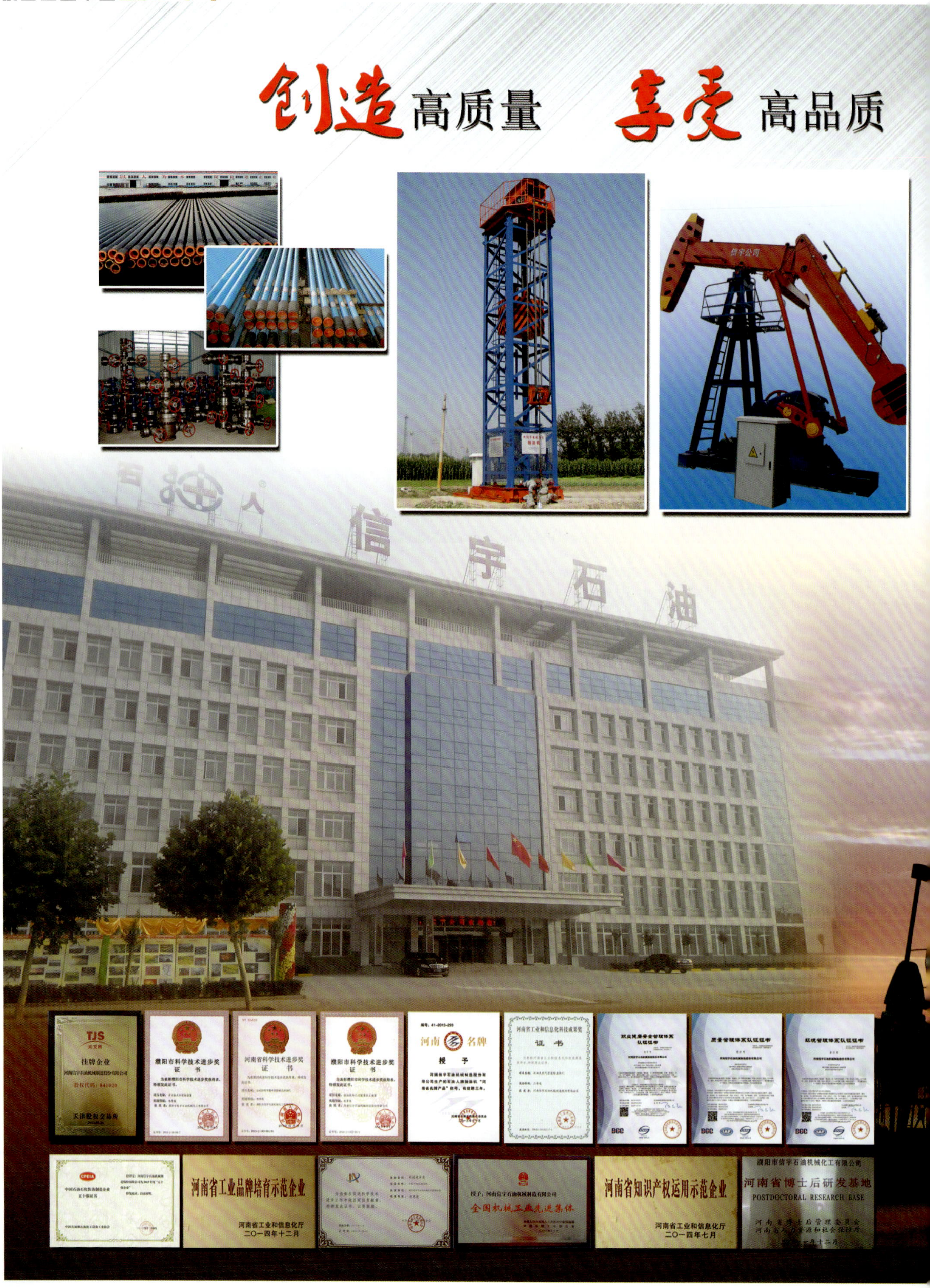
创造高质量　享受高品质
信宇石油
挂牌企业
天津股权交易所
濮阳市科学技术进步奖
河南省科学技术进步奖
河南名牌
河南省工业品牌培育示范企业
河南省工业和信息化厅
二〇一四年十二月
全国机械工业先进集体
河南省知识产权运用示范企业
河南省工业和信息化厅
二〇一四年七月
濮阳市信宇石油机械化工有限公司
河南省博士后研发基地
POSTDOCTORAL RESEARCH BASE

河南信宇石油机械制造股份有限公司

Henan Xinyu Petroleum Machinery Manufacturing Co., Ltd.

河南信宇石油机械制造股份有限公司系中原油田率先从国有企业规范改制的独立法人企业，主要产品有抽油机、抽油泵、井口装置采油树、钻机、油管、套管、射孔枪总成、石油专用工具、油田化工设备配件等。公司自 1998 年 8 月创办以来，始终坚持科学发展观，通过艰苦创业，奋力拼搏，把企业打造成为成长型、创新型、发展型企业。公司现有工程技术人员 183 人，专职研发人员 36 人，已申报国家专利 120 项，每年开发新产品 3 ~ 5 个，其中，W 型曳引抽油机被评为濮阳市科技进步奖一等奖，河南省工业信息化科技成果二等奖，河南省科技进步奖三等奖和全国工商联科技进步奖二等奖。去年又研发了数字化抽油机、数字化油田。2014 年实现产值 2.8 亿元，销售收入 2.5 亿元，利税 2 200 万元，资产总值达 2 亿元。公司 1999 年通过了 ISO9002 质量体系认证，2003 年通过了 ISO9001 质量体系认证，2006 年通过了抽油机等 5 个主导产品的 API 认证，电器产品 3C 认证，ISO14001 环境管理体系认证和 GB/T28001 职业健康安全管理体系认证。公司拥有河南省石油装备工业公共技术研发设计中心、省级企业技术中心，河南省石油钻采机械工程技术中心，河南省博士后研发基地，公司的经济实力和技术实力在同类企业中名列前茅。公司连续多年被评为濮阳市科技先进单位、濮阳市知识产权优势企业、濮阳市科技创新企业、濮阳市优秀民营企业，河南省科技创新十佳单位、河南省科技企业、河南省优秀民营企业、河南省知识产权优势企业、河南省工业知识产权运用示范企业、河南省品牌培育示范企业、中国节能抽油机制造先进单位，中部地区突出贡献单位，全国机械工业先进集体，中国石油装备制造业五十强企业，国家知识产权优势企业，国家高新技术企业。

德州大陆架石油工程技术有限公司隶属中国石化石油工程技术研究院，是集石油井下工具、油田化学助剂研发、生产、销售与服务于一体的高新技术企业，具有30多年的历史。公司研发实力雄厚，生产设施完善，检测手段先进，市场覆盖范围广，在国内外同行业中享有盛誉。

公司拥有日本MAZAK E650H、INT300 、INT300/IV 、QT300、 QTN250、STN550M、 QTN100、 QTN400 、VTC200、 STC34150B、 SR-343B及韩国DOOSAN PUMA 800L等先进的数控加工设备。主要产品包括尾管悬挂器、分级注水泥器、套管扶正器、水泥头、液动射流冲击器、膨胀波纹管及油田化学助剂等。

公司取得API 、ISO 9001、ISO 14001等认证，并获得VAM气密封螺纹技术授权。是全国石油钻采设备和工具标准化委员会井下工具工作部所在单位，主持起草、修订了17项国家和行业标准。先后完成省部级以上重大科研项目60余项，获得重大科技成果奖近30项。获得专利授权46项。

公司产品覆盖国内各陆地和海上油田，并出口到美国、加拿大及俄罗斯等30多个国家。

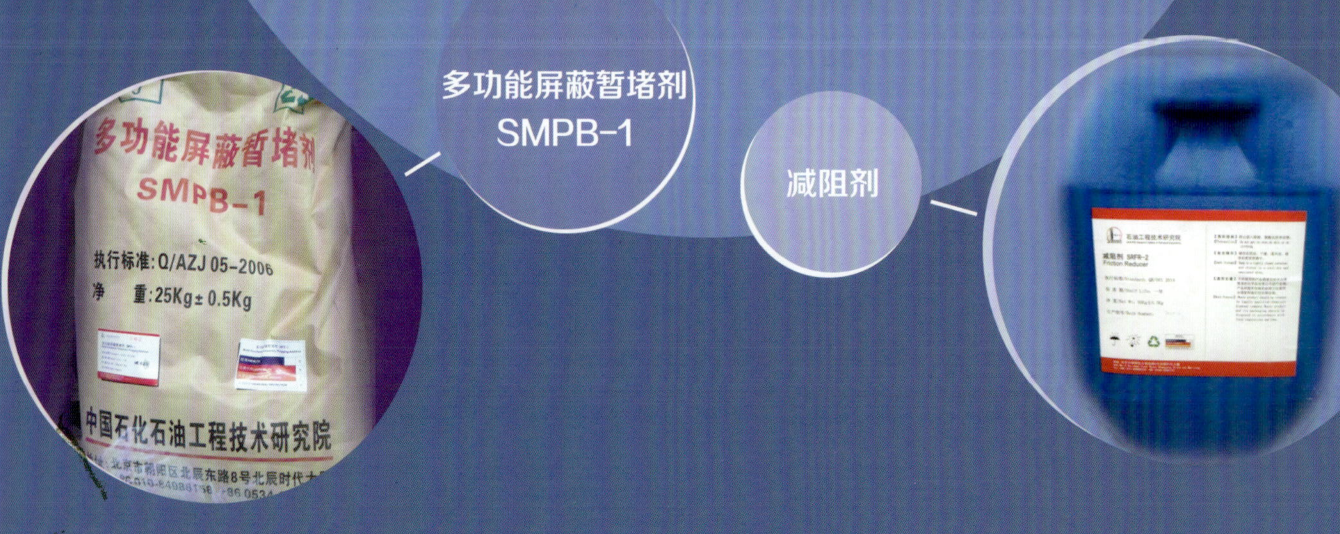

WinStar

企业风采

贵州凯星液力传动机械有限公司

Guizhou Winstar Hydraulic Transmission Machinery Co.,Ltd.

贵州凯星液力传动机械有限公司隶属于中国航天科工集团，是国内大功率液力变速器专业研发制造企业，拥有十多个系列、近百种型号的产品，传递功率覆盖100~2300kW。广泛应用于油气田开采装备、军用特种车辆和高端商用车辆、轨道交通和工程机械等领域。公司生产的SE23800系列液力变速器打破了国外垄断技术，采用了成熟的行星传动方案，具有结构紧凑、重量轻、起动平稳、传动柔和、工作稳定可靠、能随负荷变化自动闭锁增大传动效率等优点，专为油田及煤层气、页岩气开采的2500型、3000型特大功率压裂车、4 000m以上深井钻机泥浆泵等动力传动系统量身打造。

产品优惠的价格、及时的交货期、专业的服务品质赢得了四机厂、胜利孚瑞特、山东科瑞、四川宏华、兰通厂等客户的长久信赖。

公司联合四机厂对3 000马力（1马力=0.735kW）液力变速器进行了近100h的台架性能和可靠性试验，试验取得圆满成功！不久，公司产品将应用于涪陵焦石坝页岩气开采压裂设备，成为国内率先能够用于页岩气开采的大功率液力变速器，完全可以替代双环、卡特、艾里逊等国际知名品牌，为客户提供质优、性价比高、交货和服务及时的产品，为我国页岩气开采做出积极的贡献！欢迎新老客户来函来人洽谈！

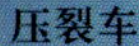

压裂车

泥浆泵

凯星液力“服务万里行活动”

型号	最大输入扭矩（N·m）	最大输入功率kW	净重kg	最大输入转速（r/min）	变矩器K0/循环圆直径	行星变速箱档位减速比	主要用途
SE20800	11 280	2 000	2 130	2 100	1.58 / Φ508	空档0、一档3.79、二档2.73、三档2.22、四档1.78、五档1.59、六档1.28、七档1.00、八档0.72	配套：2 200~2 700马力压裂车、F-1 300/1 600钻井泥浆泵
SE20600			2 100				
SE23600	12 800	2 300	2 120		1.96 / Φ584	空档0、一档3.79、二档2.73、三档2.22、四档1.59、五档1.00、六档0.72	
SE23800 / SE23800A			2 150				配套：2 500~3 200马力压裂车
SE23800B			2 150		1.58 / Φ584	空档0、一档3.79、二档2.73、三档2.22、四档1.78、五档1.59、六档1.28、七档1.00、八档0.72	

地址：贵州省遵义市大连路贵州航天高新技术产业园 电话：0851-28611532 传真：0851-28690532

E-mail:gzkxxs@163.com http:// www.gzkx.net

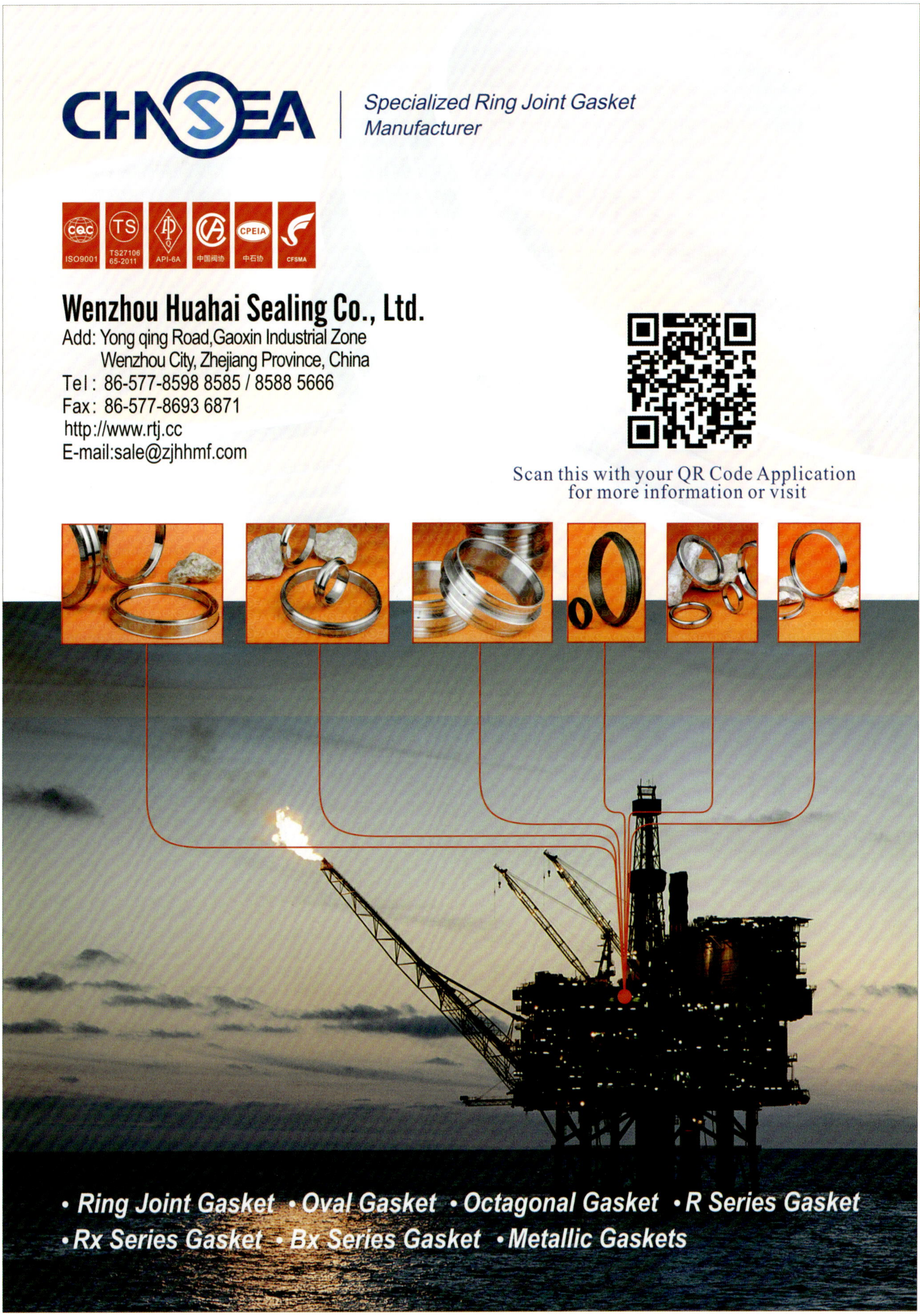
CHNSEA
Specialized Ring Joint Gasket
Manufacturer
CQC
ISO9001
TS
TS27106
65-2011
API-6A
中国阀协
CPEIA
中石协
CFSMA
Wenzhou Huahai Sealing Co., Ltd.
Add: Yong qing Road,Gaoxin Industrial Zone
Wenzhou City, Zhejiang Province, China
Tel: 86-577-8598 8585 / 8588 5666
Fax: 86-577-8693 6871
http://www.rtj.cc
E-mail:sale@zjhhmf.com
Scan this with your QR Code Application
for more information or visit
• Ring Joint Gasket • Oval Gasket • Octagonal Gasket • R Series Gasket
• Rx Series Gasket • Bx Series Gasket • Metallic Gaskets

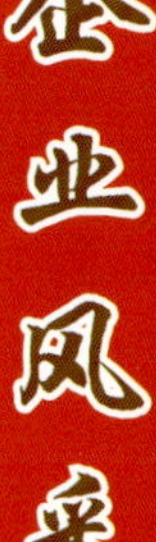

《制冷空调及配附件产品供应目录》

由中国制冷空调工业协会和机械工业信息研究院共同编纂，机械工业出版社出版。该书自 2004 年开始滚动出版，反映了制冷空调行业的基本状况和国内外产品的最新技术动向。至今，已经出版了 5 次。

内容简介：收录国内外主要制冷空调设备及配附件生产企业的产品信息、生产企业名录，突出展示企业的新型、特色、优质、节能及环保产品。

发行方式：全国新华书店发行，网站数据库查询，定向精确发售或赠送。

《制冷空调及配附件产品供应目录》（2015 版）

现已开始征稿，望广大企业踊跃参与！

联系电话：010-88379816 68997966

制冷目录文件

综合索引

石化年鉴微信

精鉴石油石化设备工业
服务能源供给

综述

记录2013年我国石油和石油化工设备行业以及石油和化工行业的经济运行状况，分析2013年我国石化通用机械进出口情况，介绍2014年1—8月我国石油和石油化工设备行业的经济运行情况

P3～28

专文

介绍我国非常规油气开发钻井技术与装备现状及发展趋势，我国海洋油气工程装备的现状和发展趋势，海上气田的天然气输出方案与装备，以及我国十大石油新装备等

P31～73

行业概况

介绍我国石油和石油化工设备行业各分行业的发展状况

P77～110

地区和市场概况

介绍我国石油和石油化工装备制造产业集群和市场发展状况

P113～144

50强企业和名牌产品

公布2013—2014年度中国石油石化装备制造业50强企业和名牌产品名单，详细介绍50强企业和名牌产品生产企业的发展概况

P147～186

统计资料

客观反映2013年石油和石油化工设备行业各分行业主要经济指标，以及石油钻采设备、炼油化工设备、压力容器和输油管道四大类产品的进出口情况

P189～222

产品与项目

介绍国家重点节能技术推广目录、国家发展改革委审批通过的项目及我国石油石化设备行业创新技术与装备

P225～248

标准和认证

详细介绍2013—2014年发布的与石油和石油化工设备相关的国家标准和行业标准

P251～267

政策法规

解读国家发布的与石油和石油化工设备相关的政策、法规，为行业、企业的发展指明方向

P271～280

大事记

从政策、工程项目、企业、市场和技术等方面记录2013年我国石油和石油化工设备行业发生的重大事件

P283～288

附录

介绍海洋工程装备科研项目指南、国家支持发展的重大技术装备和产品目录及重大技术装备和产品进口关键零部件、原材料目录等

P291～312

中国机械工业年鉴系列

《中国机械工业年鉴》

《中国电器工业年鉴》

《中国工程机械工业年鉴》

《中国机床工具工业年鉴》

《中国通用机械工业年鉴》

《中国机械通用零部件工业年鉴》

《中国模具工业年鉴》

《中国液压气动密封工业年鉴》

《中国重型机械工业年鉴》

《中国农业机械工业年鉴》

《中国石油石化设备工业年鉴》

《中国塑料机械工业年鉴》

《中国齿轮工业年鉴》

《中国磨料磨具工业年鉴》

《中国热处理行业年鉴》

《中国机电产品市场年鉴》

编辑说明

一、《中国机械工业年鉴》是由中国机械工业联合会主管、机械工业信息研究院主办、机械工业出版社出版的大型资料性、工具性年刊，创刊于 1984 年。

二、根据行业需要，1998 年中国机械工业年鉴编辑委员会开始出版分行业年鉴，逐步形成了中国机械工业年鉴系列。该系列现已出版了《中国电器工业年鉴》《中国工程机械工业年鉴》《中国机床工具工业年鉴》《中国通用机械工业年鉴》《中国机械通用零部件工业年鉴》《中国模具工业年鉴》《中国液压气动密封工业年鉴》《中国重型机械工业年鉴》《中国农业机械工业年鉴》《中国石油石化设备工业年鉴》《中国塑料机械工业年鉴》《中国齿轮工业年鉴》《中国磨料磨具工业年鉴》《中国热处理行业年鉴》和《中国机电产品市场年鉴》。

三、《中国石油石化设备工业年鉴》由中国石油和石油化工设备工业协会及中国机械工业年鉴编辑委员会共同编撰，2007 年创刊，每年出版，2014 版为第 8 期。本年鉴集中反映了石油石化设备行业的发展情况，全面系统地提供了石油石化设备行业各分行业的主要经济技术指标以及地区和市场发展状况。

四、2014 版《中国石油石化设备工业年鉴》由综述、专文、行业概况、地区和市场概况、50 强企业和名牌产品、统计资料、产品和项目、标准和认证、政策法规、大事记和附录 11 个栏目构成，统计数据由中国石油和石油化工设备工业协会提供，数据截至 2013 年 12 月。

五、在年鉴编撰过程中得到了中国石油和石油化工设备工业协会及所属分会、相关行业协会、研究院所和企业的大力支持和帮助，在此深表谢意。

六、未经中国机械工业年鉴编辑部的书面许可，本书内容不得以任何形式转载。

七、由于水平有限，难免出现错误及疏漏，敬请批评指正。

中国机械工业年鉴编辑部

2015 年 2 月

目　录

综　述

2013年我国石油和石油化工设备行业经济运行情况……3
2014年1—8月我国石油和石油化工设备行业经济运行情况……12
2013年我国石油和化工行业经济运行回顾与2014年发展分析……16
2013年我国石化通用机械行业进出口分析……25

专　文

我国非常规油气开发钻井技术与装备现状及发展趋势……31
海上气田天然气输出方案与装备的探讨……34
我国海洋油气工程装备的现状和发展趋势……41
2013年我国膨胀节安全生产及标准、质量管理情况……45
我国十大石油新装备……60
世界油气装备产业发展情况……67

行业概况

2013年我国锅炉及压力容器制造行业发展情况……77
我国海洋油气钻采装备制造业发展综述……84
2013年我国抽油杆制造行业发展概况……91
2013年国内外ASME持证厂商分析……95

地区和市场概况

我国炼油市场2013年回顾与2014年展望……113
2013年世界石化市场与我国石化市场概况……120
我国石油装备产业集群发展概况……130
长庆油田公司设备的现状及采购需求……142

50强企业和名牌产品

2013—2014年度中国石油石化装备制造业50强企业名单……147
2013—2014年度中国石油石化装备制造业名牌产品……148
企业介绍……151

统计资料

2013年我国石油和石油化工设备行业主要经济指标……189
2013年我国石油和石油化工设备(产品)进出口量值表……191
2013年我国石油和石油化工设备（产品）主要进出口国家（地区）量值表……196

产品与项目

国家重点节能技术推广目录（第六批）（摘选）……225

2013 年国家发展改革委审批通过的石油化工建设项目……233
近年我国石油石化设备行业创新技术与装备……234
我国石油和石油化工设备行业获"2013 年度中国机械工业科学技术奖"项目……246
上海神开石油化工装备股份有限公司新产品、新技术……246

标准和认证

2013 年全国石油钻采设备和工具国家标准和行业标准制修订计划汇总表……251
国家质量监督检验检疫总局、国家标准化管理委员会 2013 年批准发布的 10 项全国石油钻采设备和工具行业国家标准……253
2013 年第一批石油天然气行业标准制修订项目计划汇总表（全国石油钻采设备和工具部分）……254
2013 年全国石油钻采设备和工具行业标准目录……256
2013 年全国石油钻采设备和工具国家标准复审项目汇总表……257
2013 年全国石油钻采设备和工具行业标准复审项目汇总表……257
2012—2013 年工业和信息化部批准发布的化工行业标准……258
2014 年国家能源局第 1 号公告公布废止的 23 项石油天然气行业标准……260
2014 年国家能源局第 3 号公告公布的 23 项石油天然气行业标准……261
工业和信息化部第 47 号公告公布的 42 项化工行业标准和 6 项石化行业标准……262

政策法规

关于调整重大技术装备进口税收政策的通知……271
国家能源局关于规范煤制油、煤制天然气产业科学有序发展的通知……273
天然气基础设施建设与运营管理办法……274
国家能源局关于印发《油气管网设施公平开放监管办法（试行）》的通知……278

大事记

2013 年我国石油和石油化工设备行业大事记……283

附 录

海洋工程装备科研项目指南（2014 版）……291
重大技术装备进口税收政策规定……298
国家支持发展的重大技术装备和产品目录（2014 年修订）（摘选）……300
重大技术装备和产品进口关键零部件、原材料目录（2014 年修订）（摘选）……302
进口不予免税的重大技术装备和产品目录（2014 年修订）（摘选）……310

Contents

Comprehensive Survey

Economic Situation of China's Petroleum & Petrochemical Equipment Manufacturing Industry in 2013 ········ 3

Economic Situation of China's Petroleum & Petrochemical Equipment Industry in Jan.–Aug., 2014 ········ 12

Economic Review of China's Petroleum & Petrochemical Industry in 2013 and Its Development Analysis in 2014 ········ 16

Analysis of the Import & Export of China's General Petrochemical Machinery Industry in 2013 ········ 25

Article

Current Situation and Development Trend of China's Unconventional Oil and Gas Development Drilling Technology and Equipment ········ 31

Current Situation and Development Trend of China's Offshore Oil Engineering Equipment ········ 34

Discussion of Offshore Gas Field Output Solutions and Equipment ········ 41

Situation of China's Production, Standard and Quality Management of Expansion Joints in 2013 ········ 45

China's Top Ten New Sets of Equipment ········ 60

Development Situation of the World's Oil and Gas Equipment Industry ········ 67

General Situation of the Industry

Development Situation of China's Boiler & Pressure Vessel Manufacturing Industry in 2013 ········ 77

A General Review of China's Offshore Oil and Gas Drilling Equipment Manufacturing Industry ········ 84

Development of China's Sucker Rod Manufacturing Industry in 2013 ········ 91

Analysis of Domestic and International ASME Certified Enterprises in 2013 ········ 95

General Situation of Related Areas and the Market

A Review of China's Oil Refining Market in 2013 and the Prospect in 2014 ········ 113

General Situation of Global & China's Petrochemical Markets in 2013 ········ 120

General Situation of the Cluster Development of China's Oil Equipment Industry ········ 130

Present Situation of Changqing Oilfield's Equipment and Its Procurement Requirements ········ 142

"Top 50" Enterprises & Famous Brand Products

List of "Top 50" Enterprises of China's Petroleum & Petrochemical Equipment Manufacturing Industry in 2013—2014 ········ 147

Famous Brands of China's Petroleum & Petrochemical Equipment Manufacturing Industry in 2013—2014 ········ 148

YearsEnterprise Introduction ········ 151

Statistics Data

2013 Economic Performance Indicators of China's Petroleum & Petrochemical Equipment Industry ······ 189

Schedule of China's Import & Export Value of Petroleum & Petrochemical Equipment in 2013 ········ 191

Schedule of China's Import & Export Value of Petroleum & Petrochemical Equipment with Main Business Partner Countries and Areas in 2013 ········ 196

Products & Items

National Key Energy-saving Technology Promotion Directory (Sixth Batch)(Excerpt) ········ 225

the Petrochemical Construction Projects Approved by the National Development and Reform Commission in 2013 …… 233
New Technology and Equipment Innovated and Adopted by China's Petroleum and Petrochemical Equipment Industry in Recent Years …… 234
Projects of China's Petroleum and Petrochemical Industry That Won the 2013 Science and Technology Award of China Machinery Industry …… 246
New Products and Technology Developed by Shanghai Xingkai Petrochemical Equipment Company Limited …… 246

Standard & Certification

2013 Summary Sheet of the State and Industry Standards Revision Program for China's Oil Drilling Equipment and Tools …… 251
10 State Standards of Oil Drilling Equipment and Tools Approved by the State Administration of Quality Supervision, Inspection and Quarantine and the Committee of National Standardization Management in 2013 …… 253
2013 Summary Sheet of the First Batch of Industry Standards for China Oil Drilling Equipment and Tools …… 254
2013 Standard Directory of China Oil Drilling Equipment and Tools Industry …… 256
2013 Examination Summary Sheet of State Standards for China Oil Drilling Equipment and Tools …… 257
2013 Examination Summary Sheet of Industry Standards for China Oil Drilling Equipment and Tools …… 257
Standards of the Chemical Industry Published by the Ministry of Industry of Information Technology …… 258
Serial Number and Name of 23 Abolished Petroleum & Natural Gas Industry Standards in Accordance with No.1 Announcement Issued by the National Energy Bureau in 2014 …… 260
23 Petroleum & Natural Gas Standards in No.3 Announcement Issued by the National Energy Bureau in 2014 …… 261
42 Industry Standards of the Chemical Industry and 6 Industry Standards of the Petrochemical Industry Released in No. 47 Announcement of the Ministry of Industry and Information Technology …… 262

Policies and regulations

Circular of the Ministry of Finance and the National Development and Reform Commission on the Adjustment of Major Technical Equipment Import Tax Policy …… 271
Circular of the National Energy Bureau on the Orderly andScientific Development of Coal-Produced Oil and Gas Industry …… 273
Regulations for Natural Gas Infrastructure Construction and Operation …… 274
Circular of the National Energy Bureau on the Issuance of "the Open and Fair Supervisory Methods for Oil and Gas Pipe Network Facilities (on Trial)" …… 278

Important Events

Important Events in Petroleum & Petrochemical Equipment Industry in 2013 …… 283

Appendix

Guide to the Scientific Research Projects of Marine Engineering Equipment (2014 Edition) …… 291
The Policy and Provisions on Major Technical Equipment Import Tax …… 298
Catalog of the State-Supported Major Development Projects and Technical Products (Revised in 2014) (Excerpt) …… 300
Catalog of Imported Raw Materials and Key Parts and Components of Major Technical Equipment and Products (Revised in 2014) (Excerpt) …… 302
Catalog of Major Technical Equipment and Products Not Exempted from Import Tax (Revised in 2014) (Excerpt) …… 310

中国
石油
石化
设备
工业
年鉴
2014

综
述

记录2013年我国石油和石油化工设备行业以及石油和化工行业的经济运行状况，分析2013年我国石化通用机械进出口情况，介绍2014年1-8月我国石油和石油化工设备行业的经济运行情况

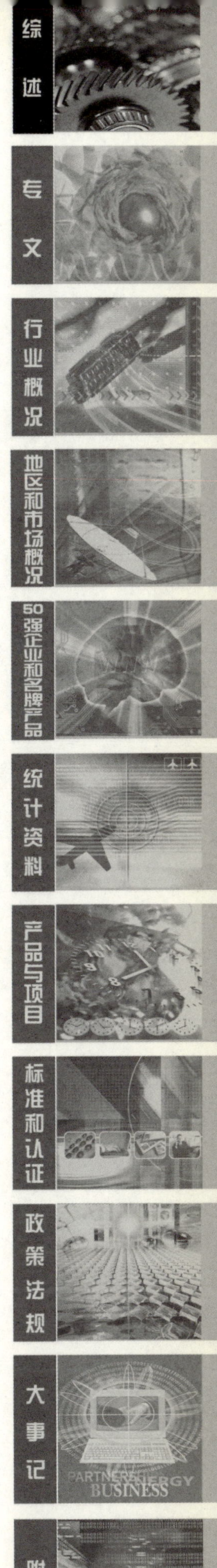

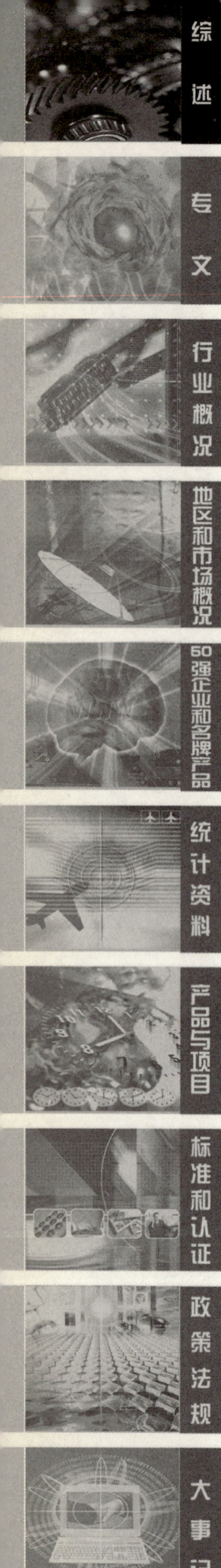

2013年我国石油和石油化工设备行业经济运行情况
2014年1—8月我国石油和石油化工设备行业经济运行情况
2013年我国石油和化工行业经济运行回顾与2014年发展分析
2013年我国石化通用机械行业进出口分析

2013年我国石油和石油化工设备行业经济运行情况

我国石油和石油化工设备制造行业（简称“石油石化设备行业”）包括：石油钻采专用设备制造（简称石油钻采设备）、海洋工程专用设备制造（简称海洋工程设备）、炼油及化工生产专用设备制造（简称炼油化工设备）和金属压力容器制造（简称金属压力容器）等机械工业142个小类行业中的4个小行业，并分别属于三个不同的中类行业（中类编号为351、352、333），行业范围相对特殊和复杂。

一、2013年石油石化设备行业经济运行情况

根据国家统计局和海关总署提供的行业相关经济数据，2013年石油石化设备行业产业规模有了进一步提高，规模以上企业数量同比增长10.54%，主要经济指标中除进出口总额同比减少外，其他指标保持了一定程度的增长，但与2012年相比增长幅度有较大的回落。2013年石油石化设备行业主要经济指标汇总见表1。

表1　2013年石油石化设备行业主要经济指标汇总

主要经济指标	单位	2012年		2013年		增幅（百分点）
		年度累计值	同比增长（%）	年度累计值	同比增长（%）	
规模以上企业数	家	1 604	7.87	1 773	10.54	2.67
出口交货值	亿元	303.06	23.38	635.55	5.77	-17.61
资产总额	亿元	3 130.92	22.69	5 060.01	16.91	-5.78
负债总额	亿元	1 760.88	22.95	2 938.05	16.56	-6.39
主营业务收入	亿元	3 565.73	19.13	5071.22	13.13	-6.00
利润总额	亿元	252.43	37.80	326.50	6.23	-31.57
税金总额	亿元	120.34	31.46	166.66	8.29	-23.17
进出口总额	亿美元	262.87	0.41	255.05	-2.97	-3.38
其中：出口总额	亿美元	195.76	-0.23	185.17	-5.41	-5.18
进口总额	亿美元	67.12	2.32	69.88	4.13	1.81
贸易顺差	亿美元	128.64	-1.52	115.29	-10.38	-8.86

注：进出口额根据海关总署提供的行业60种产品的数据统计，其他经济指标根据国家统计局提供的数据统计。

1. 规模以上企业增长情况及其分布

根据国家统计局提供的数据统计，截至2013年年底，我国石油石化设备行业规模以上企业1 773家，同比增长10.54%，增速比2012年提高了2.67个百分点。其中，海洋工程设备制造企业（按行业）和大型企业（按企业规模）同比增长分别高达58.62%和63.33%。海洋工程设备制造企业大幅增加与部分造船企业向海洋工程设备制造转型有关。2013年石油石化设备行业规模以上企业增长和分布情况见表2。

表2　2013年石油石化设备行业规模以上企业增长和分布情况

企业分类	2012年		2013年		同比增长（%）
	企业数（家）	占总量比例（%）	企业数（家）	占总量比例（%）	
合　计	1 604	100.00	1 773	100.00	10.54
按小行业分类					

（续）

企业分类	2012 年		2013 年		同比增长（%）
	企业数（家）	占总量比例（%）	企业数（家）	占总量比例（%）	
石油钻采设备	718	44.76	799	45.06	11.28
海洋工程设备	29	1.81	46	2.59	58.62
炼油化工设备	433	27.00	458	25.83	5.77
金属压力容器	424	26.43	470	26.51	10.85
按企业规模分类					
大型企业	30	1.87	49	2.76	63.33
中型企业	231	14.40	243	13.71	5.19
小型企业	1 343	83.73	1 481	83.53	10.28
按企业经济类型分类					
国有企业	114	7.11	118	6.66	3.51
民营企业	1 305	81.36	1 447	81.61	10.88
三资企业	114	7.11	125	7.05	9.65
其他	71	4.43	83	4.68	16.90

注：国有企业指国有控股企业，民营企业包括集体控股和私人控股企业，三资企业包括港澳台商控股和外商控股企业，下同。

2. 行业出口增长乏力，出口交货值增速回落幅度加大

2013 年，石油石化设备行业出口交货值累计完成 635.55 亿元，同比增长 5.77%，增幅比上年同期下滑了 15.84 个百分点，回落幅度大于预期。

从分行业看，仅炼油化工设备制造业出口交货值累计同比增长 11.81%，保持了两位数的增长水平；金属压力容器制造业同比下降 12.80%，这与当前金属压力容器出口产品数量少、附加值低、国际竞争力不强有关；由于海洋工程设备制造企业分布发生了变化，企业数量大幅增加，且基本都是大型企业，带来出口量增大，也增加了海洋工程设备出口交货值占总量的比例，占比近 50%，贡献率也高达 75.95%，超过原来的石油钻采设备，成为出口第一大户。

从企业规模看，大型企业优势明显，出口交货值 382.79 亿元，占全行业总量的比例超过 60%，同比增长 6.68%，大于全行业平均水平，贡献率高达 69.20%。

从企业经济类型看，国有企业出口交货值完成 313.12 亿元，占全行业总量的比例近 50%，但同比增长仅为 2.20%，增幅下滑严重；而民营企业和三资企业同比增长远高于国有企业，达到两位数的水平；其他经济类型企业出口交货值下降 56.87%，但其占行业比例很小。2013 年石油石化设备行业出口交货值对比见表 3。

表 3　2013 年石油石化设备行业出口交货值对比

企业分类	出口交货值（亿元）	占总量比例（%）	同比增长（%）	贡献率（%）	增幅（百分点）
合　计	635.55	100.00	5.77	100.00	-17.61
按小行业分类					
石油钻采设备	258.34	40.65	3.78	27.13	-26.93
海洋工程设备	314.87	49.54	9.12	75.95	-23.62
炼油化工设备	32.01	5.04	11.81	9.76	-5.23
金属压力容器	30.33	4.77	-12.80	-12.84	-6.88
按企业规模分类					
大型企业	382.79	60.23	6.68	69.20	-8.76
中型企业	181.73	28.59	3.98	20.06	-17.41
小型企业	71.03	11.18	5.53	10.74	-31.75

（续）

企业分类	出口交货值（亿元）	占总量比例（%）	同比增长（%）	贡献率（%）	增幅（百分点）
按企业经济类型分类					
国有企业	313.12	49.27	2.20	19.44	-12.19
民营企业	153.27	24.12	18.68	69.61	-17.92
三资企业	159.75	25.14	11.30	46.79	-3.89
其他	9.42	1.48	-56.87	-35.84	-72.63

从2—12月出口交货值增长的对比数据看，月度累计出口交货值同比增长除3月份达到10.56%的两位数外，其他月份增速已跌至个位数。环比增长上半年呈高位震荡波动走势，下半年缓慢下行。2013年2—12月石油石化设备行业月度出口交货值及增长情况对比见表4。

表4　2013年2—12月石油石化设备行业月度出口交货值及增长情况对比

月　份	企业数（家）	单月出口交货值			月度累计出口交货值		
		金额（亿元）	环比增长（%）	同比增长（%）	金额（亿元）	环比增长（%）	同比增长（%）
2013.2	1 712				62.47		6.45
2013.3	1 713	45.38		22.3	102.14	63.50	8.62
2013.4	1 717	31.08	-31.51	-4.44	139.88	36.95	9.47
2013.5	1 718	36.81	18.44	14.54	176.74	26.35	10.56
2013.6	1 729	58.18	58.05	2.44	305.78	73.01	4.59
2013.7	1 735	52.03	-10.57	-6.21	357.94	17.06	2.86
2013.8	1 745	56.64	8.86	6.31	414.03	15.67	3.17
2013.9	1 750	63.11	11.42	29.51	477.67	15.37	6.38
2013.10	1 751	53.14	-15.80	17.25	528.84	10.71	6.87
2013.11	1 752	50.74	-4.52	-0.81	583.81	10.39	6.89
2013.12	1 773	57.39	13.11	-0.51	635.55	8.86	5.77

3. 石油石化设备行业主要产品产量

2013年石油石化设备行业列入国家统计局统计口径的主要产品由原来的3种减少到“石油钻采设备”1种。截至2013年12月，全国17个省市的118家企业累计完成石油钻采设备485 701台（套），同比增长17.83%。2013年石油石化设备累计产品产量见表5。

表5　2013年石油石化设备累计产品产量

产品名称	企业数（家）	累计产量（台／套）	上年同期累计产量（台／套）	同比增长（%）
石油钻采设备	118	485 701	412 209	17.83

注：从石油钻采设备产量的数量级看，该产品数量应包括零配件和附件等。

4. 石油石化设备行业主要经济效益指标

（1）资产总额。截至2013年12月，石油石化设备行业资产总额为5 060.01亿元，同比增长16.91%，增幅比上年同期下滑了5.78个百分点。

从分行业看，石油钻采设备制造业资产总额占全行业的比例超过50%，同比增长最高，增长贡献率达63.69%；炼油化工设备制造业资产总额同比增长最低，增幅下滑高达23.60个百分点。

从企业规模看，中型企业同比增长为9.45%，低于行业平均水平。

从企业经济类型看，其他经济类型企业资产总额同比增长高达82.42%，增幅比上年同期提高了近40个百分点。

2013年石油石化设备行业资产总额情况对比

见表 6。

（2）主营业务收入。2013 年石油石化设备行业主营业收入累计完成 5 071.22 亿元，同比增长 13.13%，增幅较上年同期下滑了 6 个百分点。

从分行业看，石油钻采设备仍然是全行业的主力军，主营业务收入占比高达 55.46%，同比增长 15.88%，增长贡献率为 65.46%。增幅下滑了 7.22 个百分比，下滑幅度大于全行业的平均水平。

从企业规模看，企业数量超过全行业 80% 的小型企业的主营业务收入之和占全行业主营业务总收入的比例为 41.81%，同比增长 18.87%，为全行业最高，增长贡献率为 57.18%。

从企业经济类型看，民营企业具有绝对优势，主营业务收入占比近 60%，同比增长 15.77%，贡献率近 70%；主营业务收入占比仅为 3.74% 的其他经济类型企业，同比增长高达 38.84%，增幅较上年提高了 20.21 个百分点。因为其他经济类型企业占比很小，因而对整个行业影响不大，但可以看出这类企业具有较大的创收能力。

2013 年石油石化设备行业主营业务收入情况对比见表 7。

表 6　2013 年石油石化设备行业资产总额情况对比

企业分类	资产总额（亿元）	占总量比例（%）	同比增长（%）	贡献率（%）	增幅（百分点）
合　计	5 060.01	100.00	16.91	100.00	-5.78
按小行业分类					
石油钻采设备	2 545.67	50.31	22.42	63.69	-3.84
海洋工程设备	1 008.55	19.93	11.97	14.73	-1.22
炼油化工设备	826.57	16.34	11.41	11.56	-23.60
金属压力容器	679.22	13.42	12.11	10.03	-7.18
按企业规模分类					
大型企业	2 154.61	42.58	18.47	45.90	-5.70
中型企业	1 346.18	26.60	9.45	15.88	-5.32
小型企业	1 559.22	30.81	21.87	38.22	-7.14
按企业经济类型分类					
国有企业	2 009.46	39.71	16.32	38.52	-5.81
民营企业	2 084.60	41.20	13.13	33.06	-11.03
三资企业	686.64	13.57	13.53	11.18	0.68
其他	279.31	5.52	82.42	17.24	39.51

表 7　2013 年石油石化设备行业主营业务收入情况对比

企业分类	主营业务收入（亿元）	占总量比例（%）	同比增长（%）	贡献率（%）	增幅（百分点）
合　计	5 071.22	100.00	13.13	100.00	-6.00
按小行业分类					
石油钻采设备	2 812.37	55.46	15.88	65.46	-7.22
海洋工程设备	604.20	11.91	4.73	4.64	-3.84
炼油化工设备	848.40	16.73	10.79	14.03	-3.97
金属压力容器	806.25	15.90	13.10	15.87	-4.08
按企业规模分类					
大型企业	1 647.89	32.49	8.32	21.50	-4.80
中型企业	1 303.16	25.70	10.65	21.32	-2.04
小型企业	2 120.17	41.81	18.87	57.18	-6.60

（续）

企业分类	主营业务收入（亿元）	占总量比例（%）	同比增长（%）	贡献率（%）	增幅（百分点）
按企业经济类型分类					
国有企业	1 261.38	24.87	4.00	8.23	-10.36
民营企业	3 019.81	59.55	15.77	69.88	-7.47
三资企业	600.60	11.84	14.45	12.89	9.72
其他	189.43	3.74	38.84	9.00	20.21

（3）利润总额。截至2013年12月，石油石化设备行业完成利润总额326.50亿元，同比增长6.23%，增幅较上年同期下滑高达31.57个百分点。

从不同的企业分类看，不同类型企业的利润总额增长很不平衡。大型企业（按企业规模）和国有企业（按企业经济类型）出现同比下降，尤其国有企业同比下降高达41.44%。而炼油化工设备（按小行业）、小型企业（按企业规模）和民营企业（按企业经济类型）则表现较好，同比增长超过15%，分别为17.92%、18.21%和16.70%。其他经济类型企业虽然占总额比例较小，但同比增长却高达40.49%。

石油钻采设备制造业利润总额增幅虽然下滑严重，但由于其利润总额占全行业利润总额的比例较高（60.53%），因此，其对行业利润总额增长的贡献较大，贡献率高达71.10%；小型企业（按企业规模）和民营企业（按企业经济类型）对行业利润增长的贡献率超过100%，分别为118.61%和172.53%；而海洋工程设备、大型企业和国有企业由于增幅下降，导致对行业利润增长的贡献率为负数，对全行业利润总额的增长造成严重影响。

2013年石油石化设备行业利润总额情况对比见表8。

表8　2013年石油石化设备行业利润总额情况对比

企业分类	利润总额（亿元）	占总量比例（%）	同比增长（%）	贡献率（%）	增幅（百分点）
合　计	326.50	100.00	6.23	100.00	-31.57
按小行业分类					
石油钻采设备	197.62	60.53	7.40	71.10	-49.53
海洋工程设备	18.91	5.79	-30.78	-43.88	-38.22
炼油化工设备	61.28	18.77	17.92	48.60	12.86
金属压力容器	48.69	14.91	10.52	24.18	-12.79
按企业规模分类					
大型企业	93.12	28.52	-7.29	-38.24	-61.30
中型企业	85.84	26.29	4.58	19.63	-15.08
小型企业	147.54	45.19	18.21	118.61	-27.11
按企业经济类型分类					
国有企业	32.31	9.90	-41.44	-119.31	-86.84
民营企业	231.04	70.76	16.70	172.53	-25.81
三资企业	51.70	15.84	12.30	29.55	12.80
其他	11.45	3.51	40.49	17.23	6.52

（4）税金总额。截至2013年12月，石油石化设备行业完成税金总额（营业税金及附加与应交增值税之和）166.66亿元，同比增长8.29%，增幅比上年同期下滑23.17个百分点。

从分行业看，石油钻采设备行业税金总额为90.34亿元，占全行业的比例为54.21%，但同比增长仅为2.08%，增幅下滑了32.54个百分点，贡献率仅为14.39%；金属压力容器行业同比增长达到

24.04%，远远高于全行业的平均值，贡献率也高达43.13%。

从企业规模看，小型企业税金总额为70.66亿元，同比增长22.53%，对全行业税金增长的贡献率大于100%；大型企业税金总额同比下降了6.60%，增幅下滑了32.15个百分点。

从企业经济类型看，国有企业表现不佳，税金总额同比下降了5.44%，增幅下滑了38.52个百分点；民营企业完成税金总额105.64亿元，占行业总量的63.39%，贡献率高达86.32%。2013年石油石化设备行业税金总额情况对比见表9。

表9　2013年石油石化设备行业税金总额情况对比

企业分类	税金总额*（亿元）	占比（%）	同比增长（%）	贡献率（%）	增幅（百分点）
合　计	166.66	100.00	8.29	100.00	-23.17
按小行业分类					
石油钻采设备	90.34	54.21	2.08	14.39	-32.54
海洋工程设备	15.57	9.34	15.67	16.53	-12.40
炼油化工设备	32.34	19.41	11.41	25.95	-0.02
金属压力容器	28.41	17.05	24.04	43.13	-11.76
按企业规模分类					
大型企业	54.67	32.80	-6.60	-30.27	-32.15
中型企业	41.34	24.80	9.65	28.49	-21.62
小型企业	70.66	42.40	22.53	101.78	-11.57
按企业经济类型分类					
国有企业	36.57	21.94	-5.44	-16.48	-38.52
民营企业	105.64	63.39	11.64	86.32	-19.16
三资企业	17.48	10.49	12.45	15.16	-14.08
其他	6.97	4.18	37.85	15.00	-7.35

注：税金总额为营业税金及附加与应交增值税之和。

（5）负债总额。2013年，石油石化设备行业负债总额为2 938.05亿元，同比增长16.56%，增幅降低6.39个百分点。资产负债率为58.06%，低于合理范围的高限60%。

从企业的不同分类看，海洋工程设备企业、大型企业和国有企业的负债总额同比增长均高于20%，且资产负债率都大于60%。此外，其他经济类型企业资产负债率同比增长高达85.43%，但资产负债率控制在60%之下。2013年石油石化设备行业负债总额情况对比见表10。

表10　2013年石油石化设备行业负债总额情况对比

企业分类	负债总额（亿元）	占总量比例（%）	同比增长（%）	资产负债率（%）	增幅（百分点）
合　计	2 938.05	100.00	16.56	58.06	-6.39
按小行业分类					
石油钻采设备	1 364.16	46.43	24.03	53.59	-2.64
海洋工程设备	736.80	25.08	14.42	73.06	2.94
炼油化工设备	470.53	16.01	10.96	56.93	-24.51
金属压力容器	366.56	12.48	3.91	53.97	-17.36
按企业规模分类					
大型企业	1 375.85	46.83	21.67	63.86	-5.37
中型企业	790.62	26.91	8.71	58.73	-4.03
小型企业	771.57	26.26	16.46	49.48	-13.95

（续）

企业分类	负债总额（亿元）	占总量比例（%）	同比增长（%）	资产负债率（%）	增幅（百分点）
按企业经济类型分类					
国有企业	1 304.14	44.39	20.27	64.90	-2.73
民营企业	1 087.78	37.02	9.33	52.18	-12.91
三资企业	383.20	13.04	8.41	55.81	-9.79
其他	162.92	5.55	85.43	58.33	40.98

（6）亏损面和亏损额。截至2013年12月，石油石化设备行业亏损企业有185家，亏损面为10.43%，同比增长12.80%；1—12月累计亏损22.20亿元，同比增长高达47.54%。

从分行业看，亏损面和亏损额同比增长最高的是石油钻采设备制造业，亏损面同比增长29.17%，亏损额同比增长高达163.13%，远远高于全行业的平均值。

从企业规模看，大型企业亏损面同比增长100%，但亏损额增长低于全行业的平均值；小型企业亏损面和亏损额同比增长分别为15.27%和84.83%，均高于全行业的平均值。

从企业经济类型看，国有企业亏损严重，亏损面和亏损额同比增长分别为38.10%和432.80%，远远高于全行业的平均值；三资企业遏制亏损效果较好，亏损面和亏损额分别降低4.17%和32.68%。2013年石油石化设备行业企业亏损额和亏损分布情况见表11。

表11　2013年石油石化设备行业企业亏损额和亏损分布情况

企业分类	企业数（家）	亏损面			亏损额	
		亏损企业（家）	占总量比例（%）	同比增长（%）	金额（亿元）	同比增长（%）
合　计	1 773	185	10.43	12.80	22.20	47.54
按小行业分类						
石油钻采设备	799	62	7.76	29.17	14.14	163.13
海洋工程设备	46	7	15.22	0.00	1.44	-59.86
炼油化工设备	458	47	10.26	4.44	3.75	8.65
金属压力容器	470	69	14.68	7.81	2.87	9.02
按企业规模分类						
大型企业	49	4	8.16	100.00	3.69	15.70
中型企业	243	30	12.35	-3.23	8.83	33.38
小型企业	1 481	151	10.20	15.27	9.68	84.83
按企业经济类型分类						
国有企业	118	29	24.58	38.10	10.10	432.80
民营企业	1 447	118	8.15	5.36	5.33	9.66
三资企业	125	23	18.40	-4.17	5.36	-32.68
其他	83	15	18.07	114.29	1.41	324.46

（7）2013年石油石化设备行业月度主要经济效益指标对比情况。根据国家统计局规模以上企业的统计数据分析，石油石化设备行业资产总额同比增长从年初的23.44%下降到年末的16.91%，呈现缓慢下降的趋势；主营业务收入和主营业务成本同比增长先高后低，在12%～16%区间内波动，收入增长基本略高于成本增长；利润总额和税金总额的同比增长呈现“M”型趋势。2013年石油石化设备行业月度主要经济指标值及增长情况见表12。

表12　2013年石油石化设备行业月度主要经济指标值及增长情况

月份	资产总额		主营业务收入		主营业务成本		利润总额		税金总额	
	金额（亿元）	同比增长（%）	金额（亿元）	同比增长（%）	金额（亿元）	同比增长（%）	金额（亿元）	同比增长（%）	金额（亿元）	同比增长（%）
1-2月	3 873.30	23.44	563.58	13.59	483.01	14.45	24.75	-8.15	15.95	17.25
1-3月	3 895.46	20.38	982.65	16.09	839.92	15.72	50.86	19.72	27.17	23.40
1-4月	3 967.49	20.11	1 341.54	16.08	1 146.98	15.22	70.79	27.30	35.66	24.96
1-5月	4 055.85	20.96	1 749.12	15.96	1 501.67	15.44	93.06	24.55	50.36	26.56
1-6月	4 537.78	20.67	2 285.05	13.27	1 960.03	12.78	125.55	18.85	61.19	12.65
1-7月	4 627.86	21.39	2 671.63	12.98	2 294.84	12.80	149.45	20.29	71.66	14.30
1-8月	4 665.08	19.24	3 080.38	12.39	2 649.83	12.23	172.25	20.55	82.87	14.30
1-9月	4 729.69	18.04	3 520.61	12.03	3 022.01	11.77	203.49	22.36	97.30	15.45
1-10月	4 812.93	17.32	3 961.76	12.08	3 391.23	11.74	234.40	19.08	111.60	17.75
1-11月	4 837.08	13.97	4 465.52	12.42	3 804.83	12.14	279.73	18.89	132.36	16.59
1-12月	5 060.01	16.91	5 071.22	13.13	4 288.47	13.33	326.50	6.23	166.66	8.29

（8）石油石化设备行业经济效益评价指标。2013年石油石化设备行业各项主要经济效益评价指标同比下降，除资本保值增值率略高于机械工业水平外，其他各项评价指标均不同程度低于机械工业平均水平，但总体来说处于比较健康的发展状态。其中，总资产贡献率为11.04%，同比降低2.67个百分点；资本保值增值率为117.41%，同比降低4.96个百分点；净资产收益率为16.62%，同比降低3.66个百分点；资产负债率为58.06%，低于合理区间高限的60%；流动资产周转率为1.68次，同比减少0.39次；成本费用利润率为6.90%，同比降低0.74个百分点；主营业务收入利润率为6.44%，同比降低0.64个百分点。从分行业看，海洋工程设备各项指标都处于较低水平。

2013年石油石化设备行业主要经济效益质量评价指标见表13。

表13　2013年石油石化设备行业主要经济效益质量评价指标

评价指标	全行业	分行业			
		石油钻采设备	海洋工程设备	炼油化工设备	金属压力容器
总资产贡献率（%）	11.04	12.71	6.29	12.59	13.47
资本保值增值率（%）	117.41	120.62	105.82	112.00	123.55
净资产收益率（%）	16.62	18.29	7.16	18.18	17.21
资产负债率（%）	58.06	53.59	73.06	56.93	53.97
流动资产周转率（次）	1.68	1.89	0.95	1.73	2.05
成本费用利润率（%）	6.90	7.56	3.28	7.80	6.41
主营业务收入利润率（%）	6.44	7.03	3.13	7.22	6.04

5. 进出口贸易情况

根据海关总署提供的数据，2013年我国石油石化设备制造行业60种主要产品进出口总额为255.05亿美元，同比下降2.97%。其中进口额69.88亿美元，同比增长4.13%；出口额185.17亿美元，同比下降5.41%。全年进出口贸易顺差仍然高达115.29亿美元，但比2012年同期下降10.38%。

在进口方面，进口额同比增长4.13%，增幅较上年提高了1.81个百分点，其中石油钻采设备和海洋工程设备增长分别高达27.51%和276.24%，炼油化工设备由上年的增长2.86%变为下降7.52%。

在出口方面，出口额同比下降5.41%，与上年相比，增幅下降5.18个百分点。除炼油化工设备保持增长4.10%外，其他大类产品均有不同程度的下降。

在贸易顺差方面，虽然全行业仍然有115.29亿美元的贸易顺差，但同比下降10.38%，其中石油钻采设备降幅高达51.75%，炼油化工设备由上年的逆差3.18亿美元变为顺差2.33亿美元。

2013年石油石化设备主要大类产品进出口完成情况见表14。

表14 2013年石油石化设备主要大类产品进出口完成情况

大类名称	进出口总额		进口额		出口额		贸易差额	
	金额（亿美元）	同比增长（%）	金额（亿美元）	同比增长（%）	金额（亿美元）	同比增长（%）	金额（亿美元）	同比增长（%）
石油钻采设备	51.1	0.65	11.96	27.51	39.14	-5.44	27.18	-51.75
炼油化工设备	92.13	-1.91	44.9	-7.52	47.23	4.10	2.33	-
金属压力容器	55.07	-1.31	9.22	12.85	45.85	-3.74	36.63	-7.17
海洋工程设备	56.75	-9.03	3.8	276.24	52.95	-13.72	49.15	36.41
合　计	255.05	-2.97	69.88	4.13	185.17	-5.41	115.29	-10.38

出口金额超3亿美元的单项产品共有16项，其中有14项为顺差；出口金额超5亿美元的单项产品有13项，超10亿美元的单项产品有4项，其中单项产品出口额最高的为24.589 8亿美元。贸易顺差超过3亿美元的单项产品有13项，超过20亿美元的有1项。石油石化设备出口金额超3亿美元的单项产品见表15。

表15 石油石化设备出口金额超3亿美元的单项产品

产品编号	产品名称	单位	数量	金额（万美元）	贸易差额（万美元）
84304119	未列名自推进的石油及天然气钻机	台（套）	309	40 008.19	37 086.70
84314310	石油或天然气钻机的零件	t	287 323	175 895.72	122 479.57
84136090	其他回转式排液泵	台（套）	23 575 239	54 653.20	42 948.98
84138100	未列名液体泵	台（套）	22 822 708	40 042.37	14 204.06
84139100	液体泵零件	t	244 743	149 272.00	78 394.10
84195000	热交换装置	台（套）	740 859	50 204.57	-24 648.71
84198990	未列名利用温度变化处理材料的机器、装备	台（套）	4 210 971	58 407.54	-49 275.42
73071100	无可锻性铸铁管子附件	t	259 381	50 826.88	49 481.18
73071900	可锻性铸铁及铸钢管子附件	t	41 571	55 406.60	50 693.29
73072100	不锈钢制法兰	t	64 180	36 336.42	30 580.68
73079100	其他钢铁制法兰	t	413 986	65 287.69	58 859.31
73079900	未列名钢铁制管子附件	t	277 334	88 866.66	64 188.47
73110090	装压缩气体或液化气体的非零售包装钢铁	t	220 879	50 153.78	43 923.81
89012011	载重量不超过10万t的成品油船	台（套）	101	76 242.96	76 152.20
89012023	载重量超过30万t的成品油船	台（套）	18	181 365.37	181 365.37
89052000	自生式或半潜式等钻井平台和生产平台	台（套）	62	245 898.64	207 978.60

注：自生式或半潜式等钻井平台和生产平台（89052000）由往年归类为石油钻采设备改成归类为海洋工程设备。

二、2013年石油石化设备行业经济运行的主要特点

2013年石油石化设备行业经济运行主要表现为以下特点：

1．规模以上企业数量增长快

石油石化设备行业规模以上企业数量由2012年的1 604家增加到2013年的1 773家，同比增长10.54%。其中，海洋工程设备制造企业占比不到3%，但增长高达58.62%，原因是统计口径的改变，使一些制造海洋工程设备的造船企业统计到海洋工程设备制造而致。

2．出口交货值增长乏力

出口交货值同比增长仅为5.77%，增幅下跌大于预期。同时，四个小行业发展出现不太平

衡的分化趋势：①金属压力容器出口呈严重下降趋势，同比下降12.80%；②由于统计口径变化，海洋工程设备规模以上企业数量大幅增加，导致出口交货值占全行业出口交货值近50%，从而代替石油钻采设备成为全行业出口交货值的第一位，其出口交货值增长的贡献率高达75.95%。

3. 主营业务收入增速回落

主营业务收入虽保持两位数增长，但增幅下滑了6个百分点。石油钻采设备主营业务收入保持绝对优势，占比达55.46%，同比增长和贡献率分别为15.88%和65.46%，为行业最高。

4. 利润增长大幅回落

利润同比增长仅为6.23%，远低于主营业务收入增长。从企业的不同分类看，海洋工程设备、大型企业和国有企业利润总额分别下降30.78%、7.29%和41.44%。此外，石油钻采设备利润额增幅更是大幅回落近50个百分点。

5. 亏损情况恶化

伴随着利润增长的大幅下滑，亏损额同比增长高达47.54%。从企业的不同分类看，其中石油钻采设备、小型企业和国有企业亏损额同比增长高达163.13%、84.83%和432.80%。海洋工程设备亏损额下降59.86%，这是好的一面，但与其利润总额大幅下降不太协调。

6. 整体运行平稳

比较全行业全年月度累计主要经济指标值和同比增长，可以看出：①主营业务收入和主营业务成本同比增长变化趋势基本平稳，除2月和12月主营业务收入增长略小于主营业务成本增长外，其他月份收入增长略大于成本增长。但12月累计数据反映了全年的情况，因此，就全年来说，主营业务收入增长低于主营业务成本增长0.2个百分点。②利润总额全年各月增长表现为两头低中间高，即年初春节期间表现低迷，年末增长缺乏后力。从3月到11月，利润总额增长均在18%以上，表现较为乐观，但12月突然下降到6.23%的低位，全年增长回落严重。

7. 进出口总额和贸易顺差均呈负增长

根据海关总署的数据，2013年进出口总额和贸易顺差分别下降2.97%和10.38%。进口和出口同比增长分别向正负两个不同方向加大，导致贸易顺差减小。虽然贸易顺差减小了，但绝对值仍达到115.29亿美元的高水平，占进出口总额的45%。另外，在全行业出口额负增长的情况下，炼油化工设备取得了同比增长4.10%的较好成绩，使其由原来的逆差转变为顺差。

〔撰稿人：中国石油和石油化工设备工业协会 何正〕

2014年1—8月我国石油和石油化工设备行业经济运行情况

我国石油和石油化工设备（简称石油石化设备）行业2014年1—8月经济运行形势主要表现为：出口交货值呈高速增长态势，主要亮点是主营业务收入和利润总额呈现两位数增长，但增速略低于上年同期；亏损面和亏损额仍居高不下。分析数据表明，国际市场低迷迟缓，国内市场需求不足的局面仍在延续，企业仍面临诸多困难，结构调整和转型升级势在必行。

一、2014年1—8月石油石化设备行业经济运行基本情况及特点

2014年1—8月，石油石化设备行业主营业务收入和利润总额分别完成3 559.10亿元和207.31

亿元，同比增长分别为9.97%和17.44%，增幅较上年同期下滑了2.42个和3.11个百分点。

从各分行业分析，海洋工程设备利润总额增长具有明显优势，同比增长高达68.56%。

从企业规模分析，大型企业主营业务收入和利润总额同比增长不均衡，分别为4.61%和20.90%，增幅相差16.29个百分点。

从企业经济类型分析，国有企业表现落后于民营企业和三资企业，三资企业利润总额同比增长比国有企业高20个百分点，遥遥领先。

2014年1—8月石油石化设备行业主要经济指标累计对比见表1。

表1 2014年1—8月石油石化设备行业主要经济指标累计对比

企业分类	资产总额		主营业务收入		主营业务成本		利润总额	
	金额（亿元）	同比增长（%）	金额（亿元）	同比增长（%）	金额（亿元）	同比增长（%）	金额（亿元）	同比增长（%）
全行业	5 636.70	14.48	3 559.10	9.97	3 072.15	12.59	207.31	17.44
按小行业								
石油钻采设备	2 743.46	16.38	1 875.66	7.90	1 618.47	7.47	123.03	14.84
海洋工程设备	1 208.08	13.70	573.96	14.69	499.81	33.65	27.02	68.56
炼油化工设备	920.76	15.18	581.73	16.90	497.51	19.05	30.12	5.72
金属压力容器	764.40	8.49	527.75	5.56	456.36	5.96	27.14	9.10
按企业规模								
大型企业	2 583.23	14.43	1 211.49	4.61	1 057.10	11.12	67.52	20.90
中型企业	1 436.14	12.37	923.84	12.16	781.83	12.05	57.35	15.95
小型企业	1 617.33	16.50	1 423.77	13.48	1 233.21	14.25	82.45	15.76
按企业经济类型								
国有企业	2 332.26	13.44	907.73	1.21	809.45	10.34	26.30	7.19
民营企业	2 380.28	17.72	2 085.07	12.02	1 779.33	11.97	143.08	17.23
三资企业	724.25	9.42	444.93	18.62	373.93	18.22	35.59	37.19
其　他	199.91	8.66	121.36	17.73	109.44	22.28	2.34	-41.45

石油石化设备行业运行主要特点如下：

1. 主要产品产量同比减少

根据国家统计局发布的统计数据分析，2014年1—7月，我国18个省、市145家企业生产石油钻采设备（包括零部件）累计产量为296 407台（套），同比下降1.82%，增幅比上年同期下滑了2.15个百分点。其中，1—7月累计产量前三名为山东省、江苏省和河南省，分别为92 954台（套）、65 595台（套）和60 671台（套）；同比增长前三名为湖北省、天津市和上海市，分别为50.28%、41.36%和36.43%。

2. 出口交货值同比增速大幅回升，呈高速增长态势

2014年1—8月，石油石化设备出口交货值累计完成522.65亿元，同比增长28.11%，比上年同期增速提高了24.94个百分点，保持高速增长态势，但环比于1—7月，增幅下降了2.06个百分点。

其中，海洋工程设备出口交货值258.94亿元，占全行业的比例近50%，同比增长30.31%，增幅比上年提高了26.88个百分点，增长贡献率达52.52%；金属压力容器占全行业的比例仅为5.73%，但同比增长由负变正，且超过50%，增幅比上年同期提高了72.96个百分点；炼油化工设备增长乏力，同比增长不足两位数，增幅比上年同期下滑了1.26个百分点。

从企业规模看，大型企业表现突出，同比增长高达40.26%，增幅提高了36.56个百分点；小型企业表现不好，同比下降1.99%，降幅比1—7月提高了0.18个百分点。

从企业经济类型看，民营企业增速仍然落后于国有企业和三资企业，同比增长下滑了7.5个百分点；国有企业明显好于上年，同比增长达到20%；三资企业出口交货值同比增长强劲，

高达58.92%，增幅比上年同期提高了45.68个百分点。

2014年1—8月石油石化设备行业出口交货值统计分析见表2。

表2　2014年1—8月石油石化设备行业出口交货值统计分析

企业分类	企业数（家）	出口交货值（亿元）	同比增长（%）	占总量比例（%）	贡献率（%）	增幅（百分点）
合　计	1 881	522.65	28.11	100.00	100.00	24.94
按小行业分列						
石油钻采设备	865	213.79	24.97	40.91	37.25	18.30
海洋工程设备	53	258.94	30.31	49.54	52.52	26.88
炼油化工设备	480	19.97	9.04	3.82	1.44	-1.26
金属压力容器	483	29.95	50.70	5.73	8.79	72.96
按企业规模分列						
大型企业	53	358.48	40.26	68.59	89.73	36.56
中型企业	268	115.48	12.42	22.10	11.13	11.28
小型企业	1 560	48.69	-1.99	9.32	-0.86	-7.74
按企业经济类型分列						
国有企业	116	231.30	20.00	44.26	33.62	23.15
民营企业	1 552	120.21	11.22	23.00	10.57	-7.50
三资企业	129	162.79	58.92	31.15	52.63	45.68
其他	84	8.35	77.18	1.60	3.17	141.86

3. 2014年1—6月石油石化设备行业主要大类产品进出口情况

根据海关总署提供的数据，我国石油石化设备2014年1—6月（统计范围为56种主要产品）进出口总额为121.552 6亿美元，同比增长3.10%。其中进口额33.144 8亿美元，同比下降0.79%；出口额88.407 8亿美元，同比增长4.64%。2014年1—6月进出口贸易顺差比上年增加了4.181 1亿元，达到55.263 1亿美元，同比增长9.19%。

2014年1—6月石油石化设备主要大类产品进出口统计见表3。

1—6月，累计出口金额超2亿美元的单项产品有16项，超3亿美元的有9项。其中，出口额最大的前三项产品分别为石油或天然气钻机的零件（8.701 8亿美元）、液体泵零件（7.808 3亿美元）、载重量超过30万t的成品油船（6.825 4亿美元）。1—6月石油石化设备累计出口金额超2亿美元的单项产品见表4。

表3　2014年1—6月石油石化设备主要大类产品进出口统计

大类名称	进出口总额		进口额		出口额		贸易差额（万美元）
	金额（万美元）	同比增长（%）	金额（万美元）	同比增长（%）	金额（万美元）	同比增长（%）	
石油钻采设备	276 296.31	9.79	65 174.42	7.34	211 121.88	10.57	145 947.46
炼油化工设备	467 713.90	7.43	215 415.39	3.95	252 298.52	10.59	36 883.13
金属压力容器	293 336.63	11.23	50 840.94	21.31	242 495.69	9.32	191 654.76
海洋工程设备	178 178.92	-21.94	16.76	-99.93	178 162.16	-12.67	178 145.41
合　计	1 215 525.75	3.10	331 447.50	-0.79	884 078.25	4.64	552 630.75

表4　1—6月石油石化设备累计出口金额超2亿美元的单项产品

产品编号	产品名称	单位	数量	金额（万美元）	贸易差额（万美元）
84304111	自推进石油及天然气钻机，钻探深度≥6 000m	台（套）	28	27 176.94	23 707.46
84304119	未列名自推进的石油及天然气钻机	台（套）	238	23 505.83	23 505.83

（续）

产品编号	产品名称	单位	数量	金额（万美元）	贸易差额（万美元）
84314310	石油或天然气钻机的零件	t	155 742.129	87 017.60	56 365.99
84136090	其他回转式排液泵	台（套）	12 110 245	29 632.18	24 850.72
84138100	未列名液体泵	台（套）	13 245 665	20 425.90	4 517.53
84139100	液体泵零件	t	123 430 938	78 082.99	44 643.01
84195000	热交换装置	台（套）	474 958	33 034.34	-8 517.16
84198990	未列名利用温度变化处理材料的机器、装备	台（套）	2 263 921	31 061.95	-6 361.45
73071100	无可锻性铸铁管子附件	t	134 228.200	26 599.62	25 917.85
73071900	可锻性铸铁及铸钢管子附件	t	127 930.690	29 931.23	27 950.18
73079100	其他钢铁制法兰	t	205 141.780	31 927.22	28 427.34
73079900	未列名钢铁制管子附件	t	133 992.099	48 813.46	34 392.27
73110090	装压缩气体或液化气体的非零售包装钢铁	t	113 394.331	24 792.66	21 496.70
89012011	载重量不超过 10 万 t 的成品油船	台（套）	48	33 469.47	33 452.72
89012023	载重量超过 30 万 t 的成品油船	台（套）	7	68 253.54	68 253.54
89052000	浮动或潜水式钻探或生产平台	台（套）	48	59 338.23	59 338.23

二、石油石化设备行业经济运行中存在的问题分析

（1）小型企业出口交货值增长乏力，同比增长由正变负，呈低速负增长态势。

（2)国有企业总资产贡献率远低于民营企业。国有企业资产总额与民营企业基本相当（是民营企业的 98%），但主营业务收入和利润总额仅是民营企业的 43.53% 和 18.38%，可见国有企业的总资产贡献率远低于民营企业；另一方面，国有企业利润总额虽然有较大增长，但主营业务收入增长反而下降，仅为 1.21%，主营业务收入和利润总额两项指标增速大幅落后于民营企业和三资企业。国有企业经济效益的低增速对行业发展有很大影响。

（3）国内市场依然低迷，经济效益持续下滑。从行业出口交货值高速增长，但主营业务收入和利润总额增幅下降，以及亏损加大的情况看，国际市场有所好转，但国内市场还没有得到根本恢复，依然低迷不振，同时存在由于产能过剩而导致低价竞争的现象，从而导致经济效益持续下滑。

（4）亏损面和亏损额居高不下，并有所加剧，这将在一定程度上影响行业健康发展。

三、石油石化设备行业经济运行的趋势预测

2014 年 1—8 月，石油石化设备行业经济运行状况基本处于稳定增长态势，其中，出口交货值高速增长，经济效益低幅下行趋稳。

结合国内外的发展形势，我国石油石化设备行业未来的主要发展方向基本保持不变，即：大力发展天然气（含页岩气、煤层气等非常规天然气）开发装备、海洋油气勘探开发装备（含海洋工程装备和油气钻采装备）、节能环保装备，关键是提高产品智能技术含量和延伸服务体系，进一步开拓具有广阔发展空间的国际市场。

整体来看，2014 年石油石化设备行业经济增长下行压力依然存在，尤其表现在 1—8 月主营业务收入和利润总额增长仍呈低幅下行趋势。虽然 2014 年 1—2 月呈现高速增长的开局，但后几个月基本呈逐月下行求稳态势，这与第一季度的情况基本吻合。经对 1—8 月的经济运行数据进行综合分析，近期经济运行的走势是：出口交货值将保持 20% 以上的高速增长，主营业务收入和利润总额可能在 10% 和 15% 左右低幅波动企稳，但仍存在阻力。预计 2014 年全年我国石油石化设备行业出口交货值、主营业务收入和利润总额可望实现 20%、10% 和 15% 左右的稳定增长。

〔撰稿人：中国石油和石油化工设备工业协会 何正〕

2013 年我国石油和化工行业经济运行回顾与 2014 年发展分析

2013 年，面对复杂、困难的国内外宏观经济形势，石油和化工行业认真贯彻“稳中求进”的基本方针，克服重重困难，实现了预期增长目标。行业运行总体平稳，经济效益明显改善，产业转型升级稳步推进，投资结构继续优化，出口保持增长，市场供需基本稳定。展望 2014 年，尽管行业产能过剩问题仍很突出，一些制约行业经济发展的瓶颈尚未取得根本性突破，但随着国内全面深化改革的展开，保持行业经济平稳运行的有利因素不断增强。

一、2013 年石油和化工行业经济运行情况

（1）主要经济指标基本实现增长预期。2013 年，全行业规模以上企业 28 652 家，实现主营业务收入约 13.32 万亿元，同比增长 9.0%，占全国规模以上企业主营业务收入的 12.9%；利润总额 8 643.5 亿元，同比增长 5.7%，占全国规模以上企业利润总额的 13.8%；上缴税金 9 072.9 亿元，同比增长 5.2%；完成固定资产投资 2.10 万亿元，同比增长 19.5%，占全国工业投资总额的 11.6%；资产总计 10.46 万亿元，同比增长 12.1%。全年实现进出口总额 6 506.2 亿美元，同比增长 2.0%，占全国进出口总额的 15.6%，其中出口额 1 803.2 亿美元，同比增长 3.9%，占全国出口总额的 8.2%。2013 年，全国石油天然气总产量 3.10 亿 t（油当量），同比增长 4.0%；主要化学品总产量同比增长约 6.0%。

（2）石油和天然气开采业。 2013 年，石油和天然气开采业规模以上企业 281 家，实现主营业务收入 1.35 万亿元，同比增长 1.3%；利润总额 3 663.0 亿元，下降 10.9%；上缴税金 2 305.3 亿元，下降 3.6%；完成固定资产投资 3 805.2 亿元，同比增长 33.3%；行业资产总计 2.15 万亿元，同比增长 6.1%。2013 年全国原油产量 2.08 亿 t，同比增长 1.7%；天然气产量 1 129.4 亿 m^3，同比增长 9.1%。

（3）原油加工业。2013 年，原油加工业规模以上企业 1 337 家，实现主营业务收入 3.47 万亿元，同比增长 3.5%；利润总额 399.9 亿元，上年同期为亏损 23.06 亿元；上缴税金 4 107.9 亿元，同比增长 6.5%；完成固定资产投资 2 137.6 亿元，增长 27.9%；资产总计 1.56 万亿元，同比增长 12.8%。2013 年原油加工量 4.76 亿 t，同比增长 3.3%；成品油（汽油、煤油、柴油）产量 2.96 亿 t，同比增长 4.4%。

（4）化学工业。2013 年，化工行业规模以上企业 25 634 家，实现主营业务收入 8.10 万亿元，同比增长 12.7%；利润总额 4 308.1 亿元，增长 12.0%；上缴税金 2 529.2 亿元，同比增长 12.1%；完成固定资产投资 1.41 万亿元，同比增长 14.6%；资产总计 6.39 万亿元，同比增长 13.7%。全年实现进出口总额 3 311.7 亿美元，同比增长 3.3%，其中出口额 1 458.4 亿美元，同比增长 4.3%。2013 年，全国乙烯产量 1 622.5 万 t，同比增长 8.5%；烧碱产量 2 854.1 万 t，同比增长 6.5%；化肥产量 7 153.7 万 t（折纯），同比增长 4.9%；合成树脂产量 5 837.0 万 t，同比增长 11.0%；轮胎外胎产量 9.65 亿条，同比增长 7.2%。

（5）专用设备制造业。2013 年，专用设备制造行业规模以上企业 1 400 家，实现主营业务收入 3 945.6 亿元，同比增长 15.4%；利润总额 272.7 亿元，同比增长 10.7%；上缴税金 130.4 亿元，同比增长 4.6%；完成固定资产投资 1 023.2 亿元，同比增长 27.9%；资产总计 3 628.0 亿元，同比增长 19.3%。2013 年，石油钻井设备产量 48.6 万台（套），同比增长 17.8%；炼化专用设备产量 205.5 万 t，

同比下降 4.4%。

二、2013 年石油和化工行业经济运行主要特点

1. 经济实现平稳增长

2013 年，石油和化工行业经济克服了诸多不利因素，实现了平稳增长。全年全行业工业增加值同比增长 9.4%，增幅比上年提高 1.1 个百分点，其中化工行业同比增长 12.3%，增幅比上年提高 0.2 个百分点。从运行过程上看，上半年行业经济有明显波动，下半年转入平稳增长。一季度全行业工业增加值同比增长 9.0%，上半年为 9.1%，其间最低月累计增长为 8.8%；7 月工业增加值增长上升至 9.4%，此后一直保持在这一增长幅度，经济运行总体平稳。

主营业务收入增长基本稳定。全行业主营业务收入一季度同比增长最高，达 9.5%，上半年为 9.3%，前三季度为 9.0%，全年增长 9.0%，增幅较上年回落约 1.9 个百分点。2013 年，化学工业主营业务收入同比增长 12.7%，增幅比上年提高 0.2 个百分点。

2013 年石油和化工行业工业增加值累计增长走势见图 1。2013 年石油和化工行业主营业务收入累计增长走势见图 2。

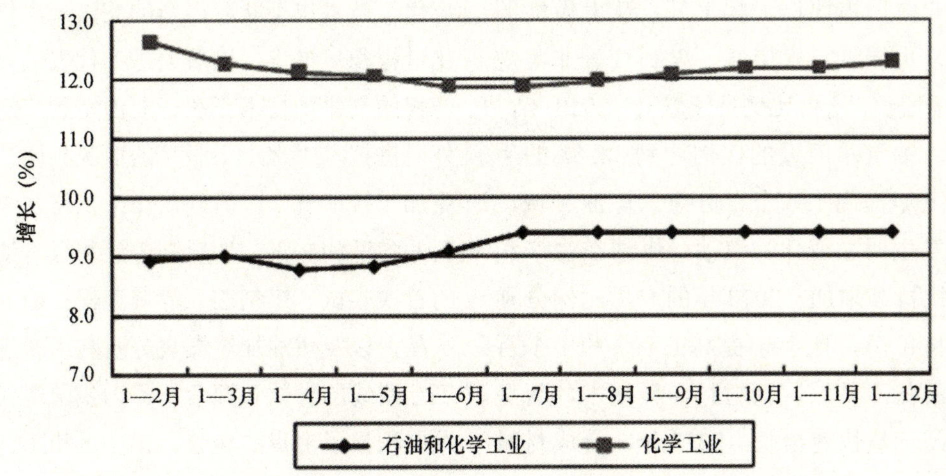

图 1　2013 年石油和化工行业工业增加值累计增长走势

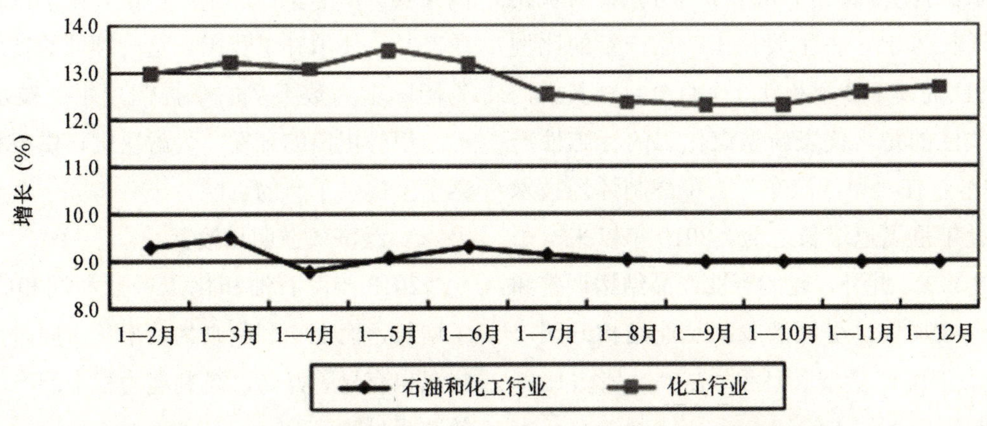

图 2　2013 年石油和化工行业主营业务收入累计增长走势

2. 产业结构调整继续深化

2013 年，行业继续扎实推进产业结构调整，取得明显成效。

一是投资结构继续优化。2013 年全行业固定资产投资同比增长 19.5%，基本符合预期。在油气开采、炼油业和化学工业三大投资领域中，对化学工业的投资明显减缓。据统计，2013 年油气开采、炼油业投资同比增长分别达 33.3% 和 27.9%，均比上年大幅增加；而化学工业同比增长只有 14.6%，为历史较低增幅，是近些年来首次低于油气开采和炼油业的投资增幅。

从化学工业各领域看，有机化学原料、涂（颜）

料制造等精细化学品和合成树脂的投资增长较快。2013年，上述三个领域的投资同比增长分别达到27.1%、28.2%和29.7%，均远远高于化工行业的平均增幅；占化学工业的投资比重分别为19.9%、6.1%和7.1%，也均比上年上升，投资继续向技术含量较高、附加值较高的领域倾斜。同时，一些过剩行业投资持续回落。2013年，无机酸行业投资同比增长只有1.6%，无机碱则同比下降11.9%，磷肥行业投资同比下降甚至超过22%。

二是产品结构调整加快。产业链长、技术含量和附加值较高、市场前景看好的产品产量增长较快，在行业中所占比例大幅上升。从上游能源生产领域看，页岩气、煤层气、煤制气等非常规油气产量大幅增长，所占比例持续攀升。2013年，天然气产量占油气总产量的比例达到32.8%的历史新高，比上年提高1.5个百分点。炼油领域，成品油结构发生明显变化。汽油、煤油在生产和消费中的占比持续增加，2013年的产量比例分别达到33.2%和8.5%，比上年提高1.6个和1个百分点。在下游化工领域，新材料、新技术、新型煤化工等产品产量快速增长。2013年，合成材料产量增长达到9%，占主要化工产品产量的比例超过21%，同比分别提高2个和1个百分点；有机化学品产量增长7.3%，占主要化工产品产量的比例近12%，同比提高1.2个和0.5个百分点。其中，特别值得关注的是，代表新型煤化工的标志性产品——甲醇，在“甲醇汽车”、甲醇制烯烃技术推动下，近年呈飞速增长之势。2010年以来，平均增幅超过22%。此外，轮胎行业产品结构调整和技术进步继续加快，引领橡胶制品业结构升级。2013年，子午胎产量增长达到17.2%，所占比例比上年提高5.2个百分点。

三是技术结构进一步优化。行业呈现资源类产品在经济增长中的比例持续下降、技术类产品保持上升的趋势。2013年，无机化学原料、化肥等传统化工产品在经济增长中的占比持续下降，有机原料、专用化学品、合成材料等呈上升趋势。2013年，无机化学原料和化肥行业主营业务收入占化工行业主营业务收入的比例分别比上年下降了1个和0.5个百分点；而有机化学原料和专用化学品则上升了0.9和0.3个百分点。

一批核心技术取得突破。2013年，石油和化工加快了传统行业的技术升级，如化肥行业的煤气化技术装备的发展，染料生产工艺的突破与创新；页岩气的开发也取得技术和产量的突破；在化工装备领域，国产化装备取代了国外进口设备等。其中，最值得一提的是现代煤化工技术取得新的进展。

2013年，我国现代煤化工行业发展稳步前行，煤化工技术也不断取得新的突破。煤气化技术国产化进程稳步推进，以航天炉为代表的具有自主知识产权的气化炉技术正在行业内得到广泛认可，与国外引进技术“水土不服”的情况相比，国产气化炉更加“接地气”。另外，在工艺路线方面也进行了新的尝试和探索，如煤制芳烃和煤-油混炼新技术的首次尝试，煤制乙二醇全流程打通并生产出合格产品，以及焦油加氢煤炭分质利用新工艺等。这些工艺路线的尝试和探索，都为我国现代煤化工行业发展积累了宝贵的经验。在技术和工艺路线取得新进展的同时，对现代煤化工产品的开发也收获了新的果实。甲醇蛋白的生产不仅开拓了现代煤化工下游产品，还填补了我国在这一领域的技术空白，成为国际上为数不多的掌握此项生产技术的国家之一。甲醇蛋白的开发，为解决饲料供应和提高农畜养殖率提供了新的可能。

3. 经济效益明显改善

2013年，石油和化工行业利润和收入均实现了增长，而上年利润则为负增长。同时，企业亏损状况也有显著好转，盈利能力稳中回升，行业整体效益明显改善。

利润实现增长，化工行业贡献最大。2013年，石油和化工行业实现利润总额8 643.5亿元，增长5.7%，略低于先前预期，主要受油气开采业大幅下降拖累。其中，化工行业对利润增长的贡献率最大，达99.6%，利润总额占比近50%，自2010年以来再次超越油气开采。相反，由于利润下降，过去占比最大的油气开采业利润贡献率为负值。利润增长的结构正在改善。

化工行业中，农药、橡胶制品和基础化学原料制造（有机化学原料）的利润增长较高。2013年，农药制造业利润同比增长30.8%，位居化工各大子行业增幅之首；橡胶制品业利润增长21.7%，居第二；基础化学原料制造利润增长为18.7%（其中有机原料增长26.8%），排名第三。从对化工行业利润增长的贡献率看，专用化学品、基础化学原料（主要为有机原料）和橡胶制品占前三位，分别达到36.0%、32.3%（其中有机原料为26.1%）和24.1%；占化工行业利润总额的比例依次为27.8%、21.9%和14.5%。

亏损企业亏损状况持续好转。2013年，全行业亏损企业亏损额同比下降12.0%，亏损面由年初的21.3%缩小至年末的11.9%。其中，油气开采业亏损企业亏损额同比增长0.9%，亏损面为18.5%；炼油业亏损企业亏损额同比下降39.1%，亏损面为17.0%；化工行业亏损企业亏损额同比增长10.5%，亏损面为11.8%。

盈利能力回升。2013年，全行业主营业务收入利润率6.50%，同比下降0.2个百分点，但比年初提高0.23个百分点。其中，化工行业主营业务收入利润率5.32%，同比基本持平，比年初提升1.32个百分点。进入下半年后，行业毛利率也出现明显企稳回升趋势。全年毛利率为16.50%，比前三季度上升约0.4个百分点。其中化工行业毛利率13.0%，比前三季度上升0.85个百分点。

4. 行业出口逆势增长

2013年，面对世界贸易增长放缓，贸易壁垒和摩擦加剧等复杂严峻的外贸形势，行业出口实现逆势增长。海关数据显示，全年全行业实现进出口总额6 506.2亿美元，同比增长2.0%。其中，出口额1 803.2亿美元，增长3.9%，比上年提高3.1个百分点。2008年以来，出口增长首次超越进口增长（1.4%），占全国出口总额的8.2%。

橡胶制品出口一枝独秀。2013年，橡胶制品出口金额478.9亿美元，同比增长9.2%，增幅比上年提高2个百分点，占石油和化工行业出口总额的26.6%，是行业贸易顺差的主要来源。在其他主要出口产品中，农药和成品油出口额大幅增长。增长分别达到31.0%和30.1%，分别占全行业出口总额的2.1%和9.2%，均比上年明显上升。2013年，化肥出口1 941.3万t（实物量），同比增长7.0%，出口总额63.1亿美元，同比下降14.1%。

中西部地区出口增速相对较快。2013年，东部地区进出口总额5 686.7亿美元，同比增长2.7%，其中出口额1 505.7亿美元，增长3.8%，同比提高2个百分点；中部地区进出口总额316.0亿美元，同比下降8.7%，其中出口额162.0亿美元，增长5.0%；西部地区进出口总额503.5亿美元，同比增长1.7%，其中出口额135.5亿美元，同比增长3.7%。中、西部地区出口均由上年的下降转为增长，占出口比例也呈上升的趋势。

贸易国进一步拓展，区域结构继续改善。近年来，石油和化工行业对外出口目的地不断扩展。2013年，出口目的地上升至230个国家和地区，比上年又增加5个，遍布全球各地，在贸易面拓展的同时，区域贸易结构也得到改善。对传统出口最大目的地美国、日本等国家及我国香港地区的出口额占比继续下降，金砖国家和其他发展中国家的出口额占比持续上升。数据显示，2013年，对美国出口额占比为14.5%，比上年下降0.3个百分点；对日本出口额占比降至5.9%，降幅最大，达0.8个百分点。对我国香港地区出口额占比7.3%，同比下降0.6个百分点。对金砖国家出口额占比保持稳中上升趋势，2013年首次超过11%，比上年提高0.2个百分点。2013年出口增量主要来自其他地区和发展中国家。2013年石油和化工行业进出口贸易累计增长情况见图3。

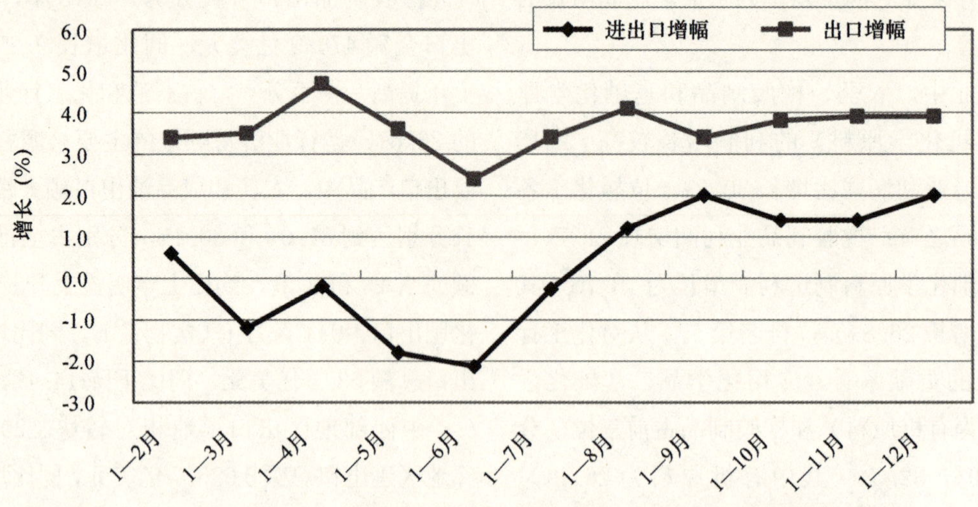

图 3　2013 年石油和化工行业进出口贸易累计增长情况

5. 区域经济结构继续改善

东部、中部、西部的产业布局进一步优化，特别是西部的原材料产业和东部的高技术产业发展加快。2013 年，东部地区纯苯产量占全国产量的比例达到 70%，子午胎占比超过 82%，合成纤维单体占比超过 92%，产品加快向中高端、精细化方向发展。中部地区根据自身优势，大力发展化肥、精细化学品等产业，其中，尿素产量占全国总产量的比例为 39%，化学试剂产量占比 29%，农药产量占比 30%。西部地区天然气产业、煤化工等发展迅速。2013 年，西部地区天然气产量占全国产量的比例达 82%，电石产量占比达 88%，甲醇产量占比近 50%。各区域的优势和特点进一步显露。

西部地区的投资增长继续领先。国家统计局数据显示，石油和化工行业投资重点继续向中西部地区倾斜。2013 年，西部地区投资增长达 25.2%，东部和中部地区投资增长分别为 19.9% 和 10.9%，可见西部地区增长明显领先；中西部地区投资额占全行业投资额的比例保持在 51% 以上，投资继续向中西部地区倾斜。

区域经济增长趋于平衡。2013 年，东部 11 省、市主营业务收入 8.76 万亿元，同比增长 9.5%；中部 8 省主营业务收入 2.37 万亿元，同比增长 9.0%；西部 12 省、市、自治区主营业务收入 2.20 万亿元，同比增长 7.3%。在区域经济条件差别较大、宏观经济形势艰难复杂的背景下，地区收入增长基本保持同步，中西部地区经济在行业中的占比保持稳中上升趋势，地区经济发展更趋协调、平衡。2013 年东部、中部和西部地区主营业务收入累计增长情况见图 4。

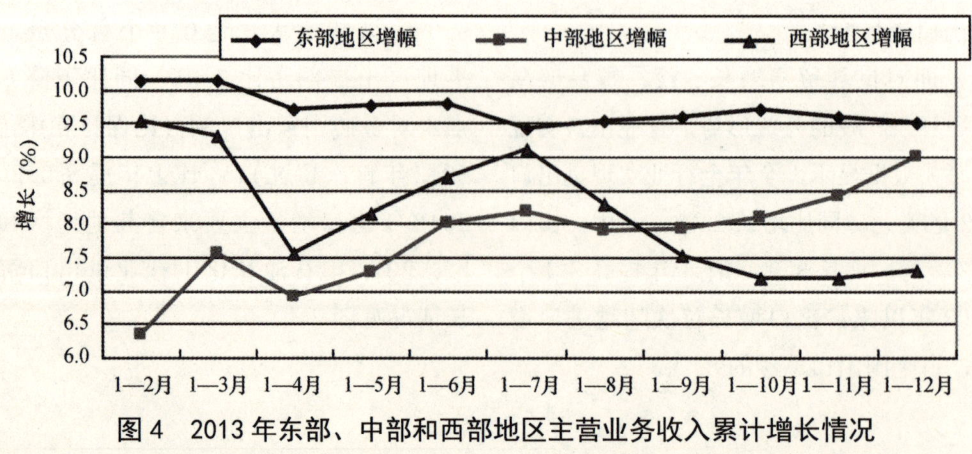

图 4　2013 年东部、中部和西部地区主营业务收入累计增长情况

三、行业经济运行中的主要问题

一是部分行业产能过剩问题依然突出。2013 年以来，部分行业产能扩张仍在继续，装置开工率持续走低，市场竞争激烈，价格长期低位徘徊。最新数据显示，2013 年，尿素生产装置平均利用率维持在 80% 左右，即便如此，由于产能释放过大，供需失衡，市场竞争十分激烈，价格持续走低。监测显示，尿素市场年均价格只有 1 920 元/t，为三年来最低，同比下降达 13.4%；受此影响，氮肥行业效益大幅下滑，利润同比下降达 51.4%。无机盐、无机碱行业市场竞争更为残酷，价格连连下挫。全年烧碱装置平均利用率在 75% 左右，纯碱装置平均利用率 80% 上下；烧碱（片碱）市场年均价格为 2 650 元/t，同比下降 18.4%，液碱（32% 离子膜）均价 706 元/t，下降 23.3%；纯碱（重灰）市场年均价格 1 440 元/t，同比下降 7.1%，轻灰年均价格为 1 340 元/t，下降 8.7%。2013 年，无机盐行业利润由上年大幅增长 15% 转为下降 2.3%。数据还显示，2013 年聚氯乙烯装置利用率不足 65%，甲醇更低，不足 60%，聚氯乙烯和甲醇价格长期低位徘徊，行业处于亏损边缘。部分行业的产能过剩，已成为影响全行业结构调整和经济平稳运行的突出风险。

二是成本管理差距较大。这一问题在化工行业表现尤为突出。尽管化工行业自身进步明显，但与其他行业相比，成本管理差距较大。统计数据显示，2013 年，化工行业 100 元主营业务收入成本为 87.0 元，同比增长 0.41 元，高出全国规模工业 100 元主营业务收入成本 1.73 元，差距很大。盈利能力也明显低于全国规模工业平均水平。2013 年，化工行业主营收入利润率为 5.32%，全国规模工业为 6.11%，低了 0.79 个百分点。

三是创新能力还不能适应产业结构调整的要求。近年来，行业的创新能力虽然稳步提高，但与产业和产品结构调整的要求仍有很大差距，难以应对快速发展变化的市场，一些畅销产品很快变得过时、过剩，不得不大量进口国外产品。海关数据显示，2013 年，我国净进口有机化学品达 2 733.7 万 t，同比增长 11.0%；净进口合成树脂 2 703.8 万 t，同比小幅下降 2%，但却是当年国内合成树脂总产量的 46.3%。两者之和超过 5 400 万 t，面对如此巨大的市场，我国化工行业却长期徘徊在外围。从进口来源地看，主要来自中东地区的伊朗、沙特，以及韩国、日本和我国台湾地区。我国产品无论是在质量，还是在品种、档次上与上述国家和地区的产品都存在很大差距，尤其是有机化学原料领域，质量和技术差距近年来有扩大的趋势。关键在于我国企业创新意识薄弱、创新能力较差，这种状况应引起行业高度重视与反思。

四是安全环保形势严峻。2013 年，有关行业安全生产和环境责任事故频发，据不完全统计，仅下半年较大事故就多达 15 起，给人民生命财产造成巨大损失，也给行业发展带来不利影响。日前，工业和信息化部又发布了《石化和化学工业节能减排指导意见》。《意见》提出，到 2017 年年底，石化和化学工业万元工业增加值能源消耗比 2012 年下降 18%，重点产品单位综合能耗持续下降，全行业化学需氧量、二氧化硫、氨氮、氮氧化物排放量分别减少 8%、8%、10% 和 10%，单位工业增加值用水量降低 30%，废水实现全部处理并稳定达标排放，水的重复利用率提高到 93% 以上，新增石化和化工固体废物综合利用率达到 75%，危险废物无害化处置率达到 100%。为达成上述目标，《意见》还提出，至 2015 年年底前要淘汰 200 万 t/a 及以下常减压装置、380 万 t 电石落后生产能力；控制氮肥、磷肥、“三酸两碱”、电石等高耗能、大宗基础化学品的总量，淘汰或改造其中部分能耗高、污染重的产能和装置，提高新建项目的能效和环保门槛。短期内，安全环保将会大幅提高行业的运营成本，并对经济增长产生重大影响；但长远看，其对行业转型升级、提高经济运行质量意义深远。

四、2014 年石油和化工行业经济发展分析

展望 2014 年，尽管宏观经济运行还存在下行风险，但是，促进行业经济平稳运行的有利条件仍大于不利因素。党的十八届三中全会描绘了我国社会经济两个一百年的宏伟发展蓝图。随着全面改革的不断深化，新型城镇化建设和农业现代化的推进，

以及环保产业的崛起和国家创新驱动战略的实施，都将为石油和化工行业提供新的需求，创造新的经济增长点。内需将是石油和化工行业保持长期平稳较快发展的不竭动力。

根据当前宏观经济发展状况以及行业经济运行趋势，预计2014年石油和化工行业主要产品市场需求将保持适度增长，行业价格总水平与2013年持平或有所反弹，行业经济运行总体保持平稳。

1. 国际原油市场

2013年，世界原油价格总水平虽比上年有所回落，但仍维持在100美元/桶以上，自2011年突破100美元/桶后，连续第三年保持高位。主要市场中，WTI原油年均价（普氏现货，下同）为97.8美元/桶，同比增长3.6%；布伦特原油年均价108.6美元/桶，同比下降2.7%；大庆原油均价104.1美元/桶，同比下降8.4%。三地原油平均价格为103.5美元/桶，同比下降2.9%，是2009年以来的第二次下跌。

全球原油消费保持低速增长。BP能源报告显示，2012年世界原油消费量41.31亿t，同比增长1.2%。根据全球经济增长和原油消费情况，2013年世界原油消费量在41.71亿t上下，同比增长1.0%；2014年世界原油消费增长约为1.2%，略有加快。全球石油消费增长进入相对较缓、相对平稳的时期。

2014年国际油价将保持大体稳定。当前国际石油供需基本平衡，供给相对宽松，热点地区局势总体趋向缓和，美国能源自给率快速上升，这些为未来国际油价保持基本稳定奠定了基础。根据当前市场情况及油价运行走势，预计2014年，国际原油现货价格总水平与上年大致持平。其中，WTI原油均价在95～100美元/桶；布伦特原油均价在105～110美元/桶；大庆原油均价在100～105美元/桶之间。2005—2014年国际原油普氏现货价格走势见图5。

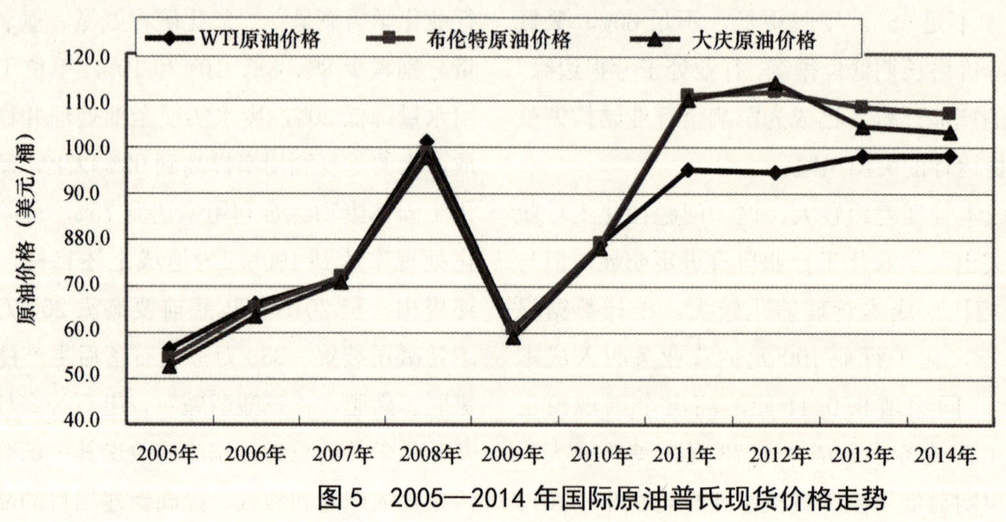

图5　2005—2014年国际原油普氏现货价格走势

注：2014年为预测值。

2. 国内油品市场

截至2013年年底，我国一次性原油加工能力逾7亿t/a，已呈现过剩的迹象。2006—2012年，我国原油表观消费量年均增长为6.8%。随着宏观经济增长放缓及新能源的开发利用、能源效率的提高，国内油品的市场需求增速减缓将成为长期趋势。

2014年国内成品油价格主要随国际原油价格波动。根据对2014年国际油价及近10年来成品油价格运行特征的基本判断，预计国内成品油价格总水平大致与2013年持平。其中，0#柴油年均价在8 510元/t上下，同比持平；93#汽油均价约9 950元/t，增长0.2%。2005—2014年国内93#汽油和0#柴油市场价格变化情况见图6。

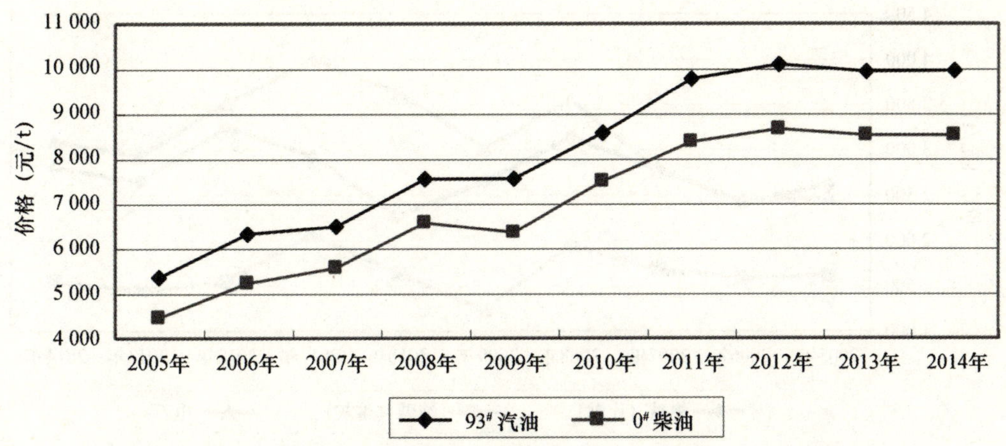

图 6　2005—2014 年国内 93# 汽油和 0# 柴油市场价格变化情况

注：2014 年为预测值。

3. 农用化学品市场

2014 年，在消费增长相对平稳的情况下，化肥的市场价格主要取决于成本(煤炭、天然气价格)、产能释放程度、出口增长情况三大因素。目前，化肥市场供需严重失衡，市场跟踪显示，化肥生产企业平均开工率越高(超过 85%)，市场竞争就越激烈，化肥价格也越低。分析认为，化肥行业产能的释放程度将是决定 2014 年化肥市场价格走势的最主要因素。如果行业产能利用率控制在 80% 以内，将会对产品价格形成支撑，在此条件下，预计尿素年均市场价格将重返 2 000 元 /t 上方，同比增长 4% 左右；磷酸二铵年均价在 3 100 元 /t 上下，同比增长约 3.5%；国产氯化钾均价在 2 700 元 /t 左右，同比增长约 8%。化肥行业的整体效益也将会好于上年。2005—2014 年国内尿素、磷酸二铵、氯化钾市场价格变化情况见图 7。

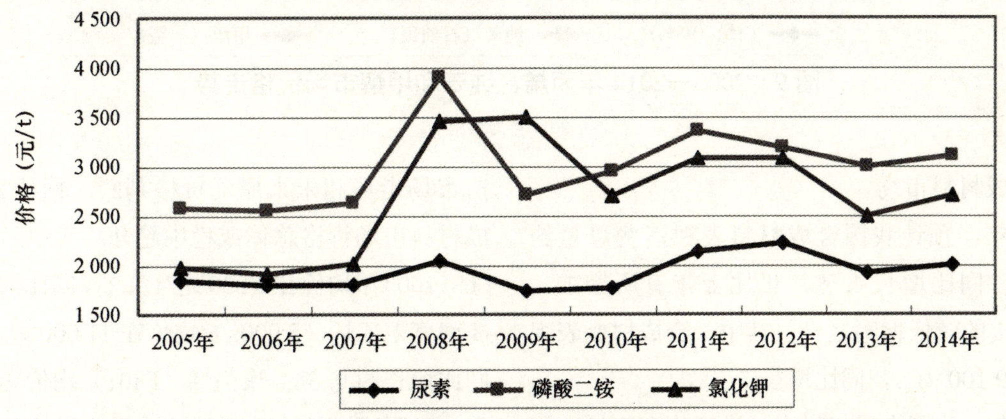

图 7　2005—2014 年国内尿素、磷酸二铵、氯化钾市场价格变化情况

注：2014 年为预测值。

4. 基础化学原料市场

2014 年，根据市场走势判断，我国无机化学原料市场受成本支撑会有所反弹，由于上年深度下跌，所以显得反弹力度稍大，但在产能过剩重压之下，市场竞争激烈，整体上仍将是相对低迷的局面；有机原料市场总体将继续保持稳中趋升的格局，价格主要随国际大宗商品价格走势而波动。预计烧碱（片碱）的市场年均价格在 2 800 元/t 上下，同比增长 5.5%；纯碱（重灰）年均价在 1 550 元/t 左右，同比增长 7.5%；电石均价约 3 100 元/t，同比增长 6%；丙烯市场均价约为 10 400 元/t，微涨 0.6%；纯苯（石油级）年均价约为 9 500 元/t，与上年大致持平；甲醇（一级，净水）年均价约 2 900 元/t，同比增长 4%。基础原料市场总体上可能好于 2013 年。2005—2014 年烧碱、纯碱和电石市场价格走势见图 8。2005—2014 年丙烯、纯苯和甲醇市场价格走势见图 9。

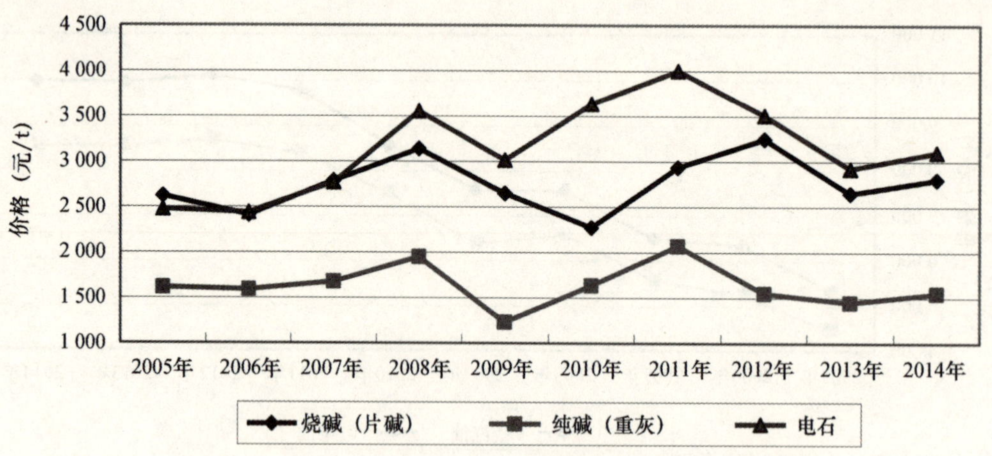

图8　2005—2014年烧碱、纯碱和电石市场价格走势

注：2014年为预测值。

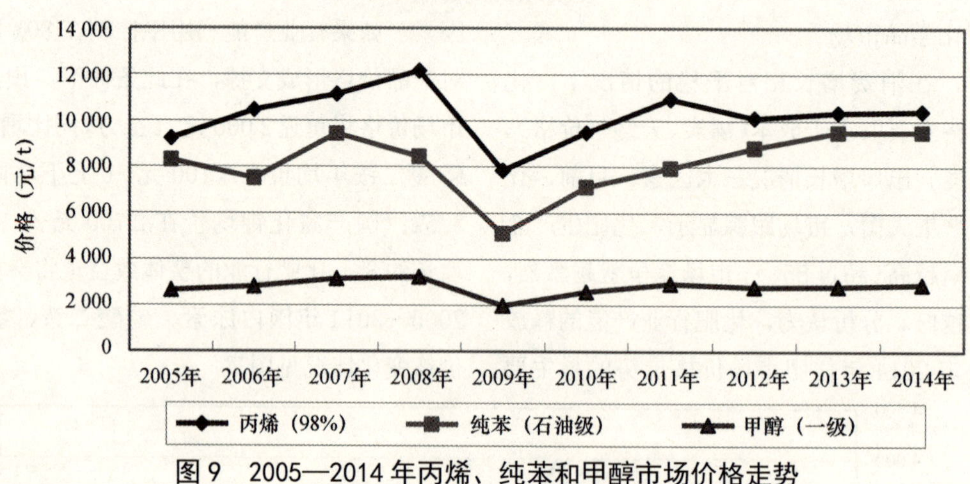

图9　2005—2014年丙烯、纯苯和甲醇市场价格走势

注：2014年为预测值。

5. 合成材料市场

2014年，预计我国合成材料表观消费总量约1.47亿t，同比增长4.5%，虽比上年有所增加，但仍是历史的较低增幅之一。其中，合成树脂表观消费量约9 100万t，同比增长7.5%。

2014年，我国合成材料市场进口依存度较高，市场潜力较大。目前，合成树脂进口依存度超过30%，合成纤维单体达到35%左右，合成橡胶超过24%。我国通用合成材料市场面临周边和中东地区的严峻挑战，竞争异常激烈。展开差异化竞争，巩固通用材料市场，重点争夺中高端市场，是我国合成材料产业未来发展的必然战略取向。根据当前市场走势和未来原油价格判断，预计2014年合成材料市场价格总体或稳中趋升。其中，聚氯乙烯（LS-100）年均价在7 200元/t左右，同比增长约3%；高密度聚乙烯（5 000s）均价在11 600元/t上下，同比增长约0.5%；聚丙烯（F401）均价约为11 400元/t，同比增长约2.5%；己内酰胺均价可能回升至19 000元/t，同比增长约3.5%；丙烯腈回升幅度稍大，均价达14 000元/t左右，同比增长约为7%；丁苯橡胶（1 500）均价可能反弹至14 500元/t上下，同比增长5%；顺丁橡胶均价约为15 000元/t，同比增长6%。2005—2014年聚乙烯、聚丙烯和聚氯乙烯市场价格走势见图10。

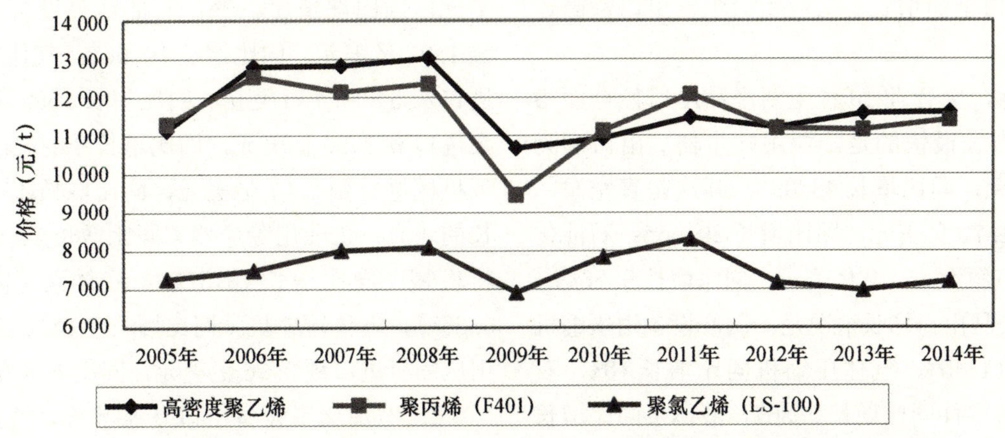

图 10　2005—2014 年聚乙烯、聚丙烯和聚氯乙烯市场价格走势

注：2014 年为预测值。

6. 2014 年主要经济增长指标预测

初步预测，2014 年石油和化工行业主营业务收入约 14.56 万亿元，同比增长 9.5%；其中，化学工业主营业务收入约为 8.93 万亿元，同比增长 10.5%；预计全行业利润总额约 8 900 亿元，同比增长约 6%。其中，化工行业利润总额约 4 500 亿元，同比增长约 8%；

2014 年，预计原油表观消费量约 5.1 亿 t，同比增长 4%；天然气表观消费量约 1 840 亿 m^3，同比增长 13%；成品油表观消费量约为 2.96 亿 t，同比增长 3.5%。预计主要化工产品表观消费总量同比增长约 5%。其中，化肥表观消费量约 7 100 万 t，同比增长 4.5%；乙烯表观消费量约 1 954 万 t，同比增长 9%；甲醇表观消费量约 3 530 万 t，同比增长 7.5%；烧碱表观消费量约 2 800 万 t，同比增长 6%；合成材料表观消费量约为 1.48 亿 t，同比增长 4.5%，其中合成树脂表观消费量约 9 100 万 t，同比增长 7.5%。

〔撰稿人：中国石油和化学工业联合会赵志平〕

2013 年我国石化通用机械行业进出口分析

一、2013 年我国石化通用机械行业进出口情况与特点

据海关总署统计，2013 年我国石化通用机械行业进出口总额为 933.65 亿美元，同比增长 5.16%。其中进口总额 305.85 亿美元，同比增长 4.94%；出口总额 627.8 亿美元，同比增长 5.26%；进出口额顺差为 321.95 亿美元。

1. 多数产品进口额增长，真空泵和石油钻采设备零件快速增长

据统计，在全行业 10 种主要产品中，进口额同比增长的有 8 种，同比下降的有 2 种。其中，进口额增长的产品中，真空泵进口额为 5.09 亿美元，同比增长 45.74%；石油钻采设备零件进口额为 5.55 亿美元，同比增长 23.75%；气体分离设备进口额为 9 462.28 万美元，同比增长 121.96%。进口额增长的产品还有：制冷设备用压缩机同比增长 9.4%，气体压缩机同比增长 9.14%，液体泵同比增长 7.26%，制冷空调机械同比增长 7.06%，工业用除尘器同比增长 4.56%。

进口额下降幅度最大的是石油化工设备，进口额为 12.58 亿美元，同比下降 22.45%；其次是塑料机械，进口额为 18.71 亿美元，同比下降 15.3%。

2. 出口全面增长，工业用除尘器出口额高速增长

据统计，全行业10种主要产品出口额全面增长，其中增长最快的是工业用除尘器，出口额为6.51亿美元，同比增长48.09%；其次是真空泵，出口额为1.73亿美元，同比增长20.66%；石油化工设备出口额为25.12亿美元，同比增长9.56%。

其他产品出口增长情况是：制冷设备用压缩机同比增长14.45%，气体压缩机同比增长10%，石油钻采设备零件同比增长8.36%，液体泵同比增长7.4%，制冷空调机械同比增长5.77%，塑料机械同比增长5.14%，气体分离设备出口同比增长4.34%。

3. 全行业进出口有两个问题需要引起重视

一是出口形势十分严峻，增长乏力。全行业从2006年至2011年，每年出口增幅都在24%～45%之间，2012年出口增幅突然下降到9.89%，2013年更下降到5.26%，创历史新低。这说明近两年国际市场需求不旺，特别是需求结构升级，同时也说明我国产品市场竞争力弱，适应能力不强，亟待转型升级，优化出口产品结构，重视创新产品开发，提高竞争能力。

二是石油钻采设备零件近两年进口快速增长，2012年进口4.48亿美元，同比增长59.3%；2013年进口5.55亿美元，同比增长23.75%。这说明国内市场需求量增大，建议国内相关生产企业针对用户需求研制开发相关产品，实现进口替代。

二、2014年1—4月我国石化通用机械行业进出口情况

2014年1—4月石化通用机械行业进出口双增长。据海关总署统计，石化通用机械行业2014年1—4月进出口总额313.44亿美元，同比增长7.78%。其中进口额98.11亿美元，同比增长7.01%；出口额215.33亿美元，同比增长8.14%；进出口顺差117.22亿美元（按中国机械工业联合会统计范围，下同）。

1. 石油化工设备进口高速增长，制冷设备用压缩机进口下降

2014年1—4月，全行业10种主要产品中，除制冷设备用压缩机进口额下降外，其他9种设备进口额全面增长。石油化工设备进口额4.58亿美元，同比增长32.13%；石油钻采设备零件进口额1.97亿美元，同比增长10.06%；气体分离设备进口额5 809.4万美元，同比增长158.77%；真空泵进口额1.96亿美元，同比增长69.03%；制冷空调机械进口额1.07亿美元，同比增长47.34%。增长的还有：工业用除尘器（同比增长24.62%），塑料机械（同比增长18.37%），液体泵（同比增长6.26%），气体压缩机（同比增长5.8%）。制冷设备用压缩机进口额3.96亿美元，同比下降0.89%。

2. 石油化工设备出口高速增长，气体分离设备出口大幅下降

2014年1—4月，全行业10种主要产品中，除气体分离设备出口大幅下降外，其他9种设备出口全面增长。石油化工设备出口额7.74亿美元，同比增长50.33%；工业用除尘器出口额2.78亿美元，同比增长48.87%；真空泵出口额6 212.2万美元，同比增长34.3%；石油钻采设备零件出口额6.17亿美元，同比增长5.08%。其他出口增长的有：塑料机械（同比增长12.24%），制冷空调机械（同比增长11.95%），气体压缩机（同比增长11.41%），液体泵（同比增长10.36%），制冷设备用压缩机（同比增长2.09%）。气体分离设备出口额3 945.9万美元，同比下降42.56%。

总体看，全行业出口形势有所好转，尤其是石油化工设备和工业用除尘器出口增速加快；同时，石油化工设备进口势头也十分强劲。

三、2014年预测展望

据国际货币基金组织2014年1月21日发布的《世界经济展望》报告称：得益于发达经济体经济状况改善，预期世界经济将提高复苏速度。报告预计：2014年世界经济将增长3.7%，比2013年3%的增长将有所提高。其中，发达经济体整体增长为2.2%，比上年10月的预测高0.2个百分点；美国经济将增长2.8%，比之前的预测提高0.2个百分点；欧元区将增长1%，比之前预测提高0.1个百分点；发展中国家和地区经济将增长5.1%，与之前预测持平。

我国宏观经济政策将保持连续性和稳定性。中央经济工作会议对2014年经济增长提出了要求：要通过提高经济发展质量和效益促进经济持续健康

发展，实现不会带来后遗症的增长。

根据国际货币基金组织最新预测：2014 年国际市场大宗商品中，除了农业原材料价格将比 2013 年同比增长 2.6% 外，石油、非燃料初级产品、食品饮料、制成品、金属等商品的价格都将呈现下跌走势。这对我国出口将产生影响，需要企业创造新的比较优势和竞争优势，但对扩大进口则十分有利。

我国机械工业在转型升级、调整结构、努力化解部分产品产能严重过剩的过程中取得了新进展，在国际市场竞争中具有优势的产品将继续扩大出口，在“走出去”对外投资、扩大国际化经营中又取得了新的成效。我国政府已发布了多项财政、金融政策，尤其对小微企业提供了多项优惠；积极支持企业增强跨境投资经营能力；进一步推动人民币跨境使用；大力发展出口信用保险，鼓励为企业开展对外贸易和“走出去”提供投资、运营、劳动用工等方面的一揽子保险服务。这些都是进一步扩大出口的有利条件。

但是，由于我国企业生产所需的劳动力、资金、环保等投入要素价格上涨，以及人民币升值预期，使出口企业经营成本不断上升，同时由于一些国家采取反倾销、反补贴等贸易保护措施，致使出口企业扩大出口遇到众多困难。

根据上述情况分析，预计 2014 年石化通用机械行业进出口将好于 2013 年。进口仍将是低速增长；对于出口，由于 2013 年年初基数较大，2014 年一季度出口同比增长有限，到年中开始逐月回升，全年有可能增长 8% 左右。

四、石化通用机械行业需要关注的几个问题

1. 继续调整结构，加快转型升级

石化通用机械行业出口产品技术含量不高，劳动密集型和低附加值产品占一半以上。近年来，行业企业在调整结构、转型升级方面取得了明显进展，一批中高档产品在国际竞争中取得了竞争优势。但仍要研制开发技术含量高又适销对路的新产品，加快转型升级，不断拓展国际市场空间。

企业要从进口产品中寻求发展重点。据海关总署统计，2013 年用户需求多、进口量大的产品主要有：钻探深度≥ 6 000m 的石油及天然气钻机，石油或天然气钻机的零件，300L 以上金属容器，电动往复式排液泵，真空泵，0.4 ～ 5kW 空调器用压缩机，发动机用增压器，热交换装置，固液分离器，平张纸进料式四色及以上胶印机，有打印、复印及传真两种以上功能的静电感光式机器，注塑机，减压阀，油压传动阀，气压传动阀，止回阀，安全阀，电磁式换向阀等。国内相关企业应选择进口量大、技术含量较高的品种，并考虑适应用户个性化、专用化要求等因素，从本企业的实际条件出发，研制开发，尽快形成生产能力，实现进口替代。这是石化通用机械行业发展的必由之路，也是扩大出口的物质技术基础。

2. 与周边国家共建“一带一路”，促进双边贸易发展

2013 年 10 月，中央在“周边国家外交工作座谈会”上提出，要努力使周边国家同我国政治关系更加友好，经济纽带更加牢固。我国要同有关国家共同努力，加快基础设施互联互通，建设好丝绸之路经济带，21 世纪海上丝绸之路。

周边国家是我国石化通用机械行业的重要贸易伙伴。特别是东盟 10 国、印度、俄罗斯以及中亚五国。

我国与东盟贸易发展很快。2013 年我国机械产品与东盟的双边贸易额为 618.92 亿美元，同比增长 12.52%，其中出口额 472.16 亿美元，同比增长 16.14%。2014 年前 4 个月进出口额仍呈两位数增长，势头很好。我国石化通用机械企业要积极参与东盟有关国家的基础设施、发电站、港口、铁路、机场、机械制造等建设。

印度市场潜力很大。2013 年我国机械产品与印度的双边贸易额为 120.87 亿美元。企业要继续努力开拓双边贸易，推动其发展。

大力扩大与俄罗斯的双边贸易。俄罗斯宣布今后将以东部地区为开发重点。2013 年我国机械产品与俄罗斯的双边贸易为 109.34 亿美元，同比增长 0.54%；2014 年前 4 个月双边贸易继续增长。中俄全面战略伙伴关系不断巩固和发展，以及俄罗斯远东大开发规划启动，将为两国经贸合作提供新的契机。

中亚五国中以哈萨克斯坦和土库曼斯坦与我国

双边贸易额较大，丝绸之路经济带的开发，基础设施建设的发展，必将为我国石化通用机械行业出口带来商机。

石化通用机械行业中的石油或天然气钻机及其零件，各种化工容器，加氢反应器，压缩机、风机，液体泵和真空泵，工业用除尘器，阀门，塑料机械以及各种设备的零附件等都具有一定优势，要努力扩大出口。

3．充分利用国家有关的外贸、财政及金融政策

2014年5月4日，国务院办公厅发布了《关于支持外贸稳定增长的若干意见》。《意见》指出：要稳定传统优势产品出口。支持拥有知识产权、品牌、营销网络、高技术含量、高附加值、高效益的产品出口。改善融资服务。进一步拓宽进出口企业融资渠道，鼓励商业银行开展进出口信贷业务。积极发展融资租赁。完善中资金融机构全球授信管理，加强与重点行业的出口企业合作，稳步将供应链融资延伸到境外。加大出口信用保险支持。扩大出口信用保险规模和覆盖面，加大对品牌产品、国际营销网络和小微企业的支持力度。在风险可控的前提下，对大型成套设备出口融资应保尽保；发挥外汇储备委托贷款平台等作用，采取有效措施降低大型成套设备出口融资成本。有关企业要熟悉并用好这些政策，发展进出口贸易。

4．重视对外投资，实行国际化经营

《意见》还指出：要鼓励企业采取绿地投资、企业并购等方式到境外投资，促进部分产业向境外转移。采取综合措施，支持企业开展重大项目国际合作和工程承包，带动我国装备、材料、产品、标准、技术、服务“走出去”。支持企业开展境外品牌、技术和生产线等并购，提高国际竞争力。

我国石化通用机械行业在开展对外投资、企业并购、建立网点及重大项目国际合作等方面具有很大潜力，尤其是各种压缩机、风机、液体泵、制冷机械、部分石油化工设备及其零部件等，在国际市场竞争中具有较大优势。企业需要在总结经验的基础上，不断拓宽领域，包括转移部分产能，扩大经营范围，带动服务业发展。要制订实施路线图，针对不同地区的特点和需求情况，逐步布点，扎扎实实地进入国际市场并扩大市场份额，实现国际化经营。

〔撰稿人：中国机械工业联合会专家委员会郑国伟〕

中国石油石化设备工业年鉴 2014

专文

介绍我国非常规油气开发钻井技术与装备现状及发展趋势，我国海洋油气工程装备的现状和发展趋势，海上气田的天然气输出方案与装备，以及我国十大石油新装备等

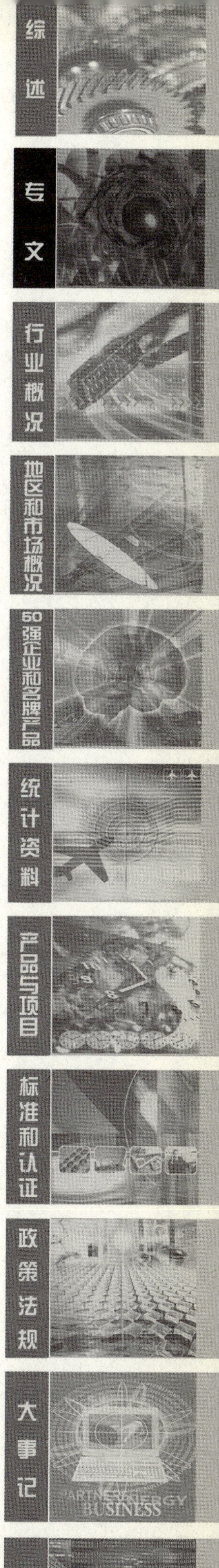

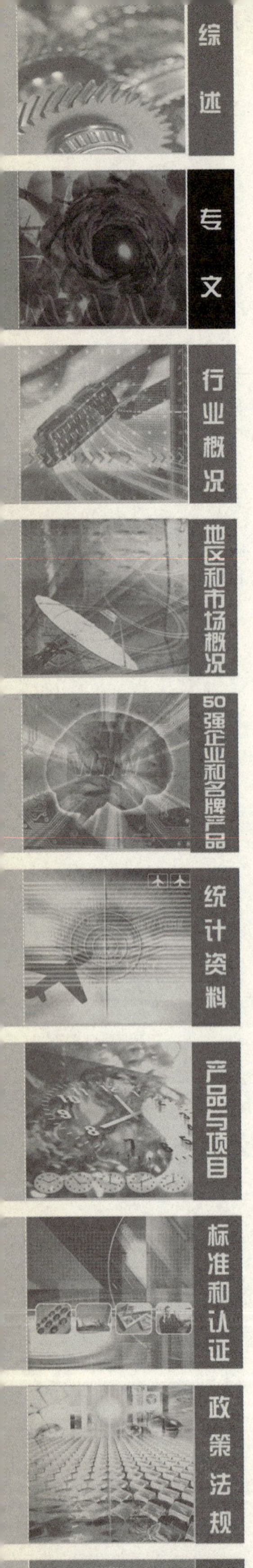

专文

我国非常规油气开发钻井技术与装备现状及发展趋势
海上气田天然气输出方案与装备的探讨
我国海洋油气工程装备的现状和发展趋势
2013年我国膨胀节安全生产及标准、质量管理情况
我国十大石油新装备
世界油气装备产业发展情况

我国非常规油气开发钻井技术与装备现状及发展趋势

非常规油气异军突起，引起各行各业极大关注，成为世界石油天然气工业持续发展的希望。全球非常规油可采储量为6 200亿t，采出程度不足0.1%，与常规油4 878亿t的可采储量、采出程度35%相比，其采出量微不足道。全球非常规天然气可采储量达4 000万亿m^3，是常规天然气471万亿m^3的8.5倍。2012年全球石油产量41.2亿t，非常规油只占6%；天然气产量3.36万亿m^3，非常规气只占17%。随着美国页岩油气、致密油气产量的革命性突破（2012年，美国致密气产量1 630亿m^3，致密油产量9 690万t，页岩气产量2 710亿m^3，煤层气产量470亿m^3），我国巨大的资源潜力和相对巨大的产量差距使各界又一次把目光聚焦到我国非常规油气开发上。

一、我国非常规油气开发现状和发展规划

1. 页岩气

美国页岩气行业，近7年钻井超过10万口，90%以上的新井是水平井，依靠分段压裂进行储层改造。2012年，美国页岩气投资达6 000亿美元，钻井15 870口，产量达到2 916亿m^3，超过天然气总量的40%。预计至2040年美国页岩气产量将达到4 600亿m^3，占天然气总量的55%以上。

我国高度重视页岩气发展，2011年宣布页岩气为独立矿种；2012年发布“页岩气发展规划（2011—2015）”，并出台0.4元/m^3的国家补助政策；2013年相继颁布页岩气税收优惠政策和“页岩气产业政策”。先后设立长宁－威远、昭通、涪陵等国家级开发示范区。至2013年年底，我国页岩气勘探开发投资约150亿元，累计完成钻井322口（地调预探井108口，探井118口，评价＋生产井 96口），其中初期日产量超过10万m^3的有24口。2013年，全国页岩气产量2亿m^3，预计2014年超过15亿m^3，2015年将达65亿m^3。我国曾经规划页岩气的远期产量至2020年达600亿～1 000亿m^3，但是近期调整为至2020年达200亿～300亿m^3，至2030年达600亿～1 000亿m^3。

按照美国页岩气开发规律，水平井单井产量初期较高，但递减较快，递减达50%～80%，1～2年后稳定在1万m^3/d左右，可达10年以上。在规模化生产时，单井年产量平均约为400万m^3左右。按此规律推算，如果维持页岩气产量为100亿m^3，则需要钻井2 500口以上，其规模和投资都是巨大的。目前，我国页岩气示范区的页岩气初期产量较高，递减规律还在摸索，如果单井年产量达到1 000万m^3，则钻井压裂工作量可以减少一半以上。

中国石油化工集团公司涪陵焦石坝区块是我国页岩气发展最快的国家级开发示范区，至2013年年底完成钻水平井33口，压裂试采井23口，日产量270万m^3，形成年产10亿m^3能力。平均单井无阻流量达61万m^3/d，测试产量34万m^3/d，最高产量54.7万m^3/d。目前页岩气日产量320万m^3，2014年年产量可达18亿m^3。2015年年底前计划钻井253口，建成50亿m^3/a能力，产量达40亿m^3。2017年建成100亿m^3/a能力。

中国石油天然气集团公司在长宁－威远、昭通国家示范区和富顺－永川合作区共钻井50口（含水平井27口），30口井进行了试气，其中6口水平井的日产量超过10万m^3。计划2014—2015年共动用钻机60余部，钻井220口（水平井 209口），年产量达到26亿m^3/a（长宁－威远20亿m^3，昭通5亿m^3，合作区块1亿m^3）。按稳产10年规划，至2020年建成50亿m^3/a能力，后续还要钻新井200口以上。

陕西延长石油（集团）有限责任公司在陕北国

家页岩气示范区已完成钻井39口（直井35口，水平井4口），压裂34口，直井产量3 000m^3/d，水平井约8 000m^3/d，已建成1亿m^3/a产能，页岩气开发初见成效，但还在探索之中。

2013年，第二轮页岩气探矿权招标中，16家中标单位承诺3年内在19个区块投资128亿元进行勘探评价和初步开发，目前突破不大，进展缓慢。

2. 煤层气

美国煤层气一直稳定发展，2012年产量为470亿m^3，今后5～10年年产量仍然会稳定在500亿m^3。

我国煤层气探明储量5 429亿m^3，可采储量2 731亿m^3。2012年我国煤层气产量为125亿m^3，主要以煤矿抽排瓦斯为主，其中钻井排采产量为25亿m^3。至2013年年底，我国共钻井14 042口，其中水平井393口。2013年，我国钻直井1 825口、水平井46口，平均单井日产量500～55 000m^3，年产量为29.26亿m^3。我国没有完成“十一五”规划的产量任务（规划2010年产量达50亿m^3），要完成“十二五”末规划产量100亿m^3也面临成本高、产量低的双重压力，亟需通过工程技术创新改变现状。若要完成2020年规划产量300亿m^3的目标，则有着空前的困难和阻力。

3. 致密油气

随着地质理论的发展和深化，致密油气展示的美好前景是近期油气业的一大亮点。

美国致密油可采储量79亿t，2012年钻井3.15万口，产量9 690万t，预计2020年产量达1.5亿t，占美国石油产量的1/3；美国致密气剩余可采储量超过5万亿m^3，已经连续10年产量超过1 000亿m^3，生产井超过1万口。2012年，美国致密气开采年钻井2.93万口，产量1 630亿m^3，占美国天然气产量的26%。

我国致密油可采储量44亿t，近年在鄂尔多斯湖盆中部（长7）、新疆吉木萨尔和四川川中等8个区块层位有重大突破，2012年探明储量已超过10亿t，2015年可建成200万t产能，2020年预计产量可达2 000万t，2030年可达5 000万t。致密气可采储量达10万亿m^3，近10年在鄂尔多斯、四川盆地、塔里木等地区每年新增探明储量3 000亿m^3以上，累计超过3.3万亿m^3。2012年致密气产量达到300亿m^3，约占全国天然气产量的1/3。预计2015年产量达到500亿m^3，2020年达 800亿m^3，2030年达1 000亿m^3，将占当年天然气总产量的1/3。

我国非常规油气的巨大潜力和快速发展给油气工程服务业带来巨大商机，引起相关各界的瞩目。

二、非常规油气开发钻井工艺技术装备现状与发展趋势

非常规油气勘探开发实践证明：先进适用的工艺技术实现了地质家的梦想，成全了企业家的愿望；而不断创新的工具、仪器、装备是落实工艺技术的保证。非常规油气开发钻井工艺技术虽然因地区、资源品质不同而异，但是其共同的目标和手段基本一致：利用水平井和分段（层）压裂技术提高单井产量，不断优化措施提高钻井速度和管理效率，千方百计降低成本，最终形成经济有效的规模开发。所有钻井工艺技术及工具装备都围绕提高单井产量、降低单井成本的目标发展，适者生存发展，不适者淘汰出局。

1. 水平井钻井技术与装备

水平井钻井完井工艺是非常规油气开发的首选技术，是提高单井产量最有效的工艺。美国2011年钻水平井15 004口，占当年钻井总量的33.4%，占当年进尺的57.1%，绝大多数井应用在非常规油气开发中。页岩气95%的开发井、致密油气50%以上的开发井井型是水平井；煤层气因地区而异，富集“甜点区”90%以上采用水平井开发。一般来说，水平井与直井相比 ，如其成本约为直井的1.5～2倍，其初期产量是直井的3～5倍以上，就是先进适用的。如果达不到这个指标就需要分析原因和适应性。

国内水平井主要在低渗透、超低渗透油气和稠油中发展。目前，每年钻水平井约2 000口，随着非常规油气的开发，水平井数量将大幅上升。有专家预测：至2020年，全国水平井钻井数量有望达

到5 000口左右，相对应的工具、仪器及装备需求也会大幅上升。

水平井钻井除了常规钻完井外，侧钻水平井、分支水平井（MRC）、径向水平井及多底井在非常规油气开发上都需求旺盛，发展迅速。尤其在老井、直井里进行多方位侧钻作业，能起到事半功倍、起死回生的重要作用。相对应的工艺、工具及装备发展也日臻完善。

水平井轨迹控制和随钻测量技术发展得相当迅猛，为满足工程需求（MWD），提高储层钻遇率和替代电缆测井的多参数地质导向仪器（LWD），提高造斜率及适用于长水平段的推靠式或指向式旋转导向工具等，可根据地层情况随意组合。传输方式除泥浆脉冲外，电磁波（可达到4 000m）、声波及智能钻杆等都得到发展。逐步实现多参数、高精度、高速率、耐高温高压（230℃，207MPa）及可预测（随钻地震前探技术），相应的控制软件和工具也日益成熟。

井下动力钻具目前以螺杆为主，抗高温、长寿命是其发展方向。国产涡轮钻具（抗高温，低成本）+孕镶金刚石钻头正发挥巨大作用，井下电动钻具也正在研发之中。井下工具最新发展方向是高造斜率（17 º/100ft）的旋转导向工具，如从KOP开始的一个钻头一趟钻技术，尾管钻水平井技术，连续管侧钻水平井、分支井、多底井（CTD）技术，以及连续循环和密闭循环钻井装置等。

2. 提高钻井速度及工程效率的技术与工具装备

提高钻井速度是降低钻井成本的重要的手段之一。非常规油气开发针对不同的地层地质条件，采取的技术工艺不同，与其配套的工具、仪器、装备也得到迅速发展。

（1）优化井身结构。大部分地区经过多次优化，井身结构简化为二开（直井）或三开（水平井），甚至是直井－造斜－水平段一趟钻。完井根据地层不同也有所不同，页岩气水平井、煤层气直井基本使用套（尾）管射孔完井、套管+滑套封隔器完井，致密油气、煤层气水平井、分支井采用裸眼或筛管完井，既能保护储层、防止垮塌出砂，又可降低成本。为适应储层改造工艺，尤其是分段体积压裂、酸压酸洗、后期水平井防水堵水工艺要求，配套的井下工具也得到充分开发，如各类封隔器（1～2年后可开关）、筛管（可循环）、管串（可一次投球4级压裂，单井一次压裂40段以上）等。

（2）优化钻井方式。川渝地区使用气体钻井方式可提高钻井速度5～10倍，使用氮气或天然气钻水平井可有效保护储层，甚至可替代压裂获得高产。各地区用PDC钻头替代牙轮钻头已成为提速的一大趋势。斯伦贝谢、贝克休斯、哈里伯顿等公司都为页岩气钻井设计了专用PDC钻头，钻井指标不断攀升。正在试验的各种提速工具，如井下脉冲、粒子喷射钻井等也收到好的应用效果。

（3）优化钻井液体系。美国页岩气储层多数使用油基钻井液体系，近期迫于环保压力开始开发水基页岩气专用钻井液，应用上已取得很好的成效。其他非常规油气开发多数使用水基钻井液体系。针对水平井钻井的难点，钻井液在强抑制作用、稳定井壁、增加润滑性、改善清洗效果、提高钻速及保护储层方面有较强的优势。为环保和降低成本的要求，钻井液尽量简单处理后重复利用，钻屑进行无害化处理，使钻井过程实现零排放。为此，各种新型高效处理剂、固控系统、岩屑处理系统应运而生。

（4）优化工程管理。非常规油气开采中，除部分高压致密气可实现稀井高产外，多数油气基本依靠多井低产规模开发。钻井压裂作业集中、数量大是非常规油气开发的一大特点。美国在页岩气开发过程中优化工程管理，创造工厂化作业模式：（Pad Drilling & Frac.）钻井、压裂、生产，顺序作业、同步作业、交叉作业无缝连接，电动钻机快速移动，动力、循环系统、专用管汇、压裂设备、井场布局等资源共享，工艺参数、轨迹控制、设备诊断均采用远程监控，专家团队进行多井全过程监控协调，管理软件调配各种机具运行和各类物资供应配给，确保全过程按计划正点运行。如有变化可有各种预案进行弥补和完善，使各项作业按标准按设计进行，降低各项成本，达到效益最大化。为此，各种高可靠性设备工具、模块化自动化装备、精确数据采集输送装置、各种建模调控优化软件空前大发展，使得工程作业向数字化、智能化方向迈进了一大步。美国不同地区通过采用工厂化作业，提高了作业效率，大幅度降低了开发成本。

三、结论

我国非常规油气资源丰富，潜力巨大，勘探开采已有重大突破，且规划宏伟，前景广阔，是今后中国油气勘探开发最重要的发展领域。美国非常规油气的发展经历虽给我国油气业以巨大的启示，但并不能完全套用其发展模式。只有结合我国实际情况，实事求是、踏踏实实地走有中国特色的非常规油气发展的路子，才能取得不断进步。

非常规油气发展要求工程技术以提高单井产量、降低生产成本为目标，在水平井钻井和分段体积压裂上有创新性的发展，以便适应不同地质条件，达到规模经济开采的目的。为此，配套的工具仪器装备也要不断发展创新。

非常规油气开发的特点是钻井压裂数量巨大。科学一体化管理、提高工程效率是大幅度降低生产成本的一条途径。工厂化作业、远程控制、专家团队等都需要各学科交叉统一集成，需要高层统一进行顶层设计，不断优化协调，才能使效益最大化。

〔撰稿人：中国石油集团咨询中心孙宁〕

海上气田天然气输出方案与装备的探讨

一、前言

按照国务院批准的《找矿突破战略行动纲要(2011—2020)》，三年以来，找矿突破战略行动已有重大进展。新增石油探明储量 39.47 亿 t，天然气储量 2.3 万亿 m^3。连续发现 6 个储量为千亿立方米的气田，尤其是在页岩气勘探方面，取得了突破性进展，探明了首个储量为千亿立方米的整装页岩气田。此外，还发现了 8 个储量为亿吨级的油田。这些油气田在海上均有发现。

2014 年海上油气的重大发现是陵水 17-2 气田。陵水 17-2 气田距海南岛的陵水 150km，平均作业水深 1 500m，为超深水气田。经测试，日产天然气 159.90 万 m^3，相当于 9 400 桶油当量。创造了中海油自营气田单井日产量最高记录。它是“海洋石油 981”深水钻井平台投用以来，首次在深水领域获得的重要发现。

此前，在我国南海水深 1 480m 处发现的荔湾气田，天然气储量超过 1 000 亿 m^3，是我国目前海上最大的气田，它已于 2013 年年底投产，年产量 100 亿 m^3。总之，我国海上的天然气蕴藏丰富，以南海为例，在南海面积约 200 万 km^2 中的海域中，有面积 153.7 万 km^2 的深水海域即有天然气总地质储量 16 万亿 m^3 左右，约占我国总资源量的 1/3。

因此，对于我国海上天然气资源的开发，无论是已开发生产的气田，还是探明待开发的气田，均存在海上气田天然气输出方案及其装备最佳选择的问题。本文拟围绕这一问题进行探讨。

二、海上气田的天然气输出方案

目前，国内外采用的海上气田的天然气输出方案通常有下列几种：

1. 海底管道输送方案

海底管道输出方案是将海上气田的天然气井的天然气，通过海底管道先输送到固定式中心平台或浮式生产储卸装置上，经初步处理后，再经过海底管道送至陆上终端进行处理；也可以将天然气井的天然气直接通过海底管道输送到陆上终端进行处理。例如，我国南海新投产的荔湾 LW-31 气田采用的方案，是先将气井的天然气通过65km海底管道输送到浅水区（水深197m处）的年处理量120亿m^3的固定式中心平台处理，然后再通过直径762mm、长270km的海底管道，将其送至年处理量200亿m^3的陆上终端。这样不仅海底管道及中心平台工程浩大、投资高、工期长，而且还不能进行早期生产及滚动开发。我国南海荔湾气田的天然气输出方案见图1。

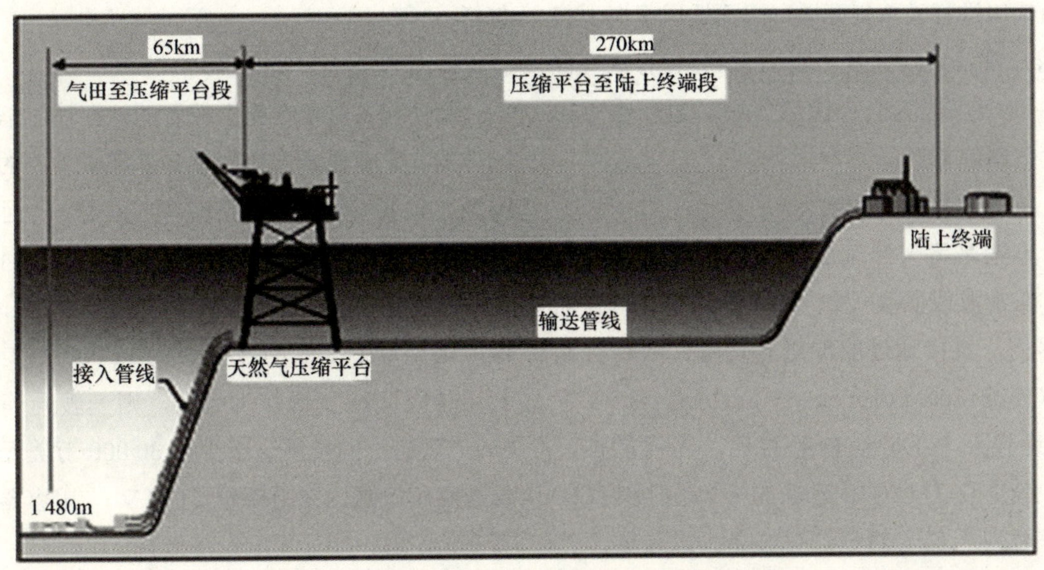

图1 我国南海荔湾气田的天然气输出方案

2. FLNG处理运送方案

这种方案是在FLNG（Floating Liquefied Natural Gas System）多功能平台上，将来自气井的天然气进行冷凝抽提、气体提纯处理之后，再进行液化，使其成为液化天然气（LNG）储存起来，再定期卸载到LNG运输船运至岸上。FLNG多功能平台是在仅有岸上天然气液化工厂面积1/4的甲板上，安置一座工艺流程十分紧凑的天然气液化工厂，同时，它还配有始终处在常压和低温条件下（-162℃左右）的LNG储罐，可以将液化天然气卸载到LNG运输船上。FLNG多功能平台见图2。FLNG多功能平台与LNG运输船见图3。

图2 FLNG多功能平台

图3 FLNG多功能平台与LNG运输船

FLNG实质上是一座LNG的FPSO（浮式生产储存卸货装置），它具有与FPSO相同的船型及定位方式，但由于天然气液化过程中，其体积骤缩600倍，因而有利于对天然气的储存。FLNG上虽然要装设液化天然气工厂，但与相同规模的岸上液化天然气工厂相比，投资可减少20%，建设工期也减少约25%。FLNG在深水可与水下生产系统组合；在浅海可与导管架井口平台组合，也可与自升式钻采平台组合，机动性非常好。FLNG的投资低、建造周期短、可重复使用、运移性好，再加上较大的抗风浪能力、大产量的油气水生产处理能力和LNG储存能力，因而特别适用于深水气田，比海底管道输送方案有很大的优越性。FLNG强的机动性、良好的移动性及经济性，可促使边际油气田得到开发。FLNG可以在开发完特定的油气田之后，移动至下一目标油气田进行天然气开采，因而适用于海上气田的早期开发及滚动开发。正由于FLNG的这些优势，FLNG方案已成为当今深海气田、边际小气田以及伴生气田的首选。

3. 船舶直接运输方案

这种方案是将天然气压缩到十几到二十几兆帕压力，在常温或低温（如-29℃等）下储存在船上的容器内，直接通过船舶进行运输，故将其称为FCNG（Floating Compressed Natural Gas）方案。CNG运输船与LNG运输船相比，同样的船，CNG船的运量仅为LNG船运量的1/3，但因FCNG方案不需要海上的天然气液化装备，以及陆上终端的气化设施，而且，在运输过程中也不需要保持超低温，故FCNG方案，对离岸中短距离和低储量气田的开发有其独特的优势。评估表明：当气体容量为（5.664～14.16）×10^6m^3、距离海岸1 100～4 500km时，CNG船运输比LNG船运输和管道运输都经济。例如，相同输量而且同为1 500km输送距离时，CNG船的总体运输费用（考虑投资、成本和操作费用）仅为LNG船运输的40%～50%；并且运载CNG的船舶，还可以重新改装使用，利用率高。因此，采用CNG船直接运输方案是离岸中短距离和低储量海上气田开发时的首选。美国VOTRANS研发的首艘V800型CNG船见图4。

图4　美国VOTRANS研发的首艘V800型CNG船

三、船舶直接运输方案用的装备

因为这种方案及其所用装备是在2007年以后新推出的，故本文只重点介绍这种方案用的装备。船舶直接运输被压缩的天然气方案所用的装备主要包括：

1. 储气装备

储气装备是指在船上放置的储存被压缩天然气的容器。它是影响海上运输CNG经济效益的最关键因素。这种容器不能用传统高压气罐，因为高压气罐的费用太高。例如，一艘容量为9.344×10^6m^3的船，储气容器若采用加拿大的新产品Coselle容器，则整艘CNG船的费用约为11 000万美元，而若用传统高压气罐作为容器，则一艘同等容量的CNG“罐船”的费用，至少要30 000万美元，采用传统高压气罐比使用新研发的CNG专用容器，费用高三倍左右，明显影响经济效益。

CNG船上储存被压缩天然气的专用容器，基本上均采用一般高压容器用的钢材，但近年出现了两种新材料。一种是复合材料，这种高性能复合材料抗腐蚀性强、强度高，因而容器质量轻、承压高、安全性高，而且可在常温下操作。在同等容积和壁厚的条件下，它比全钢容器要轻约35%，因而经济效益高。例如，使用复合材料专用容器的CNG船运输10万m^3的天然气，费用约为1亿～1.25亿美元，且容器的总重量小于35 000t；而一艘载重量60 000t的巴拿马型散货船，却只能容纳12.7万m^3天然气。另一种新材料是纤维强化塑料。这种纤维强化塑料CNG专用容器，目前已由加拿大Trans Ocean Gas公司研发成功，它可在-40℃及24MPa工况下储气。船的储气系统由多个模块化的框架焊接而成，以便于安装连接，且可避免船体晃动的影响。每个模块是一个框架，框架中直立安装多个专用气瓶，气瓶由位于框架顶部和底部的阀组和管道连接成一体。一个模块的框架及其中的纤维强化塑料CNG专用容器见图5。

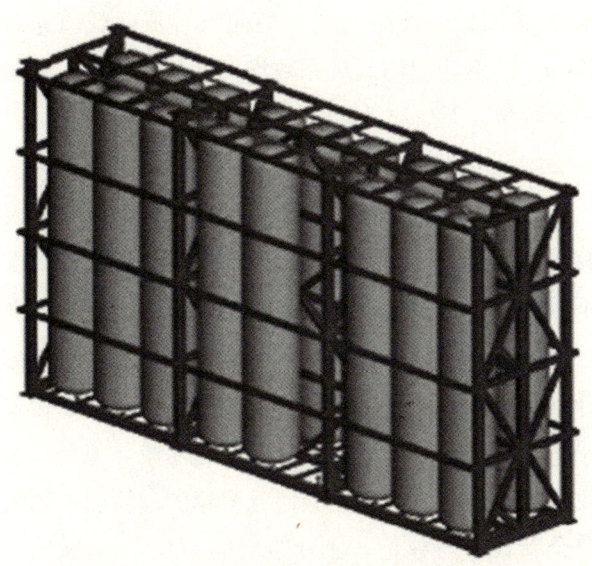

图 5　一个模块的框架及其中的纤维强化塑料 CNG 专用容器

船上储存被压缩天然气的专用容器的型式主要有以下几种：

（1）卧式圆盘型 CNG 专用容器。这种新型 CNG 专用容器是由加拿大研发出的产品（Coselle），每个圆盘直径为 15 ～ 20m，高 2.5 ～ 4.5m，重约 550t，管道长 16km，可装载 CNG 约 $8.495\times10^4$$m^3$。卧式圆盘型 CNG 专用容器及其装载用船见图 6。

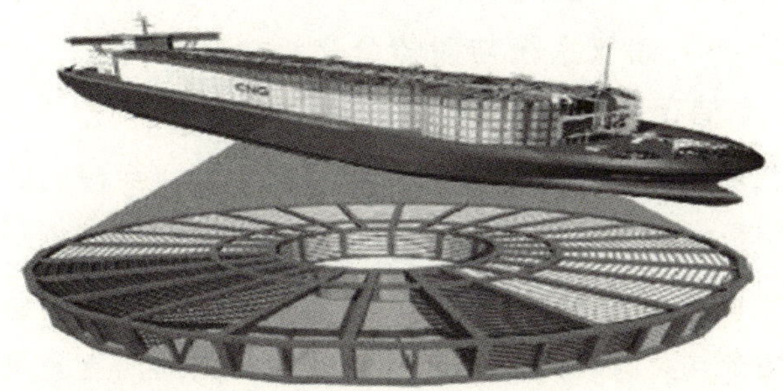

图 6　卧式圆盘型 CNG 专用容器及其装载用船

这种卧式圆盘型 CNG 专用容器的主要优点有：

1）运量多变。单艘船上的 Coselle 数量不同时，运量差异较大，因此，通过改变船载 Coselle 的数量即可改变单船运量。此外，还可采用改变气体压力来改变单船运量。

2）建造方便。用 Coselle 储气容器的 CNG 船，基本上都是由标准的散货船改建而成，普通造船厂即可建造，因而成本可大大降低。

3）装卸简便。大直径管盘大大减少了装卸接头的数量，从而使船的装卸非常简便。

（2）立式长柱型 CNG 气罐。这种新型 CNG 气罐是由美国研发出的产品（VOTRANS）。这种容器可在 -29℃低温及 10 ～ 13MPa 压力下储藏 CNG，它是由 24 个 36m 长的柱式气罐组成一组，100 组可以装载 CNG $2\times10^7$$m^3$。一组 24 个 36m 长的立式长柱型 CNG 气罐见图 7。装设立式长柱型 CNG 气罐的船见图 8。

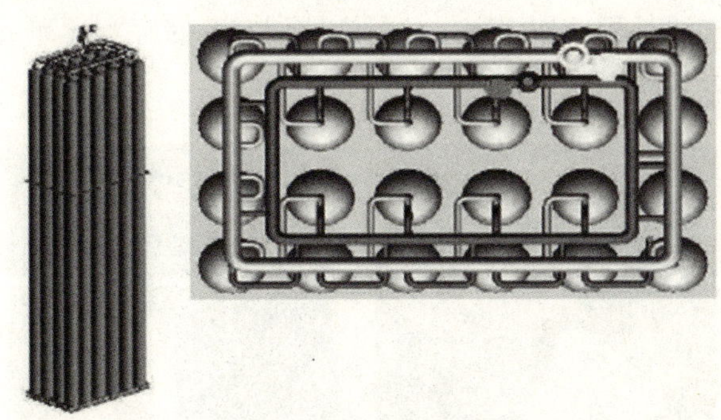

图 7　一组 24 个 36m 长的立式长柱型 CNG 气罐

图 8　装设立式长柱型 CNG 气罐的船

这种船的装卸过程是利用低温液体置换原理来完成的。卸载时将恒温、恒压的低温液体，泵入储罐内，从而将气体置换出来；装载时采用相反的过程，经过加压、降温的气体将储罐中的低温液体换出，最终装满储罐。该船单次航程可达 1 552km。装设立式长柱型 CNG 气罐的船的主要优点有：

1）低温储存容器壁厚减小。低温储存的储存压力只是常温储存的一半，因而减小了容器壁厚，降低了船体自重。

2）低压储存气体残量减少。储气压力低时，天然气卸载后的残留气量将大大减少（约为 1%），远低于高压储存（约为 10%），因而提高了船的体积利用率。

3）便于改造，缩短建造周期。例如，可对现有的单壳体油轮进行改造，使其成为可运输（8.5～34）×10^4m^3CNG的船，从而缩短建造周期，降低成本。

（3）六面体柱型CNG储存容器。它是由美国密歇根大学研发出的产品（CDTS）。它的每个单元由12根圆柱形容器交叉构成一个6面体。研究表明：CDTS的单元边长为10m时，它在壁厚、装置重量等方面，达到了最优化，因此，每个单元的最佳边长尺寸取10m。六面体柱型CNG储存容器单元见图9。

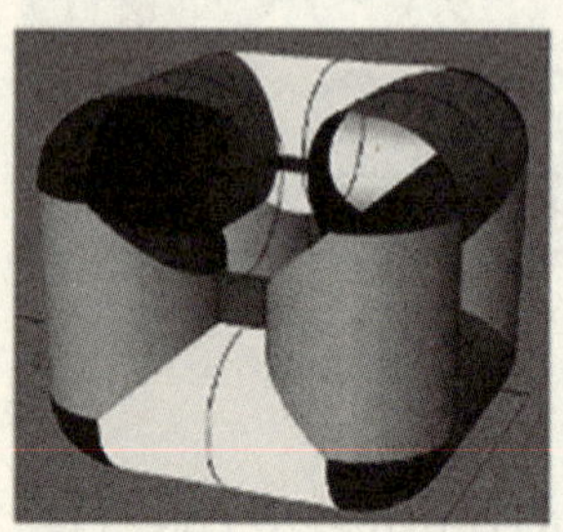
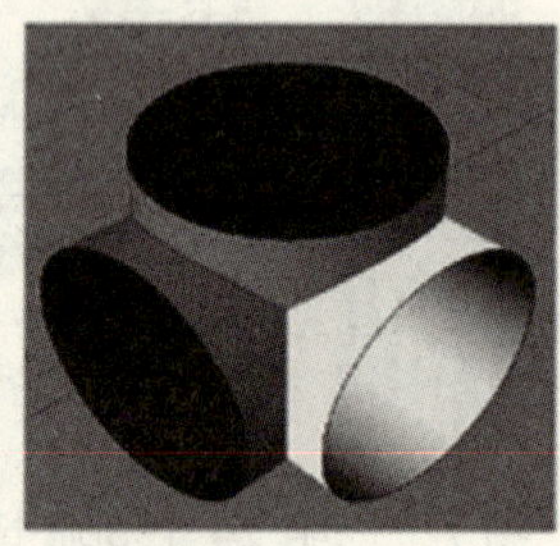

图9　六面体柱型CNG储存容器单元

这种六面体柱型CNG储存容器及CNG运输船的主要优点有：

1）容器体积利用率高。运输同量CNG的船体积将更小，从而可以降低推进装置的固定投资和燃料费用，经济上占优势。

2）容器的容积效率高。其容积效率可高达0.33（前述的立式长柱型储气容器的容积效率为0.18，卧式圆盘型储气容器的容积效率为0.14），从而减小了容器的表面积，减缓了CNG的换热，避免了因温度升高而导致的超压。

3）船舶的容积效率高。装载六面体柱型CNG储气容器的运输船容积效率可达0.14，而前述的使用立式长柱型储气容器及使用卧式圆盘型储气容器的运输船容积效率均为0.09。由于装载六面体柱型CNG储存容器提高了船舶的容积效率，因而可大大减小船或海洋平台的长度、宽度等尺寸。

4）船舶的载重系数高。由于装载六面体柱型CNG储气容器的运输船减少了连接储气容器的管道数量，因而提高了运输船的载重系数，使其货物载重系数达到0.133，比装载立式长柱型储气容器（载重系数0.12）及卧式圆盘型储气容器（载重系数0.09）的运输船的载重系数均高，从而降低了运输船的吨位。

2. 运输船舶

当前，国外几家研发船舶直接运输CNG技术及其装备的公司，在CNG运输船舶的设计与建造方面不尽相同，可以从以下几个不同角度来剖析。

（1）从建造方式来看。可以有新建与改建之分。如加拿大采用卧式圆盘型CNG储存容器的运输船基本上都是由标准的散货船改建而成。但是，装载美国研发的立式长柱型储气容器的运输船，则采取全新设计与建造，图4给出的V800型运输船，由EnerSea公司负责天然气压缩存储舱和天然气流程系统的设计，由现代重工负责船体、动力系统和相关功能系统的设计，然后进行建造的。目前，国外又提出了一种新方案，就是将现存的单壳体油轮改造成可运输压缩天然气的船。由于这种改造方案可以降低成本、减少周期，因而颇引起业内人士的关注。

（2）从组合方式来看。这里的组合指的是被压缩的天然气储存系统与船舶的组合。当前，国外采用的有下列两种组合方式：

1）储气系统与船体分立组合。它是将一个CNG储存系统和一个传统的穿梭运输船分别建造，然后将两者在船的甲板上组合在一起。穿梭船的甲板上设有分离/结合系统，可以很方便地装拆，从而增加了船体建造的灵活性。挪威Teekay航运公司、Leif Hoegh公司与挪威最大的油气公司Statoil合作建造了这种组合方式的船舶。挪威推出的储气系统与船体分立/组合方式的船舶见图10。船上可装拆的储存CNG系统见图11。

图10　挪威推出的储气系统与船体分立组合方式的船舶

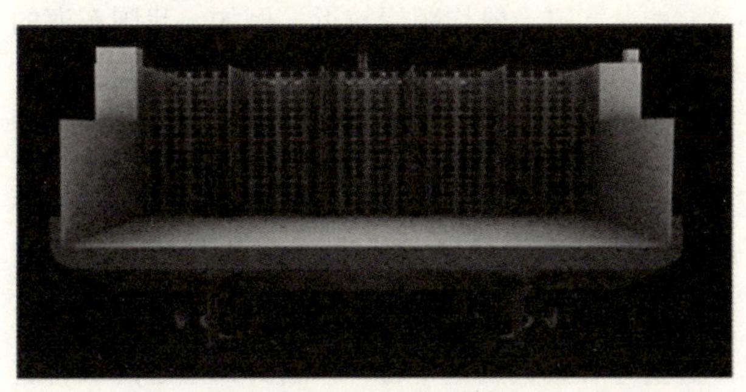

图 11 船上的可装拆的储存 CNG 系统

2）储气系统与船体做成一体。这种船舶是在船的主甲板上建造一个完全封闭的货舱，货舱内放置储气容器。这种船舶在设计上，根据储罐放置方式的不同，有两种可供选择的方案：一种是横式储罐船，另一种是竖式储罐船。其中，横式储罐的容积要比竖式储罐的容积大些。容积大的船舶装载的产品量大，而且运送的距离也长，因此其经济效益较高，故目前多采用横式储罐船。

（3）从船舶功能来看。除单纯作为 CNG 穿梭运输船之外，有的船舶还具有多种用途。如除了可从平台接收处理过的气体之外，还可在船上对气体进行处理，另外，也可以通过一个装载/卸载系统把气体装载到其他船上。这种多功能船可使连接海底设备的浮体与船自身的接收设备相匹配，在船装载完毕后与浮体解除连接，然后即可航行至陆地终端或其他海上设施。这种多功能船不仅可以用于运输天然气，也可用于运输石油，因而可用于海上油田及其伴生气的开发。

四、对我国海上气田输气方案与装备的建议

1. 深水气田

从目前来看，我国深水气田主要在南海，离岸距离均不远，如荔湾 LW-31 气田离岸仅 335km，而新发现的陵水 17-2 气田距海南岛的陵水也仅 150km。但是，它们均位于深水区，荔湾 LW-31 气田水深 1 480m，陵水 17-2 气田平均作业水深 1 500m，均已逼近超深水海域（一般以 1 500m 为界，超过即进入超深水域）。由于 FCNG 及 FLNG 两种船舶运输方案较适用于距离海岸距离在 1 100 ～ 4 500km 之间的长距离或中距离气田，对于我国目前距岸较近的深水气田，优势不明显，因此，当前我国深水气田可先采用适合于距海岸较近的海底管道输送方案。但是，由于气田位于深水海域，海底管线工程存在许多困难，其投资与工期还需要与 FCNG 船舶运输方案进行精细对比，而且海底管道输送方案还不能进行早期生产及滚动开发，故对于陵水 17-2 气田的开发来说，及早进行海底管道输送方案与 FCNG 船舶运输方案的对比，启动 FCNG 船舶运输方案装备的研发，力争尽快具备 FCNG 船舶运输的条件是必要的。应该说，我国在研发 FCNG 船舶运输的装备方面是具有有利条件的，从船上的储气容器来看，我国是有研发与建造石油化工压力容器基础的，完全可以借鉴；从运输 CNG 船舶来看，我国造船工业已居于世界先进之林，而且利用现有的标准散货船改建是更容易的。

从长远来看，我国南海的远海必将进一步勘探开发。以我国南海远海的南沙群岛为例，据专家估计，蕴藏石油及天然气约 230 亿～ 300 亿 t，其中，石油 140 亿 t 左右，余为天然气，油气资源十分丰富，素有“第二波斯湾”之称。我国南沙群岛的油气资源勘探开发已提上日程。随着我国第一座最先进的 3 000m 水深的半潜式钻井平台“海洋石油 981”的建成，我国加快了在南海远海的油气勘探开发的步伐。“海洋石油 981”已于 2014 年年初在西沙群岛距我国中建岛 31.48km、距越南海岸 222.24km 处钻井，随着“海洋石油 981”按计划顺利取全、取准相关地质数据资料之后，于 2014 年 7 月 15 日结束了在西沙群岛中建岛附近海域的钻探作业任务。可以预期，我国南沙群岛油气资源的勘探开发也会陆续开始。南沙群岛的曾母暗沙盆地、礼乐盆地等盆地的油气资源非常丰富。我国建造的 3 000m 深水半潜式钻井平台“海洋石油 981”见图 12。

在南沙群岛中，仅曾母暗沙盆地的油气地质储量就高达 126 亿～ 137 亿 t，它的勘探开发应该是我国在南沙群岛油气勘探的首选。但是，曾母暗沙岛位于北纬 3° 58′、东经 112° 17′，距离广东省湛江市 1 950km，离陆地较远。因此，南沙群岛曾母暗沙盆地气田开发的天然气海上输出，必

须采用 FLNG 及 FCNG 装备。鉴于南沙群岛距我国大陆大约有 2 000km 的距离，正处于 FCNG 及 FLNG 两种船舶运输方案的最佳适用距离，因此，可选用 FCNG 或 FLNG 运输方案。比较而言，采用 FCNG 较 FLNG 更适合一些，而且当前全球唯一的一座 FLNG 还正在建造，尚未投产，我国自主设计建造会有很多困难。而 FCNG 可以利用现有货舱船改建，压力储气容器的设计与建造我国也有基础，因此，为了“上得快”，可以先改建 FCNG，而 FLNG 从长计议，日后“再上”。

图 12　我国建造的 3 000m 深水半潜式钻井平台“海洋石油 981”

2. 浅水气田

我国浅水海域也有丰富的天然气资源，如东海即有油气储量 77 亿 t。目前，我国已在东海开发的平湖、春晓、天外天等油气田均处于浅水水域，水深在 100m 左右。2014 年我国在东海发现了一个大型天然气田，宁波 22-1 井天然气储量为 1 000 亿～ 2 000 亿 m^3，该井位于东海北部海域，水深 90 ～ 100m。中国海洋石油总公司最近又在该海域完成了两口评价井，其中，一口井位于构造的边缘，表明是一个大气田。该新发现的大气田距离在产的天外天气田约 20km，中国海洋石油总公司拟将此新大气田建设成为我国东海北部海域的一个新天然气生产中心。

浅水气田一般均距岸较近，例如，我国东海的春晓气田距离上海 500km，距离宁波仅 350km。显然，这样短的距离，采用 FLNG 及 FCNG 船舶运输，经济效益低，显示不出优越性，因此，通常都是采用海底管道输送方案。如东海北部 2014 年新发现的大气田，即可采用除井口平台外，另建一座中央平台（桩基导管架式固定平台），自井口通过海底管道输气至中央平台，将气体初步处理之后，再经海底管道送至岸上的液化工厂进行液化或再经陆地管道输出。

当然，若附近有可依托的能进行天然气初步处理的固定式平台或浮式生产储存卸货装置（FPSO），也可采取改造这些可依托的生产设施，扩大其处理天然气能力的办法，这样，可省去新建生产设施的费用，提高经济效益。

3. 边际气田

海上边际气田是指那些储量小、分散的小气田，它们的开发处于可获利润与不可获利润的边界。开发边际气田主要取决于技术创新，需采用先进的工艺技术与装备，故 FCNG 与 FLNG 船舶运输应该是开发边际气田的首选，无论是远海还是近海，无论是深水还是浅水，均应该选用 FCNG 或 FLNG。当然，为了“上得快”，可以先采用 FCNG。设计与建造 FCNG 时，其储气容器宜采用复合材料或采用纤维强化塑料，以减轻重量；容器型式宜采用六面体柱型，以提高容器的体积利用率及容器和船舶的容积效率，以及运输船的载重系数；初建造 FCNG 时，宜采用在常温状态下运输，以节省冷却设施的投资。运输船舶宜由标准的散货船改建；采用储气系统与船体分立组合的方式，以便于装拆储气容器；尽量使改建的船舶具有天然气初步处理以及装载和卸载等多项功能。

五、结束语

（1）随着我国海上气田的不断发现，海上气田的开发已逐步展开，海上气田的天然气输出方案及其装备的研发，宜尽早着手，尽快出成果。

(2) 海上气田的天然气输出方案，应针对我国不同海域的具体情况区别对待。本文对深水气田、浅水气田以及边际气田提出的一些建议，仅供参考。

(3) 海上气田输出天然气的FCNG方案是国外近年提出的最新方案，本文对这种方案的运输船舶及储气容器等装备所做的介绍，可供我国研发FCNG方案的装备时借鉴参考。

〔撰稿人：中国石油大学（北京）方华灿〕

我国海洋油气工程装备的现状和发展趋势

一、我国海洋油气工程装备的现状

1. 海工装备制造规模不断扩大

根据国内一项研究，按订单价值和市场份额计算，我国首次成为世界第二大海工装备制造国。中国船舶重工集团公司下属海工装备产业发展研究中心最近的一项研究表明：2013年前3季度，全球海洋装备制造总订单408亿美元，其中，中国海洋装备制造订单96亿美元，创历史最高纪录，已经远远超过了2012年全年的订单值41亿美元，占全球总订单值的23.5%，较上年同期增长6%；新加坡的海工装备订单值为65.28亿美元，占全球总订单值的16.0%；海工装备订单值领先的是韩国，为201亿美元，占全球总订单值的49%。然而，上述数据并不意味着我国目前已达到海洋装备制造强国的水平。就项目管理、盈利能力和施工效率而言，我国仍远远落后于韩国和新加坡。

2013年我国海工装备订单以自升式钻井平台为主，共30座，占世界总量的57%。其他海工装备订单还有3座半潜式钻井平台、2艘浮式生产储油卸油轮（FPSO）以及其他支持装备，如生活驳船等。其中，仅大连船舶重工集团海洋工程有限公司一家企业，2013年就获得了24部海洋钻机的建造合同，包括22座自升式钻井平台和2座半潜式钻井平台。

2. 海洋工程装备国产化进程加快

目前，我国海上钻井平台、模块钻修机上的国产化装备有：顶部驱动装置、水龙头、转盘、井架及底座、绞车、天车、游车、泥浆泵、高压管汇、防喷器及控制系统、采油树、PDC钻头、牙轮钻头、振击器、扶正器、泥浆马达、螺杆钻具、油套管和筛管等钻井装备，振动筛、除砂器、射孔器材、压裂橇、固井橇等完井装备，电潜泵、螺杆泵等采油装备，吊卡、卡瓦、大钳等井口工具，变压器、变频器、控制柜等机采地面设备。

我国以宝鸡石油、兰石国民油井、四川宏华、南阳二机、江汉四机、渤海石油装备、华北荣盛、上海神开、蓝科高新亚星锚链等为代表的国内主要石油装备制造企业，可为国内用户成套提供1 000～9 000m系列钻机模块及泥浆泵、铁钻工、6 000hp(1hp=0.745kW)绞车等配件，2 000～6 500m修井机，平台采油树，最高压力等级防喷器（69MPa）等海洋油气钻采装备；固定式平台钻机、固井设备（双机双泵固井橇及远程控制）、海洋修井机已经完全摆脱了进口的局面，全面实现国产化；船舶锚链技术水平世界领先，占全球市场份额接近50%。但我国高端海工装备的整体水平依然很低，深水水下装备几乎是空白。

3. 深水油气钻采技术与装备技术水平大幅提升

南海300m水深陆丰油田是利用1艘FPSO+水下生产系统进行开发的，其技术装备水平达到世界先进水平。FPSO+水下生产系统进行南海陆丰油田开发见图1。

图1 FPSO+水下生产系统进行南海陆丰油田开发

具体装备介绍如下：

（1）深海地球物理勘探船——“海洋石油720”。“海洋石油720”由挪威Skipsteknis公司和中国船舶工业集团公司第七〇八研究所设计，上海造船厂制造。性能参数为：总长110m，型宽28m，型深9.5m，吃水深7.5m，拖带12缆、8 000m、8排气枪阵列。该船投产以来已完成面积11 860km^{2}的3D采集，有利于发现深水油气田。“海洋石油720”深海物探船见图2。

图2 “海洋石油720”深海物探船

（2）新一代深水钻井平台——“海洋石油981”。“海洋石油981”是世界新一代钻井船，运用了多项当代先进的科技成果。该钻井平台作业水深3 000m，钻井能力12 000m，自重超3万t，总造价60亿元。我国自主设计制造的“海洋石油981”钻井平台，具有6项创新技术：

1）可抵御南海200年一遇的台风。

2）先进的组合定位系统：3 000m水深DPS3动力定位和1 500m水深锚泊定位。

3）能够承受可变载荷9 000t。

4）具有强度超高的R5级锚链。

5）船体各关键部位安装传感器监测系统。

6）具有紧急情况下能自动关闭的水下防喷器系统，可防止类似墨西哥湾的井喷事故。

目前，“海洋石油981”已完成三口井的试钻作业。“海洋石油981”钻井平台见图3。

图3 “海洋石油981”钻井平台

（3）深水起重铺管船——“海洋石油201”。“海洋石油201”是深水海洋工程的母舰。该船最大作业水深3 000m，铺管速度5km/d，总长204.65m，型宽39.2m，型深14m，结构吃水深11m，作业吃水深7～9.5m，航速12节（1节=1.852km/h，下同），DP2/3动力定位，起重能力3 500～4 000t，造价30亿元。

该船由中海油、上海船研所、荷兰Gusto B.V联合设计，江苏熔盛重工制造。目前已完成三次试航铺管作业。“海洋石油201”深水起重铺管船见图4。

图4 “海洋石油201”深水起重铺管船

（4）深水工程勘测船——“海洋石油 708”。该船起重能力 150t，钻机钻井深度 3 600m，DP2 动力定位，可进行海底勘察、钻孔取芯、工程地质勘探等。“海洋石油 708”深水工程勘测船见图 5。

图 5 “海洋石油 708” 深水工程勘测船

（5）三用工作船——“海洋石油 681”。该船是深水大马力三用工作船，最大航速 18 节，经济航速 10～12 节，续航能力 10 000n mile(1n mile=1.852km)，自持力 60 天，作业水深 3 000m，最大系柱拖力 3 000kg。该船动力大、抗风浪能力强，能够满足远海深水供应补给、拖带、起抛锚、运输、现场值班救援等工作需要，是深水作业不可或缺的装备。该船由国内公司设计，武昌船厂制造。“海洋石油 681”三用工作船见图 6。

图 6 “海洋石油 681”三用工作船

（6）多功能动力定位船。该船作业水深 2 000m、DP3 动力定位，可完成 ROV 支持、海底管线检测、维护及修理等工作，造价 22 亿元。多功能动力定位船见图 7。

4. 深水半潜式钻井平台制造实力增强

深水半潜式钻井平台是海洋油气开采的高端装备，其制造是庞大的系统工程，需要众多的国际、国内企业协作配套。中集来福士等我国海工装备制造企业已经具备了深水半潜式钻井平台的制造实力。这在我国海工装备发展史上具有里程碑意义。

图 7 多功能动力定位船

中集来福士自 2010 年 10 月起，已先后向中海油服欧洲钻井公司交付了 3 座半潜式钻井平台，这些平台在挪威北海油气田业绩优秀。尤其是 2013 年 9 月承建的“兴旺”号深水半潜式钻井平台，其运动性能和冬季作业能力有较大提高，达到冰级、环保和低温作业水平，更适合挪威北海区域的恶劣海况。

在挪威北海这片全球海况最恶劣、作业要求最严格的海域上，中海油服欧洲钻井公司作为一家新成立的油服公司，依托我国自主生产的深水半潜式钻井平台取得了骄人的业绩。

二、我国海洋油气工程装备的发展趋势

1. 我国深海油气勘探的机遇和挑战

近年来，亚洲国家的海洋工程装备制造产业日渐成熟，韩国和新加坡是主要的海洋工程装备制造国，也是我国海洋工程装备制造企业最强有力的竞争对手。其中，韩国垄断了钻井平台市场。2009 年，三星重工、大宇造船、现代重工和 STX 造船公司持有钻井船订单 33 艘，市场占有率超过 90%。韩国和新加坡则占据了 FPSO 新建和改装市场，市场占有率分别高达 60% 和 80% 左右，新加坡的吉宝和胜科海事在 FPSO 改装市场占据绝对优势。同时，新加坡在自升式钻井平台的市场占有率也较高，累计制造量占世界总量的比例超过 30%。

我国海洋油气储量丰富。2012 年，中海油投

入130多亿元进行海洋油气的勘探开发，新发现油气储量6亿t。其中，在渤海老区的蓬莱、旅大又发现了两个超亿吨级的大油田，在南海也有新的收获。我国的海洋油气勘探开发具备了一定的实力，已建成包括“海洋石油981”“海洋石油201”等6型7船的深海作业船队并投入南海油气的开采作业，开启了我国独立进行深海油气勘探开发的新进程。

我国海洋油气开发企业的综合实力不断增强。中海油是我国最大的海上油气生产商，自1982年成立以来，通过成功实施改革重组、资本运营、海外并购、上下游一体化等重大举措，企业实现了跨越式发展，综合竞争实力不断增强，保持了良好的发展态势，由一家单纯从事油气开采的上游公司，发展成为主业突出、产业链完整的国际能源公司，形成了油气勘探开发、专业技术服务、炼化销售及化肥、天然气及发电、金融服务、新能源等六大业务板块。中海油在美国《财富》杂志发布的2014年度世界500强企业排行榜中排名第79位，在2013年世界50大石油公司中列第32位，在2013中国企业500强中列第10位。

中海油参与世界海洋油气开发取得重大进展。中海油的海外油气产量已达1 300万t油当量。2012年12月，加拿大政府批准了中海油以151亿美元收购加拿大尼克森公司（Nexen）的申请，这标志着中海油乃至中国企业完成了在海外的最大宗收购案。此举使中海油可采储量增加30%，产量增加20%。对尼克森公司并购的成功使中海油海外油气资产遍及加拿大、墨西哥湾、北海、尼日利亚，业务扩展到五大洲海上，更重要的是获得了深水油气及非常规油气开发的技术、经验及人才支持等。

“十一五”期间，中海油斥资150亿元打造了初具规模的深水船队。“十二五”期间，继续建造了3台深水半潜式钻井平台（水深750～1 500m）、5万t半潜式自航工程船、半潜式起重铺管船、多功能定位船、饱和潜水支持船等深水装备。为解决远程深水补给，目前正在研究开发“深水浮式人工港”，由8个模块拼接而成，周长2 000m，直径400m，可供6 000t以下8艘船舶停靠避风、16架直升机同时靠泊。

深水技术装备、人才和经验不足是当前我国海洋油气开发企业面临的主要挑战。深水油气开发、国际企业兼并充分考验着中海油的整体治理能力（设计、布局、组织）、统筹全球资源的能力，以及掌握核心技术甄别第三方技术方案可行性和风险性的决策能力。

2. 我国海洋油气工程发展趋势

近10年来，全球新发现的大型油气田60%来自海洋，预计到2020年，海洋石油将占全球石油开采量的35%，海洋天然气所占比例则将达41%。而我国目前海洋石油占石油开采总量不足15%，提升潜力巨大。

目前，我国深水油气资源重点集中在南海北部，主要有珠江口和琼东南盆地。该区域现有深水矿区19个，面积11.84万km^2，其中合同矿区11个，面积8.1万km^2，合同矿区占整个珠江口和琼东南盆地深水矿区面积的近70%。另外，2012年6月，南海地区对外开放9个海上区块，全部位于南海中南部。由此可见，深水油气是国家能源战略的重要接替区，深水战略是中海油中长期可持续发展的重要战略，走向深水是中海油承担的社会、政治与经济责任。

针对我国海洋油气资源现状，我国海洋油气工程的发展趋势是：产业布局从上游向上中下游转变，市场范围从国内向国内国际一体化转变，作业领域从浅水向深水转变，能源品种从传统能源向现代能源体系转变。

3. 我国深水油气工程装备发展趋势

2010年10月18日，国务院公布了《关于加快培育和发展战略性新兴产业的决定》，其中，有关高端装备制造产业中提及将面向海洋资源开发大力发展海洋工程装备。“十二五”规划最大的亮点是相关企业将于“十二五”期间在中国的近海大陆架和大陆坡再建设5 000万t的产能，带动的海洋工程装备总投资将超过2 500亿元。未来5年，我国将有30多个油田待开发，需建造70多座钻井平台，新建和改造10多艘FPSO，其中中海油需建造55座海洋钻井平台，6艘FPSO，4个陆地终端，铺设海底管线超过1 000km，投资总额每年将递增百亿元以上，海洋工程装备具有广阔的市场前景。

目前，国际海洋工程装备年需求量400亿～500亿美元。海洋油气开发热潮带动了海工装备市场的繁荣，预计到2015年，海洋工程装备需求2 765亿美元，其中更新改装需求1 700亿美元，新增装备需求1 065亿美元。

为了适应我国深水油气开发的需要，作业效率更高、稳定性更好的半潜式大型深水装备及辅管船亟待研制，水下生产系统国产化及相关测试认证技术等亟待建立。此外，FLNG装置将成为南海深海气田开发的重要设施，其可改变传统气田传输回岸上处理的开发模式，实现全海底开发，并直接通过输油气管道运输到终端，减少损耗。

〔撰稿人：中国石油和石油化工设备工业协会 赵志明〕

2013年我国膨胀节安全生产及标准、质量管理情况

膨胀节又称为补偿器或波纹管膨胀节，广泛用于炼油、石油、石油化工、化工、建筑、冶金、机械、电力、航空、航天、核动力、船舶、热力和煤气输送等工业部门。随着我国国民经济的高速发展，特别是城建、油、气、煤、热、通风等管道铺设量的迅猛增加，膨胀节的需求量逐年上升，其作用和重要性愈来愈大，社会效益和经济效益愈来愈高。膨胀节除用于压力容器、换热器等设备及仪器仪表外，主要用于压力管道的热位移补偿、动力隔振以及管道与管道、管道与设备及设备与设备的柔性连接，统称为压力管道元件。

一、2013年我国正式颁布《特种设备安全法》

特种设备是指涉及生命安全、危险性较大的锅炉、压力容器（含气瓶）、压力管道、电梯、起重机械、客运索道、大型游乐设施和场（厂）内专用机动车辆。

压力管道元件是指连接或装配成压力管道系统的组成件，包括管件、法兰、阀门、补偿器（膨胀节）、密封件和支吊架等。按照TSG D2001—2006《压力管道元件制造许可规则》，目前压力管送元件分为26个大项。

1. 特种设备安全监察工作

2003年我国《特种设备安全监察条例》颁布。我国特种设备安全监察工作是政府行政管理活动的组成部分，实行分级监督管理。

（1）国务院负责特种设备安全监督的管理部门负责全国特种设备的安全监察工作，县以上地方负责特种设备安全监察管理的部门对本行政区域的特种设备实施安全监察。

（2）按照事前监管、事中监管、事后监管相结合的原则，特种设备安全监察的基本制度是行政许可和监督检查。

（3）安全监察基本做法。坚持“多元共治”工作格局；坚持“预防为主”安全方针；坚持抓好“两防”工作重心；坚持分类监管科学方法。

（4）我国特种设备法规的发展历程。1960年颁布《蒸汽锅炉安全监察规程》第1版，1981年颁布《压力容器安全技术监察规程》，1982年颁布《锅炉压力容器安全监察暂行条例》及《〈锅炉压力容器安全监察暂行条例〉实施细则》，2003年颁布《特种设备安全监察条例》，2009年重新修订了《特种设备安全监察条例》。2013年6月29日，十二届全国人大第三次会议闭幕会表决通

过《特种设备安全法》。当天，国家主席习近平以主席令第 4 号公布，自 2014 年 1 月 1 日开始施行。

《特种设备安全法》规定了特种设备生产、经营、使用、检验、检测应当遵守的有关特种设备安全技术规范要求，明确了特种设备安全技术规范的法律地位。如 TSG D7002、2001 等。《特种设备安全法》的颁布，标志着我国特种设备安全工作向科学化、法制化方向又迈进了一大步，进入了一个重要的历史时期。

（5）特种设备安全技术规范是指国家质量监督检验检疫总局依据《特种设备安全监察条例》，对特种设备的安全性能和相应的设计、制造、安装、改造、维修、使用和检验检测等活动制定颁布的强制性规定。

目前，我国特种设备安全方面，包括法律 1 部、行政法规 1 部、规章 10 个、安全技术规范 142 个、相关标准 2 000 多个。我国主要压力管道规范见表 1。

表 1 我国主要压力管道规范

序号	规 范
1	GB 50316《工业金属管道设计规范》
2	GB 50235《工业金属管道工程施工规范》
3	GB 50184《工业金属管道工程施工质量验收规范》
4	GB 50236《现场设备、工业管道焊接施工规范》
5	GB 50683《现场设备、工业管道焊接施工质量验收规范》
6	GB 50251《输气管道工程设计规范》
7	GB 50253《输油管道工程设计规范》
8	GB 50369《油气长输管道工程施工及验收规范》
9	GB 50028《城镇燃气设计规范》
10	CJJ 33—2005《城镇燃气输配工程施工及验收规范》
11	GB/T 20801.1～6《压力管道规范 工业管道》

2.《特种设备安全法》立法宗旨

（1）为了加强特种设备安全工作， 体现特种设备安全是全社会的责任。

（2）预防事故，表述了安全工作中的一项基本方针。

（3）保障安全、促进发展，表述了特种设备安全工作的目的。

3.《特种设备安全法》适用范围

《特种设备安全法》适用范围与相关条例保持基本一致，除监管的环节增加了经营外，设备的范围也基本上没有变化，并且兼顾立法本意和原则要求。

（1）明确现有的八大类产品，并且提出“以及法律、行政法规规定适用本法的其他特种设备”，为今后调整留有余地。

（2）调整的适用范围有条件的扩大。

（3）规定国家对特种设备实行目录管理。

4. 分类监管，全过程监管

（1）分类监管是一项具体的监管制度或者方式。

（2）全过程监管是特种设备安全监管工作的基本原则，包括监管环节和监管部门两个方面。

5. 安全技术规范的法律地位

特种设备安全技术规范在该法中得到确定，确定了其法律地位。

（1）技术规范是政府部门履行职责的依据，具有强制约束力。

（2）技术规范在国内法律中逐步被采用。

（3）特种设备安全技术规范是特种设备法规体系中的重要组成部分。

（4）特种设备技术规范与技术标准相辅相成。

（5）形成完善的制修订机制，提高质量，与世界相互交流。

6. 改革留有空间的措施

该法在坚持基本原则、制度的同时，也提出了一些适应改革的措施。

（1）对单位资质和人员资格实施方式未明确规定。

（2）该法规定了行业协会的作用、要求和目的，为进一步发挥行业协会作用奠定了法律基础。

7. 进一步强化企业责任

（1）总的要求。规定企业的总体责任，包括人员配备和教育、培训义务；人员资格和义务要求；自行检测、维护保养和申报检验并接受检验的义务；新材料、新工艺、新技术的应用评审要求；鼓励投安全责任保险。

（2）全面规定了生产单位的主体责任。许可要求，没有具体规定各类设备生产各环节的许可项目，按照分类要求实施；特种设备的生产单位是保证特种设备本质安全的主体；明确设计文件鉴定、型式试验由经核准的检验机构进行；规范了出厂资料和文件的表述，规定铭牌、警示标志及其说明要求；规定电梯安装、改造、修理的特殊要求，以及制造单位对安装、改造、修理的安全性能负责；关于施工告知，规定向市级主管部门告知；关于生产过程的监督检验，对机电类设备的制造监督检验没有给予明确规定；建立缺陷召回制度，要求主动召回，否则责令召回。

（3）增加经营环节的要求。经营包括销售、出租、进口。规定销售的设备符合要求、随机资料齐全，建立验收和销售记录制度，禁止销售不符合要求的特种设备；明确了出租和承租的各方责任，其中使用管理和维护保养原则上由出租方负责；提出进口特种设备要求。

二、我国压力管道元件标准现状分析

1. 标准级别、标龄、标准构成、标准归口情况

在标准级别方面，补偿器（膨胀节）产品标准集中在相关的行业标准级别。在标龄方面，大部分标准的标龄为 2 ～ 10 年，部分标准标龄超过了 10 年，标龄小于 5 年的标准仅占 1/2，其中有些标准的标龄甚至超过了 15 年。在标准构成上，存在产品标准、技术条件、试验方法和技术规范等类型，产品标准中一般包含技术要求与试验方法，部分产品标准与试验方法存在不一致的现象。在标准归口方面，我国存在归口单位数量众多的现象，例如，补偿器标准归口单位达到 15 家。标准级别情况见表 2，标准标龄情况见表 3，标准构成情况见表 4，标准归口情况见表 5。

表 2　标准级别情况　（单位：项）

标准级别	钢管	管件	油管套管	非金属管管件	阀门	补偿器（膨胀节）	密封元件	防腐元件
GB	10	0	0	3	3	0	0	0
GB/T	17	13	10	5	57	8	22	12
行业标准	2	13	14	3	173	18	64	27

表 3　标准标龄情况　（单位：项）

标龄	钢管	管件	油管套管	非金属管管件	阀门	补偿器（膨胀节）	密封元件	防腐元件
5 年以内	22	18	14	3	87	13	34	26
5 ～ 10 年	4	3	4	6	66	10	15	8
10 ～ 15 年	3	4	3	2	29	0	9	2
15 年以上	0	1	3	0	51	3	28	3

表 4　标准构成情况　（单位：项）

标准类型	钢管	管件	油管套管	非金属管管件	阀门	补偿器（膨胀节）	密封元件	防腐元件
产品标准	27	11	7	8	194	20	43	20
规范	0	5	6	0	14	0	2	0
技术条件	2	2	5	0	14	6	16	3
试验方法	0	8	6	3	11	0	25	16

表 5　标准归口情况　（单位：家）

标准归口	钢管	管件	油管套管	非金属管管件	阀门	补偿器（膨胀节）	密封元件	防腐元件
归口单位数量	3	10	4	4	45	15	15	5

2. 膨胀节标准应用情况

国内主要应用的波纹膨胀节相关标准见表6。

表6 国内主要应用的波纹膨胀节相关标准

序号	标准名称及标准号	序号	标准名称及标准号
1	GB/T 12777—2008《金属波纹管膨胀节通用技术条件》	6	JB/T 6169—2006《金属波纹管》
2	GB/T 16749—1997《压力容器波形膨胀节》	7	JB/T 6171—1992《多层金属波纹膨胀节》
3	GB/T 12522—2009《不锈钢波形膨胀节》	8	JB/T 10617—2006《高压组合电器用金属波纹管补偿器》
4	CB/T 1153—2008《金属波形膨胀节》	9	TB/T 2726—2008《机车、动车用柴油机进排气波纹管组件》
5	CJ/T 402—2012《城市供热管道用波纹管补偿器》		

3. 波纹膨胀节相关标准比较

（1）适用范围。国内主要应用的膨胀节标准适用范围见表7。

表7 国内主要应用的膨胀节标准适用范围

序号	标准号	适用范围
1	GB/T 12777—2008	安装在管道中的金属波纹管膨胀节
2	GB/T 16749—1997	钢制压力容器、钢制管壳式换热器和常压容器用无加强单层或多层U形膨胀节。管路膨胀节亦可参照使用
3	GB/T 12522—2009	法兰连接尺寸和密封面按GB/T 569、ISO7005-1（PN系列）和J类法兰（JIS B 2220、FIS F 7805）的不锈钢波形膨胀节，适用于内燃机排气等管路的膨胀节
4	CB/T 1153—2008	法兰连接尺寸按GB/T 569、GB/T 2501的金属波形膨胀节，适用于以海水、饮用水、淡水、油和温度不高于250℃的蒸汽为介质的船舶管路膨胀节
5	CJ/T 402—2012	适用于设计压力小于或等于2.5MPa，设计温度小于或等于350℃的城市供热管道用波纹管补偿器（膨胀节）
6	JB/T 6169—2006	适用于仪器仪表及传感器中使用的波纹管（敏感类）；也适用于各类补偿器中使用的波纹管（通用类）
7	JB/T 6171—1992	管路热补偿用圆截面多层U型金属波纹膨胀节，管路减振/柔性联接用圆截面多层U型金属波纹膨胀节
8	JB/T 10617—2006	高压组合电器用金属波纹管补偿器
9	TB/T 2726—2008	适用于机车、动车用柴油机进排气波纹管组件

从表7可以看出：

1）从适用范围来看：GB/T 12777、GB/T 16749、GB/T 12522、CB/T 1153、JB/T 6171、CJ/T 402适用范围很相似，均适用于压力管道用波纹管，互相间有很大的可引用性。

2）GB/T 16749在使用范围上符合热力管道要求，与CJ/T 402具有重复性。

3）JB/T 6169增加了仪表波纹管内容，JB/T 10617增加了电力行业的泄漏率及外观等相关要求，TB/T 2726适用于机车、动车用柴油机进排气波纹管组件。

因此，如按照通用波纹管、仪表波纹管、机车组件进行分类，在条款适用性上加以说明，可有效避免重复现象。

（2）技术条件要求。GB/T 12777、GB/T 12522、CB/T 1153、CJ/T 402-2012和JB/T 6169五个标准中对膨胀节的技术要求大同小异。相较于GB/T 12777要求：

1）GB/T 12522中材料要求：当工作温度在220～600℃时宜选用GH1035牌号材料。

2）CB/T 1153中疲劳循环次数为3倍许用寿命。

3）CJ/T 402中疲劳循环次数应大于500次。

4）JB/T 6169中，母材厚度小于0.4mm时纵焊缝间隔大于等于150mm，母材厚度大于0.4mm时纵焊缝间隔大于等于250mm。

（3）试验项目。国内主要应用的膨胀节标准试验项目见表8。

表 8　国内主要应用的膨胀节标准试验项目

试验项目	标准号				
	GB/T 12777	GB/T 12522	CB/T 1153	JB/T 6169	CJ/T 402
材料	●	●	●		●
外观	●	●	●	●	●
无损检测	●	●	●		●
尺寸	●	●	●	●	●
刚度		●	●	●	
轴向位移				●	
耐压性能	●	●	●	●	●
稳定性				●	
气密性	●			●	●
煤油渗漏	●	●			●
疲劳	●	●	●	●	●
内压自平衡			●（适用时）		
卫生			●（适用时）		

从试验项目来看：材料、外观、无损检测、尺寸、轴向位移、刚度、耐压、稳定性、气密和疲劳等项目为波纹管补偿器应考核的基本项目，但以上标准除 JB/T 6169 外，均未包含全部项目。如稳定性试验，在进行型式试验时，大多数用户及生产单位均需对产品进行稳定性试验，以实现对产品的综合评价，因此，以上部分标准在设立上是不符合产品特性要求的。

（4）部分标准存在雷同的现象，如 CJ/T 402 在试验方法与检验规则上与 GB/T 12777 完全相同。

（5）结论。从对波纹管膨胀节相关标准的分析可以看出，我国存在着各行业标准协调性弱、标准重复的现象。

三、我国压力管道元件许可证管理的法规标准

从 2005 年开始，我国加强了对压力管道元件行业的监管力度，并先后发布了一系列标准规范。压力管道元件法律法规见表 9。

表 9　压力管道元件法律法规

序号	标准编号	标准名称
1	TSG D0001—2009	压力管道安全技术监察规程 工业管道
2	TSG D2001—2006	压力管道制造许可规则
3	TSG D2002—2006	燃气用聚乙烯管道焊接技术规则
4	TSG D3001—2009	压力管道安装许可规则
5	TSG D5001—2009	压力管道使用等级管理规则
6	TSG D6001—2006	压力管道安全管理人员和操作员考核大纲
7	TSG D7001—2013	压力管道元件制造监督检验规则
8	TSG D7002—2006	压力管道元件型式试验规则
9	TSG D7003—2006	压力管道定期检验规则 长输（油气）管道
10	TSG D7004—2006	压力管道定期检验规则 公用管道

压力管道元件制造许可证制度与 ISO 9001 质量管理体系认证不同，ISO 9001 质量管理体系认证属于企业自愿行为，而压力管道元件制造许可证制度属于法规要求。企业要想制造压力管道元件就必须取得相应的行政许可，这是基于压力管道元件产品质量的好坏直接关系到国家财产和人民的生命安全而规定的。因此，《特种设备安全监察条例》要求实施强制许可制度，同时配套有 TSG D2001—2006、TSG Z0004—2007、TSG Z0005—2007 和 TSG D7002—2006 等安全技术规范，要求企业建立并实施质量保证体系、达到相应的资源条件、产品质量符合相应的产品标准和技术规范、完成型式试验等，以确保人民群众生命和财产安全。

四、压力管道元件取证、换证过程中存在的主要问题

目前，压力管道元件制造企业表现出积极向上的工作态势，质量意识明显提高，企业内部质量管理明显加强。各地监督抽查结果表明，产品质量合格率有显著提高，整个压力管道元件行业呈现健康的发展态势。

1. 企业申请许可证的问题

（1）现场鉴定评审前单位没有组织认真详细的自查，受检文件资料、证书（特别是公司资源条件部分的证书应提供其原件、非复印件）、台账、记录报告和产品档案（特别是：换证时，应提供持证期间特种设备制造产品的清单及档案）以及设备仪器准备不全。换证时申请及准备的提前时间不够，造成现场鉴定评审时已接近甚至超过许可证的有效期，新、老证无法衔接上。

（2）许可申请证书中申请项目填写不齐全。许可申请证书中所填申请项目品种不全，例如：仅填写了无加强型波纹膨胀节，漏填加强型波纹膨胀节，有的对代表产品范围的填报缺少规格、压力等内容。

（3）试制产品不能覆盖申请范围，造成现场检查时无受检产品。例如：申请了加强型和无加强型波纹膨胀节，但试制产品仅有无加强型的；试制产品不属于压力管道元件范畴，造成现场检查时无受检产品。

（4）型式试验不能覆盖申请范围。型式试验抽样产品不能覆盖申请范围：如申请的是 A 级产品项目，型式试验的产品却是 B 级产品；申请金属波纹膨胀节时，希望同时覆盖加强型和无加强型，却仅做了无加强产品型式试验，缺少了加强产品。

2. 企业资源条件中存在的主要问题

（1）人员。无损检测责任人无“特种设备检验检测人员执业注册证”，或未注册。鉴定评审时，提供不出质保体系人员的证书原件及社保证明。

（2）设备、计量器具。台账与实物不符（有多、无的现象），特别是工装模具台账（含锻件、铸件模具，压力试验及装配用工装，阀门加工工装，装配工装，焊接工装），压力试验设备能力（水压、气密）不能满足申请产品的试验需求；金属软管无编网设备，或编网设备能力不能满足申请产品的试验需求；缺少与试制产品压力试验相匹配量程的压力表；缺少产品检验用平台、焊缝检验尺、波形检验用 R 规、螺纹规。

3. 企业质量体系建立及运行过程中存在的主要问题

（1）管理职责

1）质量方针和质量目标没有突出特种设备安全性能的要求。质量目标中缺少质量目标的分解和考核统计要求。缺少产品一次合格率质量目标；质量目标没有分解落实到责任人员和相关人员；质量目标分解没有有效的质量文件，有的质量目标分解文件缺少考核周期、计算方法和编审签字，质量目标分解没有覆盖公司总的质量目标，或部门的质量目标分解指标低于公司的总质量目标；没有定期对质量目标进行统计考核，或质量目标统计考核项目不全，数据不具体。虽有月度统计考核数据，但缺少全年的综合考核统计数据。

2）质量保证体系组织、职责、权限。未按公司产品、规则要求及实际情况设置质控体系责任人员和检验与试验人员，未对系统、人员的工作接口的控制和协调措施做出规定。任命的责任人兼职时，未考虑其独立性。未明确规定与质量有关的人员的职责；法人（总经理）职责权限中缺少对特种设备安全质量负责，缺少任命技术负责人、质量保证工程师和质量体系责任人员，缺少负责主持管理评审等职责。有的单位的质量保证工程师不是单位管理层成员，有的单位质量保证工程师身兼多职，难以履行质量保证工程师的管理职责和权限，还有的质量保证工程师是临时聘来的，只挂虚职，没有实质性地履行职责；个别企业质量保证体系人员、专业技术人员和作业人员未与单位签订劳动合同，单位未给其缴纳社会保险。个别质量保证体系人员、专业技术人员和作业人员只挂名，很少上班。

3）管理评审。管理评审控制程序中缺少管理评审输入、输出的有关规定；管理评审的输入报告内容不符合质保手册的评审输入规定，类似部门工作总结。输入报告缺少有关人员签字，还有个别企业换证时，不能提供管理评审记录及报告。

（2）质量保证体系文件

1）质量保证手册。有的按 ISO90000 模式编写质量保证手册，有的采用特种设备与 ISO90000 标准相结合的形式编写质量保证手册；有的单位质量保证手册规定不具体，引用程序文件代替质保手册的规定；有的质保手册规定的太细，将程序文件与质保手册合二为一；有的手册封面缺少编制和审批人员的签字、文件发放号、受控状态。手册封面发布实施日期与批准令中的日期不一致；手册目录缺少每一章所在页码；公司简介中企业、人员、设备情况与实际情况不一致；缺少手册质保体系适用范围规定，或适用范围中的产品不具体；在质保手册的各章有关要求中，没有体现出有关质量体系责任人员的职责权限；质量手册中缺少质量控制环节、控制点的相关规定。

2）程序文件（管理制度）。质量体系文件中的程序文件（管理制度）与质量保证手册的基本要求不一致，未被手册引用，程序文件（管理制度）没有与质量保证手册同步修改。

3）作业（工艺）文件和记录。作业指导书（工艺规程）的内容不能完全覆盖公司产品制造、检验和试验的需要，无可操作性，不符合产品执行标准的规定。例如：缺少压力试验作业文件、波纹管成型作业文件、网套编制工艺、热处理工艺等；缺少质量记录表卡汇编，文件编制和审批签字不全。

4）质量计划（过程控制卡/流转卡）。质量计划设置的控制环节与设计和工艺文件不符，例如：套筒补偿器，内（外）管组件缺少设计文件中规定的焊后去应力处理的工序；波纹膨胀节、多层波纹管缺少工艺文件中规定的套装工序。质量计划中的控制环节、控制点缺少相关责任人的签字确认。

（3）文件和记录控制

1）控制程序。各级文件的审批人、发放回收部门和文件的发放批准人不明确。外来文件中法规标准的负责收集、确认的部门或人员不明确。缺少对文件和记录控制范围、记录保存期限、确认、收集的有关规定。

2）文件和记录的控制。有的单位文件发放回收记录缺少发放人和批准人签字，发放范围中缺少责任人，缺少有关标准的发放回收记录。同一版本文件的回收没有记录在同一版本的发放记录中。文件未发放到责任人，还是按部门发放；有的单位未编制单独的产品合格证（应按 TSG D00001—2009《压力管道安全技术监察规程　工业管道》规定编制），或产品合格证项目不全，或有的将产品合格证和质量证明书的内容混在一起；产品档案不齐全，缺少原始记录，相当一部分企业的产品档案资料中存在错漏现象，包括签字不全。有的没有按产品批号或产品的合同号、计划号集中整理存档，只是按记录、报告的分类存档，还有的记录无法满足可追溯要求。有的单位没有专用的资料室或产品档案资料柜以及产品档案目录和专人管理。还有的单位产品资料存档不及时，长期存在室组或个人手中，造成换证时，无法提供产品历史档案资料。

3）法规、安全技术规范及标准的完整与有效性。有的单位的法规标准多数是网上下载的电子版本，缺少正式有效版本；现存、有效、主要法规标准目录内容不全，缺少与产品相关的焊接、无损检测、材料标准，有被代替的老标准；法规标准排列无规律，并且没有发放到有关岗位或人员手中，造成在有关设计、工艺、检验、采购和销售工作中仍执行被代替的作废标准的情况。

（4）合同控制

1）控制程序。缺少合同会签的有关规定。合同评审的参与部门、批准人、合同评审方式的选择，以及合同的签订、修改及修改后再评审等规定不明确。

2）合同评审。有的单位对特殊合同进行了评审，但未对一般合同和口头合同进行评审。有的单位对合同评审时，没有结合本单位的制造许可产品范围进行评审，易造成企业超许可范围制造产品；产品合同中产品标准不明确，有的按用户的提议执行老标准，企业有关人员在合同评审时没有对此提出异议，没有记录原因。有的合同双方签字、盖章手续不全。

（5）设计控制

1）控制程序。缺少设计文件的签署、型式试验及外来设计文件的有关规定（在TSG D7002—2006中有型式试验的要求）。

2）设计过程控制。有产品结构设计存在不符合产品执行标准的现象（例：阀门流道直径或面积小；U形加强型膨胀节无加强件），设计图纸中缺少热处理、硬度、无损检测和尺寸公差等要求，缺少产品标志内容及制造许可标志。产品总图中缺少设计基本参数表，或所设计的产品基本参数不属于压力管道元件范畴，水压试验压力不正确，未考虑温度修正；阀门试验缺项（例如：蝶阀缺少高压密封试验，有密封结构的截止阀缺少密封试验）；紧固件标注不完整（例如：缺少等级、表面处理等内容）；有设计计算书使用的结构参数与设计图样不符的现象，例如：波纹管膨胀节设计图中有加强套环，但计算书中无加强套环，波纹管直边长度与图样不符。材料性能数值取值与标准规定不符。缺少产品安装使用说明书，不满足产品执行标准的规定；车间现场使用的图样缺少有关人员的签字，且有随意更改的个别现象。

3）外来设计文件控制。外来设计图纸缺少本公司有关人员的审核确认。

（6）材料控制

1）控制程序。缺少对合格供方再评价、材料代用的有关规定，未明确公司所涉及的需要有特种设备许可证的供方（原厂家）要求。供方评价内容中缺少分供方行政许可资质要求，供方评价参与、负责部门及批准人不明确；未对材料追溯的具体方法和途径做出规定，还有的企业规定就用原厂炉批号，不便于查找和管理。采购文件内容及审批、材料验收、标识、发放等规定不明确。

2）采购控制。合格供方名录中产品名称不具体，品种不齐全，尤其是材料经销公司缺少对应的生产制造单位；有的单位未对法规、安全技术规范有行政许可规定的分供方资格进行确认；有的单位未在合格供方中采购。有的单位缺少采购计划和采购合同，或采购计划和采购合同中材料执行标准不明确。有的单位采购计划和采购合同未经责任人签字确认。

3）材料控制。有的单位，原材料和外购件的验收项目不全，缺少产品标识验收，包括制造许可标志验收；有的单位的材料、零部件存放场地缺少检验状态标识，无法识别检验状态。材料、零部件实物上料和下料后的材料以及制造后的余料标识不全，尤其缺少材料炉批号标识；原材料存放时，未分批次进行存放。不锈钢材料与碳钢直接接触没有分开，易造成碳钢铁离子对不锈钢材料的污染侵害；材料质量证明书复印件上缺少供应商公章和经办人的印章；还有个别单位无材料台账或台账中无材料规格，材料发放的领料单上缺少材料炉批号可追溯性标识和产品批号，余料不回收，造成材料失控；个别单位采用GB/T 8162的无缝钢管制造接管，不符合有关标准的规定。

（7）工艺控制

1）控制程序。缺少工艺文件的编制规定，未对工艺纪律检查的具体工序、项目、负责组织人、参与人员、周期、内容和记录及发现问题的处理做出规定，可操作性不强。缺少工装模具管理的有关规定。

2）作业控制。有的单位编制的工艺文件、通用工艺规程不齐全，内容不准确不完整，文件编审签字不全；工艺过程流转卡缺少产品批号、材料炉批号可追溯性标识，有的缺少各工序工艺要求，缺少产品无损检测工序，缺少编、审签字；工艺纪律检查表缺少检查内容和检查情况记录，或者查不出问题，走过场；有些企业的产品批号编制缺少唯一性，不同的产品使用相同的产品批号。

3）工装模具控制。工装、模具的台账、标识不全，台账数量与实际数量不一致。无工装模具设计图，波纹管成型模具尺寸无法满足设计图纸中的波形的要求，特别是波谷R的尖波现象严重；压力试验工装设计不合理，装卸困难，还有个别的试验用封头强度不足。不能提供工装模具的定期检验、维修记录。

（8）焊接控制

1）控制程序。缺少焊接工艺评定试样的保存及焊缝返修的有关规定。焊接人员的资格不明确。试样加工未明确。缺少焊接人员资质档案及业绩统计要求。缺少焊接工艺评定批准人规定。文件中引用的标准不是最新标准。

2）焊接人员的管理。焊接人员档案不齐全，缺少原始记录，缺少焊工业绩资料。有的单位聘用焊工没有在焊工证书上填写聘用单位、项目、日期和负责人签章。还有个别焊工的施焊项目为非持证项目。

3）焊接材料的控制。有的单位未按要求进行焊材验收，或验收项目不全，缺少焊接责任人签字确认；有的单位的焊材库密封条件较差；焊材一级库湿度过大，温湿度记录不全，有的记录无签字。有的单位一、二级库不分，将焊条烘干箱放在一个库中，烘干现场缺少焊材烘干工艺。有的单位在焊材一级库内没有划分待验区、合格区及不合格区或相应标识牌。有的单位焊材库内的焊材混批码放，焊材库内堆放的焊材没有标识卡。有的单位对烘烤箱、保温箱内的焊条未进行标识控制，焊材追溯性差；有的货架上存放赤裸的焊材。也有的焊材（含烘烤箱、保温箱内）存在实际数量与台账不符的情况，还有焊材外包装上的炉批号与台账及验收记录中的质量证明文件炉批号不符。个别单位对焊材发放和回收的控制未能认真执行管理规定，具体表现为焊材发放记录和台账中未记录产品批号和焊材入厂编号，追踪性差；发放时只有领料人签字，无发放人签字。甚至个别企业缺少焊材发放领料单；发放时也不用保温筒；无焊材回收记录；焊接现场到处有焊条头，甚至有成包的焊条。

4）焊接工艺评定及焊接工艺。有的单位缺少焊接工艺评定目录；有的单位焊接工艺评定缺项，不能覆盖产品焊接需要；有的单位的焊接工艺评定报告中的力学性能数据与理化报告中的数据不一致，有的焊接工艺评定报告缺少原始试样理化报告、热处理报告和施焊记录；有的单位缺少与焊接工艺评定报告对应的焊接试样，有的单位的焊接工艺评定试样保管存放不善，锈蚀严重，无标识或不清晰。有的焊接工艺评定试样的弯曲角度不够180°，试样加工不符合标准规定；有的单位编制的焊接工艺内容不全，缺少必要的参数、焊接工艺评定号，或焊接工艺参数与焊接工艺评定的参数不对应。

5）焊接过程控制。有的单位的施焊记录不全，缺少产品批号、焊材入厂检验编号等内容；有的施焊记录直接抄录焊接工艺中的焊接参数；有的单位对焊缝返修没有编制焊缝返修工艺，有的焊缝返修没有记录，有的记录不全、不准确；有的焊接现场保温筒不插电，无保温效果；无焊缝质量统计数据；有的单位有数据但缺少数据分析。

（9）热处理控制

1）热处理控制程序。缺少热处理设备能力要求，热处理炉应配置自动曲线记录装置。应明确温度时间自动曲线记录和热处理报告经热处理责任人审核签字，热处理后标识移植等要求。热处理分包时，控制程序中缺少对热处理工艺文件的控制要求。

2）热处理工艺和过程控制。有的单位的热处理报告及热处理温度－时间自动记录曲线图上的保温温度、保温时间、升温降温速度与热处理工艺要求不一致；有的只有热处理报告而缺少热处理温度－时间自动记录曲线；有的热处理报告和曲线图缺少产品批号、操作人和热处理责任人签字；有的单位的热处理炉测温点少，测定不了炉温的均匀性；有的炉膛尺寸偏小，不能满足所申请产品范围的热处理需要；有的热处理炉额定温度低于1 100℃，不能满足不锈钢固溶处理的需要。有的热处理炉所接电加热线裸露，有的冷却水槽太小，有的热处理冷却水槽离热处理炉太远；有的单位热处理现场无热处理工艺文件，或只有通用的热处理工艺文件，热处理工艺参数不具体；有的单位热处理现场无热处理操作记录，工件在热处理前后缺少产品标识。

3）热处理分包控制。分包评价中缺少分包方设备能力、人员能力的证明材料；只有分包方提供的热处理报告，而无热处理自动记录曲线；或热处理记录上无热处理炉号、产品编号、热处理日期、操作工及责任人签字等内容。

（10）无损检测控制

1)控制程序。缺少无损检测人员执业注册要求。缺少无损检测责任人审核无损检测报告要求，缺少曝光室、暗室、无损检测工艺、标识等的规定。A级取证单位，对于无损检测责任人还应增加以下要求：必须取得Ⅱ级或Ⅱ级以上资格证书；产品有对接焊接接头的，无损检测责任人必须取得RT Ⅱ级或Ⅱ以上资格证书；相应无损检测项目Ⅱ级人员至少各2人项。射线曝光室须取得环保部门辐射安全许可证。无损检测分包控制未明确外协单位资质要求和评审、协议及委托单、无损检测责任人审核无损检测报告等要求，还缺少对无损检测工艺文件的控制要求。

2）无损检测人员管理。有的单位无损检测人员在换证后，未及时办理执业注册手续。

3）无损检测工艺。有的单位没有对每种无损检测方法制定所需的无损检测通用工艺，有的未编制RT、PT工艺卡。有的单位虽制定了无损检测工艺，但内容不完整，过于简单，无法指导无损检测工作。

4）无损检测过程控制。有的单位对在用的射线探伤机没有逐台定期制定曝光曲线；还有的单位缺少PT检测试块；有的单位没有底片存贮室，有的单位底片存放室湿度过大；有的单位射线检测底片存放方法不当，平叠在一起，造成底片粘连损坏。有的单位没有底片存档管理制度，底片管理较乱；有的单位曝光室缺少环保部门核发的辐射安全许可证。

5）无损检测报告。有的单位对射线检测底片的标记没有做出规定，有的虽做了规定但未能认真执行。有的射线底片标记不全，缺少产品批号；有的单位的无损检测报告缺少产品批号和产品数量，采用的检测标准和验收标准不准确。例：波纹管管坯纵焊缝及波纹管与接管的环焊缝PT验收合格标准应为GB/T 12777—2008，有很多企业报告都写成了JB/T 4730.5—2005。

6）无损检测分包。有的单位存在无损检测分包，但合格供方名录及评价表中缺少无损检测分包单位。有的无损检测分包单位档案资料中缺少无损检测分包质量保证协议、分包单位资质、设备、曝光室辐射安全许可证证书（RT时）、人员证书及其注册资料不全；有的单位对分包方出具的无损检测报告缺少本单位无损检测责任人的签字确认，射线检测底片未取回，分包质量保证协议中也未要求分包方保存RT底片，造成评审时无法提供底片；有的单位无损检测委托单的内容不齐全，缺少产品批号、数量和合格标准及级别。尤其缺少检测部位的示意图；不能提供无损检测工艺或确认记录。

（11）理化检验控制

1）控制程序。缺少理化检验仪器设备计量检定和理化检测责任人审核理化检测报告有关要求；缺少理化试验环境的要求及试剂（特别是试验室化学危险品的特殊安全管理要求）、试样、标样的保管规定，理化试验委托程序及内容不够明确。缺少力学性能试样的取样、加工、检验、样品保管的有关规定。

2）过程控制。有的单位理化试验设备未按检定周期检定/校准，或检定/校准后未及时更换计量合格标识；有的单位没有对化学试剂中的成瓶的强酸强碱化学危险品单独严加保管，而是置于理化室中，易造成仪器腐蚀并可能产生人身伤害；对材料化学成分采用化学分析方法进行检验的部分单位，对试样的要求、试剂的配制、标样管理缺少有关规定，以致酸、碱滴定管未经检定就投入使用；自制或外购蒸馏水未经检测就投入标准溶液配制；标准溶液配制后标识内容不全；有相当部分单位缺少试样加工、检验记录；有的单位缺少完善的试样加工图纸，尺寸公差和签字不全；有的单位的原材料化学成分取样袋缺少材料炉批号标识；有的单位的理化委托单缺少验收标准，委托检验项目不具体；有的单位缺少常用的材料标准和理化检验方法标准，或有的标准已被代替，也无相应标识；有的单位理化原始记录不规范、无签字；有的电脑中的理化原始数据缺少材料炉批号或产品批号及试验操作人，原始数据未及时备份保存。

3）分包控制。有的单位理化分包，但合格供方名录及评价表中缺少其分包单位。有的理化分包单位档案资料中缺少分包单位设备能力清单、人员资格证书；有的单位对分包方出具的理化报告缺少本单位无损检测责任人的签字确认，理化试样未取回，造成评审时无法提供试样；有的单位理化委托单的内容不齐全，缺少验收标准、材料炉批号，委托检验项目不具体；不能提供理化检验的工艺或确认记录。

（12）检验与试验控制

1)控制程序。检验与试验控制中缺少检验记录、报告、产品合格证的有关规定。有的缺少检验状态标识规定。有的单位未对检验试验记录、报告等的收集、归档、保管等做出规定。

2）过程检验与试验控制。有的单位的产品检验与试验规范没有对产品的检验项目、抽样比例、检验方法、检验仪器和技术指标做出明确的规定；有的规定不符合产品标准规定；有的单位试验现场缺少压力试验工艺文件。

3）最终检验与试验控制。有的单位产品档案不能按规定进行归档，甚至关键的原始记录都存放在个人处保管，致使换证时，无法提供产品档案。

4）检验与试验条件控制。有的单位的检验与试验场地、环境、介质（特别是奥氏体不锈钢对于氯离子的限制要求）、设备（装置）工装、试验压力、安全防护达不到控制规定和申请范围的要求，压力试验用盲板、法兰等工装未注压力等级、规格、材料牌号标识，也没有建立台账，现场管理较乱。有的单位产品试压时，仅设置一只压力表，其精度等级和量程范围（阀门试验比较普遍）也不符合标准要求；有的单位由于无检验平台/R规，造成波纹管膨胀节的形位公差要求检测不准确、波形无法检验。

5）检验与试验状态。有的单位对检验与试验状态标识不全，特别是压力试验前后无法识别的现象较为普遍。

6)型式试验。型式试验产品不能覆盖申请范围。

7）检验与试验记录、报告。产品检验与试验项目缺项的现象时有发生，例如：波纹管膨胀节缺少产品形位公差、形状公差；首次取证的金属软管产品缺少无损检测；有的阀门缺少高压密封试验，有的缺少上密封试验；相当一部分企业的产品档案资料中存在错漏和电脑打印签字现象，包括无责任人签字确认等，还有企业所用表式与体系文件不符。产品检验记录及报告应特别注意与标准的符合性（项目、要求、抽样比例、方法）。

（13）设备和检验与试验装置控制

1）控制程序。有的设备和检验与试验装置控制规定，可操作性差。设备购置、安装验收、台账、档案、性能状态、操作、保养、标识、报废有关规定不明确。有不少企业缺少起重机械、压力容器周期检验的要求。缺少计量周检计划的编制、批准、实施和计量标识有关要求。

2）设备和检验与试验装置档案管理。有的单位台账（按TSG D2001—2006要求编制的）与公司实际情况不符，还有未按设备类别进行建立的；有的单位在设备和检验与试验装置控制包括采购、验收、操作、维护、使用环境、检定校准、检修、报废等方面所能提供的实施见证资料不齐全；有的单位的设备和检验与试验装置的档案资料（例：质量合格证明文件、使用说明书、使用记录、维修保养记录等）不齐全；焊材库用温湿度计、压力容器上用仪表、硬度计、测厚仪、RT探伤机未及时进行周期检定、校准。

3）设备和检验与试验装置状态。设备和检验与试验装置上缺少状态标识；属于法定检验的设备（例如起重行车、压力容器上用仪表）未及时进行检验，有的无操作证；有的单位的设备和检验与试验装置在使用过程中存在安全隐患，例如压力试验、理化试验的冲击试验设备缺少安全保护罩；气瓶存放没有固定放置位置，标识不全等；消防灭火气瓶压力不足，电闸开关盒少盒盖，用电设备缺少漏电接地保护。

（14）不合格品（项）控制

1）控制程序。不合格品的标识、记录、隔离、评审和处理及验证等规定不明确。不合格品的处置有让步接收的规定现象。缺少不合格品（项）纠正措施有关规定。

2）不合格品（项）控制。有的单位的不合格品（项）评审处置的批准人与规定不一致；有的单位虽对不合格品（项）进行原因分析并提出处置方案，但却忽略了处置（返工）后的验证（重新检验）工作记录，也未提出是否采取纠正措施要求；有的单位现场对不合格品缺少相应标识。

（15）质量改进与服务

1）控制程序。控制程序中缺少产品一次合格率统计分析的要求。

2）质量改进的实施。顾客满意度调查表缺少顾客代表签字和单位公章，满意程度档次太少，不能准确量化统计；有的单位对质量信息的控制仅仅停留在质量技术监督部门和监督检验机构提出质量问题处理的层面，而忽略了单位内部和外部质量信息收集、汇总、分析、反馈、处理等程序规定和见证资料；有的单位虽规定了每年至少进行一次内部质量审核，但是将特种设备的内审与ISO9001标准体系的内审混为一谈，内部质量审核没有包括特种设备18个要素的全部内容；有的单位的内部质量审核资料全部是打印的，尤其是缺少有关人员的签字；有的单位不能按规定进行内审，特别是首次取证单位这种现象比较普通；有的单位虽对产品一次合格率和返修率进行定期统计，但没有对其进行分析和提出预防措施；有的单位缺少用户质量信息记录台账和反馈处理记录。

（16）人员培训、考核及其管理

1）人员培训制度。人员培训、考核及其管理程序中对培训计划的编审、实施和培训资料档案的保存以及有关人员的聘用、借调管理规定不明确。

2）人员培训实施。有的单位的人员培训仅停留在对作业人员的培训上，忽视管理人员的培训，尤其是对特种设备许可所要求的相关人员的培训考核，见证资料不全，缺少培训人员的签到记录和培训效果的验证记录；对特种设备许可所要求的相关人员（包括质量保证体系组成成员、技术人员、焊工、无损检测人员）的聘用、借用、调出的管理虽有规定，但大多数只是签订劳动合同，没有给相关人员缴纳社会保险。

（17）其他过程控制

1）控制程序。这个要素不是必须的，例如：金属波纹管膨胀节可以将其波纹管成型（双层及以上层数波纹管的烘干）、批量管理、表面处理（特别是不锈钢波纹管、接管等的酸洗钝化）的控制内容放入工艺（作业）控制要素中，也可单独放在这里；有的单位缺少产品批号编制规定，或公司实际产品批号的编制与规定不一致。

2）过程控制。虽然有产品批号编制规定，但在所有的产品记录、报告和标识卡中缺少该产品的产品批号记录；有的单位无法提供波纹管酸洗钝化的工艺、过程记录及检验结果。

（18）执行特种设备许可制度

1）许可制度的规定。有的单位没有明确“质量保证工程师在厂长（经理）领导下全面负责执行特种设备许可制度”各项规定。执行特种设备许可制度中缺少接受各级质量技术监督部门的监督检查以及规定不够具体明确；从2013年7月1日起，波纹管膨胀节和金属软管两个产品监检要求按TSG D7001—2013《压力管道元件制造监督检验规则》规定进行。

2）许可制度的执行。有的单位在取证后没有严格执行压力管道元件制造许可规则中第22条至26条的规定，有时发生超许可范围生产和贴牌或被贴牌生产的情况；有的企业未按规定对压力管道元件产品进行制造许可标志，有的单位仅按用户的要求标识产品，忽视国家对压力管道元件制造许可标志的规定和企业商标代号。

五、压力管道元件（补偿器）产品质量现状分析

近年来，压力管道元件质量事故较多，存在的公共安全隐患较大，部分事故造成了较大的人身伤害及财产损失。国家仪器仪表元器件质量监督检验中心专家根据质量事故现状及产品失效现象，从目前压力管道元件的产品标准、生产企业现状、产品安装与使用等角度进行产品质量的分析，并从标准体系建设、生产企业管理、型式试验机构作用等方面有针对性地提出产品质量提升的建议。

1. 存在的主要问题

（1）体系不完善。《特种设备安全监察条例》将压力管道纳入特种设备范围，明确了安全监管主体，但由于客观原因，没有对压力管道设计、安装、使用的安全监督管理提出具体规定，因此，压力管道安全监察工作难以全面、有效开展。

1996年原劳动部颁发了《压力管道安全管理与监察规定》。其后，为了加强对压力容器、压力管道设计单位的质量监督和安全监察，确保压力容器、压力管道的设计质量，国家质量检验检疫总局制定了《压力容器压力管道设计单位资格许可与管理规则》。该规则规定，从事压力容器、压力管道设计的单位，必须具有相应级别的设计资格，取得压力容器压力管道设计许可证。对于压力管道的设计，取得许可证的条件之一，就是从事压力管道设计的批准（或审定）人员、审核人员，必须经过规定的培训，考试合格，并取得相应资格的设计审批员资格证书。设计单位取得压力管道的设计许可证，除必须具备规定数量的审批人员外，设计、校核人员也必须通过相应的考试。

（2）执行力不够。安全管理基础差，安全投入不足，检验工作不到位，存在很多事故隐患。

（3）主体责任难以有效落实。以安全完整性为基础的压力管道全过程监管体系，尚需进一步完善。除了上述原因外，还与我国压力管道的技术基础薄弱有关。法规只解决了“做什么”的问题，但“如何做”的问题，需要标准来解决，而我国现阶段针对在用环节的检测评价标准缺失，即使有部分行业标准，但基本上是照抄国外的指标体系，不符合我国国情。

2. 影响产品质量的主要因素

（1）标准体系。标准重复性；标龄长，不适用性；标准归口单位多；标准先进性弱。

（2）生产企业现状。包括企业意识、质量管理体系、标准化生产、人员配置、设备配置等因素。

（3）用户安装与使用。施工前准备不足、施工不依据规范、不按照标准验收、不实施规范维护。

（4）企业意识。某些压力管道制造单位为了短期利益，没有把产品质量放在首位，忽视了产品应用的安全，没有考虑到企业的长期健康发展，未考虑企业职工的长远利益，没有承担应有的社会责任，在生产过程中采购劣质材料以次充好，减少工艺环节，减少生产工序，使用无证人员，致使产品质量可靠性差，直接影响产品的安全运行，甚至危害社会公共安全。

3. 标准化生产存在的主要问题

（1）设计。设计院设计不规范；企业产品设计人员能力不足无设计人员，照搬图样。

（2）生产。①有标准合理工艺，执行不力；②企业有工艺，但工艺并不完全符合要求；③企业缺少必要的工艺。

（3）过程控制。根本无过程控制意识；过程控制只是流于形式；不知怎样实施合理的过程控制。

（4）人员配置。TSG D2001—2006《压力管道元件制造许可规则》对申请特种设备制造许可企业的管理人员、技术人员、检测人员的数量、资质和任职要求按照不同产品级别提出了明确的要求。实际上，企业一般是通过招聘符合要求的技术人员或有资质的检验、检测人员来满足要求。在制造许可4年有效期内，会出现有资质的人员流失或只任命一位生产厂长、操作人员无证上岗情况，导致产品质量下滑，生产出不合格产品。某些企业通过租证、买证达到人员符合要求的目的，严重违反了国家有关规定。

（5）设备配置。国内压力管道元件生产企业众多，企业生产装备和检验设备水平参差不齐，生产能力差距较大。有些企业技术水平低、能耗高，生产设备陈旧，缺少无损检测及理化检测设备。例如：热处理设备管坯加热主要采用煤气加热炉，无自动温度控制和记录装置，导致温波动较大、不可追溯，直接影响产品性能及批产一致性。

4. 安装与使用的主要问题

在大量仲裁检验和失效分析试验中，我们发现很多事故的原因并非是产品自身质量问题，而是用户的使用和安装不当造成的。

（1）压力管道安装过程中存在的问题。压力管道元件的失效现象有以下四种：

1）补偿器安装时，由于补偿器两端管线不同轴，径向偏差超出了补偿器设计的允许范围，使补偿器密封结构或柔性部分产生过大变形，导致产品构件受损引起产品失效。

2）在进行温补波纹管安装时，为了降低成本或由于管线铺设距离偏差，将波纹管强行拉伸或压缩，波纹管受到过大位移应力或在非工作弹性区进行工作，出现断裂现象。

3）未按照设计要求考虑现场使用环境因素，未对产品采取预紧、防腐处理以及支撑与保护等措施，在使用过程中出现过位移、腐蚀或弹性部分受盲板拉力等现象，导致器件损坏。

4）焊接是管道出现失效频率最高的环节，雇佣无资质人员，采用不合理焊接工艺、焊条材质不符或保存条件欠缺，焊接后不进行无损检验，导致焊接质量存在缺陷或隐患。

压力管道元件存在由于安装不当造成产品失效的情况，主要表现在如下几个方面：

1）准备。申报施工不及时、设计或施工资料不完善、原材料不合格、设备工具不符合要求、施工工序不合理、现场管理混乱。

2）施工。没有按照设计要求装设固定用支吊架、管道组合件没有足够刚性，有些在吊装后出现变形吊装，未根据不同的施工环境采用相应的方法进行焊接。

3）验收。没有按照管道验收的标准要求进行验收，存在缺少验收环节、验收过程未按预定方案实施、没有采取必要的安全防护措施或防冻措施、焊接质量没有进行评定或检测等现象。

（2）使用中存在的问题。压力管道元件同样存在由于运行使用不当、疏于管理、检修维护不规范造成安全隐患的情况。如：双座阀门小开度工作引起阀门振荡；双密封阀用作截断阀使用，造成泄漏事故；截断阀迅速开启关闭造成管路内压力冲击；未对阀门进行注脂润滑等保养工作；未对套筒补偿器进行周期检查与填料维护，产生泄漏事故；在进行压力管道元件维修时未根据相关规定进行登记申报，违规维修等。

六、压力管道元件质量提升方案

1. 企业加强质量管理

首先压力管道制造企业应着眼长远，把产品质量看作企业的生命，不但要对产品的设计、采购、制造、验收环节进行控制，更要对产品的使用、安装、维护等后续环节进行重点控制，要对产品的整个生命周期负责，使企业走上健康可持续的发展道路。其次，企业还要为职工规划未来，为其提供广阔的发展空间，使其更好地为企业服务。最后，企业管理者要心系国家，以大局为重，确保压力管道元件的公共安全。

2. 型式试验机构在质量提升中的作用

特种设备型式检验机构作为国家指定授权的检验机构，从事特种设备的监督检验、定期检验和型式试验等工作，开展产品质量评价，为国家和人民把好产品质量关，开展产品质量提升活动，提高行业产品整体质量。提供交流评价的平台，为行业、生产企业及用户提供优质服务的同时，还可为实现各方技术交流架起沟通协调的桥梁。

（1）提供标准宣贯。可以为企业提供标准宣贯、推广、培训等服务，促进企业对标准的理解，做好新标准实施前的准备，提高企业生产标准化工作。

（2）提供可靠性技术平台。检验机构可以帮助企业设计科学的检验方法，并为企业提供专业的验证试验服务。如热煨弯管、壳体的压力应力试验及管件的爆破应力试验等。以金属波纹管补偿器为例：目前国内采用的一些标准给出的计算方法多源于经验公式，如EJMA等标准。由于理论计算结果与实际情况差距很大，为了使用安全，也为了降低企业生产成本，提高利润，部分企业根据自身生产工艺开展了一系列有针对性的试验，从而得出符合自身情况的产品设计和制造方案。

（3）检测能力支持。提供专用设备支撑，依照企业自身情况，设计研制专用检测设备。根据企业实际情况，制定适合的产品检验方案与检验细则，为企业提供完整的检测能力解决方案。

（4）检测服务。提供型式试验、委托检验和仲裁检验等服务，提供产品质量评价可靠性研究与验证试验、产品失效分析等服务，为产品质量提升提供支持。

以金属软管制造企业为例，TSG D2001—2006要求企业应配备的生产设备见表10。

表10　TSG D2001—2006要求企业应配备的生产设备

企业类别	设备分类	设备名称
金属软管制造企业	生产设备	半自动氩弧焊机 手工氩弧焊机 手弧焊机 切割机等焊接设备 波纹管成型设备 波纹管编织设备 装配设备

（续）

企业类别	设备分类	设备名称
金属软管制造企业	工艺设备	波纹管成型模具 装配工装 焊接工装 耐压试验设备及其工装

七、波纹管膨胀节行业的发展趋势

波纹管膨胀节的最大用户是石化行业、电力行业、冶金行业、化工行业和城市建设行业。近年来由于用户需求的变化，波纹管膨胀节产品的市场走向也发生了相应的变化。在今后一段时间内波纹管膨胀节行业的主要发展趋势如下：

（1）随着石油开发向内地油田和海上油田的转移，电力工业由30万kW以下的火电机组向30万kW以上的火电机组转移以及水电和核电发展，波纹管膨胀节产品也应依据设备应用领域变化相应改变其性能及参数。

（2）城建系统一般大量采用低压波纹管阀门，并且向环保型和节能型发展，即由过去使用的低压铁制闸阀逐步转向环保型的胶板阀、平衡阀、金属密封蝶阀及中线密封蝶阀过渡，输油、输气工程向管道化方向发展，这又需要大量的平板闸阀及球阀。

（3）能源发展的另一面就是节能，所以从节约能源方面看，要发展蒸汽疏水阀，并向亚临界和超临界的高参数阀门发展。

（4）电站的建设向大型化发展，所以需用大口径及高压的安全阀和减压阀，同时也需用快速启闭波纹管阀门。

（5）针对成套工程的需要，波纹管阀门供应由单一品种向多品种和多规格发展。

〔供稿单位：中国石油和石油化工设备工业协会膨胀节分会秘书处〕

我国十大石油新装备

石油勘探与开发一般非常重视勘探开发的理论、方法和技术，但是，如何去证明勘探开发的理论、验证勘探开发的方法、提升勘探开发的技术效果，这就要看勘探开发的手段是否先进。手段是什么？手段就是石油勘探开发的装备（包括技术、材料，下同）。装备是验证勘探开发理论、方法是否正确，勘探开发技术是否对路的关键。目前，国际油气勘探开发的理论、方法和技术发展日新月异，在很大程度上是石油装备革命奠定的基础。没有装备的革命和进步，石油勘探开发的理论、方法和技术的发展都无从谈起。

近年来，我国在由“制造大国”向“制造强国”转变的进程中，国产石油装备制造企业面临“跟随”和“仿制”的困境。他们瞄准世界石油装备制造的新水平，向世界著名石油装备制造公司（如美国哈里伯顿公司、国民油井华高公司和法国斯伦贝谢公司等）看齐，突破重围，奋起直追，走出了我国石油新装备自我制造的新路，为实现“制造强国”的梦想迈出了有意义的一步。我国在低渗透油气勘探开发、老油田提高采收率、管道建设、海洋油气开发方面能走在世界前列，与我国石油装备技术进步是分不开的。近年我国石油技术装备最为突出的成果是“海洋石油 981”“9 000m、10 000m、12 000m 钻机”“3000 型压裂车”“X70 级、X80 级、X90 级、X100 级管线钢”“CGDS-I 近钻头地质导向钻井系统”及“EILog 测井系统”等十大石油新技术装备和材料，是我国油气工业发展的新利器。这些“新利器”使我国勘探开发非常规油气资源、深层油气资源、深海油气资源和提高老油田采收率成为可能。

1. 海洋石油 981 深水半潜式钻井平台

海洋石油 981 深水半潜式钻井平台（简称“海洋石油 981”）是根据中国海洋石油总公司（简称“中海油”）的需求和设计理念，由中国船舶工业集团公司第七〇八研究所设计、上海外高桥造船有限公司承建的，由中海油全额投资，造价 60 亿元，拥有全部自主知识产权。该平台是我国首座自主设计、建造的第六代深水半潜式钻井平台，长 114m，宽 89m，自重 30 670t，承重量 12.5 万 t，最大作业水深 3 000m，最大钻井深度可达 10 000m。

该钻井平台整合了全球一流的装备和技术，如水下机器人，紧急关断阀，遥控声纳，智能关断、常规关断井口，水下防喷器系统，自动锚泊定位，选用 DP3 动力定位系统，1 500m 水深内锚泊定位，具有自航能力，可起降 Sikorsky S-92 型直升机，能抵御 200 年一遇的台风。该平台入级 CCS（中国船级社）和 ABS（美国船级社）。

“海洋石油 981”作为一架兼具勘探、钻井、完井和修井等作业功能的钻井平台，代表了我国乃至世界海洋石油钻井平台的一流水平。该平台被列入“十一五”国家“863”计划项目和国家科技重大专项，填补了我国在海洋石油装备领域的空白，使我国跻身世界海洋石油装备制造的先进行列。

“海洋石油 981”在我国南海海域正式开钻，证明我国石油公司首次具备了独立在深水进行油气勘探开发作业的能力。该平台被称为“流动的国土”和打破垄断的“战略利器”。同时，它缩短了我国与海洋强国的差距，标志着我国海洋石油工业向深水战略迈出了实质性的步伐。“海洋石油 981”深水半潜式钻井平台在南海作业见图 1。

图 1 “海洋石油 981”深水半潜式钻井平台在南海作业

2．9 000m、10 000m、12 000m 超深井钻机

我国首台万米钻机是由四川宏华集团与吉林大学合作研制的，钻机组装后大约有 20 层楼高、自重 1 000t，设计钻井深度 10 000m。该钻机具有高度智能化、自动化的特点，采用了目前世界上最先进的操作系统和主要部件，与传统钻机相比，可减少超过 1/3 的操作人员。该钻机的研制成功标志着我国石油钻采设备的民营制造企业成功进入石油装备制造的先进行列，也标志着我国在地球物理深部探测能力方面取得了重大进展。该钻机首先在黑龙江大庆油田实施科学钻探，对于认识和解剖松辽盆地深层油气资源有着十分重大的意义。宏华集团生产的 10 000m 钻机见图 2。

图 2 宏华集团生产的 10 000m 钻机

在此之前，我国首台超深井 9 000m 交流变频电驱动钻机，2005 年由中国石油宝鸡石油机械公司研制成功，成为当时我国石油“十五项专有特色核心技术”之一。我国首台 12 000m 交流变频电驱动特深井钻机，2007 年由中国石油宝鸡石油机械公司研制成功，标志着我国陆地和海洋深水油气勘探、大位移井及其他复杂油气田超深油气藏的勘探开发钻井水平提高到了一个新的层次，并大大提升了我国石油钻井在国际油气勘探市场的竞争力。该钻机是国家“863”计划重大技术成果，多项技术填补了国内空白，是目前全球技术最先进的特深井交流变频电驱动石油钻机。宝鸡石油机械公司生产的 12 000m 钻机见图 3。

图 3 宝鸡石油机械公司生产的 12 000m 钻机

我国自主研制成功 9 000m、10 000m、12 000m 钻机，而且钻机的主要关键部件全部实现国产化，使我国有条件进行地球深部油气资源的开发，也改变了我国特深井钻探技术装备依赖国外进口的被动局面。

3．3000 型压裂车、4500 水马力涡轮压裂车

世界首台 3000 型压裂车由中石化石油工程机械有限公司第四机械厂研制成功。该压裂车搭载了该厂自主研发的 STP3300 长冲程压裂泵和新一代控制系统，设备最大输出功率 3 000 马力（1 马力 =0.735kW），最高工作压力 140MPa，是目前国际上最大型号的车载压裂装备。

在中国石油天然气集团公司重点风险探井——“東探 1H 井”的大型酸压施工中，设备最高工作压力 84MPa，高负荷连续作业时间 14h，设备性能得到施工方的充分认可。

中石化石油工程机械有限公司第四机械厂是我国油气钻采设备制造的资深企业，从 20 世纪 80 年代开始，长期跟踪研究压裂设备制造，先后开发出国内首套 800 型、1000 型、1800 型、2000 型压裂机组和世界首套车载式 2500 型压裂机组，压裂装备研发制造能力达到国际先进水平。3000 型压裂车的问世，标志着我国压裂装备研发制造水平跻身世界领先行列。3000 型压裂车组在東探 1H 井施工现场见图 4。

图 4　3000 型压裂车组在東探 1H 井施工现场

杰瑞集团在 2014 年第十四届中国国际石油石化技术装备展览会上发布了世界首台 4 500 水马力涡轮压裂车——“阿波罗涡轮压裂车”，这是目前全球单机功率最大的压裂车。“阿波罗涡轮压裂车”是杰瑞集团自主研发的重大创新产品，标志着该公司在石油装备制造上又取得了一次重大突破。

4 500 水马力涡轮压裂车研制成功，使我国油气压裂作业进入了全新的涡轮时代，也使中国继美国、俄罗斯之后，成为世界上第三个拥有涡轮压裂装备的国家。同时，标志着我国突破西方技术壁垒，在石油关键装备上取得了又一次重大的革命性的突破。

4．X70 级、X80 级 、X90 级、X100 级管线钢

管道工程的发展趋势是大管径、长距离、高压富气输送，并能够在高冷、海底和腐蚀的环境下安全服役。管线钢是指用于输送石油、天然气、成品油等的大口径焊接钢管，在使用过程中，应当具有高耐压强度、低包申格效应、高低温韧性和抗脆断、低焊接碳素量和良好焊接性能、抗 HIC 和抗 H_2S 腐蚀等特性。现代管线钢属于低碳、超低碳的微合金化钢，是技术含量高和附加值高的钢铁产品，其生产几乎集成了冶金领域近 20 多年来的一切工艺技术新成就。

近 10 年来，随着我国天然气需求量的不断增长，国内相继开发了苏里格、克拉 2 等大型气田，这使我国管道建设取得了突飞猛进的发展，同时带动了管线钢技术水平的大幅度提升。管道运输作为我国五大运输业（公路、铁路、水运、管道、航运）之一，首次超过航空运输排名第四位。我国的管道建设里程也仅次于美国、俄罗斯，后发优势明显。我国管道运输目前处于世界领先水平，高级别管线钢是最具代表性的成果之一。美国、俄罗斯等国家的管道，由于建设时间早，大多采用 X52 级、X60 级管线钢，而我国从管道建设之初，目标就瞄准世界先进水平，大规模采用 X70 级、X80 级、X90 级和 X100 级及 X120 级管线钢，大大缩短了与发达国家的距离，走在了世界最前列。

一般情况下，在同样输油气量的情况下，使用高钢级、较小直径、中等壁厚的钢管可以降低材料成本，压缩造价，最终降低输油气成本等。目前，我国生产的 X60 级、X70 级管线钢，产量稳定并在国际市场上占有一定地位；X80 级管线钢已投入生产，且质量也达到了国际先进水平；X90 级管线钢已进行现场工程试验；X100 级、X120 级管线钢已经研制出来，尚未投入批量生产。也就是说，我国已经具备了生产 X52 级至 X120 级系列管线钢的生产能力和技术实力。特别是 X70 级、X80 级管线钢已经广泛应用于西气东输一线、二线等特大型管道工程上，并收到了非常好的使用效果。

宝鸡钢管厂管道钢管试压现场见图 5。

图 5　宝鸡钢管厂管道钢管试压现场

5．地质导向钻井技术、顶驱装置和 PDC 钻头

地质导向钻井技术是 20 世纪 90 年代国际石油工程界推出的一种高新技术，而这一技术长期被国外公司垄断。中国石油钻井工程技术研究院从 1999 年开始研制近钻头地质导向钻井系统，2009 年研制成功，使我国成为继美国、法国之后第三个掌握该项技术的国家。所谓地质导向钻井技术，是把钻井、测井和油藏工程技术融为一体，形成在随钻过程中，即可进行工程和地质参数的测量，并同时具有导向功能的一种新技术。

中国石油钻井工程技术研究院发明的“CGDS-I 近钻头地质导向钻井系统”，被业内人士称为“航地导弹”，并拥有完全自主知识产权。该技术的核心是通过“测、传、导”的功能，实时双向掌握近钻头地质参数与工程参数，引导钻头及时发现和准确钻入油气层，从而提高油气发现率和油气井产量，达到增储上产的目的。该技术打破了掌握地质导向核心技术的国家对我国实行的技术垄断，使我国石油装备技术水平大幅提升。

“CGDS-I 近钻头地质导向钻井系统”主要设备及功能如下：①侧传马达。其下部装有近钻头测量短节，实现近钻头电阻率、方位电阻率、方位自然伽马等地质参数和井斜、工具面等工程参数的随机或瞬时测量。②无线短节及接收短节。可测得的近钻头 5 个参数，通过无线电磁波方式，越过螺杆马达，短传至上方的无线接收短节，而无线短节把接收到的近钻头参数汇入其上部的无线随钻测量系统（MWD）数据总线，向上传输。③无线随钻测量系统（MWD）。用压力载波脉冲方式，通过钻柱内泥浆向地面传送数据。④地面系统。由一系列接收传感器、地面设备及软件系统组成。完成数据接收、滤波、去噪、译码解码、信号显示、判断决策和控制导向功能。

顶驱装置全称为顶部驱动钻井装置，是 20 世纪 80 年代国际钻井领域一项新的钻井装备技术，是旋转钻井技术的一次重大突破。顶驱装置代替传统的转盘，既可节省接单根和间断时间，当遇到复杂地质状况，又可以随时接单根进行钻井液循环，大大减少卡钻恶性事故的发生。顶部驱动钻井装置可从井架上部空间直接旋转钻杆，沿专用导轨向下送进，完成钻杆旋转钻进、循环钻井液、接立柱、上卸扣和倒划眼等多种钻井操作。北京石油机械厂生产的顶驱装置见图 6。

图 6 北京石油机械厂生产的顶驱装置

目前，国内有 10 多家顶驱装置生产商，主要包括北京石油机械厂、盘锦辽河油田天意石油装备有限公司、大庆景宏钻采技术开发有限公司及四川广汉锦程石油机械有限公司等。其中，北京石油机械厂是我国第一家生产出顶驱装置的厂家，目前也是全球第二大顶驱装置生产商，已累计生产顶驱装置超过 500 台。“八五”期间，中国石油天然气股份有限公司立项并拨专款，由中石油勘探开发研究院等单位联合攻关，于 1997 年研制成功我国首台 DQ-60D 顶驱装置。顶部驱动钻井装置主要由五大部分组成：①顶驱装置主体及单导轨：动力水龙头、刹车机构、平衡机构、旋转头、倾臂机构、控制机构、背钳等。②电气传动与控制系统：SCR 传动与控制系统、PLC 控制系统。③液压传动与控制

系统。④电缆及管路系统。⑤控制操纵台。目前，北京石油机械厂研发出7种规格、13个型号的顶部驱动钻井装置，可满足2 000～12 000m石油天然气钻井需要，并已经出口到28个国家和地区，其超过50%的顶驱装置在国外作业，打破了国外的技术垄断。

我国的PDC钻头进步明显。国内比较好的PDC钻头生产厂家主要有四川川克金刚石钻头有限公司、成都百施特金刚石钻头有限公司及深圳新速通石油工具有限公司等。这些公司基本上都是非国有公司，其生产的PDC 钻头在复杂探区和复杂探井应用方面取得了比较好的效果。随着材料技术以及钻头设计、制造技术的不断进步，国产PDC钻头对高强度、高研磨性、高非均质性等难钻地层的适应能力将会逐步增强，逐步在我国油气钻井破岩工具市场占主导地位。

6．大型压缩机

我国首套国产20MW大型天然气长输管道电驱压缩机组，自2012年11月6日在西气东输二线高陵分输压气站点火成功以来，4台机组均安全运行超过600h，状态保持平稳，其中压缩机、大功率变频器和超高速直联电动机三大部件分别通过国家鉴定，机组主要技术指标全部达到国际先进水平，完全可替代进口。我国天然气长输管道三大关键设备全部实现国产化，是我国民族工业在高端机电制造领域的重大突破。大型天然气长输管道电驱压缩机组见图7。

图7　大型天然气长输管道电驱压缩机组

大型长输管道电驱压缩机组是天然气长输管道工程的“心脏”。此前，世界上只有美国、英国、德国的大型企业能够设计制造，也被业界比喻为天然气工业领域“皇冠上的明珠”。长期以来，我国的大型压缩机组市场被国外公司垄断，进口价格昂贵，维护维修成本高。我国首套20MW国产电驱压缩机组试制一次投产成功，标志着我国长输管道关键设备全部国产化进入工业性应用阶段，打破了这类产品长期依赖进口的被动局面。

特别值得一提的是大型压缩机，依托一大批大中型油气管道工程、石化工程建设和新型煤化工、煤制油、煤制天然气、煤制烯烃、LNG新建及改扩建工程，大型压缩机国产化有了用武之地，取得了突破性进展，也大大促进了国产往复式压缩机、螺杆式大型压缩机、二氧化碳压缩机、一氧化碳压缩机、焦炉煤气压缩机、天然气压缩机、煤层气压缩机、BOG压缩机研发、设计和制造的快速国产化。这些大型及特殊用途压缩机的成功研发、制造和应用，表明中国大型压缩机的研制水平已经跻身国际先进行列。

7．新型多级分段压裂工具

我国从20世纪90年代开始研发制造套内封隔滑套压裂工具，并在大庆油田获得广泛应用。但是，此类压裂工具仅仅局限于双封单卡，每压裂一级，经过拖动装置，再压下一级，操作麻烦，多次反复，效率低下。

2005年，中国石油EP公司组织“两院三公司”（中石油勘探开发研究院、中石油勘探开发研究院廊坊分院、大庆油田公司、长庆油田公司、吉林油田公司）攻关，课题是“水平井水平段多级压裂改造技术”，重点研发多级分段压裂工具研制开发提到了重要的议事日程。2008年，中国石油长庆油田公司在美国哈里伯顿公司喷砂射孔拖动压裂工具的基础上，结合长庆低渗透油气田开发的实际，开发研制了不动管柱喷砂射孔多级压裂改造系统，对低渗透油气开发起到了至关重要的作用，使我国多级分段压裂工具有了真正意义上的进步。同时，管外封滑套技术在苏里格大气田开始广泛应用，收到喜人的突出效果。应该说此项技术起始于长庆油田，推广于吉林、塔里木、大牛地等油气田。

2010年以来，能新科（ENTI）公司借鉴美国页岩气开发水平井分段压裂改造的经验，将快速钻开桥塞、分级点火系统、可溶金属球或复合材料球等技术国产化并应用到我国非常规油气开发，其中最关键技术的是非金属桥塞和水平井分段压裂滑套。非金属桥塞包括由非金属复合材料制成的柱状的中心体，该中心体的外壁上顺序套设有上限位体、档环、上卡瓦、上椎体、胶筒、下椎体、下卡瓦以及下限位体，其中上下限位体与中心体固接，中心体内部形成柱状空腔。桥塞在进行分层、分段压裂后，钻头所钻削的实体部分大幅减少。同时，钻屑更容易排出井外。水平井分段压裂滑套，包括压差式开启滑套、投球式喷砂滑套，通过与水力锚悬挂封隔器、裸眼封隔器、座封球座、筛管引鞋及低密度球配合使用，也可以根据地质及分段压裂段数进行调整。水平井分段压裂滑套结构简单、操作方便、打压力稳定，可以实现低密度球顺利返排，也不影响后续生产。从适应性上看“水力泵送速钻桥塞多簇”最好；从工艺简单看“油田是水力喷射多簇、气田是裸眼封隔器”最好。特别是“快速钻开桥塞、分级点火系统、可溶金属球或复合材料球”等技术，估计到2016年可在我国全部实现国产化并广泛推广使用。

新型多级分段压裂工具，虽然不能与前述的大装备做比较，但它是油气勘探开发必不可少的重要配件。新型多级分段压裂工具的进步，大大提升了油气勘探开发的最终效果，对于解放大批低渗透油气资源起到了不可或缺的重要作用。

8．低密度、超低密度支撑剂

我国能生产陶粒的公司很多，生产低密度陶粒的公司较少，而能生产超低密度陶粒的公司则少之又少。能新科（ENTI）公司在国内率先生产出了低密度高强陶粒支撑剂。该公司生产的低密度陶粒的主要技术参数：密度为1.48g/cm^3，而常规支撑剂密度为1.7g/cm^3，低了0.28g/cm^3，应该说是一个不小的进步；破碎率（52MPa）0.4%左右，超过一般石英和陶粒支撑剂的破碎率。该产品于2012年投放市场，是我国唯一可与美国卡博公司竞争的产品。目前，已在国内页岩油、页岩气开发中获得应用。

该公司开发的ENTI—100超密度支撑剂，已经于2011年在国内市场进行了实验性应用，其关键技术性能：密度为1.05g/cm^3，接近水的密度，全悬浮；强度高（56MPa），不易破碎；易于单颗粒支撑，提高了支撑剂的有效性，同时大大减少了水的用量；在闭合压力下能保持较好的长时间的导流能力。能新科（ENTI）公司2011年已开始在国内试验，计划2015年在国内试生产。假如能规模化生产不失为压裂材料的一次重大革命。

低密度、超低密度支撑剂的研制成功，无疑是非常规油气资源开发进程中的大事件，相对于传统压裂支撑剂而言，具有划时代的意义。因为它的密度接近水的密度，或者有可能比水的密度还低，这时就不必再用胶联剂，用水或者用滑溜水就可泵送压裂，使得压裂工艺大大简化，压裂成本大大降低，压裂效果大大提高，可以从根本上助推低渗透油气、页岩气、页岩油的开发。

9．新型测井系统

EILog快速与成像测井系统是中国石油天然气股份有限公司测井分公司自主研发的新一代快速与成像测井系统，它满足了低孔、低渗、低阻、复杂岩性和非常规油气等复杂油气藏综合评价的需求，打破了长期以来国外高端测井装备的技术垄断。

EILog快速与成像测井系统包括综合化地面数据采集系统、“一串测” 加数字岩心的快速测井系列、“三电两声一核磁”成像测井系列、随钻测井系列、过套管测井系列、生产测井系列和测井处理解释一体化软件。EILog快速与成像测井系统被评为中国石油天然气股份有限公司2004年十大科技进展、2005年国家重点新产品和中国石油天然气股份有限公司2006年技术创新奖一等奖。

EILog快速与成像测井成套装备整体上达到了国内领先、国际先进水平，截至2013年年底，已推广应用地面系统165套，下井仪器6 921支，在国内长庆油田等13个油气田应用，国外7个国家应用。投产以来，共测井 5 万多口，作业一次成功率 96% 以上，测井时效提高 40% 以上。2013 年探井解释符合率 84%，开发井解释符合率 96%，在解决复杂油气层识别和综合评价方面取得了显著效果。EILog 快速与成像测井系统已经成为我国石油测井装备主力产品，实现制造产值 36.8 亿元，外销收入 6.06 亿元，累计技术服务收入 72.9 亿元，节约了进口装备和技术服务成本，取得了良好的经济效益和社会效益，为我国石油的增储上产提供了有力的技术保障。

慧眼 2000 成像地面数控测井系统由大庆测井公司自主研发，独创了国际领先的斯通利波直接测量等技术，掌握了成像测井前沿技术，整体技术水平先进，技术装备精良，为认识地层、储层评价、解决复杂井下难题提供了有效手段，缩短了我国与国际先进水平的差距，成功打破了国外对成像测井核心技术的垄断，为我国企业走向海外高端测井市场提供了条件。慧眼 2000 成像地面数控测井系统在油田现场作业见图 8。

图 8　慧眼 2000 成像地面数控测井系统在油田现场作业

慧眼 2000 成像地面测井系统在研发过程中，采用了基于以太网的软硬件模块化设计理念，在硬件方面把模块扩展对系统其他部分的依赖性降到最低，在软件方面借鉴 UNIX 操作系统软件开发设计理念，最大限度保证各模块设计的独立性。在模块化设计基础上，实现了“曲线实时监测预警”功能。该技术在同类产品中属国内首创。

慧眼 2000 成像地面测井系统还具有远程测井和远程诊断的功能。高级测井技术人员能对远在千里之外的测井系统进行远程操作和现场控制，这将大大缓解国内公司在国外测井市场上高级技术人员短缺的压力。目前，该系统已经成功配接了微电阻率扫描成像测井仪器、多极子阵列声波成像测井仪器、常规测井仪器、氧活化测井仪器、高效碳氧比能谱测井仪器和地层化学元素测井仪器等。

慧眼 2000 成像地面测井系统的电成像测井技术，在 8.5in 井眼条件下，井眼覆盖率可达到 85.3%，明显高于同类引进仪器，能获得更全面的地质和储层信息。同时，成像效果清晰，能直观反映地层层理，可在复杂隐蔽的油气藏勘探和开发方面，有效地解决薄层、薄互层、裂缝储层、低孔隙低渗透层、复杂岩性储层评价，以及高含水油田剩余油分布等问题。

另外，多极子阵列声波测井技术，不仅可以求取地层破裂压力，指导压裂施工，还可以确定地层最大、最小主应力方向，指导注水开发，还可解决注水开发引起的地应力转向和地层渗透率计算等问题。此项研制成果达到国际领先水平，获大庆油田公司科技成果一等奖，多项技术为国内首创，部分技术已经达到国际领先水平。

10. 碳纤维复合材料连续抽油杆

碳纤维复合材料连续抽油杆是一种很有发展前途的特种抽油杆，具有高比模量、高比强度、高耐磨性和高耐腐蚀性，具有钢杆不可比拟的优异性能。其性能如下：①抗疲劳性能好，107 次疲劳实验后，剩余强度 90%，而钢杆的剩余强度仅为 30% ～ 40%。②重量轻，千米碳纤维抽油杆重量仅 200kg，钢制抽油杆为 3.8t。③抽油杆为连续的，只有上下两个接头，有利于实现机械化作业，降低了劳动强度。④截面积小，仅为钢制抽油杆截面积的 20%，大大减少了上下行阻力。⑤柔韧性好，最小曲率半径为 350mm，可盘绕生产和运输。⑥碳纤维的减磨特性和可弯曲性，极大地减小了摩擦力，保护了油管。

目前，国内生产碳纤维复合材料连续抽油杆的厂家比较多，但具代表性的是吉林石化碳纤维厂。

该厂拥有首套国内领先水平的生产线，可年产10万m^2碳布和10t短切纤维。碳纤维复合材料是由碳元素组成的一种特种纤维，是目前世界高科技领域中十分重要的新型工业材料，具有强度高、模量高、耐高温、抗蠕变、耐疲劳的特性，是一种力学性能优异的新材料。

碳纤维复合材料连续抽油杆已经在吉林油田完成井下试验，在胜利油田等局部推广，其中新疆油田计划在2 000口井上开展试验。我国目前拥有生产油井近30万口，碳纤维复合材料连续抽油杆在高含水油井、深井、超深井和腐蚀井的原油开采中，更具有应用前景，可以实现“增产、节电、延长检泵周期、降低采油成本”的目的。

〔撰稿人：中国石油天然气股份有限公司胡文瑞〕

世界油气装备产业发展情况

一、经济发展渴求能源

国际货币基金组织（IMF）对世界各国2013年GDP的统计数据：欧盟171 716亿美元，人均34 060美元；美国167 997亿美元，人均53 101美元；中国91 814亿美元，人均6 747美元；印度18 707亿美元，人均1 504美元；日本49 015亿美元，人均38 491美元。按照美国经济咨询公司（HIS）的预计，到2024年，我国GDP将达到30万亿美元，超过美国，与欧盟基本持平；到2030年，我国GDP将跨越45万亿美元，超过欧盟和美国，成为世界最大经济体。HIS对全球主要经济体的GDP预测见图1。

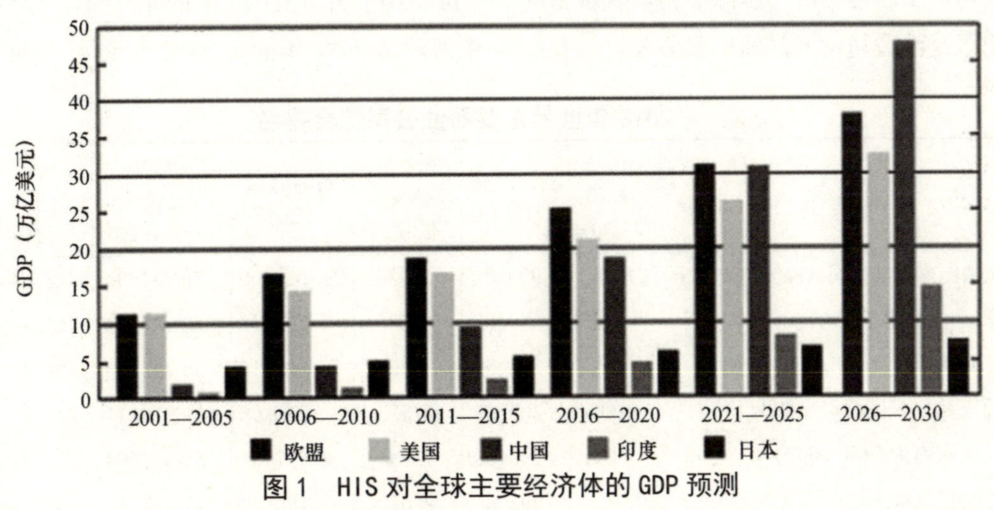

图1　HIS对全球主要经济体的GDP预测

注：数据来源IHS。

经济发展离不开能源，从世界各国发展过程来看，GDP增长与能源消费增长基本同步，我国也不例外。按照国家统计局数据，在2003—2013年的10年里，我国GDP平均年增长10.2%，能源消费总量年平均增长7.5%，能源增量是GDP增量的3/4左右，与非经合组织2013年的能源与GDP增量比基本相同。但2013年受能源投资放缓、煤炭价格低迷的影响，我国能源消费总量增量（3.7%）与GDP增量（7.7%）之比（约为48%）有所下降。

自2010年我国超越美国成为世界第一大能源消费国以来，我国的能源需求呈现快速增长之势。据国际能源署（IEA）预计，2035年我国能源需求将达 40.6 亿 t 油当量，将是美国能源需求 22.4 亿 t 油当量的 1.8 倍；2012—2035 年非经合组织和亚洲能源需求的增长份额将占全球的 65% 以上。

二、世界石油工业企业发展情况

国际上通常将石油工业企业分为三类：油公司、油田服务公司和装备制造公司。其中，油公司为确保国家油气供应而开展国内外油气勘探开发系列活动，并进行油气产品的生产和销售；油田服务公司受油公司委托或与之合作开发油气资源，一般提供物探、钻完井、测录试、油田生产和油田建设五大板块共 31 种服务；油气装备制造公司主要为油田服务商和部分油公司提供技术装备和服务。

一般来说，油公司为最大限度地开采区块内的油气资源，会优先选择竞争中胜出的最优的油田服务商和装备制造商为其提供油气勘探开发服务和设备。油田服务商在接受油公司的委托后，通过竞争形式寻找最优的装备制造商为其提供性价比最高的技术装备。

目前，这三类公司的界限不是非常明确，你中有我，我中有你，特别是我国的巨型油公司全部为国家石油公司，垄断性强，与国际油公司有所不同的是，它们既是油公司，又是油田服务公司，有些还是装备制造公司。在这种情况下，油公司很难采购到最优的产品和服务，一定程度上限制和阻碍了我国民营油田服务和油气装备制造企业的发展。因此，我国油气装备行业的技术水平、作业效率、企业规模等与国际大公司相比存在着较大的差距。

尽管目前提倡装备制造公司向油田服务公司延伸，走现代化、制造服务一体化的道路，但是如果油公司、油田服务公司和装备制造公司的业务交叉过多，供货商有可能变为竞争者，影响彼此间的合作。因此，提倡大部分企业还是要走专业化的发展道路。

1. 油公司

（1）分类。油公司以国家石油公司为主，这在一般工业国家中表现得最为明显。能够对世界石油工业发展产生重要影响的主要是一体化大石油公司、主要国家石油公司和大型综合性油田服务公司。

（2）全球最大石油公司。根据美国《石油情报周刊》2013 年 12 月数据，2013 年世界主要石油公司综合排名见表 1。其中，中石油继续保持在第 4 位，中石化从 2012 年的第 21 位升至第 19 位，中海油从 2012 年的第 33 位升至第 32 位。

表 1　2013 年世界主要石油公司综合排名

排名	公司名称	国有比例(%)	石油产量（万桶/d）	天然气产量（亿 m³/d）	石油储量（亿桶）	天然气储量（亿 m³）	油品销量（万桶/d）	炼油能力（万桶/d）
1	沙特阿拉伯国家石油公司（Saudi Aramco）	100	998.8	2.996	26 020.00	79 744.00	315.8	240.2
2	伊朗国家石油公司（NIOC）	100	368.0	4.336	15 700.00	332 438.12	242.7	168.1
3	美国埃克森美孚公司（Exxon Mobil）		218.5	3.450	128.16	20 745.48	617.4	537.5
4	中国石油天然气集团公司（NPC）	100	305.0	2.533	240.03	29 819.44	234.2	442.1
5	委内瑞拉国家石油公司（PDV）	100	290.5	1.248	2 977.35	54 994.52	218.2	282.2
6	英国石油公司（BP）		205.6	2.070	100.50	11 285.40	565.7	268.1
7	皇家荷兰壳牌集团（Royal Dutch Shell）		163.3	2.646	61.96	11 981.76	623.5	336.0
8	俄罗斯天然气工业公司（Gazprom）	50	93.0	13.174	98.79	188 784.40	101.8	128.7
9	美国雪佛龙公司（Chevron）		176.4	1.420	64.81	8 174.60	276.5	195.3
10	法国道达尔公司（Total）		122.0	1.646	56.85	8 645.56	340.3	204.8
19	中国石油化工股份有限公司（SINOPEC）	75.79	89.9	0.459	28.43	1 884.40	354.8	523.9
32	中国海洋石油总公司（CNOOC）	100	104.1	0.444	21.81	1 681.40	28.7	24.0

根据美国《财富》杂志2014年7月公布的全球500强数据，中石化首次进入全球三甲，从第4位上升到第3位；中石油也上升1位，列第4位；中海油从93位升至第79位。若按其中的54家油公司（含炼油）的营业收入排名，中石化、中石油和中海油分列第2、第3和第20位；前10家油公司中，欧洲有5家，美国有3家，中国有2家，这也反映出我国油公司的实力在提升。2014年全球500强中的主要油公司排名见表2。

表2 2014年全球500强中的主要油公司排名

油公司排名	500强排名		公司名称（中英文）	营业收入（亿美元）	利润（亿美元）	所属国家
	2014年	2013年				
1	2	1	荷兰皇家壳牌石油公司（Royal Dutch Shell）	4 595.990	163.710	荷兰
2	3	4	中国石油化工集团公司（SINOPEC）	4 572.011	89.321	中国
3	4	5	中国石油天然气集团公司（CNPC）	4 320.077	185.048	中国
4	5	3	埃克森美孚（Exxon Mobil）	4 076.660	325.800	美国
5	6	6	英国石油公司（BP）	3 962.170	234.510	英国
6	11	10	道达尔公司（Total）	2 278.827	112.046	法国
7	12	11	美国雪佛龙公司（Chevron）	2 203.560	214.23.0	美国
8	17	21	俄罗斯天然气工业股份公司（Gazprom）	1 650.167	357.694	俄罗斯
9	19	16	菲利普斯66公司（Phillips 66）	1 611.750	37.260	美国
10	22	17	埃尼石油公司（ENI）	1 541.087	68.502	意大利
20	79	93	中国海洋石油总公司（CNOOC）	959.715	77.008	中国

（3）我国油气生产消费在全球的地位。据《2014世界能源统计回顾》数据，2013年我国石油和天然气的产量分别占全球的第4位和第6位，而消费量分别占全球的第2位和第4位，这意味着我国油气的产量远不能满足消费的需求，且占全球的产销份额较低（除石油消费占12.1%外，其他只占3.5%～5%）。与美国相比，我国的油气产量分别是美国的46.64%和17.03%，油气消费量分别是美国的61.06%和21.92%，说明我国石油的产量差距要小于天然气的产量差距，油气消费差距要小于生产差距，因此，未来我国天然气将有巨大的发展潜力和空间。2013年世界10大油气生产国油气产量见表3。2013年世界十大油气消费国油气消费量见表4。

表3 2013年世界10大油气生产国油气产量

排名	国家	石油产量（亿t）	同比增长（%）	占比（%）	排名	国家	天然气产量（亿m^3）	同比增长（%）	占比（%）
	全球	41.329	2.2	100.0		全球	33 699	1.1	100.0
1	沙特阿拉伯	5.423	-1.1	13.1	1	美国	6 876	1.3	20.6
2	俄罗斯	5.314	1.3	12.9	2	俄罗斯	6 048	2.4	17.9
3	美国	4.462	13.5	10.8	3	伊朗	1 666	0.8	4.9
4	中国	2.081	0.6	5.0	4	卡塔尔	1 585	5.4	4.7
5	加拿大	1.930	6.0	4.7	5	加拿大	1 548	-0.5	4.6
6	伊朗	1.661	-6.0	4.0	6	中国	1 171	9.5	3.5
7	阿联酋	1.657	7.4	4.0	7	挪威	1 087	-5.0	3.2
8	伊拉克	1.532	0.8	3.7	8	沙特阿拉伯	1 030	4.0	3.0
9	科威特	1.513	-1.3	3.7	9	阿尔及利亚	786	-3.3	2.3
10	墨西哥	1.418	-1.1	3.4	10	印度尼西亚	704	-0.7	2.1

表4　2013年世界十大油气消费国油气消费量

排名	国家	石油消费量（亿 t）	同比增长（%）	占比（%）	排名	国家	天然气消费量（亿 m^3）	同比增长（%）	占比（%）
	全球	41.851	1.4	100.0		全球	33 476	1.4	100.0
1	美国	8.310	2.0	19.9	1	美国	7 372	2.4	22.2
2	中国	5.074	3.8	12.1	2	俄罗斯	4 135	-0.4	12.3
3	日本	2.089	-3.8	5.0	3	伊朗	1 622	0.7	4.8
4	印度	1.752	1.2	4.2	4	中国	1 616	10.8	4.8
5	俄罗斯	1.531	3.1	3.7	5	日本	1 169	0.2	3.5
6	沙特阿拉伯	1.350	3.1	3.2	6	加拿大	1 035	3.5	3.1
7	巴西	1.327	5.8	3.2	7	沙特阿拉伯	1 030	4.0	3.1
8	德国	1.121	0.9	2.7	8	德国	836	7.0	2.5
9	韩国	1.084	0.0	2.6	9	墨西哥	827	4.2	2.5
10	加拿大	1.035	-0.5	2.5	10	英国	731	-0.6	2.2

2. 油田服务公司

从业务结构来看，国际石油装备产业巨头大致可分为油田技术服务商和石油装备制造商，前者的营业收入和效益远大于后者，但他们业务交叉较多，彼此融合，相互渗透，不便细分。

国际油田服务业经历了四个阶段。第一阶段：从1859年石油工业诞生到1910年油田服务业初步形成；第二阶段：1920—1950年，世界油田服务业迅速发展并形成比较完整的体系；第三阶段：1960—1980年，世界油田服务业进入了一个新的大发展时期；第四阶段：1990年以来，世界油田服务市场空前扩大，油田服务业进入大的重组和调整阶段。

油田技术服务商主要提供地质、地球物理、钻井、油藏工程、生产管理、经济评价、信息管理等各领域软件、开发系统、工具以及涵盖整个勘探开发的信息管理解决方案。目前全球最大的四家油田综合技术服务商是法国斯伦贝谢公司、美国哈里伯顿公司、美国贝克休斯公司及瑞士威德福国际公司。其中斯伦贝谢公司和哈里伯顿公司分列2014年美国《财富》杂志全球500强中的第228位和第412位，分别比2013年上升13位和下降2位。

2010—2013年世界四大油服公司的年报主要数据见表6。他们的总收入从2010年的692.8亿美元增长到2013年的1 123.97亿美元，增长62.2%；净收入从2010年的67.02亿美元增长到2013年的96.15亿美元，增长43.5%；年均利润率在8%以上，其中法国斯伦贝谢公司年均利润率超过13%。

表6　2010—2013年世界四大油服公司的年报主要数据　（单位：亿美元）

年份	项目	法国斯伦贝谢公司	美国哈里伯顿公司	美国贝克休斯公司	瑞士威德福国际公司	合　计
2010年	总资产	517.67	182.97	229.86	191.99	1 122.49
	总收入	266.72	179.73	144.14	102.21	692.80
	净收入	42.65	18.35	8.19	-2.17	67.02
	利润率（%）	15.99	10.21	5.68	-2.12	9.67
2011年	总资产	552.01	236.77	248.47	210.51	1 247.76
	总收入	365.79	248.29	198.31	129.88	942.27
	净收入	50.07	28.39	17.43	1.89	97.78
	利润率（%）	13.69	11.43	8.79	1.46	10.38
2012年	总资产	615.47	274.10	266.89	227.95	1 384.41
	总收入	417.31	285.03	213.61	152.15	1 068.10
	净收入	55.19	26.35	13.17	-7.78	86.93
	利润率（%）	13.23	9.24	6.17	-5.11	8.14

（续）

年份	项目	法国斯伦贝谢公司	美国哈里伯顿公司	美国贝克休斯公司	瑞士威德福国际公司	合 计
2013 年	总资产	671.00	292.23	279.34	219.77	1 462.34
	总收入	453.68	294.02	223.64	152.63	1 123.97
	净收入	67.32	21.25	11.03	-3.45	96.15
	利润率（%）	14.84	7.23	4.93	-2.26	8.55

斯伦贝谢公司总部位于法国巴黎、美国纽约和荷兰海牙，其业务覆盖油气勘探、钻井及生产过程中的各项数据产品和服务，提供整体解决方案，是服务占比最高的公司（80%以上），在全球约 80 个国家雇佣了 11.8 万名员工。斯伦贝谢公司 2013 年的总收入为 453.68 亿美元（折合人民币 2 812.82 亿元），等同于我国石油钻采行业规模以上企业的主营业务收入之和（2 812.37 亿元），其净收入 67.32 亿美元（折合人民币 417.38 亿元），是我国石油钻采行业净收入之和(197.62亿元)的2.11倍。

哈里伯顿公司总部位于阿联酋迪拜，在全球 80 多个国家拥有 7.2 万余名员工。公司服务于油气藏产业的上游，业务覆盖地理数据收集、钻井、地层评价、完井、生产优化等领域。

贝克休斯总部公司位于美国休斯敦，在约 90 个国家雇佣了 5.88 万名员工，通过其下设的 7 家油田服务公司，提供钻井、完井和油气井生产的各类产品和服务。

威德福国际公司总部位于瑞士，现有雇员 6 万余名，是一家经营油田服务及设备的大型跨国企业。拥有国际领先的欠平衡钻井、下管柱服务、井筒再进入、专利钻井工具、膨胀防砂管、传感控制、人工举升优化及螺杆泵等技术。

3. 装备制造公司

（1）简述。按照油气开采流程，石油装备主要包括勘探装备、钻井装备、录井装备、测井装备、完井（固井、射孔和压裂酸化）装备、采油采气装备、油气集输装备及其相关配件和工具等，涵盖油田综合服务以外的海陆工程建设、装备制造、钻井、石油管材、油田建设等领域。海洋油气开发装备海面以上部分与陆地油气开发装备有所不同，一般分为海洋工程装备（平台结构物及船舶）和海洋油气钻采装备。

（2）世界知名油气钻采装备制造公司。世界知名油气钻采装备制造公司主要有美国国民油井华高公司（石油装备）、意大利萨伊博姆公司和法国德西尼布公司（海上钻井装备）、卢森堡泰纳瑞斯公司（管道）、美国卡麦龙公司（流体设备）、瑞士越洋钻探公司（近海钻探装备）、美国拉夫金公司（采油设备）等。2012—2013 年世界主要石油装备制造商年报数据见表 7，其中的大部分公司既是装备制造公司，也是油服公司。

表 7　2012—2013 年世界主要石油装备制造商年报数据　（单位：亿美元）

石油装备制造公司	2012 年				2013 年			
	总资产	总收入	净收入	利润率(%)	总资产	总收入	净收入	利润率（%）
美国国民油井华高公司（NOV）	314.84	200.41	24.91	12.43	348.12	227.67	23.27	10.22
意大利萨伊博姆公司（Saipem）	224.13	173.67	9.42	5.43	234.48	171.05	-1.87	-1.09
法国德西尼布公司（Technip）	153.62	108.42	7.18	6.62	182.31	128.44	7.75	6.03
卢森堡泰纳瑞斯公司（Tenaris）	159.60	108.34	17.01	15.70	159.31	105.97	15.74	14.85
美国卡麦龙公司（Cameron）	111.58	85.02	7.77	9.14	142.49	98.38	6.99	7.11
瑞士越洋钻探公司（Transocean）	342.55	91.96	-2.11	-2.29	325.46	94.84	14.07	14.84
美国凯洛格布朗路特公司（KBR）	57.67	79.21	1.44	1.82	60.00*	72.59*	2.29	3.15
挪威阿克公司（Aker Solutions）	68.37	70.77	3.84	5.43	81.72	72.80	1.71	2.34
美国雷博斯公司（Nabors）	126.56	65.54	1.65	2.52	121.60	61.52	1.40	2.28
美国富美实公司（FMC）	43.74	34.10	4.36	12.79	52.35	38.75	3.08	7.95
美国拉夫金公司（Lufkin）	14.35	12.81	0.82	6.40	18.77*	17.61*	1.02*	5.78*

注：带＊的数据为推测值，仅供参考。

美国国民油井华高公司（NOV）是全球最大的石油装备制造商，可提供油气钻采过程中的全系列设备。在全球建有500个以上的生产、销售、服务中心，经营范围遍及六大洲，有超过1 160个业务点，雇佣3.6万多名员工，是钻采设备、集成系统、井下工具及供应链解决方案的主要来源，涵盖了钻井、完井和生产3个环节。

意大利萨伊博姆公司（Saipem）是意大利埃尼集团（Eni）的子公司，是石油和天然气行业目前规模最大、功能最全的工程承包商。主要投资领域包括深水钻井、油田开发、管道铺设、租用FPSO和海底机器人等。

法国德西尼布公司（Technip）包括海上作业分部、陆上与场区作业分部及其他工业分部。海上作业的经营范围包括：海上场地开发、水下生产、水下管道与施工、水下维修、浮动式与固定式平台、停泊服务和钻探服务等。

卢森堡泰纳瑞斯公司（Tenaris）主要提供套管、油管、输送管以及各种其他机械、结构用钢管。

美国卡麦龙公司（Cameron）是全球领先的流体设备和系统供应商，服务于钻井承包商、油气生产商、管线运营商、炼化和其他过程的企业。产品包括阀门、井口、控制系统、闸板、防喷器、配套系统以及空压机和涡轮增压器等设备。

瑞士越洋钻探公司（Transocean）是全球舰队配备最先进和最全面、最大的近海钻探商。公司拥有海上各类钻井平台超过200座，所拥有的深海钻井装置占全球总量的30%。

挪威阿克公司（Aker Solutions）是全球领先的石油石化服务公司之一，产品和服务包括：储层评估服务、水下油田与天然气田开发、海底生产系统、水下采油树、水下控制系统、水下管汇与基盘、钢管脐带管与海底电源电缆、海底处理与增强技术、连接与衔接系统、地面与海底井口、海底售后市场支援、修井技术与服务。

美国富美实公司（FMC）总部位于美国宾夕法尼亚州，全球雇员超过5 000人，美国500强企业，世界最大的海陆油田用流体控制产品供应商。主要产品有泵（往复泵、柱塞泵、活塞泵、管道清理泵、原油输送泵、原油进料泵、高压冲洗泵、加氢泵等）活塞和高压管汇。

（3）世界知名海工装备制造公司。世界知名的海工装备制造公司分为以下三个阵营：

第一阵营：美国F&G公司（已于2010年被我国振华重工收购）、荷兰Gusto MSC公司、美国Letourneau公司、挪威GM及SEVAN公司等设计公司。这类公司曾经在海工装备制造方面独占鳌头，具有多年海工装备研发设计经验，掌握着全球市场的设计，垄断了关键技术及部分核心装备的制造。

第二阵营：韩国、新加坡等国家从事海工装备模块化建造、各类钻井平台以及生产平台（目前以FPSO为主）建造的企业，主要有韩国的三星重工、大宇重工、现代重工，新加坡的吉宝岸外、胜科海事等。

第三阵营：中国、巴西等国家以生产钻采平台为主的海工设备总装制造企业。主要包括中船重工、中船集团、中远船务、中集集团等国营企业，振华重工、江苏熔盛重工、太平洋海工、韩通重工等民营企业。

其中，2014《财富》500强的企业有三星重工（No.12）、现代重工（No.100）、中船重工（No.403）。

三、国内外差距

由于我国海陆油气工业发展较晚、综合工业基础比发达国家薄弱、产业体系不健全、国际化步伐缓慢等原因，无论是油田服务商，还是装备制造商，我国都与世界知名企业存在较大差距。

根据中国石油和石油化工设备工业协会行业五十强数据统计，国内前20家石油装备制造企业2012年主要经济指标见表8。这20家企业在2012年的销售额总和约131.76亿美元（汇率按照1:6.2计算），只有美国国民油井公司销售额（200.41亿美元）的66%。

表8　国内前20家石油装备制造企业2012年主要经济指标

序号	企业名称	总资产（万元）	销售额（万元）	出口额（万美元）	从业人数（人）
1	中国石油渤海石油装备制造有限公司	1 766 198	1 521 366	42 396	11 419
2	海洋石油工程股份有限公司	2 036 751	1 238 304	-	8 539
3	中石油宝鸡石油钢管有限责任公司	1 051 704	1 002 312	-	6 027
4	胜利油田高原石油装备有限责任公司	312 145	725 000	2 886	2 300
5	宝鸡石油机械有限责任公司	974 679	618 700	25 370	8 170
6	四川宏华石油设备有限公司	681 954	481 382	46 513	2 900
7	山东科瑞石油装备有限公司	66 985	419 700	44 819	4 134
8	中石化石油工程机械有限公司第四机械厂	300 323	302 931	15 425	2 853
9	山东墨龙石油机械股份有限公司	528 575	285 664	16 771	2 256
10	烟台杰瑞石油服务集团股份有限公司	468 385	238 403	9 153	2 987
11	中石化石油工程机械有限公司沙市钢管厂	157 814	195 977	1 638	1 020
12	中原特钢股份有限公司	288 005	185 432	5 277	4 000
13	江汉石油钻头股份有限公司	217 408	184 053	6 198	3 716
14	江苏金石机械集团	153 504	135 850	36 426	1 510
15	海城市石油机械制造有限公司	178 042	120 252	1 495	560
16	胜利油田孚瑞特石油装备有限公司	177 875	111 940	10 615	1 790
17	中原特种车辆有限公司	86 392	109 973	13 670	778
18	南阳石油二机（装备）有限公司	192 583	108 506	2 718	2 172
19	河北华北石油荣盛机械制造有限公司	130 429	92 937	1 991	1 355
20	天津立林机械集团有限公司	137 295	90 667	2 326	1 886
合计		9 907 046	8 169 349	285 687	70 372

2012年，国内外最大的油田服务公司和装备制造公司的总资产相差5.11倍和8.96倍，营业收入相差8.17倍和11.26倍，利润或净收入相差7.49倍和20.45倍。国内前20家装备制造公司的总资产和销售收入总和分别只有美国国民油井华高公司（NOV）一家公司的50.75%和65.75%。国内外石油行业最大企业主要经济指标比较见表9。

表9　国内外石油行业最大企业主要经济指标比较

类别		名称	单位	总资产	营业收入	利润
中国	最大油田服务商	中石油渤海钻探工程有限公司	亿元	282.0	232.0	9.1
		中海油田服务有限公司		747.1	226.3	45.7
	最大装备制造商	中石油渤海石油装备制造有限公司		176.6	152.1	2.4
		烟台杰瑞石油装备技术有限公司		-	-	7.54
世界	最大油田服务商	斯伦贝谢公司	亿美元	615.5	421.5	55.2
	最大装备制造商	国民油井华高公司		314.8	200.4	24.9
中外比较	最大油田服务商	国外最大/国内最大	（汇率按1:6.2计算）	5.11	11.26	7.49
	最大装备制造商	国外最大/国内最大		11.05	8.17	20.45

〔撰稿人：中国石油和石油化工设备工业协会〕

中国石油石化设备工业年鉴2014

行业概况

介绍我国石油和石油化工设备行业各分行业的发展状况

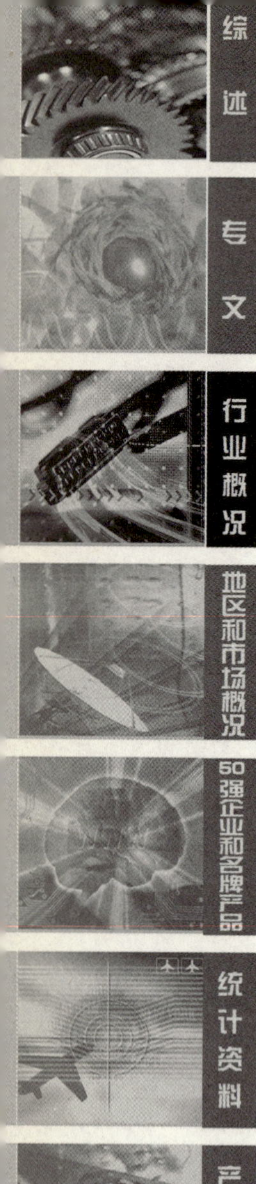

统计资料
产品与项目
标准和认证
政策法规
大事记
附录

行业概况

2013年我国锅炉及压力容器制造行业发展情况
我国海洋油气钻采装备制造业发展综述
2013年我国抽油杆制造行业发展概况
2013年国内外ASME持证厂商分析

2013 年我国锅炉及压力容器制造行业发展情况

一、2013 年我国特种设备制造业发展现状

1. 特种设备生产发展情况

特种设备是指涉及生命安全、危险性较大的承压和载人设备、设施。纳入国家质量监督检验检疫总局（简称国家质检总局）安全监察范围的设备、设施包括锅炉、压力容器、压力管道、电梯、起重机械、客运索道、游乐设施、场（厂）内机动车辆八类。

2013 年，全国共有特种设备生产（含设计、制造、安装、改造、维修、气体充装）单位 55 451 家，同比下降 1.85%。其中：设计单位 2 851 家，同比下降 1.89%；制造单位 14 156 家，同比下降 8.93%；安装、改造、维修单位 18 384 家，同比下降 3.02%；气瓶充装单位 20 060 家，同比增长 5.09%。持有特种设备许可证 64 027 张，同比增长 9.7%。

近十年来，我国特种设备得到了较快的发展，特种设备的数量从 2004 年的 257.1 万台增长到 2013 年的 936.91 万台，2008 年以来的年增长率均超过 10%。2004—2013 年我国特种设备数量及增长情况见图 1。

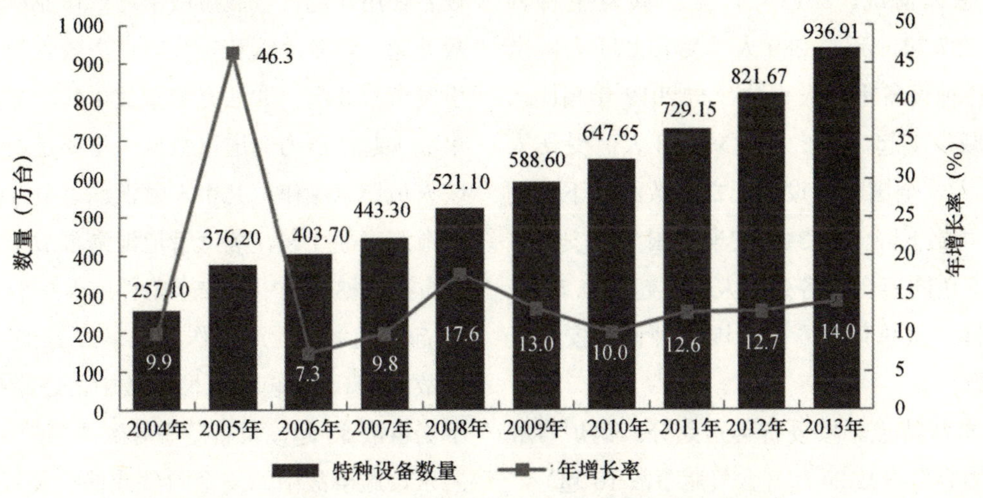

图 1　2004—2013 年我国特种设备数量及增长情况

据国家质检总局的统计数据，截至 2013 年年底，全国特种设备总量 936.91 万台，比 2012 年的 821.67 万台增长 14.02%。其中：锅炉 64.12 万台，同比增长 0.93%；压力容器 301.12 万台，同比增长 10.78%；压力管道 89.83 万 km，同比增长 5.52%。

2013 年，全国共有持证的特种设备作业人员 829.79 万人，比 2012 年增长 17.52%，其中 2013 年考核发证 163 万人，同比下降 2.4%。

2. 特种设备安全监察和检验检测情况

截至 2013 年年底，全国质检系统共设置特种设备安全监察机构 3 236 个，同比增长 1.47%。其中，国家级 1 个、省级 32 个、市级 485 个、县级 2 718 个。全国特种设备安全监察人员共 12 491 人，同比增长 4.65%。

截至 2013 年年底，全国共有特种设备综合性检验机构 513 个，同比下降 3.21%。其中，质检部门所属检验机构 323 个，行业检验机构和企业自检机构 190 个。另外，还有型式试验机构 37 个，无损检测机构 336 个，气瓶检验机构 1817 个，安全阀校验机构 179 个，房屋建筑工地和市政工程工地

起重机械检验机构85个。各类检验机构检验人员共71 675人，同比增长6.68%。

2013年，全国各级质监部门开展特种设备执法监督检查120.13万人次，同比增长4.21%；发出安全监察指令书15.57万份，同比增长9.65%。特种设备检验机构对139.31万台特种设备及元部件的制造过程进行监督检验，同比下降70.42%；发现并督促企业处理质量安全问题6.62万个，同比下降11.02%；对205.34万台特种设备安装、改造、维修过程进行监督检验，同比增长19.04%；发现并督促企业处理质量安全问题34.45万个，同比增长18.22%；对457.56万台在用特种设备进行定期检验，同比增长11.88%；发现并督促使用单位处理质量安全问题118.87万个，同比增长31.89%。

3. 特种设备安全状况

（1）总体情况。2013年，全国共发生特种设备事故227起，死亡289人、受伤274人，全年未发生特种设备重特大事故。与2012年相比，事故数量减少1起，死亡人数减少3人，受伤人数减少80人。全国万台设备死亡人数继续下降到0.46人，同比下降11.03%，实现了国务院安全生产委员会下达的万台设备死亡人数不超过0.51人的控制目标。从总体上看，全国特种设备安全形势总体平稳。

（2）事故特点。按设备类别划分：锅炉事故26起，压力容器事故34起（含气瓶事故16起），压力管道事故9起，电梯事故70起，起重机械事故61起，场（厂）内机动车辆事故18起，大型游乐设施事故9起。其中，电梯、起重机械事故和死亡人数所占比重较大，事故数量分别占30.83%、26.87%，死亡人数分别占19.72%、29.07%。

按事故发生环节划分：发生在使用环节的共184起，占总数的81.06%；发生在安装装卸环节的共23起，占总数的10.13%；发生在维修检修环节的共10起，占总数的4.41%；发生在充装运输环节的共8起，占总数的3.52%；发生在其他环节的共2起，占总数的0.88%。

按涉及行业划分：发生在制造业的共88起，占总数的38.76%；发生在建设工地和建筑业的共40起，占总数的17.62%；发生在交通运输与物流业的共13起，占总数的5.73%；发生在社会及公共服务业的共86起，占总数的37.89%。

按损坏形式划分：承压类设备（锅炉、压力容器、压力管道）事故的主要特征是爆炸或泄漏着火；机电类设备〔电梯、起重机械、客运索道、大型游乐设施、厂（场）内专用机动车辆〕事故的主要特征是倒塌、坠落、撞击和剪切等。

（3）事故原因。锅炉事故中事故锅炉均为1t/h以下小型蒸汽或汽水两用锅炉，均发生在使用环节。其中：违章作业或操作不当事故9起，非法生产、使用事故6起，设备缺陷和安全附件失效事故2起。压力容器事故中设备缺陷和安全附件失效事故9起，违章作业或操作不当事故4起，非法设备使用4起。气瓶事故中违章作业或操作不当事故5起，设备缺陷和安全附件失效4起，气体泄漏引发事故3起，非法充装事故1起，非法销毁气瓶事故1起。压力管道事故原因主要是设备质量原因或人员违章操作，其中，氨泄漏事故3起，燃气管道泄漏事故4起，蒸汽管道泄漏事故1起。

在电梯事故中，安全附件或保护装置失灵事故35起，违章作业或操作不当事故25起，管理不善事故10起。在起重机械事故中，违章作业或操作不当事故33起，设备隐患导致的事故21起。大型游乐设施事故中，安全附件或保护装置失灵事故4起，游客自身防护意识和措施缺失事故2起。

二、2013年我国锅炉及压力容器制造行业发展情况

1. 行业主要经济指标分析

根据国家统计局数据统计：2013年我国锅炉及压力容器制造行业规模以上（主营业务收入2 000万元）企业1 249家，同比增长6.93%；实现主营业务收入2 570.32亿元，同比增长12.27%；完成出口交货值119.46亿元，同比下降4.02%；实现利润总额163.84亿元，同比下降1.37%；总资产2 412.12亿元，同比增长10.44%；亏损额

79 364 万元，同比增长 0.67%。

主营业务收入实现 12.27% 的增长，比 2012 年的增幅（11.57%）略有提高，但低于全国石油石化装备制造行业的增幅（13.13%），在整个机械工业中属于中偏上的增长水平。出口交货值从 2011 年 37.64% 的大幅增长后，连续两年出现负增长，但下降幅度有所降低（从 -15.07% 降到 -4.02%）。总资产增幅有所放缓（从 11.56% 降至 10.44%），利润总额由 2012 年增长 14.91% 下滑至负增长（-1.37%），利润率从 7.16% 降至 6.37%。亏损下滑的势头有所遏制，亏损额增长幅度从 20.28% 下降至 0.67%。除出口和利润为负增长外，行业整体情况基本趋好。2013 年我国锅炉及压力容器制造行业规模以上企业主要经济指标见表 1。

表 1　2013 年我国锅炉及压力容器制造行业规模以上企业主要经济指标

行业名称	企业数		主营业务收入		出口交货值		总资产		利润总额		亏损额	
	数量（家）	同比增长（%）	数值（亿元）	同比增长（%）	数值（亿元）	同比增长（%）	数值（亿元）	同比增长（%）	数值（亿元）	同比增长（%）	数值（亿元）	同比增长（%）
全行业	1 249	6.93	2 570.32	12.27	119.46	-4.02	2 412.12	10.44	163.84	-1.37	7.936 4	0.67
锅炉及辅助设备	779	4.70	1 764.07	11.89	89.13	-0.61	1 732.90	9.79	115.15	-5.67	5.062 2	-3.52
金属压力容器	470	10.85	806.25	13.10	30.33	-12.80	679.22	12.11	48.69	10.52	2.874 2	9.02

2. 按主营业务收入排名的各地区主要指标分析

2013 年，我国锅炉及压力容器制造行业主营业务收入列前五位的是：山东（主营业务收入 382.92 亿元，同比增长 22.59%）、四川（主营业务收入 349.62 亿元，同比增长 9.75%）、江苏（主营业务收入 330.57 亿元，同比增长 14.85%）、辽宁（主营业务收入 245.09 亿元，同比增长 12.14%）和河南（主营业务收入 177.26 亿元，同比增长 32.38%）。与 2012 年相比，山东、河南各上升 1 位，分别位列第一位和第五位；四川从第一位下降 1 位，上海下降 2 位而位列第七位，江苏和辽宁维持不变。这 5 个省份的主营业务收入合计 1 485.46 亿元，占全行业的 57.79%。2013 年按主营业务收入排名的各地区主要指标完成情况见表 2。

表 2　2013 年按主营业务收入排名的各地区主要指标完成情况

序号	地区名称	企业数		主营业务收入		出口交货值	
		数量（家）	同比增长（%）	数值（亿元）	同比增长（%）	数值（亿元）	同比增长（%）
合计		1 249	6.93	2 570.32	12.27	119.46	-4.02
1 ↑	山东	184	14.29	382.92	22.59	12.12	22.60
2 ↓	四川	74	4.23	349.62	9.75	24.75	7.64
3	江苏	176	5.39	330.57	14.85	14.39	8.07
4	辽宁	139	-3.47	245.09	12.14	1.72	148.91
5 ↑	河南	76	-6.17	177.26	32.38	0.12	-27.72
6 ↑	湖北	65	6.56	156.61	29.69	3.58	294.25
7 ↓	上海	54	5.88	132.69	-23.98	13.77	-54.81
8 ↑	浙江	84	13.51	121.33	8.63	7.55	42.28
9 ↓	黑龙江	40	29.03	105.23	-10.13	13.95	-33.00
10 ↓	安徽	44	22.22	103.84	40.66	1.22	276.42
11 ↑	河北	57	21.28	79.49	13.51	1.63	91.99
12 ↓	广东	46		63.37	3.59	8.63	-10.65

（续）

序号	地区名称	企业数		主营业务收入		出口交货值	
		数量（家）	同比增长（%）	数值（亿元）	同比增长（%）	数值（亿元）	同比增长（%）
13	吉林	32	-3.03	60.55	7.80	3.99	4 794.32
14	山西	10	25.00	53.95	39.09	0.07	-59.72
15	北京	17	-15.00	52.49	6.61	8.27	47.36
16	湖南	34	9.68	28.44	-2.27	0.33	331.83
17 ↑	江西	13	18.18	24.26	18.65	3.22	71.56
18 ↑	内蒙古	10	-9.09	19.72	11.03		
19 ↑	天津	16	-11.11	17.81	-11.18	0.05	-87.19
20 ↑	陕西	22	4.76	17.51	9.75		
21 ↑	甘肃	7	16.67	13.23	9.16		
22	广西	18		10.73	5.96		
23	重庆	10	42.86	9.58	21.95	0.08	-41.40
24	福建	7	75.00	6.41	56.20		
25 ↑	贵州	4	33.33	3.95	-14.45		
26 ↓	新疆	6	100.00	2.29	22.00		
27 ↓	宁夏	2	-33.33	0.61	6.61		
28 ↓	云南	1		0.41	25.55		
29	青海	1		0.35			

注：表中序号后面标注的上下箭头表示该地区主营业务收入排名变化情况。因四舍五入，表中合计数与分项之和略有出入。

出口交货值列前五位的是：四川（出口交货值24.75亿元，同比增长7.64%）、江苏（出口交货值14.39亿元，同比增长8.07%）、黑龙江（出口交货值13.95亿元，同比下降33.00%）、上海（出口交货值13.77亿元，同比下降54.81%）和山东（出口交货值12.12亿元，同比增长22.60%）。与2012年相比，四川从第二位上升至第一位，江苏从第五位上升至第二位，黑龙江维持不变，上海从第一位下降至第四位，山东从第六位上升至第五位。这5个省市的出口交货值合计78.98亿元，占全行业的66.11%。

主营业务收入列前五位的省份中，沿海地区有山东、江苏和辽宁，中部地区有河南，西部地区有四川。主营业务收入列第一位的山东发展势头最好，主营业务收入和出口交货值增长均超过22%，整体水平已超过江苏。四川虽然在西部地区，但大企业（主要是国有企业）多，产业集中度相对较高，但发展势头不好，各项指标的增幅均是个位数。河南异军突起，首次进入主营业务收入前五位，且增长最快，但出口呈现负增长（2012年增长高达203%）。

3. 按总资产排名的各地区主要指标分析

2013年，我国锅炉及压力容器制造行业总资产列前五位的是：四川（总资产364.22亿元，同比增长6.97%）、江苏（总资产314.80亿元，同比增长15.31%）、黑龙江（总资产252.52亿元，同比增长11.96%）、山东（总资产223.62亿元，同比增长17.33%）和上海（总资产204.22亿元，同比下降2.52%）。与2012年相比，前三位保持不变，山东和上海的排名互换。这5个省市的总资产合计1 359.38亿元，占全行业的56.36%。2013年按总资产排名的各地区主要指标完成情况见表3。

表3　2013年按总资产排名的各地区主要指标完成情况

序号	地区名称	总资产		利润总额			亏损额	
		数值（亿元）	同比增长（%）	数值（亿元）	同比增长（%）	利润率（%）	数值（亿元）	同比增长（%）
合计		2 412.12	10.44	163.838	-1.37	6.37	7.936	0.67
1	四川	364.22	6.97	23.974	-14.57	6.86	0.165	-14.50
2	江苏	314.80	15.31	18.014	14.60	5.45	1.746	5.22
3	黑龙江	252.52	11.96	8.038	-38.67	7.64	0.142	-67.16
4↑	山东	223.62	17.33	24.572	20.89	6.42	0.392	5.22
5↓	上海	204.22	-2.52	5.637	-66.25	4.25	0.602	-45.42
6	浙江	158.10	0.61	7.168	-6.20	5.91	0.327	105.45
7	辽宁	153.02	16.86	14.466	32.37	5.90	0.476	11.02
8	湖北	107.50	1.39	6.024	15.64	3.85	1.610	-2.67
9↑	河南	98.93	47.23	16.053	25.86	9.06	0.181	91.51
10↓	北京	83.39	5.12	2.696	0.51	5.14	0.022	-80.90
11↓	安徽	79.16	11.30	9.121	6.29	8.78	0.077	132.07
12	河北	65.44	10.30	4.056	-8.86	5.10	0.572	44.87
13↑	山西	46.93	15.44	7.180	107.91	13.31	0.076	-27.13
14↓	广东	44.57	11.77	4.978	12.42	7.86	0.020	28.36
15	甘肃	43.83	12.49	1.147	-15.45	8.67	0.070	107.26
16↑	江西	31.00	28.72	1.523	24.20	6.28	0.144	33.40
17↓	天津	27.73	9.83	0.544	-36.38	3.05	0.017	-69.97
18↓	吉林	26.19	5.40	2.974	-16.37	4.91	0.121	491.65
19	湖南	20.72	2.60	1.148	-10.79	4.03	0.436	-20.98
20	陕西	19.79	15.65	0.565	64.58	3.23	0.281	153.80
21	内蒙古	12.89	-1.99	2.436	18.56	12.35		
22	广西	11.84	29.37	0.653	-2.28	6.09	0.236	77.08
23	重庆	8.63	11.99	0.516	16.75	5.39		
24↑	新疆	4.03	59.56	-0.163	407.46	-7.10	0.178	224.13
25↑	福建	3.08	23.67	0.333	17.21	5.19	0.008	-4.61
26↓	贵州	3.05	-31.22	0.130	125.78	3.30	0.017	252.95
27↓	宁夏	2.27	-19.47	0.020	-151.58	3.21	0.019	-49.32
28	云南	0.34	-52.34	0.026	31.95	6.27		
29	青海	0.30		0.013		3.71		

注：表中序号后面标注的上下箭头表示该地区主营业务收入排名变化情况。因四舍五入，表中合计数与分项之和略有出入。

利润总额列前五位的是：山东（利润总额为24.57亿元，同比增长20.89%，利润率6.42%）、四川（利润总额为23.97亿元，同比下降14.57%，利润率6.86%）、江苏（利润总额为18.01亿元，同比增长14.60%，利润率5.45%）、河南（利润总额为16.05亿元，同比增长25.86%，利润率9.06%）、辽宁（利润总额为14.47亿元，同比增长32.37%，利润率5.90%）。与2012年相比，山东与四川位置互换，江苏和河南各上升1位，辽宁上升2位，上海下降5位至第十位。上述排名与主营业务收入的排名基本一致（辽宁和河南互换位置），但与总资产排名相差较大。主营业务收入超过100亿元的省份中利润率较高的是：河南（9.06%）、安徽（8.78%）、黑龙江（7.64%）、四川（6.86%）、山东（6.42%）、浙江（5.91%）和辽宁（5.90%），其中，河南、安徽、黑龙江、四川和山东高于行业利润率的平均值（6.37%）。

亏损额较多的前五位是：江苏（亏损额为17 462万元，同比增长5.22%，占总资产的0.55%）、湖北（亏损额为16 104万元，同比下降2.67%，占总资产的1.5%）、上海（亏损额为6 021万元，同比下降45.42%，占总资产的0.29%）、河北（亏损额为5 724万元，同比增长44.87%，占总资产的0.87%）、辽宁（亏损额为4 755万元，同比增长11.02%，占总资产的0.31%）。总资产超过100亿元的省市中亏损额占总资产的比重较小的是：四川（0.05%）、黑龙江（0.06%）、山东（0.18%）、浙江（0.21%）和上海（0.29%）。只有江苏和湖北高于行业平均值（0.33%）。

4. 行业内各种类型企业主要经济指标分析

根据国家统计局对企业属性的分类，可将企业分为三类，即国有和国有控股企业、私营和其他内资企业、合资和外资企业。国有和国有控股企业包括：国有企业、集体企业、股份合作企业、集体联营企业、其他联营企业、国有独资公司和其他有限责任公司。私营和其他内资企业包括：股份有限公司、私营独资企业、私营合伙企业、私营有限责任公司、私营股份有限公司和其他企业。合资和外资企业包括：合资经营企业（港或澳、台资），合作经营企业（港或澳、台资），港、澳、台商独资经营企业，港、澳、台商投资股份有限公司，中外合资经营企业，中外合作经营企业，外资企业和外商投资股份有限公司。2013年各类型企业主要指标完成情况见表4。

表4　2013年各类型企业主要指标完成情况

企业类型	企业数		主营业务收入		出口交货值	
	数量（家）	同比增长（%）	数值（亿元）	同比增长（%）	数值（亿元）	同比增长（%）
全行业合计	1 249	6.93	2 570.32	12.27	119.46	-4.02
国有和国有控股企业合计	363	-2.42	721.53	1.63	21.31	-51.42
国有企业	18	-14.29	35.96	1.26	1.41	10.34
集体企业	28	-12.50	36.78	11.19		
股份合作企业	18		42.08	16.49	0.06	35.45
集体联营企业	1		0.40	73.36		
其他联营企业	1		0.35	30.85		
国有独资公司	5		6.61	2.98		
其他有限责任公司	292	17.27	599.36	0.18	19.84	-53.19
私营和其他内资企业合计	774	12.83	1 466.01	17.97	47.18	26.20
股份有限公司	48	6.67	275.72	8.34	30.74	15.51
私营独资企业	98	-10.09	140.89	9.32	5.69	703.28
私营合伙企业	16	23.08	25.55	7.75		
私营有限责任公司	543	8.60	849.66	22.94	10.41	16.86
私营股份有限公司	39	-9.30	115.22	20.04	0.05	-94.58
其他企业	30	42.86	58.97	21.47	0.30	5.34
合资和外资企业合计	112	1.82	382.78	13.64	50.97	17.95
合资经营企业（港或澳、台资）	12	33.33	47.47	-19.86	3.19	-19.81
合作经营企业（港或澳、台资）	1		0.75	39.75		
港、澳、台商独资经营企业	18	-5.26	67.67	30.43	5.88	14.74
港、澳、台商投资股份有限公司	2	100.00	30.23	8.87	5.40	34.64
中外合资经营企业	33	-5.71	141.13	27.53	15.84	61.74
中外合作经营企业	2	-33.33	3.23	35.39	0.19	6.31
外资企业	41	2.50	79.45	8.28	16.94	-12.85
外商投资股份有限公司	3		12.84	17.01	3.53	408.50

（续）

企业类型	总资产		利润总额		亏损额	
	数值（亿元）	同比增长（%）	数值（亿元）	同比增长（%）	数值（亿元）	同比增长（%）
全行业合计	2 412.12	10.44	163.838	-1.37	7.936	0.67
国有和国有控股企业合计	878.08	7.04	42.283	-30.27	2.536	-7.79
国有企业	69.29	12.41	2.228	13.35	0.649	-12.12
集体企业	23.97	-0.93	1.401	42.01	0.120	-63.85
股份合作企业	22.45	25.63	2.193	-10.90	0.007	-47.15
集体联营企业	0.16	48.96	0.003	10.37		
其他联营企业	0.26	-14.30	-0.002	107.78	0.002	107.78
国有独资公司	12.99	-30.36	0.376	213.59	0.096	-33.95
其他有限责任公司	748.97	7.37	36.085	-34.52	1.662	9.32
私营和其他内资企业合计	1 092.76	13.52	103.867	18.94	1.665	-4.00
股份有限公司	414.14	13.38	18.236	-0.30	0.029	7.15
私营独资企业	58.09	21.61	8.114	1.98	0.047	75.24
私营合伙企业	14.64	18.59	2.243	11.87		
私营有限责任公司	471.25	14.07	61.949	30.30	1.552	-1.97
私营股份有限公司	103.37	9.64	8.831	9.25	0.008	-87.88
其他企业	31.27	4.76	4.494	30.40	0.029	-0.91
合资和外资企业合计	441.27	9.97	17.688	-2.57	3.736	9.90
合资经营企业（港或澳、台资）	57.28	63.93	0.319	-66.90	0.395	15.41
合作经营企业（港或澳、台资）	0.46	0.20	0.023	43.81		
港、澳、台商独资经营企业	69.69	12.41	3.794	6.27	0.673	-20.84
港、澳、台商投资股份有限公司	50.61	-11.34	2.597	-11.61		
中外合资经营企业	161.73	5.07	6.835	-4.37	0.554	357.00
中外合作经营企业	2.16	87.26	0.247	204.13		
外资企业	85.24	7.98	4.705	18.74	1.203	-21.01
外商投资股份有限公司	14.1	10.52	-0.832	58.74	0.911	61.78

注：表中数据因四舍五入，合计数与分项之和略有出入。

2013 年，国有和国有控股企业数量占行业的比重已降至 30% 以下，特别是出口下滑较为严重，在全行业的占比从 2012 年的 52% 下降至 18%。私营和其他内资企业是行业的中坚力量，企业数量最多（占比近 62%），利润总额占比较大（占 63.4%）。合资和外资企业尽管企业数量占比近 9%，但主营业务收入占比近 15%，出口额占比近 43%，利润总额占比 10.8%，其亏损额占比也较大（占 47%）。

〔撰稿人：中国石油和石油化工设备工业协会 杨双全〕

我国海洋油气钻采装备制造业发展综述

一、海洋油气开发装备市场分析

1. 国际油气勘探开发市场分析

在原油需求增长、国际油价高位运行的大背景下，石油公司普遍看好油气勘探开发的前景，继续扩大勘探开发投资规模，加强油气勘探开发活动。据 Wood Mackenzie 统计，全球排名前 10 位的澳大利亚、巴西、加拿大、中国、伊拉克、墨西哥、挪威、俄罗斯、英国和美国等国家的油气上游开发资本支出从 2012 年的 4 080 亿美元增长到 2013 年的 4 390 亿美元，年增长 7.6%，预计 2014—2016 年的年度支出在 4 300 亿美元左右。

据巴克莱银行预计，2014 年世界油气勘探开发资本支出约 7 230 亿美元，预计比 2013 年增长 6% 以上。若按设备投资占资本支出的 18% 推算，2014 年全球油气勘探开发装备投资约 1 300 亿美元。其中：勘探装备 50 亿美元，钻井完井装备 495 亿美元，测录试井装备 65 亿美元，油田生产服务装备 230 亿美元（其中，采油设备约 50 亿美元，高压注入设备约 140 亿美元，气体压缩设备约 8 亿美元），油田工程建设服务装备 220 亿美元（其中，海底装置 150 亿美元，油田地表装置 61 亿美元）。

过去几十年来，人们对海洋资源开发的力度相对较小，使得现有的海洋工程装备数量不多，而且使用年限较长。以自升式平台为例，当前全球保有量超过 470 座，利用率超过 80%，约 50% 的自升式平台使用时间超过 20 年，而一般情况下自升式平台使用寿命为 25 年，经过设备更新后不超过 35 年。截止到 2014 年 7 月，全球现有半潜式钻井平台 248 座，其中，市场活跃的平台 189 座（其中已签约平台 168 座），深度休闲平台 22 座。在 248 座半潜式平台中，中等水深平台 120 座，深水平台 44 座，超深水平台 84 座。钻井平台船队老化严重，平均船龄 24.4 年，近 50% 的平台船龄超过 30 年，更有 41 年船龄的老旧平台还在钻井作业。可以预见，未来 5 年内将同时存在着对新设备的建造需求及现有设备的替代需求。受上述多种因素驱动，海洋工程装备将迎来一段长时间的景气周期。

2. 我国海洋油气开发装备前景看好

近十年来，我国油气增量的 60% 来自海洋，预计未来较长一段时间，我国海洋油气开发装备发展前景看好。

中海油在“十二五”期间为增加油气产能 3 570 万 m^3，计划投资 2 500 亿～3 000 亿元，其中：设备投资 800 亿～1 000 亿元，结构件用钢 91 万 t，建设海管 1 500km。中石油计划在 2020 年前投资 600 亿元新建 57 个大型海油装备，包括 4 座深水半潜平台、11 座自升式平台、6 座其他各类平台和 36 艘海洋工程辅助船等装备。中石化在积累浅海开发经验的基础上，正着手研究深海开发事宜，以加快开发东海、南海北部湾等区域的油气资源。

当前，我国南海已经建成的气田荔湾 3-1 号（水深 1 480m，储量 593 亿 m^3）、流花 34-2 号（水深 1 145m，储量 240 亿 m^3）和流花 29-1 号（水深 720m，储量 410 亿 m^3）总储量达 1 243 亿 m^3。特别是我国自主研发、亚洲最大、平台浮托重量达 3.2 万 t 的荔湾 3-1 深海油气平台，于 2013 年 5 月在南海海域成功安装，远期可年处理 120 亿 m^3 天然气；世界先进水平的中海油 981 半潜式钻井平台，于 2014 年 7 月在距海南岛东南 150km 的南海北部 1 500m 超深水区域完成了油气钻探作业，陵水 17-2-1 井测试获得日产 9 400 桶（1 280t）油当量高产油气流，是我国海域自营深水勘探的第一个重大油气发现。

3. 我国石油石化装备行业经济形势分析

（1）整体形势分析。据国家统计局数据，2013 年，我国石油石化装备制造行业（包括石油钻采专用设备制造、炼油化工生产专用设备制造、金属压力容器制造和海洋工程专用设备制造 4 个分行业）规模以上企业共 1 773 家。其中，石油钻采设备行业有 799 家，海洋工程设备行业有 46 家。

2013 年，全行业实现主营业务收入 5 071.22 亿元，同比增长 13.13%；利润总额 326.5 亿元，利润率 6.4%。其中，石油钻采设备行业主营业务收入 2 812.37 亿元，同比增长 15.88%；利润总额 197.62 亿元，同比增长 7.4%，利润率 7%。海洋工程设备行业主营业务收入 604.2 亿元，同比增长 4.73%；利润总额 18.91 亿元，同比下降 30.87%，利润率 3.1%。

据海关总署数据，全行业 70 种主要产品进出口总额 225.05 亿美元（出口额 185.17 亿美元），同比下降 2.97%。其中，石油钻采设备进出口总额 51.1 亿美元（出口额 39.14 亿美元）；海洋工程设备进出口总额 56.75 亿美元（出口额 52.95 亿美元）。

石油石化装备行业优化和研发了大型液化天然气（LNG）船、大型液化气船（VLGC）等高技术船舶；自主设计或联合设计多型自升式钻井平台、自升式风电作业平台、1 500m 半潜式钻井平台和深水高性能物探船、5 万 t 半潜驳船、油田增产船、海洋居住船、风电基础运输船等一批档次较高的海洋工程船。

（2）2013 石油石化装备行业经济运行特点。全行业规模以上企业数量增多；出口交货值增长乏力；主营业务收入增速回落；利润增长大幅回落；亏损情况恶化；整体运行平稳；进出口总额和贸易顺差呈负增长。除出口和亏损情况外，石油钻采设备分行业整体好于海洋工程设备分行业。2013 年石油石化装备行业主要经济数据见表 1。2013 年石油石化装备行业主要经济效益质量评价指标见表 2。

表 1　2013 年石油石化装备行业主要经济数据

行业名称	企业数		出口交货值		资产总额		主营业务收入	
	数量（家）	同比增长（%）	数值（亿元）	同比增长（%）	数值（亿元）	同比增长（%）	数值（亿元）	同比增长（%）
全行业	1 773	10.54	635.55	5.77	5 060.01	16.91	5 071.22	13.13
石油钻采设备	799	11.28	258.34	3.78	2 545.67	22.42	2 812.37	15.88
海洋工程设备	46	58.62	314.87	9.12	1 008.55	11.97	604.20	4.73

行业名称	利润总额		亏损企业		亏损额	
	数值（亿元）	同比增长（%）	数量（家）	同比增长（%）	数值（亿元）	同比增长（%）
全行业	326.50	6.23	185	12.80	22.20	47.54
石油钻采设备	197.62	7.40	62	29.17	14.14	163.13
海洋工程设备	18.91	-30.78	7	-11.32	1.44	-59.86

表 2　2013 年石油石化装备行业主要经济效益质量评价指标

评价指标	全行业	分行业	
		石油钻采设备	海洋工程设备
总资产贡献率（%）	11.04	12.71	6.29
资本保值增值率（%）	117.41	120.62	105.82
净资产收益率（%）	16.62	18.29	7.16
资产负债率（%）	58.06	53.59	73.06
流动资产周转率（次）	1.68	1.89	0.95
成本费用利润率（%）	6.90	7.56	3.28
主营业务收入利润率（%）	6.44	7.03	3.13

值得指出的是，受我国国内生产总值增速“七上八下”和油气勘探开发投资紧缩的影响，2013年石油石化装备行业主营业务收入增速位于10年来的最低点（13.1%），石油钻采设备分行业的增速也位于下降通道之中。2005—2013年石油石化装备行业主营业务收入及增长情况见图1。

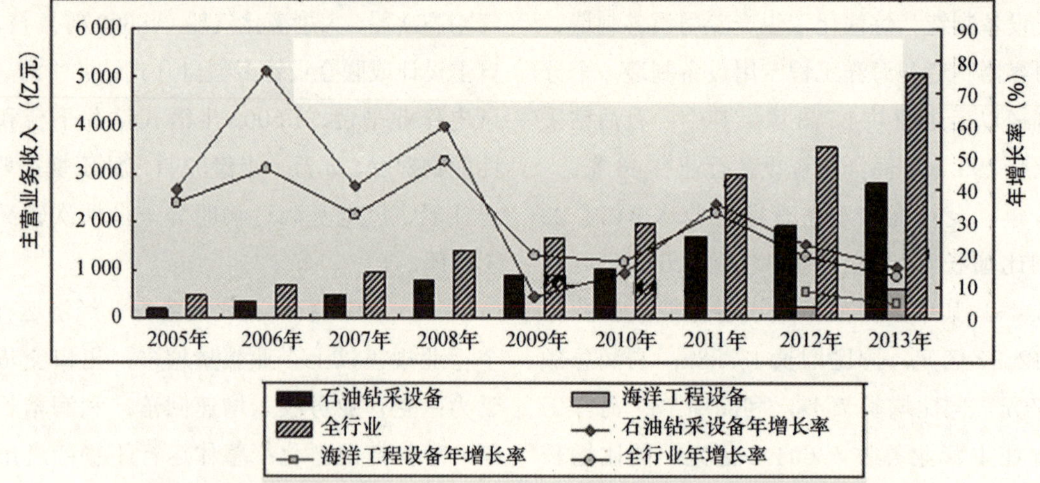

图1 2005—2013年石油石化装备行业主营业务收入及增长情况

二、我国海洋油气钻采装备发展情况

海洋油气开发装备制造业具有先导性、成长性、带动性的鲜明特征，以及技术门槛高、资金密集度高、国际化程度高的基本特点，是高端制造业的典型代表。

海洋油气开发与陆地油气开发相比有很大不同：海洋油气钻采平台工作空间有限，自然条件恶劣，要求平台上设备体积小、重量轻、免修期长、适用范围宽，采用模块化设计；一切钻采活动皆发生在空间有限的平台上，因此生产井口、油气处理与集输系统等差异较大；井口以下部分从工艺到设备都与陆上基本类似，包括完井技术、油水气管柱、采油工艺、注水工艺及增产措施等。海洋油气开采主要装备见图2。

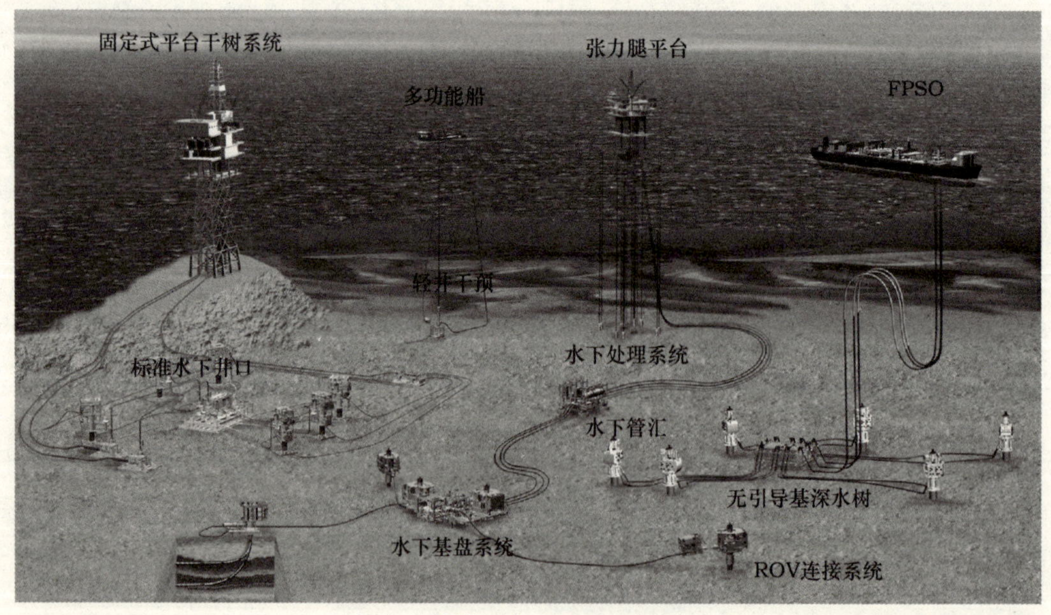

图2 海洋油气开采主要装备

1. 行业重点发展领域

在易开发的常规油气资源越来越稀缺的情况下，未来油气资源（包括页岩气和可燃冰）开采的难度将越来越大，对勘探开发技术和装备及其工具的需求与依赖也越来越大。油气资源开发变化情况见图3。

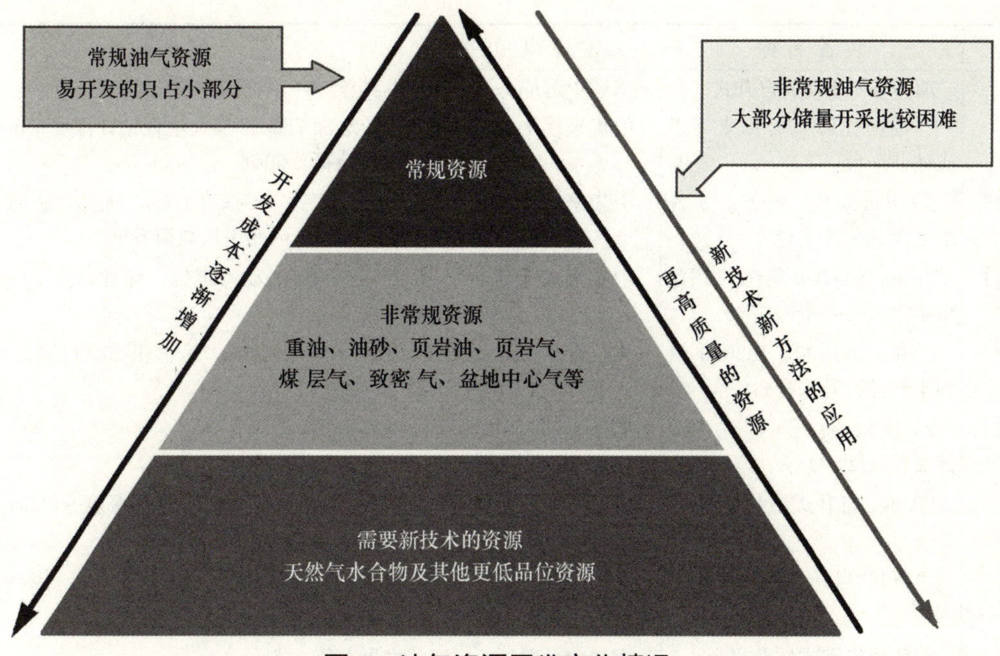

图 3　油气资源开发变化情况

总体上说，我国石油石化装备制造在做实、做强、做优现有石油石化装备的基础上，根据国家战略性新兴产业规划中的 7 个领域 23 个重点发展方向，将重点发展如下装备：天然气（含非常规天然气）开发和利用装备、海洋油气开发装备、智能制造装备、先进节能环保装备。

2. 我国海洋工程装备发展成就

我国海洋油气工程装备走过了从无到有、从小到大、从近海到远海、从海况良好到海况恶劣的发展过程。部分海工设备，如浅水钻采平台、海底管线、FPSO 等，从设计、制造到海上安装一条龙服务已可独立完成。

我国自行建造了世界领先的 30 万 tFPSO“海洋石油 117”，世界先进、亚洲第一的“海洋石油 941/942”120m 自升式钻井平台，亚洲最先进的八缆地球物理勘探船“海洋石油 719”，单吊起重能力居世界第一的 7 500t 起重浮吊船“蓝鲸”号，自主研制的 1 200t 浅水铺管船“海洋石油 202”，亚洲最大 3 万 t 导管架下水驳船“海洋石油 229”。自升式钻井平台实现了批量生产，多项海洋工程作业船和辅助船实现批量建造，并占据了一半以上的国际市场份额；具有国际先进水平的 14.7 万～22 万 m^3 LNG 运输船、CJ46 型自升式钻井平台已研制成功；世界最先进第六代 3 000m 超深水半潜式钻井平台“海洋石油 981”、同时具备 3 000m 级深水铺管能力和 4 000t 级重型起重能力的“海洋石油 201”深水铺管起重船的研制成功，总体技术水平和综合作业能力在国际同类工程船舶中处于领先地位，标志着我国已跻身世界 3000m 深水油气开发的行列。

我国海洋工程装备制造能力迅猛发展，形成了环渤海、长三角、珠三角等海洋工程装备制造基地，拥有实力较强的海工装备制造企业 20 余家。2010 年以来建成的部分海工装备见表 3。

表 3　2010 年以来建成的部分海工装备

交付年份	装备名称	建造单位	产品水平
2008—2012 年	14.7 万 ～ 22 万 m^3 LNG 运输船	沪东造船、大船重工、江南造船和中远川崎等	交付和在建超过 10 艘，可建造具有自主知识产权，实现 LNG 船系列化、批量化生产的 14.7 万～22 万 m^3 薄膜型电力助推 LNG 船
2010	“海洋石油 981”深水半潜式钻井平台	外高桥造船	世界先进水平，第六代，作业水深 3 000m，钻井深度 12 000m，填补国内空白

（续）

交付年份	装备名称	建造单位	产品水平
2010	瑞美蒂号多功能自升式平台	南通中远船务	世界首座，填补国内空白
2010	“油服先锋”号深水半潜式钻井平台	中集来福士	作业水深750m，最大垂直钻井深度7 500m，最大可变甲板载荷4 000t
2010—2011	SS Pant、SS Amazonia 深水半潜式钻井平台	中集来福士	2座，工作水深2 400m，最大垂直钻井深度7 500m，最大可变甲板载荷5 500t
2010—2011	Frigstad D90 第七代超深水半潜式钻井平	中集来福士	2+4座、DP-3动力定位，作业水深3 658m，最大钻井深度15 240m
2004—2011	CJ46、DSI300、JU2000 胜利十号等自升式平台	大船重工	91m、106m、122m，其中JU2000E型自升式平台已建23座
2004—2011	23万t、30万t浮式生产储油轮（FPSO）	上海外高桥、大船重工和南通中远川崎等	世界水平
2011	CP-300自升式钻井平台	辽河石油装备	作业水深91m，最大钻井深度9 000m，平台自重7 000多t
2011	“1+1”自升式钻井平台	宝鸡石油机械	作业水深91m，钻深能力9 000m，国内首套9 000m单斜瓶颈式海洋塔形井架
2011	八角型半潜式钻井平台	南通中远船务	世界首座
2011	探险号自升式风车安装船	南通中远船务	世界先进
2011	F&G Millennium型深水半潜式钻井平台	中集来福士	世界水平，作业水深2 400m，钻井深度7 500m
2011	“海洋石油201”深水铺管船	江苏熔盛重工	亚洲首艘，3 000m级深水铺管能力，4 000t级重型起重能力
2012	GM4000深水半潜式钻井平台	南通中远船务	世界先进，第六代，作业水深3 000m，钻井深度11 000m
2012	“创新者”深水半潜式钻井平台	大连中远船务	第六代，作业水深1 500m，钻探深度8 000m，最大可变动甲板载荷4 500t
2010—2012	油船FPSO、铺缆船改铺管船	大连中远船务	有“旭日东升”“尼萨”“吉盾”“斯提瑞格”等轮，创造多项世界第一
2010—2013	3 000～8 000t起重铺管船	振华重工	Fortuna、Suming5、Oceanic5000、DLS-4200等。铺管作业水深300m、铺设管径1 500mm、甲板堆管能力7 000t以上
2009—2013	“希望”1～3号圆筒型半潜式深海钻井平台	启东中远海工	作业水深3 810m、钻井深度12 192m
2013	荔湾3-1深海油气平台3万t组块	海油工程	亚洲最大深海油气平台组块，自重2.6万t、浮托重3.2万t，标志着我国在深水桩基平台工程领域已跻身世界前列
2013—2014	自升式钻井平台	上海外高桥、南通中远船务	作业水深122m，钻探深度10 668m
2013	深水半潜起重生活平台	中集来福士	2座，长138m/118m，型宽81m/70m，型深39m/38m，最大可变甲板载荷7070t/5 000t
2011—2014	“兴旺”号深水半潜式钻井平台	中集来福士	共4座，工作水深1 500m，钻井深度7 600m

通过与国际巨头的技术合作和自主创新，中海油在钻完井领域取得了一批令人瞩目的成就：优快钻完井技术（绥中36-1油田平均井深1 920m，平均作业周期3.22天）；大位移钻井技术（西江24-3-A14井，井深9 238m，水平位移8 062m）；海上密集丛式井钻井技术（实现老油田整体加密开发，发挥老油田潜力）；多枝导流适度防砂技术（通过钻多分支井，增大泄油面积，实现油层改

造，提高单井产量）；高温高压钻井技术（最大井深5 300m，平均井深4 450m，最高温度249℃，最高泥浆密度2.38g/cm^3）；海上平台模块钻机装备技术（崖城13-1模块钻机，由平台吊机独立完成安装7 000m模块钻机）。

3. 我国海洋油气钻采装备国产化情况

海洋油气钻采装备具有体积小、重量轻、布局紧凑、便于安装，标准高、性能好、稳定可靠、便于使用，耐腐蚀、抗静电、防火防爆、便于检修，国际化、重资质、API标准、专业认证等特点。当前海洋油气钻采装备国产化已经取得不少成果。

平台钻机包和海洋修井机、大功率绞车、顶驱、钻井泵、海洋压裂橇（船）、节流/压井/固井管汇、锚机、吊机、螺杆钻具、电潜泵、油气水分离装置等已能立足国内生产；我国船舶锚链制造技术世界领先，全球份额接近50%；3 000m水下防喷器和海洋隔水管等“863”项目、水下采油树已试制成功；X70/X80级海底管道、海洋平台结构用钢和石油专用钻杆、油管、套管、板材与型钢已在国内海洋工程中广泛使用，并部分出口国外。

旋转导向、随钻测井工具、完井防砂工具、水下井口、水下机器人等高端装备正在积极攻关。值得关注的是，海洋油气钻采装备和海洋工程配套设备仍是我国的弱项，深海水下装备几乎是空白，与世界先进水平相比有着巨大的差距。

具体地说，钻井平台、模块钻修机上安装的钻井设备和工具已基本实现国产化。这些设备和工具主要有：顶驱、水龙头、转盘等，井架及底座、绞车、天车、游车等，泥浆泵、高压管汇等，防喷器及控制系统、采油树等，振动筛、除砂器等固控设备，吊卡、卡瓦、大钳等井口工具。

大部分井下工具也实现国产化，主要包括：PDC钻头、牙轮钻头，振击器、扶正器等，泥浆马达、螺杆钻具等，各种规格的油、套管和筛管，各种规格的射孔器材，电潜泵、螺杆泵等举升工具，变压器、变频器、控制柜等机采地面设备。

4. 集输管线和其他配套设备自主化情况

我国海底管线自主化工作从2000年的胜利油田海底管线（X52，壁厚12.7mm）开始，先后为春晓气田（X60，壁厚15.9mm）、番禺/惠州气田（X65，壁厚23～44mm）、海南乐东气田（X65，壁厚13～15mm）和南海荔湾（X65、X70，壁厚22～31.8mm)提供了最深300m以上的国产海底管道。其中，东海“春晓”油气田的开发，通过472km的海底管道每年可向浙沪输送25亿m^{3}的天然气。

宝钢、武钢、鞍钢研制的海洋平台结构用钢和石油专用钻杆、油管、套管、板材与型钢，宝鸡钢管、渤海石油装备、珠江钢管、沙市钢管等生产的符合API 5L的X70、X80级ERW、LSAW、螺旋焊接钢管及大尺寸无缝管、焊缝管、高强度钢等，已在国内海洋工程广泛使用，并部分出口国外。

海底电缆、潜油电泵、分离器、大型加热器、钢丝绳、海上吊机、锚链、大型装备的整合、阀门、控制柜、变频器、各种高压设备、管件等产品的技术含量得到快速提升，陆续被海洋石油用户所采用；电潜泵自主化率已达80%，小部分采油树产品实现了自主化。特别是亚星锚链公司开发的世界最高R5级船舶锚链，已达到国际先进水平，产品80%出口到世界50多个国家，全球市场份额达40%～50%。

5. 海洋油气钻采装备行业代表生产企业

海洋油气钻采装备行业通过陆上石油装备制造业的崛起和技术的提升，已经形成一批被用户认可的代表性企业。

在导管架、自升式等海洋平台方面，主要有海油工程、宝石机械、渤海石油装备、四川宏华和山东科瑞等。

在石油钻机、修井机方面，有宝石机械、兰石石油装备、四川宏华、江汉四机、南阳二机和山东科瑞等。

在完井（固井、压裂）设备方面，主要有江汉四机、四机塞瓦和烟台杰瑞等。

在井下工具方面，主要有天津立林和江钻股份。

在水下井口井控和采油设备方面，主要有华北荣盛、上海神开、宝石机械、金石机械、江苏双鑫、前卫海洋石油和胜利高原等。

在油气水处理设备方面，主要有蓝科高新和江汉四机。

在管道、软管和立管方面，主要有宝鸡钢管、渤海石油装备、沙市钢管、河北宇通特种胶管、恒安泰油管、辽油祥宇、宝石机械、江苏曙光、胜利龙玺等。

宝石机械在海洋石油钻井平台及钻机方面，已生产固定式钻井平台钻井系统17套，座底式（驳船）平台钻井系统3套，自升式钻井平台钻机24台（套），深水勘察船钻机1套，人工岛钻机7套；在海洋油气钻井装备方面，可生产海洋塔形（动态）井架、6 000马力（1马力＝735.5W）大功率绞车、升沉补偿装置、3 000马力钻井泵、TZG140伸缩式和轨道式铁钻工以及管柱自动化处理设备；在平台甲板非钻井设备方面，完成AR-100DB和AR-250DB海洋铺管绞车，120t铺管张紧器、平台吊机、250t钢丝绳式锚机、平台升降及锁紧装置等的研制工作；在海洋立管方面，开展了深水钻井隔水管系统和采油立管的研制；在水下井口井控及采油设备方面，开展了水下井口设备、套管泥线悬挂装置、水下防喷器、水下生产系统、1 500m卧式水下采油树的研制。按照EPC总承包方式，自行承建了我国第一套91m自升式海洋钻井平台，并与钻井系统集成已出口阿拉伯联合酋长国。

2012年年底，中石化进行石油工程专业化整合重组，由中石化江汉石油管理局下属的四机厂、沙市钢管厂、三机厂、江钻股份、四机赛瓦和机械研究院整体划入中石化石油工程机械有限公司，2012年年底在武汉注册。江汉四机2009年为中海油天津公司研制的5 000m海洋钻机整机性能达到国际先进水平，已累计为国内用户提供了4 000～5 000m海洋钻机2台，60～180t海洋修井机40多台，固井机组60多台，防砂压裂机橇块3套；2010年为海洋工程制造了国内首套2000型海洋酸化压裂机组，并设计生产了2000型及600型海洋酸化压裂橇装设备。此外，还可提供井下工具（牙轮钻头和金刚石钻头，螺杆钻具和涡轮钻具，可取式、生产和措施等封隔器、桥塞、坐封工具）、海洋橇装循环设备、水处理设备和海洋钢管，各种节流、压井管汇和固井管汇。未来计划开展的项目主要有：在钻井装备方面，研制固定平台大型模块钻机、钻井驳船、9 000m自升式海洋钻井平台钻井包、固井设备等，掌握绞车、井架、管子处理系统等核心部件制造技术和系统集成技术，形成钻井装备集成能力；在采油装备方面，研制适应海洋油气工程作业的修井机、连续油管作业设备、不压井作业设备和压裂装备等，掌握FPSO和FLNG生产处理系统集成技术，形成作业装备集成能力；在水下装备方面，开展水下管汇、增压泵、井口头、采油树、水下机器人等系列水下产品的研发，逐步掌握水下装备核心技术，形成水下生产系统、水下处理系统等的集成能力。

四川宏华在江苏启东建设了海工基地，装备了2.2万t“宏海号”吊机，主体跨度124m，可起吊65m高的重物，是全球最大的超重级移动式组合吊机。该基地可年产自升式钻井平台10座、半浅式钻井平台3座，产量约20万t/a，正在研制3 000m第六代半潜式平台和122m自升式钻井平台。已为上海振华公司91m自升式钻井平台提供了3套9 000m钻井包，为上海船厂提供了TIGER系列钻井船2套深水钻井包，打破了深水钻井包一直被国际巨头垄断的局面。此外，还可生产钩载135～225t海洋修井机、转盘和井架，DQ450DBZ直驱顶驱及节能型五缸泥浆泵等。

海洋石油工程股份有限公司主要从事海洋油气工程及其陆地终端、海底管道、平台导管架和组块等的设计、建造、安装、维修等业务，已成为亚洲最大的海洋石油工程制造基地，具备每年40万t以上的钢材加工能力。2000年以来累计制造导管架平台158座、固定平台上部组块154个、FPSO12艘、FPSO上部模块83个、自升式钻井平台4座、海底管道2 755km。完成了中国海域内40余座油气田的总体设计、建造、海上安装与调试；南海300m水深流花11-1油田复产项目，突破了FPSO系泊软管修复等制约瓶颈，打破了西方公司的深水技术垄断；为1 500m水深的荔湾3-1深海油气平台制造了亚洲最大、重量达3.2万t的平台浮托等。

南阳二机自研制开发出第一台国产化海洋修井设备以来，结束了海洋钻修井装备完全依赖进口或利用钻井平台进行修井作业的历史，陆续开发出填补国内空白的钩载60～315t海洋钻修井装备系列产品，技术经济性能达到国际先进水平，并进入国际市场。

兰石石油装备曾为番禺4-2/5-1、旅大5-2平台提供了3台国内领先的7 000m钻井模块，为西江23-1平台提供了5 000m交流变频钻机；蓝科高新公司研发的油气水分离装置设备，已为中国海上石油的几十个油田、近百座海上石油钻采平台、生产平台和FPSO提供了近1 000台（套）油气水处理工艺设备；胜利高原为中石化提供了浅水海洋钻机、修井机以及平台液压采油设备；山东科瑞已生产9～114m的自升式海洋钻井平台5座，还可提供海洋钻修井模块以及海洋橇装固井泵、起重机及甲板装备；中石油辽河装备自主研发了自升式钻井平台CP-3001/2号和CP-400，国内首创具有自航能力的座底式风电安装平台等。

作为国内最大的防喷器制造企业，华北荣盛成功研制出了3 000m深水2FZ48-105双闸板防喷器、112路水下控制箱等关键单元设备的工程样机，基本建成了水下防喷器组及控制系统科研生产能力；江苏金石已试制出工作水深100～1 800m、压力69MPa的中心孔水下采油树装备，届时可形成年产140套水下采油树的能力；上海神开已试制出LWD随钻录井地质导向系统，牙轮钻头和压力等级103.4MPa的1 500m水下采油树；江苏双鑫在年产海洋平台高压管汇、采油树等海洋工程装备产品300台（套）的基础上，引进美国CAMERON公司技术，正在开展水下防喷器组的研制。

近年来，国家先后出台了一系列扶植政策，鼓励我国海洋油气开发装备的发展。2014年，国家发改委、财政部、工信部联合编制了《海洋工程装备工程实施方案》，年内准备实施首台套重大技术装备保险试点工作，为海洋油气开发装备产业的发展创造了良好的政策环境。综合来看，海洋油气开发装备是国家重点培育和发展的战略性新兴产业，具有良好的发展前景，不仅为我国油气工业的发展提供了保证，也将为我国经济腾飞提供新的引擎。

不过，海洋油气开发装备是典型高风险、高投入、高科技、高回报产业，需要较多的技术积累和较强的资本支撑，各种社会资本和企业不能盲目进入，一拥而上。为尽快缩小我国海洋油气装备与世界先进水平的差距，可考虑借脑引智、资本收购、贴牌生产、先进部件国内组装及重大技术攻关等方式。随着海洋强国战略的提出和一系列支持政策的出台，通过上下游企业的共同努力，不久的将来，我国海洋油气开发装备产业将开创全新的格局，真正成为战略性新兴产业。

〔供稿单位：中国石油和石油化工设备工业协会〕

2013年我国抽油杆制造行业发展概况

2013年，我国共有抽油杆生产企业37家，其中包括5家新建的企业。据了解，2005—2013年，我国有9家新建的抽油杆生产企业，按照先进抽油杆生产设备和抽油杆生产工艺流程的要求，建设了比较先进的厂房；另有8家抽油杆生产企业根据当地城市发展规划的要求或为了提高生产能力，搬到新厂址或在原厂址建了新厂房；有3家抽油杆生产企业将要搬到新厂址。原江西电炉厂研制的抽油杆电炉热处理机组技术水平比较高，保证了抽油杆的热处理质量，为我国抽油杆生产的发展做出了贡献。

一、2013年我国抽油杆生产企业的分布情况

2013年，我国共有37家抽油杆生产企业，其中新建的企业有5家：大庆九环石油机械有限责任公司、内蒙古第一机械集团公司大地石油机械有限责任公司秦皇岛分厂、山东金圣隆机械有限公司、山东省寿光坤隆石油机械有限公司和扬州宝瑞德石油机械有限公司。原有的抽油杆生产企业已倒闭的有2家：宣化鼎新石油机械化工有限公司和沧州市亨达石油机械有限公司。2013年我国抽油杆生产企业情况见表1。

表1 2013年我国抽油杆生产企业情况

序号	企业名称	备注
1	玉门油田分公司（局）机械厂	
2	渤海石油装备新世纪机械制造有限公司	
3	大庆宏启抽油杆有限公司	
4	大庆油田创业集团龙兴石油机械有限公司	
5	宁夏长庆石油机械制造有限责任公司	
6	大庆油田萨南实业有限公司机械修理厂	
7	辽河油田恒业有限公司抽油杆分公司	
8	辽河石油勘探局总机械厂	摩擦焊空心抽油杆
9	吐哈石油勘探开发指挥部机械厂	镦锻式空心抽油杆
10	新疆金成石油化工设备有限公司	
11	山东九环石油机械有限责任公司	
12	大庆九环石油机械有限责任公司	
13	内蒙古第一机械集团公司大地石油机械有限责任公司	
14	内蒙古第一机械集团公司大地石油机械有限责任公司秦皇岛分厂	
15	淄博弘扬石油设备有限公司	
16	包头市丰达石油机械有限责任公司	
17	胜利油田孚瑞特石油设备有限公司	
18	胜利油田高原汇森机械有限公司	
19	胜利油田高原石油装备有限公司钢连续抽油杆分公司	钢连续抽油杆
20	铁岭中油机械设备制造有限公司	
21	包头市联德石油机械有限公司	
22	兰州银通石油机械有限公司	

（续）

序号	企业名称	备注
23	济源市石油机械有限公司	
24	张家口中地装备探矿工程机械有限公司石油机械制造分厂	
25	葫芦岛龙源采油机电设备有限公司	
26	沙市石油钢管厂玻璃钢分厂	玻璃钢抽油杆
27	山东墨龙石油机械股份有限公司	
28	包头市地王石化机械制造有限责任公司	
29	东营市铁人抽油杆有限公司	
30	河南中原总机厂石油设备有限公司	
31	吉林松原大多油田配套产业有限公司	
32	延安守山机械制造有限公司	
33	延安嘉盛石油机械有限责任公司	
34	濮阳市双发实业有限责任公司	
35	山东省金圣隆机械有限公司	
36	山东省寿光坤隆石油机械有限公司	
37	扬州宝瑞德石油机械有限公司	

二、我国抽油杆生产企业发展情况

1. 我国抽油杆生产企业工艺流程改造情况

2005—2013年，我国有9家新建的抽油杆生产企业，按照先进抽油杆生产设备和生产工艺流程的要求，建设了新厂房。9家企业分别是：玉门油田分公司（局）机械厂、渤海石油装备新世纪机械制造有限公司、大庆九环石油机械有限责任公司、铁岭中油机械设备制造有限公司、葫芦岛龙源采油配套设备有限公司、内蒙古第一机械集团公司大地石油机械有限责任公司秦皇岛分厂、山东金圣隆机械有限公司、山东省寿光坤隆石油机械有限公司和扬州宝瑞德石油机械有限公司。

2. 我国抽油杆生产企业厂房建设情况

2005—2013年，我国有8家抽油杆生产企业根据当地城市发展规划的要求或为了提高生产能力，搬到新厂址或在原厂址建设了新厂房。分别是：淄博弘扬石油设备有限公司、宁夏长庆石油机械制造有限责任公司、大庆油田创业集团龙兴石油机械有限公司、胜利油田高原石油装备有限公司、包头市地王石化机械制造有限责任公司、济源市石油机械

有限公司、包头市联德石油机械有限公司和东营市铁人抽油杆有限公司。

另外，有3家抽油杆生产企业将要搬到新厂址，它们是：兰州银通石油机械有限公司，张家口中地装备探矿工程机械有限公司石油机械制造分厂和包头市丰达石油机械有限责任公司。

3．抽油杆电炉热处理机组的应用情况

目前，国内抽油杆电炉热处理机组基本可满足抽油杆生产企业的生产需求，其技术特点如下：

（1）推广采用计算机全自动控制系统使机组自动化程度大幅提升。江西科欣电炉有限公司与南昌大学合作，对电炉机组采用计算机全自动控制，实现了加热温度、淬火冷却介质温度的闭环控制，可对炉子的进出口、淬火冷却、热拉伸等过程进行在线视频监控；对当日生产数据及工艺参数进行自动存档、数据信息采集和记入，便于生产管理、质量追溯和质量缺陷研究。

（2）采用全自动校直机卡在抽油杆头部的大外圆的侧面，拉伸时两个卡头沿平行于杆体的两根圆管移动。

（3）淬火喷水圈由三段组成，中间段的喷水孔的方向垂直于抽油杆杆体的中心线，两端的两段喷水孔的方向向中间段倾斜，冷却水需要过滤。

（4）炉壁、炉顶采用全纤维结构，炉口采用条状防火布，达到更好的节能效果。

我国抽油杆生产企业电炉热处理机组的应用情况见表2。

表2　我国抽油杆生产企业电炉热处理机组的应用情况

序号	企业名称	产品规格及结构	功率（kW）	温度（℃）	备注
1	内蒙古一机集团大地石油机械有限公司	9.14m抽油杆淬火炉热处理机组	600	950	2013年10月投产
2	大庆市龙兴石油机械有限公司	9.14m抽油杆淬火炉热处理机组	660	1 050	2013年12月新签合同
3	新疆金成石油化工设备有限公司	10m抽油杆回火炉热处理机组技术改造	420	700	2013年12月完工
4	济源市石油机械有限公司	8m抽油杆淬火回火热处理机组	1 000	950/700	2013年新签合同，正在安装
5	山东九环石油机械有限公司	9.14m抽油杆淬火回火热处理机组	1 300	950/700	2013年新签合同，正在安装
6	渤海装备（天津）新世纪机械制造有限公司	8m抽油杆淬火回火热处理机组	1 000	950/700	2013年4月投产
7	山东寿光市坤隆石油机械股份公司	9.14m抽油杆淬火回火热处理机组	1 300	950/700	2012年11月投产
8	大庆市龙兴石油机械有限公司	10m抽油杆淬火炉热处理机组	700	1 050	2012年10月投产
9	济源市石油机械有限公司	9.14m抽油杆淬火炉热处理机组	600	950	2012年8月投产
10	济源市石油机械有限公司	8m抽油杆淬火回火热处理机组	1 000	950/700	2012年4月投产
11	东营市铁人抽油杆有限公司	8m抽油杆淬火回火热处理机组	1 000	950/700	2012年1月投产
12	大庆九环石油机械有限公司	9.14m抽油杆淬火炉热处理机组	600	950	2012年投产
13	渤海装备（天津）新世纪机械制造有限公司	9.14m抽油杆淬火回火炉热处理机组	1 100	950/700	2011年投产
14	山东九环石油机械有限公司	9.14m抽油杆淬火回火炉热处理机组	1 300	950/700	2011年投产
15	扬州宝瑞德石油机械有限公司	11m抽油杆淬火回火炉热处理机组	1 250	950/700	2011年投产

（续）

序号	企业名称	产品规格及结构	功率(kW)	温度(℃)	备注
16	大庆九环石油机械有限公司	抽油杆回火炉机组搬迁大修改造	500	700	2011年投产
17	山东九环石油机械有限公司	9.14m抽油杆淬火回火炉热处理机组	1 300	950/700	2010年投产
18	大庆九环石油机械有限公司	10m抽油杆淬火回火炉热处理机组	1 150	950/700	2010年投产
19	宁夏长庆抽油杆制造有限公司	9.14m抽油杆淬火回火炉热处理机组	1 200	950/700	2010年投产
20	张家口中地装备探矿工程机械有限公司	10m抽油杆淬火回火炉热处理机组	1 150	950/700	2009年投产
21	山东寿光市坤隆石油机械股份公司	9.14m抽油杆回火炉热处理机组	450	700	2009年投产
22	济源市石油机械有限公司	8m抽油杆淬火回火炉热处理机组	1 000	950/700	2009年投产
23	济源市石油机械有限公司	9.14m抽油杆回火炉热处理机组	500	700	2008年投产
24	包头地王石油机械有限公司	9.14m抽油杆回火炉热处理机组	500	700	2007年投产

4. 抽油杆感应淬火自动生产线应用情况

目前，国内企业生产的抽油杆感应淬火自动化生产线具有以下特点：

（1）生产效率显著提高，可以同时对六根抽油杆进行感应淬火处理，生产率≥60根/h。

（2）自动化程度高，实现了生产过程的全自动化控制。

（3）精度高。杆头先不加工，进行表面淬火后再进行机加工，克服了现有的抽油杆超音频表面淬火机床，先将经过常规热处理的杆头进行加工，然后进行表面淬火，导致杆头台肩端面垂直度和螺纹精度降低的缺点。

该生产线在国内抽油杆生产企业中已经被采用。

三、2013年我国抽油杆设备的市场发展情况

2013年我国石油和天然气产量稳定增长，再创历史新高。而且，根据全国油气资源动态评价成果显示，我国油气资源潜力可观，至2030年，油气产量有望在目前基础上翻一番，油气当量接近7亿t。这给我国抽油杆等设备带来了广阔的市场空间。

1. 2013年我国原油、天然气和煤层气的年产量

2013年，我国石油和天然气产量稳定增长，再创历史新高，原油产量2.1亿t，同比增长1.4%，连续4年保持2亿t以上；天然气产量1 209亿m^3，同比增长9.8%；煤层气产量29.26亿m^3，同比增长13.7%。

2. 2013年我国三大石油公司的原油和天然气的年产量

（1）中石油集团。2013年中石油油气产量创新高，国内外油气当量产量达到30 655万t，同比增长10.2%，实现税费4 024亿元。2013年中石油在海外实现油气作业量1.23亿t，权益产量5 920万t，同比分别增长18.1%和12.9%。

（2）中石化集团。2013年中石化全年油气当量产量为442.84百万桶，同比增长3.48%。其中，原油产量332.54百万桶，同比增长1.30%，天然气产量184.85亿m^3，同比增长10.4%。

（3）中海油总公司。2013年中海油全年原油产量6 684万t，天然气产量196亿m^3，煤层气产量4.3亿m^3。

3. 2013年我国陆上各大油田的产量

2013年我国陆上各大油田的产量见表3。

表 3　2013 年我国陆上各大油田的产量

序号	油田名称	所属集团	原油或当量产量（万 t）	序号	油田名称	所属集团	原油或当量产量（万 t）
1	长庆油田	中石油集团	5 195（当量）	13	玉门油田	中石油集团	< 100（原油）
2	大庆油田		4 000（原油）	14	南方油田		< 50（原油）
3	塔里木油田		2 366（当量）	15	浙江油田		约 7.5（原油）
4	西南油气田		2 000（当量）	16	胜利油田	中石化集团	2 276（原油）
5	新疆油田		1 450（当量）	17	中原油田		1 353（当量）
6	辽河油田		1 000（原油）	18	西北石油局		900（当量）
7	青海油田		780（当量）	19	华北石油局		404（当量）
8	吉林油田		527（原油）	20	河南油田		235（当量）
9	大港油田		500（当量）	21	江汉油田		200（当量）
10	华北油田		450（当量）	22	江苏油田		171（原油）
11	吐哈油田		276（当量）	23	延长油田	延长石油集团	1 240（原油）
12	冀东油田		217（当量）				

4. 我国油气资源潜力可观

全国油气资源动态评价成果显示，中国油气资源潜力可观，2030 年油气产量有望在目前基础上翻一番，油气当量接近 7 亿 t。不过，也存在资源品质有所下降，埋深增加，地表条件恶劣，开发成本增加和周期变长等情况。2013 年中石油、中石化勘探开发情况见表 4。

表 4　2013 年中石油、中石化勘探开发情况

项　目	中石油	中石化
原油探明储量（百万桶）	10 820	3 130
天然气探明储量（亿 m^3）	19 410.44	1 825.60

〔撰稿人：中国石油勘探开发研究院采油采气装备所吴则中〕

2013 年国内外 ASME 持证厂商分析

一、我国 ASME 持证厂商情况分析

截至 2013 年 12 月 31 日，根据 ASME 官方网站数据统计，我国（不包括港澳台地区，下同）ASME 持证厂商 747 家，净增 84 家，其中核认证企业（包括 MO 核材料认证）42 家，净增 6 家；63 家同一厂商多地取证和（或）同时取得常规（核）多项认证的企业实际只有 29 家，因此按厂名统计的 ASME 持证厂商实有 713 家。ASME 证书共 23 种、1 149 份，新增 1 种、净增 131 份，其中核部件证书 84 份（含 11 份 MO 证）。持证厂商和证书数量分别占全球总量的 10.84% 和 9.14%。2013 年，我国 747 家 ASME 持证厂商持有 1 149 张 ASME 证书，持证厂商数量和证书数量分别增长 12.7% 和 12.9%，已成为美国本土以外 ASME 持证数量最多的国家。2003—2013 年我国 ASME 持证厂商发展情况见表 1。

表1　2003—2013年我国ASME持证厂商发展情况

年份	持证厂商		证书	
	数量（家）	年增长率（%）	数量（份）	年增长率（%）
2003	115	7.8	180	9.5
2004	127	10.4	191	6.1
2005	156	22.8	237	24.1
2006	195	25.0	303	27.8
2007	260	33.3	395	30.4
2008	344	32.3	512	29.6
2009	426	23.8	634	23.8
2010	502	17.8	736	16.1
2011	580	15.5	878	19.3
2012	663	14.3	1 018	15.9
2013	747	12.7	1 149	12.9

1. 取证厂商整体情况分析

2013年，我国ASME持证厂商747家，比2012年增长12.7%，比2012年增幅回落1.6个百分点。其中：ASME核部件持证厂商31家（新增3家），核电材料制造持证厂商11家（新增3家）。

2013年，新增加ASME持证厂商112家，取消或暂停资格的厂商28家，净增加84家。取消或暂停资格的28家企业是：安徽盈创石化检修安装有限责任公司、比安电气（深圳）有限公司、常州市第二化工机械制造有限公司、重庆耐德工业股份有限公司、大连四重冷冻设备有限公司、格菱动力设备（中国）有限公司、江门新兴机械厂有限公司、江苏迈克化工机械有限公司、江苏洪流化工机械有限公司、江苏金峰佳特机电有限公司、江阴华泰机械制造有限公司、巨化集团公司工程有限公司、南京宇创石化工程有限公司、滨特尔水集团（苏州）有限公司、中国石油集团渤海石油装备制造有限公司石化设备厂、武汉锅炉集团动力机械制造有限公司、上海富田空调冷冻设备有限公司、上海华暖热力设备制造有限公司、上海三强不锈钢容器有限公司、上海顺实机电设备有限公司、石家庄天人化工设备集团有限公司、天津曹氏锅炉有限公司、天津冠杰石化工程有限公司、创斯达（南通）机电有限公司、华斯科海洋工程（南通）有限公司、武汉市大富石化科技有限公司、岳阳岳化机械有限责任公司和张家港华东锅炉有限公司。

同一厂名多地取证和（或）分别持有常规、核部件的63家企业，实际只有29家，比2012年增加3家。这29家企业是：液化空气（杭州）有限公司、中国第二重型机械集团公司（德阳）、中国第一重型机械集团公司、华西能源工业股份有限公司、大连船舶重工集团装备制造有限公司、东方电气（广州）重型机器有限公司、东方锅炉股份有限公司、广东中泽重工有限公司、杭州锅炉集团有限公司、杭州川空通用设备有限公司、哈尔滨锅炉厂有限责任公司、哈电集团（秦皇岛）重型装备有限公司、江苏绿叶锅炉配件有限公司、江苏申港锅炉有限公司、江苏中圣高科技产业有限公司、巨能机械（中国）有限公司、林德工程（大连）有限公司、南通万达锅炉股份有限公司、山东核电设备制造有限公司、上海电气电站设备有限公司、上海蓝滨石化设备有限责任公司、上海森松压力容器有限公司、上海宁松锅炉设备有限公司、石家庄安瑞科气体机械有限公司、武汉市润之达石化设备有限公司、无锡华光锅炉股份有限公司、永胜机械工业（昆山）有限公司、张家港市化工机械有限公司和张家港中集圣达因低温装备有限公司。

31家核部件持证厂商是：渤海船舶重工有限责任公司、博雷（中国）控制系统有限公司、中国第二重型机械集团（德阳）、中国第一重型机械集团公司、大连深蓝泵业有限公司、大连大高阀门有限公司、大连船舶重工集团装备制造有限公司、东方电气（广州）重型机器有限公司、东方锅炉股份有限公司、哈尔滨锅炉厂有限责任公司、哈电集团（秦皇岛）重型装备有限公司、哈尔滨电机厂有限责任公司、哈尔滨电气动力装备有限公司、哈电集团哈尔滨电站阀门有限公司、纽威阀门（苏州）有限公司、中国核动力研究设计院、山东核电设备制造有限公司、上海电气核电设备有限公司、上海重型机器厂有限公司（上海电气重工集团）、上海第一机床厂有限公司、上海阀门厂有限公司、沈阳鼓风机集团核电泵业有限公司、中船重工特种设备有限责任公司、中核苏阀科技实业股份有限公司、武汉市润之达石化设备有限公司、烟台台海玛努尔核电设备股份有限公司、永胜机械工业（昆山）有限公司、浙江久立特材科技股份有限公司和中国能源建设集团浙江省火电建设公司。

11 家核电材料制造持证厂商是：安徽应流集团霍山铸造有限公司、宝银特种钢管有限公司、常熟华新特殊钢有限公司、江苏国光重型机械有限公司、江苏万恒铸业有限公司、济南钢铁股份有限公司、山东双轮股份有限公司、山西太钢不锈钢股份有限公司、通裕重工股份有限公司、西安天力金属复合材料有限公司和中兴能源装备股份有限公司。

747 家 ASME 持证厂商分布于中国大陆的 26 个省、直辖市、自治区，其中新增一个贵州省。绝大部分持证厂商集中在我国东部沿海和中部地区。

尽管我国 ASME 持证厂商年增长率从 2007 年的最高 33.3% 逐年下降到 2013 年的 12.7%，但我国东部沿海地区的 ASME 持证厂商大省发展势头依然强劲，如 2013 年山东、浙江、天津、河北的年增长率分别达到 32.1%、17.6%、17.6% 和 16.7%，中部的河南省增长率为 36.4%。

江苏省持证厂商共 270 家，占全国持证厂商总数的 36.1%，数量超过位列全球第五位的意大利（264 家），比列我国第二位至第五位的山东（70 家）、上海（69 家）、浙江（60 家）、辽宁（55 家）之和还多 16 家；其特点是民营和外资企业多，大型骨干企业少，常规取证企业多，核部件取证企业少。

2013 年，尽管新增核认证的企业数量比 2012 年有所增长，但取证数量较少，核部件和核电材料制造持证厂商分别只增加 3 家。

哈电、东电和上电三大动力集团，以及一重、二重等锅炉压力容器骨干企业取证情况没有新变化，依然在核领域发挥着主导作用，引领我国装备和技术的发展潮流。特别是哈电集团，旗下有 5 家企业取得了 15 份 ASME 核部件证书。2011—2013 年我国各地区 ASME 持证厂商变化情况见表 2。

2. 持证厂商证书种类分析

我国 747 家 ASME 持证厂商所持有的证书共有 23 种，比 2012 年增加了“BPE”（生物加工设备）类证书，昆山新莱洁净应用材料股份有限公司获得了亚洲首张“BPE”证书。证书总数 1 149 份，净增 131 份，同比增长 12.9%。其中：核部件证书 73 份，净增 6 份，同比增长 9%；核材料证书 11 份，净增 3 份，同比增长 37.5%。核证书中核材料取证依然快速发展，但核部件取证增长速度慢于常规取证增长速度，与我国核电发展大气候紧密相关。

23 种证书中以“U”“S”和“U2”证书居多，分别占总数的 56.8%、16.9% 和 9.5%，“U”“S”证书占比在持续下降，而“U2”证书占比在持续提高。2012—2013 年我国 ASME 持证厂商证书变化情况见表 3。

表 2　2011—2013 年我国各地区 ASME 持证厂商变化情况

省、直辖市、自治区名称	2011 年				2012 年				2013 年			
	新增数量（家）	减少数量（家）	持证厂商数量（家）	增长率（%）	新增数量（家）	减少数量（家）	持证厂商数量（家）	增长率（%）	新增数量（家）	减少数量（家）	持证厂商数量（家）	增长率（%）
合　计	101	23	580	15.5	100	17	663	14.3	112	28	747	12.7
江苏	32	7	201	14.2	44	4	241	19.9	40	11	270	12.0
山东	7	4	38	8.6	15		53	39.5	17		70	32.1
上海	6	5	54	1.9	11	1	64	18.5	9	4	69	7.8
浙江	10	2	47	20.5	5	1	51	8.5	10	1	60	17.6
辽宁	19	1	51	54.5	4	4	51		5	1	55	7.8
广东	5		27	22.7	2	1	28	3.7	5	2	31	10.7

（续）

省、直辖市、自治区名称	2011年				2012年				2013年			
	新增数量（家）	减少数量（家）	持证厂商数量（家）	增长率（%）	新增数量（家）	减少数量（家）	持证厂商数量（家）	增长率（%）	新增数量（家）	减少数量（家）	持证厂商数量（家）	增长率（%）
河北	3	3	16		2		18	12.5	4	1	21	16.7
天津	1		17	6.3	1	1	17		6	3	20	17.6
北京			16				16		2		18	12.5
黑龙江	5		16	45.5	2	1	17	6.3			17	
吉林	1	1	4		2		6	50.0			6	
福建			3			1	2	-33.3	1		3	50.0
广西			2				2		1		3	50.0
湖北	4		21	23.5	1		22	4.8	3	2	23	4.5
河南			11		2	2	11		4		15	36.4
安徽	1		9	12.5	1		10	11.1		1	9	-10.0
湖南	2		6	50.0	1		7	16.7	1	1	7	
江西			2		1		5	150.0	1		3	-40.0
山西	1		4	33.3			2	-50.0			5	150.0
四川	2		21	10.5	2		23	9.5	2		25	8.7
陕西			3		4		7	133.3			7	
甘肃			5				5				5	
重庆	1		4	33.3		1	3	-25		1	2	-33.3
云南			1				1				1	
内蒙古	1		1				1				1	
贵州									1		1	

表3　2012—2013年我国ASME持证厂商证书变化情况

证书名称	2012年证书数量（份）	2013年证书数量（份）	同比增长（%）	占比（%）	证书名称	2012年证书数量（份）	2013年证书数量（份）	同比增长（%）	占比（%）
合　计	1 018	1 149	12.9	100.0	UM	19	22	15.8	1.9
A	9	9		0.8	UV	7	9	28.6	0.8
H1	3	4	33.3	0.3	V	1	1		0.1
H2	6	8	33.3	0.7	MO	8	11	37.5	1.0
HV	1	1		0.1	N	23	23		2.0
PP	39	45	15.4	3.9	NA	5	6	20.0	0.5
RP	3	2	-33.3	0.2	NPT	29	33	13.8	2.9
S	180	194	7.8	16.9	NS	9	10	11.1	0.9
U	580	653	12.6	56.8	NV	1	1		0.1
U2	90	109	21.1	9.5	AIA	1	1		0.1
U3	1	1		0.1	T	2	4	100.0	0.3
UD	1	1		0.1	BPE		1		0.1

ASME证书数量与持证厂商的数量之比（简称证厂比），在厂商数量较多时可从一个层面反映出该区域ASME持证厂商的整体实力程度。2013年，我国的证厂比为1.54，与2012年持平，但低于世界平均值1.82和美国的1.74，远低于韩国的2.62。说明我国取证的中小型企业偏多。

对我国ASME持证厂商数量超过15家的13个地区的证厂比分析：黑龙江最高(2)，四川次之(1.88)，以下分别是：河北1.86，辽宁1.76，河南1.6，浙江1.58，山东1.57，广东1.55，湖北1.48，江苏1.45，上海1.39，北京1.39和天津1.35；证厂比高于美国的只有黑龙江、四川、河北和辽宁4个省。

3. 持证厂商企业属性分析

在我国ASME持证厂商中，国有及国有控股企业191家，占总数的25.57%，同比增长5.52%；民营企业396家，占总数的53.01%，同比增长19.28%；中外合资和外商独资企业160家（含港澳台），占总数的21.42%，同比增长6.67%。国有及国有控股企业的占比下降1.7个百分点，同比增长率略有下降；民营企业的占比上升近3个百分点，同比增长率下降2.8个百分点，但比平均增速高6.6个百分点，仍为最快；中外合资和外商独资企业的占比下降1.2个百分点，同比增长率下降3.8个百分点。内资企业数量（包括国有、民营企业）占比继续扩大到取证企业总数的78.58%，依然是行业的主体力量。我国三类ASME持证厂商企业属性情况分析见表4。

表4　我国三类ASME持证厂商企业属性情况分析

企业属性	2012年			2013年		
	持证厂商数量（家）	占比（%）	同比增长（%）	持证厂商数量（家）	占比（%）	同比增长（%）
合　计	663	100.00	14.31	747	100.00	12.67
国有及国有控股企业	181	27.30	5.85	191	25.57	5.52
民营企业	332	50.08	22.06	396	53.01	19.28
合资及独资企业	150	22.62	9.49	160	21.42	6.67

4. 三大区域整体情况分析

按惯例，将我国ASME持证厂商所在地按东部沿海地区（包括北京、福建、广东、广西、河北、黑龙江、海南、吉林、江苏、辽宁、山东、上海、天津、浙江）、中部地区（包括安徽、河南、湖北、湖南、江西、山西）和西部地区（包括重庆、甘肃、贵州、内蒙古、宁夏、青海、陕西、四川、新疆、云南、西藏）三大区域进行分类，分析如下：

东部沿海地区的14个省市区中，只有海南没有ASME持证厂商；中部地区6省全已取证；西部地区相对比较少，取证省市区有重庆、甘肃、内蒙古、四川、陕西、云南和贵州。

东部沿海地区是我国三大区域中ASME应用推广面最大、持证厂商和证书最多、优势依然特别明显的区域，该区域2013年持证厂商数量和证书数量占全国的比重分别为86.1%和85.5%，占据绝对优势，且中小型民营企业较多；中部地区的占比持续下降，2013年持证厂商数量和证书数量的占比分别为8.3%和8.6%；西部地区2013年持证厂商数量和证书数量的占比略有下降，分别降至5.6%和5.9%。我国三大区域ASME持证厂商及证书分布情况见表5。

表5　我国三大区域ASME持证厂商及证书分布情况

区域	2012年							2013年						
	持证厂商			证书			证厂比	持证厂商			证书			证厂比
	数量（家）	占比（%）	增长率（%）	数量（份）	占比（%）	增长率（%）		数量（家）	占比（%）	增长率（%）	数量（份）	占比（%）	增长率（%）	
合　计	663	100.0	14.3	1 018	100.0	15.9	1.54	747	100.0	12.7	1 149	100.0	12.9	1.54
东部沿海	566	85.4	15.0	859	84.4	16.4	1.52	643	86.1	13.6	982	85.5	14.3	1.53
中部	57	8.6	7.5	95	9.3	14.5	1.67	62	8.3	8.8	99	8.6	4.2	1.60
西部	40	6.0	14.3	64	6.3	12.3	1.60	42	5.6	5.0	68	5.9	6.3	1.62

5. 东部沿海地区取证情况分析

2013 年，东部沿海地区 ASME 持证厂商总数为 643 家，增幅为 13.6%，高于全国 12.7% 的平均增幅。新增持证厂商 100 家，取消或暂停资格的厂商 23 家，净增 77 家。东部沿海地区的厂商持有国内全部 23 类证书中的 22 类，证书总计 982 份，其中核证书 68 份，占我国全部核证书总数的 81%，与 2012 年基本持平。从东部沿海地区持证厂家数量、拥有的证书数量、增长情况、占比情况以及企业的制造能力和水平来看，基本代表了我国锅炉及压力容器的制造能力和水平。2013 年东部沿海地区 ASME 持证厂商数量及各类证书汇总见表 6。

表 6　2013 年东部沿海地区 ASME 持证厂商数量及各类证书汇总

省、直辖市、自治区名称	持证厂商数量（家）	证书数量（份）																							证厂比
		AIA	A	BPE	H1	H2	HV	MO	N	NA	NPT	NS	NV	PP	RP	S	T	U	U2	UD	UM	UV	V	合计	
合　计	643	1	7	1	4	8	1	8	19	5	27	8	1	38	2	169	4	560	88	1	20	9	1	982	1.53
江苏	270			1	1	4		5	3		3	1		10		79	2	244	27	1	7	3	1	392	1.45
山东	70		4		1			3	1		2	1		6	1	21		59	10		1			110	1.57
上海	69								3		4			2	1	12		59	9		4	2		96	1.39
浙江	60				2	3			1	2	5	1		2		14		50	8		5	2		95	1.58
辽宁	55		3						5	1	6	2		4		13		46	17					97	1.76
广东	31								1		1	1		5		5		27	7		1			48	1.55
河北	21								1		1	1		4		8	1	20	3					39	1.86
天津	20					1	1							2		4		16	2			1		27	1.35
北京	18	1												2		5		15	1			1		25	1.39
黑龙江	17								4	2	5	1	1			5	1	12	3					34	2.00
吉林	6													1		2		6	1					10	1.67
福建	3																	3			2			5	1.67
广西	3															1		3						4	1.33

作为全国锅炉及压力容器规模最大的制造基地，江苏省拥有各类锅炉及压力容器制造企业 300 多家，ASME 持证厂商数量从 2012 年的 241 家增长到 2013 年的 270 家，占全国的比重从 2012 年的 34.35% 上升到 2013 年的 36.14%，领先于其他省市。持有证书数量从 2012 年的 348 份增长到 2013 年的 392 份，涉及 16 个证书种类，占全国的比重略有下降。2013 年江苏新增持证厂商 40 家，占全国新增量的 35.7%；2013 年持证厂商和证书的增长率分别为 12% 和 12.6%，低于全国平均水平。江苏 ASME 核认证的弱势近两年来有所加强，核部件和核材料取证企业分别为 5 家和 3 家，核认证企业数量位居全国首位；核部件证书和核材料证书分别有 5 份和 7 份，总数量位居全国第三。

在全国三大区域中，东部沿海地区的 ASME 核认证企业最多（34 家企业、68 份证书），核认证企业和核证书数量均占全国的 81%。其中：江苏 8 家企业、12 份证书，辽宁 6 家企业、14 份证书，黑龙江 5 家企业、13 份证书，山东 5 家企业、7 份证书，浙江 4 家企业、9 份证书，上海 4 家企业、7 份证书，广东 1 家企业、3 份证书，河北 1 家企业、3 份证书；江苏核认证企业最多，辽宁核认证证书最多，黑龙江单个集团（哈电集团）核取证最多。

6. 中部地区取证情况分析

2013 年，中部地区 ASME 持证厂商共 62 家，占全国总数的 8.3%，同比增长 8.8%，低于全国平均增幅。持有 10 类、99 份证书，比 2012 年减少一个大类（UM），证书同比增长 4.2%，也低于全国平均增幅。核认证企业与2012年相比没有变化，共有4家企业、8份证书，核取证企业和核证书数量均占全国的9.5%。其中，山西2家企业、3份证书，湖北1家企业、4份证书，安徽1家企业、1份证书。2013年中部地区ASME持证厂商数量及各类证书汇总见表7。

表7　2013年中部地区ASME持证厂商数量及各类证书汇总

名　称	持证厂商数量（家）	证书数量（份）											证厂比
		A	MO	N	NA	NPT	NS	PP	S	U	U2	合计	
合　计	62	2	2	2	1	2	1	7	15	57	10	99	1.60
湖北	23			1	1	1	1	1	4	23	2	34	1.48
河南	15	2						4	3	13	2	24	1.60
安徽	9		1						3	8		12	1.33
湖南	7							1	2	7	2	12	1.71
江西	3							1	2	3	2	8	2.67
山西	5		1	1		1			1	3	2	9	1.80

中部地区以湖北的ASME持证厂商最多，共有23家持证厂商持有34份证书，分别占中部地区的37.1%和34.3%，但仅占全国的3.08%和2.96%，比2012年有所下降。

7. 西部地区取证情况分析

2013年，西部地区ASME持证厂商情况如下：厂商总数42家，同比增长5%，占全国总数的5.6%；有9类、68份证书，占全国证书总量的5.92%；核认证企业共4家，持有8份证书，其中，四川3家企业、7份证书，陕西1家企业、1份证书。核认证企业和核证书数量均占全国的9.52%，新增1家“NPT”企业。

西部地区以四川的实力最强，有25家持证厂商持有47份证书，其中包括3家核部件持证厂商。由于西北地区远离海港，大型锅炉及压力容器运输不便，加上外向型经济不强，因而ASME持证厂商较少。但西部地区整体的技术水平要高于中部地区，拥有全国知名的东锅集团以及二重集团、兰石集团等行业大型企业，保持着一定的竞争优势和行业影响力。2013年西部地区ASME持证厂商数量及各类证书汇总见表8。

表8　2013年西部地区ASME持证厂商数量及各类证书汇总

省、直辖市、自治区名称	持证厂商数量（家）	证书数量（份）										证厂比
		MO	N	NPT	NS	S	U	U2	U3	UM	合　计	
合　计	42	1	2	4	1	10	36	11	1	2	68	1.70
四川	25		2	4	1	10	21	8		1	47	1.88
陕西	7	1					6	1			8	1.14
甘肃	5						5	1			6	1.20
重庆	2						2			1	3	1.50
云南	1						1	1			2	2.00
内蒙古	1								1		1	1.00
贵州	1						1				1	1.00

二、全球ASME持证厂商情况分析

1. 全球ASME持证厂商基本情况

自1914年首个ASME规范出版以来，作为一个国际化的锅炉及压力容器规范，已在全球100多个国家和地区广泛采用。2013年，全球共有72个国家（地区）的6 894家企业取得了12 569份ASME授权证书。

从各区域ASME持证厂商数量来看，北美地区的美国和加拿大是ASME规范的制定者和最早采用者，因此北美地区ASME持证厂商的数量（3 442家）也最多，占全球总量的49.93%，首次低于全球的一半。亚洲和大洋洲依然维持较快发展势头，持证厂商数量1 807家，占全球的26.21%，比欧洲高出11.4个百分点。欧洲有1 022家持证厂商，占全球总量的14.82%，占比基本维持不变。中东和非洲有315家持证厂商，占全球总量的4.57%，占比缓慢增长。拉丁美洲持证厂商共308家，占全球总量的4.47%，占比略高于2012年的4.33%。

从发展速度来看，全球ASME持证厂商数量的增长率由2012年的5.12%下降到2013年的2.64%。其中：北美从2012年的2.54%下降到2013年的0.12%，拉丁美洲从7.38%下降至5.84%，欧洲从5.53%下降到2.92%，中东和非洲从10.53%下降到7.14%，亚洲和大洋洲从9.11%下降至6.23%。持证厂商数量增长最快的区域依然是中东和非洲，其次是亚洲，再次是拉丁美洲。从发展的重点区域来看，亚洲近几年一直是最具发展潜力的地区和ASME开拓重点地区，持证厂商数量位居全球第二；欧洲增长率在3%左右，持证厂商数量首次超过1 000家。中东和非洲、拉丁美洲的持证厂商数量基本相当（315家和308家），也是增速较快的地区。2011—2013年全球ASME持证厂商区域分布情况见表9。

表9 2011—2013年全球ASME持证厂商区域分布情况

区域	2011年			2012年			2013年		
	数量（家）	占比（%）	同比增长（%）	数量（家）	占比（%）	同比增长（%）	数量（家）	占比（%）	同比增长（%）
总　计	6 390	100.00	3.87	6 717	100.00	5.12	6 894	100.00	2.64
北美	3 353	52.47	0.90	3 438	51.18	2.54	3 442	49.93	0.12
拉丁美洲	271	4.24	4.23	291	4.33	7.38	308	4.47	5.84
欧洲	941	14.73	3.41	993	14.78	5.53	1 022	14.82	2.92
中东和非洲	266	4.16	8.57	294	4.38	10.53	315	4.57	7.14
亚洲和大洋洲	1 559	24.40	10.25	1 701	25.32	9.11	1 807	26.21	6.23

在72个ASME持证国家（地区）中，ASME持证厂商数量少于等于10家的有34个国家，比2012年减少2个；数量超过（含）30家的有24个国家（地区），比2012年增加1个（捷克）；数量超过100家的只有美国、中国、韩国、加拿大、意大利、德国、印度、墨西哥和阿拉伯联合酋长国9个国家，比2012年增加1个国家（阿拉伯联合酋长国）。2011年6月—2013年12月全球72个国家（地区）ASME持证厂商变化情况见表10。

表10 2011年6月—2013年12月全球72个国家（地区）ASME持证厂商变化情况

国家（地区）	持证厂商数量（家）					
	2011年6月	2011年12月	2012年6月	2012年12月	2013年6月	2013年12月
全球总计	6 289	6 390	6 572	6 717	6 822	6 894
美国	3 026	3 034	3 085	3 115	3 126	3 111
加拿大	320	319	317	323	326	331

（续）

国家（地区）	持证厂商数量 （家）					
	2011 年 6 月	2011 年 12 月	2012 年 6 月	2012 年 12 月	2013 年 6 月	2013 年 12 月
阿根廷	25	24	25	26	28	28
玻利维亚	1	1	1	2	2	2
巴西	42	41	40	38	41	41
智利	7	7	7	6	6	5
哥伦比亚	28	30	31	33	37	36
哥斯达黎加	1	1	1	1	1	1
多米尼加	0	1	1	1	1	1
厄瓜多尔	7	9	10	10	10	10
萨尔瓦多	1	1	1	1	1	0
墨西哥	122	125	129	143	148	152
秘鲁	5	4	4	4	4	4
苏里南	1	1	1	0	1	1
特立尼达和多巴哥	2	2	2	2	2	2
乌拉圭	2	2	2	2	2	2
委内瑞拉	22	22	21	22	23	23
奥地利	12	13	14	14	15	17
比利时	22	22	22	22	23	22
保加利亚	1	1	2	2	2	1
克罗地亚	4	3	3	3	3	3
捷克	24	24	25	28	30	30
丹麦	8	8	8	7	7	7
爱沙尼亚	1	2	2	2	2	2
芬兰	18	17	18	18	19	20
法国	67	66	70	75	74	74
德国	212	219	222	221	230	232
希腊	6	7	7	7	6	5
匈牙利	7	7	6	8	7	7
爱尔兰	6	6	6	6	6	4
意大利	242	250	253	257	260	264
列支敦士登	1	1	1	1	1	1
立陶宛	1	1	1	1	1	1
荷兰	43	46	47	49	51	47
挪威	1	0	0	0	0	0
波兰	22	23	25	27	26	27
葡萄牙	6	6	7	8	9	9
罗马尼亚	18	16	15	18	18	18

（续）

国家（地区）	持证厂商数量（家）					
	2011年6月	2011年12月	2012年6月	2012年12月	2013年6月	2013年12月
俄罗斯	13	13	11	12	10	10
斯洛伐克	4	4	4	6	6	6
斯洛文尼亚	5	5	5	5	5	5
西班牙	58	65	74	79	83	86
瑞典	20	19	21	21	21	22
瑞士	13	12	12	12	12	12
乌克兰	2	2	1	0	0	0
英国	78	83	84	84	82	90
巴林	7	7	8	8	8	9
埃及	23	22	23	26	26	26
以色列	6	6	6	6	6	6
约旦	1	1	1	1	1	2
科威特	13	12	13	13	13	14
摩洛哥	2	2	2	2	2	2
尼日利亚	3	4	5	7	7	7
阿曼	19	18	18	19	20	22
卡塔尔	9	9	10	10	11	11
沙特阿拉伯	53	53	57	61	60	60
南非	5	6	7	7	7	10
土耳其	33	38	40	37	40	43
阿拉伯联合酋长国	82	88	90	97	97	103
澳大利亚	10	10	9	9	9	9
中国	542	580	624	663	699	747
印度	188	194	200	204	218	230
印度尼西亚	61	61	61	65	65	65
日本	84	85	89	88	87	87
哈萨克斯坦	5	5	5	5	4	4
马来西亚	52	54	56	59	64	66
新西兰	1	1	1	1	1	1
巴基斯坦	14	13	13	11	10	10
菲律宾	4	4	5	5	5	5
新加坡	41	41	44	47	48	52
韩国	405	407	438	440	436	417
中国台湾	45	48	48	48	50	52
泰国	34	37	35	36	38	38
突尼斯	2	2	2	2	1	1
越南	18	17	18	18	21	23

2. 主要国家 ASME 持证厂商情况

2013 年，全球 ASME 持证厂商数量列前 20 位的国家（地区）共有持证厂商 6 309 家，占全球持证厂商总数的 91.51%，同比增长 2.49%；持有证书 11 408 份，占总量的 90.76%，同比增长 2.25%。虽然持证厂商数量和证书数量的占比略有下降，但仍能够反映全球 ASME 取证的整体情况。

2013 年，全球 ASME 持证厂商数量列前 20 位的国家（地区）中：北美有 2 个国家，共有 3 442 家持证厂商，分别占前 20 位之和的 54.56% 和全球总量的 49.93%；共有证书 6 061 份，分别占前 20 位之和的 53.13% 和全球总量的 48.18%；证厂比平均 1.76。亚洲有 8 个国家，共有 1 716 家持证厂商，分别占前 20 位之和的 27.20% 和全球总量的 24.89%；共有证书 3 335 份，分别占前 20 位之和的 29.23% 和全球总量的 26.51%；证厂比平均 1.94。欧洲有 6 个国家，共有 793 家持证厂商，分别占前 20 位之和的 12.57% 和全球总量的 11.5%；共有证书 1 242 份，分别占前 20 位之和的 10.89% 和全球总量的 9.87%；证厂比平均 1.57。拉丁美洲有 1 个国家，共有 152 家持证厂商，分别占前 20 位之和的 2.41% 和全球总量的 2.2%；共有证书 252 份，分别占前 20 位之和的 2.21% 和全球总量的 2%；证厂比平均 1.66。中东和非洲有 3 个国家，共有 206 家持证厂商，分别占前 20 位之和的 3.27% 和全球总量的 2.99%；共有证书 518 份，分别占前 20 位之和的 4.54% 和全球总量的 4.12%；证厂比平均 2.51。2013 年全球 ASME 持证厂商数量列前 20 位的国家（地区）见表 11。

表 11　2013 年全球 ASME 持证厂商数量列前 20 位的国家（地区）

序号	国家（地区）	厂商数量（家）	证书数量（份）	证厂比	序号	国家（地区）	厂商数量（家）	证书数量（份）	证厂比
1	美国	3 111	5 422	1.74	11	日本	87	177	2.03
2	中国	747	1 149	1.54	12	西班牙	86	139	1.62
3	韩国	417	1 092	2.62	13	法国	74	109	1.47
4	加拿大	331	639	1.93	14	马来西亚	66	139	2.11
5	意大利	264	469	1.78	15	印度尼西亚	65	154	2.37
6	德国	232	348	1.50	16	沙特阿拉伯	60	164	2.73
7	印度	230	407	1.77	17	中国台湾	52	123	2.37
8	墨西哥	152	252	1.66	18	新加坡	52	94	1.81
9	阿拉伯联合酋长国	103	253	2.46	19	荷兰	47	68	1.45
10	英国（含苏格兰、威尔士）	90	109	1.21	20	土耳其	43	101	2.35

ASME 规范作为美国的本土规范，在美国得到了广泛的应用。到 2013 年年底，ASME 认证企业 3 111 家，净减 4 家，为 20 世纪以来的第 7 次减少，年下降 0.13%；证书 5 422 份，净减 2 份，年下降 0.04%。持证厂商数量和证书数量依然是全球最多，但近几年来增长缓慢乃至出现负增长；证厂比仍为 1.74，略低于全球的平均水平（1.82）。

随着 ASME 规范的国际化，美国国外 ASME 取证增速大大高于美国国内。以 2010 年年底为转折，美国国外 ASME 持证厂商数量（3 145 家）首次超过国内数量（3 006 家），美国国内持证厂商数量占全球总数量的比重也是逐年下降，从 1974 年的 97%，到 2000 年的 72.53%、2010 年的 48.86%，再到 2013 年的 45.13%。这也从一个侧面反映了 ASME 规范全球化的进程加快，应用推广水平提高。

据前所析，我国作为世界第二大经济体、新兴工业化国家的主要代表和世界经济增长的引擎，为适应全球化的形势需求，ASME 取证逐年放缓，但依然较高。2013 年，我国 ASME 持证厂商数量 747 家，净增 84 家，仍是全球净增数量最多的国家，占亚洲净增量的79%、世界净增量的47%。持证厂商总数量和证书数量均位居世界第二，证厂比为1.54，在前20位的国家（地区）中，仅高于德国（1.50）、法国（1.47）、荷兰（1.45）和英国（1.21），位列第16位。

韩国拥有雄厚的制造业发展基础。2013年，韩国ASME持证厂商数量417家，净减23家；持有证书1 092份，减少71份，持证厂商数量和证书数量均位居世界第三。证厂比为2.62，在前20位的国家（地区）中，仅次于沙特阿拉伯（2.73），位列第二，说明取证的大企业较多。同一厂家取得10份以上证书的企业有12家，其中取证最多的一家企业是名为DKT Co., Ltd. 的公司，持有23份证书，Doosan Engineering & Construction Co., Ltd. 也持有21份证书。

加拿大作为美国以外ASME规范的最早应用者，近些年发展速度缓慢。2013年，加拿大持证厂商331家，证书639份，厂商和证书数量均位居世界第四。证厂比为1.93，位列第八，高于平均值。

欧洲的意大利、德国等制造业强国ASME持证厂商数量也有小幅增长，分别以264家(469份证书)和232家（348份证书）位列世界第五位和第六位，证厂比分别为1.78和1.50；印度、墨西哥、阿拉伯联合酋长国和英国的持证厂商、证书数量分别是230家、407份，152家、252份；103家、253份；90家、109份，分列第七位至第十位。

2013年，全球跨国公司中取证数量最多的厂商主要有：韩国的Hyundai（现代），持有证书36份，涉及2个国家，涵盖A、H2、N3、NA、NPT、NS、PP、S、U和U2共10个种类；德国的GEA（基伊埃），持有证书32份，涉及11个国家，涵盖N、NPT、S、U、U2、UM和UV共7个种类；马来西亚的KNM（科恩马），持有证书32份，涉及6个国家，涵盖H2、PP、S、U和U2共5个种类；美国的Cameron（卡麦隆），持有证书25份，涉及3个国家，涵盖U、U2、UV、H2、PP和S共6个种类。相对而言，中国还没有一家走出国门的ASME持证企业，单一集团持有证书最多的企业(哈电集团)持有23份证书，涵盖N、NA、NPT、NS、NV、S、U和U2共8个种类。中国企业“走出去”的步伐任重而道远。

3. 八国集团ASME持证厂商情况

由于制造业重心的转移，以八国集团为代表的发达国家在ASME取证方面增长缓慢，2012年和2013年平均增幅仅为2.61%和0.57%，比全球平均增幅分别低2.5和2个百分点，上升趋势日趋缓慢。2013年，八国集团中有一半的国家（俄罗斯、法国、日本和美国）呈现负增长，有3国（英国、德国和意大利）高于全球平均增幅。八国集团ASME持证厂商净增数量仅为24家，证厂比均值为1.74。2012—2013年八国集团ASME持证厂商情况见表12。

表12　2012—2013年八国集团ASME持证厂商情况

国家	2012年					2013年				
	持证厂商数量（家）	占比（%）	同比增长（%）	证书数量（份）	证厂比	持证厂商数量（家）	占比（%）	同比增长（%）	证书数量（份）	证厂比
全球合计	6 717		5.12	12 291	1.83	6 894		2.64	12 580	1.82
八国合计	4 175	100.00	2.61	7 226	1.73	4 199	100.00	0.57	7 292	1.74
美国	3 115	74.61	2.67	5 424	1.74	3 111	74.09	-0.13	5 422	1.74
加拿大	323	7.74	1.25	620	1.92	331	7.88	2.48	639	1.93
意大利	257	6.16	2.80	467	1.82	264	6.29	2.72	469	1.78
德国	221	5.29	0.91	334	1.51	232	5.53	4.98	348	1.50
英国	84	2.01	1.20	100	1.19	90	2.14	7.14	109	1.21
日本	88	2.11	3.53	150	1.70	87	2.07	-1.14	177	2.03
法国	75	1.80	13.64	110	1.47	74	1.76	-1.33	109	1.47
俄罗斯	12	0.29	-7.69	21	1.75	10	0.24	-16.7	19	1.90

4. 二十国集团ASME持证厂商情况

二十国集团（G20）成立于1999年12月16日，由20个最重要的工业国家和新兴工业国家组成。

2013年，二十国集团的ASME持证厂商数量、证书数量分别为6 340家、11 328份（该数据中已扣除了意、德、英、法所重复计算的数量），ASME持证厂商数量略高于全球列前20位的国家（地区）之和（仅多31家），但少于其证书总量（少80份）；在全球的占比分别为91.96%、90.05%，这与全球ASME持证厂商数量列前20位的国家（地区）占比分别为91.51%、90.68%基本接近；同比增长分别为2.27%和2.08%，略低于全球ASME持证厂商数量列前20位的国家（地区）2.49%和2.25%的增长率。这一方面说明二十国集团基本涵盖了ASME持证厂商的主要国家，另一方面也说明ASME持证数量与该国经济发展状况和世界影响力有一定的关联作用。

2013年，二十国集团中ASME持证厂商数量发展较快的前五位是：南非(42.86%,继续保持第一)、土耳其（16.22%）、印度（12.75%）、中国（12.67%，继续保持第四）和巴西（7.89%）。净增厂家较多的前五位是：中国(84家，继续保持第一)、欧盟(31家）、印度（26家）、德国（11家）和墨西哥（9家）。二十国集团中ASME持证厂商的证厂比平均值仍为1.79，高于2的国家有：沙特阿拉伯(2.73)、韩国（2.62）、印度尼西亚（2.37）、土耳其（2.35）和日本（2.03），全在东亚和中东地区。2012—2013年二十国集团ASME持证厂商情况见表13。

表13　2012—2013年二十国集团ASME持证厂商情况

序号	国家（组织）名称	2012年				2013年			
		持证厂商数量（家）	同比增长（%）	证书数量（份）	证厂比	持证厂商数量（家）	同比增长（%）	证书数量（份）	证厂比
合计		6 199	5.01	11 097	1.79	6 340	2.27	11 328	1.79
1	阿根廷	26	8.33	46	1.77	28	7.69	54	1.93
2	澳大利亚	9	-10.00	13	1.44	9		17	1.89
3	巴西	38	-7.32	69	1.82	41	7.89	72	1.76
4	加拿大	323	1.25	620	1.92	331	2.48	639	1.93
5	中国	663	14.31	1 018	1.54	747	12.67	1 149	1.54
6	法国	75	13.64	110	1.47	74	-1.33	109	1.47
7	德国	221	0.91	334	1.51	232	4.98	348	1.50
8	印度	204	5.15	361	1.77	230	12.75	407	1.77
9	印度尼西亚	65	6.56	155	2.38	65		154	2.37
10	意大利	257	2.80	467	1.82	264	2.72	469	1.78
11	日本	88	3.53	150	1.70	87	-1.14	177	2.03
12	墨西哥	143	14.40	242	1.69	152	6.29	252	1.66
13	韩国	440	8.11	1 163	2.64	417	-5.23	1 092	2.62
14	俄罗斯	12	-7.69	21	1.75	10	-16.67	19	1.90
15	沙特阿拉伯	61	15.09	166	2.72	60	-1.64	164	2.73
16	南非	7	16.67	12	1.71	10	42.86	18	1.80
17	土耳其	37	-2.63	88	2.38	43	16.22	101	2.35
18	英国	84	1.20	100	1.19	90	7.14	109	1.21
19	美国	3 115	2.67	5 424	1.74	3 111	-0.13	5 422	1.74
20	欧盟	968	6.02	1 549	1.60	999	3.20	1 591	1.59

注：合计数值中扣除了欧盟内意大利、德国、英国、法国4国所重复计算的数量。

5. 欧盟国家ASME持证厂商情况

欧盟于1993年11月1日正式成立，是一个集政治实体和经济实体于一身、在世界上具有重要影响的区域一体化组织，现有28个成员国。欧盟在ASME取证方面似乎不显热心，这与欧盟市场积极推行的承压设备指令和“CE”强制性认证标志不无关系。

欧盟28国中，有24个ASME持证国，与2012年相同。欧盟的ASME持证厂商数量从2012年的968家增长到2013年的999家，净增31家，同比增长3.2%，持有证书从1 556份增长到1 591份，同比增长2.25%，证厂比从1.61下降到1.59。2013年，意大利和德国持证厂商数量分别占总数的26.43%和23.22%，其他国家均在10%以内；意大利的占比有所下降，德国则有所上升，与2012年正好相反。持证厂商数量增幅较大的国家是：奥地利（21.43%）、葡萄牙（12.5%，继续保持第二）、芬兰（11.11%）、西班牙（8.86%）、英国和捷克（均为7.14%）。持证大国中，除英国和西班牙外，德国增长4.98%，意大利增长2.72%，法国下降1.33%。

欧盟ASME持证厂商数量维持不变的有9个国家（其中连续两年不变的有比利时、斯洛文尼亚、克罗地亚、爱沙尼亚和立陶宛5个国家），均是持证厂商数量为30家以下的持证小国；持证厂商数量是个位数的有11个国家，占24个国家的45.83%。证厂比均值为1.59，证厂比高于2的国家只有希腊（2.2）。2012—2013年欧盟国家ASME持证厂商情况见表14。

表14　2012—2013年欧盟国家ASME持证厂商情况

序号	国家名称	2012年					2013年				
		持证厂商数量（家）	占比（%）	同比增长（%）	证书数量（份）	证厂比	持证厂商数量（家）	占比（%）	同比增长（%）	证书数量（份）	证厂比
合计		968	100.00	6.02	1 556	1.61	999	100.00	3.20	1 591	1.59
1	意大利	257	26.55	2.80	467	1.82	264	26.43	2.72	469	1.78
2	德国	221	22.83	0.91	334	1.51	232	23.22	4.98	348	1.50
3	英国	84	8.68	1.20	100	1.19	90	9.01	7.14	109	1.21
4	西班牙	79	8.16	21.54	131	1.66	86	8.61	8.86	139	1.62
5	法国	75	7.75	13.64	110	1.47	74	7.41	-1.33	109	1.47
6	荷兰	49	5.06	6.52	71	1.45	47	4.70	-4.08	68	1.45
7	捷克	28	2.89	16.67	48	1.71	30	3.00	7.14	52	1.73
8	波兰	27	2.79	17.39	49	1.81	27	2.70		50	1.85
9	比利时	22	2.27		40	1.82	22	2.20		42	1.91
10	瑞典	21	2.17	10.53	32	1.52	22	2.20	4.76	34	1.55
11	芬兰	18	1.86	5.88	27	1.50	20	2.00	11.11	27	1.35
12	罗马尼亚	18	1.86	12.50	32	1.78	18	1.80		32	1.78
13	奥地利	14	1.45	7.69	28	2.00	17	1.70	21.43	30	1.76
14	葡萄牙	8	0.83	33.33	11	1.38	9	0.90	12.50	15	1.67
15	匈牙利	8	0.83	14.29	15	1.88	7	0.70	-12.50	13	1.86
16	丹麦	7	0.72	-12.50	11	1.57	7	0.70		11	1.57
17	斯洛伐克	6	0.62	50.00	10	1.67	6	0.60		10	1.67
18	希腊	7	0.72		14	2.00	5	0.50	-28.5	11	2.20
19	斯洛文尼亚	5	0.52		6	1.20	5	0.50		7	1.40
20	爱尔兰	6	0.62		7	1.17	4	0.40	-33.33	4	1.00
21	克罗地亚	3	0.31		7	2.33	3	0.30		7	2.33
22	爱沙尼亚	2	0.21		2	1.00	2	0.20		2	1.00
23	保加利亚	2	0.21	100.00	3	1.50	1	0.10	-50.00	1	1.00
24	立陶宛	1	0.10		1	1.00	1	0.10		1	1.00

6. 金砖国家ASME持证厂商情况

“金砖四国”是指中国、印度、俄罗斯和巴西，最早由高盛证券公司首次提出。2010年，南非加入后，变成现在的“金砖国家”。

2013年，“金砖国家”的ASME持证厂商数量达1 038家，首次超过1 000家，同比增长12.34%。其中，中国持证厂商数量最多（747家），同比增长12.67%；印度持证厂商数量230家，同比增长12.75%；巴西持证厂商数量41家，同比增长7.89%；俄罗斯持证厂商数量10家，同比下降16.67%；南非持证厂商为10家，同比增长42.86%，继续保持最高。金砖国家的证厂比都比较低，平均为1.60。2012—2013年金砖国家ASME持证厂商情况见表15。

表15　2012—2013年金砖国家ASME持证厂商情况

国家名称	2012年					2013年				
	持证厂商数量（家）	占比（%）	同比增长（%）	证书数量（份）	证厂比	持证厂商数量（家）	占比（%）	同比增长（%）	证书数量（份）	证厂比
合　计	924	100.00	10.80	1 481	1.60	1 038	100.00	12.34	1 665	1.60
中国	663	71.75	14.31	1 018	1.54	747	71.97	12.67	1 149	1.54
印度	204	22.08	5.15	361	1.77	230	22.16	12.75	407	1.77
巴西	38	4.11	-7.32	69	1.82	41	3.95	7.89	72	1.76
俄罗斯	12	1.30	-7.69	21	1.75	10	0.96	-16.67	19	1.90
南非	7	0.76	16.67	12	1.71	10	0.96	42.86	18	1.80

7. 中国、东盟及中国周边其他国家（地区）ASME持证厂商情况

中国和周边的东盟十国及其他6个国家（地区）是全球颇具经济活力、发展速度较快的地区，近年来ASME取证发展速度一直较快。2013年，ASME持证厂商数量达1 801家，证书数量3 540份，持证厂商的同比增长6.38%，低于2012的9.16%，高于全球平均增速2.64%。

在这些国家（地区）中，2013年持证厂商数量增长率超过10%的有：越南（27.78%）、印度（12.75%）、中国（12.67%）、马来西亚（11.86%）和新加坡（10.64%）；证厂比超过2的有：巴基斯坦（3.40）、菲律宾（3.20）、韩国（2.62）、中国台湾和印度尼西亚（2.37）、泰国和越南（2.26）、马来西亚（2.11）和日本（2.03）。

东盟十国中有6个ASME取证国家，2013年持证厂商数量249家，同比增长13.83%；持有证书541份，同比增长4.44%；证厂比2.17，除新加坡外，其他5国的证厂比均超过2，这在一定程度上说明大型跨国公司在东盟地区设厂较多。中国、东盟及中国周边其他6个国家（地区）ASME持证厂商情况见表16。

表16　中国、东盟及中国周边其他6个国家（地区）ASME持证厂商情况

国家（地区）	2012年					2013年				
	持证厂商数量（家）	占比（%）	同比增长（%）	证书数量（份）	证厂比	持证厂商数量（家）	占比（%）	同比增长（%）	证书数量（份）	证厂比
合　计	1 693	100.00	9.16	3 375	1.99	1801	100.00	6.38	3 540	1.97
中国	663	39.16	14.31	1 018	1.54	747	41.48	12.67	1 149	1.54
韩国	440	25.99	8.11	1 163	2.64	417	23.15	-5.23	1 092	2.62
印度	204	12.05	5.15	361	1.77	230	12.77	12.75	407	1.77
日本	88	5.20	3.53	150	1.70	87	4.83	-1.14	177	2.03

（续）

国家（地区）	2012 年					2013 年				
	持证厂商数量（家）	占比（%）	同比增长（%）	证书数量（份）	证厂比	持证厂商数量（家）	占比（%）	同比增长（%）	证书数量（份）	证厂比
中国台湾	48	2.84		118	2.46	52	2.89	8.33	123	2.37
巴基斯坦	11	0.65	-15.40	34	3.09	10	0.56	-9.09	34	3.40
澳大利亚	9	0.53	-10.00	13	1.44	9	0.50		17	1.89
东盟合计	230	13.59	7.48	518	2.25	249	13.83	8.26	541	2.17
马来西亚	59	3.48	9.26	130	2.20	66	3.66	11.86	139	2.11
印度尼西亚	65	3.84	6.56	155	2.38	65	3.61		154	2.37
新加坡	47	2.78	14.63	91	1.94	52	2.89	10.64	94	1.81
泰国	36	2.13	-2.70	83	2.31	38	2.11	5.56	86	2.26
越南	18	1.06	5.88	43	2.39	23	1.28	27.78	52	2.26
菲律宾	5	0.30	25.00	16	3.20	5	0.28		16	3.20

经过多年的发展，中国的承压设备制造技术和水平得到了快速的提高，在承接全球ASME锅炉压力容器制造产业重心向中国及其周边地区转移的同时，能力也得到了很大的提升。中国的整体优势继续扩大，2013年持证厂商数量占比又提高了2.32个百分点，印度和东盟的占比略有上升，但韩国、日本的占比在下降。中国、韩国和印度持证厂商数量均超过200家，这3国的持证厂商数量、证书数量之和占比基本维持不变（从2012年的77.2%、75.32%到2013年的77.4%、74.8%）。日本、马来西亚、印度尼西亚、新加坡及中国台湾持证厂商数量都超过50家。

〔撰稿人：中国石油和石油化工设备工业协会杨双全〕

（栏目编辑：魏素芳）

中国石油石化设备工业年鉴2014

地区和市场概况

介绍我国石油和石油化工装备制造产业集群和市场发展状况

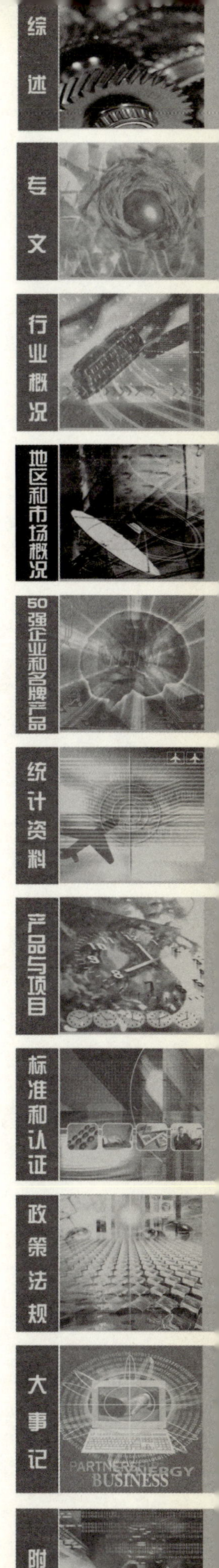

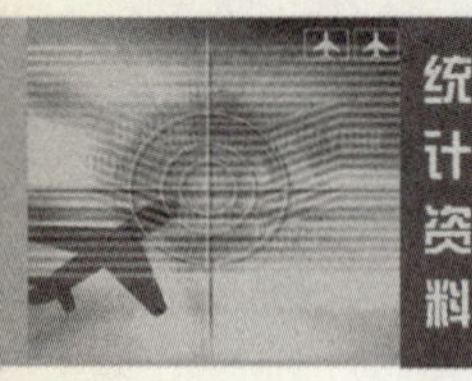

地区和市场概况

我国炼油市场2013年回顾与2014年展望
2013年世界石化市场与我国石化市场概况
我国石油装备产业集群发展概况
长庆油田公司设备的现状及采购需求

我国炼油市场 2013 年回顾与 2014 年展望

2013 年，我国炼油业得益于成品油价格形成机制的进一步改革，克服国际油价高位波动运行和成品油需求增速放缓带来的各种困难和影响，总体呈平稳增长向好趋势，满足了国内市场和经济发展的需求。2013 年，我国炼油能力继续增长，总能力已经达到 6.325 亿 t/a，同比增长 5.5%。全年原油加工量增速进一步放缓至近 7 年的最低，然而，油品质量升级步伐加快，国Ⅳ汽柴油逐渐在全国供应，炼油能力过剩的问题凸显。

一、2013 年我国炼油业发展回顾

1. 炼油能力继续增长，增幅略有下降，市场主体多元化趋势明显

截至 2013 年年底，我国炼油能力达到 6.325 亿 t/a，较上年增加 3 310 万 t/a，同比增长 5.5%，增幅下降 1 个百分点。中石油、中石化两大集团外的炼油能力增长 2 060 万 t/a，占新增产能的 62.2%。市场主体呈多元化发展趋势，国内市场竞争继续加剧。

（1）中石油、中石化两大集团炼油能力占比有所下降，其他企业炼油能力占比继续增加。中石油和中石化旗下炼厂总数不到全国一半，但 2013 年两者合计炼油能力占全国的近 70%，比上年增长 1 250 万 t/a。其他炼油企业和煤基油品企业炼油能力合计为 1.589 亿 t/a，占比 25.13%，比上年增长 1 860 万 t/a。2005 年、2012 年、2013 年我国炼油能力分企业构成见表 1。

表 1　2005 年、2012 年、2013 年我国炼油能力分企业构成

项　目	2005 年		2012 年		2013 年	
	能力（万 t/a）	占全国比例（%）	能力（万 t/a）	占全国比例（%）	能力（万 t/a）	占全国比例（%）
全国	32 445	—	59 940	—	63 250	—
中石化	16 350	50.39	25 960	43.31	26 810	42.39
中石油	11 935	36.79	16 900	28.19	17 300	27.35
中海油	—	—	3 050	5.09	3 250	5.14
其他炼油企业*	4 160	12.82	13 760	22.96	15 620	24.70
煤基油品企业	—	—	270	0.45	270	0.43

注：*表示不含已被中海油收购的地炼企业。
资料来源：中国石油集团经济技术研究院。

截至 2013 年年底，中石油共有 26 家炼厂，炼油能力平均规模 665 万 t/a，炼油能力 1 000 万 t/a 以上的有 8 家，炼油能力 500 万 t/a 以上的有 13 家，其中大连石化炼油能力超过 2 000 万 t/a。中石化共有 35 家炼厂，炼油能力平均规模 766 万 t/a，1 000 万 t/a 以上的有 12 家，炼油能力 500 万 t/a 以上的有 13 家，镇海炼化、茂名石化炼油能力超过 2 000 万 t/a。中海油合计炼油能力 3 250 万 t/a，包括惠州炼化及近年控股的地方炼厂（以下简称地炼）。中国化工合计炼油能力 2 750 万 t/a，包括控股的昌邑石化等 8 家炼厂。中化参股了大连西太炼厂及山东弘润石化等炼厂，新建了福建泉州 1 200 万 t/a 大炼油项目。此外，中国兵器工业集团华锦炼厂有炼油能力 600 万 t/a。截至 2013 年年底，全国百余家地炼企业合计炼油能力为 11 740 万 t/a（不包括中国兵器工业集团及已被中国化

工、中海油和中化等收购的地炼企业合计炼油能力5 930万t/a）。其中，民营企业90多家，合计能力约7 920万t/a；地方国有企业（包括陕西延长）约10家，合计炼油能力3 820万t/a。其中，陕西延长拥有延安、永坪和榆林3座炼厂，合计炼油能力1 630万t/a。值得一提的是，随着油品质量的快速升级，2013年地炼企业（包括国有与民营）新建成了一批加氢、催化裂化及柴油加氢精制等二次加工和深加工装置，深加工能力继续增长。外资权益炼油能力仍为824万t/a，占我国炼油总能力的1.3%，另有4家中外合资大炼厂项目现正在建设中。2013年我国新增炼油能力见表2。

表2 2013年我国新增炼油能力

所属集团	企业名称	地点	新增能力（万t/a）
中石油	乌鲁木齐石化	新疆	400
	小计		400
中石化	安庆石化	安庆	350
	武汉石化	武汉	300
	福建石化	泉州	200
	小计		850
中海油	海南DCC	海南	200
	小计		200
地方炼厂	榆林炼厂	陕西	200
	玉皇石化	山东	300
	天弘化学	山东	350
	四川盛马	四川	200
	汇丰石化	山东	300
	富宇化工	山东	60
	岚桥石化	山东	300
	寿光鲁青	山东	150
小计			1 860
合计			3 310

（2）华中、华北地区炼油能力占比有所上升，山东成为全国炼油能力最大的省份。我国炼油能力主要集中在华北、东北、华南和华东地区，2013年这四大地区炼油能力分别占全国炼油能力的29.03%、18.74%、17.00%和13.57%，合计占78.34%。我国炼油能力已形成了以东部为主、中西部为辅的梯次分布。山东省是全国炼油能力最大的省，2013年山东省炼油能力猛增1 460万t/a，达到1.37亿t/a，其次为辽宁省和广东省。我国成品油流向继续呈“西油东进、北油南运和东油向西南推进”的格局。由于我国炼油工业在扩能建设的同时着手逐步调整结构、合理布局、优化配置资源和市场，近几年我国炼油能力的区域分布构成有了一定的变化。2013年华中、华北炼油能力所占比例同比有所上升，东北炼油能力占比下滑，西南炼油能力占比上升。目前，环渤海湾（包括山东、辽宁等）、长三角和珠三角三大经济圈的炼油能力分别为2.63亿t/a、0.9亿t/a和0.89亿t/a，分别占全国炼油总能力的42%、14%和13%，合计为69%。我国炼油能力区域布局见表3。

表3 我国炼油能力区域布局

地区	2010年		2012年		2013年	
	能力（万t/a）	占全国比例（%）	能力（万t/a）	占全国比例（%）	能力（万t/a）	占全国比例（%）
华北	14 150	27.58	17 150	28.61	18 360	29.03
东北	10 300	20.08	11 850	19.77	11 850	18.74
华东	7 030	13.70	8 130	13.56	8 580	13.57
华中	3 540	6.90	3 840	6.41	4 490	7.10
华南	8 680	16.92	10 550	17.66	10 750	17.00
西南	100	0.20	200	0.33	400	0.63
西北	7 500	14.62	8 220	13.83	8 820	13.94
合计	51 300	100.00	59 940	100.00	63 250	100.00

注：因四舍五入，合计数与分项之和略有差别。

2. 2013年炼油业运行总体趋稳，但炼油能力过剩问题凸显

受国际油价高位震荡运行及成品油需求增速放缓的影响，我国原油加工量增速有所放缓，全年原油加工量为4.78亿t，仅较上年增加1 067万t，同比增长2.3%，增速较上年下降1.4个百分点；全国炼厂平均开工率连续两年下滑，由上年的85%降至83%；成品油产量为2.96亿t，同比增长4.4%，增速较上年略有减缓。

从国内各个油公司来看，中石油、中石化、中海油、延长集团、北方兵器工业集团等国企保持了九成左右较高的开工率，而多数地方炼油企业受资源不足、装置配套能力不足、盈利能力较差等因素制约，开工率不足四成。2013年炼油业毛利大幅提升，主要是受益于国家进一步完善和实施了新的成品油价格形成机制。特别是中石化炼油业务实现了扭亏为盈，中石油炼油业务大幅减亏。

2013年我国生产柴汽油比为1.76，较2012年下降16%。其中9月份生产柴汽油比为1.69，创近9年来的最低，主要是因为炼厂根据市场需求变化适度调整了汽柴油的产量。近几年我国生产柴汽油比大多在1.8～2.1，呈震荡回落走势，2013年已降至21世纪初的水平。柴油产量增速慢于汽油，油品结构变化明显。

2011—2013年，我国炼油能力逐年较快增加，成品油净出口量也逐年上升，但成品油消费量增速和行业开工率则呈连年下降的走势，分别从2011年的7.6%和86.9%降至2013年的3.5%和83.2%。成品油净出口量从2011年的406.7万t陡升至2013年的1 034.7万t，净出口率也从0.91%猛增至3.49%，我国炼油能力过剩问题已凸显。

3. 装置大型化、炼化一体化、产业集群化继续推进

2013年，随着一批大型改扩建项目的建成投产，我国炼厂的平均规模继续增大，装置的大型化程度继续提高。全国现共有22座千万吨级炼油基地，合计炼油能力2.79亿t/a，占全国总炼油能力的近一半。此外，500万～1 000万t/a规模的炼厂有31座，合计炼油能力占全国总炼油能力的近30%。

在我国22座千万吨级炼油基地中有14座带有乙烯装置，炼化一体化程度较高。

4. 装置工艺结构不断调整，深加工能力和加工灵活性继续增加

随着进口原油的增加、原料的劣质化和国内市场对油品质量要求的不断提高，我国炼油装置结构不断调整，深加工、精加工及加工劣质原油的能力继续加强。与2000年相比，2013年，作为我国炼油业传统工艺的催化裂化能力占原油一次加工能力的比例不断下滑，生产清洁油品的加氢装置能力占一次加工能力的比例大幅上升。2013年中国及世界主要炼油装置能力构成比较见表4。

表4　2013年中国及世界主要炼油装置能力构成比较

装置	中国2000年		中国2013年		世界2013年	
	能力（万t/a）	占一次加工能力比例（%）	能力（万t/a）	占一次加工能力比例（%）	能力（万t/a）	占一次加工能力比例（%）
蒸馏能力	27 400		63 250		45 880	
催化裂化	9 900	36.13	18 931	29.93	76 300	16.64
延迟焦化	2 114	7.71	9 641	15.24	26 500	5.78
催化重整	1 558	5.69	4 615	7.34	59 200	12.91
加氢裂化	1 147	4.19	5 234	8.28	30 800	6.72
加氢精制	4 261	15.55	20 775	32.85	252 900	55.12

5. 油品质量升级步伐加快，车用替代燃料继续较快增长

（1）汽柴油质量升级步伐明显加快，国内主要炼油企业加大力度有序推进。为应对我国不少城市出现的越来越频繁的雾霾天气，2013年，国家出台了加快油品质量升级步伐的具体措施和进度要求。从2014年1月1日起，在全国范围内推广国Ⅳ汽油，硫含量降至50×10^{-6}，2014年年底前将把目前执行的柴油国Ⅲ标准升级至国Ⅳ标准，硫含量由目前的350×10^{-6}进一步降至50×10^{-6}，烯烃含量指标也更为严格，并对蒸气压提出下限要求。目前北京、上海、广州等地已领先一步进入国Ⅴ标准时代。由于我国油品质量升级步伐很快，主要油品质量与发达国家之间的差距将进一步缩小。发达国家汽油质量规格一般要求硫含量小于50×10^{-6}，烯烃体积含量小于25%，芳烃体积含量小于25%，苯体积含量小于1.0%。中石化、中石油等主要炼油企业根据国家和有关地方政府的新标准、新要求加大投入，加大技改力度，2013年建设并完成了一大批质量升级改造项目，有序推进油品质量升级工作，确保了进度目标的如期实现。

（2）车用替代燃料继续快速增长，天然气替代为主和区域化发展特征明显。2013年，车用燃料替代常规汽柴油量约1 550万t，占全国汽柴油总消费量的5.5%。作为替代主力的车用天然气保持稳步增长，替代成品油1 100万t，占比为73%。煤制油、燃料甲醇、生物柴油和电动车均小幅或稳步增长。由于我国目前暂时只在局部地区示范推广和生产销售车用替代燃料，区域化市场消费特征突出。天然气汽车发展主要集中在气源地和西气东输管网到达区域。由于价格和环保优势，交通运输业对天然气新增需求不断增加，2013年加气站密集开建，一年内全国CNG（压缩天然气）加气站增加600座以上，LNG（液化天然气）加气站增加800座以上，天然气汽车新增50万辆以上，总保有量已增至160万辆以上，我国成为亚太第四、世界第六大天然气汽车市场。甲醇汽油M15国标已运筹7年，但2013年内仍未出台；甲醇汽油仅在山西、贵州、陕西和浙江等地有售，估计全年有45万t甲醇替代汽油；燃料乙醇无新增产能，仍限6省封闭使用和4省27市半封闭使用；生物柴油产量约为50万t/a，约有生产厂家100家，但目前只有中海油海南6万t/a生物柴油项目的产品获准在海南封闭销售B5柴油；电动汽车在北京、上海、重庆、杭州等城市仍处在示范试运行阶段，2013年全国电动汽车销量达到1.36万辆。2013年，由于煤价下跌，我国煤制油项目建设快速升温，已投产的直接和间接煤制油项目能力达173万t/a，另有煤、油混合加氢制清洁液体燃料共8套装置，合计产能100万t/a左右。全国煤基油品总产能为270万t/a，主要集中在煤炭资源丰富的鄂尔多斯和晋北地区。新型煤化工技术的突破和一批示范项目的建成投运，将为我国摆脱对石油的过度依赖、调整化工原料结构、实施石油替代战略做出贡献。2013年中国部分企业煤制油能力见表5。

表5　2013年中国部分企业煤制油能力

企业名称	产能（万t/a）	地点
神华煤制油化工有限公司	108	内蒙古鄂尔多斯
山西潞安煤基合成油公司	21	山西潞安
伊泰煤制油有限公司	16	内蒙古鄂尔多斯
神华中科合成油公司	18	宁夏
晋煤集团天溪煤制油分公司	10	山西晋城
合　计	173	

资料来源：中国石油集团经济技术研究院。

二、我国炼油工业未来发展趋势

目前，我国炼油工业面临着国内外经济形势复杂多变、国内市场主体多元化竞争加剧、油品升级步伐加快、节能环保压力增大的形势，挑战与机遇并存，但机遇仍为主导因素。

1. 2014年我国炼油工业发展展望

2014年，我国炼油能力预计将新增4 060万t/a左右，包括2个新建和4个以上改扩建项目。此外，民营炼油企业也将有部分改扩建项目投产。预计到2014年年底，我国炼油总能力将达到6.73

亿 t/a，同比增长 6.4%。继我国汽油标准 2014 年年初达到国Ⅳ标准以后，2014 年年底我国炼厂最主要产品柴油的标准也将升级至国Ⅳ标准，局部地区汽油标准将率先实行国Ⅴ标准。四川石化和泉州石化在 2014 年上半年投产，使得全年国内原油加工量将会加大；同时我国经济增速放缓，成品油市场需求增长乏力，炼厂开工率可能进一步下降。综合预计，2014 年我国原油加工量为 4.88 亿 t，同比仅增长 2%。成品油产量为 3.06 亿 t，同比增长 3.3%。其中，汽油产量为 10 420 万 t，同比增长 6%；柴油产量为 17 450 万 t，同比增长 1%；煤油产量为 2 735 万 t，同比增长 9%。若炼厂开工率保持 2013 年的水平或有所上升，国内成品油市场可能出现较明显的过剩局面。分公司看，中石油计划加工原油 1.55 亿 t，同比增长 6.2%，这主要得益于四川石化的投产；中石化计划加工原油 2.40 亿 t，同比增长 4%，年内将完成改扩建的扬子石化、九江石化和石家庄石化等将成为其产量的主要增长点。2014 年我国主要炼厂产能增长情况见表 6。

表 6　2014 年我国主要炼厂产能增长情况

所属集团	企业名称	地点	新增产能（万 t/a）
中石油	四川石化	四川彭州	910
小计			910
中石化	石家庄石化	河北石家庄	500
	九江石化	江西九江	350
	扬子石化	江苏南京	450
小计			1 300
中化	泉州炼厂	福建泉州	1 200
地方炼厂			650
合计			4 060

2. 未来我国炼油工业的发展趋势

（1）炼油规模仍将较快扩张，多元化市场主体新格局将进一步发展。根据目前在建、拟建及规划的炼油项目情况，预计 2015 年国内炼油总能力将达到 7 亿 t/a 左右，到 2020 年国内炼油总能力将达 8 亿 t/a 以上。目前，我国共计有 15 个左右的新建及改扩建炼厂项目在继续推进中，此外还有 15 个左右的规划炼油项目。2014 年以后部分将投产的国内新建及改扩建炼油项目见表 7。

表 7　2014 年以后部分将投产的国内新建及改扩建炼油项目

所属集团	区域	企 业 名 称	增长能力（万 t/a）	投产年份	备注
中石油	华北	华北石化	500	2015	改扩建
	西南	昆明炼厂	1 300	2016	新建
	华南	揭阳炼厂	2 000	2017	新建
中石化	华东	齐鲁石化	400		改扩建
		福建炼化二期	1 600	2016	改扩建
		镇海炼化二期	1 200		改扩建
		高桥石化	700		改扩建
		连云港石化	1 200		新建
	华中	洛阳石化	1 000	2017	改扩建
	华南	湛江东兴炼厂	300		改扩建
		中科大炼油	1 500	2015	新建
中海油	广东	惠州炼厂二期	1 000	2016	改扩建
	河北	中捷石化	800		改扩建
其他炼油企业	福建	古雷石化	1 600		新建
合计			15 100		

分市场主体看，中石油将有序推进炼化重点项目和成品油干线与管网建设，与中俄、中缅、中哈及海上四大战略通道建设进度相协调，搞好炼油布局和结构调整，适当推迟云南、揭阳等炼厂的投产时间，取消部分炼油项目，适度有效发展炼油工业。中石化将做大做强长三角、珠三角、环渤海湾三大炼化企业集群，做精做优沿江及内地炼化企业；加快大炼化一体化项目建设，同时推进一批改扩建和新建项目，高桥石化漕泾一体化项目有望于 2017 年投产。

从地炼情况看，一方面由于国家产业政策一直鼓励对 100 万 t/a 炼油能力以下的小炼厂进行关停并转，多省市也制定了执行车用汽油国Ⅳ标准时间表，一些规模小、条件较差、产品质量很难达标的地炼企业将面临新的考验和洗牌；另一方面，一些规模较大、条件较好的地炼企业，已经和将要获得国家允许的进口原油配额，一些相应的储运设施已建成或正在建设中，这为其进一步发展铺平了道路。

未来混合所有制经济将得到积极发展，一个以国有资本为主，国有和民营、内资和外资共同发展的我国炼油工业新局面或将在原有基础上有新的发展。随着我国炼油业与世界资源国大型炼化项目合作的深入发展，外资在华权益炼油能力将呈上升趋势。除中俄天津东方石化、中沙昆明石化、中委广东揭阳石化以及中科湛江大炼油等中外合资项目外，中石油与俄罗斯石油公司已签署协议确定天津炼厂将不晚于 2020 年年底建成投产。

俄罗斯、科威特与委内瑞拉等资源国的国家石油公司将继沙特之后进入我国炼油市场，届时外资在华的权益炼油能力将从目前的 824 万 t/a 陡增至 4 000 万 t/a 以上，约占全国总炼油能力的 6%。

（2）生产更清洁油品、进一步节能减排、实现绿色低碳可持续发展将是我国炼油工业未来发展的重点。目前，我国已正式公布了第五阶段车用汽油国家标准，并决定自 2018 年 1 月 1 日起在全国范围内推广使用。国Ⅴ汽油标准总体上与欧洲标准现行水平相当，汽油的硫含量指标限值由 50×10^{-6} 降为 10×10^{-6}；锰含量指标限值由 8mg/L 降为 2mg/L，禁止人为加入含锰添加剂；烯烃含量由 28% 降至 24%。与此同时，车用柴油国Ⅴ标准已颁布，过渡期至 2017 年 12 月 31 日。该标准规定国Ⅴ车用柴油硫含量不大于 10×10^{-6}，已达到目前欧盟标准。如此快的车用汽柴油质量提升要求给我国炼油工业带来了技术进步、装置改造、工艺改进、投入增加的巨大压力，尤其对很多小炼油企业压力更大。

我国将努力降低单位 GDP 的能源资源消费强度，已明确提出“十二五”期间单位 GDP 能源消耗降低 16%，单位 GDP 二氧化碳排放降低 8%，氨氮、氮氧化物排放均减少 10%，到 2020 年，单位 GDP 二氧化碳排放要比 2005 年减少 40% ～ 45% 等一系列约束性指标。我国炼油工业将通过不断优化组合生产方案，合理配置利用资源，进一步开发新技术、新工艺、优化调和组分，努力降低油品质量升级成本，积极推进节能减排，促进绿色低碳可持续发展。

（3）炼油布局将进一步优化，炼油工业与区域经济更加协调发展。随着中科大炼油等一批消费圈内大炼厂的建成，我国炼油的物流平均运距将有所缩短，炼油能力与市场将有更好的匹配。在布局方面，未来我国炼油工业布局重点将在向进口原油运输便利、市场需求集中以及主要资源地区进一步转移的同时，适当在炼能不足和空白地区建设必要的炼油装置以进一步优化炼油布局。在炼油能力相对过剩或严重过剩的地区，将限制或不上新建炼油项目，适度发展中西部地区的炼油业务，完善东部地区布局。近年来，山东炼油能力增加过快，已出现严重过剩的情况，其炼油能力已占全国总炼油能力的二成，使区域市场竞争异常激烈，需采取适当措施，逐步妥善加以解决。

到 2015 年，我国华南和西南地区的炼油能力将发生较大的变化，合计增加炼油能力 5 000 万 t/a 以上，将与当地的区域经济更加协调地发展；东北地区炼油能力所占比例将进一步下降，北油南运的局面将在一定程度上得到改变。预计到 2015 年，华中、西南两个地区仍将存在一定的市场缺口，东北、西北两个地区仍将是重要的成品油外输地。华东、华南、华北地区未来几年新建和扩建项目较多，产能增长迅速，能满足当地成品油的需求，形成供需大致平衡的局面。

（4）装置工艺结构和加工灵活性继续调整优化，大型化和炼化一体化程度进一步提高，企业核心竞争力和抗风险能力进一步加强。尽管我国炼油业技术水平不断提高，与国外差距在逐渐缩小，但总体看仍有较大差距。国外先进炼油企业的轻油收率超过85%，原油加工综合能耗低于40kg标准油/t；中石油、中石化虽然有一些沿海大炼厂轻油收率已达到或接近世界或亚太先进水平，但整体平均轻油收率为77%～79%，原油加工平均综合能耗为58～65kg标准油/t，一些中小落后炼油企业的轻油收率与能耗则差得更多。除新建大型炼油项目外，我国多数炼油企业是逐渐发展起来的，存在装置系列多、单系列规模小、装置构成复杂、能耗较高等问题，先进产能严重不足。我国炼油企业数目较多、规模大小参差不齐，行业内无序竞争的情况仍时有发生，制约了装置技术水平及行业整体盈利能力的进一步提升。这表明，我国炼油工业仍需进一步深入进行产业结构调整。

随着多个大型新建或改扩建炼厂的投产，预计到“十二五”末，中石油、中石化的装置平均炼油能力可分别升至740万t/a和820万t/a。随着我国乙烯和石化工业的进一步发展，未来我国装置的炼化一体化程度将进一步提高。但是，随着新型煤化工、天然气化工的快速发展，传统炼化一体化模式正面临挑战，并将可能出现煤、气、油炼化综合一体化的新模式雏形。未来将借助千万吨级炼油厂和大型乙烯工程改扩建及新建项目，加强公用工程系统的优化整合，实施炼油化工产业链间的资源整合和优化，提升资源利用效率，提高企业的整体竞争力，实现炼油化工的协同发展。

来自外部的进口压力和市场竞争将进一步加剧。随着经济全球化和我国对外开放的进一步深入发展，以及我国对外单边和多边自由贸易区的建立和发展，来自周边国家及地区（如韩国、新加坡、日本、俄罗斯等）的油品进口量将增加。随着成品油定价机制改革的深化和与国际市场的进一步接轨，一些发达国家和资源国家对我国的炼油投资将可能继续增加，同时一批有条件的地炼和民营炼厂在国家政策支持下将逐步发展，国内炼油业的多元化市场竞争还将进一步加剧。

（5）替代能源将继续较快发展，但石油基燃料在交通领域的主导地位中短期内不可替代，未来我国交通领域替代能源的开发仍将主要集中在天然气、煤制油、煤基醇醚燃料、电动车和生物燃料等领域。基于煤制油日益显著的经济效益以及不断完善的工艺技术，国家对煤制油项目审批松动，煤制油产能有望进一步上升。随着神华、陕西延长、兖矿、山西潞安、陕西煤业化工等企业的多个百万吨级煤制油项目投产，未来我国煤制油总产能将达千万吨级以上。随着我国天然气工业的快速发展和一批LNG项目的逐步建成投用，天然气汽车保有量和加气站数量将会快速增长。在解决电池充电速度和充电配套设施建设等问题的基础上，以电动车为主的电力替代将有望得到进一步发展。根据国家发改委发布的《可再生能源发展“十二五”规划》，到2020年，我国生物燃料乙醇和生物柴油的年替代量将达到1 000万t。目前多个燃料乙醇项目正在稳步推进，生物柴油工艺不断取得新突破。甲醇汽油将在克服一些技术经济问题后得到推广使用。替代能源的发展为炼油业产业结构调整，积极适应煤炭、天然气、生物质等替代燃料的较快发展，努力实现炼厂加工原料的多元化开拓了新的思路。中石油、中石化及中海油等大型国企将继续有选择、有重点地参与实用替代能源的规模化开发和利用。尽管如此，石油基燃料在车用燃料中的主导地位在未来相当长一段时间内仍不可动摇。

3. 化解过剩产能，促进我国炼油业科学健康发展

随着国内经济的转型升级，国内经济增速将适度放缓，而节能汽车的推广、替代能源用量的进一步增加等将使成品油消费量增速逐渐放缓，如不采取及时有效措施，炼油能力的过快增长将有可能使成品油供需差和净出口量持续扩大，影响我国炼油

工业的健康发展。业内专家们认为，从全局看，从亚太地区成品油市场供大于求的形势看，以及从我国的石油资源相对短缺的情况看，我国炼油工业的发展不宜走超量进口原油加工，既满足国内需求又大量出口的道路，只能走适量进口原油加工，以满足国内需求为主，少量出口调节局部或季节性余缺的道路。

专业人士指出，在我国炼油能力总体过剩背后存在着“四个不过剩、不平衡”的现实。它们是：

一是我国炼油能力区域分布不平衡，在一些地区、省份过剩严重的同时，仍有一些地区、省份不足甚至存在空白。

二是国内各炼厂的规模、装置工艺水平、加工水平、主要技术经济指标参差不齐，不平衡，接近亚太乃至世界先进水平的炼厂为数不多，并不过剩，加工水平较低、技术经济指标落后的炼厂为数不少。

三是国内各炼厂生产清洁和高附加值油品的能力不平衡，能保质保量生产国Ⅳ、国Ⅴ汽柴油的炼厂并不太多、能力并不过剩，无能力或限于条件和水平，经努力仍很难生产达标清洁油品的炼厂为数不少。

四是各炼油厂炼化一体化水平、核心竞争力和盈利能力不平衡，国际竞争力强、盈利能力强、资源配置利用水平高、管理水平高的炼厂及其能力并不过剩，而竞争力弱、盈利能力较差、资源配置利用水平低、管理较为粗放的炼厂为数不少。

因此，化解我国炼油能力的过剩问题不能搞一刀切，不能搞平均主义，要在着力培育、促进先进炼油能力发展的大前提下，双管齐下，对症下药，有效化解过剩产能。重点抓好以下两点：一要加强宏观调控，适当放慢炼油扩能速度，有序推进先进炼油能力的建设发展；二要通过充分发挥市场作用、适当调整产业政策，打破部门保护和地方保护主义，全国一盘棋，着力并妥善淘汰落后炼油能力。

2014年，我国炼油能力过剩的问题已引起国家有关方面的关注，正逐渐加强宏观调控，监控炼油扩能计划，进一步完善炼油项目的审批和产业政策。目前一些企业已主动采取措施，取消了一些改扩建项目，推迟了一些炼油项目的建成投产时间，例如中石化取消了北京燕山石化800万t/a扩能计划；中石油推迟了华北石化、昆明石化等炼油项目的建成投产时间，并暂缓和取消了一批炼油项目等。未来调整我国炼油工业产能过剩的工作还将继续大力推进。

2014年，我国炼油总能力预计将达到6.73亿t/a，同比增长6.4%。未来我国炼油工业将着力化解炼油能力过剩问题，同时加快油品质量升级，根据市场和资源优化布局，推进大型化和炼化一体化建设，在继续稳步增大规模实力的同时，通过内涵式发展持续提升盈利能力和国际竞争力，实现由炼油大国向炼油强国的转变。

〔供稿单位：中国石油和石油化工设备工业协会〕

2013年世界石化市场与我国石化市场概况

2013年，世界石化工业继续维持着调整步伐，触底回升的势头初步显露。2013年，我国石化产品的产能大幅增长，供应量的大幅增加直接压制了国内石化产品价格，石化企业利润增长有限，行业压力大增；受海关“绿篱”行动等影响，2013年乙烯当量消费量有较大幅度提升。2013年，我国新增乙烯产能110万t/a，总产能达到1 780万t/a；乙烯产量为1 622万t，增长明显；乙烯当量消费量为 3 418 万 t，同比增长 6.53%。合成树脂产量保持快速增长，进口小幅增长，全年需求增幅明显提升。合成橡胶产能仍大幅增长，但装置利用率大幅下降，产量和需求快速增长，进口增速略缓。合成纤维供应和需求虽保持增长，但增幅明显放缓。

2014 年，世界石化工业仍将处于周期低谷，但有企稳迹象，需求明显改善，供应增长更快，主要来自中东和亚洲；美国以乙烷为原料的乙烯产能继续增长；我国的乙烯、合成树脂和合成橡胶新增产能仍较多，除合成橡胶外，其他石化产品消费增速有所放缓。2014 年，世界经济呈现缓慢复苏的迹象，随着原油供应进一步增加，全年油价将出现比较温和的态势。预计 2014 年世界石化产业毛利将呈现前低后高的走势，全年毛利水平可能略好于上年。

一、2013 年世界石化市场概况

1. 世界乙烯装置平均开工率有所增长，乙烯产能较上年明显增加

据 HIS 公司估计，2013 年世界乙烯装置的平均开工率为 85.8%，略好于上年。其中，北美乙烯装置开工率为 90.8%，比上年高 0.8 个百分点；西欧为 78.5%，下降 0.8 个百分点。2013 年，由于以石脑油为原料的乙烯装置效益好转，东北亚的乙烯装置开工率有所提升，当年开工率为 91.2%，较上年提高 1.9 个百分点。

2013 年，全球新增乙烯产能较上年明显增加，共有 2 套大型乙烯装置和 3 套甲醇制烯烃（MTO）装置投产，同时，美国还有部分乙烯装置扩能，但欧美地区部分以石脑油为原料的乙烯装置关闭。截至 2013 年年底，世界乙烯产能为 15 355 万 t/a，产量为 13 170 万 t，分别比上年增长 421 万 t/a 和 394 万 t。

2. 以乙烷为原料的乙烯裂解装置占比继续上升

近年来，世界乙烯裂解装置的原料发生了较大变化，继 2011 年以乙烷等轻烃为原料的乙烯裂解装置占比首次超过以石脑油为原料的乙烯裂解装置后，该比例始终保持上升态势，2013 年，以乙烷为原料的乙烯裂解装置占比进一步提高至 52.2%。上升的主要原因：一是中东乙烯工业的迅速发展；二是美国页岩气的大力开发，使页岩气价格下降，生产商则放弃价格高的石脑油而选择价格更为低廉的页岩气作为乙烯原料；三是甲醇制烯烃及煤制烯烃产能快速增长，使轻烃原料的成本仅为石脑油成本的 30% ～ 40%。

3. 美国乙烯产能恢复增长，中国和沙特乙烯产能保持增长

2008 年以来，受金融危机和竞争力下降的影响，美国乙烯生产能力呈现缓慢下降的态势。2010 年以后，随着页岩气的成功开发，美国乙烯产能开始逐步增加。2013 年，美国乙烯产能为 2 771 万 t/a，比上年增加了 73 万 t/a，增长明显，占世界总产能的比例为 18.0%。

近两年，中国、沙特等国家的乙烯产能显著增加，受投资惯性的驱使，2013 年中国和沙特的乙烯产能继续保持增长，分别达到 1 780 万 t/a 和 1 579 万 t/a，比上年分别增加 110 万 t/a 和 20 万 t/a，占世界乙烯产能的比例分别为 11.6% 和 10.3%。

4. 世界乙烯供需仍集中在北美、西欧、亚洲和中东地区

2013 年，北美、西欧、东北亚、中东和东南亚五大区域的乙烯产能和产量之和分别达到 13 559 万 t/a 和 11 781 万 t，分别占全球的 88.3% 和 89.5%；世界乙烯消费量达到 13 170 万 t，以上 5 个地区共消费乙烯 11 755 万 t，占全球的 89.3%。其中，亚洲地区和北美是乙烯消费增长较快的地区，中东和西欧的乙烯消费呈恢复增长。

2013 年，中东地区乙烯下游装置建设速度落后于乙烯装置，乙烯出口量较大；东南亚乙烯下游需求增加较多，乙烯净进口量较大；西欧地区乙烯产量和需求恢复较快，导致乙烯进出口量都有所减少；东北亚地区乙烯流通贸易量较大；其他地区乙烯供需相对平衡。

5. 乙烯价格及毛利双双上涨

2013 年年初，原油价格小幅攀升，2 月份乙烯价格升至上半年高位，亚洲地区乙烯价格超过 1 400 美元/t。之后受到经济疲软、需求不旺和原油价格下跌的影响，乙烯价格出现回落，6 月份亚洲地区

乙烯平均价格跌到 1 240 美元/t 的全年低点。下半年乙烯价格再度逐步走高，10 月份达到全年最高价 1 443 美元/t，之后两个月价格维持在约 1 400 美元/t。2013 年乙烯平均价格高于 2012 年，其中，东南亚乙烯平均价格为 1 346 美元/t，同比增长 10.3%。从乙烯与石脑油的价差(乙烯毛利)分析来看，2013 年年初国际油价相对较高，乙烯价格冲高后回落，因此，价差呈先上扬后下跌的趋势。之后随着原油价格回落和石化产品价格趋于相对平稳，乙烯与石脑油的价差有所扩大，到 2013 年年底，价差超过了 500 美元/t。全年平均价差为 448 美元/t，比 2012 年上涨了近 50%。预计 2014 年乙烯与石脑油的价差将在 450 ～ 500 美元/t，继续回升。

6. 全球石油化工行业大型公司化工板块的利润增长有限

2013 年，受原油价格同比下滑、油气产量增长停滞甚至减少、油品市场低迷、生产成本费用上升等因素影响，各大石油公司营业收入远不及上年。埃克森美孚、壳牌和雪佛龙的净利润同比均出现两位数的降幅，BP 公司在剔除剥离资产所得收益等非经营项的影响后，净利润同比也下跌 23.5%。从化工板块看，2013 年陶氏化学营业收入同比略增长 0.5%，由于 8.5 亿美元资产剥离所得收益及超过 5 亿美元的成本削减等支撑，公司净利润是上年同期的 4 倍；受益于石油与天然气业务以及农业解决方案业务销售额的增加，巴斯夫营业收入增长 2.6%，其中农业解决方案业务及功能性新材料业务为巴斯夫带来了 0.5% 的净利润增长。

7. 合成树脂新增产能较多导致开工率下降，合成纤维及原料供需仍较快增长

2013 年，全球聚乙烯、聚丙烯、聚氯乙烯、聚苯乙烯和 ABS（丙烯腈 - 丁二烯 - 苯乙烯树脂）五大合成树脂产能为 2.48 亿 t/a，需求为 1.93 亿 t，开工率仅为 77.6%，较上年下降 1.4 个百分点。其中：聚乙烯产能增加 372 万 t/a；产量为 8 088 万 t，同比增长 4.1%；开工率约为 83.2%；需求量为 8 136 万 t，同比增长 3.7%。聚丙烯产能增加 275 万 t/a；产量为 5574 万 t，同比增长 2.9%；开工率约为 82.6%；需求量为 5 582 万 t，同比增长 3.4%。包装、汽车和医药领域需求增加是拉动聚丙烯消费增长的主要因素。

2013 年，全球合成纤维（含涤纶、腈纶、锦纶、丙纶和维纶）产能达 7 554 万 t/a，消费量为 5 161 万 t，同比分别增长 7.9% 和 4.9%；平均开工率继续下降，至 68.3%。供需增长主要来自涤纶，其他合成纤维产品供需少有变化。全球合成纤维原料（含精对苯二甲酸、乙二醇、丙烯腈和己内酰胺）产能达 11 143 万 t/a，消费量为 8 722 万 t，分别较上年增长 5.7% 和 4.2%。其中，亚洲合成纤维原料产能达 7 944 万 t/a，产量为 6 037 万 t，消费量为 6 566 万 t，同比分别增长 6.8%、9.7% 和 6.1%；占全球的比重分别升至 71.3%、69.2% 及 75.3%，较上年分别提升了 0.7 个、3.4 个和 1.4 个百分点。由于合成纤维原料产能增长远大于需求增长，平均开工率继续下降至 78%。供需增量主要来自精对苯二甲酸、乙二醇及己内酰胺。从区域来看，无论是供应还是需求，增长的推动力在亚洲，尤其是中国。

另外，据国际橡胶研究组织（IRSG）的数据，2013 年全球合成橡胶产能为 1 863 万 t/a，同比增长 9.5%；产量为 1 530 万 t，同比增长 2.5%；需求量为 1 530 万 t，同比增长 2.5%。

二、2013 年我国石化市场概况

1. 乙烯产能和产量增长明显

截至 2013 年年底，我国乙烯总产能达到 1 779.5 万 t/a，乙烯产量为 1 622 万 t，分别较上年增长 6.6% 和 6.5%。

2013 年，我国净增乙烯产能约为 110 万 t/a，主要来自中国石化武汉分公司新建的 80 万 t/a 装置、宁波禾园化工的 30 万 t/a 装置及惠生（南京）清洁能源股份有限公司的 13.5 万 t/a 装置。

2013 年我国主要乙烯生产企业产能和产量见表 1。

表 1　2013 年我国主要乙烯生产企业产能和产量

企业名称	产能（万 t/a）	产量（万 t）
中石化	1 023	998.0
燕山分公司	86	72.3

（续）

企业名称	产能（万t/a）	产量（万t）
齐鲁分公司	80	72.3
扬子分公司	70	70.5
上海石化股份有限公司	70	95.3
茂名分公司	100	112.6
天津分公司	20	22.2
广州分公司	21	22.5
中原石化有限公司	28	24.9
上海赛科石化有限公司	114	116.7
扬子－巴斯夫有限公司	74	71.9
中沙（天津）石化有限公司	100	108.6
镇海炼化分公司	100	111.1
福建联合石化公司	80	71.4
武汉分公司	80	25.7
中石油	517	398.0
大庆石化分公司	120	76.0
辽阳石化分公司	20	15.1
吉林石化分公司	85	73.4
独山子石化分公司	122	131.9
抚顺石化分公司	100	38.6
兰州石化分公司	70	63.2
其他企业	239.5	226.0
辽宁华锦化工（集团）有限责任公司	61	67.5
中海壳牌石油化工有限公司	95	103.2
神华集团化工有限公司	30	27.7
宁波禾园化工	30	20.0
惠生（南京）清洁能源股份有限公司	13.5	0.5
沈阳蜡化有限公司	10	7.3
合　计	1 779.5	1 622.0

2. 乙烯当量消费量增速为近3年最大增速

2013年，我国乙烯当量消费量为3 418万t，较上年的3 216万t增长6.3%，为近3年的最大增速。2013年，尽管我国经济增长继续减速，但受海关“绿篱”行动的影响，原来使用废旧塑料的行业转而使用新原料，有力地支撑了乙烯当量消费量的快速增长。2013年我国进口乙烯170.4万t，基本没有出口，进口下游产品折合乙烯当量约1 626万t。

从2013年乙烯当量消费结构来看，聚乙烯和乙二醇仍是支持乙烯当量消费量的主要产品。国内聚乙烯表观消费量为1 987万t，同比增长9.8%；乙二醇表观消费量为1 192万t，同比增长10.8%。近年来用乙烯法生产的聚氯乙烯（PVC）产量虽略有增加，但仍无助于聚氯乙烯消费量的增长，其占乙烯当量消费量的比重继续下降。

2013年，聚乙烯约占乙烯当量消费量的55.7%，比例与上年持平；乙二醇占乙烯当量消费量的21.3%，比例与上年持平；苯乙烯占乙烯当量消费量的比例由2012年的8.5%下降至2013年的7.4%；聚氯乙烯占乙烯当量消费量的比例由2012年的7.7%下降到2013年的7%。2013年，支撑乙烯当量消费量增长的另一主力是环氧乙烷，占乙烯当量消费量的4.5%。

3. 合成树脂供需明显增长，进口小幅增长

2013年，我国五大合成树脂（聚乙烯、聚丙烯、聚氯乙烯、聚苯乙烯和ABS）产能为6 537万t/a，同比增长8.6%；产量为4 456万t，较上年增长6.8%；表观消费量为6 106万t，同比增长8.8%。

2013年，我国五大合成树脂产能增长较多，其中，聚乙烯产能增加85万t/a，年末产能达到1 261万t/a；聚丙烯产能增加117万t/a，年末产能达到1 539万t/a；聚苯乙烯产能增加18万t/a，年末产能达到813万t/a；聚氯乙烯产能增加252万t/a，年末产能达到2 606万t/a；ABS产能增加40万t/a，年末产能达到318万t/a。

2013年，我国五大合成树脂进口量为1 749万t，同比增长3.6%，其中聚氯乙烯、聚乙烯和聚丙烯进口量增加较多，而聚苯乙烯和ABS进口量均明显下降。

4. 合成纤维供需增速放缓，合成纤维原料供应继续快速增长

2013年，我国合成纤维（含涤纶、腈纶、锦纶、丙纶和维纶）产量达3 739万t，消费量达3 579万t，同比分别增长7.1%及6.8%，增幅较上年下降3～4个百分点。其中锦纶供需增长约16%，是合成纤维中增长最快的品种。

2013年，我国合成纤维原料（包括精对苯二甲酸、乙二醇、丙烯腈和己内酰胺）产能合计达4 222万t/a，同比增长15.8%；全年产量为3 061万t，同比大幅增长20.6%。由于国内合成纤维原料产量大幅增长，因此全年合成纤维原料净进口量大幅减

少，仅为1 191万t，同比下降18.3%。其中除乙二醇净进口量同比增长4.3%外，其他原料进口量同比均呈下降趋势。全年国内合成纤维原料消费量达4 252万t，同比增长6.5%，较上年下降3.3个百分点。

2012年我国部分合成纤维原料产能爆发式增长的势头在2013年有所减缓，装置负荷提升使得合成纤维原料国内供应量增幅较大，远快于下游需求的增速。因此，2013年我国合成纤维原料净进口量大幅减少，价格处于低位，行业效益恶化。

5. 合成橡胶供应继续增长，需求增速有所加快

2013年，合成橡胶（含7大基本胶种及SBS苯乙烯－丁二烯－苯乙烯嵌段共聚物，下同）产量达301万t，同比增长6.2%；进口量为130.3万t，同比增长5.4%；出口量为18.1万t，同比减少3.9%；表观消费量为413万t，同比增长6.4%。

2013年，我国汽车行业恢复加快，全年汽车产量为2 211.7万辆，同比增长14.8%，增速较上年提高10.2个百分点。据海关统计，2013年我国汽车出口量是92万辆，同比减少7.1%。汽车产量的增长拉动了合成橡胶的需求增长加快。

6. 化工行业主营收入和利润增长

2013年，受供应较快增长的压制，部分石化产品价格出现了回落趋势，但聚烯烃产品价格较上年明显走强，并且部分市场供应紧俏的产品价格也呈上升趋势，如芳烃产品等。受此影响，2013年我国化工行业实现主营业务收入8.1万亿元，同比增长12.7%；行业利润总额为4 308亿元，同比增长12%。中石化集团化工板块2013年营业收入达4 376亿元，同比增长6.2%；营业利润为191.5亿元，同比增长7%。

三、2014年国内外石化工业展望

2014年，全球经济复苏的基础进一步奠定，即：发达国家经济增长动力增强，新兴国家经济企稳。受投资惯性的影响，2014年全球石化行业有大量新增产能陆续投放，石化行业仍面临许多挑战。值得注意的是，2014年美国页岩气开发利用的新项目将陆续开展前期工作，可能会引发新一轮乙烯裂解原料的革命。未来美国将大量增加以乙烷为裂解原料的乙烯装置，其乙烯系列产品竞争力会大幅提高，这将给我国石化工业带来新的挑战。同时，在高油价及我国石化产品存在较大缺口的共同推动下，我国民营企业势必积极参与煤制烯烃和乙二醇产业，这将给我国的传统石化工业带来挑战。

1. 世界石化工业展望

（1）2014年世界石化工业需求明显改善，乙烯装置负荷提升。2014年，世界石化产品需求明显改善，装置负荷继续提升。IHS预计，2014年世界乙烯净增产能489万t/a，同时部分落后产能被关闭，总产能约15 844万t/a，产量为13 896万t，同比分别增长3.2%和5.5%。全球有4套新建乙烯装置（分别位于伊朗、中国、印度及阿联酋）、1套乙烯装置扩能（位于美国）、中国有3或4套MTO装置投产，新增产能的规模较上年提高。随着下游需求增速的回升，乙烯装置负荷将提升到87.7%，较上年提高1.9个百分点。其中，东北亚地区乙烯需求继续好转，地区内乙烯装置始终保持高开工率，2014年达到94.1%；北美地区随着乙烷原料的产能及供应继续增长，乙烯装置开工率也明显提升，2014年将达到91.6%；西欧地区随着落后产能的关闭及下游需求的改善，地区内乙烯装置开工率提升至80%以上。

（2）石化工业发展格局将发生改变，供应增长将来自北美，下游需求也将有所改变，高油价和低天然气价使以乙烷为原料的乙烯裂解装置竞争力提升。目前，北美页岩气（富含乙烷）价格只相当于布伦特原油价格的25%，未来5年天然气价格可能略有上升，但仍远远低于油价，北美石化企业将保持较高盈利水平。目前美国和加拿大均在扩大以乙烷为原料的乙烯产能，下游产品主要用于出口。

据预测，2014年全球石化产品需求将重新开始较快增长。需求增长仍主要源自新兴经济体，尤其是中国，发达国家的需求较以往也有明显改观。

（3）美国以乙烷为原料的乙烯生产能力继续增长。美国在2008年金融危机后关闭了部分重质原料的乙烯装置，在页岩气低廉价格的吸引下，生产商开始尝试建设以乙烷为原料的裂解装置。2014

年，预计美国乙烯总生产能力将达到2 830万t/a，较2013年增加78万t/a；预计产量为2 850万t；开工率为91.1%。与2008年相比，美国以石脑油为原料的乙烯装置占比大幅下降，由2008年的18%将下降到2014年的4.7%；以乙烷为原料的乙烯装置占比则从56.6%升至74.6%。随着乙烷等轻烃原料的大量使用，美国乙烯原料将进一步轻质化，乙烯装置的平均开工率还将逐步提高。

（4）世界乙烯下游产品需求继续增长，但产能增长更快，装置负荷略有下降。预计2014年全球五大合成树脂新增有效产能1 030万t/a，其中，聚乙烯新增产能313万t/a，聚丙烯新增产能301万t/a。五大合成树脂生产装置的平均开工率为77.9%，较2013年提高0.3个百分点。其中，东北亚地区开工率下降1.1个百分点至70.5%，北美地区开工率提升1.6个百分点至88.5%，中东地区开工率提升1.1个百分点至83.6%。

2014年，全球合成纤维产能将升至7 885万t/a，较上年净增331万t/a，同比增长4.4%；消费量将达5 487万t，较上年净增326万t，同比增长6.3%；装置平均开工率将略升至69.6%。其中，亚洲合成纤维产能将增至6 898万t/a，消费量将增至4 217万t，同比分别增长10.4%和6.1%，涤纶仍是支撑亚洲地区合成纤维供需增长的主力。可见，拉动合成纤维增长的动力主要来自亚洲。

预计2014年，全球合成橡胶产能仍将继续增长，需求量将增至1 540万～1 580万t/a，同比增长0.9%～3.8%。

2014年世界主要新增乙烯产能见表2。

表2　2014年世界主要新增乙烯产能

公司或项目	国家或地区	增加量（万t/a）	投产时间
Kavyan PC	伊朗	100	2014年初
Borouge	阿联酋	150	2013—2014年
O PAL	印度	110	2013—2014年
中石油四川分公司	中国	80	2014年一季度
美国3套乙烯装置扩能项目	美国	154	2013—2014年
中国MTO装置	中国	115	2014年

2. 我国石化工业展望

（1）2014年我国乙烯产能净增规模扩大，消费增速有所回落。预计2014年我国乙烯产能将达到2 020万t/a，较上年净增约240万t/a，包括中国石油四川石化分公司新建的80万t/a乙烯装置、中国石化福建炼化及镇海炼化分别扩建30万t/a乙烯装置以及4套MTO装置。

预计2014年我国乙烯当量需求量为3 595万t，较上年增长5.2%。需求的增长仍主要来自乙烯下游产品聚乙烯和乙二醇的消费，另外，环氧乙烷所占比重继续提升。其中，聚乙烯增量占乙烯增量的54%，乙二醇占23%。预计2014年将进口乙烯约160万t，进口下游衍生物折合乙烯约1 600万t。

（2）我国合成树脂新增产能继续保持较高水平，需求增长放缓，国内资源充足。2014年，我国将新增聚乙烯产能150万t/a，主要来自成都乙烯、延长中煤和浙江兴兴新能源；新增聚丙烯产能272万t/a，主要来自成都乙烯、延长中煤、浙江兴兴新能源、神华宁煤和中化福建等。预计到2014年年底，我国五大合成树脂产能约7 000万t/a；产量为4 900万t，同比增长9.3%；需求量为6 320万t，同比增长5.1%；净进口量约为1 420万t。其中，聚乙烯产量约为1 262万t，需求量为2 050万t，同比增长5.1%；聚丙烯产量约为1 410万t，需求量为1 820万t，同比增长5.8%。

（3）外部经济形势的好转为中国纺织制品出口增长提供空间。随着国外经济形势的好转，个人消费开始恢复，对民生产品——纺织品服装的需求也有所拉升。纺织品服装出口市场的增长为国内合成纤维需求提供了空间。预计2014年我国合成纤维需求量为3 812万t，净增长233万t，同比增长6.5%，增速较上年略有减缓。涤纶仍是合成纤维的主要产品，预计全年涤纶需求量为3 370万t，同比增长6.6%。

（4）2014年我国合成橡胶供应增加仍较多，需求增速与上年持平或略有加快，毛利水平难有明显改观。预计2014年我国合成橡胶新增产能89万t/a，年末产能将增加到583万t/a；全年产量约为340万t，同比增长约为13%。受欧美经济复苏、汽车业继续回暖等因素影响，预计2014年我国轮胎需求将继续增长，因此，带动合成橡胶需求量增长。2014年，我国合成橡胶需求量约为443万t，同比增长7.2%。2014年我国合成橡胶生产能力增长较多，结构性过剩仍较严重。随着经济的触底回弹，下半年行业状况略有好转，但受限于天然橡胶供应能力较大及合成橡胶本身的过剩产能，合成橡胶毛利仍处于较低水平。

四、2013年我国石油和化学工业经济运行及行业发展概况

2013年，面对复杂困难的国内外宏观经济形势，我国石油和化工行业经济运行总体平稳，基本实现预期增长目标。行业效益明显改善，产业转型升级稳步推进，投资结构继续优化，出口保持增长，市场供需基本稳定。展望2014年，尽管行业产能过剩问题仍很突出、产业结构调整还不能完全适应市场变化、科技创新能力不足、安全生产和环保压力增大等一些制约行业经济发展的瓶颈尚未取得根本性突破，但随着国内全面深化改革的展开，新型城镇化建设的推进，保持行业经济平稳运行的有利因素将不断增加。

1. 行业经济运行概况

2013年行业主要经济指标基本符合增长预期。据国家统计局数据显示，2013年1—11月，全行业规模以上企业28 303家，实现主营收入约12.0万亿元，同比增长9.0%，占全国规模主营收入总额的13.0%；利润总额7 761.4亿元，同比增长9.0%，占全国规模利润总额的14.6%；完成固定资产投资1.84万亿元，同比增长19.0%，占全国工业投资总额的11.2%；资产总计9.91万亿元，同比增长12.2%。1—11月，行业实现进出口总额5 883.6亿美元，同比增长1.4%，占全国进出口总额的15.6%。1—11月，全国石油天然气总产量（油当量）同比增长3.9%；主要化学品总产量同比增长5.8%。

石油天然气开采业收入增长放缓，利润下降。1—11月，石油和天然气开采业规模以上企业277家，实现主营收入1.21万亿元，同比增长1.6%；利润总额3 585.2亿元，同比下降6.8%；完成固定资产投资2 559.6亿元，同比增长27.6%；行业资产总计2.08万亿元，同比增长6.1%。

原油加工业收入增长平稳，行业扭亏为盈。1—11月，原油加工业规模以上企业1 320家，实现主营收入3.15万亿元，同比增长3.8%；利润总额343.4亿元，去年同期则亏损129.8亿元；完成固定资产投资1 950.1亿元，同比增长27.4%；资产总计1.51万亿元，同比增长11.4%。

2. 石油企业国际化发展跃上新台阶，中俄油气合作取得历史性突破

2013年，我国石油企业境外油气合作继续较快发展，合作方式和领域均取得新进展。权益油产量继续保持较快增长，海外并购继续发挥重要作用，全年交易总额超过200亿美元。

2013年，中石油海外油气业务全年实现油气作业当量1.23亿t，其中原油作业产量首次突破1亿t；权益油气当量达5 920万t。中石油海外重点探区捷报频传：乍得项目Bongor盆地五大潜山先后发现厚油层，获得高产油气流；尼日尔Agadem项目发现更大资源前景，为中石油增加在西非的油气产量夯实了资源基础；阿姆河右岸项目东、西部甩开勘探均获重大突破，为阿姆河项目产能建设提供了新的资源基础；东非莫桑比克4区块勘探获得重大突破；卡塔尔海域发现首个高产前二叠系碎屑岩天然气气藏，开辟了油气勘探新领域；苏丹、PK、安第斯等项目滚动勘探获得显著进展。中石油海外新项目开发获得重大进展，收购康菲石油公司西澳大利亚海上布劳斯（Browse）盆地波塞冬（Poseidon）项目20%的权益和陆上凯宁（Canning）盆地页岩气项目29%的权益；收购必和必拓公司西澳大利亚布劳斯LNG项目全部权益，包括西布劳斯20%和东布劳斯8.33%的股份；收购埃克森美孚公司伊拉克西古尔奈－1期技术服务合同25%的权益；与巴西国家石油公司全资子公司签订收购巴西能源秘鲁公司全部股份的协议；获得诺瓦泰克公司主导的俄罗斯北极项目亚马尔(Yamal)

LNG 项目 20% 的权益；与中海油、巴西国家石油公司、壳牌、道达尔联合中标巴西桑托斯盆地的盐下利布拉深水油田开采权，中石油和中海油各持 10% 的权益，这是中国油企联合在海外油气资产收购中成功中标的最大油气资产项目。另外，中石油还与土库曼斯坦天然气康采恩签署年增供 250 亿 m^3 的天然气购销等协议，预计到 2020 年左右，土库曼斯坦每年向我国出口天然气总量将达到 650 亿 m^3。

中石化公司 2013 年继续实施“走出去”战略，不仅首次进入埃及油气富集区，丰富了资源战略选区，而且增加了在安哥拉、美国、加拿大的资产规模。自 2012 年中石化收购戴文（Devon）公司在美国 5 个页岩油气资产 33% 的股权后，2013 年中石化公司收购了切萨皮克（Chesapeake）位于俄克拉荷马州北部密西西比页岩油气区资产 50% 的股权；以 31 亿美元收购美国阿帕奇埃及油气资产 1/3 的权益；以 15.2 亿美元收购马拉松石油公司所持安哥拉 31 区块 10% 的油气勘探开发权益；与台湾中油股份有限公司签署协议，收购其缅甸 D 区块 30% 的权益。2013 年，中石化在巴西 Sap、Lula 油田提前投产；安哥拉 18 区块产量创历史新高；喀麦隆 Iroko 区块成功获得 20 年开发许可；Addax 尼日利亚 KTM 油田新建产能 183 万 t/a，这是中石化担任作业者第一个独立建设投产的海上油田，实现了中石化海外海上油田建设零的突破。在炼化业务领域，中石化新加坡润滑油脂项目投产，这是中石化炼化板块首个海外直接投资建设的项目；中国石化化工销售（香港）有限公司与俄罗斯西布尔控股股份公司签署协议，认购其位于克拉斯诺亚尔斯克市的合成橡胶厂 25% 股份并参与管理，这是中石化首个境外化工项目。

中海油公司 2013 年完成收购加拿大尼克森公司的交易，交易总对价约为 151 亿美元，这是迄今为止我国公司完成的最大一笔海外收购，中海油的国际化发展跃上了一个新平台。通过收购，中海油证实储量增加约 30%，产量增加 20%，并战略性地进入海上油气富集盆地和新兴页岩气盆地。此外，中海油与巴西石油公司、壳牌、道达尔及中石油组成的联合投标体中标巴西海上桑托斯盆地的盐下利布拉油田，标志着中海油进入了超深水领域。目前，中海油在全球近 20 个国家进行勘探开发作业，海外探明可采储量逐年递增。在国内，中海油先后与雪佛龙、BP、壳牌等多家国外石油公司签订石油合同，联合对南海东部、南海西部和渤海海域进行勘探。2013 年，中海油又推出我国近海的 25 个区块与国外公司进行合作，继续拓宽对外合作道路。

2013 年，在中俄双方政府的推动下，中俄油气合作取得历史性突破。2 月，俄罗斯石油公司与中石油就增加俄罗斯对中国原油供应、东线天然气管道建设、中方进口俄罗斯液化天然气、中俄合资建设炼油厂签署相关协议。9 月，中俄双方就天然气贸易基本条款达成共识。根据约定，俄罗斯天然气工业股份公司从 2018 年起每年向中国输送 380 亿 m^3 天然气，最终年输送量将达到 600 亿 m^3。

3. 国内合作领域进一步拓展

2013 年，我国石油公司根据业务发展需要，持续推进与地方政府及其他相关企业的合作。

中石油：6 月，分别与全国社保基金、长江养老、清洁基金、宝钢集团以及保险公司和国有银行等参股方签署了中国石油油气管道合资合作战略协议，这是国务院“新 36 条”颁布后中石油又一例引入民间资本的国家重点工程项目，标志着国有资本对民间资本的开放迈出实质性步伐，开辟了民营资本参与战略性行业的新通道，推动了国内投资融资领域创新和金融体制改革；8 月，与中国船舶工业集团公司签署战略合作协议，双方将进一步促进在运输船舶设计建造、海洋工程装备设计建造、油气产品贸易与运输、金融业务及以气代油方面的合作；8 月，与国家开发银行签署战略合作协议；9 月，与四川省能源投资集团有限责任公司、宜宾市国有资产经营有限公司和北京国联能源产业投资基金联合，在成都成立四川长宁天然气开发有限责任公司，将主要负责宜宾市长宁区块的页岩气开发，区块总面积 4 200km^2；11 月，与延长石油集团签署战略合作协议，双方将组建成品油销售机构。

中石化：1 月，与中国海运（集团）总公司签署润滑油服务合作协议；2月，与南阳市政府合资成立中国石化南阳能源化工有限公司；3月，与山东省东营市签署战略合作框架协议，确定在原油供应、石化产业发展、基础设施及民生工程建设等多领域进一步深化合作；5月，与中国邮政储蓄银行签署战略合作协议，将充分发挥销售网络资源优势，积极探索物流与渠道合作的新模式；8月，与湖北宜昌市签署合作框架协议，双方将在成品油、天然气、非油品、基础设施及民生工程建设等领域开展合作；12月，由中国石化股份有限公司与湖北省宜昌市政府共同组建的中石化宜昌三峡石油有限责任公司挂牌成立，公司主要经营成品油、天然气、非油品及其他石化产品，拟在“十二五”期间新建30座加油站。

中海油：4月，与中国船舶重工集团公司签署战略合作协议，双方将进一步加强在海洋油气勘探开发、油气运输及相关装备研发制造等领域的合作；4月，与中国兵器集团公司签署战略合作框架协议；5月，与中国核工业集团公司签署战略合作框架协议；7月，与国新国际投资有限公司签署境外投资合作框架协议，双方将结为战略合作伙伴，共同推动我国能源企业境外投资业务的发展；8月，与山西晋城市政府签署战略合作框架协议，双方将在煤层气开发、液化天然气、综合服务区、装备制造等相关产业上进行深入合作，未来三至五年，中海油计划在晋城市投资约100亿元。

4. 企业深化改革，推进专业化发展

2013年，各石油公司围绕公司的国际化经营目标，针对企业发展的需要，深化改革，推进专业化发展。

2013年3月，中石油海外勘探开发公司(CNODC)与中国石油经济技术研究院联合组建中国石油海外发展战略研究中心，业务重点是围绕海外油气业务发展，开展海外重点地区、重点项目及重点领域的发展战略与经营策略研究，海外重大发展与管理问题研究，海外重点油气合作区以及资源国政治、经济、社会和生产经营环境监测等。

2013年3月，中石化在央企中率先成立能源管理与环境保护部，主要负责能源管理、节能减排、环境保护、资源综合利用、碳资产管理等方面规章制度与流程的制定、修订并组织落实。4月，中国石化抚顺石油化工研究院和中国石化炼油销售有限公司联合成立中国石化炼油特殊产品应用技术中心，主要从事炼油特殊产品的开发、应用及技术服务。5月，中国石化催化剂有限公司成立。该公司是中石化的全资子公司，是中石化催化剂生产、销售和管理的责任主体。2014年1月13日，中国石化休斯敦研究开发中心揭牌，这是中石化第一个境外研究机构。研究开发中心将充分利用美国休斯敦作为世界石油和石化工业中心技术发展快等特点，充分发挥其在科技人才、信息以及环境等方面的优势，为中石化实现创新驱动发展战略提供有力的技术支撑。

2013年4月，中国海洋石油渤海石油管理局和南海西部石油管理局分别于天津塘沽和广东湛江成立。两家石油管理局的成立，将进一步理顺地区管理关系，加强中海油驻天津、湛江单位的协调发展力度，提高区域资源统筹和使用效率。

5. 科技创新取得重大进展

2013年，我国石油公司实施科技创新驱动发展战略，科技创新取得重大进展，解决了我国油气行业及相关领域的一系列难题，科技贡献率持续提高，企业自主创新能力和核心竞争力不断提升。

2013年，中石油多项重大科技专项攻关取得重要阶段性成果，一批制约主营业务发展的关键技术瓶颈被攻克。“中国石油科技创新体系建设工程”“超大型地震数据处理解释一体化系统GeoEast研发及应用”分别获得国家科技进步奖二等奖，“碳酸盐岩油气藏转向酸压技术与工业化应用”获得国家技术发明奖二等奖。全年该公司共取得138项重要成果、获3 627项授权专利，展示了中石油实施创新驱动发展战略的良好效果。公司实施“优势领域持续保持领先、赶超领域跨越式提升、储备领域占领制高点”科技创新三大工程，三元复合驱油、催化汽油加氢脱硫成套技术等系列重大专项实现理论技术创新。中石油自主攻关，初步形成成套页岩气开采技术，已在四川长宁 - 威远国家级页岩气示范区投入使用；全面建成具有国际先进水平的 40 个重点实验室和试验基地；煤层气开发工程研究中心等 15 个平台被确定为国家级重点实验室和研究中心；积极参与国际科技合作，高精度数字检波器研发等 6 个合作项目正式启动，成为国际能源署提高石油采收率项目合作实施协议正式成员；成立中国石油－壳牌页岩油联合研发中心，开启全球页岩油技术联合研发。

2013 年，中石化把科技创新摆在公司发展的核心位置，取得了一批科技创新成果。该公司自主研发的生物航煤试飞成功，开辟了生物燃料的生产技术路线，使我国成为世界上少数几个掌握生物航煤生产技术的国家之一；页岩气勘探开发技术的突破，为川东南海相页岩气的有效开发利用提供了有力的技术支撑；对二甲苯自主开发技术的工业化应用，使中石化成为全球第三个具有完全自主知识产权的芳烃生产专利商。在科技开发领域，全年申请国内外专利 4 442 项，获得国内外专利授权 2 388 项；获得国家技术发明奖和科技进步奖各两项，分别是“全结晶复合孔分子筛催化新材料的创制与工业应用”和“含空间位阻的大分子硫化物脱除关键技术及相关催化材料创制”获得国家技术发明奖二等奖，“油藏地球物理技术突破及老油田高效开发应用”和“油气煤铀同盆共存富集成藏理论技术创新与多种能源矿产协同勘探”获得国家科学技术进步奖二等奖。

高科技是海洋石油工业的重要特征。2013 年中海油一直坚持以科技引领未来方向，不断推进自主创新能力的建设。2013 年，我国首艘作业水深 3 000m 的多功能水下工程船“海洋石油 286”出坞，使中海油具备了深水油田的全过程开发能力；首个深水气田荔湾 3-1 的海上组块浮托安装入选“2013 年中国十大海洋科技进展”，使我国成为世界上第三个完整掌握 3 万吨级平台整体浮托技术的国家，同时“海上油田超大型平台浮托技术创建及应用”获国家科技进步奖二等奖；“海洋石油 981”实际最大作业水深突破 2 400m，深水钻探和完井能力均通过“大考”；“海洋石油 201”首战告捷，铺管水深突破 1 400m；“海洋石油 720”成功完成多个深水区块的三维地震作业并亮相海外。与此同时，中海油的海洋石油高效开发国家重点实验室、海洋石油勘探国家工程实验室通过验收，国家能源深水油气工程技术研发中心挂牌成立，国家级锂离子动力电池工程技术研究中心开始建设。全年中海油获 765 项专利授权（含发明专利 292 项），其中国内专利授权 708 项（含发明专利 275 项）。

6. 推进节能减排，坚持绿色低碳发展

我国石油企业在面临内外部发展环境变化带来的严峻挑战的情况下，把节能减排作为转变发展方式的重要抓手，努力打造绿色、可持续的石油生产方式。

中石油不断加大节能减排技术和能量系统优化技术的研发利用，继续推进“十大节能工程”和“十大减排工程”，努力建设资源节约型和环境友好型企业。2013 年，该公司实施节能重点项目 63 项，加强炼化能量系统优化和节水技术研究，建立了公司的炼化节水技术评价方法和炼化节水技术数据库。公司将总量减排目标分解落实到各专业分公司所属企业，全年实现节能量 108 万 t 标准煤、节水量 2 007 亿 m^3，化学需氧量（COD）和二氧化硫排放量比上年分别下降 3.53%、5.38%。2013 年 11 月 28 日，在北京环境交易所启动碳排放交易之际，中国石油国际事业公司完成了国内首单 CCER（中国核证减排量）交易，积极推动我国环保市场体系的培育和发展，成为中石油践行绿色低碳发展的又一标志性事件。

2013 年，中石化大力推进节能降耗、“碧水蓝天”环保专项行动和碳资产管理，发挥节能减排一体化管理优势，全面完成节能减排指标，环境风险防控能力得到加强，碳资产管理取得行业示范。该公司宣布实施“碧水蓝天”环保计划，计划 2013—2015 年投入近 230 亿元，实施 803 个环保综合整治项目，这是中石化发展史上规模最大的环保治理行动，也是迄今为止我国企业一次性投入最密集、涉及范围最广的环保专项治理行动。中国石化北京燕山分公司在北京环境交易所购买了京能集团 2 万 t 碳配额，完成了基于配额的首笔碳排放权交易，这是我国培育和发展环保市场的突破性进展，中石化拟以入股方式与北京环境交易所展开进一步战略合作。该公司全年万元产值综合能耗比上年下降 2.01%，工业取水量减少 1.19%，化学需氧量（COD）比上年减少 3.85%，二氧化硫排放量比上年减少 4.71%，危险化学品和“三废”妥善处置率达到 100%。

2013 年，中海油投入节能资金 2.77 亿元，实施了 131 个节能减排项目，万元产值用水量为 2.094t，全年完成节水量 643.6 万 t；万元产值综合能耗为 0.291 6t 标准煤，全年实现节能量 29.9 万 t 标准煤，30 家所属单位均完成了“万家企业”年度节能目标。

2014 年，世界经济将继续保持复苏态势，油气市场供需基本平衡；国内经济继续保持 7.5% 左右的中高速增长态势，国内油气市场需求持续旺盛，油气行业和石油企业发展机遇大于挑战。

〔供稿单位：中国石油和石油化工设备工业协会〕

我国石油装备产业集群发展概况

2013 年，我国已成为全球第 4 大石油生产国和第 2 大石油消费国，第 6 大天然气生产国和第 4 大天然气消费国。随着我国石油工业的快速发展，我国油气消费占一次能源消费的比例也在逐年上升，2013 年已达到 23%，而世界油气消费的比例 2013 年已超过了 56%。石油工业的大发展和巨大的投资带动了我国石油装备制造业的发展壮大和产业集群的蓬勃发展。2013 年世界主要能源消费大国能源结构见表 1。2000—2013 年我国油气产销量统计见表 2。2010—2013 年我国石油化学工业投资情况见表 3。2013 年我国十大油气田油气产量情况见图 1。2005—2014 年全球油气勘探开发投资见图 2。2005—2013 年我国石油化学工业投资见图 3。2005—2013 年我国油气开采业投资见图 4。

表 1　2013 年世界主要能源消费大国能源结构

国家	项　目	石油	天然气	煤炭	核能	水电	可再生能源	合计
中国	消费量（单位：百万吨油当量）	507.400	145.452	1 925.297	25.033	206.281	42.921	2 852.361
	占本国一次能源比例（%）	17.79	5.10	67.50	0.88	7.23	1.50	100
	占世界本类能源比例（%）	12.12	4.82	50.31	4.44	24.10	15.37	22.41
美国	消费量（单位：百万吨油当量）	831.000	671.012	455.709	187.931	61.514	58.636	2 265.830
	占本国一次能源比例（%）	36.68	29.61	20.11	8.29	2.71	2.59	100
	占世界本类能源比例（%）	19.86	22.22	11.91	33.37	7.19	20.99	17.80
俄罗斯	消费量（单位：百万吨油当量）	153.100	372.129	93.520	39.140	41.000	0.135	698.997
	占本国一次能源比例（%）	21.90	53.24	13.38	5.60	5.87	0.02	100
	占世界本类能源比例（%）	3.66	12.32	2.44	6.95	4.79	0.05	5.49
印度	消费量（单位：百万吨油当量）	175.200	46.303	324.304	7.537	29.836	11.736	594.963
	占本国一次能源比例（%）	29.45	7.78	54.51	1.27	5.01	1.97	100
	占世界本类能源比例（%）	4.19	1.53	8.47	1.34	3.49	4.20	4.67
日本	消费量（单位：百万吨油当量）	208.900	105.181	128.563	3.304	18.600	9.442	474.009
	占本国一次能源比例（%）	44.07	22.19	27.12	0.70	3.92	1.99	100
	占世界本类能源比例（%）	4.99	3.48	3.36	0.59	2.17	3.38	3.72

（续）

国家	项　目	石油	天然气	煤炭	核能	水电	可再生能源	合计
世界合计	消费量（单位：百万吨油当量）	4 185.100	3 020.377	3 826.712	563.191	855.779	279.294	12 730.429
	占一次能源比例（%）	32.87	23.73	30.06	4.42	6.72	2.19	100
	五国占本类能源比例（%）	44.82	44.37	76.50	46.69	41.74	43.99	54.09

表 2　2000—2013 年我国油气产销量统计

年份	BP 统计数据				国家统计局数据			
	石油（万 t）		天然气（亿 m³）		石油（万 t）		天然气（亿 m³）	
	产量	消费量	产量	消费量	产量	消费量	产量	消费量
2000	16 260	22 420	272	245	16 300	21 232	272	245
2001	16 480	22 840	303	274	16 396	21 343	303	274
2002	16 690	24 750	327	292	16 700	22 544	327	292
2003	16 960	27 170	350	339	16 960	24 922	350	339
2004	17 410	31 890	415	397	17 587	28 749	415	397
2005	18 140	32 780	493	468	18 135	30 086	493	468
2006	18 480	35 120	586	561	18 477	32 245	586	561
2007	18 630	36 930	692	705	18 632	34 032	692	705
2008	19 040	37 600	803	813	19 044	35 498	803	813
2009	18 950	38 820	853	895	18 949	38 129	853	895
2010	20 300	43 770	948	1 069	20 301	42 875	948	1 069
2011	20 290	45 940	1 027	1 305	20 288	43 966	1 027	1 305
2012	20 750	48 370	1 072	1 438	20 700	46 679	1 072	1 463
2013	20 810	50 740	1 171	1 616	20 900	48 266	1 171	1 653

表 3　2010—2013 年我国石油化学工业投资情况

年份	总投资额（亿元）	同比增长（%）	石油天然气开采业			石油加工业	
			投资额（亿元）	同比增长（%）	占比（%）	投资额（亿元）	占比（%）
2010	11 648	15.05	2 579.63	7.30	22.15	1 327.86	11.40
2011	14 301	22.77	2 720.35	5.46	19.02	1 472.00	10.29
2012	17 600	23.10	2 854.00	4.91	16.22	1 671.31	9.50
2013	20 000	19.10	3 805.20	33.33	19.03	2 137.60	10.69

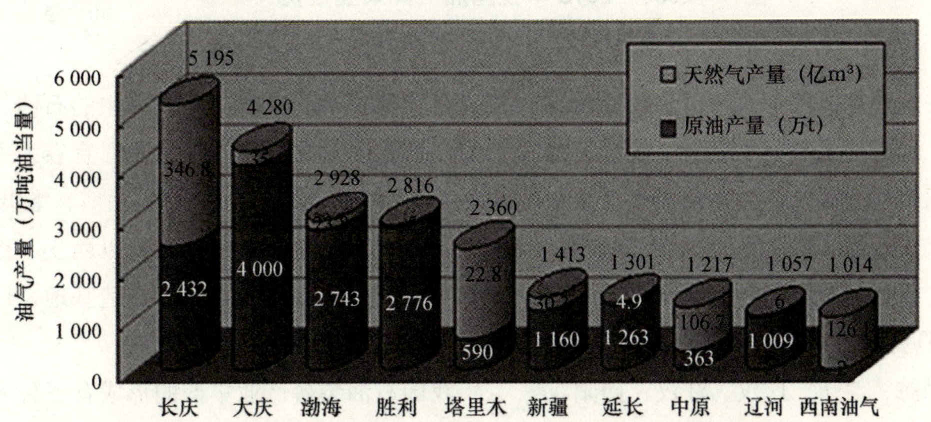

图 1　2013 年我国十大油气田油气产量情况

注：数据来源于互联网。

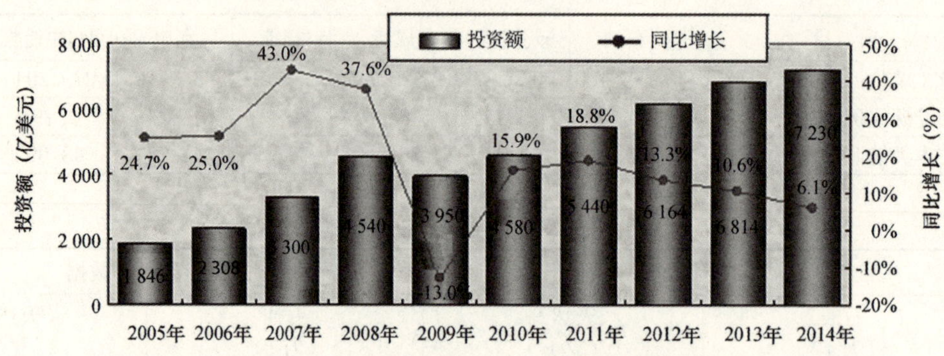

图2　2005—2014 年全球油气勘探开发投资

注：数据来源于巴克莱银行，2014 年为预测值。

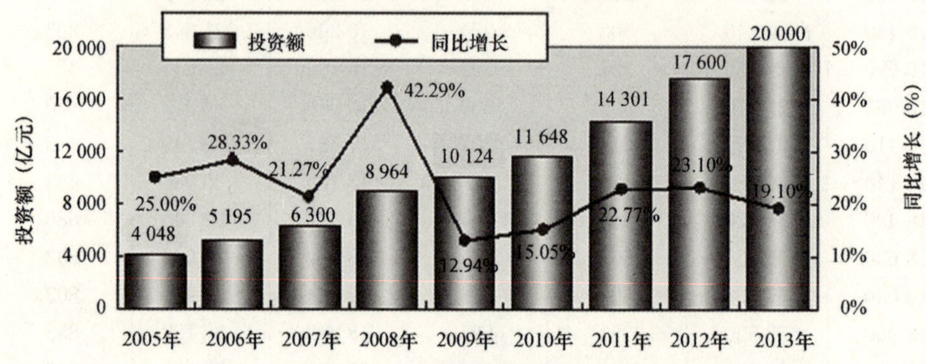

图3　2005—2013 年我国石油化学工业投资

注：数据来源于中国石油和化学工业联合会。

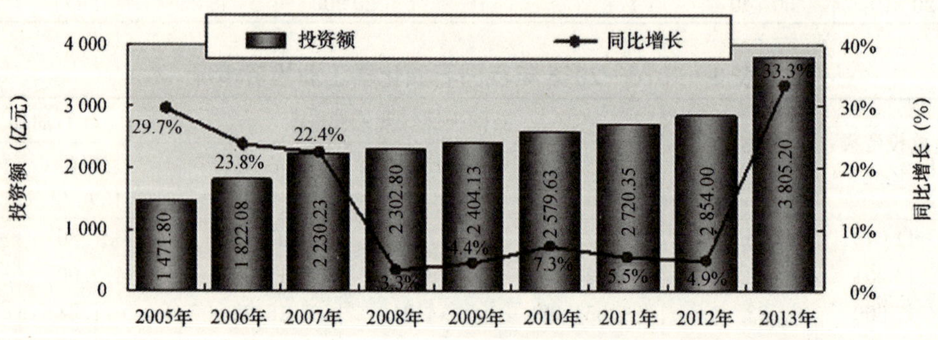

图4　2005—2013 年我国油气开采业投资

注：数据来源于中国石油和化学工业联合会。

改革开放以来，通过多种形式的引进和消化吸收国际先进设计、制造技术和自主创新，我国石油装备制造能力和水平显著提升，逐步形成了山东东营、江苏建湖、辽宁盘锦、黑龙江大庆、天津滨海、四川广汉、湖北江汉、河南濮阳、河北沧州、山东寿光等10多个各具特色的地方石油装备产业集群；涵盖有以宝鸡、渤海、兰州、广汉、江汉、南阳、东营、盘锦为主的油气钻完井设备制造基地，以大庆、东营及各大油田所在地为主的采油采气设备制造基地，以上海、江苏、河北为主的石油工具和井口设备制造基地，以江汉、成都、宜春为主的石油钻头制造基地，以宝鸡、沧州、淄博、番禺、东营、江汉为主的石油管材制造基地，以西安、徐水、上海、北京为主的物探测井设备制造基地，以济南、永济为主的动力设备制造基地。

我国石油装备产业集群的形成有三种方式：一是依靠油田的建设而发展壮大，如东营、盘锦、大庆、天津滨海（渤海）、江汉、濮阳等；二是围绕龙头企业而建设，如宝鸡围绕宝石机械和宝石钢管，广汉围绕四川宏华和宝石机械，兰州围绕兰石集团、蓝科高新和兰通等；三是通过特色产品形成集群，如建湖、牡丹江等。

一、山东东营石油装备制造产业集群

1961年4月16日，在山东省广饶县东营村附近打出了第一口工业油流井，标志着中石化胜利油田被发现；1964年1月25日，继大庆石油会战之后又一次大规模的华北石油勘探会战，标志着胜利油田大规模勘探开发建设的开始。胜利油田1978年原油产量1 946万t，成为我国第二大油田；胜利油田1984年原油产量突破2 000万t，1987年突破3 000万t，并连续9年保持在3 000万t以上。1998年，胜利油田划归中国石化集团公司领导和管理。目前，胜利油田年产原油稳定在2 700万t左右。2013年胜利油田是我国第四大油田。

2002年，胜利油田实施主辅分离、改制分流，石油装备制造作为辅业从胜利油田分离出来，实行股份制和民营化改制。目前东营市的石油装备企业大多数都是胜利油田的改制企业，改制从不同方面促进了企业和产业的发展。

2012年，东营市的工业总产值位居全国工业城市的第19位。其中，石油装备制造产业规模约占全国石油钻采设备制造行业产业规模的近三分之一，目前，东营是我国规模最大、产品最全、出口最多、技术水平较高、产业链比较完整的石油装备制造产业集群。2012年全国前20个城市工业总产值排名见图5。

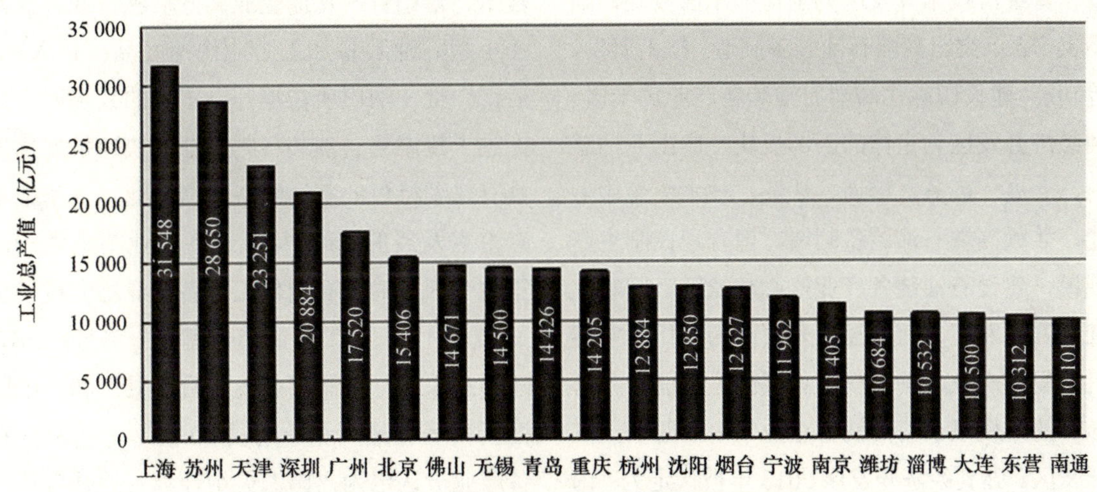

图5 2012年全国前20个城市工业总产值排名

近年来，东营市高度重视石油装备产业的培育和发展，先后制定了石油装备产业调整振兴规划，出台了《东营市石油装备产业整合试点工作方案》《东营市重点产业“四个一”工程实施方案》《关于加快石油装备产业发展的意见》等政策，鼓励企业积极引进高层次科研人才，加大装备研发力度，加快科技成果转化，推动了石油装备产业的快速发展，已形成了集研发、制造、服务、内外贸于一体的较为完整的产业体系。

2013年，东营市规模以上石油装备企业102家，占东营市规模以上工业企业总量的11.8%；实现主营业务收入822.9亿元（占全国石油钻采设备制造行业主营业务收入总量的29.26%）、利税119.5亿元、利润85.5亿元，同比分别增长11.6%、11.4%和13.2%；完成出口额8.58亿美元，同比增长2.7%，占东营市出口总额的14.78%。主营业务收入过亿元的石油装备企业有75家，其产值合计占到东营市全部规模以上石油装备企业总产值的98%。其中，工业总产值10亿元以上的石油装备企业有23家，30亿元以上的有8家。东营市是山东省油田钻采技术及装备特色产业基地、山东省高端装备制造页岩气装备产业基地，被中国石油和石油化工设备工业协会授予“中国石油装备制造业基地”称号，被科技部批准为“国家火炬计划石油装备特色产业基地”。

目前，东营市石油装备产品已发展到37个系列、1 500多个品种。2013年，东营市共生产石油钻井设备151 794台（套），同比增长22.8%。东营市已建成省级企业技术中心13家，市级企业技术中心18家，国家级工程技术研究中心1家，省级工程技术研究中心10家，院士工作站2家、博士后科研工作站2家。东营市21个石油装备产品被认定为“山东省重点领域首台（套）技术装备产品”。东营市连续6年成功举办了“中国（东营）国际石油石化装备与技术展览会”，累计参展企业2 000多家。

东营市重点培育两大产业板块、四个产业集聚区。以东营经济技术开发区为主体的东部板块，瞄准高精尖产品，突出高端石油装备制造、技术研发、物流等功能，建设国际化高端石油装备产业集聚区。以胜利经济开发区为主体的西部板块，突出石油装备交易、会展、商务、培训、认证、技术信息服务等功能，兼顾高端石油装备制造，但合理控制生产制造规模，建设石油装备产业核心功能区。同时，以垦利经济开发区、河口经济开发区为依托，发展石油机械配套产业，培育产业集聚区。目前，东营超过60%的规模以上石油装备企业集中在四个经济技术开发区。胜利经济开发区2013年被认定为“国家新型工业化石油装备产业经济技术开发示范基地”；东营经济技术开发区、胜利经济开发区和垦利经济开发区已被认定为“山东省高端装备制造石油装备产业示范园区”。

预计到2015年，东营市规模以上石油装备企业将超过150家，主营业务收入将达到1 000亿元，年均增长20%以上；出口额将达到10亿美元，年均增长35%；对外工程服务营业额将达到1.5亿美元，年均增长15%以上；将创建1家国家级、5家省级企业技术中心或工程研究中心，石油装备产业技术创新联盟将达到国家级水平，技术装备将达到国际先进水平。

预计到2020年，东营市石油装备企业主营业务收入将达到2 000亿元以上，建成为重型装备制造服务的原材料采购、储备、供应配送中心，形成现代装备制造基地、物流产业基地和产品集散地；规模以上企业数量将超过200家，其中销售收入超过200亿元的企业有1～2家，超过100亿元的企业有3～5家；将培育2～3家具有工程总承包、系统集成、国际贸易和融资能力的大型企业集团；将创立1～2家国家级、5～8家省级企业技术中心或工程研究中心；企业技术研发的投入比例将达到5%以上，60%以上的大中型企业将基本实现信息化。

二、江苏建湖石油装备制造产业集群

江苏省建湖县石油机械制造起步于20世纪70年代；90年代中期，一批石油装备企业的生产、技术、营销骨干从原企业离开后独资或合伙办厂，使小型石油装备加工企业快速发展；进入21世纪后，一批在油田所在地开办工厂的人员回乡兴业，促进了建湖县石油装备制造业的快速扩展，形成了具有建湖特色的石油装备制造产业。该基地是江苏省重点发展的15个特色装备产业基地之一，2009年被中国石油和石油化工设备工业协会授予全国第二家“中国石油装备制造业基地”称号；2010年，建湖县荣膺“中国产业发展百强县”和“中国战略性新兴产业最具竞争力县20强”。建湖县石油装备产业被认定为“国家火炬计划石油装备特色产业基地”“江苏省优质石油装备产品生产示范区”“江苏省石油装备特色产业基地”“江苏省石油装备区域名牌”。江苏建湖石油装备制造产业集群具有以下特色：

（1）产业规模不断壮大。拥有一般纳税人企业560多家，其中，江苏信得石油机械股份有限公司、江苏鸿达福石油设备有限公司、江苏特达能源装备（集团）有限公司、江苏双鑫石油机械有限公司4家企业跻身“中国石油石化装备制造业五十强”企业；截至2013年年底，拥有规模以上企业151家，工业总产值突破180亿元；近3年，全行业工业总产值同比增长均在30%以上。

(2)空间布局日趋合理。初步形成"一带、三园、四镇、五区"的总体布局。

(3)产业链条逐步完善。已形成从零部件加工到整机生产制造的完整产业链条，产品涵盖高中压阀门、钻井设备、采油设备、井控装置、井口装置、钻修井工具及管具等五大系列、近百个品种，正在向采油系列和海洋钻机、油气复合开采，以及数字化、智能化高端装备领域拓展。建湖县是我国最大的油田井口装置生产基地，产品畅销国内各大油田和美国、加拿大、英国等30多个国家和地区。

(4)竞争实力显著提升。现有中国驰名商标2个、江苏省著名商标11个，省级企业技术中心10家、省级工程（技术研究）中心11家、院士工作站4家、博士后科研站1家、两化融合示范试点企业4家，获国际、国内专利技术600多项。

(5)创新能力明显增强。90%以上的企业通过ISO质量体系认证，70%以上的企业具有石油行业一、二、三级网络资格，50%以上的企业通过API认证。

(6)集约集聚推进发展。"企业集中、要素集聚、资源集约、产业集群"是建湖县优化产业发展布局、推进产业发展的重点。规划创立了建湖石油装备产业园和为石油装备综合服务配套的小企业创业基地，对产业集群进行科学分工、合理组合，实现错位发展。

(7)两化融合稳步推进。建湖县县政府、园区以及各企业都成立了信息化工作机构，设置了职能科室和工作人员。95%以上的企业建有网站或网页，60%的企业已开展了网上服务、网上营销等活动。园区建立了江苏石油装备产业电子商务平台，并与相关机构建立了网上销售平台。

(8)节能环保不断加强。园区通过了ISO 14000环境管理体系认证，所有企业全部达到清洁生产企业水平，单位工业增加值能耗（标准煤）0.35t/万元，单位工业增加值用水量10.1m^3/万元；清洁生产达标率100%；污水集中处理率95%；固体废弃物处理率达100%。

(9)安全生产常抓不懈。积极推进"一岗双责"，建立"政府领导、部门监管、企业主体、员工守法"的责任保证体系，石油装备企业从未发生重大安全生产事故。

(10)公共服务不断优化。园区的发展协调、技术研发、质量检测、融资担保、物流配送、产业配套、信息交流等8大服务平台运作更加规范，对企业的支撑力不断增强。

(11)构建和谐劳动关系。建湖县石油装备制造企业现有技术工人逾2万人，其中，中高级工占比67.5%。园区建立健全了人才工作领导体制，设有专业培训机构。园区被评为"江苏省和谐劳动关系示范园区"。

(12)日常管理规范有序。成立了建湖县石油装备产业发展办公室，编制完善了产业发展规划，实施协调和服务产业发展工作，积极组织石油装备企业参加行业展览会，开展高端交流。发布《石油装备产业重点产品发展导向目录》，着力整合行业资源，推进行业交流，规范行业竞争，加强行业自律，促进了产业的健康有序发展。

园区下一步的发展方向：重点瞄准特大型铸锻件、海洋钻机、高效节能抽油机、钻机自动排放装备及高效三相气体分离器、水下防喷器、油气复合开采系列设备等高端项目，推动产品向大型成套、高效、节能、智能化等方向发展。

园区下一步重点工作：一是完善规划，引领产业发展；二是充分利用相关政策，扶持产业发展。设立专项经费支持基地发展，对重大战略型项目实行"一事一议"，对招引重大战略型项目的有功人员给予重奖，支持企业建设各级技术研发中心和产业研发公共服务平台，鼓励企业引进产业领军企业的高端技术人才和职业经理人等；三是强化功能，保障产业发展。推进园区基础设施建设，加快3个物流园区和3个物流节点的规划建设，规划建设五金工具等专业市场，建立江苏省石油装备研发中心等；四是填补链条，提升产业发展。推进重点企业与国内外行业领先企业建立新型战略伙伴关系，大力引进重大"补链"项目，推动产业由低端向高端转变，加快向产业链和价值链高端攀升的进程；五是锻塑形象，促进产业发展。组织石油装备企业参加国内外知名的石油天然气展览会，对一些大型油田进行考察推介，定期开展石油装备产业发展高端交流，每年筹划举办有质量、有层次、有影响力的石油石化装备展览会等。

三、辽宁盘锦石油装备制造产业集群

中石油辽河油田横跨辽宁省和内蒙古自治区13个市、34个县（旗），总面积10.43万km^2。1964年钻成第一口探井，1970年开始大规模开发，1973年改称为辽河石油勘探局，1986年原油产量突破1 000万t，成为我国当时第三大油田，1994年石油和天然气产量分别为1 500万t和17.5亿m^3。经过30多年的艰苦创业，辽河油田已拥有锦州、欢喜岭、曙光、兴隆台、高升等10个骨干生产基地、34个油气田。2013年油气产量位居全国第9位。

盘锦石油装备制造产业集群已集聚了近200家石油装备制造和技术服务企业，产品涵盖勘探开发设备、钻井设备、采油设备、修井设备、测井录井装备、井下工具、油田环保设备、石油管材、油气生产技术服务等十几大类上百个品种，部分产品和技术达到国际先进水平或填补国内空白。2013年，盘锦石油装备制造集群规模以上企业工业总产值290亿元，同比增长26%；固定资产投资107亿元，同比增长24%；全口径税收收入16.05亿元，同比增长2.2%；财政收入12.9亿元，同比增长14%；实际利用外资15 802万美元；出口创汇1亿美元。2009年被中国石油和石油化工设备工业协会命名为“中国石油装备制造业基地”。

基地所属企业的部分产品技术水平已达国内一流或国际先进水平。如：渤海装备辽河重工有限公司拥有世界最大的陆地钻机成套中心，天意石油装备有限公司的顶部驱动钻井装置已达到国际先进水平，辽宁华孚环境工程股份有限公司的石油工程技术服务和环保处理技术与派普钻具制造有限公司的钻铤、钻杆技术处于国内领先水平，此外，辽河裕隆实业有限公司的石油测井专用仪器、数控系统和射孔器材，辽河环利专用制造有限公司的石油特种作业车技术水平均属国内一流。

基地在项目建设和招商引资、基础设施建设、软环境建设及融资、土地等要素建设方面做了富有成效的工作，特别是按照“精简、统一、效能”的原则和创建“小机构、大服务、大招商”的管理模式，在精简完善机构、建立目标考核、实行市场化用人机制、强化干部管理等体制、机制改革方面，取得了令人瞩目的成果。

基地产业规划：到2015年，盘锦石油装备制造业主营业务收入实现600亿元，年均增长率达到25%。培育若干具有竞争力的大型企业集团，打造一批“专、精、特、新”的专业化企业，确保规模以上企业数量达到130家，其中，主营业务收入超10亿元的企业10家。在石油天然气装备制造、海洋工程装备制造等领域实现突破并达到国际先进水平，重大成套装备及关键零部件生产水平大幅度提升，产品出口额占全行业收入的10%。到2020年，装备制造产业生产效率、产品技术水平和质量得到显著提高，产业主营业务收入达到2 000亿元，规模以上企业数量达到200家。产品出口额占全行业收入的30%。形成具有国际竞争力的装备制造产业基地。

盘锦石油装备制造产业集群未来重点发展三大装备制造产业：石油天然气装备制造业，包括石油钻采装备、天然气装备和石化装备等；海洋工程装备制造业，包括海洋钻采平台、海洋工程辅助船、定位系统及关键设备及高技术船舶等；重型装备制造业，包括锻压机械、矿山机械及物料搬运机械等。加快发展三个基础配套行业：基础件、基础工艺和基础材料。放手发展其他装备制造业：农业机械、通用航空装备、节能环保装备、智能电网装备及新能源装备。全力打造两大装备制造产业基地：以辽东湾新区海工装备制造基地为主，大洼临港经济区装备制造基地为辅，重点发展海洋工程装备和重型装备制造产业，建设国内一流的海洋工程装备和重型装备制造基地。到2020年，海洋工程装备和重型装备的主营业务收入达到800亿元，年均增长30%以上；以盘锦石油天然气装备制造基地为主，辽宁北方新材料装备制造基地为辅，立足于石油天然气装备价值链高端，重点发展钻井装备、采油采气装备、天然气装备及油田专用汽车，辅助发展炼化装备、环保装备及新能源装备，打造具有国际竞争力、世界一流水平的百亿元级的石油天然气装备制造基地。到 2020 年，石油天然气装备的主营业务收入达 1 200 亿元，年均增长 30% 以上。

四、黑龙江大庆石油装备制造产业集群

中石油大庆油田是我国 1959 年 9 月 26 日发现的第一大油田，也是世界十大油田之一，由 48 个油气田组成，面积约 6 000km^2。1960 年投入开发建设，1976—2002 年连续 27 年每年稳产原油 5 000 万 t（其中 1983 年最高，达 5 235 万 t），此后连续 10 年每年油气当量保持 4 000 万 t 以上。大庆油田累计产油 22 亿 t，上缴各种资金 2 万多亿元，为我国经济发展做出了卓越贡献。2013 年，大庆油田是国内第二大油气田。

大庆石油装备制造业是伴随着大庆油田的开发逐步发展起来的，历经设备修保、零部件加工、系列化制造三个阶段。截至 2012 年末，大庆市拥有大庆油田装备制造集团、大庆大丰油田科技有限公司、联勤装备制造工程有限公司、中油庆瑞石油科技有限公司等规模以上石油装备制造企业 102 家，实现工业总产值 146 亿元、工业增加值 55 亿元。大庆是黑龙江省最大的石油化工装备生产基地和全国七大石油化工装备生产基地之一，也是全球重要的采油装备产业基地，拥有一大批在国内外具有比较优势的产品。大庆石油装备制造企业生产的抽油机、潜油电泵、射孔器材和石油化工专用设备等部分产品的质量已达到国内一流水平。其中，大庆射孔弹厂是国内最大射孔器材定点生产厂，产品国内市场占有率达 40% 以上；力神泵业有限公司生产的潜油电泵和螺杆泵畅销国内外市场，其潜油电泵国内市场占有率达 60% 以上；大庆大丰油田科技有限公司油田三次采油装备产品具有独立知识产权；大庆北研石油设备制造有限公司生产的智能型提捞式抽油机的节能效果在国内处于领先水平。

大庆石油装备产业发展的主要特点：一是产业发展起步较早，产业基础较好，与大庆油田建设同时起步，已成为国内重要的石油石化装备产业集群，在科研、技术、人员等方面具有良好的产业基础；二是产业重点企业相对集中，主要集中在采油装备和集输装备方面。三是产业布局相对集中，主要分布在高新区高端装备制造园、经济技术开发区石油装备制造园、龙凤光明新城、红岗铁人园区、王家围子油田装备生产集团“五大园区”，形成了高新区潜油电泵生产基地、经济技术开发区压力容器生产基地、兴化园区石化装备生产基地、王家围子抽油机及减速器生产基地、乘风庄射孔器材生产基地、乘风庄真空加热炉生产基地、银浪石油专用管生产基地、乘风庄特种车生产基地“八大产业基地”。

大庆石油装备产业发展优势的主要体现：一是大庆油田 4 000 万 t 油气当量的稳产优势，年装备需求量价值约 300 亿元；二是地处“哈大齐”工业走廊中心，处于“哈齐吉”区域结点，黑龙江省给予了政策支持；三是大庆拥有国内一流的 30 余家高校和科研院所，拥有三次采油等企业核心技术，汇集和培养了大批高技能人才、专业技术人才和生产经营人才；四是具备发展石油装备制造产业的良好商务环境，正在加快建设世界级能源集散中心和能源资讯中心，策划打通面向俄罗斯及蒙古的交通大通道。

力争用 3 ～ 5 年时间，将大庆打造成在国内外具有核心竞争优势及国际影响力的采油、集输、炼化及非常规油气装备主机及核心部件，以及油田服务技术和产品的生产基地。

计划到 2015 年，大庆石油装备产业规模以上企业超过 100 家，主营业务收入 300 亿元，工业增加值 120 亿元；创建 2 家省级企业技术中心或工程研究中心，形成完善的采油装备产业链和基本完善的石油装备产业链。到 2020 年，石油装备规模以上企业超过 150 家，主营业务收入 600 亿元以上，形成比较完善的石油装备产业链和现代装备制造、物流产业和产品集散地；创立 1 ～ 2 家国家级、2 ～ 3 家省级企业技术中心或工程研究中心。

五、河南濮阳石油装备制造产业集群

中石化中原油田总部位于河南省濮阳市，主要勘探开发区域包括东濮凹陷、普光气田和内蒙探区。1975 年 9 月 7 日，位于濮阳县文留乡的濮参 1 井喷出工业油流，拉开了中原油田勘探开发会战的序幕；1975 年 10 月成立了东濮石油勘探会战指挥部，隶属胜利油田；1981 年 8 月，中原油田成为独立石油企业，1982 年 3 月改称中原石油勘探局；2009 年 10 月，普光气田成功投产试运，成为迄今我国规模最大、丰度最高的特大型整装海相气田；2011 年，中原油田油气当量首次突破 1 000 万 t。2013 年，中原油田油气产量位居我国第 7 位。

濮阳市石油装备产业以华龙区的石油装备制造业为主，伴随着中原油田的开发而形成并不断壮大。大部分企业是因中原油田改制，从中原油田分离出来的，这些企业占濮阳市石油装备企业总数的 80%，比如河南中原总机泵业有限公司、中原特种车辆有限公司等；另一部分企业是依附油田而建，从小作坊一步步发展壮大，比如濮阳市诚信钻采助剂有限公司、濮阳佳华化工有限公司等；还有一小部分企业是中原油田的三产企业。

濮阳市华龙区现有石油装备制造企业 116 家，占濮阳市石油装备制造企业总量的 75%，其中规模以上企业 45 家，产值超亿元的企业有 27 家，超 10 亿元的企业有 3 家。初步形成了集装备研发、制造、技术服务及产品销售为一体的产业体系。2013 年，濮阳市石油装备制造业产值约 180 亿元，出口 1.44 亿美元，其中，华龙区石油装备制造业产值为 123 亿元。河南濮阳石油装备制造产业集群被命名为“河南省石油机械制造集群（基地）”和“河南省石油装备出口基地”，还被中国石油和石油化工设备工业协会命名为“中国石油装备制造业基地”。

濮阳石油装备制造产业集群现有石油装备系列产品涉及钻井、采油、动力、炼化、物探、测井、海洋等 8 大装备 300 多个品种，形成了以中原油田开拓国际石油钻采市场为主导，中原特种车辆有限公司、河南中原总机泵业有限公司、河南信宇石油机械制造股份有限公司、濮阳市天地人环保工程技术有限公司等企业进行整机制造，20 余家企业为其提供零部件的链式发展格局，并有 10 余家企业专业生产井下工具，10 余家企业专业生产输油设备的专业化生产模式。主导产品有防盗采油井口装置、抽油机、抽油泵、射孔枪、钻井机械等，均占中原油田每年所需要的上述产品市场份额的 28% 以上，并已成功打入大庆、胜利、华北、辽河、新疆等油田，开拓进入苏丹、肯尼亚、尼日利亚、印度、伊朗、沙特阿拉伯、哈萨克斯坦、秘鲁、巴西、委内瑞拉等国外市场。

目前，濮阳市已拥有石油装备类高新技术企业 28 家、省级企业研发中心 13 家，研发高新技术产品 129 项，获国家专利 600 余项，累计打造出“中油”“石油人”“中原总机”等 17 个中国名牌产品。

濮阳市被授予“河南省石油装备出口基地”称号。其充分利用石油装备外贸公共技术服务平台，按照组织网络化、功能社会化、服务产业化、手段现代化的发展要求，依托骨干企业研发中心，集成相关科研院所，积极主动为濮阳石油装备生产企业提供新产品开发、新技术应用等方面的服务，为企业发展壮大、开拓国际市场创造了良好的公共技术服务环境。在濮东产业集聚区内规划设立了面积近 3km^2 的石油机械装备专业园区，被河南省政府列为全省首批特色装备制造产业园区，在财政、金融、科技等方面获得了更多的资金扶持和政策支持。目前，已在濮东石油机械装备专业园区实际落户的石油制造企业有 77 家。

规划到 2015 年，河南濮阳石油装备制造业主营业务收入将达 130 亿元，利润将达 17 亿元，出口额将达 2 亿美元；规模以上企业数量超过 70 家，其中主营业务收入过 30 亿元的企业 1 家；主要油气装备能满足海陆石油天然气和非常规油气资源开采的需要，技术装备及产品主要性能指标达到国内先进水平。规划到 2020 年，主营业务收入将达 200 亿元，利润将达 25 亿元，出口额将达 4 亿美元；规模以上企业数量超过 100 家，其中主营业务收入过 60 亿元的企业 1 ～ 2 家；主要装备能满足开采非常规油气资源、深层与复杂地质结构及深海钻采工程需要，产品主要性能指标接近或达到国外先进水平。

六、江汉石油装备制造产业集群

中石化江汉油田地处江汉平原，涵盖湖北潜江、荆州等区域，先后发现24个油气田，探明含油/气面积139.6km^2/71.04km^2，油/气年产量162万t/1.69亿m^3。

江汉石油装备产业主要以中石化机械公司为主导，若干配套企业相衬托。2012年底，中石化江汉石油管理局四机厂、江汉石油钻头股份有限公司、第三机械厂、沙市钢管厂、四机赛瓦石油钻采设备有限公司以及机械研究院整合成立了中石化石油工程机械有限公司，业务涵盖钻具及井下工具、陆上钻采装备、海洋石油工程装备和油气储运装备等多个领域，主导产品有牙轮和金刚石钻头、钻机、固井设备、压裂设备、修井机、天然气压缩机、油气输送管、井下工具及高压管汇等，产品远销美国、加拿大及俄罗斯等30多个国家。2012年，中石化石油工程机械有限公司拥有员工1万多人，正式职工近5 000人；资产总额76.3亿元，收入78.5亿元，出口额近16亿元。

江汉石油装备产业的核心制造能力：具有铸造、锻造、热处理、焊接、精密加工、装配、试验能力；具有柱塞泵、绞车、大型结构件、高压管汇、螺旋钢管、直缝钢管、ERW管、螺杆钻具等16条生产线；具有钻机、修井机、固井设备、压裂设备等大型石油装备总装线。

江汉石油装备产业的生产能力：牙轮钻头年产能5.3万只，固压装备年产能400台，大型天然气压缩机年产能50台，钻修设备年产能300台，高压管汇年产能20万件，石油钢管年产能80万t。

江汉石油装备产业主要企业介绍：中石化石油工程机械有限公司第四机机械厂是我国石油装备制造业十强企业，主要生产钻井工程设备、采油及井下作业设备、海洋石油装备和高压管汇件产品；中石化石油工程机械有限公司第三机机械厂是我国唯一的大中型往复式天然气压缩机生产企业，主要生产RDS压缩机、CNG压缩机、石油特种车辆和水处理设备；江汉石油钻头股份有限公司是世界第三大石油钻头制造销售商，主要生产牙轮钻头，国内市场占有率长期稳定在60%以上，国际市场占有率已接近10%；四机赛瓦石油钻采设备有限公司作为中美合资公司，主要生产固井压裂设备自动控制系统、压裂仪表车、动力传递离合器、井下工具及柱塞泵，其50%的产品出口国际市场；沙市钢管厂是我国中部最大的钢管制造企业，主要产品为直缝焊管、螺纹焊管和油井管。

七、天津滨海新区石油装备制造产业集群

中海油渤海油田是目前我国海上最大油田，总部位于天津滨海新区，勘探矿区面积约4.3万km^2，2013年油气产量位居全国第3位。1967年，我国海上第一口探井“海一井”出油，拉开了渤海油田开发序幕；渤海油田产量从1975年的8万t，增长到2004年的1 000万t，2009年突破2 000万t，2010年实现3 000万t油气当量的历史新跨越。

天津滨海新区以其地理优势和投资政策，吸引了一批有实力的油田服务和油气装备制造公司入驻。目前拥有规模以上石油装备制造企业20多家，主要企业包括中国石油天然气集团公司所属的渤海石油装备制造有限公司和渤海钻探工程有限公司，中国海洋石油总公司所属中海油工程股份有限公司和中海油服股份公司，以及民营企业天津立林机械集团有限公司。上述5家企业2011年的总资产1 195.1亿元，营业收入563.8亿元，利润54.3亿元，研发投入20亿元。

渤海石油装备制造有限公司是我国最大的石油装备制造企业，2013年总资产177亿元，销售额140.5亿元，员工1.1万人。它由华北油田第一机械厂、华北油田机械公司、华北油田机械化工公司、大港油田中成机械制造有限公司、大港油田中成装备制造公司、大港油田新世纪机械制造公司、承德司达石油装备开发公司和兰州石油化工机械厂8家企业整合而成，焊接钢管、螺杆钻具、钻头、石油修井机、潜油电泵、柱塞泵、烟气轮机、节能电动机、钻杆等多种产品的研发技术和制造实力处于国

内领先水平或国际先进水平。

渤海钻探工程有限公司是中国石油天然气集团公司内最大的钻探公司，2012年总资产283亿元，营业收入232亿元，利润9.1亿元，员工2.6万人。拥有综合录井仪、旋转导向系统、系列完井工具等十大技术利器；拥有大位移钻井、煤层气钻完井、抗三高钻井液、水平井裸眼分段压裂等十大特色技术；拥有深井（超深井）钻井、水平井钻完井、精细控压钻井等十大优势技术。

中海油工程股份有限公司是我国最大的海上工程建造企业，2013年总资产281亿元，主营业务收入203.39亿元，利润27.4亿元。是我国唯一一家集海洋油气开发工程设计、陆地制造和海上安装、调试、维修及液化天然气、炼化工程于一体的大型工程公司，导管架、组块、橇块和海管等主导产品被评为行业名牌产品。

中海油服股份公司是我国近海市场最具规模的综合型油田服务供应商，业务涵盖物探勘察服务、钻井服务、油田技术服务及船舶服务。2013年总资产792.62亿元，营业收入279.58亿元，利润67.16亿元。

天津立林机械集团有限公司是国内最大的螺杆钻具制造企业，2013年总资产15.4亿元，销售收入10.6亿元，利润1.6亿元。主要产品有螺杆钻具和牙轮钻头等。

此外，天津滨海新区还有天津钢管集团有限公司、天津天管太钢焊管有限公司、天津大无缝钢管有限公司等一批具有比较优势的油井管制造企业。

计划到2015年，天津滨海新区将形成一条以高端石油钻采和集输装备为特色，以石油勘探、石油钻采、油气集输、非常规油气开发等一般石油装备为主的产业链，年工业总产值将达到900亿元，其中，石油钻采设备200亿元、海洋工程装备400亿元。

八、宝鸡高新区石油装备产业集群

宝鸡高新区石油装备产业集群依托行业龙头企业——中石油宝鸡石油机械公司和中石油宝鸡石油钢管公司而建设，现有石油装备生产企业150多家（其中规模以上企业30多家）、关联企业20多家，形成了以钻机、泥浆泵、钢管和测井车、工程车等钻采设备为主的产业集群。2012年集群的产值超过了200亿元，计划到2015年产值将超过300亿元。

中石油宝鸡石油机械公司是国内规模最大、制造能力最强的石油钻采装备研发制造企业，现有宝鸡、咸阳、成都三个主要制造基地，并且正在青岛建设海工基地，拥有员工约8 000人。是我国钻机标准化工作部、海洋钻采设备标准化工作部及国家油气钻井装备工程技术研究中心的依托单位，拥有从技术研发、毛坯生产、热加工、冷加工到组装试验的完整产业链配套能力，并拥有石油钻井、完井和井下工具12大类50项产品通过了API认证。2012年总资产97.47亿元，销售收入61.87亿元，出口额2.54亿美元。

中石油宝鸡石油钢管公司始建于1958年，是我国最大的集科研、制管、防腐、套管和辅料加工于一体的油气输送管制造企业，现有职工6 000多人。拥有13条螺旋埋弧焊、1条JCOE直缝埋弧焊、2条高频焊钢管生产线，2条管加工生产线、7条油井管接箍加工生产线、1条油井管热张减线、1条油井管热处理线、7条钢管外防腐生产线和5条钢管内防腐生产线、3条钢带纵剪生产线、4条钢管辅材生产线、1条连续油管生产线。可年产钢管240万t，钢管防腐2 000万m^2；可生产X42～X80油气输送管、CT55～CT110连续管和石油专用管等50多个品种规格。2011年总资产105.2亿元，销售收入100.2亿元。

2013年2月，总投资30亿元的宝鸡高端装备石油产业园奠基开工，总建筑面积80万m^2，建成后可接纳高端装备配套企业200家，实现工业生产总值约50亿元。该产业园分生产区、物流区、科研区、办公区和公共活动区五部分，主要为企业提供生产制造、员工培训、商品交易、投融资、产品检测、人才引进和质量保障等服务，并推行“企业苗圃+孵化器+加速器”的服务模式，园区内企业生产的产品将就近集中配套中石油宝鸡石油机械公司、中石油宝鸡石油钢管公司等龙头企业，实现生产基地、创业载体和现代服务的有机结合。

九、广汉石油装备产业集群

广汉石油装备产业集群是以四川宏华石油设备公司、中石油宝鸡石油机械公司为主导，以中石油西南油气钻采设计院、采气工程院、安全检测院为技术支撑，与锦程石油等配套关联企业共生的石油装备制造集群，产业链聚集企业213家，其中规模以上企业73家。2011年，广汉石油装备产业集群实现销售收入176亿元，拥有产值超亿元企业40家，集聚度达39.8%；实现高新技术产品产值52.9亿元，同比增长30%；实现外贸出口额5.2亿美元，同比增长102%。该集群现具有年产石油钻机200套、泥浆泵700台的生产能力，产品覆盖钻机、钻井泵、游吊系统、固控系统、电控系统、井控设备、顶驱装置及石油输送管线设备等。

四川宏华石油设备公司是一家专业从事石油钻采设备研究、设计、制造、成套和服务，在香港上市的高新技术企业。公司占地面积约80万m^2（1 200亩），员工近3 000人。现具备年产石油钻机150台（套）能力，是我国最大的陆地石油钻机出口企业，80%以上的产品出口全球30余个国家和地区。在美国、俄罗斯、阿拉伯联合酋长国、埃及设有多家子公司。2012年，公司总产值55.42亿元，销售收入51.92亿元，利润总额7.84亿元，出口额6.3亿美元。

广汉石油装备产业集群发展战略：以产业“四化”为导向，致力于打造石油天然气装备制造的“产业高端”；加快培育拥有自主知识产权、知名品牌，具有国际国内竞争力的龙头骨干企业；积极引进产业链上的重点项目，提升基地配套能力，加快产业的纵向整合；鼓励企业加大技术创新和投入力度，提升产品竞争力和品牌知名度；重点支持产品研发、检验检测等研发公共服务平台和科技企业孵化器建设，推动研发成果转化，实现“广汉创造”。规划到2015年，广汉石油装备产业集群总产值将突破500亿元；年销售额超100亿元的企业有1家，超10亿元的企业有3家；新建国家级企业技术中心2家、省级企业技术中心3家。努力打造中国石油天然气装备制造“第一园”。

十、山东寿光石油装备制造产业集群

山东寿光石油装备制造产业集群拥有规模以上石油装备制造企业22家，其中龙头企业6家，如寿光巨能特钢，年销售收入52亿元，主要产品有油井管、管线管和高压锅炉管；寿光六丰实业，主要产品包括抽油泵和井下工具、民用散热器；寿光坤隆，主要产品有抽油泵、抽油杆及其接箍；潍坊凯力，主要产品有石油化工机械、抽油机用曲柄、变速箱壳体。拥有2个省级技术研发中心；拥有2个国家名牌产品，6个山东省名牌产品，2个中国驰名商标，6个山东省著名商标。有3家企业在国内外成功上市。

山东寿光石油装备产业集群的主导产品有石油管材、油井管、石油套管、防腐油水管、抽油杆、抽油机及抽油泵等油田专用设备。2009年，该集群共生产石油套管40.1万t，抽油杆292.5万m，抽油泵6 324台，其他配件31万t；实现主营业务收入105.7亿元，利税10.2亿元，利润6.2亿元。

该集群计划利用3年左右时间，开工建设一批技术先进的高端石油装备项目。其中有投资12亿元的墨龙ϕ180mm石油专用管项目、投资50亿元的巨能特钢100万t石油管材项目、投资10亿元的东宝钢管年产10万t油管和10万t套管项目、投资6亿元的坤隆石油机械年产300万m抽油杆项目。项目建成投产后，该集群将实现主营业务收入350亿元，利税30亿元。

预计到2015年，该集群将实现主营业务收入500亿元，实现利税45亿元；培育2～6个中国名牌产品，形成完善的石油装备产业链，成为全国重要的石油装备产业基地。

〔供稿单位：中国石油和石油化工设备工业协会〕

长庆油田公司设备的现状及采购需求

一、长庆油田公司简介

长庆油田公司（简称长庆油田）隶属于中国石油天然气集团公司，成立于1970年，主营鄂尔多斯盆地的油气勘探、开发、生产、储运和销售业务，勘探面积37万km^2，油气田分布在陕、甘、宁、蒙、晋5省（区），是我国石油产量近年来增长幅度最快的油气田，承担着向北京、天津、石家庄、西安、银川、呼和浩特等10多个大中城市安全稳定供气的重任。长庆油田已成为我国重要的油气生产基地、天然气管网枢纽、致密性油气田技术创新基地，总部机关设在西安。近10年来，长庆油田一直处于跨越式发展阶段，近几年的新增产能很大，储量增长也很大。截至2013年年底，共有员工7万多人。

二、长庆油田开发现状

截至2013年年底，长庆油田已开发30个油田，探明含油面积约7 000km^2，可采储量约7亿t。全年新增石油探明储量3.61亿t，天然气探明储量2 732亿m^3，生产原油2 432万t，生产天然气346.8亿m^3，成为我国最大的油气田。

长庆油田共有油水气井7.43万口，其中油井5万口，注水井1.63万口，气井8 000口。具体如下：

采油井：平均单井日产油1.7t，综合含水55.4%，定向井比例占95%，最大井斜角45°；平均冲程2.3m，冲速3.9次/min，泵径32.6mm，泵挂1 516m。

采气井：平均单井日产气量1.7万m^3，井深都在3 000m以上。

注水井：平均单井日注水量23m^3。

除水平井外，油井、气井的单产量都是逐渐下降的。

三、长庆油田近年完成的工作量

2012—2013年长庆油田完成工作量见表1。

表1　2012—2013年长庆油田完成工作量

项　目	单位	2012年	2013年	2014年（计划）
原油产量	万t	2 261	2 432	2 505
天然气产量	亿m^3	290	347	385
油田注水量	万m^3	9 024	11 969	10 937
井下作业	层	7 815		
建筑施工	万元	132 322		
供水	万m^3	2 229		
供电	万kW·h	302 787		
发电	万kW·h	24 529		
投资	亿元	606		
动用钻机数量	部	951	997	635
动用试油（气）机组数量	套	837	770	600
动用压裂机组数量	套	124		158
钻井、完井数量	口	8 726	7 787	
进尺	万m	2 104	1 882	
完试井数量	口	8 967	6 001	
压裂酸化排液	层	21 810		

四、长庆油田发展趋势

（1）从2014年开始，长庆油田产能快速增长时期结束，转入稳产阶段。在油气田开发过程中大力推进“三个转变”，即：由规模建产向精细管理转变，由新区快速上产向老区长期稳产转变，由注重规模速度向突出质量效益转变。从追求产量、规模转为追求质量、效益、可持续发展。今后十年原油产量将维持在2 505万t水平。

（2）单井产量越来越低。目前，油井单产约1.55t，水平井单产约7t，气井单产约1.3万m^3，呈逐渐下降趋势。

（3）钻井数量增多。新建产能油井全是丛式井，致使钻井数量大幅增加。

（4）压裂规模越来越大，压裂车的功率越来越大。

（5）水平井数量大量增加。水平井数量2011年为100口、2012年300口、2013年830口。预计2014年水平井数量为1 030口。

（6）带压修井数量快速增加。带压修井数量2010年100口、2011年240口、2012年480口、2013年700口。预计2014年带压修井数量约900口。

（7）天然气压缩机数量大幅增加。苏里格气田的天然气全是集气站加压输送，靖边老气田的天然气压力下降，也需要加压输送。

（8）环保要求越来越严格。如：油泥池、泥浆池都要进行无害化处理，不能掩埋；伴生气要回收，硫磺要回收，压裂液、洗井液等都要回收；为了防止油气在作业过程中泄漏，推行带压修井、带压洗井、密闭试油。

在管道集输方面，需采取油气泄漏监测报警和自动切断等预防和处理措施。

在排放方面，污水不能随便回注；电厂的污染物排放必须达标，如自2014年7月1日起，燃气轮机电站的氮氧化物排放要小于50mg/m^3。因此，长庆油田的靖边电站将面临关闭的处境；位于水库上游的油井、管线都要有防漏、回收措施，如拦油网、拦油坝、收油船等。

（9）安全要求越来越严格，如钻井、修井、测试都要用防喷器；提升消防装备能力，配备高喷车，实现远程供水；车辆都要安装GPS定位系统；需大量配置相关仪器进行有害气体监测。

（10）节能的要求越来越高。国家提出了电机提效的要求，要逐步淘汰低效电动机。2013年5月，工信部、国家质量监督检验检疫总局发布的《电动机能效提升计划（2013—2015年）》提出：到2015年，实现电动机产品升级换代，50%的低压三相笼型异步电动机产品、40%的高压电动机产品达到高效电动机能效标准规范；颁布了国家强制标准GB18613—2012《中小型三相异步电动机能效限定值及能效等级》。

《中国节能技术政策大纲》（2006年版）要求：推广油田伴生气、煤层气回收利用技术，如撬装式轻烃回收装置、套管气回收、大罐抽气和天然气发动机等技术。严禁在没有伴生气、凝析油回收配套条件下开采石油。

中国石油天然气集团公司提出了加热炉提效的要求，到“十二五”末，实现油气田企业加热炉平均热效率达到85%。其中，井口加热炉的热效率提高到80%以上，中小型站场加热炉的热效率提高到85%以上，联合站加热炉的热效率提高到90%以上。

五、长庆油田设备现状、特点及需求

截至2013年年底，长庆油田共有设备9.8万台，原值178亿元，新度系数0.51，年维修费约3.2亿元。现有设备的所有维修工作都依靠社会队伍，完全市场化了。分类介绍如下：

（1）抽油机。现有抽油机约4.6万台，大部分是游梁式抽油机，仅有156台是立式抽油机，机型为三型～十型，其中以六型、八型、十型抽油机为主，这三种型号的抽油机数量占总量的比例为76.4%。长庆油田三型～十型抽油机占比情况见图1。

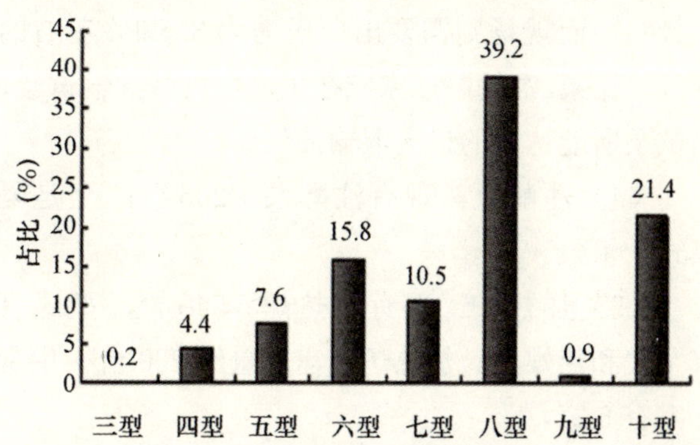

图1　长庆油田三型～十型抽油机占比情况

2014年，计划新增抽油机约2 900台。技术性能要求为：无基础、游梁平衡、低冲次、集中润滑、自动调平衡、自动调冲次；全部采用统一图样、统一技术要求。采用8极电动机，配备2级圆柱型双圆弧齿轮减速器，弯游梁，侧转驴头，4腿支架。供货厂家约有10个。

（2）注水泵。现有注水泵1 578台，全部是往复柱塞式结构，以功率100～200kW的注水泵居多。现因注水泵的最大功率560kW，最高压力25MPa。目前试用了对置式和隔膜式注水泵，以及高压用组合阀、低压用分体阀。注水泵年需求量约120台。现供货厂家有5家。

注水泵现存在的问题有：电动机发热，主要是由于配备电动机功率过小或选型不当；易损件消耗过多，平均每台泵的年维修费为5万元。

计划下一步统一注水泵的安装尺寸，让各供应厂家都遵照相同的安装尺寸制造，以便进行注水泵的招标和维修互换。

（3）输油泵。现有输油泵3 351台，其中离心式1 616台、螺杆式1 445台、往复式290台，小型输油泵多为螺杆式，大型输油泵多为离心式。输油泵的年需求约360台。

长庆油田目前的大多数油井都含有丰富的伴生气，采用油气混输流程可节省投资，意义很大。油田对油气混输泵有强烈需求，现有的各种混输泵质量都不尽人意。试验过或正在试验的油气混输泵有转子式、单螺杆式、双螺杆式、同步回转式、偏心回转式、往复式，其中，单螺杆泵不适用于油气比过大的场合；双螺杆泵需要完善泵前过滤，防止颗粒进泵。现有的油气混输泵出口压力较低，多为2.4MPa，而现场则需要出口压力为3.5MPa左右的油气混输泵。混输泵厂家应在生产厂内做混输试验，测试泵所能达到的最大混输油气比。

（4）注醇泵。现有注醇泵1 206台，全是隔膜式计量泵。

（5）加热炉。现有加热炉5 546台，型式有真空式和热媒式。加热炉年需求量约260台。供货厂家有5家。

加热炉结垢现象较多，严重影响热效率。需要厂家在设计制造上采取措施，如设计可抽式盘管以便于更换，以及盘管内涂防结垢涂料等，都能达到不错的效果。

（6）天然气压缩机。现有天然气压缩机261台，全是往复式结构，功率为470～3 532kW。小型压缩机为整体机，大型压缩机为分体机，全是燃气动力。天然气压缩机年需求量42台。其中，处理厂、储气库的大型压缩机都是进口的产品，集气站的小型压缩机现供货厂家有4家。

（7）井口。油井井口为简易式，压力14MPa，年需求量约2 870个；注水井井口压力25MPa，年需求量约1 120个；气井井口压力70MPa。年需求量645个。

（8）锅炉。现有锅炉337台。

（9）深井泵。深井泵年需求量约2.8万台。

（10）修井机。现有修井机114台，修井大队13个，业务定位于：井筒作业应急抢险，油水井特殊作业，包括油水井大修、技术措施、带压作业等工作。

六、设备采购情况

1．特点

由于公司严格控制员工数量增长，许多辅助业务实行外包，如设备修理、运输、修井、地面建设等，对外包业务所使用的设备，基本不采购；不打预付款；设备采购以安装设备占大多数；定型采购，同一种设备品种、厂家不多。

2．设备采购资金渠道

（1）建设项目中采用的安装设备，主要由设计院、项目组、采购部负责选型，设备管理部门参与技术交流、招标等工作，采购资金从建设项目投资中列支。

（2）非安装设备和更新改造中的设备，主要由设备管理部门负责编制计划，组织实施。采购资金从非安装设备投资中列支。

（3）安全设备主要由安全处负责选型，采购资金从安全处掌管的安全资金列支。

（4）节能设备主要由节能处负责选型，采购资金从节能处掌管的节能资金列支。

（5）科研设备主要由科研项目组负责选型，采购资金从科研项目的资金列支。

3．设备采购部门

进口设备由对外合作部负责组织采购，国产设备由物资采购管理部负责采购。

4．企业资质要求

遵循中国石油天然气集团公司的规定，上述设备的供应商都要加入中国石油能源一号网，并参加集中采购招标，才能取得订货资格。

5．质量要求

根据工作实际，对大量使用的主要设备，建立长庆油田的采购技术标准，每年修订。目前，长床油田设备管理处组织制定了抽油机、注水泵、输油泵、锅炉、加热炉、压缩机等设备的统一订货技术要求，规定了设备的技术参数、功能、配置、质量保证等内容，发给物资采购部，作为设备采购合同附件，要求厂家遵守。

6．程序要求

对于金额在100万元以上的采购合同，都要经过招标程序。

〔撰稿人：长庆油田公司设备管理处李宁会〕

石油四机钻采装备一体化解决方案，助力中国页岩气大开发

——中石化石油工程机械有限公司第四机械厂

倾力打造中国工业阀门民族品牌

——中核苏阀科技实业股份有限公司

石油四机钻采装备一体化解决方案，助力中国页岩气大开发

——中石化石油工程机械有限公司第四机械厂

2013年是中石化石油工程机械有限公司第四机械厂（以下简称四机厂）推行专业化管理的起步之年，是发展活力进一步释放、经营规模高速增长的一年，也是在企业发展进程中具有里程碑意义的一年。一年来，四机厂以“提质增效，好中求快”为基调，强力推行精益生产，全力推进产品研发，着力提升产品质量，抢抓机遇，努力满足市场需求，企业发展再上新台阶。四机厂被命名为“国家级企业技术中心”，获准筹建“国家油气钻采设备质量监督检验中心”。四机厂的快速发展受到上级领导的高度关注，3名两院院士先后莅临四机厂考察。四机厂被授予“湖北省最佳文明单位”、江汉石油管理局“双文明模范单位”称号，四机厂党委再度荣获湖北省国资委“学习型党组织建设先进单位”、江汉石油管理局“模范党委”等称号。

1. 市场营销再创佳绩

四机厂完善服务网点布局，优化售后服务资源，美国销售服务中心正式挂牌，大庆维修服务中心启动建设，延长油田本地化服务试点推开，压裂设备专业服务队投入运营，“石油四机”品牌获得用户的广泛认可。国内压裂设备销售继续保持旺盛增长势头，民营用户群继续扩大，高压管汇产品订货、检测与维修劳务的业务量不断增长，创新营销模式也取得喜人业绩，四机厂制造的压裂设备作为国产装备首次应用于海洋钻井平台。国外传统市场销售稳中有升，连续油管、不压井作业设备实现批量出口，委内瑞拉、印尼等重点市场开拓取得新突破，产品出口形势喜人。

2. 技术创新再续辉煌

四机厂成功试制4 000m海洋钻机、LNG修井机、大配套不压井作业设备等11项新产品，承担的国家科技重大专项顺利通过中期检查，取得15项技术创新成果，3 000型压裂车在涪陵页岩气示范区成功应用；国内首套井口设备现场气密封检测系统顺利交付西南石油工程公司。四机厂压裂装备研发团队获评中国石油化工股份有限公司（简称“中石化”）“优秀创新团队”。全年获得16项专利授权；制定行业标准2项，中石化集团公司标准3项，积极参与湖北省船舶与海洋工程产业发展推进活动，中国工程院院士顾心怿进驻院士工作中心专用设备分站。

3. 产能提升再获突破

四机厂深化“三提”工程，对重点产品、大配套产品实行项目管理，产能提升效果明显，设备产能同比增长40%，3 000型压裂车提前两个多月交付用户，连续油管、不压井设备实现批量生产，订货量、产值和营业收入增长屡创新高，工业生产总值、主营业务收入突破35亿元大关，再上产能新台阶。

4. 基础管理再度加强

四机厂顺利通过安全生产标准化二级评定和OHSMS体系认证审核，取得“国家特种设备无损检测机构资质”。四机厂的系列车载钻机获得GOST重新认证，固井拖车通过CE认证。2个QC小组分获“全国优秀质量管理小组”和“石油工业优秀QC小组”称号。立足优质发展，导入精益生产管理，经过改善的环节，空间、时间浪费明显减少，现场管理明显加强，生产效率不断提高，改善文化逐步形成。全年多次举办各类工程硕士培训班、技术与技能研修班，职工队伍整体素质明显提升。2人分获“全国技术能手”和“中石化集团公司青年岗位能手”称号，1人被评为中石化集团公司“技能大师”。

5. 和谐建设再结硕果

四机厂投入资金500多万元，完善“平改坡”、天然气入户和小区绿化工程，改造社区水电与排污设施，拓宽小区道路，居民生活条件、环境进一步改善；四机医院、水榭宾馆、学校、幼儿园等维修改造项目相继完工。开展“两访”活动，下移信访重心，信访办结率达到100%。积极反哺社会，走访、慰问贫困家庭和残疾居民，累计发放慰问金117.8万元；开展“金秋助学”，为34名学生提供助学善款；组织员工为地震灾区捐款20余万元。继续扶持、帮助社区企业发展，社区内企业共完成营业收入53.2亿元，上缴税费2.58亿元，实现盈利2.9亿元。四机社区获评为湖北省“充分就业社区”，被推荐参加湖北省“和谐社区建设示范五星级社区”评选。

3000 型压裂机组中石化页岩气井焦页 1-3HF 压裂作业现场

SBYJ160 不压井修井机（独立式）

2013 年大事记

SHS20 混砂车（130 桶）

SLG380T 连续油管作业设备

（1）四机厂成功制造世界首台 3000HP 型压裂车。世界首台 3000HP 型压裂车，搭载四机厂自主研发的 STP3300 型长冲程压裂泵和新一代控制系统，设备最大输出功率 2 237kW（3 000hp），最高工作压力 140MPa，是目前世界上最大型号的车载压裂装备。在中国石油集团公司重点风险探井——“束探 1H 井”的大型酸压施工中，3000HP 型压裂车的最高工作压力 84MPa，施工排量 12.6m^3/min，高负荷连续作业时间 14h，设备性能得到施工方的充分认可。

（2）四机厂“160t 油气不压井作业装备合作研发”项目获国家国际科技合作专项立项。这是四机厂继“863”、国家科技重大专项后，承担的又一国家级项目。通过该项目研究，四机厂开发出具有国际先进水平的系列不压井装备。

（3）1 月 16 日，在全国引进国外智力工作会议上，四机厂被命名为“2012 年度国家引进国外智力示范单位”，全国 17 家单位受到表彰。四机厂是中石化集团公司和湖北省获该奖项的唯一一家企业，成为技术领先、人才聚集的国际化研发基地和产业化基地。

（4）4 月 17 日，中国机械工业品牌培育表彰会在北京举行，“石油四机”钻机荣膺“中国机械工业优质品牌”荣誉称号。这是继荣获“中国名牌产品”后，“石油四机”钻机在品牌创建方面获得的又一重要殊荣。

（5）5 月 8 日，四机厂美国销售服务中心在休斯敦正式挂牌。该中心由四机厂与中国石油技术开发公司合作建成，主要承担出口北美修井机的配件供应及售后服务，是继印尼、哈萨克斯坦、俄罗斯之后，四机厂在海外设立的第 4 个销售服务中心。

（6）5 月 24—25 日，中国工程院院士罗平亚、周守为莅临四机厂参观考察并指导工作。两位院士对四机厂超前研制非常规油气装备和海洋石油开发装备的做法和取得的成绩，以及近年来的发展成就给予了高度评价。

（7）5 月 30 日，中石化集团公司重大装备国产化办公室在宜昌召开国产化研制项目成果鉴定会，由四机厂承担的大型混砂车、液压不压井修井机、地面煤层气钻机三项国产化研制项目顺利通过鉴定。这标志着四机厂在石油钻采装备国产化领域实现了新的突破。

（8）9 月 1 日，由四机厂研制完成的国内首套井口设备现场气密封检测系统交付西南石油工程公司进行工业应用。它的诞生使我国油田拥有了更为先进的井口设备技术状态检测诊断技术，为油气井安全开采再添一道保护屏障。

（9）9 月 26—28 日，国家质检总局科技司在荆州市组织召开专家论证会，由世纪派创石油机械检测中心与荆州市产品质量监督检验所共同承担的“国家油气钻采设备质量监督检验中心”项目顺利通过专家论证，标志着“国家油气钻采设备质量监督检验中心”筹建工作已具备正式启动条件。

（10）12 月 6 日，在北京召开的企业技术创新发展峰会上，国家发展改革委、科技部、财政部、海关总署、税务总局五部委，联合为 2013 年度国家认定的企业技术中心授牌，四机厂荣列其中。“国家级企业技术中心”是目前我国最高级别的企业技术研发机构。

倾力打造中国工业阀门民族品牌

——中核苏阀科技实业股份有限公司

一、发展历程

中核苏阀科技实业股份有限公司（以下简称中核科技）成立于1997年，是一家集工业阀门研发、设计、制造及销售为一体的科技型制造企业，也是我国阀门行业和中国核工业集团所属的企业中首家上市的企业。自上市以来，中核科技积极调整经营思路，通过“三个转变”，即转变经营机制、转变市场观念、转变商业模式，不仅走出了1997—2004年的困难时期，适应了市场变化，拓展了市场范围，稳固了目标市场，也有效抵御了全球经济危机、日本福岛核事故及国内经济增速放缓对公司发展的冲击。近年来，中核科技资产总额、销售收入及利润总额保持了年均两位数的增长，探索出了一条健康持续发展的道路。

二、发展特点

1. 提升顶层设计能力，助推企业持续发展

面对外部环境带来的新变化，中核科技董事会坚持以观念的变革、制度的创新实现企业更加科学的发展。为了完善企业法人治理结构，中核科技董事会不断提高自身运作水平，分别设立了战略委员会、薪酬委员会及审计委员会，对公司发展中遇到的难点及热点问题进行集中讨论和决策。与此同时，中核科技董事会坚持战略引领，将“顶层设计”理念融入到企业的建设管理中，并根据国家产业政策及行业市场的变化，提出加快产品结构调整、实施产业延伸及差异化发展等一系列战略决策，确保公司沿着正确的发展方向前进。此外，中核科技董事会坚持业绩导向，激发公司高管团队的活力。从变革管理方式、完善业绩评价体系、改革收入分配机制等方面入手创新绩效管理体系，构建适合公司发展实际的激励约束机制，引导企业向战略目标奋进，为公司发展战略的实施提供了坚强有力的机制保障。

2. 坚持以市场为导向，提升企业竞争能力

近年来，中核科技在严酷的市场竞争环境下，坚持以市场为导向，建立了符合市场需求的营销管理模式，并通过“四个注重”（即注重诚信经营，注重品牌建设，注重客户管理，注重市场预测）增强了公司对市场变化的适应能力。通过不断提升营销管理水平，中核科技在竞争激烈的阀门行业中，保持了年均两位数增长的良好发展势头。特别是2013年，在外部经济环境发生大幅波动的情况下，中核科技凭借良好的市场应对能力，通过全体职工的共同努力，订单承接量突破10亿元大关，销售收入同比增长19%，为实现公司“十二五”战略目标奠定了坚实基础。

3. 紧随国家产业发展步伐，打造行业领军企业

（1）承担国家重大专项，推动高端阀门国产化进程。近年来，中核科技根据国家重点扶持发展大型清洁高效发电设备、大型乙烯装置设备等16个相关产业的政策导向，积极申报并承担了“核能开发项目”关键阀门国产化项目、百万千瓦级核电站用关键阀门产业化项目、核电关键阀门铸锻件能力配套项目、AP1000爆破阀国产化项目、浓缩铀关键阀门研制项目、中石化加氢装置高压临氢阀门国产化项目、超超临界火电机组关键阀门国产化项目以及大型乙烯装置高温高压阀门国产化项目。通过承担国产化项目，中核科技累计研发新品近40个，实现销售收入约占公司销售收入总额的65%。这些项目的实施不仅推进了我国核电、石油及石化领域高端阀门的国产化进程，填补了多项阀门技术空白，也为公司向高端阀门领域进军搭建了一个崭新的发展平台。

（2）坚持产学研用道路，打造优势创新平台。近年来，中核科技坚持走“政产学研用”相结合的科研创新之路，以“自主创新、重点跨越、支撑发展、引领未来”为科技创新方针，不断完善科研创新体系建设，建立健全科研创新激励政策，不断强化科研人才队伍建设，打造科研创新优势平台，促进企业科研创新加速发展。通过打造优势创新平台，中核科技近年来获得政府及相关部门的高度认可，获得省部级以上科技创新奖13项，获得各类专利31项（尚有多项专利处于申请受理阶段），起草了国家标准及行业标准共计19项，在行业权威杂志发表论文45篇。

4. 持续追求卓越绩效，打造品牌核心价值

近年来，中核科技以“用户至上、质量第一、追求卓越、不断改进”为企业质量方针，坚持贯彻卓越绩效管理模式，建立健全科学和完善的管理体系，注重从领导、战略、顾客及过程管理层面进行对标管理，通过引入科学的测量分析工具及方法，确保公司持续改进，不断实现自我超越，提升公司整体运行质量。中核科技先后获得了“产品质量国家免检”和“进出口产品免验”证书，荣获了“江苏省质量奖”，并成为江苏省首家A级（最高标准等级）质量信用企业。2012

年，中核科技在推行卓越绩效考核准则方面得到了政府部门的高度认可，分别获得了首届“苏州市市长质量奖”和“江苏省名牌产品”，并借此进一步提升了公司的管理水平，为企业的可持续发展及打造行业一流品牌奠定了坚实的基础。

5. 建立全面绩效管理体系，提升企业运行效率

中核科技坚持实施全面绩效管理，向管理要效益。一是建立了高效的工作协调机制，确保工作流转效率。通过专题协调会、现场会等工作内容，充分发挥管理部门的调控功能，加强组织、协调、指导、推动职能，进一步提高工作效率；二是建立了企业工作流程信息化平台，实现ERP系统全覆盖，进一步强化公司信息化管理，实现软硬件同步；三是实施全面绩效管理，建立科学绩效考核体系，以绩效为导向进一步激励公司广大员工，提高了员工的执行力，促进了各项管理措施的落实，进一步增强了企业竞争力。

6. 发挥上市公司平台优势，积极实施“双资推动”

中核科技紧紧围绕企业战略发展目标，加快了相关产业的战略布局速度，为企业做强做大提供有力保障。2007年，中核科技与横店英洛华电气有限公司签订了合资协议，组建了中核苏阀横店机械有限公司，使公司拥有了一家专业化铸锻件制造基地，进一步增强了企业对上游资源的控制力度。2008年，中核科技成功收购一家专业化球阀制造企业，进一步拓展了企业的产品覆盖面，为企业实现快速发展目标提供了新的经济增长点。2010年，中核科技收购了苏州中美锻造有限公司，为公司下一步提升核级锻件自给能力提供了有力支撑。同年，中核科技与美国福斯公司签约，合资成立了苏阀福斯核电设备有限公司，为公司进一步扩大中高端核电阀门市场占有率提供了有利的保障。

7. 注重企业文化建设，促进企业健康发展

（1）提倡社会责任感，鼓励员工参加公益活动。近年来，中核科技积极参与苏州市组织的各项社会公益活动，通过义务献血、慈善捐款提高了员工的社会责任感、文明意识和道德水平，也帮助企业塑造了良好的社会形象。中核科技被评为“江苏省创建文明单位工作先进单位”。

（2）夯实企业文化内涵，打造特色企业文化。一是注重从企业精神、经营理念、人生价值、发展目标等多个方面精心提炼企业文化，并根据环境特点，通过多种形式潜移默化的宣传企业文化。二是在培养特色企业行为文化上下功夫，在秉承中核集团企业文化的基础上，融合苏州当地的历史文化以及公司多年来的优秀文化积淀，积极倡导以德治企，按照“公平、公正、公开”的原则，在政治上爱护人，在工作上帮助人，在生活上关心人，在全公司努力营造讲政治、讲学习、讲正气的文化氛围。公司营造的企业文化氛围也得到了社会的认可，先后被评为“江苏省模范职工之家”及“苏州市劳动关系和谐单位”。

三、募投项目情况

2010年11月，中核科技完成上市以来的首次再融资项目，通过非公开发行股票募集资金，共募集资金30 350万元，用于核电关键阀门生产能力扩建项目、核化工专用阀门生产线技改项目、高端核级阀门锻件生产基地建设项目的实施。目前，三个融资项目均正常生产运行。其中：

核电关键阀门生产能力扩建项目是在中核科技现有的核电阀门生产能力的基础上，按照大幅度增加公司核电关键阀门生产能力规划设计要求实施的项目。该项目于2013年6月底建成完工，现已投入生产运行。

核化工专用阀门生产线技改项目是在公司现有的核化工专用阀门生产能力的基础上，按照进一步扩充改造和提升公司核化工专用阀门生产能力规划设计要求实施的项目。该项目于2013年9月底建成完工，现已投入生产运行。

高端核级阀门锻件生产基地建设项目是公司根据扩大和提升核级阀门产品生产能力需要，在收购苏州中美锻造有限公司（目前为中核科技控股的全资子公司）的基础上，按核级锻造工艺要求进行的厂房设施建设、相关设备添置项目。该项目于2012年7月建成并投产运行。

四、公司发展给投资者带来的新愿景

作为我国制造业的一员，中核科技积极抢占行业发展制高点，着力打造行业领军企业。目前，中核科技是中国通用机械工业协会副会长单位、中国通用机械工业协会阀门分会常务副会长单位及江苏省阀门协会会长单位。中核科技按照董事会提出的要求，瞄准国际、国家及社会经济发展对阀门产业的要求，紧紧抓住新能源、新技术、新工艺发展趋势，积极探索纵向延伸、横向拓展的经济发展方式，继续调整产业和产品结构，不断适应市场的变化；围绕市场需求，继续加大自主创新投入，加快推进科技创新平台建设工作；全面推动公司精益化管理，实施全员绩效考核体系，确保企业各项管理措施执行落地。

同时，中核科技努力践行“让股东满意、让股民满意、让员工满意”的经营原则，力争为投资者带来稳定成长的收益，使所有股东都能更好的享有中核科技发展带来的投资回报。

五、中核科技重大事件回顾

◆ DN800核二级主蒸汽隔离阀通过鉴定

7月25日，中核科技自主研发、设计、制造的DN800核二级主蒸汽隔离阀顺利通过中国机械工业联合会组织的样机鉴定。这意味着中核科技已全面掌握核二级主蒸汽隔离阀设计、制造、检测和功能试验技术，具备了自主研发制造主蒸汽隔离阀的能力，可以进行批量化生产。此举实现了我国核电阀门国产化的重大突破，为我国核电设备制造完全国产化创造了有利条件。

DN800核二级主蒸汽隔离阀确保了各项参数满足现有压水堆核电站以及三代核电技术主蒸汽隔离阀的要求。其中，样机抗震试验结果达到同类大型阀门的世界先进水平。

◆ 中核科技与中国石油化工股份有限公司签署战略合作协议

2012年11月26日，中核苏阀科技实业股份有限公司与中国石油化工股份有限公司（简称中石化）在北京签署了战略合作协议。这是中国石油化工股份有限公司与阀门类企业首次签订战略供应商合作协议。根据协议，中核科技的阀门产品主要应用于中国石油化工股份有限公司的项目，双方实现互惠双赢。

中核科技自1980年就与中国石油化工股份有限公司有业务往来，每年的销售额达1亿元。本次合作是双方在“资源共享、优势互补、平等诚信、共同发展”的原则下，围绕中石化建设综合性国际能源公司的要求，深化拓展合作领域，大力推进战略供应合作，充分发挥规模优势，建立长期稳定合作关系，更好地保障中石化的生产建设。

DN800核二级主蒸汽隔离阀

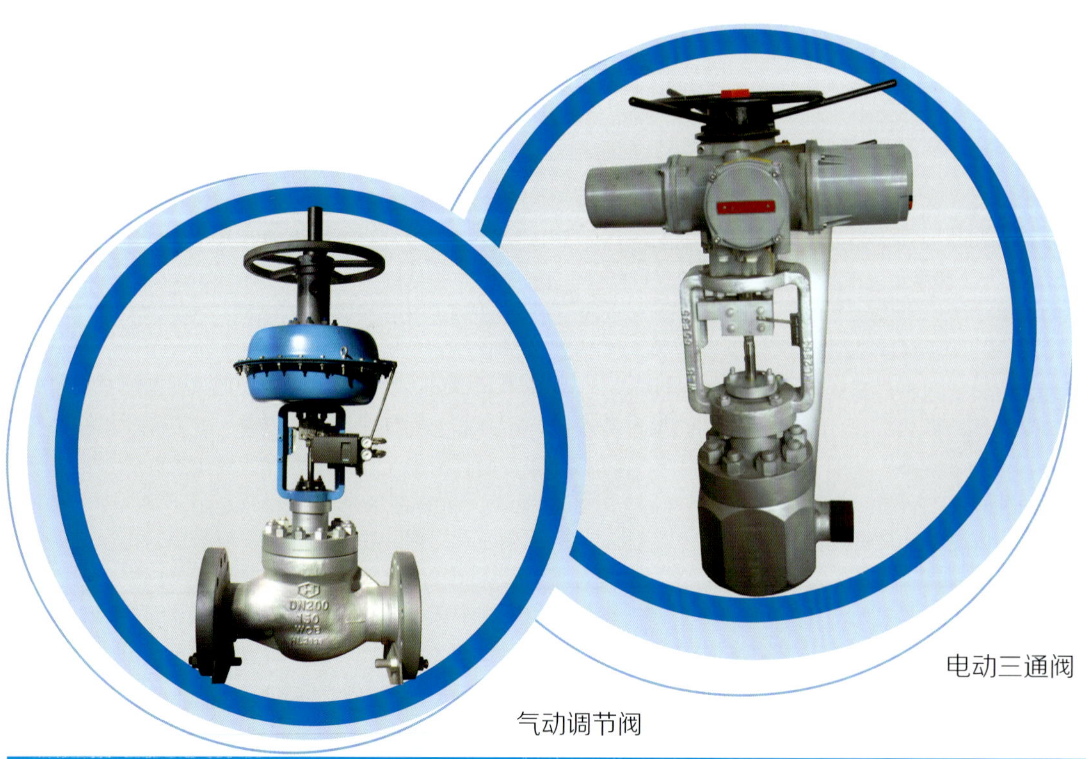

电动三通阀

气动调节阀

◆乙烯装置高温高压阀门国产化研制项目通过鉴定

乙烯装置高温高压阀门是中核科技与中国石化工程建设公司、中石化天津分公司，以天津和镇海 100 万 t/a 乙烯及配套项目乙烯装置高温高压阀门国产化项目为依托，联合研制的百万吨乙烯装置关键阀门。

2011 年 5 月，项目通过中石化组织的国内权威专家的鉴定和验收。鉴定意见：填补国内空白，技术达到国际先进水平，具有自由运作权，经济效益和社会效益显著。

目前，该产品在天津、镇海和武汉百万吨乙烯装置上运行良好。2012 年获中国机械工业科学技术进步奖三等奖。获得实用新型专利 1 项。

中核科技与中石化战略合作协议签字仪式

◆加氢装置高温高压阀门通过鉴定

2010 年，中石化实施了“渣油加氢处理装置高压临氢 Y 型截止阀研制”项目。该项目由中石化洛阳工程有限公司、中石化长岭分公司和中核科技，依托中石化长岭分公司油品质量升级改造工程 170 万 t/a 渣油加氢处理装置，进行联合攻关研制。

2012 年，项目通过中石化鉴定。鉴定意见：高压临氢 Y 型截止阀技术水平达到国际先进水平。2013 年，该产品荣获“江苏省高新技术产品”。

目前，该产品在长岭渣油加氢处理装置上运行良好。

乙烯装置高温高压阀门国产化研制项目鉴定会

◆火电阀门获重大突破

中核科技配合国家发改委和中国通用机械工业协会以及国家能源局和阀门分会的工作要求，全力推进超（超）临界火电机组关键阀门国产化工作，承担了超（超）临界火电机组关键阀门中 11 种规格的样机研制任务。依据超（超）临界火电机组关键阀门国产化联合研发协议，中核科技研发了：空预器吹灰减压站气动控制阀（MB-4"E15W1V）、高加事故疏水控制阀 (MA-200E15W1C)、高排逆止阀 (40"H6WA22CC-QV)、给水泵汽轮机排气蝶阀 (2800D943Y-6C)、抽汽逆止阀 (10"HR9WA22H-QV)、主汽高温高压闸阀 (10"ZCR45WA2F92-Ddv)、高加给水三通阀（18" JRT25WE22F36-YU）等产品，并通过了专家组的一致认可，取得各项突破性的成绩。

超（超）临界火电机组国产化第三类阀门鉴定会

超超临界火电机组高排逆止阀

结语

2014 年，石油石化装备制造企业大力推进结构调整、技术创新和节能减排，依托自主创新开发新产品，取得了积极进展。一批核心技术取得了突破，高技术含量、高附加值产品产量增速加快，高端产品对全行业利润贡献率稳步提高，传统产业转型升级成效明显。

大企业凭借现有实力，表现出强劲的创新动力，下大力量进行符合产业发展需要的产品研发和生产，在市场上站稳了脚跟；规模较小的企业同样积极进行自主创新，走专业化发展道路，大力开发新产品，以配套的角色参与大型装备制造，也取得了不俗的成绩。

作为行业企业成长的“鉴”证者，《中国石油石化设备工业年鉴》连续推出“访谈”栏目，从不同视角，持续关注行业企业和企业家的成长历程，总结成功案例，分享成功经验，充分发挥其示范引领作用，以期待石油石化装备制造业取得更大的发展。

50强企业和名牌产品

公布2013—2014年度中国石油石化装备制造业50强企业和名牌产品名单，详细介绍50强企业和名牌产品生产企业的发展概况

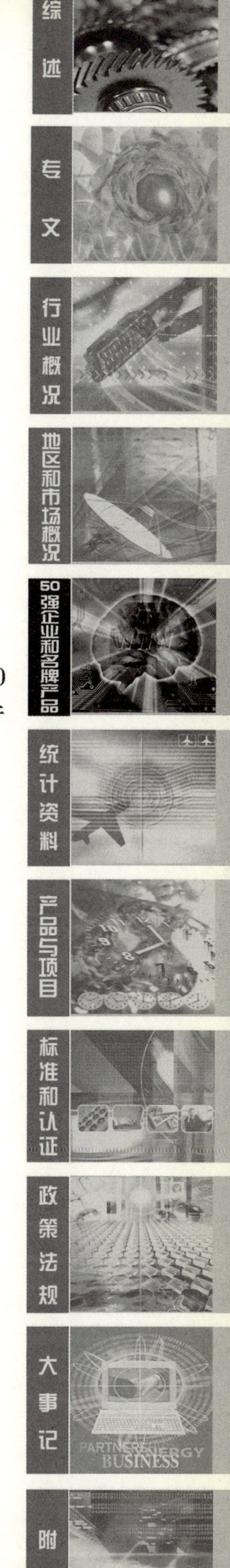

2013—2014年度中国石油石化装备制造业50强企业名单
2013—2014年度中国石油石化装备制造业名牌产品
企业介绍

2013—2014 年度中国石油石化装备制造业 50 强企业名单

序号	企业名称	分类
1	宝鸡石油机械有限责任公司	石油钻采设备
2	胜利油田高原石油装备有限责任公司	
3	四川宏华石油设备有限公司	
4	烟台杰瑞石油服务集团股份有限公司	
5	中石化石油工程机械有限公司第四机械厂	
6	南阳二机石油装备（集团）有限公司	
7	中船重工中南装备有限责任公司（三八八厂）	
8	兰州通用机器制造有限公司	
9	北京石油机械厂	
10	上海神开石油化工装备股份有限公司	
11	新疆维吾尔自治区第三机床厂	
12	河南信宇石油机械制造股份有限公司	
13	中原特种车辆有限公司	
14	中原总机石油设备有限公司	
15	山东三田临朐石油机械有限公司	
16	通化石油化工机械制造有限责任公司	
17	兰州兰石集团有限公司	石油化工设备
18	大连金州重型机器有限公司	
19	中核苏阀科技实业股份有限公司	
20	甘肃蓝科石化高新装备股份有限公司	
21	哈尔滨空调股份有限公司	
22	四川大川压缩机有限责任公司	
23	茂名重力石化机械制造有限公司	
24	宁波鲍斯能源装备股份有限公司	
25	辽宁恒星泵业有限公司	
26	海城市石油机械制造有限公司	石油井口设备和钻采专用工具
27	江苏金石机械集团	
28	中原特钢股份有限公司	
29	天津立林机械集团有限公司	
30	江苏双鑫石油机械有限公司	
31	江汉石油钻头股份有限公司	
32	河北华北石油荣盛机械制造有限公司	
33	天合石油集团汇丰石油装备股份有限公司	
34	泰兴石油机械有限公司	
35	贵州高峰石油机械股份有限公司	
36	盐城特达钻采设备有限公司	
37	德州联合石油机械有限公司	
38	江苏如通石油机械股份有限公司	
39	江苏如石机械有限公司	

（续）

序号	企业名称	分类
40	盐城市特达专用管件有限公司	石油井口设备和钻采专用工具
41	山东陆海石油装备有限公司	
42	内蒙古一机大地石油机械有限责任公司	
43	江苏新象股份有限公司	
44	包头市联德石油机械有限公司	
45	中国石油渤海石油装备制造有限公司	石油专用管材、输送管
46	江汉石油管理局沙市钢管厂	
47	胜利油田孚瑞特石油装备有限公司	
48	沧州市鑫宜达钢管集团股份有限公司	
49	合肥神马科技集团有限公司	
50	山西北方风雷工业集团有限公司	
51	中油管道机械制造有限责任公司	

2013—2014年度中国石油石化装备制造业名牌产品

企业序号	参评企业名称	参评产品名称	产品序号
一、石油专用设备（14家32个产品）			
1	四川宏华石油设备有限公司	宏华 / 石油钻机 *	1
2	南阳二机石油装备（集团）有限公司	华石牌、RG / 低温钻机 ▲	2
		华石牌、RG / 海洋钻机、修井机 ▲	3
		华石牌、RG / 石油钻机、修井机 ▲	4
		华石牌、RG / 油井测试设备 ▲	5
3	中石化石油工程机械有限公司第四机械厂	四机 / 高压管汇系列产品	6
		四机 / 固井压裂设备	7
		四机 / 石油钻机、修井机	8
4	中船重工中南装备有限责任公司（三八八厂）	三峡牌 / 抽油泵 ▲	9
5	中原特种车辆有限公司	中油 / 车载钻机及修井机 ▲	10
		中油 / 洗井清蜡设备 ▲	11
6	通化石油化工机械制造有限责任公司	通石牌 / 带压作业机 ▲	12
		通石牌 / 洗井清蜡车 ▲	13
		通石牌 / 组合冲砂修井机	14
7	北京石油机械厂	北石 / 螺杆钻具 *	15
		北石 / 顶部驱动钻井装置 ▲	16
		北石 / 地面防喷器控制装置	17
		北石 / 随钻仪器	18
		北石 / 震击器、减震器	19

（续）

企业序号	参评企业名称	参评产品名称	产品序号
8	兰州通用机器制造有限公司	兰通 / 固井水泥车 ▲	20
		兰通 / 压裂车机组 ▲	21
		兰通 / 洗井清蜡车 ▲	22
9	胜利油田高原石油装备有限责任公司	高原 / 抽油泵 ▲	23
		高原 / 螺杆泵 ▲	24
		高原 / 皮带抽油机 ▲	25
10	河南信宇石油机械制造股份有限公司	石油人 / 抽油泵	26
		石油人 / W 型曳引抽油机	27
11	中原总机石油设备有限公司	中原总机 / 石油钻机 ▲	28
		中原总机 / 钻井泵 ▲	29
12	上海神开石油化工装备股份有限公司	神开 / SK-MWD 无线随钻测斜仪 ▲	30
13	烟台杰瑞石油服务集团股份有限公司	杰瑞 / 液氮车	31
14	包头市联德石油机械有限公司	联德 / 抽油杆系列产品 ▲	32
二、石油化工设备（10 家 15 个产品）			
15	大连金州重型机器有限公司	金重牌 / 系列二氧化碳气提塔 ▲	33
		金重牌 / 系列尿素合成塔 ▲	34
16	四川大川压缩机有限责任公司	川压牌 / 二氧化碳压缩机 ▲	35
		川压牌 / 焦炉气压缩机 ▲	36
		川压牌 / D-55/0.8-7 型稳定气压缩机 ▲	37
		川压牌 / 无油润滑压缩机 ▲	38
17	中核苏阀科技实业股份有限公司	苏阀“SUFA” / 低温阀	39
18	茂名重力石化机械制造有限公司	重力 / 高频电阻焊螺旋翅片管	40
19	宁波鲍斯能源装备股份有限公司	BSC / 煤层气螺杆压缩机 ▲	41
		BSC / 石油气螺杆压缩机 ▲	42
20	温州市华海密封件有限公司	华海 / 金属密封垫环 ▲	43
21	杭州大潮泵业制造有限公司	大潮 / 液压隔膜式高压往复泵	44
22	辽宁恒星泵业有限公司	宽红 / JY 型剪切研磨式胶体磨	45
23	宁波合力机泵有限公司	运星 / 往复式高压泵	46
24	江汉石油钻头股份有限公司武汉压缩机分公司	三机牌 / RDS/ CNG 系列天然气压缩机 *	47
三、石油井口设备和钻采专用工具（20 家 42 个产品）			
25	中原特钢股份有限公司	探源 / 钻铤 *	48
		探源 / 无磁钻铤 *	49
		探源 / 整体加重钻杆 *	50
26	江苏金石机械集团	JMP / 井口设备及采油树 *	51
27	江苏如石机械有限公司	如石 / ZQ 钻杆动力钳 ▲	52
		如石 / TQ 套管动力钳 ▲	53
		如石 / XSL 旋扣水龙头 ▲	54
28	河北华北石油荣盛机械制造有限公司	HBRS / 带压作业装置 ▲	55
		HBRS / 钻井用防喷器 ▲	56
		HRSB / 作业用防喷器 ▲	57
		HRSB / 泥浆泵 ▲	58

（续）

企业序号	参评企业名称	参评产品名称	产品序号
29	贵州高峰石油机械股份有限公司	高峰牌 / 全液压式随钻震击器 *	59
		高峰牌 / 超级震击器 *	60
		高峰牌 / 液力推力器 *	61
30	江苏如通石油机械股份有限公司	如通牌 / 卡瓦系列 *	62
		如通牌 / 吊卡系列 ▲	63
		如通牌 / 吊钳系列 ▲	64
31	盐城市特达专用管件有限公司	恒升 / 石油钻杆及接头 ▲	65
32	天津立林机械集团有限公司	LILIN / 螺杆钻具 *	66
		LILIN / 牙轮钻头 *	67
33	山东省金圣隆机械有限公司	金圣 / 抽油杆喷涂接箍 *	68
34	海城市石油机械制造有限公司	跃虎 / 液压油管钳 ▲	69
35	内蒙古一机集团大地石油机械有限责任公司	大地 / 抽油杆及其接箍 ▲	70
		大地 / 石油专用管（油套管）*	71
36	泰兴石油机械有限公司	泰字牌 / 吊卡 *	72
		泰字牌 / 吊环 *	73
		泰字牌 / 吊钳 *	74
		泰字牌 / 卡瓦 *	75
37	盐城特达钻采设备有限公司	特达 / 液压动力钳 ▲	76
38	德州联合石油机械有限公司	DUPM / 螺杆钻具	77
39	北京普世科石油机械新技术有限公司	普世科 / 石油钻机液压盘式刹车及其控制装置 ▲	78
40	通化石油机械制造有限责任公司	TSJ / 游车大钩 ▲	79
		TSJ / 水龙头	80
41	通化石油工具股份有限公司	通工 / 石油修井系列工具	81
42	江苏新象股份有限公司	新象 / QD气动套管吊卡/卡瓦 ▲	82
		新象 / TQ套管动力钳 ▲	83
		新象 / XSL旋扣水龙头 ▲	84
		新象 / ZQ钻杆动力钳 ▲	85
43	江汉石油钻头股份有限公司	江钻牌 / 石油及天然气勘探开发油用钻头 *	86
44	山西北方风雷工业集团有限公司	金山牌 / 钻铤	87
		金山牌 / 钻杆	88
		金山牌 / 螺杆钻具	89
四、石油专用管材、输送管（6家8个产品）			
45	渤海石油装备承德石油机械有限公司	渤海司达 / 抽油机节能拖动装置	90
	渤海石油装备华油钢管有限公司	渤海华宇 / 直缝高频焊管	91
46	中石化石油工程机械有限公司沙市钢管厂	沙管 / 输送用焊接钢管 *	92
47	胜利油田孚瑞特石油装备有限责任公司	孚瑞特 / 油管 ▲	93
48	沧州市鑫宜达钢管集团股份有限公司	/ 螺旋埋弧焊管 *	94
49	郑州万达管件制造有限公司	益工 / 钢制弯头	95
50	中油管道机械制造有限责任公司	CPPM / 长输管道加热炉	96
		CPPM / 安全自锁型快开盲板	97

说明：1. ▲ 为证书到期重新申报产品；

2. * 为复评产品。

〔供稿单位：中国石油和石油化工设备工业协会〕

企 业 介 绍

南阳二机石油装备（集团）有限公司

南阳二机石油装备(集团)有限公司是集开发、设计、制造、施工与服务于一体的综合型大型企业集团，是我国石油钻采装备制造业中综合实力最强的企业之一，是国家创新型企业、国家火炬计划重点高新技术企业、中国石油钻采装备制造10强企业、中国机械工业500强企业、中国机电行业影响力100强企业、河南省首批高新技术企业、河南省知识产权优势企业、河南省百户重点企业、河南省优秀创新型企业、河南省创新方法示范企业。

公司主导产品有1 000～4 000m车装钻机和拖挂钻机、1 000～9 000m橇装钻机、15～150t陆上修井机、60～225t海洋钻修机、4 000～10 000m油井测试设备、50～70t重载挂车、顶部驱动钻井装置、石油专用车辆、井口工具等12大系列、200多个品种。产品能够满足陆地、海洋、沙漠、滩涂等不同环境下油田的钻井、修井作业需求，市场占有率在国内处于领先水平，在畅销全国各大油田的同时，出口到美国、加拿大、墨西哥、印尼、印度、俄罗斯及中东等30多个国家和地区。

公司拥有国家级企业技术中心、院士工作站、博士后科研工作站、全国石油车载装备标准化工作部、石油装备联合研发中心（与中国石油大学）等科研开发机构。公司现有员工2 232人，各类专业技术人员593人，其中：高级专业技术人员97人，享受国务院特殊津贴的专家4人，国家“863”课题计划专家库专家3人，省部级学术技术带头人6人，研发实力位居行业前列。公司年新产品产值率保持在45%以上；先后主持或参与制定的国家和行业标准60项；获得专利授权204项，其中发明专利20项；获得省部级以上科技进步奖30余项。

公司质量保证体系完备，在同行业中率先通过ISO9001:2000国际质量体系认证，取得QHSE体系认证及ISO14001、GB28001认证，获得美国API SPEC 4F、7K、8A、8C、11E、16C会标使用权，石油专用车辆通过国家强制产品3C认证。

〔供稿单位：南阳二机石油装备（集团）有限公司〕

四川宏华石油设备有限公司

一、基本情况

四川宏华石油设备有限公司（简称四川宏华）自1997年12月成立以来，经过十余年的艰苦创业和跨越式发展，现有资产85.79亿元，流动资产68.86亿元，职工4 100余人，其中研究与试验人员400人。目前公司占地面积约80万m^2(1 200亩)，具备年产150台（套）石油钻机、产值规模达80亿元的生产能力，是四川省重型装备制造业的龙头企业之一，四川省第一批高新技术示范企业，我国最大的陆地石油钻机制造企业之一。2008年3月，以四川宏华为主体的宏华集团在香港联交所主板上市（HK0196），成为我国第一家上市的钻机制造商。

公司主要产品涵盖1 000～12 000m陆地钻机，包括DBS交流变频数控电动钻机、直流电驱动钻机、机械驱动钻机、复合驱动钻机、拖装钻机和转盘独立电驱动钻机，以及新研制的连续管钻机等20余种型号规格，以及与之配套的直驱顶驱装置、直驱泵、游吊系统、固控系统、电控系统等产品。公司产品80%以上出口，销往北美、南美、独联体、中东、中亚、南亚、东南亚、北非等全球30余个国家和地区，多年出口创汇位居行业首位。

四川宏华自创立以来，坚持“创新、创造、和谐、进取”的企业文化，秉承“科技领先、管理规范、品质精良、服务周全”的经营管理理念，坚持科技投入和技术创新，勇于开拓国际市场，为国内外石油天然气勘探开发提供优良的钻探设备，取得了显著的经济效益和社会效益。公司2013年总产值71.16亿元，销售收入65.32亿元，利润总额2.74亿元，出口创汇3.51亿美元，力争2014年产值达100亿元。

二、技术自主创新情况

四川宏华致力于全面提升自主创新能力，加强企业研究开发管理水平，科研成果以市场为导向，迅速实现产业化。

2006年，四川宏华技术中心被认定为四川省企业技术中心。2011年12月，四川宏华技术中心下属的技术测试中心通过中国合格评定国家认可委员会CNAS的认可，获认可证书。2013年1月15日，四川宏华设备有限公司院士专家工作站在四川宏华技术中心成立。公司积极进行知识产权的开发和保护，截至2012年年底，公司共获专利授权116项，其中8项发明专利，108项实用新型专利；获国际PCT专利9项，其中在美国被受理的专利有2项。

近三年来，四川宏华取得一批有较高创新水平和良好经济效益的技术成果，给公司创造了巨大的经济效益。

三、未来企业发展规划

2014年，公司根据国际、国内行业科技发展趋势，制定了企业发展规划，规划总体思路是：立足于陆地及海洋钻采装备制造，提升品质，成为世界顶级钻采装备制造商；坚持科技创新，以技术、服务为支撑，在十年内成长为石油天然气等资源开采利用的系统解决方案供应商；在实现企业跨越式和可持续发展的同时，提高专业化协作水平，注重企业的社会责任，建设环境友好型企业。

到2015年，四川宏华力争销售收入达到150亿元，利税总额达到15亿元。

〔供稿单位：四川宏华石油设备有限公司〕

北京石油机械厂

北京石油机械厂始建于1955年，地处北京市中关村高科技园区中心区，毗邻众多高等院校和科研机构，人才优势和地理位置得天独厚；拥有各类精良加工装备以及现代化的检测、试验设施，是集开发、设计、制造、销售、服务为一体的现代化石油钻采装备专业制造企业。

北京石油机械厂具有完善的质量管理体系，1996年在石油设备制造行业中率先通过ISO9001质量体系认证，是国内最早取得API SPEC 16D会标使用权的企业，拥有API Q1、API SPEC 7-1、API SPEC 8C会标使用许可证书。

为满足企业持续有效较快发展的需要，企业继续加大资源投入的力度，有力地保证了实施过程中所需的各种资源。2013年全厂职工总计688人，其中管理人员112人，专业技术人员137人。企业通过质量管理体系文件的多次宣贯，以及对内审员、质量管理员、关键岗位人员等的知识培训，不断增强了广大职工的质量意识和专业技能。企业拥有主要生产设备133台，其中数控设备37台，基本满足了关键件加工和精加工的需要，这些关键设备对进一步增大产能、提高产品质量起到非常重要的作用。

为加强产品实现过程的控制力度，对采购、外包、生产制造、装配、性能试验等过程，严格按照标准、规范、程序文件及相关技术文件等执行；通过加强供方管理，采购及外包产品的质量得到保证。出厂产品检验合格率达到100%；螺杆钻具、两器产品在石油工业井下工具质量监督检验中心的监督抽查中均为批合格，证明企业产品完全符合行业标准要求；防喷器控制装置产品通过了四川井控中心的资质年审和海淀质量技术监督局的生产许可证年审、中国船级社认证。无论是设计开发还是采购、生产制造、检验等环节，企业正不断以精品理念为指导思想进行持续改进，出厂产品和工序间产品质量正处于稳步提升阶段。

北京石油机械厂坚持“品德、品质、品牌”经营理念，秉承“用中国智慧加全球资源打造北石产品”的创新思路，坚持“科技化、数字化、国际化”的发展战略，树立“追求顾客的无悔选择”的企业宗旨，坚持科技进步、自主创新，已经拥有40余项国家专利技术，确保了企业产品既具有较强的技术优势，又具有较强的市场竞争实力。

北京石油机械厂崇尚“用科技铸就精良装备”的研发理念，竭诚为中外顾客提供优质的产品和满意的服务，愿与海内外朋友展开广泛的交流和合作，在发展中前进，在合作中共赢。

〔供稿单位：北京石油机械厂〕

烟台杰瑞石油服务集团股份有限公司

烟台杰瑞石油服务集团股份有限公司（简称杰瑞）成立于1999年，是一家集油气田钻采设备研发制造、油田工程技术服务、油气工程设计总承包等业务于一体的国际化上市企业集团。杰瑞集团现有19个成员公司、8个驻外办事机构，总注册资本11.7亿元，员工总数5 000余人。2010年2月5日，杰瑞集团在深圳证券交易所挂牌上市，现市值近400亿元，是我国油田服务领域除“三大油”以外市值最大、最具活力的民营上市公司。

一、主要产品及产能情况

杰瑞集团主要经营范围包括油田专用设备、油田特种作业车、油田专用半挂车的生产、组装、销售、维修；油田设备、矿山设备、工业专用设备的维修、技术服务及配件销售；为石油勘探和钻采提供工程技术服务；机电产品及专用载货汽车、牵引车、挂车的销售；油田专用设备和油田服务技术的研究和开发；计算机软件的开发、自产计算机软件销售；货物及技术的进出口。杰瑞是目前全球最大的油田增产设备制造商和压缩机设备成橇商，是国内最大的压裂成套设备、连续油管作业设备、液氮设备制造企业，具备年产各类高端石油装备500台（套）的生产能力。2012年，杰瑞成功打入北美页岩气开发主流市场，成为我国唯一为北美提供全套页岩气压裂成套设备的公司。2013年，杰瑞成功推出“小井场大作业”新概念成套页岩气压裂解决方案，实现了全套装备的现场联机测试，标志着杰瑞完成了“小井场大作业”全系列产品的开发和布局，开创了我国乃至世界范围内页岩气等非常规能源压裂增产完井设备的新方向。2014年，杰瑞又隆重发布了世界首台4 500水马力涡轮压裂车，是全球单机功率最大的压裂车，被行业誉为“重新定义压裂装备”，使我国成为继美国和俄罗斯之后，世界第三个拥有涡轮压裂装备的国家。

二、发展规模及效益情况

杰瑞集团现拥有杰瑞油田工程技术服务、杰瑞天然气装备制造和杰瑞石油装备制造3个工业园区，总占地面积44万m^2（660余亩）。杰瑞在国内各大油田设有多个服务基地；在美国休斯敦设有研发中心、营销和售后服务中心及制造工厂；在加拿大、阿联酋、哈萨克斯坦、印尼等国家和中国香港地区设有全资子公司；在南美、俄罗斯、澳大利亚、非洲等地设有营销与服务机构。杰瑞自主研发制造的压裂成套设备、系列固井设备、连续油管作业设备、液氮泵送设备、智能排管系统等产品已遍布全球30多个国家和地区，是众多国内外知名油公司、油服公司的合格供应商和战略合作伙伴。杰瑞近年发展态势良好，主营业务收入连续8年实现50%左右的增长，2013年实现销售收入65.36亿元，利润总额14.31亿元。

三、科研平台及研发实力情况

杰瑞是国家火炬计划高新技术企业、国家高新技术企业，拥有山东省企业技术中心、山东省固压设备工程技术研究中心、山东省油田固压设备工程实验室3个省级科技创新平台。借助这些平台，杰瑞成立了包括石油装备技术研究院、中心研究院、能源服务技术研究院、天然气设备研究院、杰瑞休斯顿石油装备技术研发中心、杰瑞加拿大卡尔加里技术研发中心在内的杰瑞集团技术中心，有力吸纳了国内外高层次专业人才不断充实壮大公司的研发力量，并通过国际化的科技人才战略，逐步接轨全球高端石油装备制造技术，成为在石油高端装备、油田作业服务领域领先的国际化企业集团。杰瑞拥有专职研发人员565人，其中，具有中高级职称的人员200余人，拥有全球最大的钻采设备研发团队。截至目前，杰瑞累计获得专利授权180余项，其中发明专利7项，实用新型专利145项，获得软件著作权48项；正在申请的专利33项，其中发明专利24项，申请国际PCT专利5项，专利拥有量处于同行业领先地位。

杰瑞还与中国石油大学（华东）、西安石油大学、中国地质大学（武汉）建立了合作关系，共同进行产品的研发和技术的创新，不断对产品进行优化。目前，杰瑞已建成面积5 057m^{2}的研发中心，面积3 000m^{2}的试验检测中心，拥有包括大泵试验台、连续油管测试台等检测研发设备200余台（套），以及卧式镗铣加工中心、数控加工中心等网络化生产设备300余套，信息化加工设备总价值3亿多元。

四、获得荣誉及资质情况

杰瑞集团及各子公司先后承担了科技部、发改委等国家部委级项目9项，山东省自主创新专项、省重大成果转化专项4项，山东省科技发展计划项目9项，省发改委、省经信委科技创新专项6项，以及烟台市、区各类科技计划项目30余项。杰瑞多项成果获山东省科技进步奖、烟台市科技发明奖。杰瑞已有23项科技成果通过省科技厅成果鉴定或验收，全部达到国际先进或国内领先水平。

杰瑞在发展过程中，大力推行标准化建设，逐步规范和完善了企业质量标准，并形成了完善的管理体系。目前，杰瑞执行国家标准200余项，参与编制行业标准3项，执行产品企业标准10项。杰瑞先后通过了ISO/TS 29001、API Q1、GB/T 24001—2004/ISO14001:2004环境管理体系认证、GB/T 28001—2001职业健康安全管理体系认证、ISO9001:2008等体系认证，多项产品通过了美国石油学会（API）产品认证、挪威船级社（DNV）认证、美国船级社（ABS）认证，同时通过了中国质量认证中心组织的3C产品认证。杰瑞设有职能独立的质检部门负责质量管理和质量检验，生产过程的质量检查和控制由质检部门按相关检验文件要求实施监督抽查和考核，确保产品质量符合各项检测标准要求，保证了产品的质量。

五、企业文化及宗旨

杰瑞公司秉承人才是企业第一资本的宗旨，在实行人性化管理的同时，大力弘扬杰瑞文化。在以“真诚、携手、争第一”的核心理念指导下，杰瑞拥有了一支具有诚实守信、开拓创新的知识化、专业化优秀人才队伍。杰瑞非常重视对人才的培养，具备完整的培训体系，每年投入大量经费用于员工的培训，使每一位杰瑞员工在发挥自身才能的同时，不断地提升个人的综合素质；杰瑞很好地实现了组织目标与个人目标的完美结合，使员工的个人利益与杰瑞的整体利益紧密结合，从而推动了杰瑞事业的共同发展，实现了个人与集团的“双赢”发展。

杰瑞历经十余年的发展，从无到有，从小到大，从弱到强，跨越式发展也得到了社会各界的关注和认可，荣获《投资者报》评选的“2012年最受尊敬上市公司”称号，并于2011年、2012年连续两年被评为“福布斯中国最具发展潜力上市企业”和“中国中小板上市公司价值50强企业”。杰瑞集团已经成为我国高端石油装备研发制造的领军企业，并且正在向全球最强石油装备制造和油田服务企业集团的目标迈进。

〔供稿单位：烟台杰瑞石油服务集团股份有限公司〕

上海神开石油化工装备股份有限公司

一、企业概述

上海神开石油化工装备股份有限公司（简称神开）是以研究、开发、制造、销售井场测控设备、石油钻探井控设备、采油井口设备和石油产品分析仪器为主的高新技术企业，下属全资子公司有上海神开石油设备有限公司、上海神开石油科技有限公司及上海神开石油仪器有限公司，控股子公司有江西飞龙钻头制造有限公司和上海神开经纬峰实业有限公司。主要产品为综合录井仪、钻井仪表、防喷器和防喷器控制装置、井口装置和采油（气）树、无线随钻测斜仪、地质勘探油气矿场开采用钻头以及汽油辛烷值测定机等，同时为客户提供综合录井、无线随钻测井、防喷器租赁等专业工程服务。

2013年，神开增资重组上海经纬峰实业有限公司，投资占总出资额的60%，主要从事密封件的研发、制造和销售，丰富了神开的产品线，也为提升神开的产品质量提供了保障。2013年，神开出资400万美元成立美国子公司（SK PETRO），主要在美洲区域从事油气勘探开发专用设备、石油化工分析检测仪器的研发、制造、销售和技术服务，积极寻求对外技术交流与合作，逐步实现以服务带动产品销售，促进技术对外合作，扩大产品在美洲市场的占有率和品牌影响力。2013年，神开在努力争取国内市场订单的同时，积极开发新的国外市场，外贸收入比上年增长68%。经过公司上下不断努力，2013年，实现营业收入7.6亿元，实现净利润5 568万元，与上年相比有所增长。

公司开产品系列横跨石油勘探、开发和炼化生产环节，集机、电、仪于一体，具有突出的产品配套能力，“神开”品牌已成为国内石油钻采设备行业的知名品牌，于2005年起获得上海市著名商标认定；于2006年起获得上海市名牌产品认定；神开综合录井仪、无线随钻测斜仪、采油（气）树、防喷器和防喷器地面控制装置被认定为中国石油石化装备制造企业名牌产品，2006年至今连续被中国石油和石油化工设备工业协会评为“中国石油石化装备制造业50强企业”。

二、主要业务概况

（1）井场测控设备。神开生产的综合录井仪、钻井仪表等产品通过挪威船级社、中国船级社、国家级仪器仪表防爆安全监督检验站等权威机构的检测及防爆认证，可满足陆地、沙漠、海洋等各种环境下的工作要求。在综合录井仪方面，神开是国内领先、国际先进的综合录井仪生产厂商，率先在综合录井仪中使用CAN 总线技术，极大提高综合录井仪的安装、使用和维修效率。根据中国石油工程技术承包商协会录井分会的统计，神开生产的综合录井仪在中石油系统内的市场占有率超过60%，是目前国内最大的综合录井仪制造厂商。在钻井仪表的生产方面，神开是国内数字式钻井仪表的主要生产厂商之一，钻井仪表的国内市场占有率达30%以上。为顺应录井行业仪器销售和现场服务相结合的发展趋势，神开已组建多支录井服务队伍，为客户提供现场综合录井服务，是国内最早集仪器生产和综合录井服务于一体的公司。

（2）石油钻探井控设备。神开生产的石油钻探井控设备目前在国内各油田被广泛使用，并已形成批量出口。神开研发生产的国内最高压力等级的防喷器，迅速占领了国内中高端市场，在国内防喷器和防喷器控制装置的整体市场占有率达25%以上，位居第二位。目前，神开可提供包括防喷器、防喷器控制装置和节流压井管汇在内的全套石油钻探井控设备，是国内此类产品供应能力最强的厂商之一。

（3）采油井口设备。神开生产的采油井口设备主要是井口装置和采油（气）树，规格型号齐全。其中，部分采油（气）树已用于海上油田作业。

（4）石油产品规格分析仪器。神开生产的石油产品规格分析仪器主要包括手动、自动油品性能检测仪器和自动汽油辛烷值测定机。

三、管理与创新情况

神开创建初期就引入现代企业的管理理念，先后通过质量管理体系、环境管理体系、职业健康安全管理体系认证，获得美国石油学会（API）6A、16A、16C、16D产品会标使用许可证，获得国家质量监督检验检疫总局颁发的防喷器及防喷器控制装置、压力管道元件生产许可证。公司现已形成较完整的质量管理体系和现代企业管理制度，使产品生产的全过程受控于先进的、现代化的管理体系。

神开为了确保企业的可持续发展，根据市场信息、用户需求、国内外技术现状和发展趋势、潜在市场以及技术储备和发展规划，2013年投入的研发经费占销售收入的7.86%。在新产品开发过程中，一方面做好技术及专利查新，另一方面结合股份公司的科研力量，发挥强项，借助高校和科研院所的“外脑”补充弱项，采用两条腿走路的方法，充分利用现有技术进行二次创新，既缩短了研发时间又规避了侵权的风险，同时狠抓技术的原始创新和对前瞻技术的研发作为技术储备，以保证企业立于不败之地。

截至2013年12月31日，公司共有有效专利167项，其中发明专利35项，实用新型专利132项，以及计算机软件著作权登记56项，并获得12项国家重点新产品、14项上海市重点新产品、2项国家级火炬计划、4项上海市火炬计划、3项上海市专利新产品、5项上海市科技进步奖、1项中国机械工业科学技术奖等殊荣。同时，神开获得了上海市知识产权示范企业、上海市专利工作示范企业、上海市认定企业技术中心、上海市科技小巨人、上海市创新型企业认定，并于2011年获批成立“上海市院士、专家工作站”，为企业的研发工作提供了扎实有力的技术保障。

〔供稿单位：上海神开石油化工装备股份有限公司〕

胜利油田高原石油装备有限责任公司

胜利油田高原石油装备有限公司成立于1992年，现有资产总计35亿元，银行信用等级为AAA级。公司位于山东省东营市，厂区占地面积200万m^2（3 000亩），拥有九个工业园区。公司以研制、生产、销售石油机械产品为主，现已形成钻井机械（钻机、钻杆、套管、油管、螺杆钻具、顶驱装置、泥浆泵）、采油机械（皮带抽油机、地面驱动螺杆泵、电动潜油螺杆泵、抽油泵、钢质连续抽油杆、普通抽油杆、高抗扭矩抽油杆、空心杆、连续油管作业车、连续抽油杆作业车等油田特种车辆制造及服务）、油气输送设备（地面混输泵、玻璃钢复合管、玻璃钢管）、化工设备（聚丙烯酰胺）4大类20余个系列产品。

公司拥有强大的质量管理和科技研发队伍，工程技术人员达到400人，教授级高级职称人员1人，高级技术职称人员40人，中级技术职称人员98人，高级技师1人，中级技师20人，质量专业资格人员21人。目前，公司是山东省唯一一家石油装备领域的工程技术研发中心，有150名全国知名大学及研究机构的院士、学者、教授常年担任公司企业技术中心顾问。公司员工具有本科学历的有380人，其中博士3人，硕士50人。

人才的引进和培养使公司的产品技术含量每年不断提升，公司现有专利产品167项，其中国家发明专利6项，实用新型专利159项，外观专利2项。公司不断加大科技投入力度，鼓励员工进行技术创新、技术改进。每年举行技术成果发布会，技术成果转化率在80%以上。

公司自成立以来，获得了多项省、市及国家级荣誉。套管、钻杆、抽油泵、井架、底座、绞车、天车、玻璃钢管等16项产品分别获得API5CT、API5D、API11AX、API4F、API7K、API8A、API11B、API11E及API15HR等会标使用权；公司通过了国际摩迪公司ISO9001质量管理体系、ISO14001环境管理体系及OHSAS18001职业健康安全管理体系认证。

公司先后获得山东省和国家“高新技术企业”称号，被山东省科技厅认定为“省级工程技术中心”，被山东省经贸委认定为“省级企业技术中心”。2008—2013年公司连续入选“中国石油石化装备制造业50强企业”。2006年至今多次获得国家中小企业开拓国际市场资金补助；多次被评为省级“典型民营企业”、市级“国际化经营先进企业”和“质量管理先进企业”；国家人事部授予公司“机械博士后科研工作站”。2013年，公司获批建立国家采油装备工程技术研究中心。

在标准化管理方面，公司不断完善国内外各项标准，获得了省技术监督局颁发的“山东省企业执行标准登记证书”，钻机、套管、钻杆、抽油杆、抽油泵、抽油机、高压玻璃钢纤维管线管七个产品等同采用了国际最先进的美国石油学会的API 4F、API 8A、API7K、API5CT、API5DP、API11B、API11AX、API11E及API15HR等标准，并获得相应的采用国际标准认可证书及标志证书。2007年，公司被评为国家标准化良好行为企业。

公司以“诚信严细，优质高效”为经营准则，最大限度满足了用户需求，提倡以用户为核心开展质量活动，从而不断提高产品的竞争力，增强了企业的凝聚力，提高了企业的经济效益和社会效益。

〔供稿单位：胜利油田高原石油装备有限公司〕

中原特种车辆有限公司

中原特种车辆有限公司是集特种车辆、石油机械的研发、制造、销售以及石油工程服务为一体的高新技术企业。生产的主要产品有钻机、车载钻机及修井机、石油专用特车3大类300多个品种。公司注册资金6 600万元，总资产65 069万元，设备近1 000台（套）。信用等级为AAA级，新产品产值率63%。公司拥有员工780人，其中博士1人，硕士17人，教授级高工1人；大专以上技术人员237人，占企业员工总数的比例为30.38%；从事研发人员98人，占企业员工总数的比例为12.56%。

公司注重科技创新，在创新投入、人才培养、合作机制、科技成果等方面成绩显著。一是挖掘新产品开发潜力。2013年，公司围绕钻机、车载钻机及修井机、石油专用特车三大研发方向，承担了3项省市科技项目，开展了15项公司级合同项目设计开发，其中8项完成成果转化，形成新产品，投入研发经费2 397万元，占公司产品销售收入的4.8%，为公司技术创新工作提供了资金保障，有效地推动了公司科技创新工作的顺利开展；二是引进大学本科、研究生学历人员19人，扩充研发队伍，参加外部培训班6次47人次，参加国内外技术交流会11次；三是在产品开发过程中，与西安交通大学、中国石油大学（华东）等就车载特种燃气锅炉设计、鄂尔多斯盆地页岩井压裂返排液处理系统等项目进行技术合作，在合作中提高了技术人员的设计、计算能力，增强了企业的研发实力。2013年，公司科技创新工作取得了一定成绩：“不压井修井作业成套装备的研制”项目荣获第六届中国技术市场协会金桥奖优秀项目奖，“双混合动力修井机”获河南省科技进步奖三等奖、河南省工业和信息化科技成果奖一等奖、濮阳市科技进步奖一等奖。

“中油牌”产品为公司自主研制开发并拥有自主知识产权，截至2014年6月底，专利申请量达到134项，授权量达到112项。获批“中油”“中原特车”等商标63个；采油车、车载钻机及修井机、钻机整体移运系统、洗井清蜡设备、固井水泥车6种产品获得河南省名牌或行业名牌称号。

公司产品和营销网络覆盖全国陆上所有油气田及南极长城科考站，并先后出口美国、委内瑞拉、加拿大、澳大利亚、巴西等30多个国家和地区。在主要出口市场建立了较完善的销售服务体系，在顾客信息反馈、产品销售推广、跟踪、顾客满意度调查等各销售环节都有专人负责和明确的规范。产品具有较高的市场占有份额和市场拓展潜力，在中原油田以外的市场年销售额达到3亿元以上。2013年，公司在巩固原有市场的同时，开辟了利比亚国际市场，已签订了2台750钻修机供应合同，价值773.87万美元。

多年来，公司的稳健发展和实力表现赢得了无数嘉奖：公司是国家高新技术企业、首批国家知识产权优势企业、中国石油石化装备制造企业五十强企业、河南省优秀创新型企业、河南省汽车工业重点培育企业、河南省创新方法试点企业（河南首批）、河南省博士后研发基地、河南省知识产权优势企业、河南省知识产权系统先进集体，建立了河南省特种车辆工程技术研究中心和省企业技术中心，2012年、2013年获濮阳市“工业经济发展突出贡献奖”“濮阳市企业加快发展奖”等称号。

〔供稿单位：中原特种车辆有限公司〕

中原总机石油设备有限公司

中原总机石油设备有限公司前身为中国石化集团中原石油勘探局机械制造总厂，始建于1978年，于2004年8月改制成立有限责任公司。公司注册资本8 476.49万元，目前总资产4亿元，员工总数912人，总占地面积22万m^2（330亩）。拥有三个子公司，即河南中原总机泵业有限公司、濮阳市中油总机华鑫机械有限公司、成都中原总机石油机械有限公司，拥有一个中美合资公司——洛阳森权石油机械有限公司。

公司是我国生产石油机械产品品种较为齐全的高新技术企业，主导产品有：石油采油机械、钻井机械、作业机械、石油专用管材、石油专用工具等5大板块470多个规格品种。现具备年生产30套石油钻机，200套钻井泵、绞车、转盘等钻机部件，100台轮式通井作业机，2 000台抽油机，5万t油管/套管，100万m抽油杆，3 000台抽油泵，2 000套钻井管具，3 000套井下工具及30套泥浆净化系统等产品的生产规模。

公司是河南省高新技术企业、河南省企业技术中心、河南省科技创新十佳单位、河南省出口重点企业、河南省守合同重信用企业、河南省诚信民营企业、河南省银行业信用优良客户、中国石化集团石油专用设备市场资源成员单位、中国石化集团公司物资供应定点厂、中国石油天然气集团公司“三抽”和石油专用设备网络成员单位、中国石油和石油化工设备工业协会理事单位。2005—2014年，公司连续被评为中国石油石化装备制造业50强企业；2007年，被评为全国商务系统先进集体和河南省质量振兴工作先进集体；2008年，获河南省质量管理先进企业、河南省出口重点企业、中国石油和石油化工设备工业协会优秀会员单位；2009年，被评为濮阳企业30强、濮阳市优秀企业；2010年，被评为中国石油和石油化工设备工业协会先进会员单位，并获得濮阳市突出贡献企业；2011年，被评为濮阳市外贸出口先进企业等。

公司拥有很强的石油机械产品设计、生产、检测能力。公司是河南省企业技术中心，建有完整的计算机局域网系统，配备了先进的CAD、CAE、CAPP、EDM等计算机辅助设计软件和SOLIDWORKS、Ansys三维设计、有限元分析、Pro-E三维建模、运动分析、动态仿真分析、流体仿真分析及振动分析等设计分析软件，进行钻井泵等产品的计算分析和设计开发，大幅度提高了产品研发的质量和产品开发速度。公司拥有各类冷、热加工生产设备924余台。公司的质量检测中心通过了省级实验室资质认证，拥有金属材料化学分析仪、力学性能检测设备、各类无损探伤仪、应力应变分析仪、动平衡仪等国内先进的检测仪器及设备90余台（套），为产品研发制造提供了可靠的保障。

自1997年以来，公司先后通过了ISO9001、API SPEC Q1、ISO/TS 29001质量管理体系认证，并保持资质至今。自1999年以来，公司生产的抽油机、抽油泵、抽油杆、油管、钻井和修井井架、底座、钻井泵、转盘、绞车、提升滑轮等产品先后通过并保持了美国石油学会的API会标认证，获得了 API 4F、5CT、7K、8C、11AX、11B、11E 7 张 API 会标许可证。其中，钻机和钻井泵产品最早于 2002 年首次通过 API 认证。目前，公司是国内石油行业取得 API 会标使用许可证最多的厂商之一。

公司生产的“中原总机（ZYZJ）”牌石油钻机 2011 年被评为“河南省名牌产品”，2012 年被评为中国石油石化装备制造业名牌产品。

〔供稿单位：中原总机石油设备有限公司〕

兰州通用机器制造有限公司

兰州通用机器制造有限公司（兰州通用机器厂）创建于 1872 年，至今已走过 142 年的历程。公司 1955 年被国家定为生产采油机械设备的专业厂家，先后进行了四次较大规模的扩建和技术改造，至今已发展成为我国生产成套采油机械、钻井机械、压力容器设备和军事装备的国家大型骨干企业。

公司的主导产品有钻井、压裂、固井、修井、抽油、管道运输、压力容器、炼油化工、专用锅炉、特种车辆、冶金矿山、环保设备和军工 13 大类 100 多种规格，遍布国内各油田，同时还远销美国、加拿大、智利、委内瑞拉、印度、沙特、印尼、叙利亚、罗马尼亚、乌兹别克斯坦、苏丹、伊朗及哈萨克斯坦等国家。

公司占地面积 50 万 m^2，下设 8 个生产分厂和 2 个生产辅助车间，现有职工 1 500 余人，其中高中级专业技术人员 180 余人，拥有主要生产设备 1 000 余台，其中精密、大型、稀有设备 200 余台，设有检测中心和测试基地。公司现具有生产能力：各类车装产品 300 台，石油钻机整机 200 台（套），各种规格抽油杆 200 万 m，各类压力容器 4 000t、撬装产品 200 台（套）。

公司注重技术创新，新产品层出不穷。20 世纪 50 年代制造了我国第一根抽油杆、第一台抽油泵、第一台水泥车；60—70 年代研制开发了第一台锅炉车、第一台清蜡车、第一台压裂车及第一台混砂车。为我国石油工业的发展做出了历史性的贡献。

自 20 世纪 70 年代以来，公司 30 余种产品先后被评为国家及省部级优质产品，同时有 10 余种产品获得科技进步奖，并四次荣获马德里国际企业俱乐部等国际组织授予的“最佳商号国际奖”“金像奖”“美洲进步奖”“商业声誉奖”等殊荣，为我国石油机械产品赢得了荣誉。

20 世纪 80 年代初，公司石油机械产品在国内率先获得美国石油学会 API 使用证书，90 年代获得 GB/T19001 和 ISO9001 质量体系认证，国家 3C 认证。2005 年获得国家特种设备检测中心颁发的 A 级盘管式直流高压锅炉生产许可证，并完成了 ISO9001:2000 版标准的转换认证及 GJB/Z9001A—2001、GJB9001A—2001 军工产品质量管理体系认证，获得军事装备承制单位证书。先后被当地政府授予“重合同守信用单位”荣誉称号。2007 年以来公司连续被评为中国石油石化装备制造业 50 强企业，固井水泥车、压裂车机组连续被评为中国石油石化装备制造业名牌产品。2011 年，洗井清蜡车被评为中国石油石化装备制造业名牌产品。

为了确保产品质量和行业领先，企业坚持国内市场与国际市场相结合，坚持为我国石油工业和国防现代化建设服务的宗旨，近年来又相继开发研制了新型固井、压裂、热油、洗井、管汇、混砂、海洋采油专用锅炉、海洋固井设备及多功能消防清洗车、五缸固井压裂泵等新产品。特别是 2010 年以来，公司坚持以市场为导向，以科技创新为先导，强化自主创新能力、核心竞争力，研制成功了全自动触摸屏控制洗井清蜡车、水处理洗井车和配置 100 桶混砂车、新型管汇车的网络自动化控制系统和 2500 型大功率压裂机组，进入了高端产品市场领域，并批量投入市场。公司已完成页岩气开采装备领域 3000 型压裂车的试制并投入市场。

公司通过产品的系列化开发和核心技术的升级换代，加快技术创新步伐，不断满足用户需要，构建和发展7大产业板块，争取2015年“出城入园”，把企业打造成为我国石油石化装备制造业的大型生产基地。

〔供稿单位：兰州通用机器制造有限公司〕

河南信宇石油机械制造股份有限公司

河南信宇石油机械制造股份有限公司是中原石油勘探局汽车配件制造厂于1998年8月规范改制的独立法人企业。截至2013年12月底，公司具有自主知识产权的产品已增加到103项，高新技术产品产值达35 606.2万元，占公司总产值的70%。公司下设抽油机厂、抽油泵厂、机械加工厂、钻采设备厂等42个分厂。

公司的主要业务是油田石油机械产品的加工制造、销售和服务。主导产品有W型曳引抽油机、塔架式节能抽油机、自动控制节能环保游梁式抽油机、抽油泵、防盗采油井口装置、钻机、油套管及钻杆。公司具有机械加工、焊接、热处理、工装模具、仪器仪表制造、汽车以及各种工程机械维修等全套工艺装置及生产能力，加工设备配套，检测设备齐全，具有较强的设计能力和加工制造能力，在同行业中名列前茅。

公司的管理日趋完善，建立健全了各项规章制度，产品质量稳步提高。公司被认定为国家级高新技术企业、国家级知识产权试点企业，荣获“中国名优产品”证书、“国家重点新产品”证书、“河南省优秀新产品”证书和“河南省优质产品”证书。河南省政府各有关主管部门授予公司“河南省省级企业技术中心”“河南省中小企业创业基地”“河南省高新技术企业”“河南省重合同守信用企业”及“河南省高科技民营企业”等称号。公司是首届濮阳市“市长质量奖”获得者，公司“石油人”商标获“河南省著名商标”。公司生产经营目标是：5年内成为国内石油石化机械行业知名企业，10年内成为中国石油石化机械行业走向世界的知名企业。

公司的质量体系健全，持续按照ISO9000标准运行。1998年，公司通过ISO9002质量体系认证，2003年7月又通过了ISO9001质量体系认证。2006年，公司抽油机、抽油泵、井口装置、油管等产品通过了美国石油学会（API）认证，电器产品3C认证，公司获得ISO14001环境体系认证与GB/T 28001职业健康安全管理体系认证。

公司技术力量雄厚，有一支183人组成的各类专业人才队伍，其中直接从事科技研发的科技人员有35人。公司成立10多年来，已经研发数十余种新产品，申报发明专利60项，这些专利的90%得到了实施，其中防盗采油树获得了国家级新产品。另外，多功能光杆密封器等4项产品被评为“河南省高新技术产品”，抽油机、抽油泵被评为“河南省优质产品”，抽油泵被评为“中石化中石油装备驰名品牌”。

公司十分注重打造“以创新产品赢得市场、以诚实信誉赢得客户、以科学管理赢得效益、以高效团队赢得未来”的企业文化，在同行业中的业绩和信誉遥遥领先。公司产品除销售到中原油田外，还销售到大庆、胜利、辽河、大港、华北、新疆等十余家油田。“讲究信誉，保证质量，打造信宇石油人品牌，引领石油装备新潮流”是信宇人追求的永恒目标。公司的近期发展规划是以科技为先导，以市场为导向，进一步开发与市场适销对路的高新技术产品，不断提高产品的科技含量和利润含量，力争到2015年，实现销售收入5亿元，利税5 000万元，2020年实现销售收入10亿元，利税1.2亿元。把公司建成名副其实的高新技术企业，为振兴地方经济做出更大贡献。

〔供稿单位：河南信宇石油机械制造股份有限公司〕

吉林通化石油化工机械制造有限责任公司

吉林通化石油化工机械制造有限责任公司始建于1958年，已有50多年生产石油专用设备的历史。企业1996年4月破产重组，组建了有限责任公司，2001年转为民营股份制企业。公司是中国石油天然气集团公司的一级网络成员，是生产石油修井机历史最悠久的厂家之一。我国的第一台30t全拖式机械修井机就是由公司在1965年研制成功的。目前，该产品已发展成150kN、300kN、400kN、500kN、600kN、800kN等不同规格和多种功能的车装修井机系列产品，同时还研发出其他采油特车。公司产品立放运井架车、运泵车、固井下灰车、混砂车、清蜡车、采油车、洗井车、抽汲车、电热解堵车、洗井液处理车、冲砂液处理车等遍布全国各油田。产品自2004年开始销往国际市场，2007年产品形成批量出口，年出口创汇突破1 000万美元；2008年受世界经济危机的影响，出口速度减缓，年出口额为412万美元；2009年产品出口仍未走出低谷，全年出口额为208万美元；2010年，企业出口总额313万美元；2011年，企业产品出口呈多品种和多国家的发展态势，产品出口古巴、尼日利亚等十余个国家和地区，出口创汇达400万美元。

企业占地面积67 400m²，现有员工476人，各类专业人员145人。拥有各种金切设备450台（套），具有完备的生产工艺流程，包括铆焊、锻造、热处理、机械加工、装配、喷漆等，有较先进的检测设备和进行工业性试验的模拟试验场。

公司继1997年在通化市第一个取得ISO9001质量体系认证以来，又陆续取得了国家汽车产品强制性认证（即3C认证），美国石油学会API SPEC 4F、7K、8C产品认证，ISO10012测量管理体系认证，ISO14001环境管理体系认证，GB/T28001职业健康安全管理体系认证。

由于公司的产品采用了国际先进标准和严格的内控标准制造，并有质量保证体系保证产品质量，奔驰50t修井机等11项产品先后获得国家和省部级奖项16个，修井机、采油车、冲砂液处理车和洗井液处理车相继被评为吉林省名牌产品。企业被认定为“国家高新技术企业”和“火炬计划重点高新技术企业”，吉林省“先进民营科技企业”和“质量管理先进企业”。企业注册的商标被吉林省工商局认定为著名商标。

2014年上半年，公司针对国内外市场竞争日益激烈的局面积极采取有力措施，贴近市场积极研发新产品，努力在危机中寻找商机。公司在对美国出口陷入停顿的状态下，通过不懈努力，将多个产品打入多个国家，其中有古巴、尼日利亚、印度等国家和地区。对国内市场则积极研发新产品，改造和优化老产品，以良好的服务及高质量的产品保证了公司产品在国内市场的占有率。2014年上半年，公司已推出煤层气钻修机、低温钻修机等5个新产品，实现销售收入突破1亿元，为全年销售收入、利税水平全面超过上年打下了坚实的基础。

〔供稿单位：吉林通化石油化工机械制造有限责任公司〕

大连金州重型机器集团有限公司

大连金州重型机器集团有限公司（简称金重集团）创建于1956年，经过近60年的发展壮大，现已成为我国大型化工、石油化工、煤化工、大型化肥、石油炼制等成套装备研发制造的龙头骨干企业。

金重集团是我国建立压力容器质量管理体系最早的企业。1982年首批取得三类压力容器设计许可证和制造许可证；1986年首批获得美国ASME规范容器设计、制造授权证书及U、U2、R钢印；1998年获得ISO9001标准质量体系认证；1999年取得国家级压力管道安装许可证，资质水平一流。

金重集团拥有省级研发设计技术中心、焊接中心、理化计量中心和检测检验中心；拥有经验丰富、精明强干的工程技术人员和技术工人；拥有研制大型、超大型石化设备、煤化工设备、化肥设备、压力容器的齐全配套的工艺装备、检测装备和厂房。

近十余年来，金重集团坚持深化改革，从严治企，大搞自主创新，不断开发新技术、新产品，不断优化产品结构，确立了研制高精尖、高技术含量、高附加值的石化装备、煤化工装备、压力容器的产品方向，核心竞争力大增。金重集团所研制的大型尿素合成氨关键设备、大型煤气化关键设备和大型低温关键设备在国内市场上处于绝对优势地位。金重集团近几年研制的世界最大的壳牌干粉煤气化炉、高压飞灰过滤器、国内最大的单喷嘴水煤浆气化炉、国内最大的对置式多喷嘴水煤浆气化炉、西气东输关键设备低温分离器、大型海上钻井平台油气处理成套关键设备、世界最大的镍基材料气气换热器、年产100万t的尿素四大关键设备、新型鲁奇煤气化炉、西门子GSP气化炉，新型水冷壁多喷嘴煤气化炉、新型科林水煤浆气化炉、大型费托合成反应器、拥有完全自主知识产权的金重炉等首台首套国产化设备，填补了国内空白，在国内外均引起巨大轰动。

金重集团坚持对外开放，积极开拓国际市场，对ASME、AD、JIS、KC等国外设计制造标准驾轻就熟，与几十家国外大公司合作设计、制造了1 600多台出口产品。

近十余年来，金重集团的工业总产值、销售收入猛增了9倍，全员劳动生产率猛增了15倍，利润更以惊人的速度猛增，实现了跨越式发展，创造了一厂变十厂的奇迹。2008—2013年连续六年被评为中国化肥设备、化工专用设备制造百强企业第一名，2010年被评为中国石油和石油化工装备制造十大最具影响力企业，还被评为辽宁省劳动关系和谐企业和辽宁省高新技术领军企业，2011—2013年连续三年被评为中国工业行业炼油、化工专用设备制造五大排头兵企业。由于金重集团在中国石化装备行业的重大影响力，被评选为中国化工装备协会副理事长单位、中国石油和石油化工设备工业协会副理事长单位和全国肥料机械设备行业协作联盟副主任委员单位。

金重集团正进一步把企业做大做强，为打造营收百亿、多元产业的大企业而不懈奋斗。

〔供稿单位：大连金州重型机器集团有限公司〕

兰州兰石集团有限公司

兰州兰石集团有限公司（简称兰石集团）是我国石化机械行业的奠基者和能源装备行业的领先企业，甘肃省大型国有企业集团，主业涵盖装备制造、房地产和现代服务三大领域，注册资本12亿元，拥有兰州市区、兰州新区、青岛开发区三个装备研发、设计、生产基地，总占地面积近400万m^2（6 000亩），在岗职工8 000余人，其中专业技术管理人员3 000余人，产品销往全球50多个国家和地区。

兰石集团创立于1953年，是我国“一五”期间156个国家重点建设项目中的两项合并而成。61年来，在党和国家领导人的亲切关怀下，在省委、省政府的正确领导下，几代兰石人秉承装备中国能源行业光荣使命，致力于为中国各种能源的充分开发利用提供创新的技术、高端的装备和卓越的产业解决方案，产品涉及石化装备、军工、航空航天及通用机械等诸多领域，并以出众的品质和令人信赖的可靠性、领先的技术成就、不懈的创新追求，确立了兰石集团在市场的领先地位。累计填补新中国能源装备工业百余项国内空白，创造上百项“中国第一”和“中国之最”，累计研发新产品692项，承担省、部级以上重大研发项目49项，获国家重大科技成果奖、国家科技进步奖、国家新产品奖等省、部级以上奖项156项，参与制（修）订国家、行业标准95项。被誉为“甘肃工业基石”“中国石化机械摇篮和脊梁”“装备中国功勋企业”。

兰石集团现可自行研发设计生产1 500～10 000m

及以上陆地、海洋、页岩气等石油、天然气钻机和采集设备，可独立承揽大型海洋石油工程，可按用户要求研发设计制造各类成套高端化、系列化、智能化的炼油、化工装置，大型快速锻压设备，核电装置，各类换热设备，以及生物质能源、风能、太阳能等新能源设备。兰石集团拥有高端能源装备工程研究院，2个国家级技术中心，3个省级技术中心，8个企业技术中心，获得三类压力容器设计和制造许可证、ISO9001质量认证证书、国家实验室CNAS证书、核级产品设计和制造企业证书，率先在国内取得美国API会标许可证、ASME证书、NBBI-R证书等能源装备研发制造资质。

2013年，兰石集团以支撑服务国家能源战略为发展目标，认真贯彻落实国家关于推进城区老工业区搬迁改造的战略部署，积极响应甘肃省委、省政府出城入园的号召，认真贯彻落实甘肃省委、省政府3341项目工程，牢牢把握兰州新区开发建设及打造新丝绸之路经济带历史性机遇，全面实施“1333”发展战略。即：围绕把兰石集团打造成“国内领先、国际一流”的百年行业龙头企业集团这一宏伟目标，依托高端装备研发制造、房地产和现代服务三大产业，建设兰州兰石、新区兰石和青岛兰石三大基地，奋斗八年，实现营业收入翻三番，到2020年超过300亿元，快速形成多地联动、产业互补、多元经营、协同发展的新格局。

兰石集团高端装备产业园区总占地面积258.7万m^2（3 880亩），计划总投资150亿元，设计产能200亿元、利税25亿元，可安置就业1.2万人。其中，一期总投资96亿元，建设厂房面积85万m^2，配套住宅面积112万m^2，达产后年产值将达到120亿元、利税15亿元，可安置就业1万人。目前，该项目厂房的主体工程基本建成，进入设备基础施工和安装阶段，其中高技术钢结构加工中心已经投产。项目将按计划于2014年6月实现新购装备的全面投产，7月开始老厂区设备整体搬迁，9月全面投产，仅用不到15个月时间全面完成出城入园整体搬迁改造升级任务。该项目是兰州新区目前在建项目中规模最大、速度最快、质量最优的大型产业建设项目。项目建成后，兰石集团主业将在国内行业中具有运营规模最大，装备水平最高，技术研发领先，节能环保一流的现代化高端能源装备制造水平，重塑兰石集团在国内能源装备制造领域的龙头地位，真正把兰石集团打造成产业链完整，配套完善，智能化、工程化、信息化的能源装备制造百年龙头企业集团。

兰石集团原址土地开发项目位于兰州市七里河区核心位置，南临西北最大的铁路交通枢纽兰州高铁站，北接黄河风情线，东靠高铁站核心商圈。项目总占地面积约90万m^2，总建筑面积约为360万m^2，项目规划容积率为2.98，绿地率为30%，总投资约为200亿元，项目由高档星级酒店、大型购物中心、商务办公、总部基地、慢商业街区、品质人文住宅等构成。项目建成后将成为兰州市规模最大、档次最高、业态最齐、环境最优、功能配套最全的复合型城市综合体，通过3～5年的快速开发将建设成为兰州市的城市新中心。该项目将为兰石集团加快推进“1333”发展战略，形成以装备制造业为支柱，以房地产业和现代服务业为支撑的多元化产业发展格局，实现兰石集团的创新跨越发展奠定坚实的基础。

〔供稿单位：兰州兰石集团有限公司〕

宁波合力机泵有限公司

一、基本情况

宁波合力机泵有限公司始创于1992年，其前身是宁波高压泵厂。公司坐落于宁波市鄞州区投资创业中心高新工业园区，总占地面积3万m^2，总资产1.2亿元，年产值1.8亿元，年销售额为1.5亿元。公司现有正式职工300人，30%的员工为大专以上文化程度，中高级以上职称的技术研发人员占10%以上，拥有2名享受国务院职务津贴专家。公司产品多次获得国家、省部委、市级多项科技奖项。

二、产品与市场

公司主导产品是往复式高压泵，包括往复式注水泵、注聚合物泵、锅炉给水泵、注二氧化碳泵、油气混输泵、增压泵、料浆泵、螺杆泵、泥浆泵、固井泵、计量泵、均质泵、转子泵、楼宇泵等十余个系列、千余种型号规格。

公司产品遍布国内外，具体如下：

（1）钻井、采油和作业三大领域，并先后成为了中石油、中石化、中海油的一级网络供应商成员。

（2）大庆、胜利、长庆、辽河、新疆、吉林、中原、玉门、吐哈、四川、江汉、江苏等全国陆上及海上油田。

（3）国内化工、水利、煤矿、轻工等拓展领域。

（4）部分高端产品远销美国、加拿大、欧洲、南非、东南亚等国家和地区。

三、市场竞争力

1998年，通过了ISO9001质量管理体系认证；2006年，通过了美国石油学会（API）质量管理体系认证，进入了国际高端泵类产品领域；2008年，获得“国家高新技术企业”称号；2009年，通过了OHSAS18000：2007职业健康安全管理体系认证；2010年，公司产品往复泵获宁波市名牌产品；2011年，公司“运星”品牌获宁波市知名商标；2012年，公司获宁波市专利示范企业称号；2013年，公司与浙江工业大学进一步加强科研合作，成为教育部浙江工业大学过程装备及其再制造工程研究中心的成果转化基地，并获批成立市级宁波合力机泵工程技术中心；2014年，通过ISO14001：2004环境管理体系认证。

四、生产制造能力

公司现已具备月产120台（套）机泵成套装置、月产值2 000万元的生产能力；拥有数控加工中心、数控镗床、数控车床、坐标镗床、龙门铣床、滚齿机床、热处理及物化热处理装置等设备200多台；拥有三坐标检测机、高精度超声波探伤仪、光谱仪、磁粉探伤机、弹簧测力机、材料拉力机等精密检测设备，测量精度可以达到4.0μm，检测手段在同行业处于领先水平。

公司供应链管理评定了100多家合格供应商，并建立了企业ERP信息管理系统，将销售、设计、供应、生产、仓储等多个环节有效地组织在一起，进一步提高产品的设计、制造、过程流转及销售过程的总体运营效率。

五、自主创新与研发能力

（1）近三年来，企业共申报各项专利技术40多项，其中已获得授权的发明专利5项，实用新型专利25项；共转化科研项目成果15项，累计新增销售收入10 346.8万元。

（2）已相继成功研制出高效节能新产品3ST、5ST、3TZY、5TZY系列往复式高压泵。该系列泵采用多项发明专利技术，经合肥通用机电产品检测院检测，泵效达到93%，比常规往复泵提高了7%，取得了显著的节能效果，具有良好的经济效益和社会效益。

六、企业宗旨及产业发展方向

“市场需求”是公司的追求，“客户至上”是公司的信念，“科技创新、品质优良、诚信为本、服务至上”是公司长期发展的动力和源泉。公司始终坚持为新老客户提供质量可靠、性能优良的产品，同时提供及时、周到的售前、售后服务，严格实行“三包”制度。以“重质量、守信誉、创品牌”为己任，并根据国家产业结构发展方向，大力推动节能环保型产品的研发与制造，积极针对行业发展中的重大技术问题进行攻关，在自主创新和引进技术的基础上，持续不断地对科研成果进行开发转化，为其产业化提供成熟、配套的技术、工艺、装备，努力推动相关行业或领域的技术进步。

〔供稿单位：宁波合力机泵有限公司〕

中核苏阀科技实业股份有限公司

中核苏阀科技实业股份有限公司原隶属于中国核工业集团公司苏州阀门厂，始建于1952年，是在承袭了中国核工业集团公司苏州阀门厂的品牌、质保、技术、制造和管理诸多优势的基础上创建的我国阀门制造行业首家以国资为主要股东的上市公司。简称：中核苏阀，证券户名：中核科技(000777)，现隶属于中国核工业集团公司。是我国流体机械系统的工业阀门主要研发、制造和供应基地，主要服务于核电、核化工、石油、石化、海油、化工、煤化工、电力和水务等领域，为各行业提供国内外先进标准的工业阀门。企业综合实力居我国阀门行业领先地位。

随着国家能源建设发展需求，中核苏阀充分利用自身核军工企业的设计、加工和员工的优势，进入了石油、石化阀门行业，定位在为国家大型项目配套国产化阀门。中核苏阀率先取得和采用国际先进标准，开发出了以国产代进口阀门，并成功运用在国内石化项目上，为提升石油、石化阀门的国产化率尽一份力量，并使中核苏阀产品得到客户的认可和好评。中核苏阀产品在国内外得到广泛应用，远销北美、欧洲、中东等50多个国家和地区，进入了稳步发展期。

中核苏阀致力于国内外核电事业的发展，并积极参与石油、石化、煤化工、火电及水务等行业的阀门研制和生产，全力支持国家以国代进理念，为加速特种阀门国产化不遗余力。在传统的阀门外，以吸收、自主创新为己任，为我国阀门事业的发展付出了不懈的努力。

中核苏阀使命是：最佳管理、最佳服务、最佳效益。

〔供稿单位：中核苏阀科技实业股份有限公司〕

辽宁恒星泵业有限公司

辽宁恒星泵业有限公司是集研发、制造、销售服务为一体的工业用容积泵、离心泵的专业制造公司，2007年通过了美国石油学会（API）SPEC Q1、ISO9001质量管理体系认证，2011年通过了ISO 14001环境管理体系认证和安全生产标准化三级企业认证。是中石油、中石化、中海油、中化工合格供应商，中石油管道公司优秀供应商。产品广泛应用于石油、化工、污水处理、发电厂等行业。

公司坐落于辽宁“五点一线”经济带东端起点——丹东市金山工业园区，占地面积6万m^2，职工总数263人。公司资产总值1.3亿元，年可生产各种油泵8 000多台，销售收入3亿元。拥有龙门加工中心、立式加工中心、瑞士产梳齿机、俄罗斯产落地镗床、立式车床等各种进口和国产大型加工设备460余台（套），拥有三坐标测量仪、光谱分析仪、超声波探伤仪、磁粉探伤仪、拉力试验机、全速动平衡机等检测设备120台（套），可满足各类泵产品的加工制造。公司拥有离心泵TPA微机检测中心和全国最大的容积泵检测中心，可以进行功率在2 500kW以下、流量20 000m^3/h以下的离心泵全速全性能试验及流量在2 000m^3/h以下的容积泵全性能试验。出厂产品全部进行性能检测，产品合格率达100%。

公司与中科院沈阳分院、江苏大学、兰州理工大学等单位有着长期稳定的技术合作，同时聘请了30多位国内外专家担任技术顾问。自1998年开始，公司通过与德国、日本、俄罗斯、奥地利等国著名泵公司专家及材料学专家合作，研制出了满足市场需求的高效、节能、环保型泵产品，产品技术水平和科技含量始终处于国内领先。

公司主要产品有HPT型管道输油泵、KSR节能型热网循环泵、TLB（A）型稠油泵、TCB型滑片泵、

KSY\KDY\KND型中开式离心泵、CZK\ZAK\ZEK石油化工流程泵、AY型离心油泵等40多个系列6 000余个规格。产品严格按API标准和国家标准进行生产和检测，多次创国家、省优质产品和名牌产品，有20多种产品获得国家专利，其中发明专利3项，有2项科技成果获得国家科技进步奖二等奖，2种产品被评为国家级重点新产品。2009年，与中国石油管道公司共同研制开发的HPT2843-194型大功率管道输油泵已通过国家能源局组织的科技成果鉴定，产品各项性能指标达到或超过了进口产品，达到国际先进水平，填补了国内空白，该产品已获国家发明专利。

公司先后获得“全国质量管理先进企业”“全国守合同重信用单位”“国家级引进国外智力示范单位”“辽宁省文明企业”“农业银行AAA级信用企业”及“民营企业博士后科研基地”等多项荣誉称号，同时，公司研发中心被认定为省级工业泵研发中心，可按用户要求设计生产产品。

目前，公司客户已遍布全国，产品出口英国、美国、俄罗斯、哈萨克斯坦、澳大利亚、朝鲜、孟加拉、阿尔及利亚及尼日尔等国家和地区。为了更好地为顾客服务，公司在北京、大连、山东、大庆油田、新疆油田等地共设有14个办事处，配有售后服务工程技术人员26人，可在规定的时间内到达现场为用户提供技术支持。

〔供稿单位：辽宁恒星泵业有限公司〕

四川大川压缩机有限责任公司

一、企业概况

四川大川压缩机有限责任公司是我国三大压缩机生产企业之一，占地面积28万m^2。公司总资产超3.1亿元，现有职工800余人，其中各类专业技术人员265人，享受国家津贴专家8人。公司是“四川省科技产业型企业”，四川省“8+1”重大装备链企业。2009—2012年获中国化工设备制造企业竞争力60强企业，2009年获四川通用设备制造业最佳效益20强企业、2009—2013年获中国石油石化装备制造业50强企业，2009—2012获中国化肥设备制造企业100强企业。公司多年被资阳市委、市政府评为“年度目标考核先进企业”，获简阳市纳税大户称号。

公司通过不断完善和发展，建立了省级技术创新中心，拥有大型铸造、锻造、热处理、机械加工设备及生产一、二、三类压力容器的焊接设备490台（套），其中精大稀设备80余台（套）。

公司秉承“不求最大，但求最强，打造百年企业”的经营理念，坚持“以科技进步为突破口，培育核心竞争力”的经营方针，施行“以人为中心”的管理模式，向着多元化产业结构的跨地域的大型集团企业方向发展。

公司视产品质量为企业生命，时刻以世界领先的压缩机技术标准作为孜孜以求的终极目标，不断升级。顾客的信赖是公司的生命，质量是企业发展永恒的主题。鉴此，公司以GB/T19001—2000《质量管理体系要求》标准建立并实施有效的质量体系，以更先进的生产和科学管理手段，优质的产品质量，满意的服务，确保持续地满足顾客期望，并以持续地质量改进为顾客、相关方和公司等创造更大的收益。

公司产品质量优良、安全可靠，其中，2MT10-2.8～11.4/45型天然气变工况增压压缩机、4M8-36/320B型氮氢气压缩机荣获四川省和机械部优质产品，ZW-3/3-250A天然气压缩机荣获四川省人民政府年度优秀新产品奖三等奖，公司借鉴国际先进的燃气摩托压缩机样机，消化吸收，自行设计并生产了燃气摩托压缩机，填补了国内空白。自行开发设计的CNG压缩机荣获国家科技进步奖三等奖。

二、技术创新情况

2004年，公司改制后投入了数千万元进行设备改造，技术升级，并与国际知名压缩机制造商进行技术交流与合作，使产品更具国际市场竞争力。公司为各行业提供了上万台压缩机。

（1）公司生产的4MW-46/4-27型天然气增压压缩机组配套我国首台F级重型燃气轮机组，是该燃气轮机组唯一的国产配套设施。

（2）公司为中国人民解放军总装备部某部低速高压气源系统技术改造项目提供了M-45/210型空气压缩机组。

（3）公司为哈萨克斯坦阿克纠宾扎那落尔油气处理项目提供了D-55/0.8-7型稳定气压缩机组。

（4）公司为吐哈油田温米轻烃改造项目自行研制的国产首台800hp（1hp＝0.735kW）燃气摩托压缩机组，填补了国内空白。

（5）公司为越南河北氮肥化工公司技术改造工程提供了6M25-185/315型氮氢气压缩机组。

（6）公司为冰岛CRI公司设计制造的甲醇循环利用合成气、循环气联合压缩机，是公司高效节能压缩机的成功案例。该项目是1994年获得诺贝尔化学奖的乔治•渥拉赫（George Olah）先生的技术成果的产业化项目，2007年项目一期已经成功运行，冰岛格润达未克地区给予CRI公司奖励并批准减免其税赋以支持其二期项目。

（7）6M-293/39焦炉气压缩机是公司专为利源集团配套美国GE公司焦炉煤气LM2500+直燃式发电机组而生产的，是公司高效节能压缩机运用的又一成功案例。

公司通过对现有产品的技术创新，加快了产品升级换代，增加了利润空间。在此基础上，公司的产品开发将转向高附加值、高利润率的石化系列装备。公司力争在5年内在石化重装领域打造国家级优秀品牌，形成具有一定竞争力和市场覆盖面的主打产品，力争在2020年石化设备销售收入达10亿元。

〔供稿单位：四川大川压缩机有限责任公司〕

德州联合石油机械有限公司

德州联合石油机械有限公司位于山东省德州市经济技术开发区晶华路南段，原为中国石化新星公司全资下属企业，始建于1961年，2004年改制为有限责任公司。公司占地面积12万m^2，建筑面积5.3万m^2。现有员工近700人，至2013年年底总资产67 467万元。公司主要生产高端石油钻井、采油工具及装备，是一家集研发、生产、经营、服务为一体的综合石油装备制造企业，是中国石油石化装备制造业50强企业，在国际、国内石油石化行业享有很高声誉。

公司主导产品为螺杆钻具，产品市场覆盖中石化、中石油、中海油等国内各大陆上及海上油田，并出口美国、加拿大、俄罗斯、中东等十几个国家和地区。

公司技术中心现有研发人员79 人，其中高级工程师28人，分别从事技术、生产、质检工作。2007年，公司研发的耐饱和盐水螺杆钻具、螺杆钻具定子注射橡胶装置获得了国家实用新型专利证书。耐饱和盐水螺杆钻具，适应在井下有盐水腐蚀的环境下作业，保证了产品的使用寿命，扩大了螺杆钻具的销售。新型螺杆钻具定子注射橡胶装置，改进了原装置的注胶方式，使得螺杆钻具注胶后的胶层厚薄均匀，避免了原来因胶层厚薄不均造成的钻具抖动及摩擦掉块的情况，间接提高了产品寿命。2009年公司改进的液压调剖堵水泵获得了实用新型专利。公司生产的螺杆钻具规格齐全，各种规格均有直体、单弯、双弯、井口可调角度等结构形式，可提供耐热温度为120℃、150℃两种，其特点为转矩大、效率高、流量广、运转平稳，易维修、可靠性高，使用寿命长等，广泛应用于直井、定向井、侧钻井、水平井的钻进及各种修井作业，并满足复合钻进的要求。

2013年8月，在新疆羊塔区块293～3 100m井段，公司自主研发的高效能、长寿命7LZ244 螺杆钻具一次下井使用466h，再次刷新了历史记录，有效地节省了起下钻时间，得到了专家的肯定和认同，改变了国内螺杆钻具使用寿命低于国外同类产品的状况，为公司在新疆市场乃至国内各大油田市场赢得了荣誉。

公司于2006年开始生产的泥浆泵在大庆油田、吉林油田使用以来，性能稳定，得到了用户的好评。公司生产的泥浆泵缸套、井口装置套管头、液压拆装架、螺杆钻具整机实验台等产品除供应国内各大油田外，还出口到美国、俄罗斯等国。公司生产的用于油井调剖、堵水的系列调剖泵及其智能系统在国内各大油田广泛使用。

公司在1993年通过美国石油学会（API）认证，1996年通过挪威船级社认证，获得ISO9001质量体系证书。拥有德州市螺杆钻具工程技术研究中心。2009年，公司获得安全标准化企业证书，2012年，公司获得环境管理体系和职业健康安全管理体系认证证书，获得中石油颁发的井控装备生产企业资质证书。公司现拥有36项产品专利，其中发明专利1项、实用新型专利35项，拥有软件著作权1项。公司是中国专利山东明星企业和中国石油石化装备制造业50强企业，现有螺杆钻具、钻杆接头、钻井泵、调剖泵、套管头、钻井泵阀箱及钻井泵缸套等多条现代化的生产线，其热处理规模及能力位居鲁西北之冠。

公司生产的螺杆钻具于2003年获得了山东名牌产品称号，通过了2006年、2010年省级名牌产品复评。该产品又于2006—2014年连续九年获得中国石油石化装备制造业名牌产品称号。

公司履行社会责任，关注弱势群体，救助受灾地区，自2006年以来，公司救助困难职工、患重大疾病职工，为德州市慈善机构捐款，为汶川特大地震灾害捐款共计500余万元。

2011年5月，公司拓展融资渠道，和烟台杰瑞石油服务集团股份有限公司实现了战略合作，一次性引进资金1.38亿元，主要用于设备技术改造和产能的提升，投资购置了一大批进口及国产高精尖数控加工设备，为公司快速发展注入了强劲动力。

2012年2月，公司被德州市人民政府授予“科技创新十佳企业”，获得德州市人民政府颁发的“技术创新成果奖”。2012年11月，公司技术中心被认定为省级技术中心。按照以企业为主体、市场为导向、产学研相结合的技术创新体系要求，公司将进一步加强管理，加大投入，提高技术中心建设的质量和水平，为提升公司在国内外市场的竞争力奠定基础。

2013年1月，公司被德州市人民政府授予全市技术创新工作先进单位。2013年9月，公司被山东省页岩油气装备技术创新联盟推荐为第一届理事会成员单位。2013年9月5日公司2台（套）DTF系列柴油机偶合器泥浆泵组通过公司技术、生产、质检及客户联合验收，于9月6日下午顺利出厂。该柴偶泵组的顺利完工，再次证明了公司大型装备的研发能力和生产加工能力，也为公司制造大型装备打下了坚实的基础。2013年12月5日，公司被山东省经济和信息化委员会确定为第一批“好品山东”名企（共计100家），公司生产的螺杆钻具被确定为第一批“好品山东”名品（共计129种）。公司2010年被山东省认定为高新技术企业，并于2013年通过高新技术企业复审。

〔供稿单位：德州联合石油机械有限公司〕

贵州高峰石油机械股份有限公司

贵州高峰石油机械股份有限公司是中国兵器装备集团公司的直属大型企业，从1978年开始研制生产用于石油、天然气能源开发的“高峰牌”石油钻井工具、震击工具及打捞工具。公司是中国石油和石油化工设备工业协会常务理事单位，1985年至今，连续被评为中国石油天然气集团公司石油钻采配件一级供应网络成员单位和中国石化装备产品配件资源市场成员专业厂家。2004—2013年连续荣获“中国石油石化装备制造业50强企业”。

进入21世纪以来，公司将引进技术与自主创新相结合，成功地解决了产品在精密机械加工、热处理、表面处理、特种加工、材料计量分析、检测等环节的一系列关键技术和工艺，达到行业先进水平，并同国内各石油科研院所合作，共同研制开发出了一系列拥有完全自主知识产权的产品。公司拥有省级技术中心，具有高水平的产品设计开发以及工艺创新能力，截至目前，公司自主研制开发的37项技术获得国家专利，其中，实用新型专利有《机械液压式减振器》《机械液压式随钻震击器》《全液压式随钻震击器》《活塞环式液压震击器》《机械式随钻震击器》及《锥体式液压震击器》等。同时，公司积极参与行业标准的制修订工作，作为主要起草单位参加了《震击器及加速器》《钻柱减震器》《打捞公锥及母锥》《安全接头》《钻具稳定器》《钻修井用打捞筒》《钻修井用打捞矛》及《钻修井用铣磨鞋》8 项石油天然气行业标准的制修订工作，不断扩大了公司在石油钻采工具领域的技术领先优势和影响力。

公司已形成了完整的石油钻采工具及设备生产线，集科研、设计、制造、安装调试、售后服务、技术培训于一体。公司生产的石油钻采工具先后有 40 余种产品分别荣获国家、部、省级优质产品奖和科技进步奖、优秀新产品奖，其中：名牌产品随钻震击器被评为贵州省取得显著经济效益的七大重点科研项目之一，并经中国质量管理协会用户委员会审核确定，荣获“100 个全国用户满意产品”金奖；2014 年，超级震击器等 6 种产品荣获贵州省名牌产品称号；2013 年，“高峰牌”液力推力器等 3 种产品荣获中国石油和石油化工设备工业协会名牌产品称号。公司将军工产品的生产技术、严格的质量保证体系和监控制度引入石油钻采工具的生产，通过了挪威船级社（DNV）按照 ISO 9002 标准对公司质量体系进行的国际认证，获得美国石油学会（API）ISO 9001 质量体系认证，并获得 API 会标使用权，2012 年通过了 GB/T 24001—2004 环境管理、职业健康安全管理体系认证，2014 年又通过了英国 Fearnley Procter 公司的 NS-1 TM 认证。

公司生产的产品从打捞工具、震击工具到固井修井工具，共有近 120 个系列、600 种型号规格，在国内外同行业中位居前列。产品行销国内陆地油田、地质勘探普查大队及海洋油田，还出口到中东和海湾地区等产油国，同时在伊朗建立了产品维修站。目前，公司正在研发套铣、固井、修井及采油工具。公司生产的震击、钻井及打捞工具在产品结构、制造工艺等方面作了许多改进，产品性能接近国外同类产品，特别是打捞工具类产品的性能和质量已达到国外同类产品水平，而产品价格与国外同类产品相比，仅相当于国外同类产品的 1/10 ～ 1/5，具有明显的性价比优势。

公司将充分利用自身的品牌优势，做精做专、做大做强，并致力于石油机具的开发、生产及服务，努力将企业建设成为国内一流、国际知名的能源机具供应商和服务商。

〔供稿单位：贵州高峰石油机械股份有限公司〕

河北华北石油荣盛机械制造有限公司

河北华北石油荣盛机械制造有限公司（简称华北荣盛）位于河北省任丘市，其前身是华北石油管理局第二机械厂，始建于 1976 年，2002 年改制为有限责任公司。凭借近 40 年丰富的技术开发和生产制造经验，华北荣盛不断拓展事业领域，已经发展成为具有国际知名度的综合性石油机械制造企业。

华北荣盛是河北省高新技术企业，通过了 ISO9001、ISO14001、OHSAS18001、HSE 管理体系认证，以及国家机械制造行业安全质量标准化二级认证，拥有河北省认定技术中心和一个省级检测实验室。自公司成立以来，先后获得 8 项省部级科技成果奖，取得专利 55 项，其中发明专利 5 项，先后参与了 GB/T20174—2006《石油天然气工业钻井和采油设备 钻通设备》等 3 项国家标准和 6 项行业标准的起草。

华北荣盛主要产品和业务有陆地防喷器及井控装备配套、海洋平台及水下井控装备配套、泥浆泵及泵组成套、井口装置和采气树、带压作业装置、抽油机、防喷器控制装置、压井节流管汇、油管等，所有产品均取得了美国石油学会（API）认证，其中防喷器、液控装置、压井节流管汇、泥浆泵四大类产品通过了俄罗斯 GOST 和 RTN 认证。

华北荣盛在国内防喷器产品开发生产中始终走在行业前列。1988 年华北荣盛被中石油确定为“中油集团井控装备制造配套中心”，2010 年成为中石油钻井防喷器唯一甲级资质供应商。目前，公司已经形成了钻井防喷器和修井、作业防喷器两大产品系列，产品通径从 65mm（29/16in）到 760mm（30 1/2in），压力等级从 3.5MPa（500psi）到 140MPa（20 000psi），产品规格型号达到 200 多个。在产品研发和创新上，华北荣盛取得这一领域国家专利 34 项，省部级科技成果 4 项，其中 F23-70 防喷器、剪切闸板、大范围变径闸板、分流器系统、F105 超高压防喷器、35-70/105 环形防喷器 10 000psi 环形胶芯、F140 超高压防喷器组、旋转防喷器 8 项新技术产品通过 CNPC 鉴定，30 余项新产品填补国内空白，能够充分满足用户钻井、欠平衡钻井、试油、井下作业、带压作业等各种井控需求。

华北荣盛生产的 14MPa、21MPa、35MPa 三个压力等级，辅助式、独立式、一体式等多种结构形式的系列带压作业装置产品深受国内各大油田的青睐。在非金属密封件这一市场上，公司先后开发了 16 个规格的环形防喷器胶芯和 43 种规格的变径闸板，打破了国外的技术垄断，使国产防喷器真正用上了“中国芯”。

华北荣盛坚持用户满意的企业使命，不断满足用户个性化需求。开发的 3NB、F、P、PZ、W、PAH、TEE 等多系列泥浆泵产品使公司成为市场上能够提供机泵组配套服务的较少企业之一。研制的系列高压、高抗硫采气井口成功通过了挪威船级社（DNV）认证，填补了国内高端采气井口的空白。

华北荣盛适应华北石油勘探开发需求而创建，随着世界石油工业的发展而成长。在国内市场份额逐步扩张的同时，华北荣盛先后在北美的休斯顿、中东的迪拜、俄罗斯的莫斯科设置了分支机构，在印尼、阿曼设有授权维修机构，逐渐形成了独具华北荣盛特色的销售网络。产品远销非洲、北美，出口全球 40 多个国家和地区，极大满足了国内外陆地及海上油气田作业需求。

公司经营业绩得到了社会各界的普遍认可，2005 年入选“石油钻采设备制造十强企业”，2006—2013 连续入选“中国石油石化装备制造业 50 强企业”“石油机械行业用户满意机械企业”，2008 年开始入选“中国机械工业 500 强企业”。公司主要产品防喷器先后被评为“河北省名牌产品”“河北省出口名牌产品”“中国石油石化装备制造业名牌产品”“中国石油石化设备驰名品牌产品”“河北省用户满意产品”“石油机械行业用户满意产品”，泥浆泵产品 2011 年入选“中国石油石化装备制造业名牌产品”，带压作业装置 2012 年入选“中国石油石化装备制造业名牌产品”。公司先后被评为河北省出口名牌企业、河北省质量效益型企业、河北省工业和信息化工作先进企业、河北省用户满意企业、河北省设备管理创新卓越贡献企业、河北省文明单位。

作为国内最具实力的石油石化装备制造企业，华北荣盛一直坚持“油气并举、钻采并重、水陆并进”的发展战略，并始终坚持技术创新和提高产品品质，为国家石油装备业做出自己的贡献。

〔供稿单位：河北华北石油荣盛机械制造有限公司〕

江苏如通石油机械股份有限公司

一、基本情况

江苏如通石油机械股份有限公司始建于 1958 年， 2011 年 12 月改制为股份有限公司。公司是国内最早从事石油钻采井口装备生产和销售的企业之一，是中国石油石化装备制造业 50 强企业、江苏省高新技术企业、江苏省创新型企业、江苏省企业院士工作站和省级企业技术中心。

公司生产石油机械产品已有 40 多年的历史，积累了技术、生产、管理等方面的经验。公司现有职工 651 人，厂区占地面积 20 万 m^2，具有雄厚的铸造、热处理和机械加工实力，拥有各类加工（检测）设备 700 余台，其中高精大加工（检测）设备 80 余台；拥有近 5 万 m^2 的吊钳、吊卡、卡瓦、补芯生产线；拥有近 3 万 m^2、年产 1 万 t 以上的树脂砂工艺砂模铸造和硅熔胶工艺精密铸造生产线；拥有近 4 000m^2 全自动工艺技术控制的热处理生产线。

近年来，公司持续加大技术创新投入，拥有现代化的科研、办公综合大楼。技术研发中心、院士工作站拥有先进的高性能计算机、绘图仪、图形工作站、三坐标测量仪，应用 CAD/CAPP/PDM 及三维技术等，不断提升研发水平。公司主要产品为提升设备、卡持设备和旋扣设备。公司依托业已形成的核心竞争优势，不断推进手动和半机械化产品向机械化、智能化产品方向发展。公司 20 多种产品获国家专利、国家重点新产品和江苏省高新技术产品。“RT”牌钻井悬吊工具为江苏省名牌产品，吊钳、吊卡、卡瓦、吊环、卡盘等产品获行业名牌，在国内外用户中享有较高的知名度和美誉度。公司在全国各大油田均建有完善的服务网络，具有完备的售前、售中、售后服务体系，并可根据客户要求提供低温等特殊条件作业的井口工具与设备，在产品安装、使用、维护方面给予用户指导、培训等技术支持，最大限度地满足客户需求。产品遍及国内各个油田，并远销北美、东南亚、中东、中亚和北非等地区。

公司始终坚持“以优质的产品和服务赢得顾客”的质量方针，大力实施名牌兴企战略，从生产的每一个环节、每一个细微之处对产品实施全过程的质量控制，采用德国进口光谱分析仪、2 000t 电液伺服微控压力试验机、磁粉探伤机、超低温检测仪、三坐标测量仪、金相分析仪、理化分析仪等先进的检测设备和手段，全面提升产品品质。主要产品均获国家颁发的生产许可证，先后通过 ISO9001 质量管理体系认证、美国石油学会（API）认证、德国 GL 劳氏船级社认证和 ISO14001 环境管理体系认证。

二、经营生产情况

（1）把稳定增长作为主要任务，经济运行保持平稳发展新态势。面对国际政治经济环境复杂多变、发展压力进一步加大的新形势，公司上下始终坚持把保持经济平稳较快增长放在首位，科学研判宏观经济形势，全面谋划落实稳增长的各项举措，全力应对“市场交货急、生产周期短、质量要求高”的挑战与考验，实现了经济建设的平稳较快增长。

（2）把强攻销售作为主任务，国际国内市场不断取得新进展。层层分解落实任务目标，逐月下达抓订单、抓销售、抓资金回笼的指标，石油产品的抓市场、抓订单取得了较好的成效，不仅较好地巩固提高了国内原有市场，还进一步拓展了国外新市场，部分弱势地区的销售启动工作也初见成效。销售工作的延伸拓展，不仅使销售总量上升、品种增加、客户增多，销售范围也有了新的拓展，为企业持续健康发展赢得了主动权。

（3）把调整结构作为主方向，新品开发、试制、完善取得新成果。全公司上下瞄准开发计划，抓紧时间进度，做到人员、任务、要求三落实，主要对常规产品进行了完善和扩充系列工作，先后完成了 10 多种新产品的开发。

(4) 把质量提升作为主抓手，产品质量不断跃上新台阶。为了进一步打造企业的核心竞争力，公司把质量提升放到了更加突出的位置，把铸件和热补质量的提高作为质量提升的重中之重来抓。一系列工作的开展，使产品的内外在质量不断得到新的提升，为产品不断拓展国内外高端市场提供了保证。

(5) 把项目建设作为主支撑，着力打造转型跨越发展平台。继续谋划新的项目建设，全年共投入 2 000 余万元进行了内部布局的调整和新的项目建设。为满足生产、提高效率、提升质量创造了条件。

(6) 把构建和谐文化作为主旋律，三个文明建设彰显新合力。公司始终坚持以人为本、三个文明协调发展的方针，继续为广大职工谋利益办实事，增强企业员工的凝聚力。

〔供稿单位：江苏如通石油机械股份有限公司〕

天津立林机械集团有限公司

天津立林机械集团有限公司是生产石油石化机械设备和工具的科技型企业，是中国石油天然气集团总公司、中国石油化工集团总公司机械设备及工具制造的网络企业，具有进出口经营权。

公司现有员工 1 923 名，占地面积 70 万 m^2，厂房建筑面积 13 万 m^2。公司现有各类机械加工设备 500 多台（套），拥有当代先进水平的数控加工中心、数控转子铣床、数控内外圆磨床、数控螺纹机床、数控线切割机床，以及自行研制并投入使用的数控转子铣床等。配有各类辅助、检测、试验设备，包括具有当代先进水平的超声波金属探伤仪、智能金属诊断仪、德国进口橡胶注射机、数显螺杆钻具马达试验台、螺杆输送泵试验台等。并设有计量管理中心、金属物理性能化验室、橡胶物理性能化验室，配有 300 多台（件）设备器具。

坚持走科技兴企之路，赢得企业跨越式发展。公司制定名牌产品发展计划，年年有科研攻关课题，每年拨付创新和技术改造经费 1 000 万元左右，力争保持公司在行业上的技术优势。公司设有专门从事科研和技术创新机构——技术中心，不惜重金引进人才从事新产品的开发，使企业科技创新能力不断增强，并迅速将科研成果转化为生产力。公司注册的 “LILIN”商标，连续多年被天津市工商管理局认定为天津市著名商标，“LILIN”牌螺杆钻具被天津市政府授予“名牌产品”称号。

公司具有良好的诚信度。从 1996 年起便被认定为“重合同、守信誉”单位。1997 年，公司通过英国 SGS 雅斯利国际认证公司的 ISO9001 质量体系认证；2009 年，公司取得 ISO14001:2004 环境管理体系证书；2010 年，公司取得 OHSAS18001:2007 职业健康管理体系证书。2002 年，国家质量监督检验检疫总局确认公司在产品质量、经营管理、节能降耗等方面的计量检测体系基本完善，颁发了完善计量检测体系合格证书。2008 年，被中国机械工业企业管理协会评为“中国机械工业 500 强企业”。螺杆钻具与钻杆接头连接螺纹获得美国石油学会颁发的 API 证书。公司经中国农业银行天津市分行企业信用等级评审委员会评定为 AAA 级信用企业。

公司的主导产品螺杆钻具外径规格 $\phi 43 \sim 286$ mm，可设计生产直型、单弯、双弯、可调、高温、油基泥浆、盐基泥浆、等壁厚、加长及中空等不同配置要求、不同型号和不同性能的螺杆钻具，并研制开发了空气螺杆，市场反应良好，为企业市场开发赢得了先机。公司不断加大研发力度，根据市场的需要，改进了传动轴的韧性与强度，逐步以数控加工中心替代原有普通机床，设计上采用了新型双防掉设计，大大降低了钻井事故的发生率，橡胶采用新型配方，改进了炼胶工艺，延长了使用寿命，探伤采用磁粉探伤与超声波探伤相结合的方法，使整个钻具产品在关键部位的工艺质量大大提高。

公司对外加工合作与销售后势强劲。近几年，公司与美国、俄罗斯、加拿大多家大型公司合作，产品远销阿曼、苏丹、卡塔尔、伊朗和印尼等中东地区，并在南北美地区取得相对稳定的市场，得到国外客户的一致认可，今后将逐步加大海外市场销售力度。

近年来，公司靠自主研发设计取得了多项实用新型专利，包括等厚度橡胶螺杆钻具马达总成、球柱型万向轴、高强度 TC 轴承、高配合度串轴承等螺杆钻具总成，为实现螺杆钻具高寿命、高钻压、大转矩提供了保障。另外，通过牙轮钻头产品技术提升，先后设计研发了钻头浮动密封、油用钻头水眼防堵罩、单金属密封钻头、油用牙轮钻头掌轴 R 槽轴向位置测量仪等，并取得了实用新型专利证书。

〔供稿单位：天津立林机械集团有限公司〕

江苏如石机械有限公司

江苏如石机械有限公司（原如东石油机械厂）位于江苏省如东县。公司占地面积 13.3 万 m^2，注册资本 3 360 万元，总资产近 4 亿元，现有员工 520 人，其中各类专业技术人员 140 人。公司自 1975 年开始生产石油机械，长期致力于各种钻杆、套管、油管动力钳及其他钻采井口工具和设备的开发与研究，已经形成包括 ZQ 钻杆动力钳、TQ 套管动力钳、XSL 旋扣水龙头、QJ 气动绞车、YJ 液压绞车、JSQW 钻杆卡瓦、YM 液压猫头、GBX 滚子补芯、QD 气动套管吊卡/卡瓦、ZP 转盘等在内的 50 多个系列 100 多个规格的产品格局，销售覆盖全国各大油田以及欧美、中东、中亚、东南亚等地区。经过 30 多年的不断发展壮大，现已成为国内研究和制造石油钻采井口机械化工具品种最多、规格最全、实力最强的专业化龙头企业，国内最大的钻井动力钳制造基地。

公司是中国石油钻采配件一级网络成员单位和中国石化备品配件资源市场成员厂，中国石油和石油化工设备工业协会常务理事单位，中国石油井口设备和钻采专用工具专业委员会副主任委员单位，中国石油物资装备（集团）公司理事单位，国际钻井承包商协会成员单位，是包括胜利油田、中原油田、宝石机械等在内的国内多个大型油田及钻机生产企业的战略合作伙伴。公司近年来各项事业始终呈现强劲发展态势，经济和社会效益取得显著进展，行业地位不断巩固。2003—2005 年连续三年被评为“中国石油钻采专用工具制造十强企业”，2006—2013 年连续八年入选“中国石油石化装备制造业 50 强企业”。公司自 2002 年改制以来累计上缴国家税收超过 2 亿元，被南通市人民政府评为“南通市民营企业 500 强”，被江苏省国税局评为“A 类纳税人”，被江苏省财政厅列为“江苏省财源建设重点扶持企业”。

公司具有完善的质量管理体系，在本地区率先通过美国石油学会 APIQ1、ISO9001:2008 国际质量体系认证，API7K、8C（证书号：0048、0121）产品认证，ISO 14001 环境管理体系、计量保证体系以及职业健康安全体系认证。近年来，公司动力钳系列产品先后被认定为“江苏省质量信用产品”“江苏省名牌产品”“中国石油石化装备制造业名牌产品”，公司商标被认定为“江苏省著名商标”，公司荣获“江苏省质量奖”，“如石”品牌在国内油田用户中的知名度和美誉度显著提升。

公司设备、技术力量雄厚，拥有高精度镗床、大型立式车床、龙门铣镗床、光学显微镜、里氏硬度计、超声波探伤仪等先进生产、检测设备 500 多台（套），拥有高性能计算机、绘图仪、工作站等设施，设有理化检验室、材料试验室，建有完善的中试车间，采用计算机辅助进行产品综合性能测试。企业建有江苏省工程技术中心——石油机械产品研制与开发技术中心，现有技术人员 55 人，中高级以上职称人员 40 人，新产品研发能力较强。同时，公司建有江苏省企业研究生工作站，是中国石油大学（华东）、常州大学教学科研实践基地，具有良好的产学研合作平台。公司先后荣获“江苏省首批科技型中小企业”“南通市工业系统首批 50 家科技小巨人企业”“南通市产学研示范企业”“南通市中小企业信息化示范单位”“如东县十佳科技创新型企业”等重要荣誉。作为国家高新技术企业，公司先后已有 5 项产品通过部级鉴定，15 种产品通过省级鉴定，取得国家专利 28 项。近年来，公司每年新产品开发都在 5 个以上，新品产值率均超过 30%。

近年来，公司在国内外市场的市场份额不断扩大，主导产品国内市场占有率达到 80% 以上。产品在美国、俄罗斯、印度、卡塔尔、土库曼等几十个国家和地区深受用户好评，配套出口和自营出口不断取得新的突破。

目前，公司呈现出“国内市场稳抓稳打、国际市场开拓有力、内部管理扎实有效、遵纪守法秩序优良、各项工作实绩显著、发展后劲不断增强”的良好经营管理局面。公司秉承“以人为本、科技领先、诚信优质、合作共赢、客户至上”经营理念，为实现“成为国际知名、国内著名的石油钻采井口工具和设备制造商”的企业愿景，紧紧瞄准世界范围内石油机械领域的先进技术和管理理念，与时俱进，奋力开拓。

〔供稿单位：江苏如石机械有限公司〕

泰兴石油机械有限公司

泰兴石油机械有限公司位于江苏省泰兴市，是国家定点生产石油钻采工具和石油机械配件的专业企业，我国规模最大的钻采工具制造企业，中国石油天然气集团公司、中国石化集团公司、中国海洋石油总公司钻采设备和石油钻采工具网络成员。公司占地面积 14 万 m^2，建筑面积 6 万 m^2。现有员工近 400 人，其中工程技术人员 40 余人。

公司拥有各类设备 211 台（套），具有一定规模的中心试验室与产品开发试验基地。具备金属切削、锻造、铸造、冲压、热处理等生产能力，拥有化验、力学性能试验、无损检测、计量与产品型式试验等检测手段，并具有金属材料研究和产品独立开发研究与设计能力。

公司石油机械产品有钻杆吊卡、油管吊卡、抽油杆吊卡、套管吊卡、单根吊卡、钻铤吊卡、钻杆卡瓦、油管卡瓦、钻铤卡瓦、套管卡瓦、卡瓦式吊卡、安全卡瓦、吊环、吊钳、滚子方补芯、高压液体控制元件、压力管汇及阀门等。产品均执行美国石油学会（API）标准。

公司已通过了 API SPEC 7K、API SPEC 8C 产品认证，API SPEC Q1 质量体系认证和 ISO 9001:2000、ISO/TS 29001、ISO14001:2004 环境管理体系认证，OHSAS18001:2007 职业健康安全管理体系认证。公司具有自营出口权。

公司一直奉行“质量第一，用户至上”的宗旨，并以雄厚的技术力量、完善的测试手段、健全的质量管理体系为广大用户提供优质服务。产品覆盖国内各油田，还远销美国、加拿大、阿联酋、俄罗斯、卡塔尔、苏丹等 30 多个国家和地区，在用户中享有很高声誉。

〔供稿单位：泰兴石油机械有限公司〕

中油管道机械制造有限责任公司

中油管道机械制造有限责任公司（简称 CPPM）地处河北省廊坊市，地理位置优越，水陆空交通便利。公司前身为中油气管道机械制造厂，始建于 1974 年，是中国石油天然气管道局全资子公司，具有独立法人资格，公司注册资金 9 800 万元。CPPM 厂区占地面积 22 万 m^2，建筑面积约为 6 万 m^2，固定资产 1.3 亿元，拥有各类生产设备 430 余台（套）、检验试验设备 50 余台（套）。CPPM 是一家石油及化工设备专业化制造商，是中石油所属装备制造企业中唯一一家专业制造长输管道设备和油田油气集输设备的企业，其油田油气集输设备和长输管道特种设备综合制造能力国内最强。

CPPM 具有营销、设计、采办、制造、检验、安装和开通调试完整的产业链，形成了以工业加热炉、压力容器、压力管道元件及油气储运工艺撬装单元4大类30余种定型产品设计、制造为主，以石油站场及管道施工、仪表自动化设计成套、管道特种设备维修为辅的产业格局。

CPPM始终坚持科技创新，引领行业技术进步。设置6个专业研究所，分别为加热炉设计研究所、压力容器设计研究所、弯管管件设计研究所、仪表设计研究所、撬装设备设计研究所、焊接技术研究所，从事公司4大类产品的研究开发，以及产品制造工艺和焊接工艺研究，同时具备工业加热设备仪表自动控制设计、成套能力。拥有一批行业内技术领先的专业技术人员，公司95%以上产品由公司独立设计，具有自主知识产权，在热煨弯管工艺研究、长输管道站场设备研发方面处于技术领先水平。可为用户提供设备选型咨询、开发设计、安装、开通调试、技术培训、技术支持等“一揽子”解决方案和“一站式”服务。

CPPM各研究所依托管道建设重点工程，大力开发新产品，取得了以X80 ϕ1 219mm弯管管件、高压大口径快开盲板为代表的一批高水平科研成果；6项新产品通过中石油集团公司鉴定，5项产品被认定为中石油集团公司自主创新重要产品；创造15项企业新纪录；取得17项国家专利，16项专有技术。

CPPM于1996年取得符合GB/T 19001—1996质量体系标准的质量体系认证，并于2002年、2009年两次通过GB/T 19001—2008换版认证。目前，CPPM持有由中国方圆认证中心颁发的质量体系认证证书。公司拥有设备先进、功能完备的理化和计量实验室，配备了直读光谱分析仪和化学分析仪，60t材料试验机和冲击试验机，以及电子金相显微镜和试样制备设备等，确保产品品质优良。

CPPM的产品广泛应用于石油开采、石油化工、石油天然气储运、城市燃气、化纤、建材等工业领域。是中国石油天然气集团公司、中国石油化工集团公司、中国海洋石油集团公司入网供应商，具有国内各油田公司的产品入网证，产品遍布国内各油田和国内外长输管道，是中国长输管道建设的核心供货商。特别是热煨弯管供货量占市场总需求量的50%以上，近年建设的大型管道中使用的站场设备70%以上由CPPM生产。CPPM产品已销往苏丹、利比亚、哈萨克斯坦、利比亚、尼日尔、肯尼亚等国家。

〔供稿单位：中油管道机械制造有限责任公司〕

中原特钢股份有限公司

中原特钢股份有限公司地处河南省济源市，始建于1970年，1984年建成投产。2007年改制为股份有限公司，2010年6月成功上市。2013年，公司实现销售收入13.16亿元、利润0.17亿元，年末拥有资产总额297 146万元。公司占地面积187万m^2，建筑总面积25.84万m^2，主要工艺设备1 687余台（套），现有职工4 000人，其中各类专业技术、管理人员约929人。

公司曾荣获全国节能先进单位、河南省科技开发百强单位、河南省国防科技工业2006年度经营管理先进单位等省部级以上奖励和荣誉称号，2007年8月被劳动和社会保障部授予“全国模范劳动关系和谐企业”称号，2009年4月荣获中央企业先进集体光荣称号。2009年，公司被认定为国家高新技术企业和省创新型试点企业，是国家统计局认定的全国大型工业企业。公司研制的“探源”牌精锻钻铤1988年荣获国家经贸委石油设备优秀成果奖三等奖，1989年获河南省政府颁发省优质产品证书，1990年被评为中国兵器工业总公司优质产品。公司生产的无磁钻铤产品通过1994年原中国石油天然气总公司和中国兵器工业总公司联合组织的技术鉴定，并获航天工业总公司科技进步奖三等奖，1996年被原国家科技委等五部门评为国家级新产品。公司生产的“探源”牌钻铤、整体加重钻杆。被中国石油和石油化工设备工业协会评为中国石油石化装备制造业名牌产品。

长期以来，公司坚持实施差异化竞争战略和名牌精品战略，不断加快新产品开发和市场开发，产品除销售国内市场外还销往东南亚、欧美等国家和地区。目前公司已经形成了四大系列主导产品：石油钻具系列产品，包括普通钻铤、螺旋钻铤、整体加重钻杆、无磁钻铤、无磁整体加重钻杆、钻具稳定器等，以限动芯棒为代表的工模具钢产品和以连铸辊、铸管模、风电主轴等轴类件为代表的“专、精、特、新”锻件产品，其他产品包括电站产品、瓦楞辊、高压釜等。无磁钻具、限动芯棒、连铸辊及铸管模被省科技厅认定为高新技术产品，其中无磁钻具、限动芯棒填补国内空白。2006 年，公司生产的高强高韧连轧管机限动芯棒被国家科技部等四部委认定为国家级重点新产品。

公司目前已形成年炼特殊钢 15 万 t、锻造 12 万 t 和年产石油钻具 20 000 支、铸管模 2 000t、限动芯棒 7 000t、冶金轧辊类锻件 14 000 余支的生产能力，形成了自己独特的产品优势。公司是国内率先开发石油钻铤和整体加重钻杆的企业之一，目前钻铤国内市场占有率达 35% 左右，9in 以上的大规格钻具和长度大于 10m 的超长钻具国内市场占有率达 80% 以上，整体加重钻杆国内市场占有率达 75% 以上。公司已经与华北、中原、大庆、辽河、胜利、长庆等油田建立了长期战略合作关系。

公司发展战略为：努力成为以石油钻具、限动芯棒和大规格模具钢为代表的，为先进装备制造业和能源冶金行业提供关键重要部件的专业制造商，建成具有自主创新能力和可持续发展能力的国际知名、国内一流工业专用装备及大型特殊钢精锻件生产企业。具体目标是：将限动芯棒做到世界第一，石油钻具和铸管模做到中国第一，到“十二五”末期销售收入达到 50 亿元。

〔供稿单位：中原特钢股份有限公司〕

海城市石油机械制造有限公司

海城市石油机械制造有限公司是一家专门为国内外油田客户提供成套石油钻采设备及配套工具的生产企业，位于海城市西四镇。公司于 1988 年进行股份制改造，成为民营股份公司。公司注册资金 9 000 万元，占地面积 19 万 m^2，总资产为 14.9 亿元，2012 年实现销售收入 12 亿元，利润 22 666 万元。公司现有员工 560 人，其中管理人员 60 人，各类专业技术人员 260 人。

公司于 2005 年与辽宁工程技术大学联合成立了研究生培训基地，2008 年与大庆石油学院签订了院校合作协议，建立了长期的产、学、研合作机制。公司现有自主知识产权 87 项，其中发明专利 2 项，实用新型专利 85 项。公司现有的生产加工设备主要有 5m 立式车床、龙门刨床、卧式铣床、数控加工中心等共计 130 台（套）。

公司主导产品有：XQ3 型、XQ6 型、XQ12 型液压油管钳，XJ110 型、XJ135 型、XJ160 型修井机，ZJ 系列自走式双动力电液修井机，新型节能陆地钻机系列，吊环、油管吊卡、抽油杆吊卡等。

公司建立了完善的质量管理体系：1999 年 6 月通过了 ISO9001：2000 国际质量管理体系认证，2005 年 7 月通过了 API SPEC Q1 和 7K 认证，2006 年 10 月又通过了 API SPEC 4F 和 8C 认证。这些认证在提高公司知名度和信誉度的同时，也促进了国际贸易，提高了产品和服务质量，改善了内部管理结构，增强了公司产品的市场竞争力。

公司产品主要销往大庆、吉林、辽河、胜利、大港、长庆、克拉玛依、吐哈等国内油田，并在全国建立了 13 家办事处。另外，公司还在国外建立了一家海外办事处。

〔供稿单位：海城市石油机械制造有限公司〕

江苏金石机械集团有限公司

江苏金石机械集团有限公司前身是国营金湖机械厂，成立于1960年，后更名为金湖石油机械厂、金湖石油机械有限公司，1974年开始制造井口和采油树设备。1998年以其为核心组建了江苏金石机械集团有限公司（简称金石集团），迄今为止，金石集团已拥有40多年的井口和采油树设备制造经验。目前，金石集团已经发展成为国家高新技术企业，是中国石油天然气集团公司、中国石油化工集团公司和中国海洋石油总公司供应网络单位，是中国石油技术开发公司战略联盟合作伙伴，获得中国石油石化装备制造业50强企业、江苏省AAA级重合同守信用企业、江苏省文明单位等荣誉称号。金石集团旗下拥有8家成员企业、员工约1 600人，年销售收入15亿元。公司规模庞大，固定资产达到10多亿元，是国家科技部认定的“石油机械特色产业基地”，“JMP”商标是中国驰名商标。

金石集团集科研、生产、销售及售后服务为一体，建立了省级油气井口装备技术研发中心，主要生产井口采气树、节流压井管汇、泥浆气体分离器、系列平板阀、大口径球阀、防喷器等主导产品，均执行API标准。先后开发出井口采油树装置、平板阀和节流管汇3大类100多项新产品，其中5项获国家级新产品，承担并完成了20多项国家及省科技攻关、星火计划及火炬计划等项目。2009年自主研发了具有国际先进技术的HH级井口和海底井口。截至2013年年底，公司获得58项国家专利。

近年来，金石集团围绕“巩固陆地，开发海上，拓展国际”的市场方针，实施销售、技术开发、售后服务三位一体的经营策略，“JMP”产品的质量档次、技术水平、市场覆盖率在全国同行业中一直保持领先地位，并出口亚洲、欧洲、非洲、美洲、大洋洲的50多个国家，出口额占销售总额的70%以上。

金石集团建立健全质量管理和保证体系，获美国石油学会（API）6A、16C、6D产品认证证书和ISO9001质量管理体系认证证书，是同行业中最早获得API证书和ISO9001证书的厂家之一。

金石集团已经建立了省级研发中心，拥有各类国际尖端的科研、试验设备，聘请专家、科技人员100多名，与国际著名的石油机械企业和国内著名的大专院校保持密切联系。2006年10月，美国石油机械行业某知名公司与金石集团达成战略合作意向，双方合作研制、生产国际尖端的海底石油机械。2010年3月22—24日，研发成功的第一台海底井口设备参加了北京第十届中国国际石油石化技术装备展览会，获得了专家的一致好评。

2014年，金石集团将以“全面实施3355工程，在更高起点上推进集团又快又好发展”为总目标，力争实现销售收入30亿元，利润总额3亿元，重点开拓5个新市场，重点开发5项新产品。同时，全面推进上市前的股改工作，加快金石集团的上市进程。

〔供稿单位：江苏金石机械集团有限公司〕

江苏双鑫石油机械有限公司

江苏双鑫石油机械有限公司是建湖中国石油装备制造业基地的一家领军企业，注册资金13 000万元，占地面积26.7万m^2（400亩），厂房面积65 000m^2，研发大楼面积5 000m^2，有员工362人，其中技术、研发人员79人。公司通过质量体系、环境体系和安全体系认证，为国家高新技术企业、国家火炬计划重点高新技术企业、江苏省技术中心、江苏省高成长型企业、江苏省创新能力建设示范企业、江苏省两化融合示范企业、中国石油石化装备制造业50强企业。

公司主要产品有采油井口装置、钻井液管汇、节流压井管汇、减速机、防喷器、油品分析仪、系列阀门、新型高效节能抽油机等。针对石油机械产品品种多样化的实际情况，公司合理配置优势资源，不断优化产品结构，重点发展市场前景好、产品销路广、技术含量高的产品，使之成为在市场上具有竞争力的产品。近年来，公司不断加大对生产设备的更新，现代化、智能化设备在公司广泛应用。目前公司有各类研发、检测和加工设备 573 台（套），确保当前生产所需，有力提升了现有产品的生产能力。公司不仅有一流的现代化生产设备，还更加注重科学管理，坚持以科技为先导，为用户提供持续满意的产品。2013 年，公司实现销售收入 89 726 万元。

公司始终坚持把实施品牌战略作为兴企之道，全方位、多层次培育发展名牌产品。公司拥有专利 23 项，商标 6 个。在环境保护方面，公司注重环境治理，在生产过程中力争做到废物减量化、资源化和无害化，实现污染预防、清洁生产，美化了工作环境。公司“永军”牌商标为江苏省著名商标；钻井液管汇、节流压井管汇为江苏名牌产品、中国石油石化装备制造业名牌产品，其中 ZJ90DB 钻井液管汇为江苏省高新技术产品，并列入国家创新基金项目，被江苏省人民政府授予科技进步奖三等奖。新型高效节能抽油机的生产，首次实现产品终端化和高端化，通过省级新产品新技术鉴定，列入国家火炬计划项目，并被认定为江苏省首台套重大装备产品，荣获江苏省优秀新产品奖。

随着公司规模的日益扩大，以及产品技术含量和质量的不断提高，产品在国内国际市场的占有率也在不断提高。在国内的主要销售对象是大的石油机械公司、大型油田和贸易公司。为扩大产品的国外市场份额，公司在美国休斯顿成立了销售公司，使公司产品销售工作更好地与国际市场接轨。近三年来，公司销售额逐年上升，年增幅在 10% 以上，为建湖中国石油装备产业的发展做出了积极贡献。

〔供稿单位：江苏双鑫石油机械有限公司〕

内蒙古一机集团大地石油机械有限责任公司

内蒙古一机集团大地石油机械有限责任公司是中国兵器内蒙古第一机械制造集团公司子公司，资产总值 1.3 亿元。公司技术力量雄厚、设备精良，具有先进可靠的生产技术条件和技术装备，拥有机械、动力设备共 63 台（套），拥有 500t、450t、315t 平锻机，天然气程控热处理生产线，超音频热处理生产线，机加设备全部实现了数控化。公司主要生产经营石油机械产品，其主导产品为各种类型的“大地”牌抽油杆及其接箍和石油专用管系列产品。公司从 1981 年开始按 API 标准生产抽油杆及其接箍，于 1982 年 4 月 16 日取得了 API 会标使用证书（证书号为 7456），是国内首家取得 API 证书的抽油杆生产厂，1993 年、1996 年、1999 年、2002 年、2005 年、2008 年分别通过美国石油学会（API）现场检查、换证复评，继续保持了 API 证书资格（现证书号为 11B—0010）。2010 年公司取得石油专用管 API 证书资格（证书号为 5CT-1145）。

公司在生产经营中，严格执行 API 标准，大力推行全面质量管理，为抽油杆研制和生产提供了强有力的质量保证。公司把推行全面质量管理、贯彻国家质量管理体系标准和美国 API 质量管理规范有机地结合起来，建立了一套完整、有效的抽油杆和石油专用管系列产品质量管理体系。2012 年公司通过了 ISO14000 环境管理体系认证和 ISO28000 职业健康安全管理体系认证。

公司主导产品“大地”牌抽油杆采标高、质量好，产品销往国内各大油田，40% 的产品还销往美国、德国、加拿大、印度、印尼、叙利亚、土耳其、克罗地亚等国家和地区，深受国内外用户的欢迎。1982 年“大地”牌抽油杆相继荣获兵器工业部和内蒙古自治区优质产品奖。1983 年 D 级抽油杆获国家银质奖，并于 1988 年通过银牌复审。1994 年，

"大地"牌抽油杆获得"全国用户满意产品""中国名牌产品"称号，并于1995年、2005年再度荣获内蒙古自治区名牌产品称号。2001—2004年公司连续四年获得内蒙古自治区质量效益型先进企业，2002年获得内蒙古自治区用户满意企业、全国用户满意企业、全国质量稳定合格产品称号。2006年，公司获得中国石油节能抽油设备卓越企业奖、内蒙古自治区自主创新名牌产品称号，并连续四个年度荣获中国石油石化装备制造业名牌产品与50强企业称号。2012年2月，被中国石油和石油化工设备工业协会评定为信用等级AAA级企业。2007年"大地"牌抽油杆及其接箍获得首批驰名品牌。2009年"大地"牌抽油杆及其接箍荣获"中国抽油杆质量公认十佳知名品牌"及"中国著名品牌"。

公司生产能力、产量和品种逐年增加。生产能力从1981年年产20万m上升到2013年的年产700万m，品种由原来单一品种发展为C、D、K、KD级常规型抽油杆，工艺型、材料型（贝氏体、准贝氏体）超高强度抽油杆，规格为5/8in、3/4in、7/8in、1in、11/8in的标准长度抽油杆和符合API规定的各种规格短杆，标准和异径接箍，还生产光杆抽油杆、加重抽油杆、空心抽油杆、防腐抽油杆、扭矩杆等系列特种抽油杆。是国内生产能力最强、产量最大、品种最多的抽油杆生产厂家之一。公司新开发的石油专用管已投放市场，其全部符合API SPEC 5CT标准要求，同时取得了良好的经济效益和社会效益。

公司具有完善的售后服务体系，牢固树立以顾客为关注焦点的思想。从产品的生产到交付使用均提供优质的服务。市场营销部设有专人负责用户信息搜集、管理、传递和追踪，并对用户进行定期走访，征求其对产品的使用意见。在产品交付使用期内派专业人员对用户进行技术指导。公司每年均通过包头市质量技术监督局现场检查，并通过国家油气田井口设备质量监督检验中心、西安管材检验中心等机构在油田现场的监督检查。产品经顾客长期使用，未出现重大责任事故，受到顾客的广泛赞誉，订货量也在逐年增加。

公司在"十二五"期间的发展思路是：以科学发展观为指导，在集团公司"打造新一机、构建五大板块、四大基地"发展战略的统领下，石油板块在"十二五"末实现30亿元奋斗目标，以及围绕创建国际知名、国内一流石油机械制造企业的目标，不断深化成本效益战略和品牌形象战略，推进以调整组织结构、完善产品系列、提升经营总量为主要内容的"一二五战略规划"，形成以抽油杆、专用管为主导，接箍及其他产品为重要补充的经营格局，通过内部积累、外部融资等手段，进行产品结构调整和企业发展目标的深化，使公司具备较强的市场竞争力和抗风险能力，确保持续稳健经营，开创公司科学发展新局面。 同时，继续以企业的运营效率和运营水平为核心，以加快技术改造、新产品研发、结构调整、合资合作、股份制改造、国际化市场运作、确立核心竞争力为手段，全面提高经营管理质量、工艺流程再造和自主创新及研发能力，实现"规模、效益、速度、质量"的有机统一。"十二五"期间，公司仍将立足于油田采油机械的研发和生产，一如既往积极贯彻实施API最新版规范，继续实施质量体系改进工程，进一步提高质量体系的适应性和有效性，积极推进模拟市场质量保证机制。根据市场需要来开发研制石油机械系列新产品，抽油杆形成年产100万根以上，新增的石油专用管产能、销售达到3万t以上。同时运用现代高新技术、新材料、新工艺来改进现有产品，通过滚动技术改造和加快新产品研发，努力培养核心产品和核心技术，开发研制适销对路的优质产品和提供高效服务。扩大市场的覆盖面，增强企业长久发展的生命力，把公司石油机械产品发展成为国内同行业中品牌最优、销量最大、具有突出竞争优势的国际一流产品。

〔供稿单位：内蒙古一机集团大地石油机械有限责任公司〕

山东陆海石油装备有限公司

山东陆海石油装备有限公司位于山东省德州市，东邻胜利油田，北接大港油田，南靠中原油田，地理位置得天独厚。公司成立于2008年1月，注册资本2 000万元。厂区面积7万m^2，车间面积2万m^2。公司现有员工280人，其中中高级技术人员32人。公司为中石化、中石油、中海油网络成员企业。

公司为国家高新技术企业，公司技术研发中心为市级技术中心。产品获得多项国家专利，并通过了ISO 9001认证、HSE健康安全及环境管理体系认证；通过美国石油学会认证，获得API7K、API5CT、API7-1、API6A 4个规范证书。

公司成立以来，重视技术研发工作，专门成立技术研发中心。在螺杆钻具、无磁短节等产品研发上取得了骄人的成绩。其中低速大转矩螺杆钻具、LWD-350专用无磁钻挺、螺杆钻具调角总成、可调万向轴总成液压泵换向机构、等轮廓线螺杆钻具定子注胶工装、等轮廓线高造斜螺杆钻具、防掉螺杆钻具、液压油层解堵泵、螺杆钻具可换套扶正器等10多项产品技术获得了实用新型专利。等壁厚螺杆钻具被列入2009年山东省技术创新项目，低速大转矩螺杆钻具获得2010年山东省中小企业技术创新项目无偿资助，可调角度螺杆钻具获得2012年国家中小企业技术创新项目无偿资助，年产5 000台（套）高效率大转矩钻井液压马达项目为国家2012年产业振兴和技术改造专项项目。

公司注重市场售后服务工作，成立了以技术人员为主的售后服务部，负责国内外油田的售后服务工作，并在国内长庆、新疆、四川等建有维修站，在伊朗阿瓦兹及KESH岛建有维修基地。服务人员分布各油田进行主动服务，并且承诺在客户反馈问题48h之内到达现场进行处理。售后服务工作得到了国内外用户的好评。

公司市场开拓方针为“品牌为赢，服务制胜”。立足国内，面向国际，坚持直销为主，深度拓展营销网络，强化渠道掌控和品牌建设，生产和贸易并举，创新服务意识，不断提高市场占有率。

公司营销策略：以质取胜，塑造陆海品牌，不断提升陆海品牌知名度和美誉度。加强与政府主管部门联系，寻求更多政策支持和参与行业标准制定的机会，借助政府平台推介企业品牌。对公司客户实行“ABC”分类管理，重点客户重点突破，对以“中石油五大钻探公司、胜利油田、中海油市场”为核心的重点市场，为其量身定做特殊的营销策略进行深度维护，确保企业不断壮大的基础。对于一般市场、代理商、分销商等结合市场实际制定不同的销售政策，确保公司经营质量。

为社会创造价值，为石油石化工业提供服务，为客户提供满意服务，为员工提升生活质量的是企业的宗旨；客户至上、诚信为本、创新发展、和谐共赢是公司的经营理念；认真负责、团结协作、吃苦耐劳、开拓创新是企业的精神；创建国内一流石油机械加工基地是公司奋进的动力；打造文化陆海、人才陆海、品牌陆海、国际陆海是公司坚持不懈的追求。

〔供稿单位：山东陆海石油装备有限公司〕

盐城市特达专用管件有限公司

盐城市特达专用管件有限公司创建于1998年，是中国石油物资装备集团一级供应网络成员单位，中国石油和石油化工设备工业协会理事单位，是集开发、设计、制造、销售和服务为一体的现代化专业制造企业。

公司注册资金4 600万元，现有员工320人，其中，专业技术人员48人。公司占地面积8万m^2，建筑面积2.5万m^2，固定资产总额13 246万元。公司拥有石油钻杆、钻杆接头和套管接箍产品的各种先进生产设备216台（套），具备年产钻杆1万t、钻杆接头15万对、套管接箍20万件的生产能力，产品销往国内各大油田及配套供应商。2006年公司取得自营进出口权，部分产品出口美国、加拿大、日本和阿联酋等国家和地区。2013年公司实现销售收入2.6亿元。

公司先后通过了ISO9001∶2008质量管理体系认证、ISO14001环境管理体系认证，取得了API SPEC 7-1、5CT及5DP的会标使用权。公司“恒升”牌石油钻杆接头2013年被中国石油和石油化工设备工业协会评选为中国石油石化装备制造业名牌产品。

公司有先进的计量检测设备和完善的质量保证体系。公司拥有金相显微镜、光谱分析仪、万能试验机、冲击试验机、投影仪、布氏硬度计、洛氏硬度计、磁粉探伤机、钻杆漏磁探伤机、超声波探伤机等仪器设备，可以对产品进行化学成分、金相组织和机械性能的检测。

公司自创办以来，始终坚持把产品质量作为企业发展壮大的生命线，把创塑品牌、打造名牌作为兴企之道和治企之策。从资金技术、人才等全方位、多层面培养、发展名牌产品，特别倾力打造主产品石油钻杆接头的市场信誉和品牌形象，这项工作得到了省、市、县质监部门的大力支持帮助，建立了适应市场竞争需要的质量运行监控机制，把推进技术进步与创新作为工作的重中之重。公司先后组织开展了多层次、广覆盖的质量管理知识培训，认真开展质量攻关和技术改造，积极推广先进管理理念和管理方法。2007年12月，公司组建的产品研发技术中心通过了市级评估，并全力创建省级技术中心，2009年，公司生产的钻杆接头被盐城市质监局评为盐城市名牌产品。

公司近年来非常重视在科技革新方面的投入，每年用于技术改造和科技研发的经费约占公司销售收入的3%。另外，公司还注重延伸创新，形成具有钻杆接头、钻杆、套管接箍等名牌产品家族，壮大了原有的主力名牌，而且还使消费者产生新鲜感和对企业实力增强的信任感，取得了较好的效果。公司将坚定地走名牌战略之路，在各级政府和有关主管部门的指导下，进一步提升优化产品结构，改进创新生产工艺，创新管理模式，为实现公司规模扩张，服务社会再做新贡献。

公司坚持以客户的价值观为导向，确立了“以客户为中心”的发展战略。公司的目标是“建设行业最具竞争力的石油机械企业”，公司的愿景是建成“科技化、数字化、国际化”的现代企业。

〔供稿单位：盐城市特达专用管件有限公司〕

山东省金圣隆机械有限公司

山东省金圣隆机械有限公司创建于2002年，是一家集产品研发、生产制造、贸易出口为一体的石油机械专业生产企业，是美国500强企业卡麦龙集团重要的供应商和陆上采油系统战略合作伙伴，中国石油天然气集团公司所属中国石油技术开发公司海外市场定点供应商，中国石油和石油化工设备工业协会理事单位，中石协采油采气装备专委会和石油节能抽油设备专委会委员单位。企业拥有自主进出口经营权。公司占地面积3.8万m^2，注册资本518万元，总资产1.32亿元，拥有机械制造专用设备300余台（套），建有理化实验和计量检验中心，检测手段先进、齐全，具有设计开发、机械加工、锻造、焊接、冲压、热处理、喷涂、安装等综合制造加工能力。

公司先后被评为山东省AAA级信誉企业、中国石油和石油化工设备工业协会AAA 级信用企业和中国对外贸易AAA级信用企业；2008年，公司主导产品抽油杆接箍被评为“山东名牌”，抽油杆喷涂接箍被评为“中国石油石化装备制造业名牌产品”，并连年通过复评；公司荣获“山东省质量奖”，并于 2013 年 11 月通过了“山东省质量奖”审核专家对企业进行的“卓越绩效模式”综合评审，再次荣获“山东省质量奖”。

建厂以来，公司始终秉承“引领石油装备，汇集天下能源”的使命，瞄准国际市场，审时度势，紧紧把握市场竞争的主动权，在国际市场竞争中一年上一个台阶。抽油杆喷涂接箍的产量、质量、技术水平均居世界一流水平，产品销往世界各地，在国际市场上享有很高的声誉。

公司的突出业绩受到了社会各界的关注，有关省市主管部门领导和一些专家、学者先后到公司进行视察指导，对公司生产经营各方面取得的成就给予了充分的肯定和高度评价。公司正遵循“科学发展、精益求精、打造世界品牌；和谐奋进、务实奉献、创建一流企业”的方针目标，努力打造企业优势，再创辉煌！

〔供稿单位：山东省金圣隆机械有限公司〕

中国石油集团渤海石油装备制造有限公司

中国石油集团渤海石油装备制造有限公司是中石油集团公司所属全资子公司，是 2008 年 4 月在整合华北、大港装备制造业务基础上，组建的综合性石油装备制造企业。2010 年 3 月、2012 年 4 月，兰州石化机械业务、辽河装备制造业务先后划归公司。公司注册在我国经济新的增长极 —— 天津滨海新区。公司所属 12 家企业主要分布于天津滨海新区、河北沧州及承德、甘肃兰州、新疆乌鲁木齐、辽宁盘锦、江苏南京、扬州等地，大多数都有 30 年以上的发展历史。

公司以油气输送装备、钻采装备、海工装备、炼化装备四大系列产品为主营业务。现有渤海华宇、渤海巨龙、渤海能克、渤海中成、渤海卡瑞特、渤海司达、渤海飞雁七大品牌。螺旋钢管、直缝钢管、油井管、钻修机、螺杆钻具、钻杆、钻头、“三抽”装备、潜油电泵、专用电机、柱塞泵、热采设备、海洋平台、工程船舶、烟气轮机、特种阀门等多种产品的技术水平和制造实力处于国内领先、国际先进水平。有 8 项产品入选中石油集团公司优势产品目录，占优势产品总数的一半。已申获专利 536 项。拥有国家级重点实验室“金属材料及制品检验中心”。产品行销至全国各大油气田及世界 40 多个国家和地区，在保障中石油油气主营业务和国家重点工程项目中发挥了重要作用。

公司组建以来，在中石油集团公司的正确领导下，认真践行科学发展观，各项工作取得了新进展、新业绩。公司先后实施了“管理创效年”“管理增值年”“品质提升年”“优势打造年”及“市场开拓年”系列主题年活动，练内功、强管理、提素质、打基础，持续抓好六项精细管理的深入落实，狠抓“降、压、清、还”，以“双十”为载体，打造精品，推进精益生产、优化流程、消减“八大浪费”，深化“5S+2S”现场管理，推广“三个分析”，坚持“三分三保”及“四牌预警”，加强生产经营的日常风险管控，企业精细化管理水平持续提升。精细管理工作多次在中石油集团公司作典型发言或交流，管理提升被国资委作为典型推广。公司连续 5 年营业收入在百亿元以上，实现了有质量、有效益、可持续发展，是中石油集团公司装备制造业务板块规模最大、经营业绩最好的企业。2013 年，公司在天津市百强企业中排名 44 位；蝉联“中国机械工业 500 强”，排名提升到第 58 位，在入选的石油装备制造企业中名列第一；被国家发改委、科技部、财政部、海关总署、国家税务总局五部委认定为国家级企业技术中心，被评为中国企业文化建设先进单位。

按照科学发展观的要求，公司制定了“1-3477”中长期发展思路。渤海装备人将以昂扬的斗志、坚定的信心，深入贯彻落实科学发展观，发扬大庆精神、铁人精神，以“保障主业、服务市场”为宗旨，秉承“追求价值，诚信回报”的核心价值观，牢固树立“用人品创造产品、打造精品”的理念，用更好的人品奉献更多的精品，努力把公司建设成为“国内领先、国际一流”的综合性石油装备制造企业，为建设绿色、国际化、可持续发展的中国石油做出积极贡献。

〔供稿单位：中国石油集团渤海石油装备制造有限公司〕

合肥神马科技集团有限公司

合肥神马科技集团有限公司隶属中国建筑材料集团有限公司，“专业制造、真诚服务”是公司的核心理念，作为专业从事线缆成套设备开发、制造、销售和服务的高新技术企业，荣膺了“中国电器工业最具竞争力企业”和“中央企业先进集体”等荣誉称号，“神马”品牌荣获“中国电器工业最具影响力品牌”。公司是中国电器工业协会常务理事单位，国家标准化管理委员会电工专用设备标准化技术委员会副主任委员单位，中国电器工业协会电线电缆分会副理事长单位、电线电缆专用设备分会副理事长单位，企业纳税等级信用评级为A级，信用等级AAA级，通过了质量（ISO9001）、环境（ISO14001）和职业健康安全（OHSAS18001）体系认证，销售收入和出口量稳居同行业第一位。公司参与主持制订了国家标准2项、行业标准24项，拥有授权专利35项，其中发明专利11项，申请国际发明专利1项，中国台湾地区发明专利2项。2011年11月公司技术中心被国家发改委等部委认定为第18批“国家认定企业技术中心”。

公司始终坚持“技术先导、专业制造、差异化经营”，积极与国内大型线缆企业进行合作，在产业的基础研究、关键技术研究、行业共性技术研究、前沿技术研究、关键材料及重大装备的国产化和产业化、标准体系建设等方面，开展共享成果、共担风险的联合攻关，努力突破产业技术瓶颈，全面提高产业技术创新的基础能力，争取在“十二五”期间，实现一批高端产品的产业化，突破若干行业技术瓶颈和产品瓶颈问题。

公司科研开发和创新成果介绍：

（1）LJL350×2铝护套连续挤压机2011年被列入安徽省首台套产品计划，2012年被国家科技部等部委认定为国家重点新产品（2012GRC30014）。

（2）2012年4月，科技型中小企业创新基金项目“大截面超高压电缆铝护套工艺研究及连续挤压机开发”顺利通过了安徽省科技厅组织的专家评审并验收结题。

（3）安徽省重点新产品获奖情况。2011年，公司有3项产品被认定为安徽省重点新产品，具体为：LJL350×2铝护套连续挤压机、JGGφ760/8+1000/1型管式绞线机、KJYφ630/40+60型海底电缆钢丝铠装机；2012年，公司有8项产品被认定为安徽省重点新产品，具体为：KRH-500互锁钢带铠装机、KLKφ630/80+80框式扁钢丝铠装机、CLYφ4000/3+φ2000/3&φ3000/8+φ2800/4立式成缆机、TSGE710高速双盘自动收线机、FPLφ1800 紧密收杆机、LFDφ450型双头大拉丝机、KRH127金属带连续式互锁电缆装铠机、JGG-500/1+6特种轴承高速管式绞线机。

（4）异型金属带互锁铠装机列入2011年中国联合装备集团公司科技创新基金项目。

（5）大型特高压电缆专用装备研发基地建设列入2011年国有资本经营预算重大科技创新及产业化资金项目。

（6）CPD集中式旋转放线盘绞履带牵引成缆机列入2012年度中国联合装备集团公司科技创新基金项目。

（7）2013年成缆机获得安徽省名牌产品。

公司获奖情况：

2011年，公司荣获2011年度全国建材行业企业管理现代化创新成果奖一等奖。公司生产的LFDLφ450/7非滑动式铝大拉丝机获得中国建材集团科技进步奖二等奖、合肥市科技进步奖三等奖。荣获2011年“中国联合装备杯”中国建材集团技术革新奖11项，具体如下：一等奖4项，包括LHDLφ450/13等径轮式连续退火铝大拉丝机、

KJYϕ630/40+60型海底电缆钢丝铠装机、带绞弓的管式绞线机及超大直径小截面齿圈的加工工艺改进（工法）；二等奖4项，包括铝拉丝液离心式分离器、分电机传动框型绞线机同步控制系统、SZ铜丝屏蔽机、铣键槽专机；三等奖3项，包括侧下方上盘装置、盘绞机集中式相位校正系统开发、挤压模具的有限元分析。

2012年，公司荣获“南方水泥杯”2012年度中国建材集团技术革新奖6项，具体如下：一等奖1项，为KRH127异型金属带互锁铠装机；二等奖3项，包括TSGE710高速双盘自动收线机、LFDϕ450型双头大拉丝机和SMQ500A伸缩臂式履带起重机；三等奖2项，包括FPLϕ1800紧密收杆机和非滑动拉丝机模具自动补偿控制系统。

2012年，公司生产的KRH127异型金属带互锁铠装机荣获“北新建材杯”全国建材行业技术革新奖一等奖。LJL350×2铝护套连续挤压机荣获中国建材集团科技进步奖一等奖。

2013年，LJL350×2铝护套连续挤压机获得中国机械工业科学技术奖二等奖，成缆机获得安徽省名牌产品。

〔供稿单位：合肥神马科技集团有限公司〕

胜利油田孚瑞特石油装备有限责任公司

胜利油田孚瑞特石油装备有限责任公司前身为中国石化集团胜利石油管理局工程机械总厂，成立于1964年，于2005年5月按照中石化集团改制政策，完成了股份制改造，成立了有限责任公司，并于2007年9月，引进外资，变更为中外合资公司。是一家以石油专用管制造、石油钻采装备制造、特种车辆改装、钢塑复合管制造、煤层气装备制造和石油工程技术服务为主要经营项目的石油装备制造与工程技术服务的一体化企业。

公司注册资本32 269.9万元。现有员工1 499人，其中，高级职称人员38人，中级职称人员157人，大专以上学历人员624人；下设6个分公司，5个子公司，拥有各类设备826台（套），其中专业化生产线18条，检测设备70台。公司工业占地面积260万m^2，分为四个工业区，综合产能建设36亿元。

公司拥有四个工业区，具体如下：第一工业区位于临淄齐鲁化学工业区，占地面积24.5万m^2，主要生产油管、重油开发专用隔热油管、地面管线，产能建设7亿元；第二工业区位于东营市东营区胜利工业园，占地面积近66.7万m^2，主要生产ERW高钢级石油专用管材、石油套管、输送管、顶驱装置等，产能建设20亿元；第三工业区位于东营市东营区南一路203号，是公司总部所在地，占地面积近30.7万m^2，主要生产抽油机、抽油杆、油田特种车辆改装和复合管，产能建设8亿元；第四工业区位于东营市经济开发区，占地面积7万m^2，主要生产大型起重设备等，产能建设1亿元。

作为国家高新技术企业，公司建立了省级企业技术中心和国内首家石油专用管院士工作站，承担了9项省市科技攻关项目，1项中石化重大装备国产化项目，其中5个项目填补了国内空白；拥有37项专利，其中发明专利6项。公司下属的分公司、子公司全部通过ISO 9001/API Q1质量体系认证，9项产品取得API会标认证；制定和参与制定国家标准和行业标准有6项，国际标准采标认可6项；取得标准化良好行为AAAA及企业；抽油机、抽油杆、油管、聚乙烯管材被评为“山东名牌”；连续十年被评为中国石油石化装备制造业50强企业。

〔供稿单位：胜利油田孚瑞特石油装备有限责任公司〕

山西北方风雷工业集团有限公司

山西北方风雷工业集团有限公司隶属于中国兵器工业集团公司，始建于1968年，现有固定资产2.63亿元，资产总额14亿元，占地面积25万m^2。公司现有员工1 200人，其中中高级职称技术人员

168 人。拥有世界上先进的焊接、热处理、机械加工、起重等各类设备 1 000 多台（套）。

1979 年，公司在国内率先研制开发了石油钻铤，先后提供给胜利油田和华北油田进行试验，顺利通过石油部鉴定并逐步应用于各大油田，成为我国首家石油钻具生产企业。经过 40 多年的发展，公司目前已能制造生产钻铤、钻杆、螺杆钻具、PDC 钻头、转换接头、稳定器、新型随钻振击器等 8 大系列 121 种规格的石油钻具产品，成为我国石油钻具专业生产基地。公司是中石化、中石油和中海油等石油企业钻具产品的主要供应商，产品远销欧洲、北美、中东、北非、独联体等国家和地区，在国内外市场赢得了较高的声誉。

1993 年，公司石油钻铤产品在我国首家取得美国石油学会（API）颁发的会标使用许可证；1997 年经挪威船级社考察审验，通过了 ISO9001 质量体系认证；2001 年，公司生产现场管理达到中国兵器工业集团“先进级标准”；2002 年，公司通过了对 ISO14001 环境管理体系与 OHSA18001 职业安全健康体系的有机整合贯标验收，取得华夏认证中心有限公司颁发的证书；2004 年，公司石油钻杆产品取得美国石油学会（API）会标的使用许可证；2011 年 11 月，公司荣获中国兵器工业集团公司一级安全企业；2012 年，公司取得 NS-1 最高级别证书（5 级）。

公司作为国家重点企业，从 1968 年起就建立了完善的自备铁路专用线，交通便利、物流快捷。现有石油钻铤生产线 3 条，加重钻杆生产线、石油钻采工具生产线各 1 条，石油钻杆生产线 2 条，已形成石油钻采装备专业化研制生产基地。年生产能力石油钻铤 20 000 支、石油钻杆 30 000t、加重钻杆 10 000 支、方钻杆 2 000 支、无磁钻铤 2 000 支、无磁承压钻铤 1 000 支、螺杆钻具 800 套。

公司集产品科研、开发、生产制造于一体，与中石油勘探开发研究院、管材研究院及中国石油大学长期进行技术合作及产品研发；与西安石油大学合作，成立了“钻具与井下工具研究所”，该研究所是中国兵器工业集团公司认定的石油钻具产品研发中心和山西省省级技术中心，连续三年获得中国兵器集团公司技术研究突出贡献奖。公司拥有一支雄厚的技术研发队伍，负责石油钻具产品的技术创新、技术引进、科技成果推广和转化，提供石油钻具产品在市场和生产方面的前沿信息，为石油钻具产业发展提供技术储备和决策支撑。

公司多次参与起草了石油钻具方面的国家标准和行业标准，对行业产品技术进步起到了积极的促进作用。并拥有多项专利，如系列高抗扭钻杆接头、双台阶螺纹、非晶态耐磨材料等。公司的小口径钻杆项目获中国兵器集团公司科技进步奖。

公司拥有完善的售后服务保障体系。质量保证部负责产品质量控制及售后服务工作，定期对客户进行走访，了解产品使用情况。用户遇到问题，质量管理部迅速组织技术、生产等部门，与用户一起对事故原因进行分析，提出解决问题的合理方案和改进措施，确保用户利益最大化。

山西北方风雷工业集团有限公司将继续通过技术进步不断提高石油钻具系列产品的技术水平和产品质量，以品质取胜，为中国石油工业的发展做出更大的贡献。

〔供稿单位：山西北方风雷工业集团有限公司〕

不断追求高品质焊接质量　持续打造中厚板焊接品牌

——唐山开元机器人系统有限公司

唐山开元机器人系统有限公司成立于 2008 年 1 月，是从唐山开元自动焊接装备有限公司分拆而成立的，是唐山开元电器集团主要成员企业之一，专门从事中厚板机器人自动化焊接装备的系统集成和系统维护工作，可为用户提供规划、设计、制造、安调、工艺、维护、保养等全面解决方案，是国内该领域的知名品牌和龙头企业。

公司分别与神户制钢株式会社、长菱工程株式会社开展技术合作，开发、生产适应于中国市场的中厚板机器人焊接装备，产品主要包括机器人焊接系统、柔性焊接生产线、数字化焊接车间、工程机械变位机、MICROBO便携式全自动焊接机器人等。并能为用户提供物流系统、组对设备、焊接中及焊接后在线检测设备、焊接制造管理信息系统。基于公司业已形成的设计、制造、管理基础和高素质技术团队，结合用户实际情况，可向用户提供最佳解决方案、最高满意度的产品和服务。

公司产品服务于工程机械、石油机械、煤炭机械、建筑钢结构、桥梁钢结构、建筑机械、海洋工程、铁路车辆、特种车辆、船舶、风电、机床等领域，一直处于行业的领先地位。

公司通过ISO9001质量管理体系认证，是高新技术企业、国家火炬计划唐山焊接及机器人特色产业基地骨干企业、河北省创新型企业、河北省企业技术中心、国内首家由中国焊接协会授权的机器人焊接培训基地。

一、技术实力及质量管理

公司培养了一支具备20多年自动焊接装备设计经验的高素质技术团队，为了更好地提升技术人员的技能水平，公司还组织了100余名专业技术人员接受了国外专家的培训和指导，以便为客户提供最佳的技术方案。

以ISO9001质量管理体系为根本，以预防和过程控制为宗旨，建立了从受入检查、过程控制到出厂检查全过程质量控制体系，确保每套系统以最优的状态进入客户现场。

二、创新产品与技术

近年来，随着产业结构不断调整升级，智能制造装备已成为我国高端装备制造业的重点发展方向。公司结合国际合作伙伴的先进技术和丰富的实施经验，针对中厚板结构件焊接制造，自主研发了一系列智能焊接制造关键技术和装备。通过国内多个智能焊接车间和焊接生产线的建设，实现了中厚板结构件的无人化、少人化焊接制造。

中厚板智能焊接车间和智能化柔性焊接生产线由机器人智能焊接系统、物料自动搬运系统、焊接制造信息管理系统、生产线智能控制系统集成，实现了机器人均衡化自动混流生产。

公司现已成功为国内多家知名企业提供了智能化柔性焊接生产线。这些智能化柔性焊接生产线的研发设计、安装及调试成功，再次展现了公司在中厚板智能化焊接领域的先进技术实力。

三、显著业绩

多年来，公司发展取得了良好的成绩，各项生产指标始终保持着良好的增长趋势，具备了坚实的发展基础。公司在国内已有700余套的中厚板机器人焊接系统业绩，一直保持着中厚板智能化焊接领域的龙头地位，设备的稳定性得到了时间和市场的考验。

目前，公司已经为国内多家石油装备制造行业用户提供了数套机器人焊接系统，包括：柱塞泵泵体机器人焊接系统、抽油机箱体机器人焊接系统、抽油机驴头机器人焊接系统、抽油机连杆及工字梁机器人焊接系统、耳座机器人焊接系统等，得到石油装备制造行业用户的一致认可。

四、卓越服务

公司的服务网络遍布全国，随时为用户提供售前、售中、售后服务，拥有一支经过国外专家培训的专业服务队伍，随时可以就用户提出的问题进行解答，并可在接到用户服务需求后24h内达到用户现场进行服务。

未来，唐山开元机器人系统有限公司将不断优化产品升级，提升优质服务，内外兼修，打造中厚板机器人焊接系统一流企业的品牌形象，秉承“企业的发展取决于对社会需求的满足程度”的经营理念，做优秀的国际化企业，开创我国机器人焊接事业新纪元。

〔撰稿单位：唐山开元机器人系统有限公司〕

中国石油石化设备工业年鉴2014

统计资料

客观反映2013年石油和石油化工设备行业各分行业主要经济指标，以及石油钻采设备、炼油化工设备、压力容器和输油管道四大类产品的进出口情况

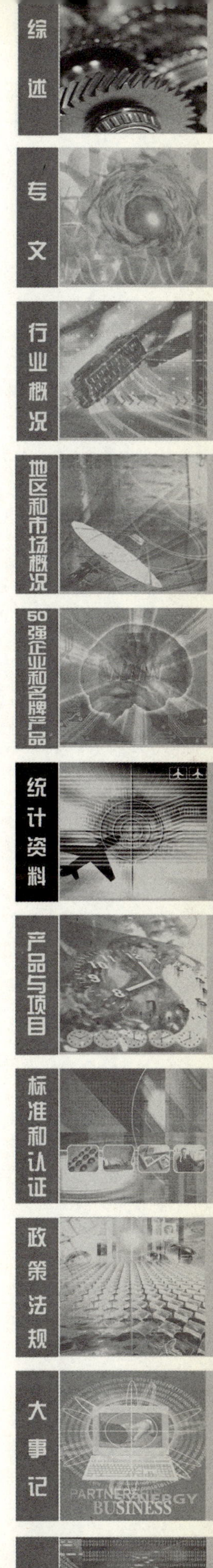

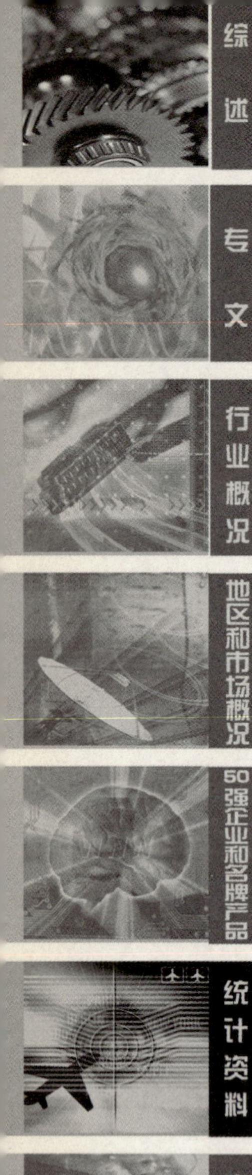

统计资料

2013年我国石油和石油化工设备行业主要经济指标
2013年我国石油和石油化工设备（产品）进出口量值表
2013年我国石油和石油化工设备（产品）主要进出口国家（地区）量值表

2013年我国石油和石油化工设备行业主要经济指标

2013年石油和石油化工设备分行业主要经济指标完成情况

行业名称	企业数		亏损企业		亏损额	
	数量（家）	同比增长（%）	数量（家）	同比增长（%）	本年累计（亿元）	同比增长（%）
合 计	1 773	10.54	185	12.80	22.20	47.54
石油钻采设备	799	11.28	62	29.17	14.14	163.13
海洋工程设备	46	58.62	7	0.00	1.44	-59.86
炼油化工设备	458	5.77	47	4.44	3.75	8.65
金属压力容器	470	10.85	69	7.81	2.87	9.02

行业名称	资产总计		负债总计		税金总额	
	本年累计（亿元）	同比增长（%）	本年累计（亿元）	同比增长（%）	本年累计（亿元）	同比增长（%）
合 计	5 060.01	16.91	2 938.05	16.56	166.66	8.29
石油钻采设备	2 545.67	22.42	1 364.16	24.03	90.34	2.08
海洋工程设备	1 008.55	11.97	736.80	14.42	15.57	15.67
炼油化工设备	826.57	11.41	470.53	10.96	32.34	11.41
金属压力容器	679.22	12.11	366.56	3.91	28.41	24.04

行业名称	主营业务收入		主营业务成本		利润总额	
	本年累计（亿元）	同比增长（%）	本年累计（亿元）	同比增长（%）	本年累计（亿元）	同比增长（%）
合 计	5 071.22	13.13	4 288.47	13.33	326.50	6.23
石油钻采设备	2 812.37	15.88	2 396.10	16.56	197.62	7.40
海洋工程设备	604.20	4.73	510.53	3.53	18.91	-30.78
炼油化工设备	848.40	10.79	700.32	9.99	61.28	17.92
金属压力容器	806.25	13.10	681.52	13.87	48.69	10.52

注：表中数据因四舍五入，合计数与分项之和略有出入。

2013年石油和石油化工设备行业（按大中小型企业）主要经济指标完成情况

企业规模	企业数		亏损企业		亏损额	
	数量（家）	同比增长（%）	数量（家）	同比增长（%）	本年累计（亿元）	同比增长（%）
合 计	1 773	10.54	185	12.80	22.20	47.54
大型	49	63.33	4	100.00	3.69	15.70
中型	243	5.19	30	-3.23	8.83	33.38

（续）

企业规模	企业数		亏损企业		亏损额	
	数量（家）	同比增长（%）	数量（家）	同比增长（%）	本年累计（亿元）	同比增长（%）
小型	1 481	10.28	151	15.27	9.68	84.83

企业规模	资产总计		负债总计		税金总额	
	本年累计（亿元）	同比增长（%）	本年累计（亿元）	同比增长（%）	本年累计（亿元）	同比增长（%）
合计	5 060.01	16.91	2 938.05	16.56	166.66	8.29
大型	2 154.61	18.47	1 375.85	21.67	54.67	-6.60
中型	1 346.18	9.45	790.62	8.71	41.34	9.65
小型	1 559.22	21.87	771.57	16.46	70.66	22.53

企业规模	主营业务收入		主营业务成本		利润总额	
	本年累计（亿元）	同比增长（%）	本年累计（亿元）	同比增长（%）	本年累计（亿元）	同比增长（%）
合计	5 071.22	13.13	4 288.47	13.33	326.50	6.23
大型	1 647.89	8.32	1 405.34	7.42	93.12	-7.29
中型	1 303.16	10.65	1 084.89	11.08	85.84	4.58
小型	2 120.17	18.87	1 798.24	19.95	147.54	18.21

注：表中数据因四舍五入，合计数与分项之和略有出入。

2013 年石油和石油化工设备行业（按控股类型）主要经济指标完成情况

企业类型	企业数		亏损企业		亏损额	
	数量（家）	同比增长（%）	数量（家）	同比增长（%）	本年累计（亿元）	同比增长（%）
合　计	1 773	10.54	185	12.80	22.20	47.54
国有企业	118	3.51	29	38.10	10.10	432.80
民营企业	1 447	10.88	118	5.36	5.33	9.66
三资企业	125	9.65	23	-4.17	5.36	-32.68
其他	83	16.90	15	114.29	1.41	324.46

企业类型	资产总计		负债总计		税金总额	
	本年累计（亿元）	同比增长（%）	本年累计（亿元）	同比增长（%）	本年累计（亿元）	同比增长（%）
合　计	5 060.01	16.91	2 938.05	16.56	166.66	8.29
国有企业	2 009.46	16.32	1 304.14	20.27	36.57	-5.44
民营企业	2 084.60	13.13	1 087.78	9.33	105.64	11.64
三资企业	686.64	13.53	383.20	8.41	17.48	12.45
其他	279.31	82.42	162.92	85.43	6.97	37.85

企业类型	主营业务收入		主营业务成本		利润总额	
	本年累计（亿元）	同比增长（%）	本年累计（亿元）	同比增长（%）	本年累计（亿元）	同比增长（%）
合　计	5 071.22	13.13	4 288.47	13.33	326.50	6.23
国有企业	1 261.38	4.00	1 092.17	4.21	32.31	-41.44
民营企业	3 019.81	15.77	2 543.08	16.61	231.04	16.70
三资企业	600.60	14.45	494.14	12.54	51.70	12.30
其他	189.43	38.84	159.08	36.94	11.45	40.49

注：国有企业指国有控股企业，民营企业包括集体控股企业和私人控股企业，三资企业包括港澳台商控股企业和外商控股企业。表中数据因四舍五入，合计数与分项之和略有出入。

2013 年我国石油和石油化工设备（产品）进出口量值表

2013 年石油钻采设备出口量值表

税号	设备名称	出口量单位	出口量	出口额（万美元）
84131100	分装燃料或润滑油的计量泵，加油站或车库用	台	194 796	9 309.74
84131900	其他装有或可装计量装置的液体泵	台	984 324	6 091.85
84135010	气动往复式排液泵	台	984 677	5 270.52
84135020	电动往复式排液泵	台	17 340 217	17 657.97
84135090	未列名往复式排液泵	台	1 755 594	11 916.25
84136090	其他回转式排液泵	台	23 575 239	54 653.20
84137010	转速在 10 000r/min 及以上的离心泵	台	10 634 982	4 625.88
84138100	未列名液体泵	台	22 822 708	40 042.37
84138200	液体提升机	台	35 643	357.99
84139100	液体泵零件	kg	244 743 476	149 272.00
84139200	液体提升机零件	kg	1 884 895	1 852.54
84304111	自推进石油及天然气钻机，钻探深度≥ 6 000m	台	36	26 992.19
84304119	未列名自推进的石油及天然气钻机	台	309	40 008.19
84304121	其他自推进的钻机，钻探深度≥ 6 000m	台	2	2 785.21
84304122	履带式自推进的钻机，钻探深度＜ 6 000m	台	205	4 325.43
84304129	其他自推进的钻机，钻探深度＜ 6 000m	台	949	9 773.54
84304190	自推进的凿井机械	台	489	3 964.17
84305010	其他自推进采油机械	台	5 003	14 289.52
84305031	牙轮直径在 380mm 及以上的采矿钻机	台	40	179.81
84305039	其他采矿钻机	台	155	890.93
84314310	石油或天然气钻机的零件	kg	287 322 782	175 895.72
84743100	混凝土或砂浆混合机器	台	860 769	29 710.08
86061000	铁道及电车道非机动油罐货车及类似车	辆	106	1 403.89
87052000	机动钻探车	辆	35	1 123.14
87059080	石油测井车、压裂车、混沙车	辆	80	3 329.99
87163110	油罐挂车及半挂车	辆	2 471	8 211.47
89012011	载重量不超过 10 万 t 的成品油船	艘	101	76 242.96
89012021	载重量不超过 15 万 t 的原油船	艘	2	2 031.73
89012022	15 万 t ＜载重量≤ 30 万 t 的原油船	艘	2	8 093.65

（续）

税号	设备名称	出口量单位	出口量	出口额（万美元）
89012023	载重量超过 30 万 t 的原油船	艘	18	181 365.37
89012031	容积≤20 000m³ 的液化石油气船	艘	4	9 831.44
89012090	其他液货船	艘	17	22 565.08
89052000	浮动或潜水式钻探或生产平台	座	62	245 898.64
90158000	其他大地及水道测量海洋气象地球物理用仪器	台	5 412 495	44 010.51

2013 年石油钻采设备进口量值表

税号	设备名称	进口量单位	进口量	进口额（万美元）
84131100	分装燃料或润滑油的计量泵，加油站或车库用	台	3 972	331.29
84131900	其他装有或可装计量装置的液体泵	台	412 686	17 886.27
84135010	气动往复式排液泵	台	73 362	5 788.79
84135020	电动往复式排液泵	台	13 504 563	25 476.18
84135090	未列名往复式排液泵	台	1 339 159	11 494.75
84136090	其他回转式排液泵	台	1 495 880	11 704.22
84137010	转速在 10 000r/min 及以上的离心泵	台	666 679	3 632.42
84138100	未列名液体泵	台	4 963 917	25 838.31
84138200	液体提升机	台	3 024	805.13
84139100	液体泵零件	kg	27 019 778	70 877.90
84139200	液体提升机零件	kg	14 553	38.28
84304111	自推进石油及天然气钻机，钻探深度≥6 000m	台	3	5 061.15
84304119	未列名自推进的石油及天然气钻机	台	4	2 921.49
84304122	履带式自推进的钻机，钻探深度＜6 000m	台	25	2 048.05
84304129	其他自推进的钻机，钻探深度＜6 000m	台	238	1 728.32
84304190	自推进的凿井机械	台	6	209.98
84305010	其他自推进采油机械	台	97	68.60
84305031	牙轮直径在 380mm 及以上的采矿钻机	台	5	12.14
84305039	其他采矿钻机	台	53	1 402.90
84314310	石油或天然气钻机的零件	kg	13 162 603	53 416.16
84743100	混凝土或砂浆混合机器	台	641	2 069.57
87052000	机动钻探车	辆	5	818.28
87059080	石油测井车、压裂车、混沙车	辆	29	5 019.89
89012011	载重量不超过 10 万 t 的成品油船	艘	21	90.76
89052000	浮动或潜水式钻探或生产平台	座	4	37 920.04
90158000	其他大地及水道测量海洋气象地球物理用仪器	台	103 904	49 886.32

2013年炼油化工设备出口量值表

税号	设备名称	出口量单位	出口量	出口额（万美元）
84051000	煤气发生器，乙炔发生器等水解气体发生器	kg	5 880 294	2 384.75
84059000	煤气发生器及乙炔发生器等的零件	kg	1 787 409	541.73
84161000	使用液体燃料的炉用燃烧器	kg	1 262 478	1 503.91
84162019	使用其他气体燃料的炉用燃烧器	kg	2 455 665	1 958.89
84193990	未列名干燥器	台	752 992	24 946.94
84194010	提净塔	台	998	1 826.53
84194020	精馏塔	台	163	2 519.98
84194090	其他蒸馏或精馏设备	台	30 280	10 186.29
84195000	热交换装置	台	740 859	50 204.57
84196011	制氧量≥15 000m^3/h 及以上的制氧机	台	355	4 134.15
84196019	其他制氧机	台	5 490	11 118.65
84196090	未列名液化空气或其他气体的机器	台	1 022	8 201.87
84198910	加氢反应器	台	92	841.99
84198990	未列名利用温度变化处理材料的机器、装置等	台	4 210 971	58 407.54
84211910	脱水机	台	197 423	2 731.81
84212910	压滤机	台	4 751	5 347.23
84212990	未列名液体过滤、净化机器及装置	台	82 196 789	45 429.09
84213923	工业用旋风式除尘器	台	7 115	1 080.34
84772010	塑料造粒机	台	3 879	6 722.20
84772090	其他挤出机	台	8 648	25 686.18
84796000	蒸发式空气冷却器	台	1 452 782	10 251.21
84798200	搅混、轧碎、研磨、筛选、均化或乳化机器	台	458 735	29 889.73
84798999	未列名具有独立功能的机器及机械器具	台	222 735 384	120 512.67
84811000	减压阀	台	40 465 397	19 393.71
84812010	油压传动阀	台	5 709 143	7 461.01
84812020	气压传动阀	台	6 262 772	8 513.14
84813000	止回阀	台	1 727 800 304	39 443.88
84814000	安全阀或溢流阀	台	18 848 372	11 164.56
84819010	阀门零件	kg	339 582 871	223 548.45

2013年炼油化工设备进口量值表

税号	设备名称	进口量单位	进口量	进口额（万美元）
84051000	煤气发生器、乙炔发生器等水解气体发生器	kg	172 400	1 007.16
84059000	煤气发生器及乙炔发生器等的零件	kg	131 658	979.06
84161000	使用液体燃料的炉用燃烧器	kg	1 089 722	4 853.09
84162019	使用其他气体燃料的炉用燃烧器	kg	638 502	3 558.70

（续）

税号	设备名称	进口量单位	进口量	进口额（万美元）
84193990	未列名干燥器	台	99 113	28 775.97
84194010	提净塔	台	23	2 064.44
84194020	精馏塔	台	47	8 864.79
84194090	其他蒸馏或精馏设备	台	1 893	6 563.84
84195000	热交换装置	台	475 751	74 853.29
84196019	其他制氧机	台	3 138	179.08
84196090	未列名液化空气或其他气体的机器	台	289	9 283.19
84198910	加氢反应器	台	93	1 938.41
84198990	未列名利用温度变化处理材料的机器、装置等	台	400 730	107 682.96
84211910	脱水机	台	327	3 320.88
84212910	压滤机	台	379	6 926.00
84212990	未列名液体过滤、净化机器及装置	台	58 470 026	79 464.52
84213923	工业用旋风式除尘器	台	4 583	1 400.54
84772010	塑料造粒机	台	178	12 715.73
84772090	其他挤出机	台	1 497	36 433.62
84796000	蒸发式空气冷却器	台	537	189.08
84798200	搅混、轧碎、研磨、筛选、均化或乳化机器	台	50 843	56 962.29
84798999	未列名具有独立功能的机器及机械器具	台	165 408 059	451 044.90
84811000	减压阀	台	35 762 295	38 615.96
84812010	油压传动阀	台	54 304 084	84 626.56
84812020	气压传动阀	台	11 369 262	46 184.49
84813000	止回阀	台	219 992 647	38 871.70
84814000	安全阀或溢流阀	台	66 465 566	40 434.67
84819010	阀门零件	kg	28 165 924	101 634.51

2013年压力容器产品出口量值表

税号	产品名称	出口量（kg）	出口额（万美元）
73071100	无可锻性铸铁管子附件	259 380 836	50 826.88
73071900	可锻性铸铁及铸钢管子附件	241 570 919	55 406.60
73072100	不锈钢制法兰	64 180 166	36 336.42
73072200	不锈钢制螺纹肘管、弯管及管套	16 639 158	15 866.43
73072300	不锈钢制对焊件	13 495 855	13 545.05
73072900	不锈钢制其他管子附件	23 109 011	26 098.20
73079100	其他钢铁制法兰	413 986 437	65 287.69
73079200	其他钢铁制螺纹肘管、弯管及管套	85 410 259	25 627.55
73079300	其他钢铁制对焊件	162 926 827	26 224.43
73079900	未列名钢铁制管子附件	277 334 346	88 866.66
73110010	装压缩气体或液化气体的零售包装钢铁容器	3 409 323	1 348.48
73110090	装压缩气体或液化气体的非零售包装钢铁容器	220 879 325	50 153.78
84841000	密封垫等，金属片与其他材料或多层金属片制产品	25 083 243	30 171.76

2013 年压力容器产品进口量值表

税号	产品名称	进口量（kg）	进口额（万美元）
73071100	无可锻性铸铁管子附件	988 504	1 345.70
73071900	可锻性铸铁及铸钢管子附件	2 542 589	4 713.31
73072100	不锈钢制法兰	2 604 047	5 755.74
73072200	不锈钢制螺纹肘管、弯管及管套	822 932	4 007.23
73072300	不锈钢制对焊件	1 169 134	3 997.44
73072900	不锈钢制其他管子附件	3 109 988	18 271.17
73079100	其他钢铁制法兰	8 545 588	6 428.38
73079200	其他钢铁制螺纹肘管、弯管及管套	3 968 925	8 209.44
73079300	其他钢铁制对焊件	5 436 606	5 635.45
73079900	未列名钢铁制管子附件	12 398 581	24 678.19
73110010	装压缩气体或液化气体的零售包装钢铁容器	5 895 129	924.13
73110090	装压缩气体或液化气体的非零售包装钢铁容器	20 132 073	6 229.97
84841000	密封垫等，金属片与其他材料或多层金属片制产品	3 418 048	22 826.37

2013 年输油管道产品出口量值表

税号	产品名称	出口量（kg）	出口额（万美元）
73041110	不锈钢石油天然气管道管，215.9mm ≤外径≤ 406.4mm	287 783	159.49
73041120	不锈钢石油天然气管道管，114.3mm ＜外径＜ 215.9mm	637 514	381.71
73041130	不锈钢石油天然气管道管，外径≤ 114.3mm	3 265 565	923.16
73041190	不锈钢石油天然气管道管，外径＞ 406.4mm	2 576 557	1 153.34
73041910	其他钢石油天然气管道管，215.9 ≤外径≤ 406.4mm	798 666 212	76 491.02
73041920	其他钢石油天然气管道管，114.3mm ＜外径＜ 215.9mm	471 037 661	44 911.35
73041930	其他钢石油天然气无缝管道管，外径≤ 114.3mm	704 392 077	61 442.41
73041990	其他钢石油天然气无缝管道管，外径＞ 406.4mm	179 754 319	21 772.85
73042210	不锈钢制钻探石油天然气钻管，外径≤ 168.3mm	304 042	112.69
73042290	不锈钢制钻探石油天然气钻管，外径＞ 168.3mm	368 382	175.90
73042310	其他钢制钻探石油天然气钻管，外径≤ 168.3mm	115 719 862	44 600.81
73042390	其他钢制钻探石油天然气钻管，外径＞ 168.3mm	7 663 014	1 493.25
73042400	不锈钢制钻探石油或天然气用无缝套管、导管	806 309	163.41
73042910	屈服强度小于 552MPa 的其他钢铁制钻探石油及天然气用无缝套管、导管	795 352 807	79 213.20
73042920	屈服强度大于等于 552MPa、小于 758MPa 的其他钢铁制钻探石油及天然气用无缝套管、导管	877 038 463	119 470.11
73042930	屈服强度大于等于 758MPa 的其他钢铁制钻探石油及天然气用无缝套管、导管	275 310 693	37 262.78
73061100	不锈钢制石油或天然气焊缝管道管	8 579 960	4 006.27
73061900	其他钢铁制石油或天然气管道管	547 249 907	44 097.88
73062100	不锈钢制钻探石油或天然气用套管及导管	103 741	27.94
73062900	其他钢铁制钻探石油或天然气套管及导管	36 982 990	4 383.78

2013 年输油管道产品进口量值表

税号	产品名称	进口量（kg）	进口额（万美元）
73041110	不锈钢石油天然气管道管，215.9mm ≤外径≤ 406.4mm	174 212	270.93
73041120	不锈钢石油天然气管道管，114.3mm ＜外径＜ 215.9mm	139 683	165.92
73041130	不锈钢石油天然气管道管，外径≤ 114.3mm	381 596	573.97
73041190	不锈钢石油天然气管道管，外径＞ 406.4mm	55 174	111.38
73041910	其他钢石油天然气管道管，215.9mm ≤外径≤ 406.4mm	8 533 613	2 431.86
73041920	其他钢石油天然气管道管，114.3mm ＜外径＜ 215.9mm	1 645 951	416.13
73041930	其他钢石油天然气无缝管道管，外径≤ 114.3mm	2 942 742	580.52
73041990	其他钢石油天然气无缝管道管，外径＞ 406.4mm	4 404 106	1 078.07
73042210	不锈钢制钻探石油天然气钻管，外径≤ 168.3mm	822	0.34
73042290	不锈钢制钻探石油天然气钻管，外径＞ 168.3mm	958	1.13
73042310	其他钢制钻探石油天然气钻管，外径≤ 168.3mm	7 824 793	1 523.93
73042390	其他钢制钻探石油天然气钻管，外径＞ 168.3mm	198 239	175.57
73042400	不锈钢制钻探石油或天然气用无缝套管、导管	13 303 634	8 712.88
73042910	屈服强度小于 552MPa 的其他钢铁制钻探石油及天然气用无缝套管、导管	7 994 512	1 315.09
73042920	屈服强度大于等于 552MPa、小于 758MPa 的其他钢铁制钻探石油及天然气用无缝套管、导管	15 180 178	4 455.75
73042930	屈服强度大于等于 758MPa 的其他钢铁制钻探石油及天然气用无缝套管、导管	14 749 377	3 431.22
73061100	不锈钢制石油或天然气焊缝管道管	3 720 279	2 533.39
73061900	其他钢铁制石油或天然气管道管	4 202 666	636.97
73062100	不锈钢制钻探石油或天然气用套管及导管	393 226	106.84
73062900	其他钢铁制钻探石油或天然气套管及导管	2 713 002	1 230.48

2013 年我国石油和石油化工设备（产品）主要进出口国家（地区）量值表

2013 年石油钻采设备主要出口国家（地区）量值表

税号	设备名称及主要出口国家（地区）	出口量单位	出口量	出口额（万美元）
84131100	分装燃料或润滑油的计量泵，加油站或车库用	台	194 796	9 309.74
	其中：尼日利亚	台	21 490	1 843.05
	印度	台	8 717	1 696.37
	泰国	台	3 059	451.26

（续）

税号	设备名称及主要出口国家（地区）	出口量单位	出口量	出口额（万美元）
	菲律宾	台	1 920	415.42
	加纳	台	1 579	385.70
	沙特阿拉伯	台	2 581	278.42
	缅甸	台	1 299	237.05
	肯尼亚	台	1 640	236.32
	英国	台	12 909	176.63
	苏丹	台	1 772	155.68
84131900	其他装有或可装计量装置的液体泵	台	984 324	6 091.85
	其中：中国香港	台	6 819	652.45
	美国	台	97 758	540.45
	印度	台	26 861	368.02
	德国	台	36 317	356.84
	泰国	台	14 252	263.05
	芬兰	台	81 205	205.62
84135010	气动往复式排液泵	台	984 677	5 270.52
	其中：美国	台	111 848	1 271.71
	英国	台	438 804	665.48
	新加坡	台	24 082	581.24
	比利时	台	12 231	246.31
	印度尼西亚	台	9 329	227.57
	中国香港	台	13 170	210.64
84135020	电动往复式排液泵	台	17 340 217	17 657.97
	其中：美国	台	693 164	4 953.40
	中国香港	台	10 335 452	4 410.18
	印度	台	2 206 236	1 611.38
	俄罗斯联邦	台	155 746	857.80
	土耳其	台	130 725	681.44
	印度尼西亚	台	1 069 495	569.57
84135090	未列名往复式排液泵	台	1 755 594	11 916.25
	其中：美国	台	713 914	5 424.34
	加拿大	台	78 754	1 323.57
	俄罗斯联邦	台	24 798	640.97
	日本	台	42 592	593.03
	阿拉伯联合酋长国	台	4 587	320.70
	印度尼西亚	台	57 837	319.22
	意大利	台	49 968	221.34
84136090	其他回转式排液泵	台	23 575 239	54 653.20
	其中：德国	台	1 239 416	4 715.85
	美国	台	1 774 008	4 257.80
	俄罗斯联邦	台	908 373	2 943.49
	阿拉伯联合酋长国	台	736 834	2 573.45
	墨西哥	台	755 353	2 391.86
	伊朗	台	521 522	1 858.94

（续）

税号	设备名称及主要出口国家（地区）	出口量单位	出口量	出口额（万美元）
84137010	转速在10 000r/min及以上的离心泵	台	10 634 982	4 625.88
	其中：韩国	台	3 285 614	473.35
	美国	台	1 756 555	446.29
	印度尼西亚	台	10 127	294.71
	印度	台	93 640	288.98
	俄罗斯联邦	台	463 431	235.36
	马来西亚	台	15 021	229.77
84138100	未列名液体泵	台	22 822 708	40 042.37
	其中：美国	台	4 757 507	4 926.74
	印度	台	632 188	3 965.28
	越南	台	55 556	3 461.44
	印度尼西亚	台	330 180	2 973.43
	德国	台	3 486 869	1 402.68
	泰国	台	1 058 115	1 230.20
84138200	液体提升机	台	35 643	357.99
	其中：德国	台	6 001	60.58
	拉脱维亚	台	2 329	23.42
	俄罗斯联邦	台	1 634	20.36
	英国	台	497	16.83
	法国	台	1 706	15.99
	莫桑比克	台	3 350	15.64
84139100	液体泵零件	kg	244 743 476	149 272.00
	其中：美国	kg	81 259 805	54 054.84
	日本	kg	18 039 684	10 905.84
	意大利	kg	13 202 191	6 466.40
	俄罗斯联邦	kg	5 442 648	6 165.30
	德国	kg	8 826 217	5 929.20
	加拿大	kg	8 119 886	5 613.97
84139200	液体提升机零件	kg	1 884 895	1 852.54
	其中：美国	kg	638 828	666.90
	巴西	kg	20 090	202.16
	瑞典	kg	27 340	200.91
	德国	kg	253 943	150.47
	蒙古	kg	113 741	104.80
	中国香港	kg	10 765	67.33
84304111	自推进石油及天然气钻机，钻探深度≥6 000m	台	36	26 992.19
	其中：伊朗	台	7	6 506.81
	沙特阿拉伯	台	10	5 761.69
	伊拉克	台	6	5 188.89
	委内瑞拉	台	2	4 132.14
	阿尔及利亚	台	4	2 810.33
84304119	未列名自推进的石油及天然气钻机	台	309	40 008.19
	其中：委内瑞拉	台	8	9 027.80

（续）

税号	设备名称及主要出口国家（地区）	出口量单位	出口量	出口额（万美元）
	俄罗斯联邦	台	77	5 385.39
	哈萨克斯坦	台	23	4 693.49
	伊拉克	台	12	4 048.95
	印度尼西亚	台	20	3 396.76
	苏丹	台	2	1 272.30
84304121	其他自推进的钻机，钻探深度≥6 000m	台	2	2 785.21
	其中：伊朗	台	1	1 500.59
	玻利维亚	台	1	1 284.63
84304122	履带式自推进的钻机，钻探深度＜6 000m	台	205	4 325.43
	其中：缅甸	台	38	1 143.24
	土耳其	台	14	808.98
	马来西亚	台	15	585.85
	哈萨克斯坦	台	18	551.31
	越南	台	49	157.27
	新加坡	台	3	149.30
84304129	其他自推进的钻机，钻探深度＜6 000m	台	949	9 773.54
	其中：泰国	台	10	2 468.10
	俄罗斯联邦	台	109	1 449.38
	印度尼西亚	台	42	915.89
	乍得	台	1	447.02
	阿曼	台	1	439.98
	阿根廷	台	3	262.30
84304190	自推进的凿井机械	台	489	3 964.17
	其中：伊拉克	台	140	1 082.86
	委内瑞拉	台	49	807.61
	伊朗	台	23	460.99
	印度	台	61	454.23
	印度尼西亚	台	13	121.30
	厄瓜多尔	台	22	108.01
84305010	其他自推进采油机械	台	5 003	14 289.52
	其中：加拿大	台	1 767	5 834.12
	美国	台	1 477	4 480.10
	哈萨克斯坦	台	1 104	1 172.88
	阿曼	台	148	725.67
	墨西哥	台	90	403.56
84305031	牙轮直径在380mm及以上的采矿钻机	台	40	179.81
	其中：印度	台	13	62.36
	马来西亚	台	7	53.77
	印度尼西亚	台	10	28.28
	越南	台	4	20.93
	中国香港	台	1	8.84
84305039	其他采矿钻机	台	155	890.93
	其中：印度尼西亚	台	12	189.20

（续）

税号	设备名称及主要出口国家（地区）	出口量单位	出口量	出口额（万美元）
	秘鲁	台	2	128.28
	民主刚果	台	2	104.31
	缅甸	台	3	88.14
	利比里亚	台	1	82.52
	哈萨克斯坦	台	11	66.70
84314310	石油或天然气钻机的零件	kg	287 322 782	175 895.72
	其中：美国	kg	85 660 770	30 138.20
	韩国	kg	24 348 628	13 758.80
	哈萨克斯坦	kg	9 896 691	13 076.96
	新加坡	kg	16 306 685	11 759.79
	俄罗斯联邦	kg	17 696 246	11 335.13
	伊拉克	kg	8 109 508	9 500.47
84743100	混凝土或砂浆混合机器	台	860 769	29 710.08
	其中：俄罗斯联邦	台	314 266	4 728.98
	印度尼西亚	台	10 078	1 790.46
	阿尔及利亚	台	1 667	1 340.64
	委内瑞拉	台	1 801	1 311.59
	乌克兰	台	115 849	1 311.12
	美国	台	89 166	1 199.67
86061000	铁道及电车道非机动油罐货车及类似车	辆	106	1 403.89
	其中：澳大利亚	辆	36	535.20
	比利时	辆	36	314.41
	巴西	辆	6	280.20
87052000	机动钻探车	辆	35	1 123.14
	其中：印度	辆	1	408.34
	缅甸	辆	10	250.00
	厄立特里亚	辆	2	114.80
	俄罗斯联邦	辆	1	94.61
	伊拉克	辆	2	48.71
87059080	石油测井车、压裂车、混沙车	辆	80	3 329.99
	其中：阿根廷	辆	5	737.26
	蒙古	辆	39	592.62
	哈萨克斯坦	辆	11	491.22
	乌克兰	辆	4	474.28
	伊拉克	辆	3	244.85
87163110	油罐挂车及半挂车	辆	2 471	8 211.47
	其中：坦桑尼亚	辆	546	1 804.73
	马来西亚	辆	128	1 010.54
	委内瑞拉	辆	188	995.11
	加纳	辆	280	949.27
	尼日利亚	辆	184	582.83
	安哥拉	辆	171	433.71
89012011	载重量不超过10万t的成品油船	艘	101	76 242.96

（续）

税号	设备名称及主要出口国家（地区）	出口量单位	出口量	出口额（万美元）
	其中：新加坡	艘	30	17 026.90
	中国香港	艘	36	14 032.35
	挪威	艘	2	9 299.69
	丹麦	艘	2	8 351.90
	利比里亚	艘	1	4 720.00
	马来西亚	艘	2	3 813.75
89012021	载重量不超过 15 万 t 的原油船	艘	2	2 031.73
	其中：新加坡	艘	1	1 828.00
	中国香港	艘	1	203.73
89012022	15 万 t ＜载重量≤ 30 万 t 的原油船	艘	2	8 093.65
	其中：巴西	艘	2	8 093.65
89012023	载重量超过 30 万 t 的原油船	艘	18	181 365.37
	其中：中国香港	艘	8	81 275.64
	坦桑尼亚	艘	4	41 520.00
	新加坡	艘	3	30 619.85
	利比里亚	艘	2	18 019.88
	希腊	艘	1	9 930.00
89012031	容积≤ 20 000m^3 的液化石油气船	艘	4	9 831.44
	其中：卢森堡	艘	2	4 288.99
	瓦努阿图	艘	1	4 006.45
	印度尼西亚	艘	1	1 536.00
89012090	其他液货船	艘	17	22 565.08
	其中：韩国	艘	4	12 054.45
	卢森堡	艘	1	4 094.88
	中国香港	艘	3	3 069.00
	希腊	艘	4	2 360.00
	新加坡	艘	3	666.75
	马来西亚	艘	2	320.00
89052000	浮动或潜水式钻探或生产平台	座	62	245 898.64
	其中：新加坡	座	2	58 087.45
	墨西哥	座	3	52 316.07
	伊朗	座	3	25 997.16
	缅甸	座	2	23 276.51
	巴西	座	1	22 513.31
	英国	座	1	18 511.00
90158000	其他大地及水道测量海洋气象地球物理用仪器	台	5 412 495	44 010.51
	其中：伊朗	台	10 954	7 080.53
	美国	台	1 887 586	3 784.84
	俄罗斯联邦	台	243 447	2 710.37
	德国	台	840 388	2 586.64
	印度尼西亚	台	76 978	1 864.54
	阿尔及利亚	台	213 996	1 842.32

2013年石油钻采设备主要进口国家（地区）量值表

税号	产品名称及主要进口国家（地区）	进口量单位	进口量	进口额（万美元）
84131100	分装燃料或润滑油的计量泵，加油站或车库用	台	3 972	331.29
	其中：新加坡	台	3	73.90
	荷兰	台	4	67.82
	日本	台	1 226	48.34
	德国	台	421	45.86
	美国	台	661	43.45
84131900	其他装有或可装计量装置的液体泵	台	412 686	17 886.27
	其中：德国	台	131 508	6 400.67
	美国	台	56 302	2 476.63
	荷兰	台	93	1 975.21
	日本	台	8 712	1 553.01
	英国	台	5 428	1 086.12
	法国	台	35 618	1 016.02
84135010	气动往复式排液泵	台	73 362	5 788.79
	其中：美国	台	28 128	2 184.38
	韩国	台	6 939	1 578.04
	日本	台	6 866	527.05
	德国	台	3 227	470.67
	意大利	台	5 918	233.62
	中国台湾	台	2 760	176.53
84135020	电动往复式排液泵	台	13 504 563	25 476.18
	其中：德国	台	25 339	6 873.42
	意大利	台	4 897 937	3 036.43
	美国	台	127 050	2 935.12
	中国	台	5 812 313	2 538.80
	日本	台	230 124	1 601.98
	法国	台	22 668	1 253.82
84135090	未列名往复式排液泵	台	1 339 159	11 494.75
	其中：日本	台	181 118	3 639.93
	美国	台	4 165	2 681.71
	德国	台	39 111	2 128.44
	韩国	台	15 373	1 787.02
	意大利	台	704 907	647.39
	中国	台	350 081	214.00
84136090	其他回转式排液泵	台	1 495 880	11 704.22
	其中：日本	台	106 297	2 869.61
	德国	台	106 668	2 645.92
	韩国	台	639 864	1 727.17
	美国	台	34 265	972.25
	意大利	台	330 296	609.79
	挪威	台	157	575.34
84137010	转速在10 000r/min及以上的离心泵	台	666 679	3 632.42

（续）

税号	产品名称及主要进口国家（地区）	进口量单位	进口量	进口额（万美元）
	其中：美国	台	4 334	1 350.27
	英国	台	9 056	612.96
	韩国	台	18 092	422.62
	德国	台	35 029	343.54
	丹麦	台	177	242.42
	日本	台	326 865	186.82
84138100	未列名液体泵	台	4 963 917	25 838.31
	其中：日本	台	607 468	5 027.98
	美国	台	14 965	4 524.72
	德国	台	130 764	4 406.32
	奥地利	台	118 631	2 061.21
	英国	台	8 258	1 703.59
	韩国	台	130 736	1 010.92
84138200	液体提升机	台	3 024	805.13
	其中：美国	台	400	210.98
	意大利	台	3	150.05
	德国	台	824	144.25
	韩国	台	6	89.04
	法国	台	3	38.78
	中国台湾	台	822	31.89
84139100	液体泵零件	kg	27 019 778	70 877.90
	其中：德国	kg	2 809 572	13 562.95
	日本	kg	4 506 832	13 517.25
	美国	kg	3 735 565	9 410.56
	韩国	kg	5 639 971	6 496.48
	中国台湾	kg	3 447 929	4 356.59
	法国	kg	665 200	4 172.14
84139200	液体提升机零件	kg	14 553	38.28
	其中：荷兰	kg	10 100	17.60
	德国	kg	605	6.81
	美国	kg	942	2.77
	中国台湾	kg	800	2.74
	瑞士	kg	162	2.02
	印度	kg	1 283	1.62
84304111	自推进石油及天然气钻机，钻探深度≥6 000m	台	3	5 061.15
	其中：美国	台	3	5 061.15
84304119	未列名自推进的石油及天然气钻机	台	4	2 921.49
	其中：新加坡	台	1	2 308.48
	美国	台	3	613.01
84304122	履带式自推进的钻机，钻探深度＜6 000m	台	25	2 048.05
	其中：德国	台	8	949.69
	日本	台	7	519.78
	澳大利亚	台	4	330.27
	美国	台	4	186.94
	意大利	台	1	43.65

（续）

税号	产品名称及主要进口国家（地区）	进口量单位	进口量	进口额（万美元）
	韩国	台	1	17.72
84304129	其他自推进的钻机，钻探深度＜6 000m	台	238	1 728.32
	其中：意大利	台	8	508.38
	美国	台	209	417.30
	澳大利亚	台	2	408.43
	日本	台	4	129.49
	阿拉伯联合酋长国	台	2	114.77
84304190	自推进的凿井机械	台	6	209.98
	其中：澳大利亚	台	2	200.58
	日本	台	3	8.93
	德国	台	1	0.48
84305010	其他自推进采油机械	台	97	68.60
	其中：加拿大	台	90	62.85
	美国	台	7	5.75
84305031	牙轮直径在 380mm 及以上的采矿钻机	台	5	12.14
	其中：日本	台	5	12.14
84305039	其他采矿钻机	台	53	1 402.90
	其中：澳大利亚	台	2	475.03
	德国	台	3	403.86
	日本	台	39	309.05
	瑞典	台	5	206.42
	意大利	台	4	8.54
84314310	石油或天然气钻机的零件	kg	13 162 603	53 416.16
	其中：美国	kg	4 270 917	24 448.88
	新加坡	kg	2 974 229	12 501.56
	挪威	kg	793 602	4 944.29
	法国	kg	3 257 576	4 262.28
	英国	kg	287 083	1 533.43
	加拿大	kg	190 478	1 340.61
84743100	混凝土或砂浆混合机器	台	641	2 069.57
	其中：德国	台	141	1 047.43
	美国	台	40	295.03
	瑞典	台	151	201.90
	葡萄牙	台	1	160.59
	丹麦	台	59	155.87
	挪威	台	86	108.99
87052000	机动钻探车	辆	5	818.28
	其中：美国	辆	4	763.04
	意大利	辆	1	55.24
87059080	石油测井车、压裂车、混沙车	辆	29	5 019.89
	其中：美国	辆	29	5 019.89
89012011	载重量不超过 10 万 t 的成品油船	艘	21	90.76
	其中：中国香港	艘	21	90.76
89052000	浮动或潜水式钻探或生产平台	座	4	37 920.04
	其中：日本	座	1	15 000.00

（续）

税号	产品名称及主要进口国家（地区）	进口量单位	进口量	进口额（万美元）
	韩国	座	1	13 722.04
	中国	座	2	9 198.00
90158000	其他大地及水道测量海洋气象地球物理用仪器	台	103 904	49 886.32
	其中：美国	台	26 063	15 068.88
	加拿大	台	1 095	5 938.82
	新加坡	台	2 739	5 526.59
	德国	台	30 271	3 866.92
	瑞士	台	1 343	3 103.53
	法国	台	455	3 087.45

2013 年炼油化工设备主要出口国家（地区）量值表

税号	设备名称及主要出口国家（地区）	出口量单位	出口量	出口额（万美元）
84051000	煤气发生器、乙炔发生器等水解气体发生器	kg	5 880 294	2 384.75
	其中：巴基斯坦	kg	1 089 507	449.18
	乌克兰	kg	1 412 506	415.58
	印度	kg	1 112 332	351.10
	越南	kg	683 334	313.49
	伊朗	kg	91 260	100.56
	保加利亚	kg	32 004	88.39
84059000	煤气发生器及乙炔发生器等的零件	kg	1 787 409	541.73
	其中：印度	kg	576 345	108.70
	伊朗	kg	83 853	105.62
	越南	kg	270 272	66.95
	比利时	kg	171 734	44.27
	韩国	kg	122 855	37.71
	印度尼西亚	kg	184 017	32.22
84161000	使用液体燃料的炉用燃烧器	kg	1 262 478	1 503.91
	其中：美国	kg	73 070	156.05
	巴西	kg	82 490	134.08
	印度	kg	51 402	129.88
	沙特阿拉伯	kg	80 271	129.02
	尼日利亚	kg	60 007	116.02
	越南	kg	37 170	115.25
84162019	使用其他气体燃料的炉用燃烧器	kg	2 455 665	1 958.89
	其中：美国	kg	1 312 909	587.87
	中国香港	kg	68 403	273.11
	土库曼斯坦	kg	200 728	108.13
	德国	kg	60 198	81.00
	俄罗斯联邦	kg	99 302	73.65
	伊拉克	kg	4 952	70.51
84193990	未列名干燥器	台	752 992	24 946.94

（续）

税号	设备名称及主要出口国家（地区）	出口量单位	出口量	出口额（万美元）
	其中：印度	台	6 414	2 460. 18
	美国	台	213 186	2 421. 13
	印度尼西亚	台	5 121	2 104. 56
	日本	台	19 391	1 695. 38
	泰国	台	5 143	1 257. 95
	越南	台	4 850	1 188. 26
84194010	提净塔	台	998	1 826. 53
	其中：中国香港	台	5	481. 33
	巴西	台	23	364. 71
	哈萨克斯坦	台	5	216. 38
	美国	台	312	149. 48
	伊朗	台	5	126. 68
	墨西哥	台	2	104. 42
84194020	精馏塔	台	163	2 519. 98
	其中：美国	台	14	512. 05
	哈萨克斯坦	台	6	371. 37
	阿拉伯联合酋长国	台	1	366. 27
	伊拉克	台	1	199. 26
	德国	台	10	188. 35
	印度	台	56	173. 89
84194090	其他蒸馏或精馏设备	台	30 280	10 186. 29
	其中：印度尼西亚	台	106	2 736. 97
	哈萨克斯坦	台	29	1 289. 69
	马来西亚	台	214	634. 50
	印度	台	1 419	505. 52
	韩国	台	230	494. 52
	泰国	台	30	345. 94
84195000	热交换装置	台	740 859	50 204. 57
	其中：美国	台	54 655	4 607. 99
	韩国	台	33 519	3 857. 49
	越南	台	2 439	3 136. 52
	伊朗	台	395	3 070. 55
	印度尼西亚	台	2 444	2 795. 38
	日本	台	100 402	2 726. 89
84196011	制氧量≥15 000m^3/h 及以上的制氧机	台	355	4 134. 15
	其中：印度尼西亚	台	1	2 313. 13
	南非	台	2	1 443. 32
	中国台湾	台	3	215. 56
	菲律宾	台	1	92. 42
	伊拉克	台	2	44. 60
84196019	其他制氧机	台	5 490	11 118. 65
	其中：土耳其	台	2 293	1 977. 05
	墨西哥	台	9	1 416. 00
	印度尼西亚	台	46	1 353. 74

（续）

税号	设备名称及主要出口国家（地区）	出口量单位	出口量	出口额（万美元）
	印度	台	70	1 059.98
	越南	台	50	918.87
	缅甸	台	13	764.06
84196090	未列名液化空气或其他气体的机器	台	1 022	8 201.87
	其中：韩国	台	18	1 351.17
	越南	台	51	1 267.26
	美国	台	82	916.77
	中国台湾	台	36	855.59
	英国	台	2	571.99
	新加坡	台	35	390.45
84198910	加氢反应器	台	92	841.99
	其中：沙特阿拉伯	台	1	524.54
	美国	台	7	96.44
	印度尼西亚	台	5	83.96
	伊朗	台	3	33.82
	印度	台	46	23.31
84198990	未列名利用温度变化处理材料的机器、装置等	台	4 210 971	58 407.54
	其中：韩国	台	71 478	5 088.98
	美国	台	1 447 560	4 525.51
	日本	台	70 583	3 308.90
	中国台湾	台	7 088	2 787.78
	新加坡	台	56 893	2 593.96
	泰国	台	37 505	2 578.26
84211910	脱水机	台	197 423	2 731.81
	其中：伊朗	台	7	394.84
	越南	台	91	257.03
	马来西亚	台	116	185.80
	哈萨克斯坦	台	13	176.82
	韩国	台	33 954	172.73
	土耳其	台	12	145.93
84212910	压滤机	台	4 751	5 347.23
	其中：印度	台	251	990.88
	伊朗	台	60	564.63
	民主刚果	台	15	274.87
	巴布亚新几内亚	台	3	265.57
	美国	台	104	212.49
	中国台湾	台	67	212.05
84212990	未列名液体过滤、净化机器及装置	台	82 196 789	45 429.09
	其中：美国	台	20 088 580	7 782.43
	日本	台	8 784 794	5 741.40
	印度尼西亚	台	1 203 661	2 106.38
	伊拉克	台	33 672	1 645.35
	意大利	台	2 510 544	1 448.81

（续）

税号	设备名称及主要出口国家（地区）	出口量单位	出口量	出口额（万美元）
	哈萨克斯坦	台	62 391	1 336.79
84213923	工业用旋风式除尘器	台	7 115	1 080.34
	其中：赞比亚	台	22	323.42
	印度尼西亚	台	48	162.49
	乌兹别克斯坦	台	11	74.58
	越南	台	281	61.12
	缅甸	台	3	55.24
	俄罗斯联邦	台	13	53.81
84772010	塑料造粒机	台	3 879	6 722.20
	其中：俄罗斯联邦	台	256	615.80
	越南	台	313	528.68
	马来西亚	台	161	383.16
	印度尼西亚	台	305	345.20
	印度	台	123	308.24
	伊朗	台	49	284.12
84772090	其他挤出机	台	8 648	25 686.18
	其中：俄罗斯联邦	台	499	2 344.48
	泰国	台	440	2 283.83
	印度尼西亚	台	604	2 165.48
	越南	台	312	1 748.54
	印度	台	1 039	1 191.04
	马来西亚	台	359	1 119.56
84796000	蒸发式空气冷却器	台	1 452 782	10 251.21
	其中：泰国	台	105 414	1 142.27
	土耳其	台	141 604	917.16
	巴西	台	127 331	826.69
	日本	台	184 476	761.38
	印度	台	76 617	748.59
	美国	台	147 330	651.39
84798200	搅混、轧碎、研磨、筛选、均化或乳化机器	台	458 735	29 889.73
	其中：美国	台	88 745	3 070.99
	印度尼西亚	台	26 663	1 850.65
	泰国	台	22 614	1 453.86
	马来西亚	台	8 092	1 396.09
	越南	台	6 100	1 241.67
	俄罗斯联邦	台	6 053	1 182.72
84798999	未列名具有独立功能的机器及机械器具	台	222 735 384	120 512.67
	其中：美国	台	20 483 003	16 926.22
	中国香港	台	28 250 712	14 415.74
	韩国	台	22 607 064	6 542.10
	日本	台	3 075 805	5 712.94
	德国	台	3 647 608	5 548.05
	印度	台	17 308 297	5 268.01

（续）

税号	设备名称及主要出口国家（地区）	出口量单位	出口量	出口额（万美元）
84811000	减压阀	台	40 465 397	19 393.71
	其中：美国	台	6 836 911	4 953.97
	日本	台	1 717 603	2 299.25
	中国香港	台	3 607 392	1 144.70
	韩国	台	591 399	1 093.01
	马来西亚	台	4 811 028	961.88
	印度尼西亚	台	3 090 193	933.11
84812010	油压传动阀	台	5 709 143	7 461.01
	其中：伊朗	台	35 385	2 153.80
	巴西	台	38 168	1 248.01
	日本	台	1 973 227	868.15
	美国	台	216 198	658.99
	韩国	台	1 200 829	615.88
	英国	台	635 305	196.05
84812020	气压传动阀	台	6 262 772	8 513.14
	其中：美国	台	1 138 008	2 411.31
	日本	台	817 278	1 939.10
	德国	台	637 017	1 147.67
	法国	台	1 091 664	540.64
	越南	台	560 244	468.43
	韩国	台	93 003	227.67
84813000	止回阀	台	1 727 800 304	39 443.88
	其中：美国	台	271 442 579	7 901.70
	印度尼西亚	台	181 227 942	3 180.39
	韩国	台	61 670 385	2 031.92
	泰国	台	121 282 639	1 805.97
	巴西	台	85 637 595	1 297.87
	越南	台	95 395 763	1 280.65
84814000	安全阀或溢流阀	台	18 848 372	11 164.56
	其中：美国	台	1 294 851	2 727.73
	哈萨克斯坦	台	15 210	762.25
	日本	台	932 039	726.87
	沙特阿拉伯	台	44 963	516.28
	印度尼西亚	台	2 455 576	479.57
	新加坡	台	38 678	462.32
84819010	阀门零件	kg	339 582 871	223 548.45
	其中：美国	kg	114 408 654	73 228.84
	日本	kg	21 845 329	22 999.71
	德国	kg	13 275 641	14 080.10
	韩国	kg	30 442 756	11 450.57
	意大利	kg	15 874 029	10 131.76
	中国台湾	kg	15 382 065	7 543.73

2013年炼油化工设备主要进口国家（地区）量值表

税号	产品名称及主要进口国家（地区）	进口量单位	进口量	进口额（万美元）
84051000	煤气发生器，乙炔发生器等水解气体发生器	kg	172 400	1 007.16
	其中：美国	kg	9 953	247.95
	芬兰	kg	37 300	159.98
	挪威	kg	42 297	154.40
	日本	kg	4 280	76.26
	德国	kg	1 998	68.12
84059000	煤气发生器及乙炔发生器等的零件	kg	131 658	979.06
	其中：德国	kg	129 159	942.63
	美国	kg	2 191	27.03
84161000	使用液体燃料的炉用燃烧器	kg	1 089 722	4 853.09
	其中：德国	kg	284 096	1 351.50
	意大利	kg	335 592	815.23
	芬兰	kg	56 241	659.59
	丹麦	kg	104 435	651.21
	美国	kg	76 865	561.84
84162019	使用其他气体燃料的炉用燃烧器	kg	638 502	3 558.70
	其中：意大利	kg	98 887	631.05
	比利时	kg	57 885	445.28
	德国	kg	53 623	374.67
	日本	kg	92 769	357.08
	美国	kg	81 310	355.59
	荷兰	kg	106 618	325.75
84193990	未列名干燥器	台	99 113	28 775.97
	其中：德国	台	1 667	5 492.10
	韩国	台	4 724	4 179.24
	日本	台	17 225	3 391.43
	中国台湾	台	643	3 281.59
	美国	台	5 023	2 402.41
	意大利	台	64 715	2 031.95
84194010	提净塔	台	23	2 064.44
	其中：中国台湾	台	6	844.42
	中国	台	5	613.83
84194020	精馏塔	台	47	8 864.79
	其中：比利时	台	4	5 581.27
	韩国	台	4	682.66
84194090	其他蒸馏或精馏设备	台	1 893	6 563.84
	其中：德国	台	356	1 769.40
	美国	台	138	1 648.02
	丹麦	台	158	723.71
	瑞士	台	702	711.36
	日本	台	208	333.78
84195000	热交换装置	台	475 751	74 853.29

（续）

税号	产品名称及主要进口国家（地区）	进口量单位	进口量	进口额（万美元）
	其中：德国	台	138 411	14 292.86
	日本	台	140 185	12 372.04
	美国	台	15 123	9 705.54
	韩国	台	81 450	8 423.74
	法国	台	3 138	6 189.51
84196019	其他制氧机	台	3 138	179.08
	其中：美国	台	2 570	86.32
	法国	台	12	49.97
84196090	未列名液化空气或其他气体的机器	台	289	9 283.19
	其中：韩国	台	178	3 196.71
	法国	台	23	2 872.82
	美国	台	6	890.08
84198910	加氢反应器	台	93	1 938.41
	其中：韩国	台	1	969.36
	德国	台	2	368.67
84198990	未列名利用温度变化处理材料的机器、装置等	台	400 730	107 682.96
	其中：德国	台	211 706	29 452.87
	美国	台	16 581	16 084.71
	韩国	台	1 056	9 666.91
	意大利	台	1 723	7 908.66
	奥地利	台	417	7 045.80
84211910	脱水机	台	327	3 320.88
	其中：德国	台	48	1 239.47
	澳大利亚	台	50	739.47
	美国	台	30	302.87
	瑞典	台	13	215.03
84212910	压滤机	台	379	6 926.00
	其中：德国	台	55	2 737.96
	瑞士	台	7	1 123.18
	韩国	台	13	765.31
84212990	未列名液体过滤、净化机器及装置	台	58 470 026	79 464.52
	其中：德国	台	12 806 427	23 411.63
	日本	台	20 772 695	16 502.65
	美国	台	8 407 087	11 940.45
	法国	台	1 427 798	4 714.32
	意大利	台	1 122 509	4 195.09
84213923	工业用旋风式除尘器	台	4 583	1 400.54
	其中：日本	台	715	242.83
	意大利	台	1 450	222.15
	美国	台	411	220.66
	德国	台	320	210.31
	韩国	台	935	197.29
84772010	塑料造粒机	台	178	12 715.73
	其中：日本	台	41	5 868.42
	德国	台	56	3 736.38

（续）

税号	产品名称及主要进口国家（地区）	进口量单位	进口量	进口额（万美元）
	奥地利	台	26	1 867.17
84772090	其他挤出机	台	1 497	36 433.62
	其中：德国	台	235	18 797.30
	日本	台	112	7 111.17
	中国台湾	台	211	4 537.62
84796000	蒸发式空气冷却器	台	537	189.08
	其中：日本	台	154	52.61
	阿根廷	台	18	29.35
	法国	台	14	25.62
	德国	台	44	24.68
84798200	搅混、轧碎、研磨、筛选、均化或乳化机器	台	50 843	56 962.29
	其中：德国	台	11 797	20 608.90
	美国	台	11 466	5 943.98
	日本	台	2 800	5 420.63
	中国台湾	台	2 983	4 340.74
	意大利	台	4 385	4 018.10
	韩国	台	8 932	3 749.24
84798999	未列名具有独立功能的机器及机械器具	台	165 408 059	451 044.90
	其中：德国	台	3 055 718	86 699.07
	韩国	台	11 754 136	78 465.03
	日本	台	2 780 556	74 214.00
	美国	台	313 931	58 133.02
	中国台湾	台	514 133	37 191.99
84811000	减压阀	台	35 762 295	38 615.96
	其中：德国	台	7 340 610	10 894.40
	美国	台	8 349 059	7 201.42
	意大利	台	2 388 629	5 071.80
	日本	台	3 907 426	4 008.56
	韩国	台	5 060 597	2 253.87
84812010	油压传动阀	台	54 304 084	84 626.56
	其中：日本	台	1 414 540	26 854.10
	德国	台	2 920 779	14 528.21
	韩国	台	36 484 077	12 571.87
	美国	台	10 728 960	12 342.52
	意大利	台	472 979	5 772.53
84812020	气压传动阀	台	11 369 262	46 184.49
	其中：日本	台	3 643 912	11 677.56
	德国	台	3 127 879	10 309.11
	美国	台	835 762	7 333.44
	法国	台	88 680	2 395.52
	意大利	台	870 726	2 276.55
	英国	台	60 441	2 216.47
84813000	止回阀	台	219 992 647	38 871.70
	其中：德国	台	14 482 616	8 202.98
	美国	台	26 873 131	7 006.22

（续）

税号	产品名称及主要进口国家（地区）	进口量单位	进口量	进口额（万美元）
	日本	台	80 088 959	4 728.68
	意大利	台	4 132 826	3 502.56
	韩国	台	14 836 120	3 324.76
	英国	台	1 035 103	2 842.73
84814000	安全阀或溢流阀	台	66 465 566	40 434.67
	其中：美国	台	3 186 357	12 194.77
	德国	台	4 548 108	9 334.93
	日本	台	4 150 491	3 180.99
	意大利	台	2 966 914	2 666.23
	法国	台	206 391	2 246.37
84819010	阀门零件	kg	28 165 924	101 634.51
	其中：日本	kg	4 977 161	21 043.32
	德国	kg	4 036 462	19 164.29
	韩国	kg	5 889 954	17 117.56
	美国	kg	3 084 214	12 899.31

2013 年压力容器产品主要出口国家（地区）量值表

税号	产品名称及主要出口国家（地区）	出口量（kg）	出口额（万美元）
73071100	无可锻性铸铁管子附件	259 380 836	50 826.88
	其中：美国	107 275 783	20 283.72
	日本	9 349 611	2 243.61
	中国台湾	11 736 648	1 662.12
	中国香港	9 288 019	1 528.54
	澳大利亚	5 658 535	1 497.71
	加拿大	7 223 883	1 441.34
73071900	可锻性铸铁及铸钢管子附件	241 570 919	55 406.60
	其中：美国	58 418 497	14 913.93
	韩国	16 572 485	3 049.81
	沙特阿拉伯	10 286 186	2 028.48
	伊朗	9 283 824	1 710.42
	英国	7 416 291	1 653.07
73072100	不锈钢制法兰	64 180 166	36 336.42
	其中：日本	12 768 695	6 752.09
	韩国	11 570 147	6 642.84
	德国	7 667 680	4 851.82
	美国	5 807 470	2 966.53
	意大利	2 282 930	1 193.53
	荷兰	1 774 163	1 090.32
73072200	不锈钢制螺纹肘管、弯管及管套	16 639 158	15 866.43
	其中：美国	3 609 803	3 388.84
	日本	2 626 565	2 897.83
	德国	629 413	1 061.89

（续）

税号	产品名称及主要出口国家（地区）	出口量(kg)	出口额(万美元)
	中国台湾	885 714	929.71
	意大利	563 591	679.84
	马来西亚	796 620	572.30
73072300	不锈钢制对焊件	13 495 855	13 545.05
	其中：美国	1 897 301	2 260.56
	日本	985 764	1 061.89
	荷兰	996 649	995.59
	意大利	778 398	757.90
	巴西	796 070	652.23
73072900	不锈钢制其他管子附件	23 109 011	26 098.20
	其中：美国	5 180 538	6 204.03
	日本	1 547 825	2 294.46
	德国	1 050 641	1 722.71
73079100	其他钢铁制法兰	413 986 437	65 287.69
	其中：韩国	61 071 028	8 333.92
	日本	41 433 081	6 593.31
	美国	20 127 624	4 726.01
	德国	20 703 328	3 830.55
	俄罗斯联邦	27 642 953	3 194.62
	意大利	17 761 504	2 481.37
73079200	其他钢铁制螺纹肘管、弯管及管套	85 410 259	25 627.55
	其中：美国	33 503 628	10 348.22
	日本	3 406 674	2 827.52
	俄罗斯联邦	2 912 877	802.89
	中国香港	3 363 355	757.38
	沙特阿拉伯	5 135 344	734.93
73079300	其他钢铁制对焊件	162 926 827	26 224.43
	其中：阿拉伯联合酋长国	11 390 382	2 046.09
	美国	7 286 014	1 567.49
	巴西	9 605 779	1 465.06
	俄罗斯联邦	12 018 072	1 431.90
	新加坡	7 072 704	1 431.07
	伊朗	8 133 160	1 391.42
73079900	未列名钢铁制管子附件	277 334 346	88 866.66
	其中：美国	88 010 181	27 112.42
	日本	7 607 679	4 452.98
	俄罗斯联邦	8 147 324	3 245.97
	马来西亚	19 486 579	2 935.88
	加拿大	8 319 806	2 683.37
	韩国	9 308 042	2 598.51
73110010	装压缩气体或液化气体的零售包装钢铁容器	3 409 323	1 348.48
	其中：越南	207 004	307.45
	日本	489 019	197.74
	中国香港	379 024	168.26
	利比亚	423 748	131.13

（续）

税号	产品名称及主要出口国家（地区）	出口量（kg）	出口额（万美元）
73110090	装压缩气体或液化气体的非零售包装钢铁容器	220 879 325	50 153.78
	其中：美国	22 994 277	6 849.60
	印度尼西亚	19 485 179	6 422.76
	泰国	12 017 076	2 320.48
	中国台湾	5 681 537	2 083.30
	韩国	7 119 318	1 829.59
	澳大利亚	6 735 544	1 639.38
84841000	密封垫等，金属片与其他材料或多层金属片制产品	25 083 243	30 171.76
	其中：美国	6 302 290	5 625.05
	沙特阿拉伯	368 027	1 699.96
	德国	799 870	1 685.49
	印度	771 448	1 312.98

2013 年压力容器产品主要进口国家（地区）量值表

税号	产品名称及主要进口国家（地区）	进口量（kg）	进口额（万美元）
73071100	无可锻性铸铁管子附件	988 504	1 345.70
	其中：日本	133 816	308.14
	美国	182 900	223.74
	韩国	61 068	214.12
	德国	157 099	164.44
	英国	47 911	135.02
73071900	可锻性铸铁及铸钢管子附件	2 542 589	4 713.31
	其中：德国	340 179	994.65
	日本	342 105	802.85
	意大利	757 226	779.75
	美国	218 326	638.50
	韩国	393 157	614.76
73072100	不锈钢制法兰	2 604 047	5 755.74
	其中：美国	259 859	1 013.45
	德国	321 688	931.14
	法国	76 793	903.30
	意大利	209 411	694.35
	日本	854 598	551.15
73072200	不锈钢制螺纹肘管、弯管及管套	822 932	4 007.23
	其中：美国	238 667	947.73
	日本	118 790	688.44
	德国	141 495	615.12
	韩国	150 135	606.66
	法国	15 249	390.70
73072300	不锈钢制对焊件	1 169 134	3 997.44
	其中：韩国	522 531	1 685.35

（续）

税号	产品名称及主要进口国家（地区）	进口量（kg）	进口额（万美元）
	意大利	325 929	872.45
	德国	73 470	407.32
	瑞典	42 448	404.16
73072900	不锈钢制其他管子附件	3 109 988	18 271.17
	其中：美国	483 494	5 163.20
	德国	598 087	3 076.73
	韩国	799 753	2 904.67
	日本	263 803	1 807.08
	法国	71 812	744.62
73079100	其他钢铁制法兰	8 545 588	6 428.38
	其中：德国	1 707 889	2 143.47
	日本	984 264	876.19
	韩国	2 922 912	813.19
	美国	405 426	790.93
	意大利	414 663	333.74
73079200	其他钢铁制螺纹肘管、弯管及管套	3 968 925	8 209.44
	其中：美国	970 223	3 389.58
	日本	770 336	1 269.03
	德国	172 351	557.33
	韩国	937 282	518.42
	泰国	309 254	445.34
73079300	其他钢铁制对焊件	5 436 606	5 635.45
	其中：意大利	1 930 477	1 980.66
	韩国	1 749 262	976.71
	日本	708 202	774.99
	奥地利	391 285	656.20
	美国	91 725	389.02
73079900	未列名钢铁制管子附件	12 398 581	24 678.19
	其中：美国	1 387 255	4 444.06
	德国	1 488 245	4 072.21
	日本	1 810 418	3 708.08
	韩国	3 485 675	3 071.96
	法国	568 533	1 706.58
73110010	装压缩气体或液化气体的零售包装钢铁容器	5 895 129	924.13
	其中：中国	5 558 297	534.78
	美国	212 153	298.94
	德国	29 902	22.49
	韩国	17 155	22.06
	马来西亚	19 076	20.32
73110090	装压缩气体或液化气体的非零售包装钢铁容器	20 132 073	6 229.97
	其中：美国	1 462 424	1 591.23
	日本	2 286 645	1 400.76
	韩国	2 254 810	797.79

（续）

税号	产品名称及主要进口国家（地区）	进口量（kg）	进口额（万美元）
84841000	密封垫等，金属片与其他材料或多层金属片制产品	3 418 048	22 826.37
	其中：日本	789 934	5 856.42
	美国	438 165	5 218.28
	德国	432 656	3 306.22
	韩国	636 024	1 946.00
	法国	91 054	1 660.96

2013年输油管道产品主要出口国家（地区）量值表

税号	产品名称及主要出口国家（地区）	出口量（kg）	出口额（万美元）
73041110	不锈钢石油天然气管道管，215.9mm ≤外径≤ 406.4mm	287 783	159.49
	其中：阿曼	69 566	83.67
	民主刚果	39 407	17.34
	吉布提	22 724	10.58
73041120	不锈钢石油天然气管道管，114.3mm ＜外径＜ 215.9mm	637 514	381.71
	其中：美国	304 050	276.88
	阿拉伯联合酋长国	46 995	20.06
	阿曼	14 854	16.29
	马来西亚	16 860	15.25
	哈萨克斯坦	34 864	15.02
73041130	不锈钢石油天然气管道管，外径≤ 114.3mm	3 265 565	923.16
	其中：阿曼	219 641	225.56
	美国	167 145	143.92
	印度	1 550 605	131.80
73041190	不锈钢石油天然气管道管，外径＞ 406.4mm	2 576 557	1 153.34
	其中：韩国	557 573	311.92
	印度	665 044	281.54
	乌克兰	417 947	156.70
73041910	其他钢石油天然气管道管，215.9mm ≤外径≤ 406.4mm	798 666 212	76 491.02
	其中：阿拉伯联合酋长国	69 107 427	6 540.90
	阿尔及利亚	53 735 081	6 483.33
	韩国	75 393 684	6 434.38
	伊拉克	45 964 664	6 203.82
	伊朗	38 599 797	4 504.42
73041920	其他钢石油天然气管道管，114.3mm ＜外径＜ 215.9mm	471 037 661	44 911.35
	其中：伊朗	46 540 903	6 167.87
	阿拉伯联合酋长国	53 336 575	4 720.52
	韩国	36 658 394	3 080.11
	伊拉克	24 306 053	3 054.80
	委内瑞拉	13 587 577	2 754.07
73041930	其他钢石油天然气无缝管道管，外径≤ 114.3mm	704 392 077	61 442.41
	其中：韩国	65 058 803	5 816.87

（续）

税号	产品名称及主要出口国家（地区）	出口量 （kg）	出口额 （万美元）
	印度	56 056 920	4 453.62
	阿拉伯联合酋长国	45 293 468	3 735.98
	伊朗	34 677 930	3 205.95
	印度尼西亚	44 060 966	3 116.21
73041990	其他钢石油天然气无缝管道管，外径＞406.4mm	179 754 319	21 772.85
	其中：阿拉伯联合酋长国	17 225 440	1 911.74
	美国	14 937 497	1 846.96
	越南	4 558 301	1 502.00
	加拿大	13 544 769	1 470.34
	伊朗	10 420 629	1 247.87
73042210	不锈钢制钻探石油天然气钻管，外径≤168.3mm	304 042	112.69
	其中：伊拉克	131 796	45.49
	哥伦比亚	118 528	39.55
	美国	36 890	20.82
73042290	不锈钢制钻探石油天然气钻管，外径＞168.3mm	368 382	175.90
	其中：巴西	131 600	58.62
	俄罗斯联邦	33 650	39.71
	埃及	89 641	33.73
73042310	其他钢制钻探石油天然气钻管，外径≤168.3mm	115 719 862	44 600.81
	其中：俄罗斯联邦	29 047 889	9 304.62
	加拿大	12 789 081	4 588.65
	沙特阿拉伯	5 833 807	3 108.45
	挪威	5 889 906	3 060.34
	阿拉伯联合酋长国	6 664 528	2 693.00
73042390	其他钢制钻探石油天然气钻管，外径＞168.3mm	7 663 014	1 493.25
	其中：阿拉伯联合酋长国	1 613 900	330.66
	土耳其	759 264	177.98
	泰国	1 076 447	144.23
	格鲁吉亚	576 862	115.24
	印度	974 720	90.41
73042400	不锈钢制钻探石油或天然气用无缝套管、导管	806 309	163.41
	其中：沙特阿拉伯	431 472	44.71
	哈萨克斯坦	51 560	32.61
	新加坡	67 679	31.97
73042910	屈服强度小于552MPa的其他钢铁制钻探石油及天然气用无缝套管、导管	795 352 807	79 213.20
	其中：阿曼	87 961 971	8 988.90
	俄罗斯联邦	78 223 501	6 693.85
	澳大利亚	62 871 149	6 196.66
	哈萨克斯坦	47 265 900	5 970.84
	委内瑞拉	38 192 926	4 082.53
	沙特阿拉伯	30 980 311	3 572.65
	土耳其	37 923 529	3 353.31
73042920	屈服强度大于等于552MPa、小于758MPa的其他钢铁制钻探石油及天然气用无缝套管、导管	877 038 463	119 470.11

（续）

税号	产品名称及主要出口国家（地区）	出口量（kg）	出口额（万美元）
	其中：委内瑞拉	70 552 523	17 970.93
	哈萨克斯坦	67 332 261	11 089.81
	俄罗斯联邦	66 421 983	8 123.03
	泰国	60 839 688	7 362.33
	印度	65 405 459	6 934.35
	伊朗	34 941 429	6 271.70
	阿拉伯联合酋长国	47 080 522	6 002.38
73042930	屈服强度大于等于758MPa的其他钢铁制钻探石油及天然气用无缝套管、导管	275 310 693	37 262.78
	其中：土库曼斯坦	40 159 919	6 461.70
	委内瑞拉	44 233 117	5 239.91
	俄罗斯联邦	28 658 869	4 006.16
	印度	29 185 183	2 845.15
	哈萨克斯坦	13 665 388	2 354.96
	土耳其	17 680 634	1 994.71
73061100	不锈钢制石油或天然气焊缝管道管	8 579 960	4 006.27
	其中：阿曼	1 550 304	1 094.58
	印度尼西亚	637 884	302.83
	澳大利亚	381 708	251.67
	阿拉伯联合酋长国	406 207	249.11
	马来西亚	901 174	238.77
73061900	其他钢铁制石油或天然气管道管	547 249 907	44 097.88
	其中：委内瑞拉	67 283 564	5 532.35
	智利	56 193 177	4 531.72
	加拿大	62 593 920	4 058.21
	墨西哥	35 172 079	2 661.31
	澳大利亚	31 272 840	2 570.47
73062100	不锈钢制钻探石油或天然气用套管及导管	103 741	27.94
	其中：日本	63 973	11.25
	墨西哥	9 177	6.31
	美国	6 025	3.64
73062900	其他钢铁制钻探石油或天然气套管及导管	36 982 990	4 383.78
	其中：苏丹	6 205 390	625.59
	以色列	5 408 674	465.41
	加拿大	3 660 200	444.59
	英国	3 995 121	347.22

2013年输油管道产品主要进口国家（地区）量值表

税号	产品名称及主要进口国家（地区）	进口量（kg）	进口额（万美元）
73041110	不锈钢石油天然气管道管，215.9mm ≤外径≤ 406.4mm	174 212	270.93
	其中：日本	89 218	145.66
	西班牙	55 773	69.44

（续）

税号	产品名称及主要进口国家（地区）	进口量（kg）	进口额（万美元）
	韩国	5 926	16.01
	德国	9 293	15.57
	意大利	8 442	12.98
73041120	不锈钢石油天然气管道管，114.3mm＜外径＜215.9mm	139 683	165.92
	其中：西班牙	58 830	56.48
	意大利	35 315	33.67
	英国	10 910	31.74
	中华人民共和国	15 670	13.90
	奥地利	6 959	10.68
73041130	不锈钢石油天然气管道管，外径≤114.3mm	381 596	573.97
	其中：日本	251 031	334.57
	美国	23 217	64.18
	西班牙	35 488	40.42
	韩国	22 108	28.87
	英国	7 981	19.62
73041190	不锈钢石油天然气管道管，外径＞406.4mm	55 174	111.38
	其中：日本	3 500	33.19
	西班牙	22 801	29.27
	韩国	18 510	22.82
	丹麦	6 340	21.79
	美国	4 023	4.31
73041910	其他钢石油天然气管道管，215.9mm≤外径≤406.4mm	8 533 613	2 431.86
	其中：意大利	2 750 134	1 278.25
	日本	2 131 990	463.60
	罗马尼亚	1 617 817	237.20
	德国	555 556	119.93
	巴西	639 884	107.34
73041920	其他钢石油天然气管道管，114.3mm＜外径＜215.9mm	1 645 951	416.13
	其中：印度尼西亚	49 099	114.19
	日本	324 340	64.78
	巴西	344 360	57.28
	罗马尼亚	402 925	54.05
	意大利	106 296	28.95
73041930	其他钢石油天然气无缝管道管，外径≤114.3mm	2 942 742	580.52
	其中：罗马尼亚	1 316 911	188.85
	日本	505 925	107.75
	巴西	438 184	73.56
73041990	其他钢石油天然气无缝管道管，外径＞406.4mm	4 404 106	1 078.07
	其中：日本	2 284 717	444.69
	意大利	379 414	221.80
	印度尼西亚	899 372	214.09
	西班牙	323 317	87.79
	美国	294 210	70.77

（续）

税号	产品名称及主要进口国家（地区）	进口量（kg）	进口额（万美元）
73042210	不锈钢制钻探石油天然气钻管，外径≤168.3mm	822	0.34
	其中：日本	811	0.32
	德国	11	0.02
73042290	不锈钢制钻探石油天然气钻管，外径＞168.3mm	958	1.13
	其中：奥地利	598	0.66
	英国	360	0.46
73042310	其他钢制钻探石油天然气钻管，外径≤168.3mm	7 824 793	1 523.93
	其中：美国	3 081 654	602.88
	日本	2 084 733	425.62
	新加坡	852 847	119.76
	加拿大	309 931	85.68
	法国	43 224	63.05
73042390	其他钢制钻探石油天然气钻管，外径＞168.3mm	198 239	175.57
	其中：法国	183 396	142.50
	加拿大	2 181	19.93
	新加坡	5 720	9.16
	瑞典	6 576	3.75
73042400	不锈钢制钻探石油或天然气用无缝套管、导管	13 303 634	8 712.88
	其中：日本	13 225 888	8 643.81
	意大利	11 932	38.08
	法国	24 284	11.89
73042910	屈服强度小于552MPa的其他钢铁制钻探石油及天然气用无缝套管、导管	7 994 512	1 315.09
	其中：日本	4 502 076	963.95
	奥地利	1 331 311	257.39
	俄罗斯联邦	2 000 000	50.15
73042920	屈服强度大于等于552MPa、小于758MPa的其他钢铁制钻探石油及天然气用无缝套管、导管	15 180 178	4 455.75
	其中：日本	10 998 844	3 086.69
	墨西哥	1 511 593	445.79
	阿根廷	1 913 779	366.86
73042930	屈服强度大于等于758MPa的其他钢铁制钻探石油及天然气用无缝套管、导管	14 749 377	3 431.22
	其中：日本	7 593 816	1 877.95
	阿根廷	2 544 922	563.28
	德国	2 009 429	427.35
73061100	不锈钢制石油或天然气焊缝管道管	3 720 279	2 533.39
	其中：意大利	2 173 337	1 346.99
	德国	879 040	547.81
	韩国	471 169	467.24
73061900	其他钢铁制石油或天然气管道管	4 202 666	636.97
	其中：韩国	3 462 011	279.30
	德国	494 975	189.30
	意大利	64 985	115.37

（续）

税号	产品名称及主要进口国家（地区）	进口量（kg）	进口额（万美元）
73062100	不锈钢制钻探石油或天然气用套管及导管	393 226	106.84
	其中：新加坡	342 594	71.71
	美国	39 759	30.65
	意大利	10 843	4.25
73062900	其他钢铁制钻探石油或天然气套管及导管	2 713 002	1 230.48
	其中：美国	382 032	498.30
	新加坡	1 483 266	449.29
	日本	701 012	157.71
	加拿大	142 927	124.42

〔供稿单位：机械工业信息中心〕

（栏目编辑：魏素芳）

中国
石油
石化
设备
工业
年鉴
2014

产品与项目

介绍国家重点节能技术推广目录、国家发展改革委审批通过的项目及我国石油石化设备行业创新技术与装备

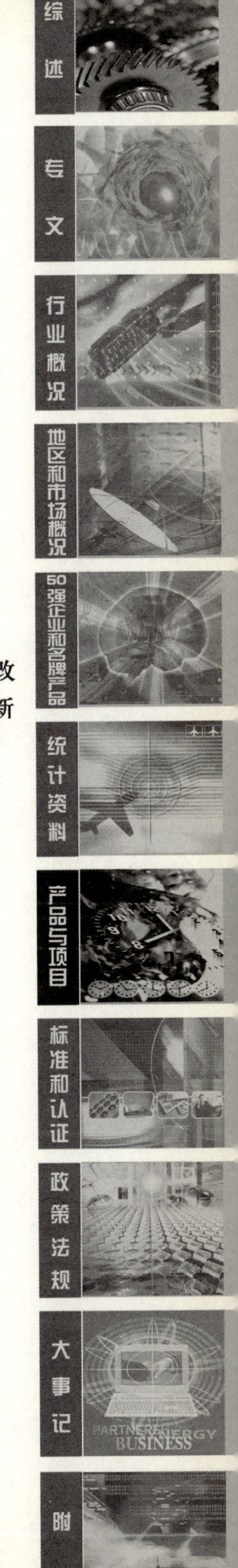

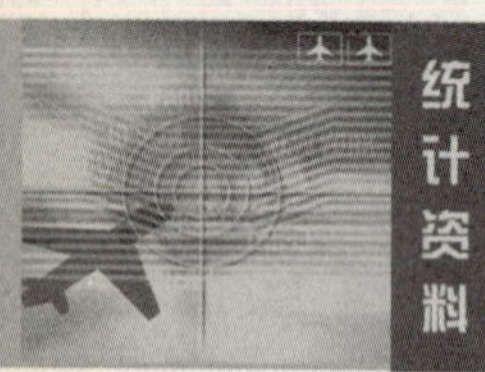

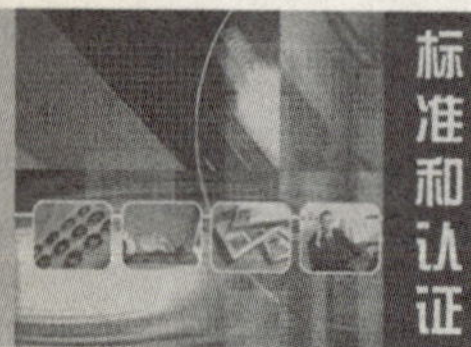

中国石油石化设备工业年鉴2014

产品与项目

国家重点节能技术推广目录（第六批）（摘选）

2013年国家发展改革委审批通过的石油化工建设项目

近年我国石油石化设备行业创新技术与装备

我国石油和石油化工设备行业获“2013年度中国机械工业科学技术奖”项目

上海神开石油化工装备股份有限公司新产品、新技术

国家重点节能技术推广目录（第六批）（摘选）

序号	技术名称	适用范围	主要技术内容	典型项目					目前推广比例（%）	预计2015年			
				适用的技术条件	建设规模	投资额（万元）	节能量（tce/a）	减排量（tCO_2/a）		该技术在行业内的推广比例（%）	总投入（万元）	节能能力（万tce/a）	碳减排能力（万tCO_2/a）
1	石化企业能源平衡与优化调度技术培训	石化行业	采用能源产耗预测、能源管网模拟、能源多周期动态优化调度等核心技术实现硬化企业多能源系统（燃料气、氢气、蒸汽、电力、水系统等）的优化调度和运行，提高能源管控一体化水平和能源利用效率	企业具有DCS系统，主要能源计量数据传输到DCS系统	2 000万t/a原油炼制能力企业的37套装置及其能源系统优化改造	1 500	10 370	27 376	10	30	225 000	160	422
2	磁悬浮离心式鼓风机技术	通用机械行业、污水处理	将鼓风机叶轮直接安装在电动机轴延伸端上，转子垂直悬浮于主动式磁性轴承控制器上，不需要增速器及联轴器，实现由高速电动机直接驱动，由变频器来调速的单级调整离心式鼓风机，减少机械损耗，提高风机效率，节约电能	石油石化、化工、环保、冶金、纺织、污水处理行业等涉及新建或改造鼓风机	污水站8台磁悬浮离心式鼓风机改造	350	857	2 260	＜1	5	100 000	26	69

（续）

序号	技术名称	适用范围	主要技术内容	典型项目					目前推广比例（%）	预计2015年			
				适用的技术条件	建设规模	投资额（万元）	节能量（tce/a）	减排量（tCO_2/a）		该技术在行业内的推广比例（%）	总投入（万元）	节能能力（万tce/a）	碳减排能力（万tCO_2/a）
3	两级喷油高效螺杆空气压缩机节能技术	通用机械行业、空气压缩机领域	采用两级压缩，一方面降低了每一级的压缩比，提高了容积效率，另一方面油气混合物在一级排气进入二级吸气前，可充分混合，起到级间冷却的作用，进而提高了压缩机的能效	新建空气压缩机	1台250kW压缩机改造	52	126	332	＜1	6	140 000	120	317
4	变频优化控制系统节能技术	电力、冶金、机械等行业	根据计算机模糊控制理论，自动适时监测电动机、变频器和负载的运行情况，并根据专家库系统进行运行寻优，使三者达到最佳匹配，达到节电和减少谐波污染的效果	已安装变频装置的风机、水泵系统	煤化工锅炉系统5台风机，总功率1 900kW	500	700	1 848	5	10	21 340	11	29
5	节能铜包铝管母线技术	通用机械行业电网、石油、化工、矿山、冶炼、钢铁水泥等所有需要电能的用户	根据不同导体集肤效应不同，将原有铜排或铜管母线制作成铜包铝管结构，管子外侧是集肤效应强的铜，内侧是集肤效应小的铝，一方面节约了铜材；另一方面，实现电流的合理分布，降低母线的阻抗，减少了线损	额定电压1～35kV挤包绝缘电力电缆及附件	2 900 铜包铝管母线改造	960	1 098	2 898	10	30	200 000	30	79

注：总投入指在2011—2015年期间，推广率达到预计比例时，投入的资金总量。

重点节能技术介绍：

一、石化企业能源平衡与优化调度技术

（一）技术名称

石化企业能源平衡与优化调度技术。

（二）所属领域及适用范围

该技术适用于石化、化工、钢铁、有色、电力、建材等行业。

（三）与该技术相关的能耗及碳排放现状

我国石化、化工、钢铁、有色等高耗能行业的能源结构复杂，所涉及的能源种类繁多，能源之间相互关联。为了加强能源管理，实现能源的合理调度和控制，高耗能行业不断在管理节能方面进行探索，但与发达国家相比，能源管理总体水平仍然不高。能源监控平台和优化平台的契合度仍有待加强，多能源系统的优化调度和智能模拟仍在发展之中。因此，高耗能领域的管理节能仍然存在巨大潜力和空间。

（四）技术内容

1. 技术原理

在企业具备能源计量检测仪表和DCS 自动化系统的支撑下，通过大型实时数据库，采集各种生产和能源数据，建设能源综合监控系统平台，并采用能源产耗预测、能源管网模拟、能源多周期动态优化调度等核心技术，建立能源产耗预测模型、能源管网模拟模型和能源系统优化调度模型，在能源平衡与优化调度平台上自动给出各种能源介质的优化调度和分配方案，实现工业企业主要能源系统（燃料气、氢气、蒸汽、电力、水系统等）的优化调度和运行，提高企业能源综合利用效率和能源管理水平。

2. 关键技术

（1）实时数据库与能源综合监控平台技术。

（2）综合软测量与时间序列思想的能源产耗预测技术。

（3）多能源介质管网智能模拟技术。

（4）基于能源产耗预测数据和管网模拟平台的能源系统多周期动态优化调度技术。

3. 工艺流程

石化企业能源平衡与优化调度技术工艺流程见图1。

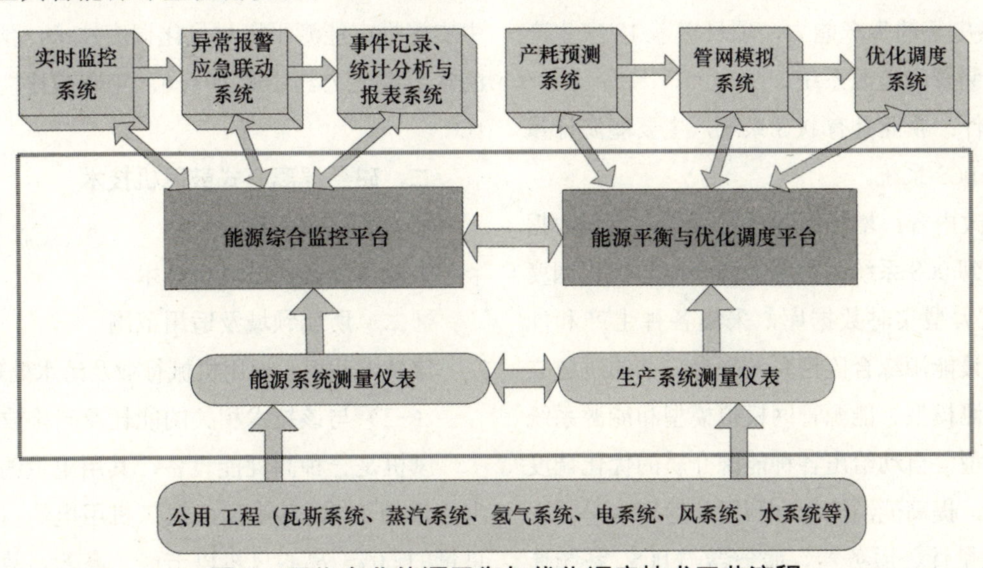

图1　石化企业能源平衡与优化调度技术工艺流程

（五）主要技术指标

（1）主要能源介质产耗预测精度大于95%。

（2）主要能源介质管网模拟精度大于95%。

（3）能源优化调度模型计算结果与实际匹配度大于95%。

（4）综合能耗降低1.5%以上。

（5）废气排放量减少5%以上。

（六）技术应用现状及产业化情况

该技术于2010年获得1项国家发明专利及相关软件产品登记证书，2011年获得我国自动化产业“十大最具竞争力创新产品”，2012 年采用该技术的新疆天业能源管理中心项目通过国家工业和信息化部验收。

工业企业能源平衡与优化调度技术首先在炼油和石化行业取得突破，针对石化企业最主要的能源系统——瓦斯、氢气和蒸汽系统，建设了能源平衡与优化调度系统，通过减少瓦斯和蒸汽放散，节约轻烃和氢气资源，取得了显著的经济效益。能源平衡与优化调度技术推广到化工和钢铁企业，综合能耗普遍降低 1% ～ 3%，节能减排效果显著。目前，该技术的产业化正处于起步阶段，已推广几十家企业。

（七）典型用户及投资效益

该技术的典型用户有新疆天业（集团）有限公司、中国石油化工股份有限公司镇海炼化分公司等。

1. 典型案例 1

案例名称：新疆天业能源平衡与优化调度系统。

建设规模：国内最大的氯碱生产基地，具备年产 120 万 t 聚氯乙烯树脂、100 万 t 离子膜烧碱、200 万 t 电石、400 万 t 新型干法电石渣制水泥、140 万 kW 热电等的生产能力，项目覆盖 13 家生产企业的生产装置和能源系统。

建设条件：企业具有 DCS 系统，主要能源计量数据传输到 DCS 系统。

主要技改内容：增加能源计量仪表，实现数据采集并传输到 DCS 系统；实施能源平衡与优化调度系统，通过大型实时数据库，采集各种生产和能源数据，建设能源综合监控系统平台，并通过建立能源产耗预测模型、能源管网模拟模型和能源系统优化调度模型，自动给出各种能源介质的优化调度和分配方案，提高能源的综合利用和管理水平。主要设备为流量计、服务器、服务器与 DCS 系统通信的 OPC 接口、能源平衡与优化调度软件等。技改投资额 2 000 万元，建设期 1.5 年。年节能量 21 000tce，年减排量 55 440tCO_2，年节能经济效益 1 000 万元，投资回收期约 2 年。

2. 典型案例 2

案例名称：镇海炼化能源平衡与优化调度系统。

建设规模：针对国内最大 2 000 万 t/a 原油炼制能力的炼油企业的 37 套装置及其能源系统（瓦斯、氢气、蒸汽等系统），实施能源平衡与优化调度系统。

建设条件：企业具有 DCS 系统，主要能源计量数据传输到 DCS 系统。

主要技改内容：增加能源计量仪表，实现数据采集并传输到 DCS 系统；实施能源平衡与优化调度系统，通过大型实时数据库，采集各种生产和能源数据，建设能源综合监控系统平台，并通过建立能源产耗预测模型、能源管网模拟模型和能源系统优化调度模型，自动给出各种能源介质的优化调度和分配方案，提高能源的综合利用和管理水平。主要设备为流量计、服务器、服务器与 DCS 系统通信的 OPC 接口、能源平衡与优化调度软件等。技改投资额 1 500 万元，建设期 2 年。年节能量 10 370tce，年减排量 27 376tCO_2，年节能经济效益 1 450 万元，投资回收期约 1 年。

（八）推广前景和节能减排潜力

预计 2015 年，在 30% 的千家耗能最大的企业中实施推广能源平衡与优化调度技术，预期可形成的年节能能力约 160 万 tce，年碳减排能力 422 万 tCO_2。

二、磁悬浮离心式鼓风机技术

（一）技术名称

磁悬浮离心式鼓风机技术。

（二）所属领域及适用范围

该技术适用于通用机械行业及污水处理等领域。

（三）与该技术相关的能耗及碳排放现状

风机是一种高耗能设备，其用电量约占全国发电总量的 10%，其中离心式风机用电约占风机用电总量的 50%。离心风机以节能、高效、故障率低等优势，广泛应用在我国各行业领域，但由于风机转速的限制，不能提供更高级别的风压，使离心风机的使用在一定程度上受到制约。特别是在污水处理工艺行业中，如果可以提高离心风机风压，可以有效降低污水处理厂的运营成本，进而降低污水处置费用。

（四）技术内容

1. 技术原理

磁悬浮离心式鼓风机是一种采用磁悬浮轴承的透平设备，其结构有两大特点：首先，鼓风机叶轮直接安装在电动机轴延伸端上，转子垂直悬浮于主动式磁性轴承控制器上，无需增速器及联轴器，即可实现由高速电动机直接驱动；其次，风机通过变频器调节电动机转速实现风机单级高速转动。该技术采用一体化设计，集高速电动机、变频器、磁性轴承控制系统和配有微处理器的控制盘等于一体，其核心是磁悬浮轴承和永磁电动机技术。其中，同步永磁电动机采用了无机械磨损的磁悬浮轴承技术，最大程度地降低了机械传动损耗，工作转速可达 36 000r/min。此外，对同步永磁电动机采用了专用变频器驱动，变频器驱动效率可达 98.1%。由于结构的改变可减少风机机械能损失，增大风机风压，提高风机效率，从而实现节能的目的。

2. 关键技术

（1）磁悬浮风机集成设计。

（2）高速磁悬浮轴承技术。

（3）中大功率高速永磁电动机及其变频调速设计技术。

（4）高效离心叶轮制造技术。

（五）主要技术指标

（1）单机入口流量 30 ～ 100 m^3/min，出口压力 30 ～ 90kPa，与同等工况输出的罗茨风机相比，平均节能 25% 以上。

（2）采用高速永磁电动机，功率 40 ～ 150kW，额定转速 18 000 ～ 40 000r/min。

（3）采用主动磁悬浮轴承，轴承功耗＜ 1kW。

（4）变频器的效率达到 97%，整机效率达到 70%。

（5）高速离心叶轮效率超过 84%。

（六）技术应用现状及产业化情况

该技术于 2011 年通过江苏省质量技术监督风机产品检测站检测，已获得授权专利 10 余项，其中 4 项为发明专利。目前，75kW 磁悬浮离心式鼓风机产品已在国内 10 多个项目中成功运用。

（七）典型用户及投资效益

该技术的典型用户有宁波三菱化学有限公司、南京江宁空港污水处理厂、成都科雅污水处理厂等。

1. 典型案例 1

案例名称：宁波三菱化学有限公司污水站项目。

建设规模：污水站处理量 300 m^3/h。

主要技改内容：把罗茨风机替换成磁悬浮离心式鼓风机。主要设备为磁悬浮离心式鼓风机 8 台。技改投资额 350 万元，建设期 3 个月。年节能量 857tce，年减排量 2 260tCO_2。每年可节约电费 184 万元，投资回收期 1.9 年。

2. 典型案例 2

案例名称：宁波万华聚氨酯有限公司技改项目。

建设规模：6 台额定功率 110kW 的罗茨鼓风机更换为磁悬浮离心式鼓风机。

主要技改内容：把罗茨风机替换成磁悬浮离心式鼓风机。由于磁悬浮离心式鼓风机风量可以调节，故风机运行功率大大降低。原单台罗茨风机流量为 55m^3/min 时，际运行功率为 96.6kW，改造后同等工况条件下，鼓风机实际运行功率为 73.9kW，单台风机功率减少 22.7kW，6 台风机总功率减少 136.2kW。主要设备为 6 台磁悬浮离心式鼓风机等。技改投资额 280 万元，建设期 3 个月。年节能量 381tce，年减排量 1 006tCO_2。每年可节约电费 82 万元，投资回收期 3.4 年。

（八）推广前景和节能减排潜力

预计到 2015 年，该技术在中高功率离心风机领域中的推广比例可达到 5%，年节电量约 7.34 亿 kW•h，可形成的年节能能力 26 万 tce，年碳减排能力 69 万 tCO_2。

三、两级喷油高效螺杆空气压缩机节能技术

（一）技术名称

两级喷油高效螺杆空气压缩机节能技术。

（二）所属领域及适用范围

该技术适用于通用机械行业的空气压缩机领域。

（三）与该技术相关的能耗及碳排放现状

空气压缩机是一种高耗能设备，在工业上应用十分广泛，其用电量约占我国发电总量的 7%。容积型空气压缩机可分为回转式和往复活塞式两种，螺杆压缩机是回转式压缩机的一种，用在钢铁、矿山、制冷等领域。目前，我国160kW以上的螺杆压缩机能效等级相对较低，只有个别产品可以达到II级能效，绝大多数产品处于III级能效水平，具有较大的节能潜力。

（四）技术内容

1. 技术原理

喷油螺杆空气压缩机采用两级压缩来提高压缩机的能效，主要原理分为两个方面：

一是每一级压缩比的降低，提高了容积效率，降低了每一级的内外泄漏；二是在油气混合物从一级排气进入二级吸气之前，可充分混合，起到级间冷却的作用。经充分混合的油气混合物进入压缩机的第二级进行压缩，可以使第二级的压缩过程更为接近等温过程，由此提高压缩机的能效。

2. 关键技术

（1）高效转子型线技术。

（2）级间冷却关键技术。在压缩气体通道上安装有多个喷射孔，形成雾状喷射帘，以实现快速降温。

（3）系统结构优化技术。其中包含压缩比分配优化技术、排气空口优化技术、喷油量优化技术等。

3. 工艺流程

（1）压缩空气流程。空气通过进气过滤器将大气中的灰尘或杂质滤除后，由进气控制阀进入压缩机一级主机，在压缩过程中与喷入的冷却润滑油混合，经压缩后的混合气体从一级压缩腔排入联接腔，在联接腔内与喷入润滑油混合冷却，进入二级主机进气腔，并经压缩以提高压力，然后从两级压缩腔排入油气分离罐。

（2）润滑油流程。油气桶内的润滑油被压出，流经温控阀、油冷却器，冷却后再经油过滤器除去杂质颗粒，然后分成两路。一路从机体下端喷入一级压缩室，冷却压缩空气，并通到一级及两级机体两端，润滑轴承组；另一路通过管路，喷入联接腔，降低一级压缩气体温度，而后各部分的润滑油再聚集于压缩室底部，由排气口排出。与油混合的压缩空气排入油气桶后，绝大部分的油沉淀于油气桶的底部，其余的含油雾空气再经过油气分离器，进一步滤下剩余的油，并参与下一个循环。

（3）控制管路流程。包括起动、负载运行、卸载运行。

（五）主要技术指标

(1)产品达到GB19153—2009标准的I级能效。

（2）比II级能效省电15%。

（3）比III级能效省电30%。

（六）技术应用现状及产业化情况

该技术于2013年通过浙江省机械工业联合会组织的科技成果鉴定，并通过合肥通用机械产品检测院I级能效检测，获得1项实用新型专利。目前，该技术已在衢州氟化学有限公司、青岛双星轮胎工业有限公司等企业应用。

（七）典型用户及投资效益

该技术的典型用户有衢州氟化学有限公司和青岛双星轮胎工业有限公司。

1. 典型案例1

案例名称：衢州氟化学有限公司压缩机系统改造项目。

建设规模：250kW压缩机改造。

主要技改内容：采用螺杆空气压缩机代替原有空气压缩机组。主要设备为螺杆空气压缩机等。技改投资额52万元，建设期约15天。年节能量126tce，年减排量332tCO_2，投资回收期2.2年。

2. 典型案例2

案例名称：青岛双星轮胎工业有限公司压缩空气系统节能改造项目。

建设规模：6台250kW空气压缩机改造。

主要技改内容：采用螺杆空气压缩机代替原有空压机，主要设备为螺杆空气压缩机。技改投资额556万元，建设期40天。年节能量756tce，年减排量1 996tCO_2，投资回收期3.8年。

（八）推广前景和节能减排潜力

据统计，全国在用大功率空气压缩机大约为20万台，假设按每台平均功率为200kW，平均节能

18%，每年使用 8 000h，到 2015 年按推广比例 6% 计算，每年可节约电量 35 亿 kW•h，可形成的年节能量约为 120 万 tce，碳减排能力 317 万 tCO_2。

四、变频优化控制系统节能技术

（一）技术名称

变频优化控制系统节能技术。

（二）所属领域及适用范围

该技术适用于电力、冶金、机械等行业。

（三）与该技术相关的能耗及碳排放现状

我国电力节能产品市场需求巨大，每年市场规模在几千亿元以上，且以每年 10% 的速度增长。由于钢铁、建材、石油化工等高耗能企业的动力设备通常设计参数较大，存在较大的能源浪费现象。电动机系统节能工程是我国“十二五”期间推行的十大重点节能工程之一，采用变频优化控制系统技术具有较大的节能空间。

（四）技术内容

1. 技术原理

该技术根据计算机模糊控制理论，自动检测并计算系统负荷量的大小，根据负载变化情况实时调整变频器、电动机、负载的运行曲线，使三者始终在最佳状态下运行，对原系统进行精细的优化控制，确保在满足系统需求的前提下大幅提升系统效率，达到最佳节电效果。

2. 关键技术

（1）计算机离散及稳态误差控制技术。

（2）抗干扰、稳态 PLC 模块设计。

3. 工艺流程

变频器、电动机、负载在任一时刻的运行曲线都不是完全吻合的，通过对三者运行曲线进行优化，让设备始终在一个最佳效率区间内运行。变频优化控制系统在满足工艺需求速度的前提下，选择三者最佳工作频率点，将整体效率达到最高。

（五）主要技术指标

（1）电压范围 0.38 ～ 10kV。

（2）负载范围 15 ～ 20 000kW。

（3）效率 95% 以上。

（4）系统数据采集、控制及动态响应时间 <0.1s。

（5）在变频器基础上提升节电率 10%。

（六）技术应用现状及产业化情况

该技术已获得 2 项发明专利授权和 1 项软件著作权证书，并于 2010 年通过国家电控配电设备质量监督检验中心性能检测。目前，该技术已经在钢铁、电力等领域得到应用。

（七）典型用户及投资效益

该技术的典型用户有孝义市兴安化工有限公司和山西同世达煤化工有限公司等。

1. 典型案例 1

案例名称：孝义市兴安化工有限公司二期 4 条生产线项目。

建设规模：58 台风机和水泵，总功率 13 514kW。

主要技改内容：为 4 条生产线的风机、水泵配置变频优化控制系统。技改投资额 2 100 万元，建设期约 3 个月，年综合节电折合标准煤约 10 457tce，年减排量 7 606tCO_2。该项目可实现年节能收益 1 100 万元，投资回收期为 1.9 年。

2. 典型案例 2

案例名称：山西同世达煤化工有限公司甲醛系统项目。

建设规模：5 台风机，总功率 1 900kW。

主要技改内容：在锅炉风机上安装变频优化控制装置、传感器、变送器和控制系统等。技改投资额 500 万元，建设期约 2 个月。综合节能量为 700tce，年减排量 1 848tCO_2。该项目可实现年节能收益 200 万元，投资回收期为 1.9 年。

（八）推广前景和节能潜力

预计到 2015 年，该技术在我国电动机变频领域的推广比例可达 10%，每年可节约电量约 3.2 亿 kW•h，可形成年节能量 11 万 tce，年减排量 29 万 tCO_2。

五、节能铜包铝管母线技术

（一）技术名称

节能铜包铝管母线技术。

（二）所属领域及适用范围

该技术适用于通用机械行业、电网、发电、石油、化工、矿山、冶炼、钢铁、水泥等行业企业。

（三）与该技术相关的能耗及碳排放现状

母线是电力系统的重要元件，起着汇集、分配和传送电能的作用，是输配电的枢纽，主要用于发电机、变压器等的电能传输，其工作的可靠性将影响到电力系统的安全运行。目前，国内外变电所高压配电装置的连接，以及变压器等电气设备和相应配电装置的连接大都采用矩形或圆形截面的裸导线或绞线。由于母线在运行中通过的电流密度较高，发热量大，导致线损较大。另外，国内母线生产企业生产的矩形等传统母线使用有色金属的量较大，消耗资源严重。随着国家智能电网的建设和我国电力的发展需求，开发新型节能绝缘母线是必然的趋势。

（四）技术内容

1. 技术原理

根据集肤效应，电流在传输过程中主要集中在导线外侧靠近表面的一个薄层，导线内部实际电流很小。不同金属具有不同的集肤效应，铜的电流密度不均匀系数为 8.6，铝的电流密度不均匀系数为 4.8，铜的集肤效应比铝更强，当形成铜包铝结构时，铜在外侧分摊的电流较多，铝在内侧分摊电流较多。因此，这种铜管在外、铝管在内的结构增加了导线的有效截面，降低了导体阻抗（相对常规实心导体铜排母线，交流阻抗可降低 17%），减少了发热量，降低了线路电能损耗，节约了电能。此外，该技术解决了因传统母线高温运行老化造成的安全隐患，同时节省了铜材，降低了成本。

2. 关键技术

（1）铜铝配比算法技术。

（2）导线加工集成技术。

（3）导线融合搭接技术。

3. 工艺流程

节能铜包铝管母线主要用作将发电机或变压器进出线端子与开关相连接。产品由铜包铝管（在铜管内以复合铝合金管作支撑）、绝缘层、半导电层、接地屏蔽层、绝缘护套管组成。主要绝缘材料为高密度聚乙烯，绝缘表层电位为零。

（五）主要技术指标

（1）比铜排母线节省电能 12% 以上。

（2）比铜排母线节约铜材 27% 以上。

（3）温升低于 30℃。

（4）产品寿命 30 年。

（六）技术应用现状及产业化情况

该技术已获得发明专利 1 项，实用新型专利 1 项。2013 年 12 月通过了由中国工业节能与清洁生产协会组织的科技成果鉴定。目前，铜包铝管母线累计安装使用超过 10 000 多组、约 20 多万 m，已在电力、石油、化工、矿山、钢铁、水泥等领域进行了应用。

（七）典型用户及投资效益

该技术典型用户有安徽淮化股份公司和兖矿新疆煤化工有限公司等。

1. 典型案例 1

案例名称：安徽淮化股份公司发电厂项目。

建设规模：节能铜包铝管母线 2 900m（2 000A）。

主要技改内容：取消支柱绝缘子，直接用金属架作为支撑，把原有母线更换为节能铜包铝管母线。主要设备为节能铜包铝管母线等。技改投资额 960 万元，建设期 20 个月。项目年节能量 1 098tce，年减排量 2 898tCO_2，年节能经济效益为 88 万元，节材效益 350 万元，项目投资回收期约 2 年。

2. 典型案例 2

案例名称：兖矿新疆煤化工有限公司发电厂项目。

建设规模：节能铜包铝管母线 1 430m（3 150A）。

主要技改内容：取消支柱绝缘子，直接用金属架作为支撑，把原有母线更换为节能铜包铝管母线。主要设备为节能铜包铝管母线等。技改投资额 572 万元，建设期 6 个月。年节能量 543tce，年减排量 1 434tCO_2，节能经济效益为 43 万元，节材效益 130 万元，项目投资回收期为 3.3 年。

（八）推广前景和节能减排潜力

预计到 2015 年，该技术在传统母线改造领域的推广比例可达 30%，形成的年节能量 30 万 tce，年减排潜力 79 万 tCO_2。

〔摘自国家发展改革委网站〕

2013 年国家发展改革委审批通过的石油化工建设项目

序号	项目名称	内容	核准日期
1	中国海洋石油总公司投资巴西盐下里贝拉项目	2013 年 11 月，国家发展改革委核准了中国海洋石油总公司投资巴西盐下里贝拉项目	2013.11.21
2	中国石油天然气集团公司投资巴西盐下里贝拉项目	2013 年 11 月，国家发展改革委核准了中国石油天然气集团公司投资巴西盐下里贝拉项目	2013.11.20
3	中国石化集团国际石油勘探开发有限公司收购阿帕奇公司埃及油气资产 1/3 权益项目	2013 年 11 月，国家发展改革委核准了中国石油化工集团公司所属中国石化集团国际石油勘探开发有限公司收购阿帕奇公司埃及油气资产 1/3 权益项目	2013.11.11
4	中国石油天然气集团公司收购埃克森美孚公司伊拉克西古尔纳油田部分权益项目	2013 年 11 月，国家发展改革委核准了中国石油天然气集团公司收购埃克森美孚公司伊拉克西古尔纳油田部分权益并合作开发项目	2013.11.07
5	中国海洋石油总公司下属中海石油气电集团有限责任公司增持澳大利亚柯蒂斯液化天然气项目	2013 年 8 月，国家发展改革委核准了中国海洋石油总公司所属中海石油气电集团有限责任公司增持英国天然气集团在澳大利亚柯蒂斯液化天然气项目部分权益项目	2013.08.28
6	中国石油天然气集团公司下属大庆油田有限责任公司蒙古塔木察格油田勘探开发项目	2013 年 8 月，国家发展改革委核准了中国石油天然气集团公司所属大庆油田有限责任公司开展蒙古塔木察格油田勘探开发项目	2013.08.27
7	中国石油化工集团公司仪征－长岭原油管道仪征至九江段项目	2013 年 8 月，国家发展改革委核准了中国石油化工集团公司仪征－长岭原油管道复线仪征至九江段项目	2013.08.27
8	中国石油天然气集团公司大连液化天然气（LNG）二期等项目	2013 年 8 月，国家发展改革委核准了中国石油天然气集团公司大连液化天然气（LNG）二期工程和唐山液化天然气（LNG）增建 4 号储罐工程项目	2013.08.27
9	中国海洋石油总公司天津浮式液化天然气（LNG）项目	2013 年 7 月，国家发展改革委核准了中国海洋石油总公司天津浮式液化天然气（LNG）接收终端项目	2013.07.26
10	中国海洋石油总公司陆丰 7-2 油田总体开发等项目	2013 年 6 月，国家发展改革委核准了中国海洋石油总公司陆丰 7-2 油田、蓬莱 19-9 油田总体开发项目和中国石油化工集团公司广西液化天然气（LNG）项目	2013.06.25
11	中国海洋石油总公司惠州炼化二期一体化项目	2013 年 5 月，经国务院同意，国家发展改革委发文给中国海洋石油总公司和广东省发展改革委，同意依托中海石油炼化有限责任公司现有基础，建设中国海油惠州炼化二期一体化项目。该项目由中海石油炼化有限责任公司建设，主要建设内容为 1 000 万 t/a 炼油、100 万 t/a 乙烯及配套公用工程，建设地点为广东省惠州市大亚湾经济技术开发区	2013.05.28
12	中国石油天然气集团公司收购康菲公司澳大利亚波塞冬、凯宁部分权益项目	2013 年 5 月，国家发展改革委核准了中国石油天然气集团公司收购康菲公司澳大利亚波塞冬项目 20% 权益和凯宁项目 29% 权益项目	2013.05.28
13	中国石油化工集团公司海南炼油化工有限公司 100 万 t/a 乙烯及炼油改扩建工程项目	2013 年 5 月，经国务院同意，国家发展改革委发文给中国石油化工集团公司和海南省发展改革委，同意海南炼油化工有限公司依托现有基础，建设 100 万 t/a 乙烯及炼油改扩建工程项目。该项目由海南炼油化工有限公司建设，主要建设内容为 100 万 t/a 乙烯，配套将炼油能力由 800 万 t/a 扩建到 1 300 万 t/a，建设地点为洋浦经济开发区	2013.05.27

（续）

序号	项目名称	内　容	核准日期
14	中国石油化工集团公司武汉 80 万 t/a 乙烯工程变更投资主体	2013 年 5 月 27 日，经国务院同意，国家发展改革委发文给中国石油化工集团公司和湖北省发展改革委，同意变更武汉 80 万 t/a 乙烯工程投资主体。该项目原为中国石油化工股份有限公司独资建设，现改为中韩合资建设，其中中国石油化工股份有限公司持股 65%，韩国 SK 集团公司持股 35%。主要建设内容为 80 万 t/a 乙烯及配套公用工程，建设地点为湖北省武汉市北湖地区	2013.05.27
15	中国海洋石油总公司尼日利亚 OML130 区块伊吉纳油田开发项目	2013 年 4 月，国家发展改革委核准了中国海洋石油总公司尼日利亚 OML130 区块伊吉纳油田开发项目	2013.05.10
16	中国中化集团公司收购美国先锋公司沃尔夫坎普资产 40% 权益项目	2013 年 5 月，国家发展改革委核准了中国中化集团公司收购美国先锋公司沃尔夫坎普资产 40% 权益项目	2013.05.09
18	海南洋浦港中石化（香港）有限公司洋浦成品油保税库项目配套码头工程项目	2013年3月，国家发展改革委核准了海南洋浦港中石化（香港）有限公司洋浦成品油保税库项目配套码头工程项目申请报告。该项目建设 1 个 10 万 t、2 个 5 万 t 和 1 个 1 万 t 成品油泊位，设计年通过能力 2 106 万 t	2013.03.22
19	江苏鹰翔化纤股份有限公司年产 30 万 t 熔体直纺功能性差别化纤维项目	2013 年 3 月，国家发展改革委核准了江苏鹰翔化纤股份有限公司年产 30 万 t 熔体直纺功能性差别化纤维项目	2013.03.21
20	中国石油天然气集团公司哈尔滨 - 沈阳输气管道工程等项目	2013 年 2 月和 3 月，国家发展改革委分别核准了中国石油天然气集团公司投资澳大利亚必和必拓公司布劳斯项目和中国石油天然气集团公司哈尔滨 - 沈阳输气管道工程项目	2013.03.11
21	青海盐湖工业股份有限公司新增年产 100 万 t 氯化钾项目	2013 年 2 月，国家发展改革委核准了青海盐湖工业股份有限公司新增年产 100 万 t 氯化钾项目申请报告。项目建于青海省格尔木市，主要建设年产 100 万 t 氯化钾生产装置。项目建成投产后，年产氯化钾 100 万 t，其中含量为 95% 和 98% 的农业用氯化钾各 50 万 t	2013.02.27
22	中国石油天然气集团公司泰兴 - 芙蓉天然气管道等项目	2013 年 2 月，国家发展改革委核准了中国石油天然气集团公司泰兴 - 芙蓉天然气管道项目和中国中化集团公司巴西佩雷格里诺油田勘探开发项目	2013.02.18
23	中国海洋石油总公司粤东液化天然气等项目	2013 年 2 月，国家发展改革委核准了中国海洋石油总公司粤东液化天然气项目和中国石油天然气集团公司收购加拿大阿萨巴斯卡油砂公司多佛油砂区块 40% 权益项目	2013.02.18
24	山东日照港岚山港区日照 - 仪征原油管道配套码头扩建工程项目	2012 年 12 月 31 日，国家发展改革委核准了山东日照港岚山港区日照 - 仪征原油管道配套码头扩建工程项目申请报告。该项目拟扩建 1 个 30 万 t 原油泊位及相应配套设施，码头长 405m，设计年通过能力 1 850 万 t。项目的勘察设计、建筑安装工程、监理、设备和重要材料采购等全部采用公开招标，招标组织形式为委托招标	2013.01.28

〔摘自国家发展改革委网站〕

近年我国石油石化设备行业创新技术与装备

国际能源形势日益紧张，我国石油石化企业面临着巨大的成本压力，采用新技术与装备降低企业的运营成本成为迫切的问题。为满足石油石化企业的需求，我国石油石化设备制造企业加快产品转型升级步伐，大力推进技术创新，行业涌现了一批新技术与装备。本文将重点介绍近年石油石化设备行业有代表性的新技术与装备。

一、低温钻机

低温钻机是南阳二机石油装备（集团）有限公司（简称南阳二机）的主导产品之一，包括低温车载钻机、低温拖挂钻机、低温橇装钻机三大类，钻深从1 000～9 000m，工作环境温度达到 -45℃，保全温度达到 -60℃。

1. 产品主要类型及特性：

低温钻机在生产过程中执行以下标准： API Spec 4F、7K、8C、16C，以及国家和行业相关技术标准和“3C”强制性标准。主要分为以下三类：

（1）低温车载钻机，钻井深度1 000～4 000m，最大载荷60～225t，井架高度29～39 m，服役温度达到 -45℃，保全温度为 -60℃。

（2）低温拖挂钻机，钻井深度1 000～4 000m，最大载荷从60～225t，井架高度从29～47 m，服役温度达到 -45℃，保全温度为 -60℃。

（3）低温橇装钻机，钻井深度1 000～9 000m，最大载荷从60～450t，井架高度从31～45 m，服役温度达到 -45℃，保全温度为 -60℃。

2. 产品获奖情况

南阳二机在国内率先开展了低温钻机设计与制造技术的研究开发，并在钻机的低温适应性研究方面取得了重大突破，在国际上首次制定出了低温钻机的技术标准，通过对钻机制造材料、结构设计等方面的系统攻关，使钻机的最低服役温度由 -20℃（API 标准的最低服役温度）降低到 -45℃。产品满足了高寒地区日益扩大的石油勘探开发需要，广泛应用到中石油、中石化的北方油田，出口到俄罗斯、加拿大、哈萨克斯坦、土库曼斯坦等多个国家，取得了显著的经济效益和社会效益，实现了高寒环境冬季钻井作业不停机的突破，为我国石油勘探开发企业开拓国际、国内市场奠定了可靠的装备基础，拉动了机械加工、钢铁材料、液气电等相关产业的发展，形成了一批具有我国自主知识产权的低温钻机设计制造核心技术，提高了石油装备制造的整体技术水平。

二、海洋钻机、修井机

南阳二机在国内率先研制出海洋修井机、交流变频电驱动海洋修井机、直流可控硅电驱动海洋修井机、世界最大吨位（2 250kN）海洋修井机，技术水平达到国内领先。

1. 产品类型

海洋钻机、修井机为橇装模块式海洋石油钻采装备，可完成海洋油气生产平台的侧钻、完井及油井的大修、小修作业。执行标准为API SPEC Q1、4F、7K、8A、8C、16C、RP500、RP14F、 RP2A-WSD等规范和SOLAS、CCS等海上设施的相关技术标准。

2. 产品特点

（1）整机结构合理，运转平稳，作业能力强，环境适应能力强。

（2）整机可实现横向和纵向移动，完成井槽内各个井口的钻完井、修井作业。

（3）可选配柴油机驱动或电动机驱动。柴油机驱动：卡特彼勒柴油机与艾里逊液力传动箱匹配合理，传动效率及可靠性高；电动机驱动：实现无级变速，速度范围广，转矩范围大。

（4）主刹车可采用带刹和盘刹，辅助刹车可采用气动水冷盘刹，刹车性能好，大大减轻操作工劳动强度。

（5）转盘传动箱可实现正倒档，适应各种钻杆扣旋转作业，反扭矩释放装置实现钻杆变形能安全释放，保证井口作业人员人身安全。

（6）井架类型：前开口、直立双节套装井架，液压起放及伸缩，可实现井架的快速安装与起放；瓶式塔型井架，井口作业面积大，相对重量轻。

（7）模块化程度高，结构紧凑，便于海上安装及运输。

（8）整体式集污系统设计具有良好的环保性能；“以人为本”的设计理念，防风及保温设施大大改善工作环境；安全保护和检测措施保证了人员和设备的安全，满足HSE规范要求。

3. 产品获奖情况

南阳二机研发的海洋钻机、修井机在该领域始终保持技术领先优势，创造了多个第一，产品占据国内一半以上的市场，并进入国际市场。1993

年，南阳二机在国内率先研制出首台海洋修井机，填补了国产海洋钻修井装备的研制空白，结束了我国海洋钻修井装备长期依赖进口的历史，并相继研制出国内第一台采用直流可控硅电动机驱动海洋修井机、第一台国产化小模块易拆装海洋修井机、第一台交流变频电动机驱动海洋修井机、第一台通过DNV设计认证的海洋修井机。2006年，南阳二机出口4套具有世界先进水平的海洋修井机，实现了国产海洋钻修井装备的首次出口。

三、石油钻机、修井机

南阳二机在国内率先研制出3 000m车装钻机，荣获国家科技进步奖二等奖；率先研制出4 000m车装钻机，是目前世界上最大吨位的车装钻机；研制的数字化超深井石油钻井装备处于国内领先水平，2013年获得河南省科技进步奖一等奖；2013年“华石牌”石油钻机荣获“中国机械工业优质品牌”。

1. 产品执行标准

产品执行标准为API SPEC Q1、4F、7K、8C、16C及RP500、GB3826.1、GB3826.2、GB7258及SY6584等相关技术标准和“3C”强制性标准。

2. 产品特点

（1）整机结构合理，集成化程度高，占地面积小。

（2）产品能够满足陆地、海洋、沙漠、滩涂等不同环境下油田的钻井、修井作业需求。

（3）卡特彼勒柴油机与艾里逊液力传动箱匹配合理，传动效率及可靠性高。

（4）主刹车可采用带刹和盘刹，辅助刹车可采用气动水冷盘刹、水刹车或电磁涡流型式刹车。

（5）钻机转盘传动箱可实现正倒档，适应各种钻杆扣旋转作业，反扭矩释放装置保证钻杆变形能安全释放。

（6）井架均为前开口、双节套装前倾式桅形井架，或直立双节套装井架，液压起放及伸缩。

（7）钻台为两体伸缩式或平行四边形结构，便于运输吊装，台面尺寸和高度可按用户要求设计。

（8）钻机具有完善的固控、井控、高压管汇系统及发电机房、机泵房、值班房配套设施，可满足用户不同要求。拖挂钻机结构简单成熟，传动可靠，运行稳定，便于安装、移运。

（9）按照“以人为本”的设计理念，强化安全保护和检测措施，满足HSE规范要求。

四、油井测试设备

南阳二机生产2 000～8 500m的各种测井车、橇装测井设备，2 000～10 000m各种试井车、橇装试井设备，各种油井测试设备均达到国际先进水平。

1. 产品主要类型及特性

南阳二机生产的油井测试设备包括测井车及橇装测井设备、试井车及橇装试井设备两类，执行标准为SY/T5079、QC/T252、SY/T5072、SY/T5073、SY/T5534、GB7258、GB1589、GB11567.1、GB11567.2等相关技术标准和“3C”强制性标准。

2. 产品特点

（1）测井车及橇装测井设备的特点

1）整机设计先进，布局合理，性能优良，测试深度达8 500m，满足我国超深井作业的要求。

2）主要传动元件——液压泵、液压马达、减速器选用世界著名制造商的产品，性能先进可靠。

3）采用液压闭式传动系统，无级变量调速，系统发热少，效率高，操作简单，操纵轻便省力，性能优异。

4）测井车滚筒采用无磁钢制造，具有良好的防干扰性能，有效地保证了测试数据的准确性。

5)设备性能先进，液压系统具有过载保护能力，可以有效防止遇卡、遇阻时超负荷损坏设备的情况发生。

6)采用气动刹车、气控换档、气压喷油装置、气动仪器压紧装置，便于实现远程控制，操作方便。

7）测井车液压系统具有超低速性能，大大简化了传动系统，解决了传动系统庞大、难以布局的难题，方便地实现了超低速测试工况要求。

8）车厢设计充分考虑操作和维修方便性，在油箱、蓄电池、储气筒等部位设置检修门，方便维修和操作。

9）测井车上装备柴油发电机或液压发电机，为车上设备提供电源，使设备作业不受到井场电源限制。

10）针对海洋及危险井况防爆要求选用防爆电器，操作舱进行正压处理，设置有毒有害气体报警、火灾报警、正压欠压报警装置及自动采取安全措施装置。

（2）试井车及橇装试井设备的特点

1）整机设计先进，布局合理，性能优良，测试深度达 10 000m，满足我国超深井作业的要求。

2）采用液压闭式传动系统，无级变量调速，系统发热少、效率高、操作简单，操纵轻便省力，性能优异。

3)设备性能先进，液压系统具有过载保护能力，可以有效防止遇卡、遇阻时超负荷拉断钢丝的情况发生。

4）采用自动排丝机构使钢丝缠绕过程中自动排列整齐，降低了工人劳动强度，提高了钢丝使用寿命。

5）配备气控离合装置，操纵轻便省力，满足轻负荷自动下放要求。

6）根据各油田作业工况不同，设计多系列、多型式绞车，满足不同井深、不同钢丝直径试井需要。

7)多滚筒、活动滚筒试井车满足油田恢复压力、提高生产效率的要求。

8）配备手摇机构满足测试过程中精确定位的要求。

9）车内布局采用人性化设计，舒适美观，车内安装空调、暖风机、电加热器，给操作人员创造舒适的工作条件。

10)选用东风系列、依维柯系列底盘，造型美观，车速高、性能好，越野能力强，适用于油田道路。

3. 产品获奖情况

南阳二机是国家生产油井测试设备的骨干厂家，1970 年研制出国内首台 SJ3000 试井车，1990 年引进美国 ICT 公司的油井电测车技术，经过持续技术创新，电缆测试车最大测试深度由 6 000m 上升到 8 500m，试井车最大试井深度由 4 000m 上升到 10 000m，起升吨位由 0.75t 上升到 1.5t，并开发出多滚筒试井车，产品品种、技术水平和市场占有率在国内一直稳居第一位。

五、曳引抽油机

W 型曳引抽油机是河南信宇石油机械公司开发的高新技术产品，它将电能转换成机械能，利用电动机带动抽油杆和抽油泵，把原油从地下抽吸到地面，适用于全国各大油田采油工程。该型抽油机是由机架平台，外转子稀土永磁同步电动机，变频控制系统，配重扶正系统，曳引轮、动滑轮牵引系统，以及安全制动系统构成。

该曳引抽油机具有以下创新点：

（1）外转子稀土永磁同步电动机作为动力，具有低转速、大转矩、低耗能优点。

（2）设计了变频控制系统，根据实际需求定量供给电能，并接受传感器的换向信号控制电动机实现正反转。

（3）采用曳引方式，用钢丝绳将电动机两端的曳引轮、导轮、动滑轮，按 W 型式连接起来，直接带动抽油杆、抽油泵进行抽油，废除了游梁式抽油机的驴头、游梁、横梁、连杆、曲柄、减速器，使传动路径缩短，结构简捷，机械效率提高。

（4）在曳引系统中，采用动滑轮，使作用在电动机上的负荷减小 50%。

（5）采用较大直径的曳引轮和多根较小直径钢丝绳，使钢丝绳的寿命得到提高。

（6）采用电液制动技术，提高制动安全性。

（7）采用非接触平衡块扶正系统，使配重系统与扶正系统磨损小、噪声低。

（8）采用举升装置，使抽油机能够前后运行，为井口作业让出空间。

该抽油机属于无游梁式抽油机，由于精减了减速器和四连杆机构，因此，机械传动路径短，机械效率高，能源消耗少，整机体积小，重量轻，占地面积小、冲程长、冲次少，解决了本领域长期以来大马拉小车、能耗高、调节参数困难、效率低等关键技术问题；同时，解决了小泵深抽、大泵提液、提高产量等重要技术问题，为抽油机产品更新换代、优化使用性能做出了重要贡献；还解决了液量不足时能够不停机进行抽采的世界级难题，延长了设备寿命，节约了成本。因此，在我国成为极具竞争力的一种新型抽油机，可以直接取代使用百余年的由美国人发明的游梁式抽油机。

该抽油机已在中原油田、华北油田、辽河油田、胜利油田等7家油田推广使用，各种技术性能优越。该抽油机经中国工程院、中国石油和石油化工设备工业协会、胜利油田、清华大学技术专家鉴定，认为其技术水平为国内领先、国际先进。该抽油机获得濮阳市科技进步奖一等奖，河南省科技进步奖三等奖，河南省科技成果奖二等奖，河南省工业产品优秀设计奖，河南省工业节能产品，全国工商联科技进步奖二等奖，2011年国家级重点新产品。

六、页岩气数控变频压裂系统整体解决开发方案

四川宏华设备有限公司（简称“四川宏华”）自主研发的页岩气数控变频压裂系统整体解决开发方案，是在现有天然气开发技术的基础上，采用“网络先行、以气打气、气电结合、工厂化生产、流水线作业”的页岩气开采方案。该方案技术含量及产生的效益全球领先，尤其适用于页岩气等非常规油气的开发，已经得到世界知名钻井服务公司的认同。该方案的优势体现在以下三方面：

（1）降低占地面积。四川宏华的解决方案要求设备集成化、配套化、大功率化，并向空间发展，因此减少大量的占地面积，实现了设备的快速运移。

（2）节约成本。除了因设备数量减少而明显节约的成本以外，该方案提出了创新的“以气打气”的开发理念，即可以用自己生产出的页岩气给设备提供能量，较常规解决方案成本降低10%。

（3）节能环保。该整体解决方案每口井减少碳排放约226t，在完井之后，估计有60%的土地可以恢复农业使用。

该页岩气整体解决方案能经济、安全、高效完成页岩气资源的商业开发，充分体现了四川宏华的创新能力，其技术含量及产生的效益都是全球领先的。它的成功实施大力促进我国页岩气的开采，必将对我国能源战略产生深远的影响，是对国家能源战略的重大补充及发展，也为企业未来发展注入持续的动力。

七、液氮车

近年来液氮设备在油田的应用领域越来越广泛，已经从单纯依靠液氮设备进行气举转向集混气压裂、混气酸压、连续冲洗、水平解堵、正压射孔、氮气驱替等多项先进技术于一体的工艺技术体系发展。烟台杰瑞石油服务集团股份有限公司在分析和借鉴国际先进技术和制造工艺的基础上，结合目前国内外油田压裂作业的实际需要，经过多年的消化、吸收和技术再创造，形成了具有自主知识产权、技术先进、性能可靠，适用范围广的液氮车及系列油田专用液氮设备，填补了多项国内技术空白。

1. 主要用途及适用范围

（1）氮气气举。液氮车排液具有压力高、排量大、氮气纯度高的特点，气举排液速度快、效果好。

（2）液氮拌注压裂。为解决低渗油田压后返排的难题，油田行业出现了液氮拌注压裂技术，在注入压裂液的同时注入氮气，目的在于提高压裂液的自身返排能力，降低毛管力的捕集作用，减轻压裂液滞留于地层所产生的危害。

（3）混气酸化。混气酸化同样可以解决低渗油藏酸化后排液难的问题，旨在提高残酸的自喷返排能力，减轻酸液滞留于地层产生的二次污染。混气酸化除在混气压裂中起到隔离、降滤、助排作用外，还具备转向和缓速作用。

（4）氮气正压射孔。氮气正压射孔是氮气负压射孔的进一步发展，它集正压射孔、负压反向冲击和气体压裂为一体，依据储层岩石参数及物性参数，将井筒内液面控制在一定高度，与地层压力形成合理的负压值，然后向井内泵注氮气加压至射孔段处破裂压力以上，引爆射孔枪，井内蓄集的高压氮气借助射孔弹打开地层的瞬间，正向冲击地层，沿孔眼压开一定长度的裂缝，突破射孔压实带及钻井液损害带，随后将井内氮气压力卸掉，在负压作用下，近井地带流体涌入井内疏通渗流孔道并冲洗孔眼，诱导油气流出井口。

2. 创新点

（1）国内首台自带液氮罐的新型液氮车，结构新颖、外形美观。

（2）利用三缸柱塞泵泵送高压液态氮到蒸发器进行热交换，将液氮温度由标准冰点（-209.7℃）以下快速升温到标准沸点（-195.8℃）以上，最终转换成高压的常温氮气进行排出。

（3）先进的温度自动控制系统，利用排出口的氮气排出温度传感器来自动控制燃烧室的燃烧温度。

（4）蒸发器风扇转速自动控制系统，利用风扇上安装的转速传感器实现风扇转速的自动控制。

（5）具有超低温和超压保护功能，保护设备和人身安全。

（6）重新设计开发的新仪表显示界面，可以更加清楚、直观地显示设备作业中的各种参数，安装了先进的数据采集系统，可进行数据的记录和导出。

（7）设计了一种新型的仪表箱，放置到液氮车左侧，其控制面板上集成了设备所有的操作阀门、显示仪表和蒸发器操作按钮等。

3. 市场应用情况

该公司从2004年起开始研究液氮泵制造技术，在国内液氮设备的制造领域占得先发优势。“杰瑞”牌液氮车由于技术先进、性能稳定，受到了广大客户的高度评价。投放市场以来，产品先后远销北美、中亚、东南亚等国家和地区。该产品研制成功并实现产业化，在拉动企业经济效益增长的同时，为石油装备国产化做出了应有的贡献。

八、车载钻机及修井机

中原特种车辆有限公司自主研发的车载钻机及修井机主要用于9 000m以下的修井作业或4 000m以内的中浅井钻井作业。通常情况下，车载钻机及修井机结构和原理大致相同，二者主要区别在于：车载钻机的后部增加了转盘变速器，可以配合转盘进行钻井作业，且能完成修井机所能完成的全部功能。

该公司生产的车载钻机及修井机具有如下优势：

（1）整车转向系统采用双重动力转向技术，与国际先进水平相当。在自走式底盘上设计应用双动力转向和新型的多桥转向传动机构，转向操作省力、同步、舒适；形成2项专利技术：《一种双动力转向装置》《一种多桥转向传动机构》，获得国家授权。

（2）整车制动系统采用独立的双回路气压制动技术，制动安全可靠。

（3）传动系统设计更加简捷，操作方便、简单。综合现有钻机车传动系统优点，结合公司钻机车制造的实际情况，传动系统传动路线简单，两台发动机可单机、并机运行，且单机工作时，可方便地互相交换使用，操作简单、方便，并形成1项专利技术：《一种钻修机传动装置》，获得国家授权。

（4）设计应用多项安全操控技术，形成5项专利技术（其中发明专利1项），均获得国家授权，提升了设备安全性能和自动控制水平。

（5）首次设计应用快速装拆技术，提高设备使用、维护、保养效率。

（6）利用涡旋静音、电动机吸风隔音等综合降噪技术使空气压缩机、变频电动机等设备的工作噪声大大降低，改善了修井机操作和使用环境，技术处于国内外先进水平。

（7）超级电容蓄能与快速放电技术实现现场错峰限流使用，目前该技术处于国内外领先地位。

车载钻机及修井机已成为该公司的主要产品之一，特别是ZYT5550TZJ120型车载钻机和ZYT5550TZJ180型车载钻机，不仅技术含量高，而且智能化程度高，在新型单调速器并机控制技术、交流变频大功率绞车、发动机远程防爆气控熄火控制、双动力转向等方面取得了多项自主关键技术，在西南局、中原油田井下作业处等地的应用中经历了较大的负荷和多种复杂地层的考验，整体性能达到同类产品国际先进水平。

双混合动力修井机、超级电容修井机等新产品投放市场后，提高了工作安全性和工作效率，降低了工人劳动强度，带动了传统修井机的技术革新，实现了油气生产开发环节的降本增效，因此，推广应用新型修井机取代传统修井机具有重要的意义。

九、固井水泥车

兰州通用机器制造有限公司生产的固井水泥车由运载汽车、台上柴油机、变速器、传动箱、行星减速器、三缸柱塞泵、水箱以及连续混浆系统、液压系统、控制系统、吸排管系统等组成，是油田油气井固井作业的主要设备，固井水泥车可根据用户实际作业需要灵活配套；机组配套设备按国际标准设计，与国际名牌固井设备可互换或同时联机工作，通用性强；机组可选用多项先进的自动控制技术，保证固井作业的准确、可靠。设备使用维护成本低，混浆系统可采用托拉多混浆系统和新一代旋流喷射式混浆系统，控制系统可选用手动混浆密度控制、手动控制数字显示系统。产品处于国内先进水平，批量出口到哈萨克斯坦和乌兹别克斯坦。

兰州通用机器制造有限公司生产的固井水泥车具有以下创新点：

（1）核心部件三缸柱塞泵的柱塞冲程长（200mm，其他厂家为127mm）、冲次少。由于冲次减少，大幅降低了柱塞的磨损，提高了柱塞密封性能，从而延长了产品的使用寿命。

（2）泥浆混合腔采用分离器技术设计，水泥和水可以同时按比例加入、搅拌混合，施工中水泥浆不易形成结块，解决了因水泥浆结块而影响固井施工的难题，施工质量好、效率高。

（3）国内独家采用行星减速器，体积小，便于安装布局；传动比大，结构紧凑，减少了辅助减速器，工作平稳，噪声小。

（4）采用数显式混浆系统或托拉多混浆系统，能准确地按施工要求调节水泥浆比重，保证固井施工质量。

（5）设计有超压过载保护装置，使用安全性高。

该固井水泥车整体结构布局合理，性能可靠、适用性强；设备国产化率高，达到了国内同类产品的先进水平；产品性价比高，具有竞争优势。

十、组合冲砂修井机

组合冲砂修井机是通化石油化工公司研制生产的新产品，用于油田螺杆泵油井，特别是稠油螺杆泵油井的冲砂解堵和修井作业。

螺杆泵技术是近年油田为了开采稠油层、含砂含气高的油层、含聚合物油层及普通油井二次采油的需求而采用的新技术，这类油井统称为螺杆泵油井。当螺杆泵油井出现砂堵等故障时，需冲砂泵车、溶液罐车、吊车、修井机等多台设备联合作业才能解决，而采用组合冲砂修井机，一台设备即可解决砂堵和修井作业，从而提高了采油的工作效率并降低了作业成本。

组合冲砂修井机创新点如下：

（1）组合冲砂修井机为螺杆泵油井冲砂解堵、修井的专用设备，属国内首创，取得了国家发明专利授权。

（2）组合冲砂修井机的发明，改变了螺杆泵油井的作业流程，减少了设备和人员的配置。

（3）井架的特殊设计使其在大于45°范围内自由旋转，从而可完成斜井的冲砂解堵和修井作业。

十一、带压作业机

带压作业机是通化石油化工公司研制开发的油田修注水井、高压油气井的新型环保设备，改变了油田修注水井时间长、对环境污染严重的现状。带压作业机分为“一体化带压作业机”和“分体式带压作业机”两种机型，它们的作业原理和效果是相同的，只是在设备移运上有所不同。“一体化带压作业机”可以自行行驶，比较适合平原油田；“分体式带压作业机”的“修井机”可以自行行驶，“带压作业装置”需由运输车单独运输，到井场作业时把二者组装在一起，这种机型是为了方便山区油田的运输而研发的。

带压作业机创新点如下：

（1）环保、节水等功能实现了一体化设计，同时改变了注水井常年失修的状况，确保了向油井注水的清洁度和原油的清洁度。

（2）应用带压作业机修注水井可以做到“不放喷”，缩短修井时间。

（3）分体式带压作业机方便运输，适合山区油田作业。

（4）带压作业机关键部件不压井井口装置是该公司自主研发的具有高密封性的特殊装置。

“一体化带压作业机”主要用于平原地区油田，这种机型首先在吉林油田、江苏油田、克拉玛依油田及华北油田使用，投放市场近10年，累计大修注水井数百口，市场反馈好，是目前国内市场覆盖率较高的一种机型；“分体式带压作业机”专为地处山区的油田研制，主要用于长庆、陕北等油田，分体式设计便于在山区狭窄道路上运输和狭小井场作业。

十二、螺纹锁紧环式高压换热器

兰州兰石集团有限公司制造的螺纹锁紧环式高

压换热器是当前世界先进水平的热交换设备，广泛应用于石油、化工领域，特别是大型炼油企业的加氢裂化和重油加氢脱硫装置中。“七五”期间，该公司完成了国内首台螺纹锁紧式换热器的研制，并在镇海炼厂正常运行至今；该公司于 2007 年 9 月完成中国石化青岛大炼油项目 320 万 t/a 加氢处理装置中的核心设备 —— 热高分气/混合氢换热器（DN1700）的研制工作，通过国家技术成果鉴定，并在青岛大炼油项目安装后一直正常运行。该设备是目前我国研制完成的直径最大、压力最高的螺纹锁紧式高压换热设备，其技术水平达到了国际同类产品的先进水平，填补了国内空白，为我国大直径高压螺纹换热器的制造奠定了坚实的基础。至今该公司已为各大炼厂提供了 200 多台此类设备，特别是 2014 年，该公司还承接了为中化泉州 260 万 t/a 蜡油加氢裂化装置配套的、目前国内直径最大的高压螺纹换热器的制造。

十三、四合一重叠式连续重整反应器

兰州兰石集团有限公司制造的四合一重叠式连续重整反应器，采用的 UOP 专利技术处于世界领先水平。由于反应器采用了四合一重叠式结构，使其具有反应效率高、能耗低、占地面积小、系统阻力小、性能稳定等优点。1996 年，该公司为燕山石化研制成功国内首台四合一连续重整反应器。迄今为止，该公司已为国内各大炼厂制造并安装完成了 40 多台四合一连续重整反应器。其中，2008 年为大连石化公司研制生产的 220 万 t/a 连续重整反应器的加工能力为目前亚洲第一、世界第二，该设备也是目前国内直径最大、重量最重、总体高度最高、板料最厚的连续重整反应器。

十四、SK-MWD 无线随钻测斜仪

上海神开石油化工装备股份有限公司研制的 SK-MWD无线随钻测斜仪是独立的定向井测量工具，是石油天然气勘探专用仪器。现场工程师可根据该仪器测量出的实时数据及时调整井眼轨迹，确保钻头按照井眼轨迹设计方向钻进，顺利到达目的层，是定向井、水平井施工中不可缺少的测量仪器，被称为现场工程师的“第三只眼睛”。测斜仪器中的定向仪器可以实时测量井斜、方位、钻具工具面等参数，监测钻孔轨迹变化，实现导向钻进。

SK-MWD 作为一种新型无线随钻测量仪器，提供了井眼轨迹全视角三维立体图，与井下装置组成一套高效、可靠的无线随钻测量系统。其软件具有数字滤波、实时曲线、解码、数据回放等功能，在滤波方面采用了先进的多阶软件数字滤波器，计算快速、幅频特性较好、滤波效果较理想；还提供了数据在线回放和编辑功能、实时井斜图、井斜报表功能，为现场应用提供方便，具有操作方便、可靠性高、性能稳定等特点。

SK-MWD 无线随钻测斜仪目前已获得 5 项发明专利、6 项实用新型专利，完成软件著作权登记 5 项。产品具有完全的自主知识产权。主要技术特点如下：

（1）采集泥浆压力信号，进行数字滤波，自动计算压力基值，显示实时压力曲线图。

（2）对信号进行解码，计算井斜、方位、工具面、重力和、磁场和、温度、GR 等参数，并将数据发送到显示仪表。

（3）回放压力数据，并可编辑及重新解码。

（4）提供井斜图和井斜报表，可输入数据后画出井斜投影图，比较实钻轨迹和设计轨迹，计算水平位移、垂直位移、闭合方位、闭合位移等参数，形成井斜数据报表。

导向钻井技术是钻井工程领域的高新技术，代表着世界最先进的钻井技术发展方向。目前，在世界范围内水平井、大位移井、分支井等高难度的复杂井正蓬勃发展，常规钻井技术难以适应需要，必须依靠先进的导向钻井技术才能保证井眼轨迹的准确无误。

导向钻井技术的应用使得原来需要建多个井场的，现在只需建一个井场，大大降低了建场费用，降低了能耗，降低了废物的排放，为环保做出了贡献。

十五、石油钻机顶部驱动钻井装置

石油钻机顶部驱动钻井装置是取代转盘提供旋转动力的新型石油钻井装备，被誉为近代钻井装备的三大革命性技术成果之一。北京石油机械厂生产的顶驱装置是集机电液信息一体化的高技术产品。与采用方钻杆和转盘的传统钻进方式不同，顶驱装置可以在井架空间上部直接驱动钻柱旋转并沿专用

导轨向下送进，完成旋转钻进、循环钻井液、接立根、上卸扣、倒划眼等多种钻井操作。利用顶驱装置显著提高了钻井作业的能力、效率和安全性，是降低钻井风险、避免钻井事故最有效的技术手段之一，实现了钻机自动化过程的阶段性跨越。

十六、地面防喷器控制装置

地面防喷器控制装置是钻井控制系统的核心设备之一，用于控制防喷器的开启和关闭，其质量和可靠性对钻井作业的安全至关重要。控制对象 1 ～ 16 个，蓄能器的液量 50 ～ 3 200L；控制方式有无遥控型、气控型、电气控型以及电液控型 4 种。

北京石油机械厂生产的防喷器控制装置的国内市场占有率达到80% 以上，产品覆盖国内的中石油、中石化、中海油等油气田，以及国外 40 多个国家和地区，从 2003 年到 2013 年这 10 年期间，累计销售超过 4 000 套。

十七、螺杆钻具

目前，国内外生产厂家对许多新型螺杆钻具进行了大量研究，旨在不断提高和扩大螺杆钻具的使用性能和使用范围。德州联合石油机械公司研发的螺杆钻具获山东名牌产品及中国石油石化装备名牌产品，拥有完全的自主知识产权，市场占有率位于国内前列。现有 23 个系列 200 多个品种，出口到美国、加拿大、俄罗斯等国家。

在近几十年中，螺杆钻具作为一种井下动力工具获得了迅速发展，其与传统的转盘带动钻杆钻进相比有许多优点：

（1）它可以增加钻头转速和钻头转矩，因而增加进尺率，缩短钻井周期。

（2）井底直接提供动力，减少了钻杆和套管的磨损和损坏。

（3）可准确的侧钻、造斜、定向、纠偏。

（4）可钻定向井、水平井、丛式井，显著提高钻井的经济效益。

（5）可与转盘同时使用，用于直井全面钻进，大幅提高机械钻速。

2013 年 8 月，在新疆羊塔区块，293 ～ 3 100m 井段，该公司自主研发的高效能、长寿命 7LZ244 螺杆钻具一次下井使用 466h，再次刷新了历史记录，有效地节省了起下钻时间，得到了专家的肯定和认同，改变了国内螺杆钻具使用寿命低于国外同类产品的格局，为企业在新疆市场乃至国内各大油田市场赢得了荣誉。

十八、液力推力器、全液压式随钻振击器

贵州高峰石油机械股份有限公司生产的 TLQ 型液力推力器是一种新型的井下工具。其主要功能是：

（1）将钻头喷嘴或井下马达的压降转换为钻压。

（2）液压加压使得钻压稳定，有利于提高钻速和使用寿命。特别是在定向井中有利于克服摩擦阻力，施加恒定钻压。

（3）有利于保护钻柱，可将钻头的纵向振动与液力推力器以上的钻柱振动隔离开，防止纵向振动激发横向振动，在硬地层、夹层及砾岩层和小井眼中防止钻柱疲劳失效。

TLQ 型液力推力器不仅能够解决定向井、大位移井、水平井和小井眼钻井施工中钻压不易施加的问题，而且还可以在海洋钻井中起到升沉补偿器的作用。同时，液力推力器将钻头的振动和钻柱的振动分离开来，不仅直接减轻了钻具的纵向振动，而且对钻具的横向振动、扭转振动和纵向振动有解耦作用，起到了减振的作用，从而提高了钻具的使用寿命和疲劳寿命。大量现场使用表明，它能改善钻具受力变形、减少钻具疲劳损坏以及提高机械钻速。

贵州高峰石油机械股份有限公司生产的 QY 型全液压式随钻振击器是一种井下钻具被卡时的解卡工具。该工具集上、下击于一体，采用了锥体结构使得工具的延时更加稳定，性能更加可靠。QY 型全液压式随钻振击器的延时功能可在振击释放前使钻柱充分弹性拉伸并储能，从而达到最佳振击效果，当井下钻具卡钻时，通过操作使 QY 型全液压式随钻振击器能够提供一个巨大的冲击力，来达到解卡目的，从而迅速恢复正常钻井作业。

十九、带压作业装置

河北华北石油荣盛机械制造有限公司（简称华北荣盛）于 2000 年开始研究不压井作业装置，是国内最早研发生产不压井作业装置的企业。在吸取

国外技术和生产经验的基础上，通过自身强有力的研发能力和充裕的科研投入，华北荣盛在不压井作业装备制造技术方面已经遥遥领先国内市场。

华北荣盛研究开发了一系列带压作业专用的防喷器和卡瓦等设备。经过 10 多年的研究，经历了多次重大的技术改进，设计开发出了通径为 ϕ124mm、ϕ186mm，动密封压力有 14MPa、21MPa、35MPa、70MPa 4 个压力等级，结构形式为辅助式、独立式等多种规格型号的产品，可用于普通油井、气井、水井以及电潜泵井、热采井等特殊井的不压井作业。目前，该公司已经获得了 8 项带压作业方面的国家专利，具有完全自主的知识产权。

防喷器是带压作业装置的关键组成部件，因此，防喷器的质量直接决定了带压作业装置的性能。而华北荣盛作为全球陆地防喷器第一大制造商，几十年来，所生产的防喷器一直受到国内外各大油田的青睐。凭借超强的科研能力和不断创新，华北荣盛不仅成为中石油钻井和井下防喷器唯一甲级资质生产企业，而且先后参与制定了 GB/T20174—2006《石油天然气工业钻井和采油设备 钻通设备》等多项国家标准和行业标准。

经过多年的研究和产品现场使用经验，根据不压井作业的需要研制了多种特殊结构形式的卡瓦和防喷器，可以满足多种作业需要。并且，华北荣盛设有专门的试验模拟井，可以对即将出厂的带压作业装置进行全方位的检测和调试，保证产品出厂零缺陷。

华北荣盛带压作业装置一经面市就走俏市场，曾经一天之内出厂 4 套全套带压作业装置。据不完全统计，近三年来，华北荣盛共销售了 22 套带压作业装置，销售到国内大庆油田、辽河油田、吉林油田、大港油田、华北油田、江汉油田、中原油田、新疆克拉玛依油田、吐哈油田等各大主要油田。

二十、钻井防喷器

防喷器主要作用于钻井过程，能够及时发现溢流并有效预防和迅速控制井喷，为安全钻井提供了保障，更好地保护了钻井人员、钻井设备以及油气井的生产安全，是钻井设备中不可或缺的系统装备。防喷器质量和性能的好坏直接影响着油气井压力控制的成败，是井控设备的核心组件。

华北荣盛在 1986 年开始生产防喷器，是国内较早研发和生产防喷器的企业之一。经过 30 多年孜孜不倦的努力和生产经验的积累，华北荣盛已经形成了修井、作业防喷器和钻井防喷器两大成熟产品系列。已成功研制 280mm、350mm、430mm、480mm、530mm、540mm 和 640mm 7 种公称通径，14MPa、21MPa、35MPa、70MPa、105MPa 和 140MPa 6 个压力等级的钻井防喷器，拥有规格型号 150 多个。其中 F35-105 超高压防喷器组和 F48-105 水下防喷器及控制系统两项新产品获得国际会展新产品金奖。钻井防喷器作为华北荣盛的核心主打产品，能够完全满足低温、高温、高含硫等不同的作业环境，覆盖了当前国内外市场需要的所有品种。

目前，华北荣盛所有作业防喷器的设计采用 CAXA、Pro-E、Solidwork 等软件建立三维实体造型，进行有限元计算和运动分析及优化，使得应力场分布合理，充分发挥了材料特性，大大提高承压能力。

防喷器的密封效果取决于其胶芯的性能，而胶芯的寿命和特性则在很大程度上受橡胶的物理性能的影响。华北荣盛胶芯从设计到生产、从配方到工艺都是自主研发，具有高抗 H_2S、强耐高温和低温的特性，完全克服了市面上大部分胶芯耐 H_2S 性能差、耐低温性差的不足，满足了含 H_2S 油气井及寒冷环境钻井作业的需要。

除了精良的软实力，华北荣盛还有无法比拟的硬件条件。为了更加严格的控制橡胶的性能，华北荣盛重资建立了橡胶物理实验室，并配备了高低温拉伸设备等先进的检测设备。出厂的防喷器可以在试压间进行高低温检测试验，此项试验可以检测防喷器在温度为 -55 ～ 260℃下的工作情况。

华北荣盛防喷器产品具有先进的产品技术、良好的售后服务和良好的性价比，为石油天然气钻井提供了先进可靠的工艺装备，打破了高压大通径防喷器被国外少数公司所垄断的局面，具有广阔市场前景。

二十一、整体加重钻杆

加重钻杆是钻柱的最重要组成部分，用于普通钻杆与钻铤之间的过渡钻柱段，它能有效地缓解钻铤与钻杆在结合中过渡段的应力集中，提供钻压并能有效地减少钻柱与井壁的联接面积及外径磨损率。

中原特钢股份有限公司具备冶炼、锻造、机加工和热处理完整的生产线，整体加重钻杆严格按SY/T5146—2012及API7-1等标准生产，其使用的材料采用精炼工艺，管体和接头整体精锻成型，与管体与接头对焊成型的同类产品相比，没有产生断裂事故的焊缝和热影响区，可以缓解钻杆与钻铤过渡段的应力集中。钢中夹杂物含量低，锻后组织致密，尺寸精度高，机械加工余量小。热处理采用井式炉，能保证变截面状态下均匀加热。热处理工艺建立在对每根材料的实际化学分析的基础上，并利用计算机技术控制热处理工艺参数，使产品具有良好均匀性，并提高了生产效率。

无磁加重钻杆工艺独特，制造技术领先。化学成分设计合理，材料选用铬－锰－氮不锈钢，属于符合我国资源状况的高锰节镍钢种，采用高低温复合精锻形变强化的生产技术，将钻铤的锻造成形和强韧化处理融为一体，经强韧化处理后，具有优良的综合性能和抗晶间腐蚀性能。

加重钻杆两端接头和中间加厚段的喷焊采用美国安科公司授权的100XT、300XT耐磨材料，可以有效地保护本体不受磨损。螺纹采用数控机床加工，并且通过冷滚压来提高螺纹的抗疲劳能力和连接强度，通过磷化或镀铜等处理来有效地保护螺纹，防止螺纹粘连和锈蚀，提高螺纹的耐磨性。每个螺纹均配有钢塑复合护丝帽。

2013年，该公司共生产整体加重钻杆869支，产品销售额2 237万元，国内市场占有率达78%，出口整体加重钻杆18支，出口额13万美元。

二十二、泥浆泵

华北荣盛从2002年开始，生产泥浆泵。泥浆泵是华北荣盛的主打产品，在设计上充分吸收了国内外同类产品的优点，利用现代设计理念和方法，对传统泥浆泵的结构和参数进行优化。其具有以下优势：

（1）产品品种和系列齐全。华北荣盛主要有钻井泥浆泵和修井泥浆泵两大系列产品。钻井泥浆泵主要有F系列泵，包括F500、F800、F1000、F1600等型号；P系列泵，包括8-P-80、9-P-100、10-P-130、12-P-160等型号；3NB系列泵，包括3NB1300、3NB1600等型号；还有PZ系列泵。修井泥浆泵主要有W系列泵，包括W440、W447、W460、W500等型号及PAH350、TEE300等。还有最新研发的QF-800、QF-1600等F系列泵的轻型泵。

（2）泵组成套能力强。华北荣盛可以根据用户要求，进行各种结构的泵组和钻井配套装置的设计和生产，可以提供成套皮带、链条、耦合器、减速器等各种传动形式，车载、撬装等各种安装形式的机泵组。公司开发的适应俄罗斯严寒气候的车载泵组得到客户的充分认可，实现了大批量出口。

(3) 执行标准、生产能力与质量水平情况。华北荣盛泥浆泵系列产品生产执行SY5138《三缸单作用钻井泵》和API SPEC 7K《钻井和井口操作设备规范》。已经取得了美国石油学会（API）7K会标使用权，取得俄罗斯GOST及RTN认证。

二十三、往复柱塞式高压泵

1. 产品应用领域

宁波合力机泵有限公司研制开发的高效节能型往复式高压泵、往复式大流量高压泵、往复式油气混输泵等，具有规格齐全，泵效高、工作平稳可靠、低能耗、操作维修方便、压力流量范围广、易损件寿命长等特点，将满足我国各大油田逐步以高效节能、大功率、大排量、高效率往复式高压泵替代低效率离心泵的需要，成为油田用泵的主力，促进油田节能降耗。

2. 产品技术优势

（1）采用柱塞自动调心技术。将柱塞与连接杆之间由原来的螺纹硬连接结构改为自动调心结构连接方式，并采用柱塞复式卡环软连接，杜绝偏心，消除积累误差，确保柱塞运行时与动力端保持平行。在三维空间中的正确轨迹、走直线、不产生偏磨从而提高柱塞、填料、导向套的使用寿命，减少能耗。这一技术能有效消除注水泵因动力端与液力端对中不平行而引起的柱塞与盘根偏磨、动力端发热及十字头滑道拉伤等问题。

（2）采用柱塞填料密封同步隔离技术。在柱塞填料密封结构中增设了一套密封介质腔，使密封介质润滑油与输送介质安全达到自动隔离压力平衡状态，克服了柱塞往复运动期间与填料摩擦副的摩擦功耗。通过利用密封介质良好的润滑性能，以实现降低柱塞与填料间摩擦损失，提高泵效及易损件寿命。

（3）柱塞密封。柱塞密封为U形改性材料（SD5，耐压120MPa）及芳纶纤维矩形盘根，每隔2道填料中间增加一个阻流环，阻流环用填充材料制成，该材料中含有聚四氟乙烯、石墨和二硫化钼，通过密封、阻流隔环加补偿弹簧等组合的密封组，因而增强了柱塞密封的自润滑、自调整、自补偿性能，从而提高了柱塞的使用寿命。

（4）多种阀组结构。阀组无故障运行时间大于2 000h，并可根据介质、压力等参数选择不同结构。当泵的工作压力≤15MPa且输送介质不含砂（清水或油田污水）时，可选立式组合阀、锥形平板阀；当泵的工作压力＞15MPa且输送介质不含砂（清水或油田污水）时，可选卧式组合阀、双流道组合阀；当泵的工作压力≤15MPa且输送介质含有颗粒、砂粒时，可选AR阀、非金属阀板平板组合阀；当泵的工作压力≤25MPa且输送介质含有颗粒、砂粒时，可选导向非金属密封锥形组合阀、立式非金属组合阀。

（5）新型柱塞工艺。通过研究柱塞表面强化新工艺，针对不同工况在柱塞表面热喷涂硬质合金、陶瓷等耐高温、耐磨损的新材料，延长了填料、柱塞使用寿命，减少了泄漏量，提高了泵效率，降低了维护费用。

（6）曲轴多支点支承结构设计。曲轴设计成了多支点支撑结构，提高曲轴的刚性，保证大推力下泵动力端运行平稳、噪声低，提高泵效率，延长泵维护周期，降低维护费用。

（7）该泵为卧式单作用高压往复泵，它主要由电动机、减速机构、传动组件、液压缸组件、减振器组件、安全溢流阀组件、润滑冷却系统组件、防护罩、电控箱等组成，上述零部件除冷水机外全部安装在公共底座上，便于产品运输及工作现场安装和维护。

二十四、低温阀门

中核苏阀科技实业股份有限公司生产的低温阀门适用介质温度为-196～-40℃，主要用于乙烯装置，液化天然气装置，天然气LPG LNG储罐，接收基地及卫星站，空分设备，石油化工尾气分离设备，液氧、液氮、液氩、二氧化碳低温贮槽及槽车、变压吸附制氧等装置上。这些液态低温介质如乙烯、液氧、液氢、液化天然气、液化石油产品等，在输送时不但易燃易爆，而且在升温时要气化，气化时的体积会膨胀数百倍。

液化天然气专用低温阀门的材料非常重要，如材质不合格，会造成壳体及密封面的外漏或内漏；零部件的综合机械性能、强度和钢度满足不了使用要求甚至断裂，导致液化天然气介质泄漏引起爆炸。因此，在开发、设计、研制液化天然气专用低温阀门的过程中，材质是首要关键的问题。

中核苏阀科技实业股份有限公司配合国家LNG产品国产化建设，经过多年研发、设计、制造，已积累了丰富的经验，从设计、工艺到制造日趋成熟，并已开发形成了低温阀门的系列产品。

该公司还与合肥机械通用研究所合作，设计、制作了低温阀门自动试验装置，可以在模拟低温状况下，检测阀门的性能，从而保证产品的质量，满足客户需求。

〔撰稿人：任智惠〕

我国石油和石油化工设备行业获“2013 年度中国机械工业科学技术奖”项目

项目编号	项目名称	完成单位	获奖等级
1306085	极端条件下重大承压设备的设计、制造与维护	合肥通用机械研究院、华东理工大学、浙江大学、中国特种设备检测研究院、中国第一重型机械集团大连加氢反应器制造有限公司、中国石化集团南京化学工业有限公司化工机械厂	特等奖
1306074	大型 PTA 装置用离心压缩机组研制	沈阳鼓风机集团股份有限公司、沈阳透平机械股份有限公司、大连理工大学	一等奖
1302016	100 万 t/a 乙烯装置驱动用工业汽轮机国产化创新研制	杭州汽轮机股份有限公司、浙江大学	二等奖
1306048	重大石化装置高温塔底泵的自主化研制	大耐泵业有限公司	二等奖
1306068	螺杆泵高效采油关键技术及应用	中国石油大学（华东）、中国石油化工股份有限公司胜利油田分公司胜利采油厂、胜利油田高原石油装备有限责任公司	二等奖
1310020	XZ5000 水平定向钻机	徐州徐工基础工程机械有限责任公司	二等奖
1312040	高炉煤气能量回收透平的危急遮断器及其实验装置改进	陕西鼓风机集团有限公司	二等奖
1302041	盖板类钻具通用托架的设计及应用	西安西电开关电气有限公司	三等奖
1304048	7m 顶装焦炉成套机械设备研制	太原重工股份有限公司	三等奖
1306008	基于在线分析的真实气体离心压缩机闭式循环试验技术研究	西安陕鼓动力股份有限公司、天津大学	三等奖
1306010	WCYJT12-6-5.5-Z 智能型节能长冲程曳引抽油机研制	河南南阳市油田机械制造有限公司	三等奖
1306027	低负荷解封高效洗井分注工具	大庆油田有限责任公司采油工程研究院	三等奖
1306054	W-7.5/(1 ～ 2)-250-C 型天然气压缩机	安瑞科（蚌埠）压缩机有限公司	三等奖
1310014	XR320D 旋挖钻机	徐州徐工基础工程机械有限责任公司	三等奖

上海神开石油化工装备股份有限公司新产品、新技术

上海神开石油化工装备股份有限公司（简称神开）是以研发、制造石油化工装备为主营业务的上市企业（股票代码：002278），下属多家专业化子公司。

神开主要产品有综合录井仪、钻井仪表、随钻测斜仪、防喷器及地面控制系统、压井节流管汇、井口装置及采油（气）树、油品分析仪、钻头及特殊橡胶制品等。产品系列横跨石油勘探、开发、生产和炼化环节，集机、电、仪器制造于一体，具有突出的产品综合配套能力优势。

神开产品已广泛应用于国内各大油田及海洋钻井，并在众多国际市场建立了分支机构，实现国际化、本土化营销及服务，致力于成为世界一流的石油装备制造企业。

神开致力于研究开发更先进和更可靠的石油装备，不断为石油企业创造新的价值。

一、随钻录井仪

神开秉持创新理念和不断积累的经验技术，开发出适用于非常规油气和常规油气钻井作业现场的随钻录井仪。

随钻录井仪整合了地面常规录井参数与井下随钻参数，通过配置气测、钻井工程、钻井液、MWD或LWD等设备，测量地面、井下参数，以地质模型和地质导向软件为工具，充分利用上述设备所测参数进行井眼轨迹分析，为钻井提供指导。通过实时地质导向监控，完成复杂地质条件下长距离水平井的钻井施工监控及储层发现，提高勘探效率。

随钻录井仪采用符合DNV2.7-1标准的正压防爆仪器房，满足危险场合的使用要求；配置新一代模块化快速色谱仪，实现油气的快速发现；通过高性能的MWD/LWD系统，实现水平井的钻井导向；通过综合数据采集及分析，提供实时地质导向监控系统，优化钻井、提升勘探成功率。其主要由防爆仪器房、电源、气测参数测量、工程参数测量、钻井液参数测量、MWD/LWD、计算机数据处理、辅助设备等单元组成。

随钻录井仪配置的LWD套件包括井下服务的完整解决方案，集SK-FMWD系列无线随钻测斜仪、电磁波电阻率、地面设备和软件于一身，可任意组合专业化设备，开展现场应用。

二、SK系列无线随钻测量仪

神开自主研发的SK系列无线随钻测量仪，目前已形成中、高端的MWD无线随钻测斜仪和LWD无线随钻测井仪产品。可提供如井斜、方位、工具面、温度、伽玛值、电阻率、环空压力等井下参数。

SK系列无线随钻测量仪系列产品拥有全新的、统一的地面系统：地面控制箱内置井深测量装置，为地质测量提供便利；防爆司钻显示器经过认证，能提供清晰明了的定向参数显示；地面控制箱、司钻显示器、计算机等地面硬件，支持多种的接口形式，实现信息通信，进行实时测量、仪器测试和配置；软件全面支持Windows7或更高级别操作系统。用户可选择使用最新技术的无线随钻地面测量系统，使现场操作更方便、轻松，提高信号传输的可靠性。

其中，SK-FMWD无线随钻测斜仪是井下涡轮发电式泥浆脉冲无线随钻测斜系统。它既可以作为一套独立的测量工具，测量井斜、方位、工具面、温度及伽玛值等工程参数和地质参数，为现场定向工程师提供在线服务，也可以与LWD系统挂接，为随钻测井仪器提供信息传输通道。

三、SK-CLS煤层气录井仪

SK-CLS煤层气录井仪是新一代煤层气勘探开发设备，是集红外分析、微电子技术、计算机技术、传感技术、井下测量技术等多种技术于一体的高新技术产品，可适用于具有防爆要求的工作现场。

煤层气录井仪包括先进的防爆CAN 总线型传感器，在线分析气体检测仪，适应不同环境要求的脱气系统装置，采用智能模块化数字通信技术的CAN 总线系统，高性能配置的计算机硬件系统和可扩展局域网的联机采集系统。

煤层气录井仪集工程参数传感器、气体检测和生活住宿于一体。根据通过传感器获得的工程参数进行钻井状态的判别和井深计算，确定钻头位置、钻时、迟到时间等参数；以电动脱气器分离钻井液中的气体成分，用在线分析气体检测仪进行全烃、二氧化碳含量的实时测量，确定煤层的顶板、底板；以基本的参数实现煤层的确定。

煤层气录井仪配置的MWD无线随钻测斜仪作为其井下传感器，提供井斜、方位、工具面等钻井工程参数，满足煤层气钻井工程需求，提高钻井效率，保障钻井安全。

四、超高压气密封防喷器组

神开自行研发的超高压气密封防喷器组，满足GBT20174《石油天然气工业 钻井和采油设备 钻通设备》标准的气密封实验要求。

105MPa超高压气密封防喷器组达到了升压和保压过程中无气体泄漏的要求，技术与性能达到国际先进水平，可满足我国页岩气、高压气田钻井作业中的超高压气密封需求。该防喷器组于2013年研制成功并实现销售以来深受用户好评。

五、带压作业防喷器组

随着国际上对于非常规油气资源勘探开发力度的不断加大，带压作业设备作为非常规油气资源勘探作业过程中必不可少的设备，需求量也在逐年上升。神开克服了技术难度高、生产及质量控制要求严的困难，成功研制出 F1835 带压作业防喷器组，新型密封胶芯使用寿命比常规球形胶芯延长 1 倍以上，且密封性能可靠。产品技术性能、质量稳定性处于国内领先水平。

六、新一代地面防喷器远程控制装置

新一代地面防喷器远程控制装置是神开最新研制的高端设备，主要面向海上及国外油气市场，其技术先进性保持国内领先。该产品在不断满足客户功能需求的基础上，运用了无线遥控技术，不断提升操作人性化及整体性能方面的技术，可以在井场实时监控防喷器控制装置的状态，并在可靠性及抗干扰性上采用先进技术，确保了产品的可靠性，实现地面防喷器控制装置的更新换代。

七、K3 高抗硫防喷器组

神开自主研制的符合俄罗斯 K3 标准的高抗硫防喷器组，填补了国内低温、高抗硫防喷器产品的空白。该产品是基于神开持有的研制 H H 级高抗硫井口装置及 FZ3570U 型防喷器的技术和工艺，开发的新一代高抗硫 U 型防喷器组。产品最高额定工作压力可达 105MPa，适用于低温地区和高硫区域的作业，K3 高抗硫防喷器组的助力剪切液压缸技术为国内首创，达到国际先进水平；出色的高抗硫产品制造工艺，保障了防喷器在高含硫地区使用的可靠性，性价比远高于国内外同类产品。

八、大范围变径闸板

神开研发的符合 API 16A 标准的大变径闸板，适用于各种 U 型防喷器组，在密封、抗疲劳性能及可靠性方面达到了国外同类产品的先进水平，可取代国外同类产品，降低产品成本。

九、HH 级高抗硫井口装置

HH 级高抗硫井口装置是神开按 ASME IX 和 API 6A 要求自行研制的一款适用于高含硫地区井场的采油井口装置。产品拥有自主知识产权，通过具有国家级资质的酸性油气田材料腐蚀评价中心的抗腐蚀试验测试和 PR2 试验，重点工艺过程通过挪威船级社（DNV）认证。

产品拥有法国 BV 公司监检证书和国家井口检测中心颁发的闸阀 PR2 试验证书，及其他相关机构颁发的火烧试验证书，流量试验证书，材料高抗腐蚀性、采气树整体试验证书，闸阀/节流阀/促动器性能试验证书等。HH 级井口装置及采油（气）树已成功运用于多个高硫油气田，并获得用户的一致好评。

十、SKY2102-VII 汽油辛烷值测定机

SKY2102-VII 汽油辛烷值测定机同时具备马达法（GB/T 503—1995）和研究法（GB/T5487—1995）两种标准试验方法，是神开自主研发的新型汽油辛烷值测定专业仪器。产品基于单缸水冷式标准发动机，配置新型化油器、霍尔电子点火系统、信号传感器等部件，在计算机系统控制下，可完成采集、计算、显示、保存和打印测试结果等操作。

采用最新技术的 SKY2102-VII 汽油辛烷值测定机建立了“气缸位移、压缩比和辛烷值”之间的内在关系，即所谓的“工作曲线”，并内置于测控系统之中；攻克高速处理爆震信号技术，实现爆震信号调零、线性增益和指数增益调节等一系列关键技术。该机是集发动机、计算机处理器、传感器测控、信息传送等多项技术的综合系统。

〔供稿单位：上海神开石油化工装备有限公司〕

标准和认证

详细介绍2013—2014年发布的与石油和石油化工设备相关的国家标准和行业标准

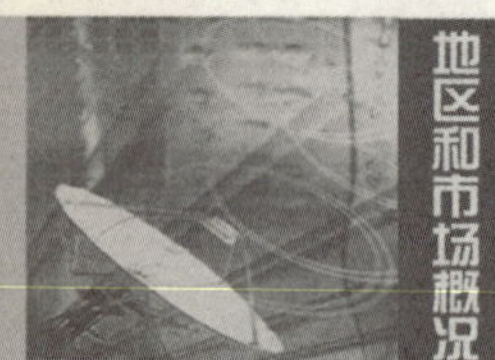

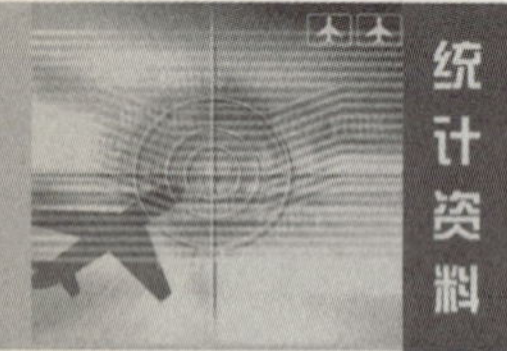

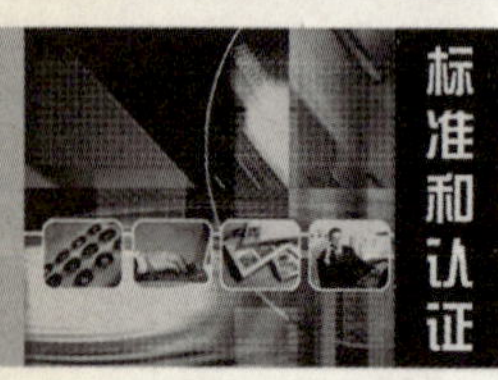
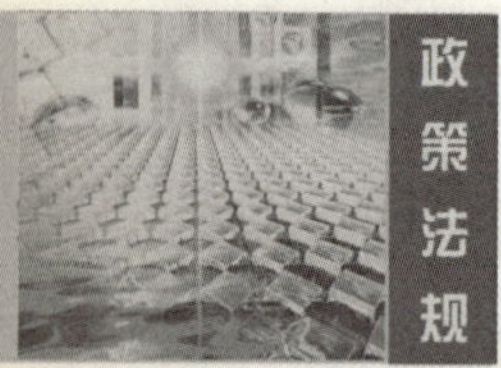
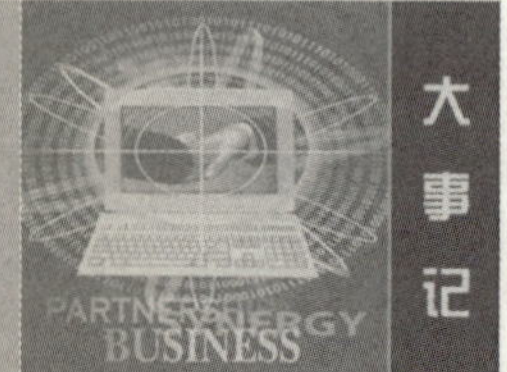

标准和认证

2013年全国石油钻采设备和工具国家标准和行业标准制修订计划汇总表

国家质量监督检验检疫总局、国家标准化管理委员会2013年批准发布的10项全国石油钻采设备和工具行业国家标准

2013年第一批石油天然气行业标准制修订项目计划汇总表（全国石油钻采设备和工具部分）

2013年全国石油钻采设备和工具行业标准目录

2013年全国石油钻采设备和工具国家标准复审项目汇总表

2013年全国石油钻采设备和工具行业标准复审项目汇总表

2012—2013年工业和信息化部批准发布的化工行业标准

2014年国家能源局第1号公告公布废止的23项石油天然气行业标准

2014年国家能源局第3号公告公布的23项石油天然气行业标准

工业和信息化部第47号公告公布的42项化工行业标准和6项石化行业标准

2013年全国石油钻采设备和工具国家标准和行业标准制修订计划汇总表

序号	标准项目名称	标准级别	制定或修订	完成年限	主管单位	主要起草单位	采用的国际标准或国外先进标准编号及采标程度	代替标准
1	石油天然气工业 钻井和修井设备	GB/T	修订	2014	中石油	宝鸡石油机械有限责任公司、南阳二机石油装备（集团）有限公司、中国石化集团江汉石油管理局第四机械厂等	API SPEC 7K:2010,MOD	GB/T 17744—2008
2	石油天然气工业 钻井和修井设备 钻井泵	GB/T	制订	2014	中石油	宝鸡石油机械有限责任公司等		
3	石油钻采设备及专用管材词汇	GB/T	修订	2014	中石油	石油工业标准化研究所、中国石油集团钻井工程技术研究院江汉机械研究所等		GB/T 8423—2008
4	石油天然气工业井下工具 封隔器和桥塞	GB/T	修订	2014	中石油	大庆油田有限责任公司采油工程研究院、石油工业井下工具质量监督检验中心、德州大陆架石油工程技术有限公司等	ISO 4310:2008,MOD	GB/T 20970—2007
5	石油天然气工业 井下工具 锁定心轴和定位接头	GB/T	修订	2014	中石油	石油工业井下工具质量监督检验中心等	ISO 16070:2005,MOD	GB/T 21410—2008
6	石油天然气工业钻井和采油设备 第2部分：深水钻井隔水管的分析方法、操作和完整性技术报告	GB/T	制定	2014	中石油	宝鸡石油机械有限责任公司等	ISO/TR 13624—2:2009，MOD	
7	石油工业用天然气内燃发电机组	GB/T	修订	2014	中石油	中国石油集团济柴动力总厂等		GB/T 22343—2008
8	石油天然气工业 钻井和采油设备 钻井和修井井架底座	GB/T	修订	2014	中石油	宝鸡石油机械有限责任公司等		GB/T 25428—2010
9	无游梁式抽油机	SY/T	修订	2013	中石化	中国石油集团钻井工程技术研究院江汉机械研究所、胜利油田高原石油装备有限责任公司等		SY/T 6729—2008
10	石油钻采机械产品用承压铸钢件 通用技术条件	SY/T	修订	2014	中石油	宝鸡石油机械有限责任公司等	API SPEC 20A:2012,NEQ	SY/T 5715—1995
11	尾管悬挂器及回接装置	SY/T	修订	2014	中石化	德州大陆架石油工程技术有限公司、石油工业井下工具质量监督检验中心等		SY/T 5083—2005

（续）

序号	标准项目名称	标准级别	制定或修订	完成年限	主管单位	主要起草单位	采用的国际标准或国外先进标准编号及采标程度	代替标准
12	防喷器的检查和维修	SY/T	修订	2013	中石油	石油工业井控装置质量监督检验中心、河北华北石油荣盛机械制造有限公司、四川石油管理局成都总机械厂等		SY/T 6160—2008
13	控压钻井系统	SY/T	制定	2013	中石油	中国石油集团钻井工程技术研究院钻井工程研究所、北京石油机械厂、塔里木油田公司塔中勘探开发项目经理部、塔里木油田油气工程研究院等		
14	压裂成套设备	SY/T	修订	2013	中石化	中国石化集团江汉石油管理局第四机械厂、南阳二机石油装备（集团）有限公司、中原特种车辆有限公司、河南石油勘探局井下作业公司等		SY/T 5211—2009
15	内燃机的安装、维护和操作推荐作法	SY/T	修订	2013	中石油	中国石油集团济柴动力总厂等	API RP 7C—11F—1994(R2008),NEQ	SY/T 6416—1999
16	油井测试设备	SY/T	修订	2013	中石化	南阳二机石油装备（集团）有限公司、南阳华美石油设备有限公司、中原特种车辆有限公司、宝鸡宝石特种车辆有限责任公司等		SY/T 5079—2008 SY/T 5073—2008
17	抽油车	SY/T	制定	2013	中石化	中原特种车辆有限公司、南阳二机石油装备（集团）有限公司、河南油田分公司第一油厂、宝鸡石油机械有限责任公司等		
18	清蜡设备	SY/T	修订	2013	中石化	中原特种车辆有限公司、南阳二机石油装备（集团）有限公司、中国石油化工集团中原油田物资装备处等		SY/T 5961—2008
19	洗井机	SY/T	修订	2013	中石化	中原特种车辆有限公司、南阳二机石油装备（集团）有限公司、中原油田分公司采油一厂		SY/T 5962—2008 SY/T 6115—2012
20	抽油机节能拖动装置	SY/T	修订	2013	中石油	中国石油集团渤海石油装备制造有限公司、中国石油集团济柴动力总厂、东北石油大学等		SY/T 5226—2005
21	抽油杆吊卡	SY/T	修订	2013	中石油	中国石油集团钻井工程技术研究院江汉机械研究所、中国石油玉门油田分公司钻采工程研究院等		SY/T 5235—2008
22	海上石油钻井和采油隔水导管	SY/T	修订	2013	中石化	胜利石油管理局钻井工艺研究院海洋工程装备研究所、江苏省盐城市建湖县永维冷门钻件有限公司、宝鸡石油机械有限公司		SY/T 6558—2003
23	石油天然气工业井下工具遇油遇水自膨胀封隔器	SY/T	制定	2013	中石油	中国石油勘探开发研究院采油采气装备研究所等		

（续）

序号	标准项目名称	标准级别	制定或修订	完成年限	主管单位	主要起草单位	采用的国际标准或国外先进标准编号及采标程度	代替标准
24	不压井作业设备	SY/T	修订	2014		河北华北石油荣盛机械制造有限公司、中石化江汉石油第四机械厂、石油工业井控装置质量监督检验中心、中国石油勘探开发研究院采油采气装备研究所、宝鸡石油机械有限责任公司、南阳二机石油装备（集团）有限公司、烟台杰瑞石油服务集团股份有限公司		SY/T 6731—2008

〔供稿单位：中国石油和石油化工设备工业协会〕

国家质量监督检验检疫总局、国家标准化管理委员会 2013 年批准发布的 10 项全国石油钻采设备和工具行业国家标准

序号	标准编号	标准名称	代替标准	采标情况	批准日期	实施日期	备注
1	GB/T 29549.1—2013	海上石油固定平台模块钻机 第1部分：设计			2013.06.09	2014.01.01	2013 年第 9 号公告
2	GB/T 29549.2—2013	海上石油固定平台模块钻机 第2部分：建造			2013.06.09	2014.01.01	2013 年第 9 号公告
3	GB/T 29549.3—2013	海上石油固定平台模块钻机 第3部分：海上安装、调试与验收			2013.06.09	2014.01.01	2013 年第 9 号公告
4	GB/T 30217.1—2013	石油天然气工业 钻井和采油设备 第1部分：海洋钻井隔水管设备的设计和操作			2013.12.31	2014.10.01	2013 年第 27 号公告
5	GB/T 30216—2013	车装钻机			2013.12.31	2014.10.01	2013 年第 27 号公告
6	GB/T 22513—2013	石油天然气工业 钻井和采油设备 井口装置和采油树	GB/T 22513—2008		2013.12.31	2014.10.01	2013 年第 27 号公告
7	GB/T 21412.4—2013	石油天然气工业 水下生产系统的设计和操作 第4部分：水下井口装置和采油树设备	GB/T 21412.4—2008		2013.12.31	2014.10.01	2013 年第 27 号公告
8	GB/T 20173—2013	石油天然气工业 管道输送系统 管道阀门	GB/T 20173—2006		2013.12.31	2014.10.01	2013 年第 27 号公告
9	GB/T 19190—2013	石油天然气工业 钻井和采油提升设备	GB/T 19190—2003		2013.12.31	2014.10.01	2013 年第 27 号公告
10	GB/T 17389—2013	潜油电泵电缆系统的应用	GB/T 17389—1998		2013.12.31	2014.10.01	2013 年第 27 号公告

〔供稿单位：中国石油和石油化工设备工业协会〕

2013年第一批石油天然气行业标准制修订项目计划汇总表（全国石油钻采设备和工具部分）

序号	计划编号	标准项目名称	标准类别	制定/修订	完成年限	主要起草单位	采用国际标准或国外先进标准程度及标准号	代替标准
1	能源20130193	无游梁式抽油机	产品	修订	2013	中国石油集团钻井工程技术研究院江汉机械研究所、国家油气井井口设备质量监督检验中心、中国石油辽河油田物资管理中心、鞍山市鑫宇机械有限公司、胜利油田高原石油装备有限责任公司		SY/T 6729—2008
2	能源20130194	石油天然气工业碳钢、合金钢、不锈钢和镍基合金铸件	方法	修订	2014	宝鸡石油机械有限责任公司、兰州兰石国民油井石油工程有限公司、四川宏华石油设备有限公司	API SPEC 20A:2012,NEQ	SY/T 5715—1995
3	能源20130195	尾管悬挂器及尾管回接装置	产品	修订	2013	德州大陆架石油工程技术有限公司、中国石油钻井院钻井机械研究所、石油工业井下工具质量监督检验中心		SY/T 5083—2005
4	能源20130196	防喷器的检查和维修	方法	修订	2013	石油工业井控装置质量监督检验中心、河北华北石油荣盛机械制造有限公司、宝鸡石油机械有限责任公司、中国石油天然气集团公司工程技术分公司		SY/T 6160—2008
5	能源20130197	压裂成套设备	产品	修订	2013	中国石油集团江汉石油管理局第四机械厂、南阳二机石油装备（集团）有限公司、中油特种车辆有限公司、河南石油勘探局井下作业公司		SY/T 5211—2009
6	能源20130198	内燃机的安装、维护和操作推荐作法	方法	修订	2013	中国石油集团济柴动力总厂、中国石油长城钻探工程公司、中国石油西部钻探工程公司、中国石油渤海钻探工程公司		SY/T 6416—1999
7	能源20130199	油井测试设备	产品	修订	2013	南阳二机石油装备（集团）有限公司、南阳华美石油设备有限公司、宝鸡宝石特种车辆有限责任公司		SY/T 5079—2008 SY/T 5073—2008

（续）

序号	计划编号	标准项目名称	标准类别	制定/修订	完成年限	主要起草单位	采用国际标准或国外先进标准程度及标准号	代替标准
8	能源 20130200	清蜡设备	产品	修订	2013	中原特种车辆有限公司、南阳二机石油装备（集团）有限公司、中原油田装备处		SY/T 5961—2008
9	能源 20130201	洗井机	产品	修订	2013	中原特种车辆有限公司、南阳二机石油装备（集团）有限公司、中国石油集团钻井工程技术研究院江汉机械研究所、中原油田分公司采油一厂		SY/T 5962—2008 SY/T 6115—2012
10	能源 20130202	抽油机节能拖动装置	产品	修订	2013	中国石油集团渤海石油装备制造有限公司、中国石油集团济柴动力总厂、东北石油大学		SY/T 5226—2005
11	能源 20130203	抽油杆吊卡	产品	修订	2013	中国石油集团钻井工程技术研究院江汉机械研究所、泰兴石油机械有限公司		SY/T 5235—2008
12	能源 20130204	海上油气井用隔水导管	产品	修订	2013	胜利石油管理局钻井工艺研究院海洋工程装备研究所、江苏省盐城市建湖县永维阀门钻件有限公司、宝鸡石油机械有限责任公司		SY/T 6558—2003
13	能源 20130205	石油天然气工业 井下工具 遇油遇水自膨胀封隔器	产品	制定	2013	中国石油勘探开发研究院采油采气装备研究所、安东石油技术（集团）有限公司、德州大陆架石油工程技术有限公司、中国石油集团钻井工程技术研究院、中国石油冀东油田分公司、中国石油塔里木油田公司、中国石油辽河油田分公司		
14	能源 20130206	控压钻井系统	产品	制定	2013	中国石油集团钻井工程技术研究院、北京石油机械厂、塔里木油田公司塔中勘探开发项目经理部、塔里森油田油气工程研究院		
15	能源 20130207	石油天然气工业 钻井和采油设备 移动式抽油装置	产品	制定	2013	中原特种车辆有限公司、南阳二机石油装备（集团）有限公司、河南油田分公司第一采油厂、宝鸡石油机械有限责任公司		

〔供稿单位：中国石油和石油化工设备工业协会〕

2013年全国石油钻采设备和工具行业标准目录

序号	备案号	标准编号	标准名称	代替标准	采标号	批准日期	实施日期
1	43174—2014	SY/T 5029—2013	抽油杆	SY/T 5029—2006	API SPEC 11B:2010, MOD	2013.11.28	2014.04.01
2	43175—2014	SY/T 5030—2013	石油天然气工业 柴油机	SY/T 5030—2006 SY/T 5031—1999		2013.11.28	2014.04.01
3	43176—2014	SY/T 5080—2013	石油钻机和修井机用转盘	SY/T 5080—2004		2013.11.28	2014.04.01
4	43179—2014	SY/T 5150—2013	分级注水泥器	SY/T 5150—2000		2013.11.28	2014.04.01
5	43181—2014	SY/T 5170—2013	石油天然气工业用钢丝绳	SY/T 5170—2008	API SPEC 9B:2011, MOD	2013.11.28	2014.04.01
6	43186—2014	SY/T 5376—2013	石油通井机	SY/T 5376—2005		2013.11.28	2014.04.01
7	43192—2014	SY/T 5530—2013	石油钻机和修井机用水龙头	SY/T 5530—2005		2013.11.28	2014.04.01
8	43197—2014	SY/T 5595—2013	油田链条和链轮	SY/T 5595—2009	API SPEC 7B:2010, TDT	2013.11.28	2014.04.01
9	43210—2014	SY/T 6223—2013	钻井液净化设备配套、安装使用和维护	SY/T 6223—2005		2013.11.28	2014.04.01
10	43224—2014	SY/T 6585—2013	连续抽油杆	SY/T 6585—2003		2013.11.28	2014.04.01
11	43229—2014	SY/T 6664—2013	石油钻机用偶合器机组	SY/T 6664—2006		2013.11.28	2014.04.01
12	43231—2014	SY/T 6680—2013	石油钻机和修井机出厂验收规范	SY/T 6680—2007		2013.11.28	2014.04.01
13	43236—2014	SY/T 6728—2013	石油天然气工业柴油/天然气双燃料发动机	SY/T 6728—2008		2013.11.28	2014.04.01
14	43265—2014	SY/T 6958—2013	低温石油钻机和修井机			2013.11.28	2014.04.01
15	43266—2014	SY/T 6959—2013	膨胀式尾管悬挂器及尾管回接装置			2013.11.28	2014.04.01
16	43267—2014	SY/T 6960—2013	阀门试验 耐火试验要求		ISO 10497:2010, MOD	2013.11.28	2014.04.01
17	43268—2014	SY/T 6961—2013	油气田用车装往复式压缩机			2013.11.28	2014.04.01

〔供稿单位：中国石油和石油化工设备工业协会〕

2013 年全国石油钻采设备和工具国家标准复审项目汇总表

序号	标准编号	标 准 名 称	结论
1	GB/T 24257—2009	石油天然气工业　功能规范的内容与编写	确认
2	GB/T 24258—2009	石油天然气工业　技术规范的内容与编写	确认
3	GB/T 17386—2009	潜油电泵装置的规格选用	确认
4	GB/T 21411.2—2009	石油天然气工业井下设备　人工举升用螺杆泵系统　第 2 部分：地面驱动装置	确认
5	GB/T 23505—2009	石油钻机和修井机	修订
6	GB/T 23506—2009	石油采油井场燃气动力机组	修订
7	GB/T 23507.3—2009	石油钻机用电气设备规范　第 3 部分：电动钻机用柴油发动机组	修订

〔供稿单位：中国石油和石油化工设备工业协会〕

2013 年全国石油钻采设备和工具行业标准复审项目汇总表

序号	标准编号	标 准 名 称	结论
1	SY/T 5049—2009	钻井卡瓦	确认
2	SY/T 5051—2009	钻具稳定器	修订
3	SY/T 5059—2009	组合泵筒管式抽油泵	确认
4	SY/T 5068—2009	钻修井用打捞筒	确认
5	SY/T 5069—2009	钻修井用打捞矛	确认
6	SY/T 5110—2000	套管刮削器	确认
7	SY/T 5147—2000	磁力打捞器	修订
8	SY/T 5217—2000	金刚石钻头及金刚石取心钻头	修订
9	SY/T 5236—2000	抽油杆吊钩	修订
10	SY/T 5323—2004	节流和压井系统	修订
11	SY/T 5525—2009	旋转钻井设备　上部和下部方钻杆旋塞阀	确认
12	SY/T 5533—2002	石油钻机用 DS 系列电磁涡流刹车	修订
13	SY/T 5552—2009	地锚车	修订
14	SY/T 5557—2009	固井成套设备规范	修订
15	SY/T 5562—2000	油气井用射孔枪	修订
16	SY/T 5618—2009	套管用浮箍、浮鞋	修订

（续）

序号	标准编号	标准名称	结论
17	SY/T 5641—2009	石油天然气工业　天然气发动机	确认
18	SY/T 5687—1995	石油钻采设备的可靠性通用规则	确认
19	SY/T 5716.7—1995	石油钻机大修理技术条件　电磁涡流刹车	修订
20	SY/T 5812—1996	环空测试井口设备	确认
21	SY/T 6072—2009	钻修井用磨铣鞋	确认
22	SY/T 6155—1995	石油装备可靠性考核评定规范编制导则	确认
23	SY/T 6198—1996	爆炸松扣井口工具	废止
24	SY/T 6327—2005	石油钻采机械产品型号编制方法	确认
25	SY/T 6367—2009	钻井设备的检验、维护、修理和修复程序	确认
26	SY/T 6409—2009	石油企业物资供应主要技术经济指标及计算方法	废止
27	SY/T 6598—2004	潜油电泵保护器的使用与检验推荐作法	确认
28	SY/T 6599—2004	潜油电泵离心泵试验推荐作法	确认
29	SY/T 6600—2004	承荷探测电缆	确认
30	SY/T 6725.2—2009	石油钻机用电气设备规范　第2部分：控制系统	确认

［供稿单位：中国石油和石油化工设备工业协会］

2012—2013年工业和信息化部批准发布的化工行业标准

序号	行业标准编号	行业标准名称	代替标准号	批准发布日期	实施日期	发布公告文号
1	HG/T 4287—2012	石油和化工企业能源管理体系要求		2012.05.24	2012.11.01	工信部2012年第20号公告
2	HG/T 20684—2012	化学工业炉金属材料设计选用规定	HG/T 20684—1990	2012.05.24	2012.11.01	工信部2012年第20号公告
3	HG/T 20643—2012	化工设备基础设计规定	HG/T 20643—1998	2012.05.24	2012.11.01	工信部2012年第20号公告
4	HG/T 20588—2012	化工建筑、结构施工图内容、深度统一规定	HG/T 20588—1996	2012.05.24	2012.11.01	工信部2012年第20号公告
5	HG/T 21608—2012	液体装卸臂工程技术要求	HG/T 21608—1996	2012.05.24	2012.11.01	工信部2012年第20号公告
6	HG/T 20573—2012	分散型控制系统工程设计规范	HG/T 20573—1995	2012.05.24	2012.11.01	工信部2012年第20号公告
7	HG/T 3707—2012	工业用孔网钢骨架聚乙烯复合管件	HG/T 3707—2003	2012.11.07	2013.03.01	工信部2012年第55号公告
8	HG/T 4370—2012	化工用复合材料气体吸收塔		2012.11.07	2013.03.01	工信部2012年第55号公告
9	HG/T 4371—2012	化工用聚氯乙烯复合衬里塔器		2012.11.07	2013.03.01	工信部2012年第55号公告
10	HG/T 4372—2012	化工用复合材料管及管件		2012.11.07	2013.03.01	工信部2012年第55号公告

（续）

序号	行业标准编号	行业标准名称	代替标准号	批准发布日期	实施日期	发布公告文号
11	HG/T 4373—2012	化工用塑料衬里复合管和管件		2012.11.07	2013.03.01	工信部 2012 年第 55 号公告
12	HG/T 4374—2012	金属塔填料技术条件		2012.11.07	2013.03.01	工信部 2012 年第 55 号公告
13	HG/T 3187—2012	矩形块孔式石墨换热器	HG/T 3187—1999	2012.11.07	2013.03.01	工信部 2012 年第 55 号公告
14	HG/T 2736—2012	石墨制三合一盐酸合成炉	HG/T 2736—1995	2012.11.07	2013.03.01	工信部 2012 年第 55 号公告
15	HG/T 3125—2012	防爆工业 pH 计技术条件	HG/T 3125—1998	2012.11.07	2013.03.01	工信部 2012 年第 55 号公告
16	HG/T 4376—2012	化工用在线激光微量水分析仪		2012.11.07	2013.03.01	工信部 2012 年第 55 号公告
17	HG/T 2267—2012	纯碱铸铁塔通用技术条件	HG/T 2267—1992	2012.11.07	2013.03.01	工信部 2012 年第 55 号公告
18	HG/T 4377—2012	浮动上滤式过滤器		2012.11.07	2013.03.01	工信部 2012 年第 55 号公告
19	HG/T 2951—2012	隔膜法金属阳极电解槽	HG/T 2951—2001	2012.11.07	2013.03.01	工信部 2012 年第 55 号公告
20	HG/T 4378—2012	空气冷却器用轴流通风机		2012.11.07	2013.03.01	工信部 2012 年第 55 号公告
21	HG/T 4379—2012	烧结型高通量换热管		2012.11.07	2013.03.01	工信部 2012 年第 55 号公告
22	HG/T 4380—2012	液一固微旋流分离器技术条件		2012.11.07	2013.03.01	工信部 2012 年第 55 号公告
23	HG/T 3650—2012	烟气轮机技术条件	HG/T 3650—1999	2012.11.07	2013.03.01	工信部 2012 年第 55 号公告
24	HG/T 3183—2012	氟塑料衬里单级单吸化工离心泵技术条件	HG/T 3183—1989	2012.11.07	2013.03.01	工信部 2012 年第 55 号公告
25	HG/T 2730—2012	磁力驱动离心式化工流程泵	HG/T 2730—1995	2012.11.07	2013.03.01	工信部 2012 年第 55 号公告
26	HG/T 3155—2012	化工机械配件包装技术条件	HG/T 3155—1985	2012.11.07	2013.03.01	工信部 2012 年第 55 号公告
27	HG/T 4494—2013	工业用多楔带		2013.10.17	2014.03.01	工信部 2013 年第 52 号公告
28	HG/T 22801—2013	化工矿山企业初步设计内容和深度的规定	HG 22801—1993	2013.10.17	2014.03.01	工信部 2013 年第 52 号公告
29	HG/T 20567—2013	热油炉技术条件	HG/T 20567—1994	2013.10.17	2014.03.01	工信部 2013 年第 52 号公告
30	HG/T 20677—2013	橡胶衬里化工设备设计规范	HG/T 20677—1990	2013.10.17	2014.03.01	工信部 2013 年第 52 号公告
31	HG/T 21559.1—2013	不锈钢网孔板波纹填料工程技术规范	HG/T 21559.1—1995	2013.10.17	2014.03.01	工信部 2013 年第 52 号公告
32	HG/T 20569—2013	机械搅拌设备	HG/T 20569—1994	2013.10.17	2014.03.01	工信部 2013 年第 52 号公告
33	HG/T 21641—2013	管道工厂化预制技术规范		2013.10.17	2014.03.01	工信部 2013 年第 52 号公告
34	HG/T 20578—2013	真空预压法加固软土地基施工技术规程	HG/T 20578—1995	2013.10.17	2014.03.01	工信部 2013 年第 52 号公告
35	HG/T 20504—2013	化工危险废物填埋场设计规定	HG 20504—1992	2013.10.17	2014.03.01	工信部 2013 年第 52 号公告

（续）

序号	行业标准编号	行业标准名称	代替标准号	批准发布日期	实施日期	发布公告文号
36	HG/T 20657—2013	化工采暖通风与空气调节术语		2013.10.17	2014.03.01	工信部2013年第52号公告
37	HG/T 20577—2013	塔填料流体力学及传质性能测试规范		2013.10.17	2014.03.01	工信部2013年第52号公告
38	HG/T 20501—2013	化工建设项目环境保护监测站设计规定	HG 20501—1992	2013.10.17	2014.03.01	工信部2013年第52号公告
39	HG 20706—2013	化工建设项目废物焚烧处置工程设计规范		2013.10.17	2014.03.01	工信部2013年第52号公告

〔摘自工业和信息化部网站〕

2014年国家能源局第1号公告公布废止的23项石油天然气行业标准

序号	标准编号	标准名称
1	SY/T 0053—2004	油气田及管道岩土工程勘察规范
2	SY/T 0074—1993	管道防腐层补口绝缘密封性试验方法标准
3	SY/T 0512—1996	石油储罐阻火器
4	SY/T 0525.3—1993	石油储罐空气泡沫产生器
5	SY/T 5031—1999	油田用往复式内燃机规范
6	SY/T 5112—2008	钻井和采油提升设备规范（不规定级别）
7	SY/T 5122—1999	岩石中有机质碳、氢、氧元素分析方法
8	SY/T 5215—2005	钻具止回阀
9	SY/T 5240—1991	照相测斜仪
10	SY/T 5258—1991	生物标致物色谱—质谱分析鉴定方法
11	SY/T 5418—1991	油管放射性测井仪通用技术条件
12	SY/T 5736—1995	增强塑料抽油杆
13	SY/T 6168—2009	气藏分类
14	SY/T 6185—1996	三缸单作用钻井泵主要易损件技术条件
15	SY/T 6328—1997	石油天然气工业 套管、油管、钻杆和管线管性能计算
16	SY/T 6421—1999	设备及管道散热损失的测定
17	SY/T 6534—2002	双螺杆油田混输泵
18	SY/T 6730—2008	钻通设备 旋转防喷器
19	SY/T 6736.1—2008	石油海上数字地震采集拖缆系统 第1部分：水听器技术条件
20	SY/T 6736.2—2008	石油海上数字地震采集拖缆系统 第2部分：水听器拖缆技术条件
21	SY/T 6736.3—2008	石油海上数字地震采集拖缆系统 第3部分：中央记录系统
22	SY/T 7551—2004	原油倾点测试方法
23	SY/T 7552—2005	原油水的测定 卡尔·费休电位滴定法

〔摘自国家能源局网站〕

2014年国家能源局第3号公告公布的23项石油天然气行业标准

序号	标准编号	标准名称	代替标准	采标号	批准日期	实施日期
1	NB/T 10001—2014	煤层气压裂作业规范			2014.03.18	2014.08.01
2	NB/T 10002—2014	煤层气地震勘探规范			2014.03.18	2014.08.01
3	NB/T 10003—2014	煤层气钻井工程质量验收评级规范			2014.03.18	2014.08.01
4	NB/T 10004—2014	煤层气井压裂施工质量验收规范			2014.03.18	2014.08.01
5	NB/T 10005—2014	煤层气钻井工程设计格式			2014.03.18	2014.08.01
6	NB/T 10006—2014	煤层气井排采数据采集监控应用规范			2014.03.18	2014.08.01
7	NB/T 10007—2014	煤层气井排采数据采集设施安装维护技术规范			2014.03.18	2014.08.01
8	NB/T 10008—2014	煤层气井生产动态监测技术规范			2014.03.18	2014.08.01
9	NB/T 10009—2014	煤层气井排采技术规范			2014.03.18	2014.08.01
10	NB/T 10010—2014	煤层气地震勘探资料采集规范			2014.03.18	2014.08.01
11	NB/T 51011—2014	油页岩含油率的测定 格金法			2014.03.18	2014.08.01
12	SY/T 5554—2014	测井工程劳动定额	SY/T 5554—2007		2014.03.18	2014.08.01
13	SY/T 6597—2014	油气管道内检测技术规范	SY/T 6597—2004		2014.03.18	2014.08.01
14	SY/T 6620—2014	油罐的检验、修理、改建及翻建	SY/T 6620—2005	API 653—2009, IDT	2014.03.18	2014.08.01
15	SY/T 66791—2014	综合录井仪校准方法 第1部分：传感器	SY/T 66791—2007		2014.03.18	2014.08.01
16	SY/T 6695—2014	成品油管道运行规范	SY/T 6695—2007		2014.03.18	2014.08.01
17	SY/T 6696—2014	储罐机械清洗作业规范	SY/T 6696—2007		2014.03.18	2014.08.01
18	SY/T 6975—2014	管道系统完整性管理实施指南			2014.03.18	2014.08.01
19	SY/T 6976—2014	井径规校准方法			2014.03.18	2014.08.01
20	SY/T 6977—2014	注水井分层流量实时测调仪校准方法			2014.03.18	2014.08.01
21	SY/T 6978—2014	钻井液旋转粘度计校准方法	JJG（石油）17—1991		2014.03.18	2014.08.01
22	SY/T 6979—2014	立式圆筒形钢制焊接储罐自动焊技术规范			2014.03.18	2014.08.01
23	SY/T 6980—2014	海上油气生产设施的废弃处置			2014.03.18	2014.08.01

〔摘自国家能源局网站〕

工业和信息化部第47号公告公布的42项化工行业标准和6项石化行业标准

序号	标准编号	标准名称	标准主要内容	代替标准	采标情况	实施日期
化工行业						
1	HG/T 20568—2014	化工粉体物料堆场及仓库设计规范	本标准规定了化工企业堆场、散料仓库、圆形料场、袋桶装仓库、筒仓及其设备选型、操作管理、HSE等方面的工程设计。 本标准适用于化工企业粉体物料堆场及仓库的新建、改建或扩建设计。不适用于大型尾矿库、尾矿渣场设计	HG/T 20568—1994		2014.11.01
2	HG/T 21514—2014	钢制人孔和手孔的类型与技术条件	本标准规定了钢制人孔和手孔的类型、技术条件以及标记。 本标准适用于化工、石油化工装置以及其他类似装置中公称压力为常压、PN0.25～6.3MPa，工作温度为-70～500℃的钢制人孔和手孔	HG/T 21514—2005		2014.11.01
3	HG/T 21515—2014	常压人孔	本标准规定了常压人孔的类型、技术条件以及标记。 本标准适用于化工、石油化工装置以及其他类似装置中最高无冲击工作压力小于0.07MPa，工作温度为0～150℃的钢制常压人孔	HG/T 21515—2005		2014.11.01
4	HG/T 21516—2014	回转盖板式平焊法兰人孔	本标准规定了回转盖板式平焊法兰人孔的类型、技术条件以及标记。 本标准仅适用于化工、石油化工装置以及其他类似装置中公称压力为PN0.6MPa的钢制回转盖板式平焊法兰人孔	HG/T 21516—2005		2014.11.01
5	HG/T 21517—2014	回转盖带颈平焊法兰人孔	本标准规定了回转盖带颈平焊法兰人孔的类型、技术条件以及标记。 本标准仅适用于化工、石油化工装置以及其他类似装置中公称压力为PN1.0～1.6MPa的钢制回转盖带颈平焊法兰人孔	HG/T 21517—2005		2014.11.01
6	HG/T 21518—2014	回转盖带颈对焊法兰人孔	本标准规定了回转盖带颈对焊法兰人孔的类型、技术条件以及标记。 本标准仅适用于化工、石油化工装置以及其他类似装置中公称压力为PN1.6～PN6.3的钢制回转盖带颈对焊法兰人孔。	HG/T 21518—2005		2014.11.01
7	HG/T 21519—2014	垂直吊盖板式平焊法兰人孔	本标准规定了垂直吊盖板式平焊法兰人孔的类型、技术条件以及标记。 本标准仅适用于化工、石油化工装置以及其他类似装置中公称压力为PN0.6MPa的钢制垂直吊盖板式平焊法兰人孔	HG/T 21519—2005		2014.11.01
8	HG/T 21520—2014	垂直吊盖带颈平焊法兰人孔	本标准规定了垂直吊盖带颈平焊法兰人孔的类型、技术条件以及标记。 本标准仅适用于化工、石油化工装置以及其他类似装置中公称压力为PN1.0～1.6MPa的钢制垂直吊盖带颈平焊法兰人孔	HG/T 21520—2005		2014.11.01

（续）

序号	标准编号	标准名称	标准主要内容	代替标准	采标情况	实施日期
9	HG/T 21521—2014	垂直吊盖带颈对焊法兰人孔	本标准规定了垂直吊盖带颈对焊法兰人孔的类型、技术条件以及标记。 本标准仅适用于化工、石油化工装置以及其他类似装置中公称压力为PN1.6～4.0MPa的钢制垂直吊盖带颈对焊法兰人孔	HG/T 21521—2005		2014.11.01
10	HG/T 21522—2014	水平吊盖板式平焊法兰人孔	本标准规定了水平吊盖板式平焊法兰人孔的类型、技术条件以及标记。 本标准仅适用于化工、石油化工装置以及其他类似装置中公称压力为PN0.6MPa的钢制水平吊盖板式平焊法兰人孔	HG/T 21522—2005		2014.11.01
11	HG/T 21523—2014	水平吊盖带颈平焊法兰人孔	本标准规定了水平吊盖带颈平焊法兰人孔的类型、技术条件以及标记。 本标准仅适用于化工、石油化工装置以及其他类似装置中公称压力为PN1.0～1.6MPa的钢制水平吊盖带颈平焊法兰人孔	HG/T 21523—2005		2014.11.01
12	HG/T 21524—2014	水平吊盖带颈对焊法兰人孔	本标准规定了水平吊盖带颈对焊法兰人孔的类型、技术条件以及标记。 本标准仅适用于化工、石油化工装置以及其他类似装置中公称压力为PN1.6～4.0MPa的钢制水平吊盖带颈对焊法兰人孔	HG/T 21524—2005		2014.11.01
13	HG/T 21525—2014	常压旋柄快开人孔	本标准规定了常压旋柄快开人孔的类型、技术条件以及标记。 本标准仅适用于化工、石油化工装置以及其他类似装置中最高无冲击工作压力小于0.07MPa，工作温度为0～150℃的钢制常压旋柄快开人孔	HG/T 21525—2005		2014.11.01
14	HG/T 21526—2014	椭圆形回转盖快开人孔	本标准规定了椭圆形回转盖快开人孔的类型、技术条件以及标记。 本标准仅适用于化工、石油化工装置以及其他类似装置中公称压力为PN0.6MPa的钢制椭圆形回转盖快开人孔	HG/T 21526—2005		2014.11.01
15	HG/T 21527—2014	回转拱盖快开人孔	本标准规定了回转拱盖快开人孔的类型、技术条件以及标记。 本标准仅适用于化工、石油化工装置以及其他类似装置中公称压力为PN0.6MPa的钢制回转拱盖快开人孔	HG/T 21527—2005		2014.11.01
16	HG/T 21528—2014	常压手孔	本标准规定了常压手孔的类型、技术条件以及标记。 本标准仅适用于化工、石油化工装置以及其他类似装置中最高无冲击工作压力小于0.07MPa，工作温度为0～150℃的钢制常压手孔	HG/T 21528—2005		2014.11.01
17	HG/T 21529—2014	板式平焊法兰手孔	本标准规定了板式平焊法兰手孔的类型、技术条件以及标记。 本标准仅适用于化工、石油化工装置以及其他类似装置中公称压力为PN0.6MPa的钢制板式平焊法兰手孔	HG/T 21529—2005		2014.11.01
18	HG/T 21530—2014	带颈平焊法兰手孔	本标准规定了带颈平焊法兰手孔的类型、技术条件以及标记。 本标准仅适用于化工、石油化工装置以及其他类似装置中公称压力为PN1.0～1.6MPa的钢制带颈平焊法兰手孔	HG/T 21530—2005		2014.11.01

（续）

序号	标准编号	标准名称	标准主要内容	代替标准	采标情况	实施日期
19	HG/T 21531—2014	带颈对焊法兰手孔	本标准规定了带颈对焊法兰手孔的类型、技术条件以及标记。 本标准仅适用于化工、石油化工装置以及其他类似装置中公称压力为PN2.5～6.3MPa的钢制带颈对焊法兰手孔	HG/T 21531—2005		2014.11.01
20	HG/T 21532—2014	回转盖带颈对焊法兰手孔	本标准规定了回转盖带颈对焊法兰手孔的类型、技术条件以及标记。 本标准仅适用于化工、石油化工装置以及其他类似装置中公称压力为PN4.0～6.3MPa的钢制回转盖带颈对焊法兰手孔	HG/T 21532—2005		2014.11.01
21	HG/T 21533—2014	常压快开手孔	本标准规定了常压快开手孔的类型、技术条件以及标记。 本标准仅适用于化工、石油化工装置以及其他类似装置中最高无冲击工作压力小于0.07MPa，工作温度为0～150℃的钢制常压快开手孔	HG/T 21533—2005		2014.11.01
22	HG/T 21534—2014	旋柄快开手孔	本标准规定了旋柄快开手孔的类型、技术条件以及标记。 本标准仅适用于化工、石油化工装置以及其他类似装置中公称压力为PN0.25MPa的钢制旋柄快开手孔	HG/T 21534—2005		2014.11.01
23	HG/T 21535—2014	回转盖快开手孔	本标准规定了回转盖快开手孔的类型、技术条件以及标记。 本标准仅适用于化工、石油化工装置以及其他类似装置中公称压力为PN0.6MPa的钢制回转盖快开手孔	HG/T 21535—2005		2014.11.01
24	HG/T 21594—2014	衬不锈钢人、手孔分类与技术条件	本标准规定了衬不锈钢人、手孔的设计、制造、检验和验收的要求。 本标准适用于化工、石油化工装置以及其他类似装置中作为出入口或检查口用途的衬不锈钢人、手孔	HG 21594—1999		2014.11.01
25	HG/T 21596—2014	回转盖衬不锈钢人孔	本标准规定了衬不锈钢回转盖人孔的类型、技术条件以及标记。 本标准适用于化工、石油化工装置以及其他类似装置中公称压力PN0.6～4.0MPa，工作温度-20～300℃的衬不锈钢回转盖人孔	HG 21596—1999		2014.11.01
26	HG/T 21597—2014	回转拱盖快开衬不锈钢人孔	本标准规定了衬不锈钢回转拱盖快开人孔的类型、技术条件以及标记。 本标准适用于化工、石油化工装置以及其他类似装置中公称压力PN0.6MPa，工作温度-20～300℃的衬不锈钢回转拱盖快开人孔	HG 21597—1999		2014.11.01
27	HG/T 21598—2014	水平吊盖衬不锈钢人孔	本标准规定了衬不锈钢水平吊盖人孔的类型、技术条件以及标记。 本标准适用于化工、石油化工装置以及其他类似装置中公称压力PN0.6～4.0MPa，工作温度-20～300℃的衬不锈钢水平吊盖人孔	HG 21598—1999		2014.11.01
28	HG/T 21599—2014	垂直吊盖衬不锈钢人孔	本标准规定了衬不锈钢垂直吊盖人孔的类型、技术条件以及标记。 本标准适用于化工、石油化工装置以及其他类似装置中公称压力PN0.6～4.0MPa，工作温度-20～300℃的衬不锈钢垂直吊盖人孔	HG 21599—1999		2014.11.01

（续）

序号	标准编号	标准名称	标准主要内容	代替标准	采标情况	实施日期
29	HG/T 21600—2014	椭圆快开衬不锈钢人孔	本标准规定了衬不锈钢椭圆快开人孔的类型、技术条件以及标记。 本标准适用于化工、石油化工装置以及其他类似装置中公称压力PN0.6MPa，工作温度-20～300℃的衬不锈钢椭圆快开人孔	HG 21600—1999		2014.11.01
30	HG/T 21602—2014	平盖衬不锈钢手孔	本标准规定了衬不锈钢平盖手孔的类型、技术条件以及标记。 本标准适用于化工、石油化工装置以及其他类似装置中公称压力PN0.6～4.0MPa，工作温度-20～300℃的衬不锈钢平盖手孔	HG 21602—1999		2014.11.01
31	HG/T 21603—2014	回转盖快开衬不锈钢手孔	本标准规定了衬不锈钢回转盖快开手孔的类型、技术条件以及标记。 本标准适用于化工、石油化工装置以及其他类似装置中公称压力PN0.6MPa，工作温度-20～300℃的衬不锈钢回转盖快开手孔	HG 21603—1999		2014.11.01
32	HG/T 21604—2014	旋柄快开衬不锈钢手孔	本标准规定了衬不锈钢旋柄快开手孔的类型、技术条件以及标记。 本标准适用于化工、石油化工装置以及其他类似装置中公称压力PN0.25MPa，工作温度-20～300℃的衬不锈钢旋柄快开手孔	HG 21604—1999		2014.11.01
33	HG/T 20679—2014	化工设备、管道外防腐设计规范	本标准规定了金属表面处理、除锈方法、等级，环境腐蚀等级划分，防腐涂装、防腐隔热结构设计和涂层厚度，涂层颜色及标识等。 本标准适应的环境条件包括工业大气、液相介质、土壤等。 本标准适用于碳钢、铸铁、低合金钢和不锈钢制造的工业设备、管道和钢结构的外防腐规定	HG/T 20679—1990		2014.11.01
34	HG/T 4611—2014	载重轮胎胎面精细再生橡胶	本标准规定了载重轮胎胎面精细再生橡胶的要求、试验方法、检验规则、包装、标志、运输与贮存。 本标准适用于用废载重轮胎胎面胶胶粉制造的载重轮胎胎面精细再生橡胶			2014.11.01
35	HG/T 4683—2014	三氯氢硅泄漏的处理处置方法	本标准告知了三氯氢硅的理化性质和危害性，规定了发生三氯氢硅泄漏时的紧急措施、泄漏现场的处理方法和泄漏现场的处置方法。 本标准适用于三氯氢硅在生产、贮存、使用、经营、运输等过程中发生泄漏时的处理、处置			2014.11.01
36	HG/T 4684—2014	液氯泄漏的处理处置方法	本标准告知了液氯的理化性质和危害性，规定了发生液氯泄漏时的紧急措施、泄漏现场的处理方法和泄漏现场的处置方法。 本标准适用于液氯在生产、贮存、使用、经营、运输等过程中发生泄漏时的处理、处置			2014.11.01

（续）

序号	标准编号	标准名称	标准主要内容	代替标准	采标情况	实施日期
37	HG/T 4685—2014	无水氟化氢泄漏的处理处置方法	本标准告知了无水氟化氢的理化性质和危害性，规定了发生无水氟化氢泄漏时的紧急措施、泄漏现场的处理方法和泄漏现场的处置方法。 本标准适用于无水氟化氢在生产、贮存、使用、经营和运输过程中发生泄漏时的处理、处置			2014.11.01
38	HG/T 4686—2014	液氨泄漏的处理处置方法	本标准告知了液氨的理化性质和危害性，规定了发生液氨泄漏时的紧急措施、泄漏现场的处理方法和泄漏现场的处置方法。 本标准适用于液氨在生产、使用、经营、运输和贮存过程中发生泄漏时的处理处置			2014.11.01
39	HG/T 4687—2014	过氧化氢泄漏的处理处置方法	本标准告知了过氧化氢的理化性质和危害性，规定了泄漏紧急措施、泄漏现场的处理方法和泄漏现场的处置方法。 本标准适用于过氧化氢在生产、储存、使用、经营和运输等过程中发生泄漏时的处理、处置			2014.11.01
40	HG/T 4688—2014	醇类物质泄漏的处理处置方法	本标准告知了醇类物质的理化性质和危害性，规定了发生醇类物质泄漏时的紧急措施、泄漏现场的处理方法和泄漏现场的处置方法。 本标准适用于在GB 12268—2012中列明的醇类物质在生产、贮存、使用、经营和运输等过程中发生泄漏时的处理、处置			2014.11.01
41	HG/T 4689—2014	醛类物质泄漏的处理处置方法	本标准告知了醛类物质的理化性质和危害性，规定了发生醛类物质泄漏时的紧急措施、泄漏现场的处理方法和泄漏现场的处置方法。 本标准适用于GB 12268—2012第3类、第4类4.1项、第6类6.1项和第8类中包含的醛类物质在贮存、生产、使用、经营、运输等过程中发生泄漏时的处理、处置			2014.11.01
42	HG/T 4690—2014	苯类物质泄漏的处理处置方法	本标准告知了苯类物质的理化性质和危害性，规定了苯类物质泄漏处理处置的泄漏紧急措施、泄漏现场环境监控、泄漏现场处理方法、泄漏物处置方法 本标准适用于GB 12268—2012中包括的第3类、第6.1类和第8类苯类物质在生产、贮存、使用、经营和运输过程中发生泄漏时的处理、处置			2014.11.01
石化行业						
43	SH/T 3007—2014	石油化工储运系统罐区设计规范	本标准规定了石油化工储运系统罐区储罐的选用和常压、低压、压力储罐区的设计原则及技术要求。 本标准适用于石油化工和煤化工企业的液体物料（包括原料、中间原料、成品及辅助生产物料）储运系统储罐区的新建、改建、扩建工程设计。不适用于液化烃和液氨的低温常压储罐区、液化天然气储罐区设计	SH/T 3007—2007		2014.11.01

（续）

序号	标准编号	标准名称	标准主要内容	代替标准	采标情况	实施日期
44	SH/T 3029—2014	石油化工排气筒和火炬塔架设计规范	本标准规定了石油化工排气筒和火炬塔架的结构设计、构造及其他要求。 本标准适用于高度150m及以下的石油化工排气筒和火炬塔架的设计	SH 3029—1991		2014.11.01
45	SH 3147—2014	石油化工构筑物抗震设计规范	本标准规定了石油化工构筑物地震作用和结构抗震计算、抗震措施的基本要求。 本标准适用于抗震设防烈度6～9度地区的石油化工构筑物抗震设计。本规范不适用于管道本身作受力结构及其他跨越江河的大型跨越管架	SH/T 3147—2004		2014.11.01
46	SH/T 3504—2014	石油化工隔热耐磨衬里设备和管道施工质量验收规范	本标准规定了石油化工隔热耐磨衬里设备和管道到货检验、现场组焊、安装、施工检验等过程控制的质量标准。 本标准适用于石油化工建设工程新建、扩建和改建项目催化裂化、甲醇制烯烃等装置隔热耐磨衬里设备和管道的施工质量验收	SH/T 3504—2009		2014.11.01
47	SH/T 3528—2014	石油化工钢制储罐地基与基础施工及验收规范	本标准规定了地基处理、基础施工、基础沉降观测及工程验收的要求。 本标准适用于石油化工、煤化工立式圆筒形钢制储罐地基与基础的施工及验收	SH/T 3528—2005		2014.11.01
48	SH/T 3555—2014	石油化工工程钢脚手架搭设安全技术规范	本标准规定了工程建设钢脚手架的结构类型、结构设计及构造要求、脚手架设计计算、搭设施工与安全管理的要求。 本标准适用于石油化工、煤化工、天然气化工等工程钢脚手架的结构设计、施工与管理			2014.11.01

〔摘自工业和信息化部网站〕

政策法规

解读国家发布的与石油和石油化工设备相关的政策、法规，为行业、企业的发展指明方向

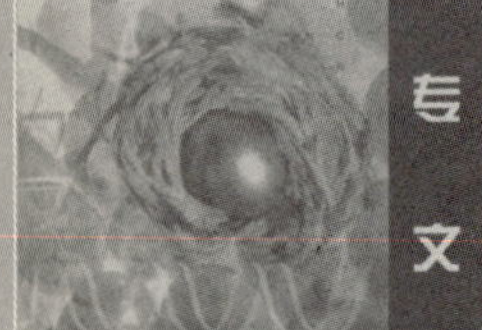

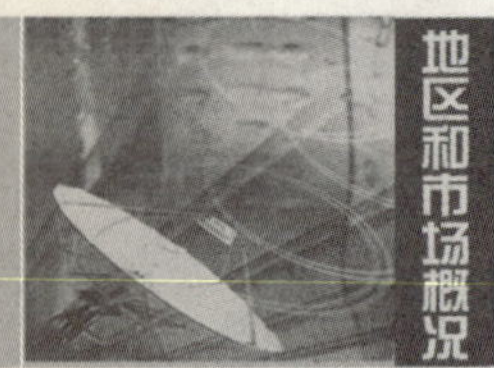

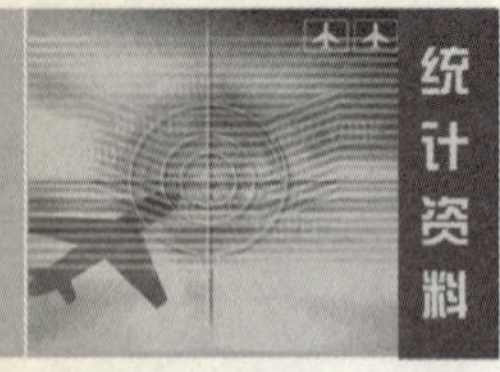

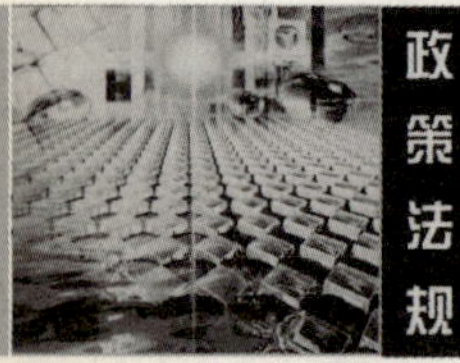

政策法规

关于调整重大技术装备进口税收政策的通知

国家能源局关于规范煤制油、煤制天然气产业科学有序发展的通知

天然气基础设施建设与运营管理办法

国家能源局关于印发《油气管网设施公平开放监管办法（试行）》的通知

关于调整重大技术装备进口税收政策的通知

财关税[2014]2号

各省、自治区、直辖市、计划单列市财政厅（局）、发展改革委、工业和信息化主管部门、国家税务局，新疆生产建设兵团财务局、发展改革委，海关总署广东分署、各直属海关，财政部驻各省、自治区、直辖市、计划单列市财政监察专员办事处：

为贯彻落实国务院关于装备制造业振兴规划有关决定，提高我国装备制造业的核心竞争力及自主创新能力，推动产业结构调整和升级，促进国民经济可持续发展，2009年8月，财政部会同国家发展改革委、工业和信息化部、海关总署、国家税务总局、国家能源局出台了《重大技术装备进口税收政策》。根据近年来国内装备制造业及其配套产业的发展情况，在广泛听取产业主管部门、行业协会及相关企业等方面意见的基础上，决定对《重大技术装备进口税收政策》的有关规定和目录进行调整。现通知如下：

一、《重大技术装备进口税收政策规定》自2014年3月1日起执行。

二、《国家支持发展的重大技术装备和产品目录（2014年修订）》和《重大技术装备和产品进口关键零部件及原材料商品目录（2014年修订）》自2014年3月1日起执行，符合规定条件的国内企业为生产本通知附件2所列装备或产品而确有必要进口本通知附件3所列商品，免征关税和进口环节增值税。

三、《进口不予免税的重大技术装备和产品目录（2014年修订）》（见附件4，以下简称《不免目录》）自2014年3月1日起执行。对2014年3月1日（含3月1日）以后批准的按照或比照《国务院关于调整进口设备税收政策的通知》（国发[1997]37号）规定享受进口税收优惠政策的下列项目和企业，进口本通知附件4所列自用设备以及按照合同随上述设备进口的技术及配套件、备件，一律照章征收进口税收：

（一）国家鼓励发展的国内投资项目和外商投资项目；

（二）外国政府贷款和国际金融组织贷款项目；

（三）由外商提供不作价进口设备的加工贸易企业；

（四）中西部地区外商投资优势产业项目；

（五）《海关总署关于进一步鼓励外商投资有关进口税收政策的通知》（署税[1999]791号）规定的外商投资企业和外商投资设立的研究中心利用自有资金进行技术改造项目。

为保证《不免目录》调整前已批准的上述项目顺利实施，对2014年3月1日前（不含3月1日）批准的上述项目和企业在2014年9月1日前（不含9月1日）进口本通知附件4所列设备，继续按照《财政部、工业和信息化部、海关总署、国家税务总局关于调整重大技术装备进口税收政策有关目录的通知》（财关税[2012]14号）附件3、《财政部、工业和信息化部、海关总署、国家税务总局关于调整重大技术装备进口税收政策有关目录的通知》（财关税[2013]14号）附件3、《财政部、国家发展改革委、海关总署、国家税务总局关于调整〈国内投资项目不予免税的进口商品目录〉的公告》（2012年第83号）执行。对于有关进口设备按照调整前有关目录审核不符合免税条件，而按照调整后的《不免目录》审核符合免税条件的，自2014年3月1日起按照调整后的《不免目录》执行。货物已经征税进口的，不再予以退税。

自2014年9月1日起对上述项目和企业进口本通知《不免目录》中设备，一律照章征收进口税收。为保证政策执行的统一性，对有关项目和企业进口商品需对照《不免目录》和《国内投资项目不予免税的进口商品目录（2012年调整）》审核征免税的，《不免目录》与《国内投资项目不予免税的进口商品目录（2012年调整）》所列商品名称相同，或仅在《不免目录》中列名的商品，一律以《不免目录》所列商品及其技术规格指标为准。

四、根据国内产业发展情况，自2014年3月1日起，将国家支持发展的油气钻探设备、半潜式钻井平台、液化天然气运输船、深水物探船、接触网多功能综合作业车、湿式电除尘器等装备纳入到重大技术装备进口税收政策支持范围（见附件2）。

自2014年3月1日起，取消直流供电牵引设备、火灾自动报警及气体灭火系统、联锁系统、燃煤电站烟气脱硝成套设备等装备进口免税政策；调整三代核电机组核岛设备、二代改进型核电机组核岛设备与常规岛设备、清筛机、混凝土泵车、城市轨道交通装备等装备的进口免税零部件及原材料目录（见附件3）。

五、2014年新申请享受重大技术装备进口税收政策的企业或项目业主，应在2014年3月1日至3月31日提交申请文件，逾期不予受理，具体申请程序和要求按照本通知附件1执行。

省级工业和信息化主管部门应按照规定程序和要求对上述领域的地方制造企业申请材料进行初审，并在2014年4月15日前将申请文件及初审意见汇总上报工业和信息化部，逾期不予受理。自2014年3月1日起，新申请企业提交的申请文件经初审符合要求的，企业凭受理部门出具的证明文件向海关申请凭税款担保先予办理有关零部件及原材料放行手续。

工业和信息化部、国家发展改革委、国家能源局应在2014年5月15日前将制造企业或项目业主资格认定及相关因素核定结果报送财政部，逾期不予受理。

六、申请享受2015年度及以后重大技术装备进口税收政策的企业或项目业主，应按照本通知附件1有关规定在上一年度11月1日至30日提交申请文件。

七、2013年已获得免税资格的制造企业、承担城市轨道交通自主化依托项目业主、承担核电装备自主化依托项目业主，在2014年3月1日前（不含3月1日）继续申请免税进口关键零部件及原材料的，按照财关税［2012］14号、财关税［2013］14号文件有关规定及目录执行；自2014年3月1日起，2013年已获得免税资格的企业及业主继续申请免税进口关键零部件及原材料的，按照本通知有关规定及目录执行。

八、2013年已享受重大技术装备进口税收优惠政策的制造企业和项目业主，应在2014年3月1日至3月31日按照本通知附件1有关要求向财政部和海关总署报送享受政策落实情况报告，逾期未提交报告的企业或项目业主视为放弃享受政策。

九、自2014年3月1日起，下列文件予以废止：

1、《财政部、发展改革委、工业和信息化部 海关总署、国家税务总局、国家能源局关于调整重大技术装备进口税收政策的通知》（财关税［2009］55号）。

2、《财政部、工业和信息化部、海关总署、国家税务总局关于调整重大技术装备进口税收政策有关目录的通知》（财关税［2012］14号）。

3、《财政部、工业和信息化部、海关总署、国家税务总局关于调整重大技术装备进口税收政策有关目录的通知》（财关税［2013］14号）。

附件：

1. 重大技术装备进口税收政策规定。

2. 国家支持发展的重大技术装备和产品目录（2014年修订）。

3. 重大技术装备和产品进口关键零部件及原材料商品目录（2014年修订）。

4. 进口不予免税的重大技术装备和产品目录（2014年修订）。

财政部、国家发展改革委、工业和信息化部
海关总署、国家税务总局、国家能源局
2014年2月18日

注：附件1至附件4详见本书附录。

〔文章来源：工业和信息化部网站〕

国家能源局关于规范煤制油、煤制天然气产业科学有序发展的通知

国能科技〔2014〕339号

各省、自治区、直辖市发展改革委（能源局），各相关企业：

煤炭是我国主体能源，适度发展煤制油、煤制天然气对保障国家能源安全、适度增加油气替代、实现高效清洁利用具有重要意义。近年来，随着前期产业化示范和技术进步效果明显，一些地区发展新建项目的积极性很高，也出现了一些不顾环境、水资源现状和技术、经济实力而盲目发展的现象。为了进一步规范煤制油（气）产业科学有序发展，现就有关问题通知如下：

一、严格产业准入要求

国家发展改革委、国家能源局正在研究制定《关于有序推进煤制油示范项目建设的指导意见》和《关于稳步推进煤制天然气产业化示范的指导意见》，近期将发布实施。产业政策明确了煤制油（气）“不能停止发展、不宜过热发展、禁止违背规律无序建设”的方针和“坚持量水而行、坚持清洁高效转化、坚持示范先行、坚持科学合理布局、坚持自主创新”的原则，申报的示范项目必须符合产业政策相关规定，能源转化效率、能耗、水耗、二氧化碳排放和污染物排放等指标必须达到准入值。

二、规范项目审批程序

按照国务院发布的《政府核准的投资项目目录（2013年本）》要求，年产超过20亿m^3的煤制天然气项目和年产超过100万t的煤制油项目报国务院投资主管部门核准。禁止建设年产20亿m^3及以下规模的煤制天然气项目和年产100万t及以下规模的煤制油项目。各地发展改革部门和能源行业管理部门要严格把关，按照相关管理规定和审批程序，加强煤制油（气）项目审批管理，严禁违规审批。

三、强化要素资源配置

进一步加强煤制油（气）生产要素资源配置，煤炭供应要优先满足群众生活和发电需要，严禁在煤炭净调入省发展煤制油（气）；严禁挤占生活用水、农业用水和生态用水，以及利用地下水发展煤制油（气）。对取水量已达到或超过控制指标、主要污染物排放总量超标地区，暂停审批新建煤制油（气）示范项目；对不符合产业政策规定的项目，在资源配置、建设用地、环境评价、贷款融资等方面严格控制。

四、统筹规划试点示范

煤制油（气）处于产业化示范阶段，要坚持统筹规划、科学布局、严格准入，在生态环境和水资源条件允许的前提下有序推进示范项目建设，适度发展产业规模。国家已支持开展煤制油（气）示范项目前期工作的省区，要协调落实好煤炭资源、水资源、环境容量指标和项目建设用地等，集中精力推动示范项目建设各项工作。未能做好落实工作的，不宜申报新上项目。没有列入国家示范的项目，各地禁止擅自违规立项建设。

五、做好项目监督评价

示范项目的实施主要为了探索和验证科学高效的煤制油（气）技术，培育具有知识产权和竞争力的市场主体。要加强对示范项目立项、实施、中期评估到后评价等全过程的管理。示范工程建成后，要及时对能效、资源消耗、“三废”治理进行监督考核，做好总结评价工作，确保示范项目实施效果。

六、落实相关管理责任

各地发展改革部门和能源行业管理部门要主动会同有关部门按照国家相关政策要求，认真履行职责，依法依规把好土地、环保、信贷、产业政策和项目审批关，坚决遏制煤制油（气）盲目发展的势头。对违反国家政策和煤制油（气）产业政策规定，违规上马新建项目的行为要进行问责。

国家能源局

2014年7月17日

〔文章来源：国家能源局网站〕

天然气基础设施建设与运营管理办法

国家发展改革委第8号令

第一章　总则

第一条　为加强天然气基础设施建设与运营管理，建立和完善全国天然气管网，提高天然气基础设施利用效率，保障天然气安全稳定供应，维护天然气基础设施运营企业和用户的合法权益，明确相关责任和义务，促进天然气行业持续有序健康发展，制定本办法。

第二条　中华人民共和国领域和管辖的其他海域天然气基础设施规划和建设、天然气基础设施运营和服务，天然气运行调节和应急保障及相关管理活动，适用本办法。

本办法所称天然气基础设施包括天然气输送管道、储气设施、液化天然气接收站、天然气液化设施、天然气压缩设施及相关附属设施等。

城镇燃气设施执行相关法律法规规定。

第三条　本办法所称天然气包括天然气、煤层气、页岩气和煤制气等。

第四条　天然气基础设施建设和运营管理工作应当坚持统筹规划、分级管理、明确责任、确保供应、规范服务、加强监管的原则，培育和形成平等参与、公平竞争、有序发展的天然气市场。

第五条　国家发展改革委、国家能源局负责全国的天然气基础设施建设和运营的管理工作。

县级以上地方人民政府天然气主管部门负责本行政区域的天然气基础设施建设和运营的行业管理工作。

第六条　国家鼓励、支持各类资本参与投资建设纳入统一规划的天然气基础设施。

国家能源局和县级以上地方人民政府天然气主管部门应当加强对天然气销售企业、天然气基础设施运营企业和天然气用户履行本办法规定义务情况的监督管理。

第七条　国家鼓励、支持天然气基础设施先进技术和装备的研发，经验证符合要求的优先推广应用。

第二章　天然气基础设施规划和建设

第八条　国家对天然气基础设施建设实行统筹规划。天然气基础设施发展规划应当遵循因地制宜、安全、环保、节约用地和经济合理的原则。

第九条　国家发展改革委、国家能源局根据国民经济和社会发展总体规划、全国主体功能区规划要求，结合全国天然气资源供应和市场需求情况，组织编制全国天然气基础设施发展规划。

省、自治区、直辖市人民政府天然气主管部门依据全国天然气基础设施发展规划并结合本行政区域实际情况，组织编制本行政区域天然气基础设施发展规划，并抄报国家发展改革委和国家能源局。

天然气基础设施发展规划实施过程中，规划编制部门要加强跟踪监测，开展中期评估，确有必要调整的，应当履行原规划编制审批程序。

第十条　天然气基础设施发展规划应当包括天然气气源、供应方式及其规模，天然气消费现状、需求预测，天然气输送管道、储气设施等基础设施建设现状、发展目标、项目布局、用地、用海和用岛需求、码头布局与港口岸线利用、建设投资和保障措施等内容。

第十一条　天然气基础设施项目建设应当按照有关规定履行审批、核准或者备案手续。申请审批、核准或者备案的天然气基础设施项目应当符合本办法第九条所述规划。对未列入规划但又急需建设的项目，应当严格规范审查程序，经由规划编制部门委托评估论证确有必要的，方可履行审批、核准或者备案手续。未履行审批、核准或者备案手续的天然气基础设施项目不得开工建设。

由省、自治区、直辖市人民政府审批或者核准的天然气基础设施项目的批复文件，应当抄报国家发展改革委。

第十二条 天然气基础设施建设应当遵守有关工程建设管理的法律法规的规定，符合国家有关工程建设标准。

经审批、核准或者备案的天然气基础设施项目建设期间，原审批、核准或者备案部门可以自行组织或者以委托方式对审批、核准或者备案事项进行核查。

第十三条 经审批的天然气基础设施项目建成后，原审批部门应当按照国家有关规定进行竣工验收。

经核准、备案的天然气基础设施项目建成后，原核准、备案部门可以自行组织或者以委托方式对核准、备案事项进行核查，对不符合要求的书面通知整改。项目单位应当按照国家有关规定组织竣工验收，并自竣工验收合格之日起30日内，将竣工验收情况报原核准、备案部门备案。

第十四条 国家鼓励、支持天然气基础设施相互连接。

相互连接应当坚持符合天然气基础设施发展规划、保证天然气基础设施运营安全、保障现有用户权益、提高天然气管道网络化水平和企业协商确定为主的原则。必要时，国家发展改革委、国家能源局和省、自治区、直辖市人民政府天然气主管部门给予协调。

第十五条 天然气基础设施发展规划在编制过程中应当考虑天然气基础设施之间的相互连接。

互连管道可以作为单独项目进行投资建设，或者纳入相互连接的天然气基础设施项目。互连管道的投资分担、输供气和维护等事宜由相关企业协商确定，并应当互为对方提供必要的便利。

天然气基础设施项目审批、核准的批复文件中应对连接方案提出明确要求。

第三章 天然气基础设施运营和服务

第十六条 天然气基础设施运营企业同时经营其他天然气业务的，应当建立健全财务制度，对天然气基础设施的运营业务实行独立核算，确保管道运输、储气、气化、液化、压缩等成本和收入的真实准确。

第十七条 国家能源局及其派出机构负责天然气基础设施公平开放监管工作。天然气基础设施运营企业应当按照规定公布提供服务的条件、获得服务的程序和剩余服务能力等信息，公平、公正地为所有用户提供管道运输、储气、气化、液化和压缩等服务。

天然气基础设施运营企业不得利用对基础设施的控制排挤其他天然气经营企业；在服务能力具备的情况下，不得拒绝为符合条件的用户提供服务或者提出不合理的要求。现有用户优先获得天然气基础设施服务。

国家建立天然气基础设施服务交易平台。

第十八条 天然气基础设施运营企业应当遵守价格主管部门有关管道运输、储气、气化等基础设施服务价格的规定，并与用户签订天然气基础设施服务合同。

第十九条 通过天然气基础设施销售的天然气应当符合国家规定的天然气质量标准，并符合天然气基础设施运营企业的安全和技术要求。

天然气基础设施运营企业应当建立健全天然气质量检测制度。不符合前款规定的，天然气基础设施运营企业可以拒绝提供运输、储存、气化、液化和压缩等服务。

全国主干管网的国家天然气热值标准另行制定。

第二十条 天然气基础设施需要永久性停止运营的，运营企业应当提前一年告知原审批、核准或者备案部门、供气区域县级以上地方人民政府天然气主管部门，并通知天然气销售企业和天然气用户，不得擅自停止运营。

天然气基础设施停止运营、封存、报废的，运营企业应当按照国家有关规定处理，组织拆除或者采取必要的安全防护措施。

第二十一条 天然气销售企业、天然气基础设施运营企业和天然气用户应当按照规定报告真实准确的统计信息。

有关部门应当对企业报送的涉及商业秘密的统计信息采取保密措施。

第四章　天然气运行调节和应急保障

第二十二条　县级以上地方人民政府天然气运行调节部门应当会同同级天然气主管部门、燃气管理部门等，实施天然气运行调节和应急保障。

天然气销售企业、天然气基础设施运营企业和城镇天然气经营企业应当共同负责做好安全供气保障工作，减少事故性供应中断对用户造成的影响。

第二十三条　县级以上地方人民政府天然气运行调节部门应当会同同级天然气主管部门、燃气管理部门等，加强天然气需求侧管理。

国家鼓励具有燃料或者原料替代能力的天然气用户签订可中断购气合同。

第二十四条　通过天然气基础设施进行天然气交易的双方，应当遵守价格主管部门有关天然气价格管理规定。

天然气可实行居民用气阶梯价格、季节性差价、可中断气价等差别性价格政策。

第二十五条　天然气销售企业应当建立天然气储备，到2020年拥有不低于其年合同销售量10%的工作气量，以满足所供应市场的季节（月）调峰以及发生天然气供应中断等应急状况时的用气要求。城镇天然气经营企业应当承担所供应市场的小时调峰供气责任。由天然气销售企业和城镇天然气经营企业具体协商确定所承担的供应市场日调峰供气责任，并在天然气购销合同中予以约定。

天然气销售企业之间因天然气贸易产生的天然气储备义务转移承担问题，由当事双方协商确定并在天然气购销合同中予以约定。

天然气销售企业和天然气用户之间对各自所承担的调峰、应急供用气等具体责任，应当依据本条规定，由当事双方协商确定并在天然气购销合同中予以约定。

县级以上地方人民政府应当建立健全燃气应急储备制度，组织编制燃气应急预案，采取综合措施提高燃气应急保障能力，至少形成不低于保障本行政区域平均3天需求量的应急储气能力，在发生天然气输送管道事故等应急状况时必须保证与居民生活密切相关的民生用气供应安全可靠。

第二十六条　可中断用户的用气量不计入计算天然气储备规模的基数。

承担天然气储备义务的企业可以单独或者共同建设储气设施储备天然气，也可以委托代为储备。

国家采取措施鼓励、支持企业建立天然气储备，并对天然气储备能力达到一定规模的企业，在政府服务等方面给予重点优先支持。

第二十七条　天然气基础设施运营企业应当依据天然气运输、储存、气化、液化和压缩等服务合同的约定和调峰、应急的要求，在保证安全的前提下确保天然气基础设施的正常运行。

第二十八条　县级以上地方人民政府天然气运行调节部门、天然气主管部门、燃气管理部门应当会同有关部门和企业制定本行政区域天然气供应应急预案。

天然气销售企业应当会同天然气基础设施运营企业、天然气用户编制天然气供应应急预案，并报送所供气区域县级以上地方人民政府天然气运行调节部门、天然气主管部门和燃气管理部门备案。

第二十九条　天然气销售企业需要大幅增加或者减少供气（包括临时中断供气）的，应当提前72h通知天然气基础设施运营企业、天然气用户，并向供气区域县级以上地方人民政府天然气运行调节部门、天然气主管部门和燃气管理部门报告，同时报送针对大幅减少供气（包括临时中断供气）情形的措施方案，及时做出合理安排，保障天然气稳定供应。

天然气用户暂时停止或者大幅减少提货的，应当提前48h通知天然气销售企业、天然气基础设施运营企业，并向供气区域县级以上地方人民政府天然气运行调节部门、天然气主管部门和燃气管理部门报告。

天然气基础设施运营企业需要临时停止或者大幅减少服务的，应当提前半个月通知天然气销售企业、天然气用户，并向供气区域县级以上地方人民政府天然气运行调节部门、天然气主管部门和燃气管理部门报送措施方案，及时做出合理安排，保障天然气稳定供应。

因突发事件影响天然气基础设施提供服务的，天然气基础设施运营企业应当及时向供气区域县级以上地方人民政府天然气运行调节部门、天然气主管部门和燃气管理部门报告，采取紧急措施并及时通知天然气销售企业、天然气用户。

第三十条 县级以上地方人民政府天然气运行调节部门、天然气主管部门和燃气管理部门应当会同有关部门和企业对天然气供求状况实施监测、预测和预警。天然气供应应急状况即将发生或者发生的可能性增大时，应当提请同级人民政府及时发布应急预警。

天然气基础设施运营企业、天然气销售企业及天然气用户应当向天然气运行调节部门、天然气主管部门报送生产运营信息及第二十九条规定的突发情形。有关部门应对企业报送的涉及商业秘密的信息采取保密措施。

第三十一条 发生天然气资源锐减或者中断、基础设施事故及自然灾害等造成天然气供应紧张状况时，天然气运行调节部门可以会同同级天然气主管部门采取统筹资源调配、协调天然气基础设施利用、施行有序用气等紧急处置措施，保障天然气稳定供应。省、自治区、直辖市天然气应急处理工作应当服从国家发展改革委的统一安排。

天然气销售企业、天然气基础设施运营企业和天然气用户应当服从应急调度，承担相关义务。

第五章 法律责任

第三十二条 对不符合本办法第九条所述规划开工建设的天然气基础设施项目，由项目核准、审批部门通知有关部门和机构，在职责范围内依法采取措施，予以制止。

第三十三条 违反本办法第十六条规定，未对天然气基础设施运营业务实行独立核算的，由国家能源局及其派出机构给予警告，责令限期改正。

第三十四条 违反本办法第十七条规定，拒绝为符合条件的用户提供服务或者提出不合理要求的，由国家能源局及其派出机构责令改正。违反《反垄断法》的，由反垄断执法机构依据《反垄断法》追究法律责任。

第三十五条 违反本办法第十八条规定的，由价格主管部门依据《价格法》《价格违法行为行政处罚规定》等法律法规予以处罚。

第三十六条 违反本办法第二十条规定，擅自停止天然气基础设施运营的，由天然气主管部门给予警告，责令其尽快恢复运营；造成损失的，依法承担赔偿责任。

第三十七条 违反本办法第二十五条规定，未履行天然气储备义务的，由天然气主管部门给予警告，责令改正；造成损失的，依法承担赔偿责任。

第三十八条 违反本办法第二十九条规定的，由天然气运行调节部门给予警告，责令改正；造成损失的，依法承担赔偿责任。

第三十九条 相关主管部门未按照本办法规定履行职责的，对直接负责的主管人员和其他直接责任人员依法进行问责和责任追究。

第六章 附则

第四十条 本办法中下列用语的含义是：

（一）天然气输送管道：是指提供公共运输服务的输气管道及附属设施，不包括油气田、液化天然气接收站、储气设施、天然气液化设施、天然气压缩设施、天然气电厂等生产作业区内和城镇燃气设施内的管道。

（二）液化天然气接收站：是指接收进口或者国产液化天然气（LNG），经气化后通过天然气输送管道或者未经气化进行销售或者转运的设施，包括液化天然气装卸、存储、气化及附属设施。

（三）储气设施：是指利用废弃的矿井、枯竭的油气藏、地下盐穴、含水构造等地质条件建设的地下储气空间和建造的储气容器及附属设施，通过与天然气输送管道相连接实现储气功能。

（四）天然气液化设施：是指通过低温工艺或者压差将气态天然气转化为液态天然气的设施，包括液化、储存及附属设施。

（五）天然气压缩设施：是指通过增压设施提高天然气储存压力的设施，包括压缩机组、储存设备及附属设施。

（六）天然气销售企业：是指拥有稳定且可供的天然气资源，通过天然气基础设施销售天然气的企业。

（七）天然气基础设施运营企业：是指利用天然气基础设施提供天然气运输、储存、气化、液化和压缩等服务的企业。

（八）城镇天然气经营企业：是指依法取得燃气经营许可，通过城镇天然气供气设施向终端用户输送、销售天然气的企业。

（九）天然气用户：是指通过天然气基础设施向天然气销售企业购买天然气的单位，包括城镇天然气经营企业和以天然气为工业生产原料使用的用户等，但不包括城镇天然气经营企业供应的终端用户。

（十）调峰：是指为解决天然气基础设施均匀供气与天然气用户不均匀用气的矛盾，采取的既保证用户的用气需求，又保证天然气基础设施安全平稳经济运行的供用气调度管理措施。

（十一）应急：是指应对处置突然发生的天然气中断或者严重失衡等事态的经济行动及措施。如发生进口天然气供应中断或者大幅度减少，国内天然气产量锐减，天然气基础设施事故，异常低温天气，以及其它自然灾害、事故灾难等造成天然气供应异常时采取的紧急处置行动。

（十二）可中断用户：是指根据供气合同的约定，在用气高峰时段或者发生应急状况时，经过必要的通知程序，可以对其减少供气或者暂时停止供气的天然气用户。

第四十一条 本办法由国家发展改革委负责解释。各省、自治区、直辖市可在本办法规定范围内结合本地实际制定相关实施细则。

第四十二条 本办法自2014年4月1日起实施。

〔文章来源：国家发展改革委网站〕

国家能源局关于印发《油气管网设施公平开放监管办法（试行）》的通知

国能监管〔2014〕84号

各派出机构，各省（自治区、直辖市）发展改革委、能源局，新疆生产建设兵团发展改革委，各有关油气企业：

现将《油气管网设施公平开放监管办法（试行）》印发你们，请遵照执行。执行中有何问题，请及时向国家能源局报告。

国家能源局

2014年2月13日

油气管网设施公平开放监管办法（试行）

第一条 为促进油气管网设施公平开放，提高油气管网设施利用效率，保障油气安全稳定供应，规范油气管网设施开放相关市场行为，建立公平、公正、有序的市场秩序，制定本办法。

第二条 本办法适用于中华人民共和国境内及其所管辖海域油气管网设施开放情况监管。

第三条 本办法所指油气管网设施包括符合相应技术条件和规范，并按照国家及地方有关规定履行审批、核准或者备案手续的原油、成品油、天然气管道干线和支线（含省内承担运输功能的油气管网），以及与管道配套的相关设施（包括：码头、装卸设施、LNG接收站、天然气液化设施和压缩设施、储油与储气设施等）。城镇燃气设施执行相关法律法规规定。

本办法所指油气管网设施开放是指油气管网设施运营企业之间及其向上、下游用户开放使用其油气管网设施输送、储存、气化、液化和压缩等相关服务。

本办法所指油气管网设施运营企业是指在中华人民共和国境内注册的、专营或者兼营油气管网设施运营业务的企业。

本办法所指上游用户是指在中华人民共和国境内注册的、符合国家法律法规及相关产业政策的油气生产企业以及上游的油气销售企业，其中油气生产企业是指原油、成品油（含煤制油等）、天然气（含煤制天然气、煤层气、页岩气等）生产企业。

本办法所指下游用户是指在中华人民共和国境内注册的、符合国家法律法规及相关产业政策的油气销售企业和终端用户，包括城市燃气企业、油气零售企业以及炼化企业、燃油（燃气）发电厂、石油（天然气）工业用户、其他石油（天然气）直供用户等。

第四条 国家能源局负责油气管网设施开放监管相关工作，包括：建立健全油气管网设施公平开放监管规章和工作机制，协调油气管网设施公平开放相关问题，负责海域油气管网设施开放及油气管网设施跨区域开放监管，组织并指导各派出机构开展油气管网设施开放相关监管工作。

国家能源局各派出机构负责辖区内油气管网设施开放相关监管工作，协调解决辖区内相关问题。省级监管办公室辖区为本省；区域监管局辖区为本区域未设立省级监管办公室的省份，并负责区域内跨省开放相关监管工作。

监管内容包括：油气管网设施规划、计划的落实和重大油气项目的实施，油气管网设施公平开放，输送（储存、气化、液化和压缩）能力和效率、价格与成本，接入申请和受理，合同签订与执行，信息公开与报送等油气管网设施公平开放相关事宜。

第五条 油气管网设施运营企业在油气管网设施有剩余能力的情况下，应向第三方市场主体平等开放管网设施，提供输送、储存、气化、液化和压缩等服务。

第六条 油气管网设施运营企业应在互惠互利、充分利用设施能力并保障现有用户现有服务的前提下，按签订合同的先后次序向新增用户公平、无歧视地开放使用油气管网设施。

第七条 上、下游用户要结合生产实际情况或市场需求与消费量预测情况，以及油气管网设施规划、建设与使用现状，合理向油气管网设施运营企业提出开放申请。

油气管网设施运营企业要结合自身管网设施输送（储存、气化、液化和压缩）能力以及实际需求情况，合理向其他油气管网设施运营企业提出开放申请。

第八条 油气管网设施运营企业及其上、下游用户均应加强应急体系建设，依照各自职责确保油气管网设施安全运行，保障油气可靠供应。当出现油气供应不足时，应采取有效措施优先保障居民、公共服务设施以及其他紧急用户的需求。

第九条 鼓励以自行协商或委托代理等方式由不同市场主体的上游用户向下游用户直接销售油气，并由上、下游用户与油气管网设施运营企业签订合同或协议。

第十条 上游用户向油气管网设施运营企业提出接入申请时，应提供相关材料，包括：油气开发（或生产）现状及预测、经有资质的第三方评估的产能报告、油气品质等参数、输送（储存、气化、液化和压缩）量及时间要求等。

油气管网设施运营企业综合考虑输送（储存、气化、液化和压缩）能力、安全性以及上游用户接入技术条件、油气质量、供应稳定性等因素，30个工作日内作出是否同意接入的答复意见，不同意接入的要说明理由并抄报国家能源局或其派出机构。

第十一条 下游用户向油气管网设施运营企业提出接入申请时，应提供相关材料，包括：用户性质、安全设施设计、消防安全设计、近三年分月分用户类别销售报告、油气资源需求预测、油气质量要求、输送（储存、气化、液化和压缩）量及时间要求等。

油气管网设施运营企业综合考虑输送（储存）能力、安全性以及下游用户性质、需求等因素，30个工作日内作出是否同意接入的答复意见，不同意接入的要说明理由并抄报国家能源局或其派出机构。

第十二条 鼓励油气管网设施互联互通，油气管网设施运营企业可根据实际需求及能力，平等协商相互开放相关事宜。

第十三条 对存在争议的开放项目，上、下游用户可在收到答复意见之日起30个工作日内提请国家能源局或其派出机构进行协调，国家能源局及其派出机构根据实际情况出具协调意见。

第十四条 油气管网设施运营企业与上、下游用户就油气管网设施开放事宜达成一致的，在正式实施前相关企业应签订购销或输送（储存、气化、液化和压缩）服务合同，合同主要内容包括合同主体、购销或服务时段、购销或服务油气量、交接点与交接方式、购销或服务价格、油气质量、计量方式、安全责任、违约责任及免责条款等。

油气管网设施运营企业每年向国家能源局或其派出机构报备当年新签订的油气管网设施开放相关的购销或输送(储存、气化、液化和压缩等)服务合同。

第十五条 通过油气管网设施输送（储存、气化、液化和压缩）的原油、成品油、天然气应当符合国家规定的质量标准。

第十六条 用于油气管网设施输送（储存、气化、液化和压缩）的计量器具应当符合计量法律法规要求。

第十七条 油气管网设施开放应当执行价格主管部门按有关管理规定确定的输送（储存、气化等）服务价格。

第十八条 相关市场主体应严格执行合同，发生争议的，应本着平等、自愿、诚信的原则协商解决。不能达成一致意见的，可以由国家能源局或其派出机构进行协调和调解。

第十九条 油气管网设施运营企业同时经营油气生产、销售等其他业务的，应当逐步建立健全财务制度，对油气管网设施运营业务实行独立核算。

第二十条 油气管网设施运营企业应每季度通过网站或国家能源局指定的信息平台等途径公开油气管网设施的接入标准、输送（储存、气化）价格、申请接入的条件、受理流程等信息。

油气管网设施运营企业应向提出申请的上、下游用户披露相关设施运营情况、可接收或分输油气的地点、剩余的输送（储存、气化、液化和压缩）能力、限（停）产检修计划等信息。上、下游用户对以上信息依法履行保密责任和义务，并对因泄密产生的后果承担相应的经济赔偿和法律责任。

第二十一条 油气管网设施运营企业应每半年向国家能源局或其派出机构报送油气管网设施相关情况，包括建设情况、运营情况、限（停）产检修计划及执行情况、输送（储存、气化、液化和压缩）能力及开放情况等。

第二十二条 国家能源局及其派出机构根据履行监管职责的需要，可以要求油气管网设施运营企业报送与监管事项相关的信息和资料，发现违规行为及时处理。

第二十三条 国家能源局及其派出机构应定期编制并发布监管报告，公布油气管网设施公平开放相关情况。

第二十四条 国家能源局及其派出机构可以采取下列措施，进行现场检查：

（一）进入油气管网设施运营企业进行检查；

（二）询问油气管网设施运营企业的工作人员，要求其对有关检查事项作出说明；

（三）查阅、复制与检查事项有关的文件、资料；

（四）对检查中发现的违规行为，可以当场予以纠正或者要求限期改正。

第二十五条 对相关市场主体违反本办法规定的，国家能源局及其派出机构可责令整改并视情况予以通报批评；造成重大损失或者严重社会影响的，国家能源局及其派出机构可对相关企业主管人员和其他直接责任人员提出处理意见和建议。

第二十六条 本办法由国家能源局负责解释。

第二十七条 本办法自发布之日起施行，有效期为5年。

〔文章来源：国家能源局网站〕

中国石油石化设备工业年鉴2014

大事记

从政策、工程项目、企业、市场和技术等方面记录2013年我国石油和石油化工设备行业发生的重大事件

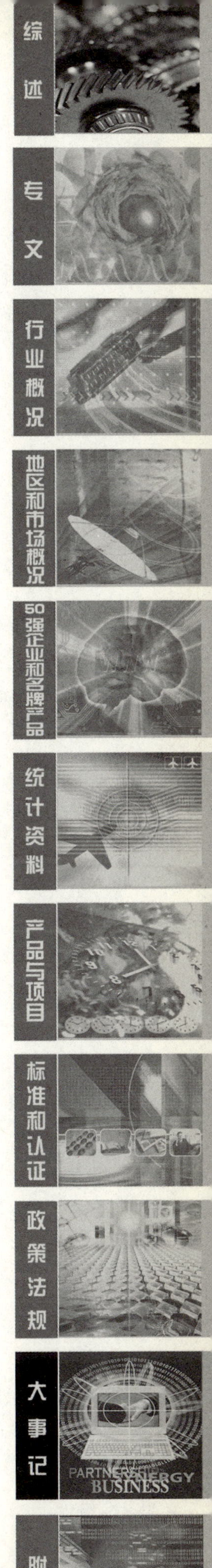

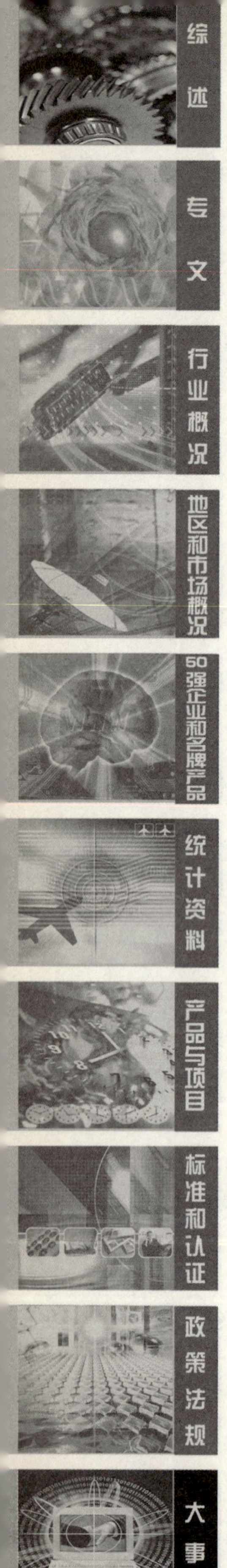
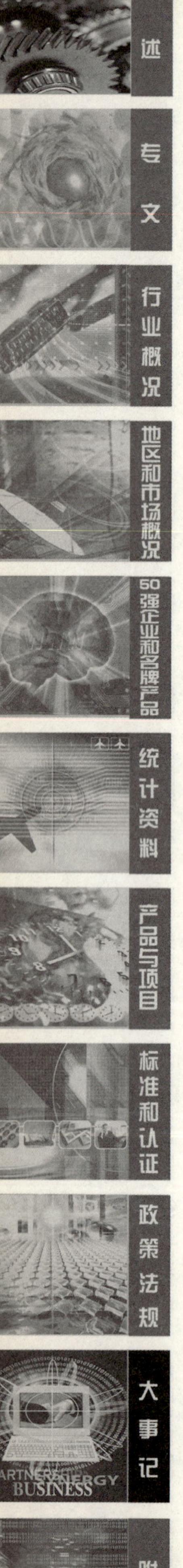

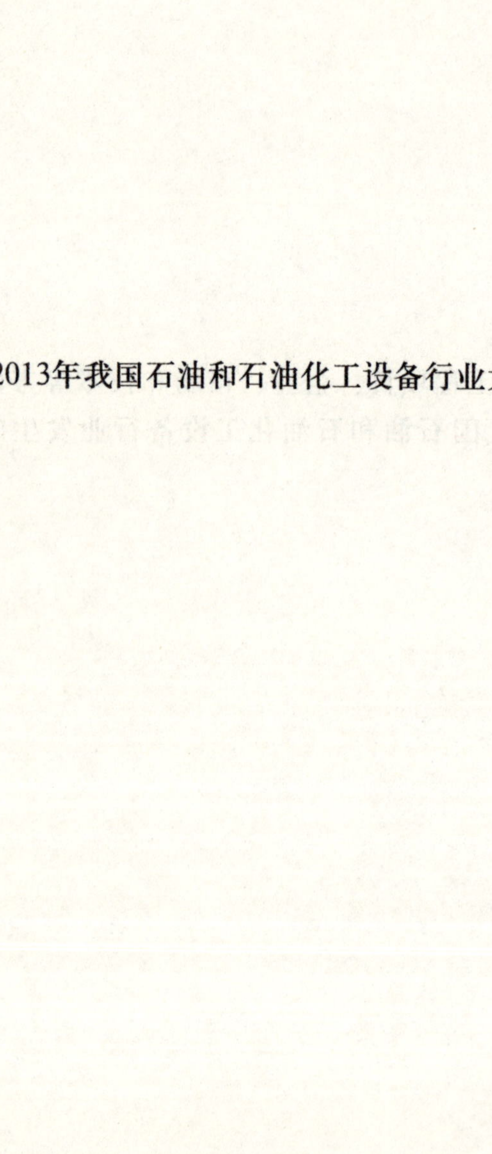

中国石油石化设备工业年鉴2014

大事记

2013年我国石油和石油化工设备行业大事记

2013年我国石油和石油化工设备行业大事记

1月

14日　宝鸡石油机械有限责任公司研制的国内首创8 000m交流变频电驱动钻机，在新疆塔里木库车山前地区顺利开钻。该钻机是为满足塔里木油田山前特殊地理环境下超深井钻探需求而研制的新型钻机，也是宝鸡石油机械有限责任公司继9 000m超深井钻机、1.2万m特深井钻机、四单根立柱9 000m超深井钻机之后，研制的又一高端超深钻井装备。

16日　在全国引进国外智力工作会议上，中石化石油工程机械有限公司第四机械厂被评为“2012年度国家引进国外智力示范单位”，全国共17家单位受到表彰。中石化石油工程机械有限公司第四机械厂是中石化集团公司和湖北省唯一一家获此奖项的企业。

17日　国内首盘CT90钢级、直径73mm、壁厚4.8mm、长3 500m的连续油管，在宝鸡石油钢管有限责任公司成功下线。检测报告显示，CT90大管径大壁厚连续油管各项性能指标均达到连续油管规范技术标准要求。这标志着国产连续油管在产品多样化、规格系列化道路上又迈出了坚实的一步。

此次试制的新产品是宝鸡石油钢管有限责任公司按照国家科技重大专项——煤层气钻井工程技术及装备研制（二期）的要求自主研发的，具有强度高、抗扭转性能强、可承受压力高等优点。面对原始卷板强度要求高、热处理工艺调试难度大、单盘管重超过30t等新挑战，该公司组织科研人员进行多次工艺试验，对不同规格连续管产品制造过程中的性能变化规律进行探索，确保首盘高钢级大管径大壁厚连续油管顺利下线。

2月

26日　中国海洋石油有限公司（简称中海油）宣布，中海油完成收购加拿大尼克森公司的交易。收购尼克森的普通股和优先股的总对价约为151亿美元，这是中国企业完成的最大一笔海外并购。尼克森分布在加拿大西部、英国北海、墨西哥湾和尼日利亚海上等全球主要产区的资产中包含了常规油气、油砂以及页岩气资源，是对中海油现有资产的良好补充，同时也使中海油全球化布局得以增强。

3月

13日　兰州至成都原油管道工程全线贯通。该管道工程是我国西北能源战略通道的重要组成部分。北起甘肃省兰州市西固区西部管道原油末站，途经甘肃、陕西、四川，西至四川省彭州末站。管道全长880km，设计年输量1 000万t，管道直径610mm，设计最高压力13.4MPa，最大落差达2 207m。该原油管道是当前国内设计压力最高、落差最大的管道。该管道工程的建成投产，对改善我国石化工业布局，促进西部大开发，带动地区经济和相关产业协调发展，以及中亚地区国际能源合作具有重要意义。

17日　由南阳二机石油装备（集团）有限公司自主研制的两套新型智能斜直井钻机顺利完工，并通过澳大利亚用户验收。作为国际上油气钻采装备标准要求最高的国家之一，澳大利亚首次进口我国的钻机类产品。

19日　第十三届中国国际石

油石化技术装备展览会（CIPPE）在北京开幕。本届展会共吸引来自全球62个国家和地区的1 500家企业参展，全球500强企业中有46家企业参展，是全球最大的石油石化技术装备展览会。全国人大常委会原副委员长成思危，中石油集团公司副总经理、党组成员李新华，中国石油和石油化工设备工业协会常务副理事长林刚出席开幕式。

★　河北华北石油荣盛机械制造有限公司研制的3 000m深水防喷器组及控制系统获得第十三届中国国际石油石化技术装备展览会创新金奖。3 000m深水防喷器组及控制系统是保障深水钻井安全的关键设备，是集机电液光声技术于一体的高技术重大装备。这套装置的研发成功，使我国海洋石油水下设备实现了重大突破，对打破国外技术垄断、推动我国石油钻采装备走向高端具有重要意义。

25日　国家能源深水油气工程技术研发中心在中海油研究总院成立。该中心由中海油研究总院牵头，联合中海石油深海开发有限公司和海洋石油工程股份有限公司共同建设。主要任务是瞄准我国南海深水油气田开发工程的重大战略需求，开展深水钻完井、深水浮式平台、水下生产系统、深水流动安全、深水海底管道和立管、深水井控及应急救援等深水工程关键技术攻关，为我国南海和海外深水油气田开发提供技术支撑和保障。

4月

10日　我国海上最大油气平台组块——荔湾3-1气田中心平台组块完成陆地建造。荔湾3-1中心平台组块是我国当前最大、规模在亚洲名列前茅的海上油气综合处理平台，标志着我国在深水桩基平台工程领域已跻身世界前列，带动了我国海洋工程高端产业的发展。

17日　中国机械工业联合会在北京京西宾馆召开中国机械工业品牌推进工作会，大会对2012年机械工业实施品牌战略阶段性工作进行总结，对通过有关程序评审和审定的百家企业的百种产品进行表彰，授予2012年度中国机械工业优质品牌。中国石油和石油化工设备工业协会4家会员企业的产品名列其中，分别是：中石化石油工程机械有限公司第四机械厂的“四机”牌石油钻机、南阳二机石油装备（集团）有限公司的“华石”牌石油钻机、四川宏华石油设备有限公司的“HONG HUA”牌石油钻机、宝鸡石油机械有限责任公司的“宝石机械”牌石油钻机。

5月

8日　中石化石油工程机械有限公司第四机械厂美国销售服务中心在休斯敦正式挂牌。该中心由中石化石油工程机械有限公司第四机械厂与中国石油技术开发公司合作建成，主要承担出口北美修井机的配件供应及售后服务，是工厂在海外设立的第四个销售服务中心。

10日　济柴动力总厂成都压缩机厂承担的国内最大功率高速往复活塞式天然气压缩机创新研制项目通过四川省重大装备项目验收，获得专家一致好评。该项目被列入2011年四川省重大技术装备创新研制项目。成都压缩机厂完成3 500kW往复活塞式压缩机的关键技术研究、产品设计、产品试制、厂内试验和用户现场型式试验，已投入工业性生产运行超过6 200h。该产品拥有自主知识产权，获得国家发明专利1项、实用新型专利8项、外观设计专利4项。该压缩机的成功研制，对打破国外垄断、进一步推进油气重大装备国产化将发挥积极作用，在储气库建设、煤层气开采、天然气增压集输等方面具有广阔的应用前景。

23日　亚洲最大的深海油气平台——荔湾3-1气田中心平台完成了上部组块的浮托安装。这是世界上首次实现在南海开阔海域油气平台的整体浮托安装，标志着我国深海超大型油气平台的设计、建造和安装技术能力取得历史性突破。

23—24日 第七届中国国际海洋油气大会在深圳召开。本次会议由上海决策者经济顾问有限公司主办，中国石油和石油化工设备工业协会为大会支持机构，协会首席顾问赵志明作为演讲嘉宾参加了此次大会。

来自政府部门、行业协会、科研院所、油气开发商和海工配套设备供应商的各界人士共聚一堂，就中国海洋油气政策导向、海洋油气开发前景、中国海洋油气市场机遇及项目经验、浮式结构发展状况、海洋油气钻探技术和水下生产系统等问题进行了深入的探讨与交流。

此次会议旨在提供亚太地区深海油气产业全球合作、共同开发的舞台，发挥中国沿海经济开发区的特殊产业区位优势，持续打造国内外海洋工程专业人士信息交流的国际平台。通过加强与国内外海洋油气工程相关政府、企业和机构的沟通和联系，广泛宣传海洋工程产业投资开发环境，加大区域开发及招商引资力度，增强海工制造、维修及配套产业可持续发展能力。

28日 宝鸡石油机械有限责任公司承担的国家油气钻井装备工程技术研究中心工程建设项目初步设计，通过了专家组的审查。按照规划，该公司获批组建的这一研究中心将建设3个试验平台、突破5项技术、研发5项产品。它的组建对增强我国石油钻井装备工程化应用能力，辐射和带动行业稳步快速发展，提升国内油气钻井装备技术的整体水平具有重要意义。

6月

2日 由宝鸡石油机械有限责任公司参与设计并制造的国内首台四单根立柱9 000m超深井钻机，在新疆塔里木油田山前地区大北305井开钻，填补了我国陆上四单根立柱钻机生产的空白，标志着我国超深井钻机研制技术再上新台阶。四单根立柱钻机将传统的三单根立柱改为四单根立柱，使钻机起下钻时高速运行区段加长，可增加钻具容量，降低起下钻频次。此外，钻机采用先进的控制技术，实现钻机智能化司钻操作，大大减轻工人的劳动强度。

4日 由宝鸡石油机械有限责任公司自主研制，具有自主知识产权的国内首台SL770新型水龙头顺利通过2倍试拉载荷试验及各项功能性试验。SL770水龙头最大载荷为7 700kN，最高工作压力为52MPa。首台SL770水龙头整机试验压力达到78MPa。这种水龙头主要用于深井钻机，设计结构合理，承载能力大，满足API 8C PSL1级的质量要求。

19日 南阳二机石油装备（集团）有限公司研制成功国内首台能够适应-20℃低温作业环境的海洋修井机，填补了国内该领域的空白。这将进一步提高海洋油气开发冬季修井作业的安全性。南阳二机集团应中海油天津分公司要求，设计制造了国内首台低温海洋修井机。该修井机最大钩载为180t，主要结构件全部由低温材料制成，完全能够满足冬季海洋气候；整台设备采用模块化结构设计，可拆分为3个大模块或11个小模块，其中，大模块方便海上吊装，小模块方便途中运输，大大提高了工作效率；底座采用梯形结构，下设8个立柱，增强稳定性，能够满足横向为7个井位的施工需求。此次南阳二机集团低温海洋修井机的成功研制，将进一步带动国内海洋修井机向新领域进军。

7月

3日 由武昌船舶重工有限责任公司承制的深海浮体系统交付巴西石油公司。这是迄今世界上建造的最大型水下立管支撑浮体系统。它不仅采用了世界上最先进的理念和技术，建造全程还坚持国际化的管理标准以及质量安全控制。此次交付的4套浮体及16套锚座，将在位于巴西近海300km的桑托斯盆地深海油田服务27年，作业水深2 250m。

5日 中国海洋石油有限公司宣布，其母公司中国海洋石油总公司已与博道长和石油有限公司就珠江口盆地28/03区块签订了产品分成合同。28/03区块位于南海东部海域珠江口盆地，区块面积68km²，水深95m。根据石油合同规定，在勘探期内，博道长和将在该区块进行三维地震数据采集、钻初探井，并承担100%的勘探费用。中海油将有权参与合同区内任一商业油气发现最多51%的权益。

8月

28日 世界最大超深水双钻塔半潜式钻井平台在中集来福士山东海阳基地开建。该双钻塔半潜式钻井平台是中集来福士为一家挪威公司设计建造的，平台长117m、宽92.7m、高118m，最大排水量达7万t，最大工作水深为12 000ft（1ft=0.304 8m），钻井深度为50 000ft，配备先进的动力定位系统，入挪威船级社。该平台采用液压双钻塔设计，在安全的基础上大幅提高了生产效率，可在墨西哥湾、中国南海等深水域作业。该平台将于2015年年底完工交付。

月内 旅顺口区最大的工业用地出让项目——石油钻采专用设备制造用地项目在网上挂牌出让成功，由辽宁海洋钻探装备有限公司以4亿多元的价格竞标成功。这宗工业项目用地位于旅顺口区西部临港新区双岛湾产业园区。项目占地面积94.46万m²。这项用地项目的挂牌成功，标志着旅顺口区在引进大连重工、中远船造、北车集团等大型工业项目之后，又一个大型装备制造重点企业落户旅顺。

9月

12—13日 中海油2013年第四届海洋石油工程技术年会在苏州召开，来自中海油、工程院、中海油所属单位、国家海洋局、国内高校和研究院所等单位的代表近130人参会。会上总结研讨了FPSO（海上浮式生产储卸油装置）、抗冰、国产化等海洋工程技术领域的最新进展。

26—28日 国家质量监督检验检疫总局科技司在荆州市组织召开专家论证会，由世纪派创石油机械检测中心与荆州市产品质量监督检验所共同承担的“国家油气钻采设备质量监督检验中心”项目顺利通过专家论证，标志着“国家油气钻采设备质量监督检验中心”筹建工作已具备正式启动条件。

29日 在塔里木油田轮古2-2井口，高16m、重41t的泵抽5 008m深的齿轮齿条抽油机经调试到位后开始抽油。这台抽油机为中国工程院院士顾心怿自主研发，是当前国内首创和世界最大的齿轮齿条式大型抽油机。悬点载荷28t的实用新型CCYJ-28-9型齿轮齿条式抽油机，整机设备自重达到41t，是塔里木油田公司与胜利油田山友技术公司联合研制的首台大型抽油机，9m冲程为当前国内最长的冲程，仅需55kW变频功率电动机，达到节能增效和绿色环保的要求。

30日 经国家石油管材质量监督检验中心及石油工业油气田射孔器材质量监督检验中心检测评价，宝鸡石油钢管有限责任公司采用SEW（高频焊接热轧）工艺自主研发的80钢级和110钢级、直径139.7mm、壁厚9.17mm两种高抗挤石油套管，各项技术性能指标完全符合设计要求，标志着我国成为世界上少数掌握SEW高抗挤套管核心技术的国家之一。

10月

13日 川庆钻探长庆钻井总公司首部液压动力猫道试验成功。这套全自动液压动力猫道全长27m，总重21t，作业效率高，安全可靠，设备稳定性好。上钻具采用直推加翻板助力的输送方式，既能有效保护钻杆接头螺纹在输送中不受碰撞，又能提高输送效率，完成从钻杆、钻铤到套管全尺寸输送。这套液压动力猫道处于国内较先进的水平，具备人性化的操作方式，能有效降低员工劳动强度，减少钻井作业风险，为钻井生产提供坚实的服务保障。

18日 杰瑞集团在烟台总部举办了“小井场大作业”新概念成套页岩气压裂解决方案新品发布会，并于会上成功实现了全套装备的现场联机测试，标志着杰瑞集团完成了“小井场大作业”全系列产品的开发和布局。这是当前世界首套针对复杂地理条件下页岩气开采的解决方案，开创了我国乃至世界范围内页岩气等非常规能源压裂增产完井设备的新方向。

杰瑞集团基于对北美压裂服务行业的理解及对国内未来页岩气开发的现状剖析，在2013年率先开发出了“小井场大作业”新概念全套页岩气压裂装备解决方案，解决了中美页岩气开发对作业施工要求朝着“连续作业、大负载、长时间”的方向发展的问题。整套装备融合了“柔性供砂系统、在线式流体管理、高功率密度泵送系统、双燃料能源管理系统、井下废水管理系统以及全集成自动化”六大页岩气整体开采理念，可以实现人工成本减少40%，作业用地面积减少50%，柴油消耗减少50%，施工用水量减少60%，整体开发费用将大大降低，将更适应我国页岩气的开采环境和产业现状。

在专家评审会上，来自中石油勘探开发研究院、中国石油和石油化工设备工业协会、中国石油大学、西安石油大学的能源行业专家、学者对“小井场大作业”这一创新性研发成果评审后给予了高度评价。与会专家一致认为，该套“小井场大作业”新概念成套页岩气压裂装备能够满足页岩气开发的需要，并建议加大对该页岩气压裂成套装备的推广应用力度。

29日 中国石油和石油化工设备工业协会2012—2013年度“五十强企业暨名牌产品”推荐会在宁波召开。本次评审会共收到52家单位申报的168个产品，分石油专用设备、石油化工设备、石油井口和钻采专用工具以及石油专用管材输送管4个领域。经过专家组严格认真细致的评审和各申报单位现场答疑，最后共有146个产品被评为行业名牌产品，50家单位获得“50强企业”称号。

11月

1日 阳逻—长沙末站支线试运投产顺利完成，兰州—郑州—长沙成品油管道干线（简称兰郑长成品油管道）全线建成投产。兰郑长成品油管道是当前国内最长的成品油管道，全长2 080km，成品油最大年输送量为1 500万t。

15日 非常规油气产业联盟在北京正式成立。该联盟是中国能源网倡议，联合中化石油勘探开发有限公司、中国华电工程（集团）有限公司、宏华集团、北京大学页岩油气研究所、中国国际金融有限公司等单位共同发起的独立民间组织。旨在构建成员与政府间的对话渠道，促进国内外企业在非常规油气领域在商务、投资、技术以及科研等各方面的合作。非常规油气产业联盟的成员还包括贝克休斯、BP中国、北京奥瑞安能源技术开发有限公司和北京泰坦通源天然气资源技术有限公司等。

19日 由中国石油集团石油管工程技术研究院牵头研制的国产高强度铝合金钻杆，在塔里木油田钻井现场的首次应用试验圆满成功。这标志着集团公司深井、超深井领域新型管材的研发取得重大进展，将有效改变当前国内同类产品长期依赖进口的局面。

与传统钢质钻杆相比，高强度铝合金钻杆具有重量轻、耐腐蚀及抗疲劳性能好等特点，适合用于深井、超深井、大位移水平井及高酸性油气田的钻井，在墨西哥湾等地区广泛使用。当前，只有俄罗斯、美国等少数国家能够生产和供应这种技术含量和附加值高的产品，订货周期长，价格昂贵。

★ 由宝鸡石油机械有限责任公司自主研制的国内首台500t全液压翻转式吊卡，顺利通过两倍额定载荷试验，吊卡锁舌体及活门的安全启闭、吊卡本体旋转±90°试验。500t全液压翻转式吊卡是国家“863”项目——管柱自动化处理系统的配套子项目之一。作为石油钻采关键设备之一，这种吊卡适用陆地和海洋钻井起吊系统起下钻柱作业，是一种主体可翻转的液压驱动的全自动液压吊卡。该500t全液压翻转式吊卡的最大特点是本体可旋转 ±90°，通过顶驱配合完成钻具由动力猫道到井口的自动送入动作，有效解决了手动机械式吊卡在作业中更换频繁、安全性差、劳动强度大等问题，具有结构新颖、操作方便、安全可靠、自动化程度高的优点，可满足远程控制的需要。

25日　由宝鸡宝石特车公司生产的全自动双机双泵自动混浆固井车完成厂内各项压力试验及整车调试。该固井车配备有自制水泥浆的混泵系统，具有自动混浆及二次混浆功能。整车设备操作方便可靠，自动化程度高。其中，配备的低压非放射性密度计，固井时能准确测量出水泥浆的瞬时密度值，保证固井质量。

该固井车已获得7项国家专利，其中“一种全自动固井水泥浆质量控制及混配系统”获得国家发明专利，其余6项获得实用新型专利。它的局部功能设计水平已达到国际领先水平，具有良好的市场前景。

12月

5日　宝鸡石油机械有限责任公司为国内最大的民营油企安东石油技术有限公司生产的5 000m钻机顺利起升。这是宝鸡石油机械有限责任公司2013年在民营市场起升的第五台钻机。

24日　渤海钻探第一录井公司继委内瑞拉钻井参数仪租赁业务后，与威德福（中国）能源服务有限公司又签订了一台为期两年的德玛综合录井仪租赁合同，这是该公司成功签订的首台综合录井仪国际市场租赁业务合同。

〔撰稿人：魏素芳〕

附录

介绍海洋工程装备科研项目指南、国家支持发展的重大技术装备和产品目录及重大技术装备和产品进口关键零部件、原材料目录等

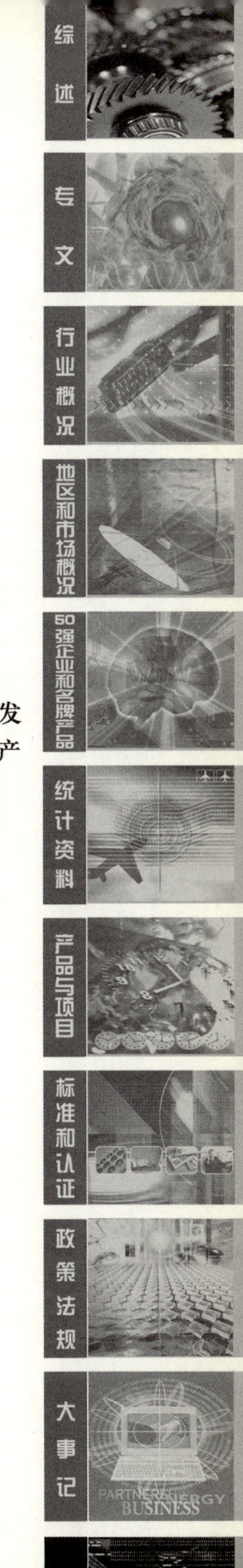

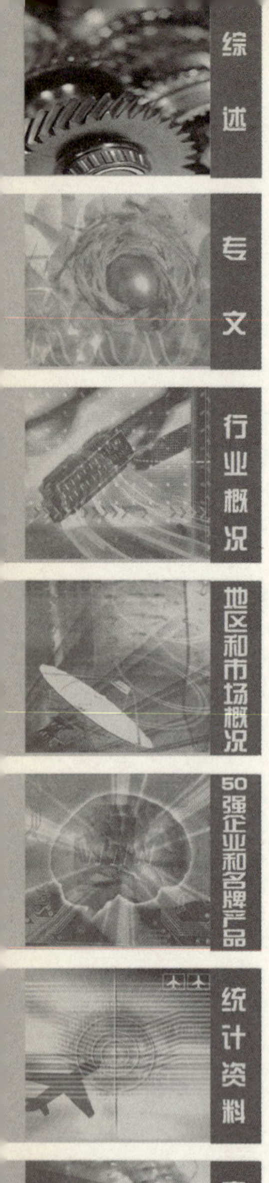

附录

海洋工程装备科研项目指南（2014版）
重大技术装备进口税收政策规定
国家支持发展的重大技术装备和产品目录（2014年修订）（摘选）
重大技术装备和产品进口关键零部件、原材料目录（2014年修订）（摘选）
进口不予免税的重大技术装备和产品目录（2014年修订）（摘选）

海洋工程装备科研项目指南（2014版）

海洋工程装备是国家战略性新兴产业的重要组成部分，加快发展海洋工程装备制造业，对于推动海洋资源开发和海洋经济发展，支撑我国海洋强国建设具有十分重要的意义。

为进一步落实《“十二五”国家战略性新兴产业发展规划》（国发[2012]28号）和《海洋工程装备制造业中长期发展规划》（工信部联规[2011]597号），实施《海洋工程装备工程实施方案》，加快提升海洋工程装备制造业创新能力，在调整和修订《海洋工程装备科研项目指南（2013版）》的基础上，形成本指南。指南从工程与专项、特种作业装备、关键系统和设备三个方面，提出了2014年海洋工程装备制造业的重点科研方向。

一、工程与专项

（一）深海天然气浮式装备（一期工程）

1. 工程总目标

满足我国深海大型气田开发和海上液化天然气接收站建设的紧迫需求，系统开展深海天然气浮式装备（英文简称：FLNG，包括浮式液化天然气生产储卸装置LNG-FPSO和浮式储存及再气化装置LNG-FSRU）设计、建造、集成等方面的关键技术研究，以及相关关键设备和系统的研制，形成相应的总体设计方案、设备工程样机及全套系统的试验验证装置，完成有关测试和检验、试验验证等工作，建立相应的FLNG设计建造规范与标准体系。开发一型适应我国南海大型气田开发需要、舱容约30万m^3、LNG年产量约为200万～300万t的LNG-FPSO，一型舱容在20万m^3以上、年气化能力约为200万t的LNG-FSRU。

工程分两期实施，一期目标是：完成LNG-FPSO、LNG-FSRU总体设计方案，实现LNG-FSRU再气化模块及LNG-FPSO部分系统和设备的样机研制，具备不小于20万m^3/d的小型天然气液化系统核心装置工程化应用能力。二期目标是：LNG-FPSO、LNG-FSRU总体具备工程化条件，主要系统和设备完成样机研制及实验验证，具备LNG年产200万～300万t天然气预处理系统及液化系统装置研制能力。

2. 重点研究方向

2015年前，重点围绕一期工程目标，突破天然气预处理系统及液化系统、再气化系统、LNG货物外输/转驳装置等设备和系统设计、制造、试验验证等方面的关键技术，部分系统和设备完成样机研制；开展FLNG建造、安装及调试关键技术研究；开展处理能力为不小于20万m^3/d的天然气液化工艺和设备试验验证；初步建立起FLNG设计建造规范与标准体系。具体如下：

（1）天然气液化系统设计、集成及试验验证

1）研究目标。掌握天然气液化系统的设计技术、集成技术，完成处理能力不小于20万m^3/d，且适用于LNG-FPSO的采用混合冷剂液化工艺的安全、可靠、高效的天然气液化系统的设计和建造，开展工艺和关键设备试验验证。

2）研究内容。处理能力不小于20万m^3/d的天然气液化系统总体方案设计；天然气液化系统集成技术研究；适用于LNG-FPSO的混合冷剂液化工艺和绕管式换热器等关键设备试验验证。

3）成果形式。总体设计方案；处理能力不小于20万m^3/d天然气液化系统及试验报告。

（2）天然气预处理用大型塔器研制

1）研究目标。掌握适合FLNG天然气预处理系统使用的大型塔器的设计制造关键技术，包括强度计算、填料和塔盘的水力学计算等，完成大型塔器详细设计和样机研制，具备工程化应用条件，与国

际同类产品技术水平相当。

2）研究内容。工艺参数优化和工艺流程设计；大型塔器的材料选型、强度计算及分析；大型塔器中填料、塔盘等内部零件的水力学计算；大型塔器气液分布器的设计与优化；晃荡对大型塔器性能影响研究；适用于年产液化天然气 300 万 tLNG-FPSO 使用的大型塔器详细设计；大型塔器样机研制。

3）成果形式。相关设计图纸、计算书、研究报告；样机及试验验证报告，并通过船级社认可。

（3）天然气液化用大型混合冷剂压缩机研制

1）研究目标。完成满足 LNG 年产量约为 200 万～300 万 t 的 LNG-FPSO 要求的大型混合冷剂压缩机的选型方案，攻克设计制造关键技术，完成详细设计和样机研制，具备工程化应用条件，与国际同类产品技术水平相当。

2）研究内容。压缩机选型方案论证；设计制造关键技术研究；大型混合冷剂压缩机详细设计；大型混合冷剂压缩机样机研制。

3)成果形式。相关设计图纸、计算书、研究报告；样机及试验验证报告，并通过船级社认可。

（4）天然气液化用大型板翅式换热器冷箱研制

1）研究目标。掌握板翅式换热器冷箱均布、安全性相关技术等关键技术，完成相应的试验研究和样机研制，满足 LNG-FPSO 的技术要求。

2）研究内容。多联板翅式换热器均布技术研究；板翅式换热器应用于 FLNG 的安全性和可靠性研究；板翅式换热器样机研制。

3)成果形式。相关设计图纸、计算书、研究报告；适用于处理能力不小于 20 万 m^3/d 天然气液化系统的样机及试验验证报告，并通过船级社认可。

（5）海水－混合冷剂换热器研制

1)研究目标。掌握海水－混合冷剂换热器设计、制造、检验等关键技术，开展满足 LNG 年产量约为 200 万～300 万 t 的 LNG-FPSO 要求的海水－混合冷剂换热器详细设计，完成中试研究和小型样机研制，设计、制造、检验能力达到 LNG-FPSO 技术要求。

2)研究内容。海水－混合冷剂换热器选型研究；设计关键技术研究；制造和检验关键技术研究；海水－混合冷剂换热器小型样机研制。

3）成果形式。相关设计图纸、计算书、研究报告；适用于处理能力不小于 20 万 m^3/d；天然气液化系统的样机及试验验证报告，并通过船级社认可。

（6）LNG 液力透平研制

1）研究目标。掌握 LNG 液力透平的关键技术，完成小型样机设计制造及现场试验，开展适用于 LNG-FPSO 的 LNG 液力透平详细设计，完成中试研究和样机研制。

2）研究内容。LNG 液力透平设计关键技术研究；LNG 液力透平样机设计制造；适用于 LNG-FPSO 的 LNG 液力透平详细设计；LNG 液力透平样机研制及现场性能试验；技术标准研究。

3)成果形式。相关设计图纸、计算书、研究报告；样机及试验验证报告，并通过船级社认可。

（7）天然气液化系统硫磺回收装置研制

1）研究目标。研究适用于浮式条件下的硫磺回收工艺，研制橇装的硫磺回收装置，具备效率高、安全性高、占地少和轻量化的特点，完成样机研制。

2)研究内容。硫磺回收装置关键设备选型研究；硫磺回收工艺的工艺包设计；硫磺回收装置服役可靠性技术研究；硫磺回收装置的橇块化技术研究；硫磺回收装置样机研制及验证；LNG-FPSO 硫磺回收装置的技术标准研究。

3)成果形式。相关设计图纸、计算书、研究报告；样机及试验验证报告，并通过船级社认可。

（8）LNG 蒸发汽再液化装置研制

1）研究目标。根据 LNG 蒸发汽（BOG）和浮式平台的特点设计出适合浮式平台上应用的 BOG 再液化工艺，完成 BOG 再液化装置的橇块化设计，达到能够制造的深度，完成小型样机研制。

2）研究内容。核心设备选型研究和浮式条件下的适应性研究；橇块化设计方案研究；再液化装置的橇块化设计；再液化装置样机研制；相关技术标准研究。

3)成果形式。相关设计图纸、计算书、研究报告;样机及试验验证报告，并通过船级社认可。

（9）货物外输／转驳装置研制

1）研究目标。研究开发适用于LNG-FSRU、LNG-FPSO与穿梭LNG船之间的货物外输／转驳装置，能够实现低温液体和气体的输送，具备较高的可靠性。货物外输／转驳装置在满足旁靠相关海况的相对运动和串联情况下，转运能力达到1.0万m^3/h。

2）研究内容。两船并靠水动力分析与试验验证；旁靠转驳与串联转驳的比较论证；刚性装卸臂与低温软管输送比较论证；旁靠输送装置样机研制；旁靠转运的模拟海况试验和液体试验；串联输送技术预研。

3）成果形式。两船旁靠水动力分析和水池模型试验报告；旁靠转驳与串联转驳设计图纸和计算书；旁靠输送装置样机及试验验证报告，并通过船级社认可。

（10）LNG潜液泵研制

1）研究目标。掌握水力技术、结构优化设计、密封技术等LNG潜液泵关键设计制造技术，开展适用LNG-FPSO的LNG潜液泵详细设计，完成中试研究和小型样机研制。

2）研究内容。水力计算与选型；泵体结构优化设计；密封设计；适用LNG-FPSO的LNG潜液泵详细设计；LNG潜液泵小型样机研制及试验研究；技术标准研究。

3)成果形式。相关设计图纸、计算书、研究报告;小型样机及试验验证报告，并通过船级社认可。

（二）自升式平台品牌工程

1. 工程总目标

把握自升式平台技术发展趋势，瞄准自升式钻井平台和自升式作业支持平台两类主流产品，对标世界品牌产品，结合国内批量建造平台的工程实践经验，开发市场定位清晰、具有当今国际先进水平的3型自升式钻井平台和1型自升式作业支持平台，全面提升平台适应性、作业效率、经济性、安全性、环保性等，掌握自主设计建造核心技术，实现承接工程订单，带动关键系统和设备应用，增强我国在自升式平台领域的国际竞争力。

2. 重点研究方向

（1）自升式钻井平台

1）研究目标。分别对标自升式钻井平台国际主流品牌，开发高规格大水深3型系列自升式钻井平台，平台主要技术性能指标达到或超过同类国际品牌产品。其中，最大钻井深度10 668～12 192m，作业工况下最大甲板可变载荷提高5%～10%，钻井系统大钩载荷提高25%左右，悬臂梁纵向最大外伸距离22.86～24.38m，经济性达到国际先进水平，平台居住房间达到欧洲北海高舒适性标准，关键系统和设备自主化配套率达到80%以上。完成基本设计并通过船级社认证，承接工程订单。

2）研究内容。自升式钻井平台作业环境和适应性研究；平台总体性能优化研究；平台主体结构轻量化设计和桩腿结构优化设计；平台悬臂梁及钻台优化设计研究；平台关键系统集成优化及国产化应用技术研究；平台环保性和舒适性设计技术研究；平台高效建造技术研究；平台重量控制技术研究；桩腿国产化技术研究。

3）成果形式。自主品牌自升式平台基本设计图纸、船级社审核报告等；相关研究报告、试验报告、计算分析报告等；相关专利、论文、标准和指导性文件。

（2）自升式作业支持平台

1）研究目标。瞄准多功能自升式作业支持平台国内外市场需求和技术发展趋势，采用“平台通用化、功能模块化、接口标准化”的设计理念，开发市场定位清晰、具有当代国际先进水平的自升式作业支持平台，具备助航定位、快速提升、起重作业等功能，最大作业水深为106.68m，平台最大连续升降速度为72m/h，轻量化起重机起重能力不小于200t，甲板面积不小于1 600m^2，甲板载荷不小于2 500t，关键系统和设备自主化配套率达90%以上，实现工程示范应用。

2）研究内容。多功能作业支持平台通用化及模块化技术研究；自升式支持平台环境和地质条件适应性技术研究；平台升降等核心系统的模块化、标准化及系列化设计技术研究；平台关键系统集成优化及国产化应用技术研究；关键系统调试验证技术研究。

3）成果形式。自升式作业支持平台基本设计图纸、船级社审核报告等；相关研究报告、试验报告、计算分析报告等；自升式作业支持平台及关键系统和设备工程示范应用；相关专利、论文、标准和指导性文件。

（三）水下油气生产系统（一期工程）

1. 工程总目标

以我国深海油气田开发为工程背景，系统开展水下生产系统、控制系统、安防系统、铺管系统等的总体设计技术研究，以及水下采油树、混输增压泵、脐带缆、水下阀门、水下作业工具等关键设备的研制，初步形成水下油气生产系统的标准体系。掌握3 000米水深水下生产系统及关键设备的设计、制造、测试与安装技术；实现1 500m水深水下生产系统及关键设备产业化。

工程分两期实施，一期目标：具备500m水深水下油气生产系统及关键设备的工程设计、制造、测试与安装能力，初步实现产业化。二期目标：具备1 500m水深水下油气生产系统及关键设备的工程设计、制造、测试与安装能力，初步实现产业化；掌握3 000m水深水下油气生产系统关键技术。

2. 重点研究方向

2015年前，重点围绕一期目标，开展水下油气生产系统核心技术与设备、水下专用作业设备的研制。重点研究方向如下：

（1）水下控制系统与关键设备研发

1）研究目标。掌握500m水深水下控制系统的设计、制造、测试与安装技术能力，完成水下控制产品的功能分析、设计要求及总体系统集成技术研究，掌握水下控制模块、水下分配单元的设计、制造、安装技术。

2）研究内容。功能分析和设计要求；系统总体设计、测试和总体系统集成技术研究；水下控制模块（SCM）设计、制造、测试和安装技术研究；水下分配单元（SDU）设计、制造、测试和安装技术研究。

3）成果形式。水下控制系统方案设计与研究报告；水下控制产品的功能分析、设计要求及总体系统集成技术研究报告；水下控制模块产品设计、制造、测试与安装的设计文件、研究报告；500m水深可回收式水下控制模块原理样机及全套设计文件；500m可回收式水下分配单元原理样机及全套设计文件。

（2）水下安防系统工程化研制

1）研究目标。掌握500m水深水下安防系统产品设计、制造、测试与安装技术，完成500m水深水下安防系统的工程样机研制及工程化应用。

2）研究内容。水下安防系统设计、制造、测试、安装技术研究；水下安防系统工程样机研制；水下安防系统设计、制造与测试标准研究。

3）成果形式。水下安防系统设计、制造与测试的设计与研究报告；以水下设施为中心的500m水深水下安防系统工程样机；相关标准研究报告，设计、制造及验收指南，陆上测试报告，压力舱测试报告，海试试验报告。

（3）水下混输增压泵研制

1）研究目标。掌握适用于1 500m深海环境水下混输增压泵的设计、制造、测试与安装等关键技术，开展相关技术研究和设备研制。

2）研究内容。混输增压泵总体方案研究；混输增压泵压缩单元关键技术研究；配套大功率水下电动机及动力传输系统研究；均化器结构方案研究；密封技术研究；防腐处理措施研究；冷却及润滑方案研究；水下控制系统设计技术研究；混输增压泵测试、安装技术研究。

3）成果形式。各种相关技术研究报告，设计指导性文件；水下混输增压泵系统及关键部件设计图纸、计算书、测试报告等；水下混输增压泵样机一套；陆上工厂混输运行试验报告，压力舱试验报告，水池试验报告，相关标准研究报告及设计指南。

（4）水下两相湿气流量装置研制

1）研究目标。掌握500m水深水下两相湿气流量装置产品设计、制造、测试与安装技术，完成500m水下两相湿气流量装置工程样机的研制。

2）研究内容。水下两相湿气流量装置设计、制造、测试、安装技术研究；工程样机研制；水下两相湿气流量装置设计、制造与测试标准研究。

3)成果形式。水下两相湿气流量装置产品设计、制造与测试的文件与研究报告；500m水深水下两相湿气流量装置工程样机；陆上混输试验报告、压力舱试验、水下模拟海试；相关标准研究报告及设计、制造指南。

（5）水下阀门工程化研制

1）研究目标。掌握500m水深水下阀门及执行机构的设计、制造与测试技术，具备500m水深水下阀门高压舱测试能力，完成500m水深水下阀门工程样机研制及海试。

2)研究内容。典型水下阀门(闸阀、球阀)设计、制造与测试技术研究；水下阀门执行机构的设计、制造与测试技术研究；水下阀门高压舱测试技术研究。

3）成果形式。水下闸阀及执行机构样机及相关支持文件；水下球阀及执行机构样机及相关支持文件；34.5MPa(5 000psi)的6in水下闸阀工程样机、17.2MPa（2 500psi）的12in水下球阀工程样机各一台；水下阀门压力舱测试报告、水下阀门海试测试报告；相关标准研究报告及设计、制造指南。

（6）水下工程安全作业仿真测试装备研制及关键技术研究

1）研究目标。面向海洋工程大型装备安全作业需求，通过开展海洋工程大型装备作业仿真测试系统技术研究、海洋水动力环境模型及海洋工程大型装备动力学与运动模型研究、海洋工程水下作业风险分析评估与控制技术研究，研制海洋工程水下作业仿真测试系统，以安装、铺管作业为核心，兼顾水下维修等作业，构建一套500m水深水下工程安全作业的方案预演与评估平台。

2）研究内容。水下工程安全作业仿真测试装备总体技术研究；海洋水动力环境模型与海洋工程大型装备建模与仿真研究；水下工程安全作业风险分析评估与控制技术研究；水下系统生产运营仿真测试装备研制；水下工程安全作业仿真测试装备研制；工程应用示范。

3)成果形式。水下工程安全作业仿真测试装备、海洋水动力环境模型与海洋工程大型装备仿真软件系统、水下工程安全作业风险分析评估方法及风险预测分析系统软件、水下生产运营仿真测试系统软件各一套；典型海洋工程水下安全作业仿真系统评估工程示范；软件著作权与专利。

（7）水下多路液压快速接头及单路液压接头研制

1）研究目标。掌握适合500m水深水下采油树控制系统所需多路液压快速接头及液压接头的设计制造关键技术，包括多路液压快速接头及液压接头设计、强度计算、密封、防腐、水下安装、高压测试等,完成多路液压快速接头详细设计和样机研制，多路液压快速接头在额定工作压力下可实现无人遥控潜水器（ROV）插拔连接，具备工程化应用条件，与国际同类产品技术水平相当。

2）研究内容。水下液压接头结构设计、材料开发、密封及测试技术研究；多路液压快速接头结构设计与测试技术研究；多路液压快速接头安装技术研究。

3）成果形式．相关设计图纸、计算书与研究报告；多路液压快速接头1:1工程样机及水下液压接头1:1工程样机；压力舱试验验证报告、海试测试报告。

（8）水下湿式电气通用接头及水下电缆小型连接器研制（Ⅰ期）

1）研究目标。掌握适合500m水深水下生产系统中控制系统所需的水下湿式电接头的设计制造关键技术，以及500m水深不同型号的水下电缆小型连接器设计制造关键技术。

2）研究内容。①水下湿式电接头研究，包括：水下湿式电接头的总体方案设计技术，以及密封、压力补偿、水下带电插拔、可靠性和疲劳性等多项关键技术；水下湿式电接头的关键零部件制造和产品测试技术；水下湿式电接头产品系列化设计技术，完成多种类、多规格工程样机研制。②水下电缆小型连接器研究，包括：水下电缆小型连接器设计技术、可靠性技术；水下电缆小型连接器样机研制；水下电缆小型连接器电路性能、耐高压和密封性测试技术。

3）成果形式。水下湿式电接头及水下电缆小型连接器相关设计图纸、计算书、研究报告；三种类型共9个规格的水下湿式电接头1:1尺寸工程样机、水下电缆小型连接器（干式）1:1尺寸工程样机；制造、测试文件及验证试验（包括外压测试）报告、专利、论文。

（9）水下通用仪控部件研制（一期）

1）研究目标。掌握500m水深水下温压变送器设计、制造、测试及安装技术，深海电液控制阀研制设计、制造、测试及安装技术，以及水下仪表阀及其配套工具研制设计、制造、测试及安装技术。

2）研究内容。深海温压变送器研制；深海电液控制阀研制；水下仪表阀及其配套工具研制。

3）成果形式。温压变送器工程样机及相关设计文件、报告；一台68.6MPa（10 000psi）的1in水下仪表闸阀及其配套工具工程样机及相关设计文件、报告；三个规格的水下电液控制阀1:1尺寸工程样机及相关设计文件、报告、专利、论文。

（10）水下控制系统对接盘、锁紧机构研制

1）研究目标。针对500m水深水下控制系统的需求，突破深水环境水下控制系统对接盘、锁紧机构的设计、制造、测试关键技术，完成500m水深水下控制系统对接盘、锁紧机构工程样机的研制。

2）研究内容。研究水下控制模块上下对接盘多路高低压接头（12路）、电气接头（2路）水下同步对接和解脱方法；研究方便无人遥控潜水器（ROV）水下操作的对接盘锁机构，完成水下控制模块上下对接盘、锁紧机构设计及制造。

3）成果形式。对接盘、锁紧机构相关设计图纸、计算书与研究报告；1:1尺寸工程样机；压力舱试验验证报告、水池测试报告、专利。

二、特种作业装备

特种作业装备的重点研究方向如下：

（1）500m水深油田生产装备张力腿平台（TLP）自主研发

1）研究目标：瞄准我国海洋油田开发的现实需求，满足恶劣海洋环境条件，开展500m水深TLP生产平台总体设计技术、建造技术、安装及调试关键技术研究，完成500m水深TLP平台的自主开发和工程化应用。

2）研究内容。500m水深TLP平台基本设计技术研究，包括：设计环境条件及总体方案、平台工艺流程设计、运动性能数值预报及模型试验、平台主体结构设计和分析、立管系统与立管张紧装备设计关键技术、张力筋腱系统设计关键技术、TLP锚固基础设计分析技术、系统集成及集成控制设计研究；500m水深TLP平台建造技术及关键设备安装调试技术研究，包括：关键建造工艺、关键设备安装调试技术研究。

3）成果形式。完成500m水深TLP平台基本设计、详细设计，设计图纸通过船级社审查；相关技术研究报告、计算书、试验报告；相关专利及TLP平台设计、建造和调试指导性文件和相关标准研究报告。

（2）10万吨级半潜工程船自主研发

1）研究目标。结合海洋工程运输和安装的需要，开发一型具备载重量大、定位能力强、下潜安全迅速、经济环保等特点的10万吨级半潜工程船，掌握设计建造关键技术；完成基本设计并通过相关船级社审查，承接工程订单。

2）研究内容。船型及总体方案论证研究；结构设计技术研究；推进器配置和动力定位能力分析技术研究；快速压载及调载系统设计技术研究；大功率电站系统设计技术研究；半潜工程船建造及调试技术研究。

3）成果形式。完成基本设计并通过船级社审查，主要技术性能指标达到并超过国外同类船型；相关技术研究报告、计算书、试验报告；相关专利及设计、建造与调试作业指导性文件。

（3）3 000m深潜水作业支持船自主研发

1）研究目标。针对深海油气开采的技术需求，开展深潜水多功能作业支持船的研发，具备3 000m潜水作业支持、DP3动力定位、深水起重、多种（S型、J型、flex型和reel型）铺管能力，掌握设计、建造、安装调试关键技术，具备自主开发能力，总体性能指标达到国际先进水平，承接工程订单。

2）研究内容。3 000m深潜水作业支持的安全高效船型总体设计；水动力性能分析与性能优化；饱和潜水与深水ROV选型设计与作业支持技术；深水多功能水下作业系统的综合布置优化；关键区域结构优化设计与分析；减振降噪与舒适性设计技术研究；自动化系统设计与安装调试。

3）成果形式。深潜水多功能作业支持船基本设计、详细设计图纸，并通过船级社审查；相关技术研究报告、制造安装调试工艺文件、相关专利。

（4）海工装备建造专用大型超吊高浮吊船自主研发

1）研究目标。针对典型海工装备建造特点，通过开展海工装备建造专用浮吊船的总体方案、起重机主要功能参数和使用特点研究，掌握160m超吊高、3 000t大起重量浮吊船的关键技术，开发出拥有自主知识产权的专用浮吊船型，承接工程订单。

2）研究内容。超吊高、大起重量浮吊船船型总体设计技术研究；超吊高、大起重量、大工作幅度、特殊主辅臂架专用起重机设计技术研究；起重机新型机构驱动方式及整体安装方法研究；起重机高大臂架结构风浪激振分析及安全性研究；大型起重机建造工艺技术研究。

3）成果形式。完成基本设计和详细设计，并通过船级社审核；大型起重系统设计通过船级社审核，功能通过样机测试；相关技术研究报告和工艺文件、计算书、试验报告、相关专利。

三、关键系统和设备

关键系统和设备的重点研究方向如下：

（1）浮式钻井补偿系统研制

1）研究目标。掌握深水浮式钻井补偿系统设计制造关键技术，完成工程样机研制。

2）研究内容。钻井升沉补偿绞车设计研究；天车型钻柱升沉补偿装置技术研究；液缸式隔水管张紧装置技术研究。

3）成果形式。天车型钻柱升沉补偿装置、升沉补偿绞车、液缸式隔水管张紧装置的设计图纸、计算书及相关技术报告；735.5kW钻井升沉补偿绞车的工程样机，天车型钻柱升沉补偿装置、液缸式隔水管张紧装置原理样机，获得船级社认可；相关测试及试验报告、专利。

（2）海洋大功率往复式压缩机研制

1）研究目标。开展海洋大功率往复式压缩机设计、制造、测试试验与安装等关键技术研究，掌握核心技术，形成我国海洋大功率往复式压缩机设计制造能力。

2）研究内容。海洋大功率往复式压缩机总体方案及设计技术研究；高速条件下运动副平衡技术及关键零件疲劳寿命分析研究；耐高压气缸及密封技术研究；机组材料选择及防腐蚀技术研究；管道系统气流脉动分析技术研究；海洋大功率往复式压缩机减振降噪技术研究；压缩气高效冷却技术研究；海洋压缩机组智能控制技术研究。

3）成果形式。海洋大功率往复式压缩机设计图纸、研究报告、试验报告；海洋大功率往复式压缩机工程样机一台；海洋大功率往复式压缩机设计与制造技术标准研究报告、相关专利。

(3) 高性能大型拖缆机关键技术及核心部件研制

1）研究目标。满足深海工程装备发展需要，采用数字样机设计、智能制造以及新材料技术，开展高性能大型拖缆机设计开发，及低压大功率马达等核心部件的研制，形成深海拖缆机产品体系和技术规范，实现600吨级大型拖缆机自主制造能力。

2）研究内容。高性能大型拖缆机及其配套的低压大功率马达等核心部件关键技术研究；大型拖缆机数字样机设计技术研究；850kW低压马达、泵等关键部件研制及实船应用研究；大功率低压马达、泵核心部件的系列化设计开发。

3）成果形式。600 吨级大型拖缆机用 850kW 低压马达、泵样机；相关设计图纸及计算书、说明书、试验大纲、研究报告等；关键技术研究报告、技术规范与专利。

（4）FPSO 失效数据库及风险评估系统研发

1）研究目标。在借鉴国外海洋工程风险数据库的基础上，针对我国 FPSO 的特点，重点研究 FPSO 的四大主要风险源、风险成因、致灾机理及防损措施，系统掌握 FPSO 风险评估技术和基于风险的设计方法，开发具有自主知识产权的 FPSO 失效数据库和 FPSO 风险评估软件，结合失效数据库、风险评估系统形成基于风险的 FPSO 结构设计技术并应用于目标 FPSO，找出重大安全隐患，以避免 FPSO 前期失误导致的错误和运营期间的重大损失。

2）研究内容。FPSO 风险辨识技术研究；FPSO 失效数据库设计及研发；FPSO 风险评估方法研究；FPSO 风险评估系统设计及研发；基于风险的 FPSO 设计技术研究；FPSO 重大风险监测系统设计。

3）成果形式。FPSO 失效数据库、风险评估系统、风险监测系统各 1 套；1 套基于爆炸、碰撞等风险的 FPSO 结构设计指南；FPSO 失效数据库及风险评估系统说明书、软件使用手册、测试报告等；示范应用报告；专利、软件著作权及论文。

重大技术装备进口税收政策规定

第一条 为提高我国企业的核心竞争力及自主创新能力，促进装备制造业的发展，贯彻落实国务院关于装备制造业振兴规划和加快振兴装备制造业有关调整进口税收政策的决定，特制定本规定。

第二条 根据国务院关于装备制造业振兴规划有关决定，财政部会同国家发展改革委、工业和信息化部、海关总署、国家税务总局、国家能源局制定了《国家支持发展的重大技术装备和产品目录》和《重大技术装备和产品进口关键零部件及原材料商品目录》。对符合规定条件的国内企业为生产国家支持发展的重大技术装备或产品而确有必要进口部分关键零部件及原材料，免征关税和进口环节增值税。

第三条 对国内已能生产的重大技术装备和产品，由财政部会同有关部门制定《进口不予免税的重大技术装备和产品目录》。对按照或比照《国务院关于调整进口设备税收政策的通知》（国发[1997]37 号）规定享受进口税收优惠政策的下列项目和企业，进口《进口不予免税的重大技术装备和产品目录》中自用设备以及按照合同随上述设备进口的技术及配套件、备件，照章征收进口税收：

（一）国家鼓励发展的国内投资项目和外商投资项目；

（二）外国政府贷款和国际金融组织贷款项目；

（三）由外商提供不作价进口设备的加工贸易企业；

（四）中西部地区外商投资优势产业项目；

（五）《海关总署关于进一步鼓励外商投资有关进口税收政策的通知》（署税[1999]791 号）规定的外商投资企业和外商投资设立的研究中心利用自有资金进行技术改造项目。

对相应国产装备尚不能完全满足需求，确需进口的部分整机和设备，根据产业的供应情况，经财政部会同有关部门严格审核，采取降低优惠幅度、逐步缩小免税范围等过渡措施，在一定期限内继续给予进口优惠政策，过渡期结束后停止执行整机的进口免税政策。

第四条 根据国内相关产业发展情况以及政策实施情况，工业主管部门、投资主管部门或海关总署提出调整《国家支持发展的重大技术装备和产品目录》、《重大技术装备和产品进口关键零部件及原材料商品目录》、《进口不予免税的重大技术装备和产品目录》的建议，财政部会同有关部门研究修订后公布执行。

第五条 申请享受政策的企业一般应为从事开发、生产国家支持发展的重大技术装备或产品的制造企业，并应当具备以下条件：

（一）独立法人资格；

（二）具有较强的设计研发和生产制造能力；

（三）具备专业比较齐全的技术人员队伍；

（四）具有核心技术和自主知识产权；

（五）申请享受政策的重大技术装备应符合《国家支持发展的重大技术装备和产品目录》中有关要求。对于城市轨道交通、核电等领域承担重大技术装备自主化依托项目的业主以及开发自用生产设备的企业，可申请享受本规定的进口税收优惠政策。

第六条 对新申请享受政策的企业的免税资格认定工作每年组织一次。新申请享受政策的制造企业应在每年11月1日至11月30日提交申请文件，其中，地方制造企业通过企业所在地省级工业和信息化主管部门向工业和信息化部提交申请文件，中央企业直接向工业和信息化部提交申请文件，报送下一年度申请享受进口税收优惠政策的进口需求。逾期不予受理。

承担城市轨道交通重大技术装备自主化依托项目的业主应在每年11月1日至11月30日向国家发展改革委提交申请文件，报送当年度申请享受进口税收优惠政策的进口需求。承担核电重大技术装备自主化依托项目的业主应在11月1日至11月30日向国家能源局提交申请文件，报送下一年度申请享受进口税收优惠政策的进口需求。逾期不予受理。

第七条 工业和信息化部或省级工业和信息化主管部门、国家发展改革委、国家能源局收到企业的申请文件后，应当审查申请文件是否规范、完整，材料是否有效。企业提交的申请文件符合规定的，有关部门应当予以受理，其中，省级工业和信息化主管部门应会同企业所在地直属海关、财政部驻当地财政监察专员办事处对申请材料进行初审，并在每年12月31日前将申请文件及初审意见汇总上报工业和信息化部，逾期不予受理。企业提交的申请文件不符合规定的，有关部门应当告知企业需要补正的有关材料，企业应在5个工作日内提交补正材料。企业不能按照规定提交申请文件或补正材料的，有关部门不予受理。

第八条 工业和信息化部受理制造企业申请文件后，应会同财政部、海关总署、国家税务总局（对能源装备制造企业资格的认定还应会同国家能源局）组织相关行业专家，根据本规定有关要求，对企业资格进行认定，并核定企业确有必要进口的关键零部件、原材料的进口需求。国家发展改革委、国家能源局应会同财政部、海关总署、国家税务总局组织相关行业专家，分别负责对城市轨道交通、核电领域承担重大技术装备自主化依托项目的业主免税资格进行认定，并核定项目业主确有必要进口的关键零部件及原材料的进口需求。工业和信息化部、国家发展改革委、国家能源局应在每年3月1日前将企业免税资格认定及相关因素核定结果报送财政部，逾期不予受理。

第九条 财政部会同海关总署、国家税务总局根据有关部门对企业免税资格认定和相关因素核定的结果，在年度预算以及税式支出规模（即年度减免税额度）安排的框架内，确定年度享受优惠政策的企业及相应免税进口额度的清单。企业免税进口额度的核定主要考虑企业设计研发制造能力、重大技术装备技术先进性、申报进口需求准确度、免税额度执行率和政策执行情况等方面因素。

第十条 财政部会同有关部门根据企业上一年度进口税收优惠政策执行情况，在印发当年度免税额度清单时，同时预拨下一年度部分免税进口额度，获得预拨免税进口额度的企业可直接向海关申请办理减免税手续。上年度已享受免税政策的企业在本年度免税额度清单印发之前可直接向海关申请凭税款担保先予办理有关零部件及原材料放行手续。本年度新申请企业或项目业主凭申请文件受理部门出具的证明文件向海关申请凭税款担保先予办理有关零部件及原材料放行手续。

第十一条 已享受免税政策的企业发生企业名称、公司类型、经营范围等事项变更的，应在完成变更登记手续后一个月内，将有关变更情况及证明文件报送免税资格认定部门，免税资格认定部门确认后报送财政部和海关总署备案。对企业变更事项涉及本规定第五条有关免税资格条件的，免税资格认定部门应会商财政部等部门确认原企业免税资格是否予以有效，免税资格有效的企业可继续享受本进口税收优惠政策。

第十二条 取得免税资格的企业，应按照《中华人民共和国海关进出口货物减免税管理办法》（海关总署第 179 号令）及海关有关规定，在免税进口额度内办理有关重大技术装备或产品进口关键零部件及原材料的免税手续。

享受本规定进口税收优惠政策的企业如违反规定，将免税进口的零部件及原材料擅自转让、移作他用或者进行其他处置，被依法追究刑事责任的，从违法行为发现之日起停止享受本规定进口税收优惠政策；尚不够追究刑事责任的，从违法行为发现之日起停止享受本规定进口税收优惠政策 2 年。

第十三条 为及时对优惠政策进行绩效评价，享受本规定进口税收优惠政策的企业（包括上一年度未发生进口的企业和本年度无进口需求的企业）均应在每年的 3 月 1 日至 3 月 31 日将上一年度的优惠政策落实情况报财政部和海关总署，逾期不予受理。企业未按要求提交优惠政策落实报告的，停止享受本规定进口税收优惠政策。对免税政策执行情况较差的企业，根据轻重程度相应给予取消预拨部分免税进口额度、核减免税进口额度、暂停免税资格或取消免税资格等处理。

第十四条 本规定及有关目录由财政部会同国家发展改革委、工业和信息化部、海关总署、国家税务总局、国家能源局负责解释。

第十五条 本规定自 2014 年 3 月 1 日起实施。

国家支持发展的重大技术装备和产品目录（2014 年修订）（摘选）

产品名称	技术规格要求	销售业绩要求	备注
大型石油及石化装备			
乙烯成套设备：乙烯裂解气压缩机组及其配套用工业汽轮机、乙烯制冷压缩机组及其配套用工业汽轮机、丙烯制冷压缩机组及其配套用工业汽轮机、乙烯冷箱、加氢反应器、加氢装置空冷器	年产量≥ 80 万 t	持有合同订单	
聚乙烯循环气压缩机和聚乙烯配套用往复式压缩机（迷宫密封式）	年产量≥ 40 万 t	持有合同订单	
对苯二甲酸（PTA）成套设备：PTA 氧化反应器、加氢精制装置加氢反应器、蒸汽回转干燥机、PTA 工艺空气压缩机组	年产量≥ 80 万 t	持有合同订单	
炼油用加氢反应器、精制反应器	设备重量≥ 1 000t	持有合同订单	

（续）

产品名称	技术规格要求	销售业绩要求	备注
大型工业汽轮机	输出功率≥ 60 000kW	持有合同订单	
循环氢离心压缩机	轴功率≥ 2 000kW	持有合同订单	
催化裂化空气压缩机组	气量≥ 3 000m³/m	持有合同订单	
催化裂化能量回收装置空气压缩机组	配套 1 000 万 t 原油 /a 炼油项目	持有合同订单	
长输管道燃驱压缩机组	30MW 级及以上	持有合同订单	
长输管道电驱压缩机组	20MW 级及以上	持有合同订单	
高压大口径全锻焊管道球阀	公称通径≥ 40in，压力等级≥ 600Lb	持有合同订单	
天然气发动机驱动压缩机组	压缩机气量≥ 30m³/min	持有合同订单	新增
大型压裂装备（含配套的泵车、混砂车）	额定输出功率≥ 1 837.5kW	持有合同订单	新增
连续油管作业装备（机组 / 车）	提升力≥ 180kN	持有合同订单	新增
不压井作业装备	提升力≥ 700kN	持有合同订单	新增
顶部驱动钻井装置	钻井深度≥ 7 000m	持有合同订单	新增
大型煤化工设备			
往复式水煤浆隔膜泵	流量 25 ～ 550m³/h，压力 1.5 ～ 25MPa		
煤液化加氢反应器	设备自重≥ 500t	持有合同订单	
大型空分设备	氧产量≥ 40 000m³/h	持有合同订单	
双缸氧气压缩机	流量≥ 30 000m³/h，压力 0.8 ～ 3.0MPa，功率 3 000 ～ 12 000kW	持有合同订单	
大型空分装置用空压机或增压机	氧产量≥ 40 000m³/h 的空分装置配套用	持有合同订单	
合成气压缩机	年产量 30 万 t 以上合成氨项目配套用	持有合同订单	
二氧化碳压缩机	年产量 30 万 t 以上尿素项目配套用	持有合同订单	
煤化工气化炉	为 30 万 t 及以上合成氨、甲醇配套用，水煤浆（湿法）气化炉工作压力≥ 6.5MPa，粉煤浆（干法）气化炉工作压力≥ 2.8MPa	持有合同订单	
大型船舶、海洋工程设备			
自升式钻井平台	作业水深≥ 91.44m	持有合同订单	
半潜式钻井平台	作业水深≥ 500m	持有合同订单	新增
大型汽车运输船	5 000 车位及以上	持有合同订单	
大型汽车运输船	5 000 车位及以上	持有合同订单	
客滚船	大型	持有合同订单	
火车轮渡	大型	持有合同订单	
大型绞吸挖泥船	生产率≥ 3 500m³/h	持有合同订单	
大型耙吸挖泥船	泥舱容量≥ 10 000 m³	持有合同订单	
海上浮式生产储卸油装置	储油量≥ 100 万桶	持有合同订单	
深海铺管船（平台）	水深≥ 2 000m，张紧器单台张紧力≥ 750 kN，收放绞车单台绞力≥ 750kN	持有合同订单	
大型浮式起重船	起重量≥ 1 200t，甲板面以上起升高度≥ 85m，装机功率≥ 3 500kW	持有合同订单	
海上及潮间带风机安装船	起吊力≥ 500t，可完成 5MW 以上海上风机的安装	持有合同订单	
独立 C 型液化天然气运输船	整船舱容积≥ 1 000 m³	持有合同订单	新增

（续）

产品名称	技术规格要求	销售业绩要求	备注
多缆高性能深水物探船	3～16缆	持有合同订单	新增
大型环保及资源综合利用设备			
燃煤机组湿法烟气脱硫成套设备：循环浆液泵（流量≥4 000m³/h）、烟气挡板门、喷淋层、脱硫风机（亦称脱硫增压风机，额定功率≥2 000kW）、浆叶搅拌器、烟气换热器	300MW及以上	持有合同订单	
循环流化床干法烟气脱硫关键设备	火电厂600MW机组配套用	持有合同订单	
煤气综合利用净化设备：脱酸塔、喷淋式饱和器		持有合同订单	
大型高炉煤气余压透平能量回收利用装置	额定功率≥4 000kW	持有合同订单	
尾气透平能量回收机组	回收功率≥1 500kW	持有合同订单	
大型冶金成套设备			
大型高炉风机	配套高炉容积≥2 500m³	持有合同订单	

重大技术装备和产品进口关键零部件、原材料目录（2014年修订）（摘选）

设备名称	一级部件	二级部件	单机用量	税则号列（供参考）
大型石油及石化装备				
乙烯裂解气压缩机组、乙烯制冷压缩机组、丙烯制冷压缩机组及上述配套用工业汽轮机	膜盘联轴器		6套	84836000
	干气密封		12套	84842000
	止推轴承		7套	84833000
	支撑轴承		26套	84833000
	蒸汽透平（循环泵用小汽轮机）		3套	84068200
	测振轴位移装置		3套	90318090
	主轴锻件		2根	73259910 84831090
	机壳铸件		2个	84149090
	叶轮锻件		13个	84149090
	调节阀		15个	84813000
	调节气阀	阀杆（喷涂）	4根	84819010
	电液转换器		2套	84069000
	可倾瓦轴承		2套	84833000
乙烯冷箱	钢铝接头		30个	76090000
	钎焊片		6 t	76071190
加氢反应器	钢板		100～1 000t	72251900
	焊材（焊条、焊带、焊丝、合金钢丝、不锈钢带、焊剂）		100～150t	38109000 72209000 83111000 83112000

（续）

设备名称	一级部件	二级部件	单机用量	税则号列（供参考）
加氢装置空冷器	管束	镍合金板	2 500kg	75062000
往复式压缩机	干气密封		2 套	84842000
	气阀		28 ～ 32 个	84812020 84149011
混炼挤压造粒机组	摩擦离合器	摩擦片	3 组	84839000
		电动机	1 套	85016430
	减速器	圆柱滚子轴承	25 套	84825000
		串列推力轴承	2 套	84825000
		四点接触轴承	3 套	84821030
		深沟球轴承	8 套	84821020
		滚子轴承	20 套	84823000
		带差压报警的双筒滤油器	2 套	84212990
	在线熔指测量仪		1 套	90268000
	离心干燥装置	离心干燥机、大块扑集器、三通取样	1 套	84211990
	振动分筛机		1 套	84741000
	粒子冷却水系统，热油系统	气动、手动蜗轮对夹式蝶阀	16 套	84818040
		电动气控两通阀、三通阀	6 套	84818040
		止回阀	2 套	84813000
		电动气控比例阀	6 套	84818040
PTA 氧化反应器	承压壳体（包括筒节、球形封头）	钛复合板	200 ～ 300t	72251900
		焊丝、焊条、焊剂	1 500kg	83111000 83112000
加氢精制装置加氢反应器	焊材、焊剂		30 ～ 80t	83111000 83112000
蒸汽回转干燥机	机身	不锈钢板材	50 ～ 160t	72192100 72199000
	换热管	不锈钢	40 ～ 90t	73069000 73064000 73044190 73044990
	焊条		2 ～ 5t	83111000 83112000
	滚动轴承		12 件	84823000
	进/出料端密封填料		18 件	84841000 84849000
	手动离合器		1 台	84836000
PTA 工艺空气压缩机组	减速器		3 套	84834090
	止推轴承		2 套	84833000
	支撑轴承		2 套	84833000
	膜盘联轴器		2 套	84836000
	膜片联轴器		2 套	84836000
	控制系统		1 套	853710 90328990
	机组监控系统		1 套	90318090 90328990
	测振轴位移装置		1 套	90318090

（续）

设备名称	一级部件	二级部件	单机用量	税则号列（供参考）
加氢反应器、精制反应器	承压壳体（含筒节、球形封头）	合金钢板	100～400t	72251900
	焊条、焊丝、焊带、焊剂		150t	83111000 83112000
循环氢离心压缩机	干气密封		1套	84842000
	干气密封控制系统		1套	90328990
	测振轴位移装置		1套	90318090
	调节阀		6套	84818090
大型工业汽轮机	传感器、前置器		7套	90319000 90318090
	电磁阀		3套	84818021
	电液转换器		2套	84818040
催化裂化空气压缩机组	变速器		1套/台	84834090
	测振轴位移装置		1套/台	90318090
	盘车装置		1套/台	84839000
	联轴器		2套/台	84836000
	防喘振阀		2套/台	84811000
	调节阀		2套/台	84818090
催化裂化能量回收装置空气压缩机组	变速器		1套/台	84834090
	测振轴位移装置		1套/台	90318090
	盘车装置		1套/台	84839000
	联轴器		2套/台	84836000
	防喘振阀		2套/台	84811000
	调节阀		2套/台	84818090
长输管道燃驱压缩机组	高压、低压涡轮转子		1套/台	84119990
	高压涡轮支承环		1套/台	84119990
	低压涡轮支承环		1套/台	84119990
	高压过渡段机匣		1套/台	84119990
	下部变速器		1套/台	84119990 84834090
	涡轮第2级导叶		15套/台	84119990
	涡轮第1级导叶		40套/台	84119990
	涡轮第1级动叶		86套/台	84119990
	涡轮第2级动叶		86套/台	84119990
	低压0级动叶		19套/台	84119990
	火焰筒		1套/台	84119990
	高压后轴颈		1套/台	84119990
	联轴器		1套/台	84842000 84836000
	干气密封件		2套/台	84842000
	压缩机用滑动轴承		3套/台	84821090
	球轴承、圆柱滚子轴承、滚柱轴承		18套/台	84821090
长输管道电驱压缩机组	膜盘联轴器		1套/台	84836000
	止推轴承		1套/台	84821040
	支撑轴承		1套/台	84833000
	测振轴位移装置		1套/台	90318090
	联轴器		1套/台	84842000 84836000
	干气密封件		2套/台	84842000

（续）

设备名称	一级部件	二级部件	单机用量	税则号列（供参考）
长输管道电驱压缩机组	压缩机用滑动轴承		3 套 / 台	84821090
	球轴承、圆柱滚子轴承、滚柱轴承		18 套 / 台	84821090
	转子护环锻件		2 件 / 台	73269010
高压大口径全锻焊管道球阀	电动执行机构		1 套 / 台	85015300 90328990
	气液联动执行机构		1 套 / 台	84122100 84123900
	阀座		2 套 / 台	84819010
	卸压安全阀		1 套 / 台	84814000
	焊剂		5kg/ 台	38109000
大型压裂装备（含配套泵车、混砂车）	发动机		1 台	84089093
	变速器		1 台	84834090
	载重底盘（含驾驶室、发动机）		1 台	87042300
连续油管作业装备（机组/车）	发动机		1 台	84089093
	载重底盘（含驾驶室、发动机）		2 台	87042300
	分动箱		1 台	84834090
	液压泵		4 台	84122910
	防喷系统	高压小通径防喷器（≥ 70WP）	1 台	84314320
		防喷盒	1 台	84314320
	数据采集系统		1 套	90318090
	油管滚筒系统	减速器	2 台	84314310
		高压旋转接头	2 台	73079900
	注入头	减速器	2 台	84314310
		负载传感器	1 台	90262090
不压井作业装备	发动机		1 台	84089093
	分动箱		1 台	84834090
	液压系统	液压马达	2 台	84122910
		液压阀	1 台	84812010
		液压泵	4 台	84122910
	平衡绞车	转矩鼓	2 台	90269000
	不压井防喷器（≥ 70WP）		1 台	84314320
	负载表		1 台	90262090
顶部驱动钻井装置	井控系统	旋塞阀	3 台	84814000
天然气发动机驱动压缩机组	天然气发动机		1 套	84079090
	天然气压缩机组		1 套	84148090
	膜片联轴器		1 套	84836000
	气动球阀		1 套	84818040
	预润滑油泵		1 套	84138100
大型煤化工设备				
往复式水煤浆隔膜泵	减速器		1 台	84879000 84834090
	变频调速电动机		1 台	85015300
	液压阀		36 件	84812010
	磁环		4 件	85051110
	氢化丁腈		300kg	40024990

（续）

设备名称	一级部件	二级部件	单机用量	税则号列（供参考）
煤液化加氢反应器	法兰		30t	72249090 73072100
	合金泡帽		1 200 个	81019910
	合金钢		50 ～ 800t	72251900
	焊材、焊剂		150t	38109000 83112000
	不透钢焊材		150t	72230000 72209000
大型空分设备	低温调节阀		30 个 / 台	84818090
	高压板式换热器		4 ～ 12 台	84195000
	透平膨胀机	浮环密封	2 套	84842000
		可倾瓦组合轴承	2 套	84833000
	切换阀		8 ～ 12 个	84818090
	高压氧气阀		4 ～ 12 个	84818090
	高压液空节流阀		2 ～ 4 个	84818090
	离心式低温液体泵		2 ～ 12 台	84137090
	分馏塔系统	钢铝接头	30 个	76090000
		合金铝管	5 000m	76082000
		钎焊片	6t	76071190
双缸氧气压缩机	多相交流异步电动机（防爆型）		1 个	85015300
	止推轴承		2 套	84833000
	膜盘联轴器		2 套	84836000
	轴承	温度计	12 个	84833000
	机组监控系统		1 套	90318090 90328990
	气动长行程执行机构		1 套	84813000
大型空分装置用空压机或增压机	止推轴承		3 套	84833000
	支撑轴承		6 套	84833000
	膜盘联轴器		4 套	84836000
	膜片联轴器		4 套	84836000
	碳环密封		5 套	84842000
	蜂窝密封		2 套	84842000
	变速器		1 套	84834090
	控制系统		1 套	85371011 90328990
	机组监控系统		1 套	90318090 90328990
合成气压缩机、二氧化碳压缩机	膜盘联轴器		5 套	84836000
	干气密封		6 套	84842000
	止推轴承		4 套	84833000
煤化工气化炉	钢板	合金钢板材	210t	72255000
	焊材	焊条	2.2 t	83111000
		焊丝	10 t	83113000
		焊剂	4 t	38109000 83119000
		焊带	4.5t	83111000 72209000
大型船舶、海洋工程设备				
自升式钻井平台	钻井包及其组件		1 船套	73089000 84253990 84314310 84742090
	主发电机组		8 台	85021310 85030090
	推进器		9 台	84871000

（续）

设备名称	一级部件	二级部件	单机用量	税则号列（供参考）
自升式钻井平台	电器控制系统（电气包）		1船套	85044099 85044020 85261010 85269190 85319090 85318090 90141000 90328990 90258000 90148000 85371090
	平台吊车		1船套	84261120 84269900
	提升装置		1船套	84798999 84251000 84254990
	桩腿和桩靴		1船套	73089000
	首部拖带气动绞车		1船套	84253990
	锚绞机		4台	84253190 84253990
	阀门遥控		1套	90328990
	变频装置		1船套	85044099
	污水处理装置		1船套	84212990 84219990
半潜式钻井平台	钻井包及其组件		1船套	73089000 84304111 84314310
	电器控制系统（电气包）		1船套	85371019 85381090
	遥控阀		1船套	84818040
	变频装置		1船套	85044099
	污水处理装置		1船套	84212990 84219990
	烟火探测报警系统		1船套	85311000
	导航设备		1船套	85269190
	通信系统		1船套	85256010
	铝制直升机平台		1船套	76109000
	海水淡化系统		1船套	84212199
	防喷器		1套	84818090
	防喷器控制系统		1船套	90328990
	船用高压电缆		20万m	85446012
	动力定位系统		1船套	90328900
海上浮式生产储卸油装置	排油监控		1船套	90328990
	液位遥测		1船套	90261000
	柴油消防泵撬块		1船套	841350 841381 84131900 84142000
	直升机平台		1船套	76109000 73044190 76161000
	水密移门		1船套	73083000 73089000 85437099
	污水处理装置		1船套	84212990
	泥浆泵（船用泵）		1船套	841381 841350 841370 841420
深海铺管船（平台）	全回转推进器		1台	84871000
	动力定位DP系统		3个	90148000 85269190
	铺管张紧器		2台	84289090
	波浪补偿式起重机		1台	84269900
	海上打桩设备		1套	84301000
	绞车		1台	84253190
大型浮式起重船	柴油发电机组		6台	85016410 85021320
	电气包		1船套	850440 853190 85261010 85269190 90258000 90148000
	推进器		8只	84871000

（续）

设备名称	一级部件	二级部件	单机用量	税则号列（供参考）
大型浮式起重船	动力定位系统		1船套	90328990 90148000 85269190
	应急发电机组		2台	85021310 85016410
	通信导航系统		1船套	85176910 85261010
	阀门遥控系统		1船套	90328990
	海水淡化系统（造水机）		2台	84798999
海上及潮间带风机安装船	甲板吊机		1船套	84269900 84314990 84261120
	提升系统		1船套	84798999 84251000 84254990
	动态定位系统（DP2及以上）		1船套	90158000 90328990 90148000 85269190
	柴油发电机组		6台	85021310 85021320 85030090
	应急发电机		1台	85021310 85016410
	推进器		6个	84871000
	直升机平台系统		1船套	7616000
	深井泵（潜水泵）		2套	84138100 84137099
	阀门摇控系统		1船套	903289
独立C型液化天然气运输船	双燃料/纯天然气发动机		3台	84081000
	液货系统设备	氮气发生器	1船套	84213990
		天然气压缩机、再液化装置	2船套	84143019
		货舱绝热材料	1船套	39211100
		货舱材料	1船套	72254000
		低温阀	1船套	84818040
		液货泵	1船套	84138100
		液化泵防爆电动机	1船套	85015300
独立C型液化天然气运输船	电（气）总包	主发电机	1船套	85021320
		主推进变频器	1船套	85044099
		功率管理系统（PMS）	1船套	85371090
		主推进变频电动机	1船套	85015300
		推进变频电缆、中压动力电缆	2船套	85444921
	全回转推进器		1船套	84871000
	综合自动化系统		1船套	85371090
	阀门遥控、液位遥测	阀门遥控	1船套	85372090
		液位遥测	1船套	9026100
	艏侧推系统	艏侧推	1船套	84871000
		艏侧推中压软起动器	1船套	85114010
		艏侧推中压电机	1船套	85015300
独立C型液化天然气运输船	通信导航系统	雷达	1船套	85261090
		卫星通信	1船套	85176910
		甚高频电话	1船套	85171800
		天线电台	1船套	85256090

（续）

设备名称	一级部件	二级部件	单机用量	税则号列（供参考）
独立C型液化天然气运输船	通信导航系统	导航仪	1船套	85269190
		航行记录仪、测深仪、计程仪	3船套	90148000
		电罗经、磁罗经	2船套	90142090 90141000
		自动舵	1船套	85371011
		电子海图	1船套	85169190
多缆高性能深水物探船	专业空压机组		3套	84148090
	震源及扩展器收入存储系统	双联炮缆绞车	5台	84253990
		扩展器收绞车	2台	84253990
		震源扩展器收放存储系统	6套	84798990
		震源扩展器存储收放系统	2套	84798990
	电缆收放存储系统	双联电缆绞车	12台	84798990
	综合导航系统		1套	84253990
	水下定位系统	水下声学系统	1套	90318090
	震源控制系统		1套	90318090
	地震数据采集系统		1套	90158000
	电力推进系统	主推时器（可调踬桨）	1船套	84871000
		全回转推进器	1船套	84871000
		自动舵	1船套	84798910
大型环保及资源综合利用设备				
循环浆液泵	轴承		3个	84822000 84825000
	机械密封		1个	84842000
脱硫风机（亦称脱硫增压风机）	电厂脱硫轴流风机	液压缸	1套	903289 84122000
		轴承	84套	84821090
		测振仪（含专用探头）	1套	90311000 90318090
	电厂脱 硫离心风机	轴承	2套	84821090
		测振仪（含专用探头）	1套	90311000 90318090
循环流化床干法烟气脱硫关键设备	回流式高压水喷枪		4套	04240000 81212000
	物料循环流量调节阀		9套	84818040
	气动插板阀		4套	84818040
	高温帆布补偿器		1个	59119000
转盘式膜反应分离器	过滤部件	板式盘片	48～720片	84219990
转盘式微滤机	过滤部件	扇形盘片	48～720片	84219990
大型高炉煤气余压透平能量回收利用装置	变速离全器		1个	84836000
	液动快速切断阀		1个	84818040
	液动调节蝶阀		2个	4818040
	水封阀		2个	4818040
	膨胀透平	推力轴承	1个	84828000
		支撑轴承	2个	84828000

（续）

设备名称	一级部件	二级部件	单机用量	税则号列（供参考）
低热值富余高炉煤气联合循环发电机组	高温部件	透平叶片、透平叶环、燃烧室外筒、尾筒、主轴轴锻件、叶轮锻件、燃料喷嘴	397 件	84119990
	主减速器、转矩变换器		2 件	84834090
	煤气冷却器		1 套	84195000
	气体的过滤、净化机器及其装置		4 套	84213990

进口不予免税的重大技术装备和产品目录（2014 年修订）（摘选）

税则号列	设备名称	技术规格	备注
大型石油及石化装备			
84148090 840681 84068200	乙烯裂解气压缩机及配套工业汽轮机	年产量≤ 120 万 t	
84148090 84068100 84068200	乙烯制冷压缩机及配套工业汽轮机	年产量≤ 120 万 t	
84148090 84068100 84068200	丙烯制冷压缩机及配套工业汽轮机	年产量≤ 120 万 t	
84148090 84186990	聚乙烯循环气压缩机（离心式）	年产量≤ 40 万 t	
84148090	聚乙烯配套用往复式压缩机（迷宫密封式）	年产量≤ 45 万 t	
84137010 84137099	离心式急冷油泵	所有规格	
84137010 84137099	离心式急冷水泵	所有规格	
84196090 84195000	板翅式换热器冷箱	所有规格	
8418	电站和石化空冷器	所有规格	调整
84068200 84143014 84148090	硝酸装置四合一机组（包括汽轮机、空气压缩机、尾气透平、氮氧合物压缩机）	年产量≤ 60 万 t	
8419	精对苯二甲酸（PTA）氧化反应器	单机年产量≤ 120 万 t	
84068200 84148090	精对苯二甲酸（PTA）工艺空气压缩机组（包括蒸汽轮机、压缩机）	单机年产量≤ 100 万 t	
84193990	PTA 蒸汽回转干燥机	单机年产量≤ 120 万 t	
84198910	加氢反应器、精制反应器	所有规格	

（续）

税则号列	设备名称	技术规格	备注
84198990 84798999	高压冷凝器	所有规格	调整
84195000	块孔石墨换热器	所有规格	
84198990 84798999	阳极保护冷却器	20万t/a及以下硫酸生产线配套用	调整
84223030 84223090	纯碱包装机	所有规格	
84772010	混炼挤压造粒机（石化用）	产量≤25万t/a	调整
84772090	橡胶螺杆挤出机	单螺杆直径≤250mm，双螺杆单根直径≤200mm，三复合螺杆及以上单根最大直径≤150mm	调整
84775900	机械式轮胎定型硫化机	模腔直径≤3 810mm	调整
84198990	PVC及烯烃聚合釜	所有规格	
84223030 84223090	颗粒体物料包装机	≤800包/h(单秤,50kg/包)	调整
84198910	炼油用加氢反应器（包括精制反应器、裂化反应器）	所有规格	
84148090	循环氢离心压缩机组	所有规格	
84148090 84183	二、四、六列往复式新氢压缩机组	轴功率≤8 000kW	
84148090	长输管道压缩机组	轴功率≤30MW	
85015300	管道压缩机用高速变频防爆电动机	输出功率≤25MW	
84148090	炼油用大型无油原料气往复压缩机	所有规格	
84137010 84137090	加氢进料泵	所有规格	
84068200 84068110	工业汽轮机	输出功率≤100MW	
8481	地面安装高压大口径全锻焊管道球阀	公称通径≤48in、压力等级≤900Lb	
8481	埋地安装高压大口径大锻焊管道球阀	公称通径≤48in、压力等级≤900Lb	
84714991	千万吨级炼油装置DCS集散控制系统	所有规格	
84137091	长输管线输油泵	轴功率≤5 000kW	新增
87059080	大型压裂装备	额定输出功率≤1 837.5kW	新增
84304119	连续油管作业装备	提升力≤380kN	新增
84798999	不压井作业装备	提升力≤1 200kN	新增
84122990	顶部驱动钻井装置	钻井深度≤7 000m	新增
84122990	大口径直缝埋弧焊管生产线成套设备（JCOE和UOE）	所有规格	新增
大型煤化工设备			
841350	往复式水煤浆隔膜泵	所有规格	
84198910	煤液化加氢反应器	所有规格	调整
84194020 84143014 84068200 84148090	大型成套空分设备（包括精馏塔，含冷箱；氧气压缩机、空气压缩机组、增压机组，含蒸汽轮机或电动机等）	制氧量≤10万m^3/h	

（续）

税则号列	设备名称	技术规格	备注
84143014 84068200	合成氨和尿素装置（包括合成气压缩机、原料压缩机、氨冷冻压缩机、空气压缩机、尿素及二氧化碳压缩机组，含蒸汽轮机；液氮洗冷箱）	合成氨年产量≤ 50 万 t，尿素年产量≤ 80 万 t	调整
84051000	煤化工汽化炉	所有规格	
大型船舶、海洋工程设备			
	船舶及浮动结构件	所有船舶整船及浮动结构件（生产率＞ 4 000m^3/h 的绞吸挖泥船、泥舱容量＞ 2 万 m^3/h 的耙吸挖泥船除外）	调整
大型环保及资源综合利用设备			
842139	电站烟气脱硫专用设备（包括循环浆液泵、水力旋流分离器、除雾器、烟气挡板门、脱硫增压风机、搅拌器等）	单机容量≤ 1 000MW 火电机组	
842139	燃煤电站烟气脱硝成套设备（吸收剂系统、催化反应设备、监测控制系统、空气稀释系统和吹灰系统）	所有规格	
84212990	转盘式膜反应分离器	所有规格	
84212990	转盘式微滤机	所有规格	